松本光隆著

平安鎌倉時代漢文訓読語解析論

汲古書院

緒言

本書『平安鎌倉時代漢文訓読語解析論』は、前著『平安鎌倉時代漢文訓読語史料論』の姉妹編の意図を持って編んだが、実際に思索が深まったのか否かは、諸賢の批評に委ねねばならない。前著『平安鎌倉時代漢文訓読語史料論』は、直感に基づく構成ではあるが、巨視的マクロな鳥瞰から、金剛界儀軌と言う一資料に集約して行く論行を採った。当時は、二冊目の著書がもし可能なら、ミクロな視点の一資料の分析から、マクロな鳥瞰的な構成への論行を採ってみたいと空想していたが、著書二冊は対称的な論行を許さぬものとなったと感じている。

稿者自身は、前著の姉妹編と言うよりも、研究の視野が変わったような印象を持つ。確かに、小さな集団の言語記述から始まって、最終的には研究の拡散に向かってはいるが、当初のイメージとはかけ離れたものになった。自分自身では、硬直化に向かっている漢文訓読語史のパラダイム、即ち、人間学としての個々人の個性からどんどんと離れて行く平安鎌倉時代の漢文訓読語世界の認識、没個性的な集団主義的言語観のパラダイムシフトを目指したのだが、それが思索が深まったと評価して良いかどうかは、次世代の研究者に批判的に受け継がれるか否かにかかっていると思っている。それを見届ける時間は自己自身には残されてはいない様にも感じてはいるが。

新しい課題を発掘したとする評価があるとすれば、稿者の最も喜ばしい批評である様に思う。特に、第六章は、研究課題を放り出したに過ぎない。脱構築と言えば聞こえは良いが、問い続けなくてはならぬ課題、これが本書の最終章である。

純粋な学問論の思索によって自己の研究の道を求める良き時代の基礎学から、今や、行政の指導を忖度して、謂わば、ファッションとしての研究が、金集めのために多数派的研究に属することでの自己の研究の存在感に安住しようとする研究が流行り、また、自己の研究の足元の確かさをどこまで追究できるのかと言った不安に発する様な脚下照顧的な地味な研究は措いて、謂わば、空中戦的浮薄な研究に依る研究者の自己主張が流行ってきている様に感じるのは、今の時代の事だけでは無いかも知れないが、研究の現状にみんなで渡れば怖く無い的な動向を感じているのは、マイノリティーを自認する稿者だけの感覚であろうか。

ことばの研究を通じて、自己の内面の、少しでも深い本質を知りたいと言うのが、稿者の思いであり、望みでもある。ことばの研究によって、自己の正体・身の丈を知り、自己になり切りたいと言う思いは、歳を重ねるに従い強くなって来ているのだが、それは、ことばによって達成されるものであろうとの思いもまた、歳を重ねるごとにどんどんと強くなっている。

ことばに対する問い掛けは、稿者の生い立ちと関係する。稿者は、備北山奥の小さな洞門の山寺に生を受けた。一般に禅は、ことばを否定する。以心伝心と言い、教外別伝と言い、不立文字と言い、直指人心と言い、見性悟道と言い、およそことばの否定であるが、長じるまでこれらのキーワードを耳にした記憶はない。しかし、青年期には私自身の足元を揺らした大矛盾であった。特に、近年、やっと理解が及んだが、ことばに信が置けたのは洞門に育った故であろう。

これらの禅学、思想史の用語の概念を知ることに先んじて、国語学に触れた。自己の生い立ちが、かかる禅語の意味を追い求める風の寺院であったとしたら、今の自己は、全く違った存在になっていたろう。これらの禅語の救いは、漢文訓読語史に足場を据えた後から、ことばを否定する用語として自己の認識に加わったところにあって、嘗ては、〝構築〟に向かい完成を目指そうとしていた基礎を揺さぶる矛盾であった。

しかし、これらの禅語の言うところは、帰納法でもなく、演繹法でもなく、アブダクションと言われる思考法を指したものであるとの解釈に至り、十二分のことばを費やせば、ことばによって表現することのできる思考法なのであると考えるに至って、ことばを探究することが、生い立ちと繋がったものであるとの思惟に至った。道元は、外界分節の象徴たることばを否定していない。構築の結果である悟りを肯定してはいない。死ぬまでの思索を求めた。

それが、本書の基底に横たわる思想である。死ぬまでの探究に意味を見出したのは、洞門に在っては生涯一雲水の生き方であり、実存主義を大前提とするジャック・デリダ（Jacques Derrid）の言う脱構築に、後押しをされた日本的実存主義に生きる事であろうと、今は思っている。自己の実在が何にも増して優先する。

過去の自分ならば、凡そ臆して、本書で表に出すことはなかったであろうが、確かにことばの表記として文字が実存して、真っ当な研究者ならば、認識上決して存在を否定されるべきではないと結論される角筆の問題を考え始めて行き着いた課題があった。即ち、物質の残留に依ることで表記されたものではない角筆の文字の年代を如何に定めるかと言う課題に立ち向かった時期があった。文系研究者の身で大それた課題ではあると言う思いはあったが、広島大学大学院理学研究科・先端物質研究科の方々との交流を求めた。出発点の角筆の年代測定の問題は第六章に触れたが、問題解決せぬまま課題を示したのみである。理系諸学との交流によって、各種の理化学的な知見を得た。量子力学の思想的枠組みや、理化学系においても「実在」とは、「時間」とは、「質量」とはと言った哲学的な疑問を持ち続け問い続けられている現実―ギリシャ哲学ではその範疇内の問題であったが―や、理論に先立っての実験物理学の成果によるパラダイムシフトに立ち会わせて戴いた。本書に多出するキーワードに「多重性」とか「多重構造」と言ったことばがあるが、それは素粒子の持つ波動的でかつ粒子的重なりや「シュレディンガーの猫」における生きてもいるが死んでもいる重なりのモデルを漢文訓読語史における加点者の、あるいは、訓点資料の読解者の脳裏に援用措定しての言語行為の解釈に発したものである。

本書の一つの狙いは、従来の「証本」的規範的訓読が表面に打ち出されて訓読語史が語られていた、その発想の転換にある。平安鎌倉時代の訓読語史の世界は、実は、多様な実状があったと見ようとしたものである。その多重構造は、一資料内部での多重性のレベルもあり、個々人の訓読語生活史での多様さの中での多重性であり、自己の宗教的理念に基づいた宗派流派で括り切れないレベルでの個人の訓読に対する価値観の多様さであり、そこから生まれる多重性であって、そうした「シュレディンガーの猫」におけるボックスの中の如き多重性を認めた上で、漢文訓読語史を如何に構築するかに向かってみようとする過程に生きる必要がある事を示したつもりである。即ち、脱構築と言われる、構築を目指しながらも死ぬまで構築に至らない課題の研究を続ける研究姿勢である。故に、言い訳がましいが、最終章では、課題を羅列した。

有り難い事に、広島大学理学研究科、先端物質研究科が、一般に開放してサイエンスカフェを始められた。これに参加する事は、私には研究上の一大転機であった。初めて参加させて戴いたのは月面観測探査衛星の「かぐや」の話題の回であった。実に新鮮であった。以後、時間があれば、科学哲学、理論物理学、素粒子論、量子力学関係の雑誌、書物を読み漁った。読むに従って、悔いが深まった。それは、数学に対して二十歳前に深化を絶った事であったし、実験系理化学の実験機器に注意を払わなかった事であった。これが何を意味するかと言えば、理科系基礎学における立脚点の足元の確かさを自分では批判できないと言う、一種、致命的と言ってよい学問的な欠落を生んだのであった。

故に本書は、文理融合とは、烏滸がましくて大上段には振りかぶれはしない。理系諸学の到達点のモデルを借用して、ことばの問題を考えてみようとした試み以上のものではない。ヒッグス粒子と言われても衝突実験のグラフが読めないし、重力波と言われてもレーザー光の役割を理解してはいない事を、この緒言に告白することをお許し戴きたい。

ただ、自然科学に頼ろうとしたのは、文学研究にありがちな大声での感想文を指して〝研究〟と言われるようなものを脱して、人文〝科学〟であるとの評価を受けたいがためである。

本書は「解析論」とは名付けたが、「解析」の方法論の模索の過程であるとお考え戴き、大方のご批正をお願いするところである。

平成二十八年八月朔

松本光隆 識

目次

凡　例

一、時代呼称は、先学の所説に従い、概ね次の如く区分する。

平安初期　七九四年〜　九〇〇年
平安中期　九〇一年〜一〇〇〇年（平安初期・中期を併せて平安時代前半期等と称することもある）
平安後期　一〇〇一年〜一〇八六年
院政期　一〇八七年〜一一九一年（平安後期・院政期を併せて平安時代後半期等と称することもある）
鎌倉初期　一一九二年〜一二四〇年
鎌倉中期　一二四一年〜一二九〇年
鎌倉後期　一二九一年〜一三三五年
南北朝時代　一三三六年〜一三九一年

一、本書中に引用した用例、奥書、人名等には、所謂旧活字体で表現可能なものは、ＪＩＳ第二水準までの旧活字体に相当するものを用いた所があり、また、ＪＩＳ第三水準以上、外字等によった所もある。但し、巻末の索引の見出は、新字体に従った。引用の用例は、読下文で掲げるように努めたが、意図的に原漢文の構文を示したい場合などには、漢文に訓点をルビ表示した形で示した所がある。また、用例等の表記には、原本片仮名点は現行の片仮名で、原本ヲコト点は現行の平仮名で示し、私に補読した部分は平仮名を（　）に括ってこれを示した。

原本の符号類は、（音）（返）（不讀符）等と加点該当字の右下に小さく注記した。声点は該当漢字右下に（平）（上）（入濁）等と書き添えたが、原則として声点「•」「••」等を該当漢字に付すことは割愛した。ただし、声点形を特に強調したい場合などは、この限りではない。用例中の不読の表示には該当漢字を［　］に括って示し、再読字の二度目の読みも［　］に括って右下に（再讀）と注記した。原本の読点は「、」で、句点は「。」で表記した。

漢文の同一箇所に複数の訓読が並記されている場合は、異なる訓読を「イ、」に包んで示したが、同一の訓読法の併記、例えば、片仮名点とヲコト点の併記の場合は、「ヲ《を》」と本行とルビとで表現した所がある。

一、本書における用例の提示は、奥書等は原本行取りに従って改行することを原則としたが、「／」の改行マークを挟んで追い込みとしたところがある。読み下し文によって語例等を示す場合は改行の表示はせず該当箇所の出典を示し、割書の表示は原本のまま一行に割書で示すか、〈　〉に包んで「／」の改行マークを示すことを原則としたが、これに従わなかったものも存する。

一、項目数は多くはないが、本書に使用した術語についての補注を本書末に掲げた。

一、先行研究の表示には、「博士」「先生」「師」「氏」などの敬称を略した所がある。

一、本書中には、先学の業績に付き、以下の通りに略称を用いた所がある。

古点本の国語学的研究　↓点研（中田祝夫）

平安鎌倉時代に於ける漢籍訓読の国語史的研究　↓漢研（小林芳規）

平安時代の仏書に基づく漢文訓読史の研究　↓仏研（小林芳規）

平安鎌倉時代漢文訓読語解析論

第一章　ことばの変化と人間

序節　ことばの変化と人間

ことばは、いかなる言語であっても時と共に必ず変化する。

ことばの大きな動態に内在する法則性を捉えて、ことばの変遷と名付けたりもする。「唇音退化」などはよく知られた用語、概念で、ことばの変化の基底に存在する人間存在に関わる本質の一部を説明したものでもある。

第一章は、平安鎌倉時代の訓点資料の内、天台宗寺門派関係の西墓点資料群を中心に解析し論じようとするものである。そうした西墓点資料群も特に表記の問題を取り上げて、その表記の中でも、声点に注目する。

西墓点資料群においても、現存の資料によって帰納される声点なる符号が出現するのは、十世紀、平安時代中期以降のことであって、平安時代中期以降、鎌倉時代に至るまでの時間軸に沿った事象を取り上げてみる。

本章は、西墓点資料群の声点の総体の変化を記述するものであるが、ことばの変化が人間存在と固く結びついている状況を、特に自然発生的とは捉えにくい形をしていると解釈できそうな「△」濁声点の出現を、当時の人間社会の歴史と関係づけて解析してみようとした一つの試みである。

ここで明確に断っておかねばならぬ事は、ことばの変化は、一般に、単純一種の解釈に収まりきるものでは無いという認識を明確に持つ必要があると言うことである。

本書は、しばしば理論物理学や科学哲学の知見を援用してことばの変化のイメージパターンを説明してみようとするが、ただ如何せん、稿者の数学的知識は、高校時代で止まっていると自覚している。古典物理学にしても、量子力学にしても、現実世界を数学、数式によって記述しようとする。その数式にことの正否が表現されているはずであるが、この数式に対して、稿者の現状では、その正否を批判出来ない。

近年富みに実験物理学の成果が華やかで、ヒッグス粒子の実験物理学での存在証明、また、質量が存在しないと考えられていたニュートリノに極々微量の質量が存在していることの証明などが実証されて来ている。これらの証明は、理学研究者によって共有されている理学的知見のはずであって、その共有は実験実証的理学研究、物理学研究の実験過程の正否の評価、あるいは、その実験や観察によって示されるグラフや画像が根拠となっている。しかし、人文科学が専門である稿者には、例えば、重力波の存在を観察によって証明したとしてもその根拠として示された折れ線グラフのピークは認知できるが、しかし、そのピークが重力波の存在を証明したものであるという認識に至るだけの理学的知識は持ち合わせては居ないと告白せざるを得ない。

本書に引く理論物理学や科学哲学、古典物理学や量子力学の知見は、言語現象の記述結果を分かりやすくイメージ化しようと試みたモデルの借り物であることをお断りしておきたい。即ち、稿者自身が基礎学的出発点から批判と実験、観察を立ち上げて自ら理化学的思惟を重ねて至った理化学的イメージパターンではなくて、かつて、アインシュタイン（Albert Einstein）が、物理学研究は、幼児にも分かるように説かねばならないとして、一般相対性理論をエレベーターの昇降に例えて説明したが、そのアインシュタインの一般相対性理論のイメージパターンの説明を受けた幼児が稿者であると考えて戴きたい。

現代特に理化学における基礎学的研究が日々進歩する状況であるが、その進歩には幾つかの類型が存している。一つには理論的研究で、シュレディンガー（Erwin Rudolf Josef Alexander Schrödinger）が古典物理学に対して、世界を波動方程式によって記述し示そうとした営為、ハイゼンベルク（Werner Karl Heisenberg）の運動方程式やイスラエルの理論物理学者であるアハラノフ（Yakir Aharonov）が、「弱い観察」を想定して、量子の多重状態の記述を思索して確率−1を予言したような思考実験を基とした理論物理学や科学哲学の方向の研究である。サスキンド（Leonard Susskind）、ホーキング（Stephen William Hawking）やワインバーグ（Steven Weinberg）などは、この系統に入る。

今一つには、右記の理論物理学や科学哲学のような理論的な方向ではなく、実験、実証的な基礎理化学である。例えば、日本では、湯川秀樹が中間子の存在を予言したが、この中間子が実際に存在することを実証してノーベル賞を得たのは、パウエル（Cecil Frank Powell）であった。近年では、カミオカンデを使って予言されていた新星爆発のニュートリノを捉えたのは小柴昌俊であるし、ニュートリノ振動を観察して質量が存在していることを実証したのは梶田隆章である。ニュートリノに質量が存在していることの実証は、実証的観察が先行して理論を塗り替えた。後、第六章でも引用するが、物理学者マーミン（N.David Mermin）が唱えた「野球原理」は、マーミンに先だって、アイルランドの物理学者ベル（John Stewart Bell）の実験結果において物議を醸し出している。

基礎科学としての理学研究には、理論研究と実証研究の両輪がある訳であるが、稿者の感想では、日本語史（国語史・稿者の専門とする平安鎌倉時代）と言う文系基礎学においては、実証的な記述研究が主流となってきた感が強い。当然、一々の記述研究の背景には、ことばの変化を支える大きな動態が意識されていなければ、記述研究の立つべき基盤は無いという事であるが、新出の言語資料の量が年々減少している昨今において、純粋な資料の言語記述がどれほどの評価を得るかと言えば、年を経る毎に凋落しているように感じる。

記述研究に意味が無いとは言わない。一つの解析法である。しかし、方法的な新しさのない解析法で得られる成果は、従来に説かれている動態の部分修正や従来の穴を埋める研究に甘んずる所が多い。

少々高飛車な論述になったが、ならば、本書が革新的な文系基礎学の解析法を示しているのかと問われれば、入るべき穴を探さねばならない。評価は、読者諸賢に委ねるし、新しい解析法は、最終章に課題として委ねるのが精一杯であると自己評価をしつつ、本書では、第一章の天台宗寺門派関係資料の声点の問題から論じ始める事とする。

第一節　天台宗寺門派西墓点資料における平安時代中期・後期の声点

はじめに

天台宗寺門派の資料として知られるものに、第一群点に所属する西墓点加点資料群が存する。この西墓点資料群は、公共施設の図書館、私立の文庫を始め、その資料が伝わっているが、真言宗寺院にもかなりの点数を伝えている。その代表が高山寺経蔵で、天台宗寺門派を出てより、高野山を経て、高山寺にもたらされたものが多いらしく(1)、比較的纏まった量の加点資料を伝える。また、管見の及んだ範囲で、量的に多くを数えるのは、東寺観智院金剛蔵伝存の資料群である。

これらの西墓点資料群の中でも、本節では、平安時代中期、平安時代後期の資料に焦点を当てて、諸資料の言語状況を記述してみようと思う。以下に中心的に取り上げる言語事象は、声点についてである。天台宗寺門派の特徴的声点と言えば、濁声点「△」である。「△」は、平安時代の寺門派資料に特徴的な符号であると考えられてきたもので、確かに、寺門派西墓点資料に屡々見かけられるものである。声点の通時的研究は、これまでに、行われてきたところであるが(2)、本節では、天台宗も一流派の寺門派西墓点資料に焦点を絞り、時代を平安中期、平安後期に限って「△」

の出現にも注意を払いつつ、検討を加えてみることとする。

一、平安時代中期の西墓点資料

西墓点資料で、現在知られる最古の資料は、京都大学図書館蔵の蘇悉地羯羅経巻上延喜九年（九〇九）点［資料1］である。旧来屢々取り上げられて来た奥書であるが、以下の奥書が存する。

（奥書）（白書）「延喜九年（九〇九）八月廿二三両日讀了　　空惠記」
（別筆一）「承暦三年（一〇七九）九月一日奉従智妙房阿闍梨奉讀了　　公暹」
（別筆二）「保安二年（一一二一）七月廿日於大□房奉受了六ケ日　　仁昭」

この京都大学図書館蔵蘇悉地羯羅経巻上延喜九年点本には、四種の訓点があるようで、延喜九年加点と思しき、奥書に対応した白点（西墓点）と、平安後期加点（承暦三年の奥書と対応するか）の朱点（西墓点）、院政期と思しき墨点（仮名）が二種の計四種の訓点が識別できる。

これらの内、今ここには、平安中後期の加点に属する延喜九年点（白点）について記述する。

延喜九年点には、声点の加点例が多くはない。

1、弭惹曳°(平)句五、莎去二合嚩訶六句　（延喜九年点）

2、跋日羅拏曜《か》°(平)三

右の如く、陀羅尼に加点された「○」（圏点）が二例と、

3、謂所《(いはゆ)る》°鎚、輪、°梧《方反》(上)、杵、螺、金剛杵等　（延喜九年点）

例3の漢文本文における「○」の加点の計三例を認める。用例が余りに少なく、右の例からは、用法を通じての声点体系の帰納は不可能と言わざるを得ない。蘇悉地羯羅経という密教の経資料の漢文本文部分にも、陀羅尼部分にも声点の加点自体が、希であることを確認しておく。

大東急記念文庫蔵金剛界儀軌永延元年（九八七）点本［資料2］には、永延元年の朱点（悟円説）、長保六年（一〇〇四）の墨点（慶祚説）などを初めとして、六種の加点が存し、中に成尋（長元七年（一〇三四）桃点）の名が見え、その加点の存することで著明な西墓点資料である。(3) 大東急記念文庫蔵金剛界儀軌永延元年点本に加点の以上の六種の訓点の内、全巻に亘っての加点が厚い、永延元年点と次項に長保六年点を取り上げる。

先ず、永延元年点においては、漢文本文に以下の声点が加点されている。

4、宿命住-智身(訓)を相(平)-嚴(去)す。（永延元年点）

の例で、清濁の区別はなく、「○」が付されている。陀羅尼部分には、清濁の区別が存する。

5、薩(入輕)嚩(上)、薩(上)怛(平)嚩(上)二合南(上)、（永延元年点）

と、清濁の区別無く「○」を使用した所もあるが、

6、涅《チ》(平濁)哩(上)二合瑟《主》(上)致(平)二合麼(上)吒(上)、（永延元年点）

7、薩(上)怛(平)鑁(去濁)三合 （永延元年点）

とあって、陀羅尼には、「○」と濁点「●」が現れる。但し、「百八名讃」の部分や、「啓請伽陀」等には、節博士が現れて、「百八名讃」では、

8、嚩(上濁)日(上)囉(上)二合、薩(上)怛(上)嚩(上濁)二合 （永延元年点）

とあって、単点「●」と、濁音には双点「●●」が使用されている。

高山寺の経蔵には、第一〇四函第二〇号として、頓証菩提即身成仏真実三部一合行法最極印契真言上巻一帖［資料3］が所蔵されている。奥書には、

（奥書）正暦二年（九九一）四月一日丹波國菜田郡／篠村郷定額寺字河人字寫之／已畢

とあるもので、平安中期末の西墓点加点資料である。訓点は墨書によるもので、ヲコト点（西墓点）の加点個所は、資料の一部に過ぎない。この資料には、「一《ヒトハシラ》ノ如來」、「傳受宗家　八道（に）別（れ）ケリ［矣］」、「其（の）趣區々（に）別レケリ」、「皆悉（く）滅亡シケリ」、「成 信々々《アナカシコ〱》」等の注意を引く語彙が現れている資料であるが、文中に、

〇教勅（に）隨（ひて）伯耆大山白山熊野長谷寺粉河生合竹生嶋日光足拚□《スリワニ》淵石山中堂各（の）別（して）五度參詣（し）已了（ぬ）

などとあって、天台宗寺門派修験道関係の資料であろうと推測されて、関心を引かれる資料である。この資料には、梵字による陀羅尼と漢文の本文が存するが、声点の加点は、見あたらない。

石山寺には、天永三年（一一一二）書写加点になる金剛頂蓮華部心念誦儀軌［資料4］が存する。厳密には、十二世紀の朱墨の加点資料であるが、ヲコト点に西墓点を用いる。墨の訓点の出自については、

（奥書）點本云墨者敬一大阿闍梨授尊様也件阿闍梨受良勇和尚耳／頼尊記云々

とあるもので、良勇（八五四〜九二三）が敬一（八六七〜九四九）に授けたものが、墨点で書かれている。この墨点は、陀羅尼に濃く加点されているが、陀羅尼に加点された墨声点は、「•」ばかりである。陀羅尼には、例外として、ただ一例「尾（上濁）」の加点が存するが、漢文本文には、声点が認められない。

以上が、管見の及んだ平安中期の西墓点資料である。平安中期資料においては、清濁を加点仕分ける資料が存してはいるものの、漢文本文への声点加点には、関心が薄いようで、陀羅尼に加点例が多い。しかも、陀羅尼において清

濁を書き分けた資料があって、平安中期の訓読者の関心と加点の様態を示しているものと判断される。(4)

二、平安後期の西墓点加点の儀軌類資料

管見の及んだ内、平安後期の奥書の存する資料としては、前項に既に触れた大東急記念文庫蔵金剛界儀軌永延元年点本における長保六年（一〇〇四）点が古い。

長保六年の墨点—慶祚の点であることに注意したい—には、漢文本文に、以下のような声点が認められる。

9、罪（訓）（を）陳（去濁）（して）随喜（し）勧請（し）［及］発願（す）應（し）　（長保六年点）

10、手（に）五佛（の）冠（去）（を）持《モチ》テ一切（の）佛頂（に）灌（去）す　（長保六年点）

などの例があって、「○」と「○」とによって、清濁を加点し分けているように考えられる。陀羅尼部分には、

11、薩嚩、薩怛（上）嚩（上濁）二合南、　（長保六年点）

とあって、清濁を単点、双点で区別する。永延元年点では、陀羅尼に清濁を声点の形式によって区別する表記がなされているが、漢文本文は、清濁の区別をしない。長保六年点では、漢文本文と陀羅尼との形式は異なるが、清濁の区別に、別々の形の声点を加点している。

大東急記念文庫蔵金剛界儀軌永延元年点本に加点の他の訓点も、延久二年（一〇七〇）点では、漢文本文に、「舞（上濁）」、「霧《ム》（去）」、陀羅尼には、揺れが存するが、「誐（上濁）」、「嚩（上濁）日（上）囉引二合」、「哩灑（上）二合」の如くあって、掲げたような形式によって区別をしていると判ぜられる。

右に次いで、管見の及んだ西墓点資料としては、東寺観智院蔵阿闍梨大曼荼攞潅頂儀軌寛弘五年（一〇〇八）点本

［資料5］が古い。受菩提心戒潅頂儀（無点）との合巻で、阿闍梨大曼荼攞潅頂儀軌とは、それぞれ墨界の法量が異なるし、筆跡も別であると認められて、取り合わせ本であると判断される資料である。その原表紙には、

寛平三年（八九一）五月廿一日依此儀於山王院修授傳法阿闍梨位灌頂／阿闍梨少僧都圓珍受者大法師猷憲大法師康濟傳三大部灌頂者法　（以上本奥書）

とあり、円珍の将来で、天台宗寺門派の流れに沿って、伝承をされたものであると認められる。阿闍梨大曼荼攞潅頂儀軌の奥書は、確りとしたもので、

（奥書）此青龍傳教和上謂持本珍等初入胎藏時／圓覺禪和受胎藏灌頂時珍入金剛界壇時／復受傳教位時前後四遍以戒儀授戒／入壇臨珍廻發□和尚特持以分付送路故記

大中九年十一月　日珍記

（以上本奥書）

（朱書）「寛弘五年（一〇〇八）三月十八日三井寺於龍雲房奉點了

僧永圓記之」

（別筆一）「同年　月　日以新寫點本獻平等／院賜此本也以此狼藉新本頗／整正故也大阿闍梨曰此爲汝親／點得故記

寛仁二年（一〇一八）十一月廿二日追記

三井寺沙門〔×門〕行圓」

（別筆二）「延享第三丙寅歳（一七四六）五月晦日補修治了

僧正賢賀行年六十三」

とある資料である。阿闍梨大曼荼攞潅頂儀軌寛弘五年点本には、訓点は二種あって、寛弘五年加点と推定される朱点

（西墓点）と平安後期と推定される墨の仮名点である。奥書等より、平安後期の天台宗寺門派における素性の明確な資料として、重要であると評価される資料であるが、この資料において、声点は、以下のように現れる。朱点の声点は、漢文本文においては、

12、°烏（去）°曇（上）、°阿（去）説《エチ》°（入）［イ、説《セチ》］他の齒-木（返）を加持して　（寛弘五年点）

13、龍王、甘露の水（訓）（返）を°霔朱反（去）-沐目反°（入）（し）たてまつり　（寛弘五年点）

の如く「○」点で表され、清濁の区別は無いように認められる。陀羅尼においては、朱の「•」「••」の加点があって、

14、••嚩（上濁）•日（上）•羅（上）、•迦（去）、••嚩（上濁）••日（上濁）•哩（上）•倶（上）•嚕（上）、　（寛弘五年点）

15、唵•（半音）、••嚩（上濁）•日（上）•囉（上）二合•嘔《ウ》（去）••那（上濁）•羯《キャ》（上）•吒（上）　（寛弘五年点）

のように現れて、基本的には、清濁の区別をおこなっていると認められよう。こうした加点方式は、基本的には、先に整理した平安中期の加点状況に通じるものであって、時代が降っての質的な変化があるようには認められない。

高山寺蔵不動儀軌永承六年（一〇五一）点本（重文第一部第25号）［資料6］には、二種の加点が存する。第一次加点が、永承六年の墨点で、仮名、西墓点の加点である。朱点は、天喜二年（一〇五四）の加点と思しく、仮名、西墓点の加点が存する。奥書には、墨朱に対応して、

（奥書）　　一校了

永承六年二月三日随常林御房　受之了

（朱書）「始自天喜二年八月十六日至十八日奉随實相房重受」

とある。永承頃の常林房が未勘であるが、天喜頃の「實相房」とは、頼豪の謂いであろう。まず、墨点の漢文本文の声点加点においては、

16、一切の尾曩(上)也(平)迦(上)、羅刹(入)娑(上)等　(高山寺蔵不動儀軌永承六年点)

17、瘦《サン》(平)楚《ソウ》(平)するコト[イ、瘦　楚《ヒ、ラキ》(らむこと)]遍く支(去)體(平)(返)に入(り)て　(高山寺蔵不動儀軌永承六年点)

18、孩《カイ》(去)子ノ相貌を作レ。(高山寺蔵不動儀軌永承六年点)

等とあって、清濁を分かたず、「○」の加点が専らであるが、漢文本文中の音訳梵語の例に、一例、

19、婆(平)誐(上濁)鑁(上)ノ如き[イ、如(く)シテ]　(高山寺蔵不動儀軌永承六年点)

の如く、例外として「○○」の加点が認められる。

陀羅尼の加点は、

20、薩《る》(上)嚩(上濁)目(上)契(去)毗《ヒ》(上濁)—藥《ヤ》　(高山寺蔵不動儀軌永承六年点)

の如く、「•」「••」と加点した例が、専らで、中に、例外的に、

21、咤《タム》(去)—暗二合　(高山寺蔵不動儀軌永承六年点)

の如く、「○」の使用例が存する。

高山寺蔵不動儀軌天喜二年点は、永承六年の墨点との異読の記入とみられ、仮名点も西墓点の加点も、限られたものである。この天喜二年点では、漢文本文に、

22、大暴惡、旋嵐猛風(の)衆(くの)樹《キ》ノ葉を飄(上)(するか)如シ　(高山寺蔵不動儀軌天喜二年点)

23、復(た)能(く)動搖(平)(せ)不《す》。(高山寺蔵不動儀軌天喜二年点)

24、自在(の)羅(去)惹(上濁)(と)爲(る)　(高山寺蔵不動儀軌天喜二年点)

などとあって、清濁「○」「○○」の例が確認されるが、陀羅尼の加点例は拾えない。

高山寺蔵金剛頂蓮華部心念誦儀軌（重文第二部第114号）永承六年（一〇五一）点本［資料7］には、永承六年の加点

と思しき朱の西墓点の加点が存する。この永承六年点本には、墨書の加点も存するが、その墨点は、保安四年（一一二三）のものであると推定される。朱点は、全巻に亘るもので、比較的詳密に加点されたものである。この金剛界儀軌に用いられた声点は、以下のように整理される。

漢文本文で現れる声点は、

25、遍照(平濁)の明(上)ヲ誦して　（金剛界儀軌永承六年点）

26、能く種々の衣(訓)厳(平濁)身の資具(返)を与（ふ）る者《もの》　（金剛界儀軌永承六年点）

27、初に遍照(平濁)尊の羯磨之《の》印儀(平濁)を結へ。（金剛界儀軌永承六年点）

が一般的で、清濁を「○」「○○」で加点する。左に掲げる全二例で、例外的であるが、漢文本文に

28、及ひ[於]十方界の人天意生(去濁)の花(訓)、（金剛界儀軌永承六年点）

の如く、濁音の声点に、「○○」とともに、「△」の使用例も認められる。

梵語からの音訳漢字も、漢文本文部分では、

29、次に怛(上)咯《ラ》(上)二合字を想へ　（金剛界儀軌永承六年点）

30、三昧耶薩埵鑁(上濁)二合の明(返)を稱誦すること已(り)て　（金剛界儀軌永承六年点）

などの如く、清濁は、「○」「○○」で表示している。孤例であるが、

31、達《る》(平濁)磨(平)三昧耶もて　（金剛界儀軌永承六年点）

の例があって、濁音声点に「△」の使用も認められる。

一方、陀羅尼に現れる声点は、

32、娑《ソ》(上)嚩(上)二合婆(去)嚩(平濁)、秫(上)駄(平濁)、引入薩《る》(上)嚩(上)達《る》(上濁)摩(上)引入、（金剛界儀軌永承六年点）

33、嚩(上)日(上)囉(上)二合引囉《ア(上)ラ(上)》　怛(上)曩(上)二合引毗(上濁)詵《シン》(去)者(上)給(去)、（金剛界儀軌永承六年点）

などの如くであって、陀羅尼の清濁は、「•」「••」で区別する。

例外としては、以下の例が存する。

34、薩《ソ》(上)覩(上)拏《ト》(去濁)弭(上)、（金剛界儀軌永承六年点）

の如き例が存する。孤例であるが、陀羅尼において、濁音声点「△」の出現例が認められる。

金剛界儀軌永承六年点も「百字真言」以下には、他の陀羅尼とは異なり、

35、涅(上濁)哩(上)二合濁(平)弭(去濁)婆(去)去嚩(平濁)、（金剛界儀軌永承六年点）

清濁の声点は、「•」と濁音「⁚」とが加点された真言が現れる。

金剛界儀軌永承六年点における声点の様相は、多様で、系統的に重合した資料と考えることができるかも知れない。

奥書に従えば、

（奥書）（朱書）「始自永承六年十二月十七日酉時至于同月廿日巳時合四箇日之間奉従鶏足房受之了　　湛明記之

成身會也

同七年奉従鶏足房又受羯磨會了

同年五月奉受三昧會大供養會了」（保安四年の奥書以下略）

の如くであって、金剛界儀軌を、都合三度に分かって伝授を受けたようである。三度の内、二度までは、同一人、鶏足房（念円）から伝授を受けたことは、奥書より明白であるが、金剛界儀軌も何度かに分かって伝授が行われる風もあったとすれば、金剛界儀軌永承六年点の声点の複雑な出現は、かかる伝授の様態と関係したものかも知れない。

東寺観智院蔵胎蔵界儀軌（第二九函第1号、玄法寺儀軌）康平二年（一〇五九）点本［資料8］には、西墓点の加点が

存する。康平二年、延久二年（一〇七〇）の朱点の西墓点が存する。延久二年点は、康平二年点をなぞったもので、両期点は、基本的には、同一の訓読を加点しているものと考えられるものである。この資料の漢文本文には、以下の声点が現れる。

36、迦《キャ》羅(上)奢(返)を臺(上濁)［イ、臺(去濁)］現せり。（東寺観智院蔵玄法寺儀軌）

37、靉《アイ》(平)靆《タイ》(平)として玄(去濁)雲(平)の猶し。（東寺観智院蔵玄法寺儀軌）

等の例があり、「○」と「△」とで、清濁の区別をしている。一方で、漢文本文には、

38、涅《チ》(上濁)哩底(平)方《ハウ》の大日如來の下《しも》に依れり。（東寺観智院蔵玄法寺儀軌）

39、金(去)翅(上濁)王と幷（せて）女とあり。（東寺観智院蔵玄法寺儀軌）

等の例が見えて、濁音を「○○」で表示した箇所も並存する。

なお、墨点（平安後期点、仮名点）にも、

40、説（き）たまはく　是れ汝か勤「去濁」勇《ユウ》(去)［墨、勇(平)］の漫荼羅なりと（東寺観智院蔵玄法寺儀軌、「」は墨書）

41、忿(平)迅(平濁)倶(去)摩(上)羅(上)「ハ」、［於］青蓮花に住せり。（東寺観智院蔵玄法寺儀軌）

の例があって、清音声点に「○」濁音声点に「△」を使用している。この方式は、漢文本文中の漢語は勿論、漢文本文にある梵語音訳部分にも使用されて区別がない。

陀羅尼では、朱点は、

42、唵、地(上濁)引室《シ》(上)哩(上)二合引、輸《主》(上)嚕《ロ》二合多(上)、尾(上濁)惹《サ》(去濁)曳(上)、娑嚩二合賀（東寺観智院蔵玄法寺儀軌）

の如く、清濁を「●」「●●」で区別している箇所もあるが、

43、難(去)徒(上濁)鉢(入濁)難(去)娜(上濁)曳(上)、（東寺観智院蔵玄法寺儀軌）

の如く、濁音を「△」表示した箇所も存して揺れが認められる。

平安後期加点の墨点では、

44、•多(上)娜(去濁)•曩(上)二、（東寺観智院蔵玄法寺儀軌墨点）

の如く、陀羅尼の清濁を「•」「••」で区別している一方で、

45、薩。擔(上)二合△婆(上濁)野、（東寺観智院蔵玄法寺儀軌墨点）

などとあって、陀羅尼においても、清濁を「○」「△」で表示した部分もある。

随心院蔵胎蔵儀軌巻下（玄法寺儀軌）［資料9］には、以下の奥書が存する。

（奥書）承暦二年（一〇七八）六月廿（以下破損）

西墓点の加点資料で、平安後期末の承暦二年と思しき、朱点が存する。その朱点の声点は、漢文本文では、

46、。身(去)[於]啖《エム》(平)胎に處せり（随心院蔵玄法寺儀軌）

47、金剛。牙(上)∟下菩薩と（随心院蔵玄法寺儀軌）

とあって、声点では清濁を区別しない。漢文本文の濁音字には、濁点を付した例があって、

48、月妃と戰。捺《タ》(上)(「捺」字左傍中央に「∟」符号あり)羅と（随心院蔵玄法寺儀軌）

49、商羯。羅(上)は戟《ケキ》(「戟」字左傍中央に「∟」符号あり)印にせよ。（随心院蔵玄法寺儀軌）

などとあって、濁音専用の符号「∟」が認められる一方、例外的に、

50、遮(平)。文(上)。荼《タ》(上濁)(「荼」字左傍中央に「∟」符号あり)眞言(に)曰(く)（随心院蔵玄法寺儀軌）

とあって、孤例であるが、濁声点「○」が認められる。また、

51、嚩(上濁)字に金剛の光なり。（随心院蔵玄法寺儀軌）

漢文本文中の種字を示したもので、これも漢文本文では孤例であるが、「＝」の符号を認める。

陀羅尼では、一般には、

52、怛《チ》哩二合荼《タ》(上濁)地《チ》(上濁)也(上)二合捨《サ》(上)也(上)　(随心院蔵玄法寺儀軌)

等として、清音声点「●」、濁音声点「＝」を使用するが、

53、嚩日囉二合薩(入)怛(上)嚩(上濁)二合吽、(随心院蔵玄法寺儀軌)

例外的ではあるが、右の如く「○」符号が現れるし、

54、薩嚩(上濁)達磨(上)儞(上)丁逸反嘌《リ》(上)吠《ヘイ》(上濁)達《タ》(上濁)儞《ニ》　(随心院蔵玄法寺儀軌)

これも例外的に、濁音声点で「○」が現れる。また、これも例外的であるが、漢文本文と同様に、濁音符「∟」が使われている。

55、疑(上)(「疑」字左傍中央に「∟」符号あり)哩(上)二合佷(平)拏二合　(随心院蔵玄法寺儀軌)

大方の傾向としては、漢文本文には声点「○」と濁点「∟」が認められ、陀羅尼においては、清音声点「●」と濁音声点「＝」が使用されて、例外的な表記が入り交じる。天台宗寺門派資料の特徴と思われる濁音声点「△」は出現しない。

この資料で、注目すべきは、「布字八印」の部分で、ここには、他と異なって、以下の四種の符号が現れる。

56、左《シア》　磋《シア》　惹《サ》　酇《サ》　壌《サウ》

57、灼《サム》(ママ)　綽《シアク》　弱　杓　弱

などの例が存する。単点「●」の加点された「左」「灼」字は、全清字であり、「●」の出現が認められる。双点「●●」の加点が確認される「磋」「綽」字は、次清字への加点に認められる。また、「＝」の加点も存しているが、加点され

た「惹」「壊」「弱」字は、いずれも次濁字である。「ニ」と認められる加点も存して、「鄭」「杓」字は、全濁字である。形態として四種が帰納されると共に、それぞれ、漢字音における頭子音の清濁に対応し、これらを区別した加点となっている。

58、多《タ》　他《タ》　娜《タ》　駄《タ》　曩《ナウ》

の如き例では、「曩」字は、広韻次濁字であるが、「●」の加点がなされ、揺れも認められる。

この期の他の西墓点加点資料には、他に類を見ない事象である。平安後期の末期においても、西墓点資料群の中で、活発な訓読活動の動態があったものと認められよう。

奥書が無く、年紀が明確ではないが、平安後期加点と推定される資料について、以下に、事象を記述する。

東寺観智院蔵蘇悉地儀軌第二平安後期点本（又別第十一函第一号）［資料10］には、二種の訓点があって、朱点は平安後期と思しき仮名と西墓点の加点、墨点は、平安後期と見られる仮名点の加点が存する。朱点の声点を整理すると以下のようになる。漢文本文には、唯一、

59、天の諸厨《ツ》（去濁）［イ、厨《クリヤ》］　（観智院蔵蘇悉地儀軌第二）

とした、濁声点と疑わしき例が存するのみである。

陀羅尼部分には、

60、唵跛（上）折（上）囉（上）、　（観智院蔵蘇悉地儀軌第二）

の如く、「●」点のみが現れて、声点による清濁の区別を示さない。

例外的には、

61、悉（上）地駄嘌《レイ》（上）。替（去）莎訶　（観智院蔵蘇悉地儀軌第二）

の如く、孤例であるが、声点「○」が現れる。

この観智院蔵蘇悉地儀軌第二平安後期朱点では、基本的には、陀羅尼だけに「●」のみの声点加点が行われていると認められる。なお、同じく平安後期加点と思しき墨点には、声点は現れない。

平安後期の儀軌類の資料では、西墓点に特有とされる濁声点「△」が出現するのは、

○高山寺蔵金剛界儀軌永承六年点

○東寺観智院蔵玄法寺儀軌康平二年点・延久二年点、同平安後期仮名点

の二資料だけであって、管見の及んだ他の五資料には、濁声点「△」の出現が認められない。

検討対象が、量的には十分とは言えないかも知れないが、平安後期の西墓点資料と言っても、加点された声点の体系は、様々で、中に移点資料を含むとしても、多様な声点が用いられていたと整理される。こうした様相は、西墓点資料群内において、種々の声点加点が行われていたことを示すもので、平安後期における活動的加点の実態を示すものと考えられよう。

三、平安後期の西墓点加点の経・経釈類資料

平安後期の西墓点加点の経または経疏類の訓点資料については、管見の及んだ所が、多くはない。

東京大学国語研究室には、西墓点加点の大毗盧遮那成仏経義釈巻第二から巻第二十、十九帖［資料11］が所蔵されている。[5] この資料には、巻第七に、以下の奥書が存する。

（奥書）　　「天台僧」

治安四季（一〇二四）四月八日聴了　僧□□本

（別筆）「承久二年（一二二〇）壬午三月十八、於迎輪院傳受如［×□□］之同四月一、／壱巻マテ傳受了衆七人　空命　弁空　賢雅／靜運　賢實　玄俊（？）」

巻第十一には、

（奥書）長元七年（一〇三四）甲戌十月十九日點了　（草名）

の奥書が存している。右の資料には、平安後期（治安七年、長元七年）の朱の西墓点の加点が存して、他に、長治二年（一一〇五）の墨の喜多院点の加点が存する。治安四年の奥書の存する巻第七を取り上げてみると、

62、自然に因業（返）を撥除して　（巻第七・西墓点）

63、性の空を觀察する時　（巻第七・西墓点）

など、漢文の本文に、音読個所が無いわけではないが、声点の出現は希で、声点としては、

64、故（に）五乘轍《アト》［イ、轍《アト》。（入）］相ひ融《ユ□》會せ不［也］。（巻第七・西墓点）

65、哦《□ア》。（平）字一切諸法一切行不可得（なるか）故トイフ者　（巻第七・西墓点）

の如くであって、「○」が現れるが、清濁を区別しない。漢文本文の声点は、梵語音訳部分に対する加点が厚い。陀羅尼（偈）における声点の検討を以下に加えるが、巻七には、陀羅尼（偈）が無く、陀羅尼（偈）の存する巻第九の例を掲げる。巻第九には、梵本の金籌偈を引いて、

66、•阿（上）•壌（上）引•囊（上）无智也•鉢（上）•吒（上）•嚂（上）嘆也•嚩（上）瑳《ス》•（平）佛子也　（巻第九・西墓点）

の如く「•」が加点された箇所が存する。また、明鏡偈を引いた箇所では、

67、澄《トム》•輸（上）上•駄（平）清浄也•阿（上）囊《ナ》•（平）•尾（上）•羅（上）不濁也•阿（上）蘗《ヘイ》•（平）羅（平）二合•係《ケイ》（上）•耶（上）二合•囊（上）无執也（中略）。達（上）•摩（上）法也

（巻第九・西墓点）

とあって、例外的ながら、「○」も現れる。偈に、一般的に使われている声点「●」も、清濁を区別しないようである。陀羅尼では、焼香真言などの引用があって、「南麼三漫多勃陀喃一達摩駄睹弩薩木帝三莎訶」などと引用されるが、声点は見あたらない。

右の帰納は、資料の一部分の私的抜書備忘だけを取り上げて示したもので、概述の域をでないが、漢文本文には「○」、引用された偈には「●」とあって、単純な体系しか示さない。

東寺観智院金剛蔵には、平安後期加点と思しき蘇悉地羯羅経巻上（又別第二〇函第2号）［資料12］が存する。本文には、朱の西墓点の加点があり、墨点の仮名点が施されている。奥書には、

（奥書）（別筆二）「於洛陽城店屋買取了

使者以内假房取寄者也

慈門記之」

（別筆一）「延久二年（一〇七〇）三月十八日　相傳如舜之」

とあって、相伝奥書が、延久二年であるから、訓点はそれ以前に加点されたものと判断される。本資料の漢文本文部分には、

68、佛部眞言は扇底(平)。迦(上)の法なり　（東寺観智院蔵蘇悉地羯羅経巻上平安後期点）

の如く、漢文本文中の梵語の漢字表記部分に、「○」の加点が認められる。また、漢文本文の漢語には、

69、滞《タイ》礙《下》(平)。有(る)こと无(くし)て　（東寺観智院蔵蘇悉地羯羅経巻上平安後期点）

の例があって、濁音字に声点「○」の加点があり、右の例においては、濁音表示には右傍「下」が機能しているよう

に解釈される。

70、扇(平)•底(上)•迦(上)の法と補瑟微の法と阿毗遮嚕迦の法とは　（東寺観智院蔵蘇悉地羯羅経巻上平安後期点）

の如く、梵語の音訳部分では、「•」による加点も存する。陀羅尼部分には、

71、•達《る》(上)㗚•囉(上)惹•皤《リ》(去)•使《シ》(上)•羝《テイ》(上)六句摩(平)•訶•蜜《ヒ》(上)•祢《ニ》(上)•曳(上)七句　（東寺観智院蔵蘇悉地羯羅経巻上平安後期点）

の如くであって、「•」のみの加点で、声点で清濁を区別しない。陀羅尼における加点率が高いのは、これまで取り上げてきた資料、儀軌類、経・経釈類を通じて同傾向であるが、清濁を区別せず、体系は単純である。

京都大学図書館蔵の蘇悉地羯羅経巻上延喜九年点本に加点の平安後期（承暦三年カ）点の記述を行う。同点は、朱点で、「蘇悉地羯羅經分別持誦相品第三」以降に加点されたもので、その朱点においては、多くの声点加点例が存する。声点の加点は、漢文本文、陀羅尼部分に亘って存在し、漢文本文では、

72、身ノ諸ノ°嘲《タウ》(去)ト一切ノ戯口笑ト（中略）悪口罵詈トヲ調(ふ)　（平安後期点）

73、米粉ハ豆餅ト丼ト°蒸《シイヨウ》(去)畢豆ト及(ひ)油麻餅ト　（平安後期点）

などと現れる。「○」を用いて、清濁の書き分けもないように見えるが、

74、尼連禪河ハ[於]沂《キン》°(平)岸•(平聲點歟)ノ處ニシテ諸ノ難無(き)カ故ニ　（平安後期点）

の例があって、「•」（胡麻点）の加点例で、濁点の加点例かと疑われる例があるが、孤例であって正確には帰納できない。

陀羅尼部分にも、声点は現れる。前半部分は、

75、跋(上濁)日•囉(上)•拏(去)臛《カ》•(平)三　（平安後期点）

76、避(去)•㗚(上)•囉(上)、•滂《ラウ》(去)捺(上濁)二合邏七　（平安後期点）

右の如くで、声点は、「●」と「⸌」とが使われ、「⸌」は、濁音表示であると帰納できる。この資料の後半部分、「塗香藥品第八」末尾の「塗香眞言」には、

77、薩⸌嚩(上濁)无可反。苾(上)。地(上)二 (平安後期点)

の如くあって、これより巻末までは、陀羅尼に「○」が使われる。平安後期点においては、前半部分では、漢文本文と陀羅尼部分とで、声点の形体が異なり、使い分けが認められるが、後半部分になると、漢文部分でも陀羅尼部分でも「○」が使われる(但し、後半部分も陀羅尼の濁点は「⸌」が現れる)。

五島美術館蔵の妙法蓮華経巻第五(藤南家経)［資料13］は、平安後期の資料と推定されるもので、朱の西墓点加点が存する。本文は、五四三行に亘るが、巻第五で、陀羅尼はなく、漢文本文のみである。音合符の使用があって、字音語が含まれる資料であるが、声点の加点は見あたらない。

取り上げた西墓点加点の経・経釈類の絶対数が多くないが、右に掲げた資料では、声点の加点体系が簡素で、儀軌類に比べて、多様ではないように観察される。特に、一点であるが、顕教関係の妙法蓮華経の西墓点加点資料には、そもそも声点の加点が見あたらない。

おわりに

以上、平安中期と平安後期の西墓点加点資料における声点の加点体系を資料ごとに整理して記述してきた。管見の及んだ平安中期の資料が十分ではないが、平安後期資料における声点加点の体系は、資料によって区々で、平安後期西墓点資料において、その多様性を示していることが注目される。

平安後期の西墓点資料にも、移点資料が存して、前代の言語事象を反映していることも想定できるが、そうした資料があったとしても、淘汰されることがなく、多様の形態が並存した資料があることに注目せねばなるまい。即ち、資料の訓読の状況は、多様であって、定式化されている訳ではないと認めねばならない。

稿者は、金剛界儀軌を取り上げて、平安時代後半期の西墓点資料における訓読語が、平安中期から、平安後期にかけて存在した、天台宗寺門派における複数の訓読が淘汰されて、慶祚に始まる訓読を基として、部分的に改変されながら平安後半期に伝えられたのではないかと推測したことがある。(6) 通時的に、西墓点における声点の加点体系について考えようとすれば、院政期の西墓点資料を問題にする必要があると考える。院政期の詳細は、次節に譲ることとするが、(7) 平安後期において、多様な道筋が存して、活発な訓読活動（伝授活動）が行われてそれが淘汰されていった状況があるように思われる。

西墓点資料に特有だと指摘される「△」声点も、右に整理された如く、平安中・後期資料には、圧倒的に出現するというわけでは無いようである。また、平安中期の西墓点資料には出現しないことに注目せねばなるまい。この「△」声点の伝流を含めて、院政期の資料に言及せねばならないと考えるが、次節に委ねることとする。

注

（1）拙著『平安鎌倉時代漢文訓読語史料論』（平成十九年二月、汲古書院）第四章第二節。

（2）築島裕「濁点の起源」（『東京大学教養部人文科学科紀要』第32輯、昭和三十九年四月）。
同「古点本の片仮名の濁音表記について」（『国語研究』33、昭和四十七年三月）。
沼本克明『日本漢字音の歴史的研究』（平成九年十二月、汲古書院）第三章。

（3）本資料については、先学の御高論がある。

築島裕「大東急記念文庫藏金剛界儀軌古点について」（『かがみ』第拾壹号、昭和四十一年三月）に詳述されているが、拙著『平安鎌倉時代漢文訓読語史料論』（平成十九年二月、汲古書院）においても、論述したところである。

（4）築島裕、注（1）文献において、声点の加点が、天台宗において陀羅尼に始まったと説かれる。

（5）月本雅幸氏御提供の写真資料による。該当資料の精査の機会を持っていないのが現状で、概述の域をでない。本文に掲げた用例も、極一部分の調査結果でしかない。巻七と巻九の一部について触れただけである。東京大学国語研究室の許しを得て、閲覧し、別途、詳細を報告したいと考えている。本資料の解読に関して、訓点等に対する誤認の存する場合は、全て、稿者の責任にある。

築島裕『平安時代訓点本論考　研究篇』（平成八年五月、汲古書院）五四四頁。

（6）拙著『平安鎌倉時代漢文訓読語史料論』（平成十九年二月、汲古書院）第六章第一節。

（7）本書第一章第二節。

第二節　院政期の天台宗寺門派西墓点資料における「△」声点の発祥と伝流

はじめに

天台宗の寺門派は、三井寺を中心とした流派であることは間違いないが、平安時代の教学的活動が、三井寺だけに終始したかと言えば、そのようなことはない。比叡山上にも智証大師以来の教学の拠点があって、山上でも寺門派の系列の教学活動があったものと考えられる。

山門、寺門両派と言えば、平安中期後半からの政治上の抗争の歴史があって、十二世紀ともなると、屢々、山上の僧兵が山を降って三井寺に火を放ったり、三井寺の衆徒との抗争の印象が強く、そのため、教学も整然と山上と寺門とで分かれていたかの如く捉えがちである。実際、この時期、山上にあった寺門派の僧侶が、比叡山より三井寺等に転じた旨の記事がいくつか見つかる。

「智辨」　修學院根本　千光院　受後十二年　證義長保四年宸筆御講　謚號智觀　諱號勝筭
●智觀權僧正授十三人　六十二始行　長吏此時兩門騷動去山門
「十」　加非宣一人　寛弘八－十－廿九　卒　八十二
（内閣文庫蔵三井寺潅頂脉譜）

「勝筭」についての記事である。天元四年（九八一）に、餘慶の法性寺座主の補任を巡って、山門派僧徒が訴奏し、山門派と寺門派の間で軋轢があった。これに端を発して、餘慶は、門徒数百人を連れて山を降り、岩倉観音院に移った。時を同じくして、勝算は、北白川修学院に移り、観修も山を降って、解脱寺に転じた。穆算も同様に、一乗寺に下っている。山上には、慶祚などの寺門僧徒が千手院等に住して、智証大師の事跡を守らんとした。その後、餘慶には、永祚元年（九八九）に、天台座主の勅が下るが、山門の僧徒が騒ぎ、山上にあった慶祚も正暦四年（九九三）八月十日には、遂に下山せざるを得なくなり、岩倉大雲寺に転じて、後、三井寺に移っている。詳しくは次節に述べるが、山門派と寺門派との関係は、平安中期から後期にかけての時期には、成尋が、四十三歳の時、延暦寺総持院阿闍梨に勅補されているし、心誉はもともとは、山門派証誉の資であったりしているので、山門派と寺門派の闘争も年代によって緩急のあったことが理解される。（詳細は次節に再述する。）

元亨釈書によると、平安中期末、平安後期初には、三井寺の流が衰退していたようで、慶祚が三井寺に入って、寺門派が隆盛を迎えたらしい。この時期、山上より三井寺に転ずることは、取りも直さず、山上での活動を中止したことであって、前提として、それまで寺門派の僧侶の山上での教学活動があってのことであると判断される。本節でも触れるが、山門、寺門対立以降も、当然ながら山上に寺門派の関係した資料が残され、山上に伝えられていたと見るのが穏当であろうし、また、比叡山上ではなくとも、左京青蓮院において、院政期の寺門派の僧、猷乗が、龍雲房慶祚の自点本を見いだし、これを移点している例があるので、天台宗寺門派と天台宗山門派の行き来は存したことになると判断せざるを得ないであろう。

寺門派系の教学、具体的には、西墓点加点の資料で、山上での山門派との教学的交流を示す資料があることは、既に、先学の指摘されるところである。(1) かかる状況を、念頭に置きつつ、以下には、院政期の西墓点資料を取り上げて、それらの資料に現れる声点に注目して、検討を加えることとする。
なお、以下に各資料の奥書を引用する場合がある。その奥書も、抜粋であったり、順不同に掲げたりしているが一々断っていない。

一、院政期の西墓点資料に加点された「△」声点の出現する資料

天台宗寺門派の西墓点資料には、濁声点「△」が現れて、寺門派資料の特徴であることは、既に、先学のご指摘がある(2)。天台宗寺門派資料を特徴付ける濁声点「△」の出現する資料は、平安後期より認められるが、管見の及んだ限りの平安後期の西墓点加点資料では、声点「△」の出現する資料は、多くない(3)。「△」声点の発祥については、後段に触れることとするが、その伝流に乗った院政期の西墓点資料では、この「△」声点の現れる資料が漸く数を増する。広島大学蔵仏説六字神咒王経承徳三年（一〇九九）点本［資料1］には、二系統の奥書と、朱墨の訓点の加点が存する。朱点は、承徳三年の加点で、西墓点が用いられている。墨点は、仁平三年（一一五三）の加点で、ヲコト点に第一群点を使用する。本資料には、以下の比較的詳細な奥書があって、訓点の年代、素性等が知れる。西墓点である朱点に対応する奥書は、以下の如くである。

（奥書）本云／寛徳二季（一〇四五）八月廿三日以法橋（唐房行圓御坊）御房本於乘々坊東與（頼覺）寫了申酉之際
（朱書）「永承參年（一〇四八）十一月一日從奉披雲奉讀了／日記等如書寫本」
承徳三年（一〇九九）八月廿三日以眞如院律師（公圓也）御本書寫之／件本乘々坊御本云々／一校了
（朱書）「同廿七日移點了」

右の奥書によれば、朱点（西墓点）は、寛徳二年に行円の本を、乗々坊頼覚が書写した本が後、公円の所持と成ったらしく、この本を基に、書写され、朱にて移点をしたものが、現在伝えられた資料と認められよう。事情が必ずしも明確ではないが、寛徳二年の写本は、更に、永承三年に披雲房頼尊より伝授を受ける際に使用された事情があったように推測される。

朱点（西墓点）は、漢文本文には、

1、若(し)五(上濁)岳(入)の邊(に)作(らは)　（広島大学蔵仏説六字神咒王経承徳三年朱点）

2、若(し)、伉(去)谷(入)の邊(に)作(らは)　（広島大学蔵仏説六字神咒王経承徳三年朱点）

など、声点「○」と濁声点「△」が出現する。梵語の漢字音訳語には、

3、若(し)半(平)毗(去濁)陀(上濁)羅(上)、　（広島大学蔵仏説六字神咒王経承徳三年朱点）

とあって、「○」「○○」が現れる。陀羅尼においては、

4、安(去)陀(上濁)隷(平)、般(去)陀(上濁)隷(平)、　（広島大学蔵仏説六字神咒王経承徳三年朱点）

の如く、声点「●」、濁声点「●●」を使用する。

墨書の訓点は、基底としては第一群点の加点を行っているもので、第一群点が天台宗も山門派の所用の点であるので、比叡山の関係の系統のものであろうと推測できるのであるが、第一群点資料の言語事象としては例外となる声点「△」が出現する。墨点による「△」声点は、ただ一例のみの加点で、

5、若(し)厠梱便(平濁)(の)邊(にして)作(らば)、厠梱便(にして)之(を)滅(せむ)。（広島大学蔵仏説六字神咒王経仁平三年墨点）

とした例である。右の例は、孤例で、朱点の去声濁音声点の「△」の異説を点じたものである。この墨点の成立を奥

書によって検ずれば、興味深い記事と対応する。

（奥書）（別筆）「本云／長治元年（一一〇四）甲申六月辛未廿六日丁卯申剋於左京青蓮院東廊南面以龍雲坊大阿闍梨／自點御本書寫之畢　同本以移點了　一校了　猷乗記之

仁平三年（一一五三）正月廿八日以他本移點了法輪御本又別ニ本合三本也墨点／此經ハ有兩巻故從弁大僧都御房給之也／所持俊乗記之（コノ奥書ノ下ニ擦消「仁平三年正月廿七日從大僧都御房給之」アリ）

校勘畢點幷文字等／奉讀　（擦消）「傳得俊乗□」

そもそも墨点は、長治元年に猷乗が、左京青蓮院において、龍雲房慶祚の自點本を以て書写移点したものが祖本で、寺門派の慶祚も、第一群点を使用していた可能性が非常に高く興味を誘うが、この系統の本を以て、仁平三年に伝授を受けている。更に、仁平三年の伝授の際に、天台宗寺門派、鳥羽僧正法輪院覚猷の本など、合わせて三本を基に、移点したものの様に読み取れよう。即ち、墨点の系統は、訓点が重合しているのでは無いかと認められる資料である。さすれば、寺門派の僧間に伝えられた朱点の系統と、寺門派慶祚の自点本、寺門派覚猷の本、更に、別の本から移点した墨点の系統が存する事となる。墨点は、基調が第一群点であるから山門派比叡山関係の訓点を基底としていることは確かであるが、校合、異読の加点に、寺門派系統の資料が関与していたことになる。即ち、墨点における「△」声点の出現には、種々の解釈が可能である。一つには、慶祚の訓点に既に存在したと見る見方であろう。別の解釈は、覚猷の資料にあったものを校合して書き足した可能性もある。「又別ニ本」とある資料からの影響かも知れない等々の解釈が成り立とう。第一群点資料に孤例として現れる「△」は、必ずしも山門派関係であるとは断ぜられないし、むしろ、寺門派僧の影が強いように見て取れるところである。

高山寺蔵不動儀軌承徳三年（一〇九九）点本（重文一部第57号）［資料2］には、以下の奥書が存する。

（奥書）承徳三年五月廿四日
奉従　伽耶坊已講奉
受畢

裏表紙には「園城寺求法／沙門／香仙坊」とある。「伽耶坊」とは、俊円の謂いらしく、「園城寺」とある裏表紙の書入からも、寺門派の内、三井寺関係の資料であると認められる。本資料には、朱点の西墓点と墨点の仮名点が認められるが、共に、承徳三年頃の加点であると推定される。墨点には、声点が認められず、朱点に声点の加点が存する。漢文本文には、

6、是（の）大火に焚焼（返）せ被る　瘦《セイ》（平）楚《ソ》（平）セラるること［イ、瘦《ヒヽラ》キ楚《イタ》ムコト］遍く文體（返）に入（り）て　（高山寺蔵不動儀軌承徳三年朱点）

7、一切衆生の若干種の心等（返）を呑噉（平濁）して　（高山寺蔵不動儀軌承徳三年朱点）

とあって、清音「○」、濁音「△」が現れる。陀羅尼では、

8、嚩（上濁）婆（去濁）引娑《サ》（上）曩（上）、誐（上濁）誐（去濁）怒《ナウ》（上）奴奥反娜（上濁）引里（上）曳《ヤ》（上）［イ、曳《エイ》］、（高山寺蔵不動儀軌承徳三年朱点）

9、達《る》（平濁）摩（上）［イ、摩（平）］駄（去濁）引姤（平）、（高山寺蔵不動儀軌承徳三年朱点）

などの加点があり、基本的には、清濁を「●」「ニ」で加点するが、例外的に、声点「○」の清点、「△」の濁点が現れる。

高山寺蔵金剛頂瑜伽降三世成就極深密門康和五年（一一〇三）点本（第一一五函第31号）［資料3］には、康和五年加点と認められる朱点（西墓点）と、天治元年（一一二四）と考えられる墨点（仮名点）の加点が存する。奥書は、

（奥書）（朱書）「康和五ー四月十六日奉隨眞如院律師御房受学了一日（以下破損）」

一校了
奉従眞如房
（別筆）「成嚴、
同受圓證」
天治元年七月廿六日奉讀了

とある。「眞如院」は、公円の謂いであろうか。「成嚴」は、未勘であるが、「圓證」は、実相房頼豪の資に見える僧であろう。この資料には、朱点、墨点ともに、「△」声点が認められる。朱点には、漢文本文に

10、禮《ライ》(平)、淨、□縛(音)、摧《サイ》(去濁)、入、悶、普賢印し、（高山寺蔵金剛頂瑜伽降三世成就極深密門康和五年点）

とあって、声点「○」「△」が認められる。陀羅尼には、

11、薩《サ》(上)怛(上)嚩(上濁)、无□反二合唅、（高山寺蔵金剛頂瑜伽降三世成就極深密門康和五年点）

とあって、清音「●」濁音「●●」の加点が一般的であるが、

12、惹《サ》(上濁)嚩(上濁)□□羅［イ、羅(去)］、麼《マ》(去)［イ、麼(上)］羅(上)、（高山寺蔵金剛頂瑜伽降三世成就極深密門康和五年点）

など、異説の並記には、「○」が出現する。
一方、高山寺蔵金剛頂瑜伽降三世成就極深蜜門天治元年墨点にも、漢文本文に、

13、暴(去濁)怒(上)(して)月輪(に)處(せよ)（高山寺蔵金剛頂瑜伽降三世極深蜜門天治五年点）

とあって、清音「○」濁音「△」の声点の加点が確認される。陀羅尼には、墨声点は加点されていない。

石山寺校倉蔵金剛頂蓮華部心念誦儀軌天永三年（一一一二）点（校倉第十五函第1号）［資料4］には、天永三年加点

と思しき朱点（西墓点）と墨点（仮名）との加点が存する。以下の奥書が存する（抄出）。本奥書は、

（奥書）（朱書）「點本云此瑜伽者萬壽三年（一〇二六）五月廿七日爲首於唐／院法橋大阿闍梨座下稟受而當初讀本／

其狼藉仍新抄寫備遺忘耳頼尊記

寛徳二年（一〇四五）九月廿三日點已　　此日五更初記

[de va tu sti] 三年十一月　日［×共］殿　本對勘注或本是／　　頼尊記云々」

點本云墨者敬一阿闍梨授尊敬様也件阿闍梨授良勇和尚耳／　　頼尊記云々

とあって、祖本の素性が知れる。一つの系統は、披雲房頼尊が万寿三年に唐院法橋大阿闍梨から伝授を受けたもので、同じく頼尊が、寛徳二年に加点した資料である。今ひとつは、墨点の加点で、同じく頼尊が、敬一―良勇と伝えられた訓読に発するものについて、朱点に対する異同箇所を記したものである。書写奥書は、天永三年の尊観の奥書があって、右の頼尊の本を基に書写加点している。それに先だって、長治三年（一一〇六）に常住院（信慶か）より伝授を受けており、常住院は、天喜二年（一〇五四）に、右の頼尊より伝授を受けている資料である。この資料の訓点は、朱点が全巻に亘って存して、墨点の加点箇所は多くはない。朱点における漢文本文の声点の加点状況は、以下の通りである。

14、遍く滿（す）ること「イ、遍滿（し）て」胡△(去濁)麻の如し。（石山寺校倉蔵金剛頂蓮華部心念誦儀軌天永三年朱点）

15、菩提大慾○滿(上)して　（石山寺校倉蔵金剛頂蓮華部心念誦儀軌天永三年朱点）

右のように、清音「○」、濁音「△」の声点が加点されている。陀羅尼は、

16、摩(平)訶(上)尾(上濁)囉(去)誐(上濁)、（石山寺校倉蔵金剛頂蓮華部心念誦儀軌天永三年朱点）

「●」「●●」が基本であるが、異説を並記する場合、

17、囉(去)儒《ソ》(上濁)［イ、儒(平濁)］引波(平濁)誐(上濁)哆(平)入引、（石山寺校倉蔵金剛頂蓮華部心念誦儀軌天永三年朱点）

18、素(平)巘《キャ》(平濁)［イ、巘(去)］蕩《タ》(平)［イ、蕩(上)］引儗(上濁)魚枳反（石山寺校倉蔵金剛頂蓮華部心念誦儀軌天永三年朱点）

の如く「○」「△」が出現する。

墨点では、陀羅尼に声点「●」のみが現れるのが基本で、一例だけ「●●」を使用した例外が存する。

東寺観智院蔵聖閻曼徳迦威怒王立成大神験念誦法永久二年（一一一四）点（第三〇函第98号）［資料5］には、朱の西墓点と墨の仮名点の加点が存する。奥書には、

（奥書）（朱書）「點本云點本云承暦四ー（一〇八〇）二ー廿七日一校了校本奥□／長保五年（一〇〇三）三ー十三日於三井寺唐房於大阿闍梨座下／稟受已了云々

寛治四ー（一〇九〇）八月廿四日於西蓮御足下奉受了」

永久二ー十月五日以已講御房御本書之

同年同ー十一十二兩日間奉隨已講御房奉／受之了同聞宗爰供奉

とある資料で、以下の一連の永久二年加点の西墓点資料と同様な成立事情を持つものと認められる。祖本は、三井寺における大阿闍梨慶祚よりの伝授を受けた資料で、寛治四年に西蓮房（快誉）から、伝授を受けたという素性の本を基に、永久二年に已講御房本を書写して、伝授を受けたものである。朱点の声点は、漢文本文において、

19、其の身《み》長(平)ー大にして无量由旬なり。（東寺観智院蔵聖閻曼徳迦威怒王立成大神験念誦法永久二年朱点）

陀羅尼では、

20、薩《る》(上)嚩(上)尾(上濁)覲《キン》(去)南(上)二合、六（東寺観智院蔵聖閻曼徳迦威怒王立成大神験念誦法永久二年朱点）

とあって、「●」「●●」の加点が認められる。また、

21、娑《そ》發(去)[イ、發(上)]二合吒(半音)娑(平)發(去)[イ、發(上)]二合吒(半音)、(東寺観智院蔵聖閻曼徳迦威怒王立成大神験念誦法永久二年朱点)

等の如く、朱点で異説を加点する場合、声点「○」が出現する。

墨点における漢文本文への加点では、

22、佉陀(上濁)羅(上)木(を)取(りて)(東寺観智院蔵聖閻曼徳迦威怒王立成大神験念誦法永久二年墨点)

の如く、梵語の漢音訳には、「•」「••」が現れる。純粋の漢文部分では、

23、聖閻曼徳迦威怒王立成(上濁)大神験(平濁)念誦法 (東寺観智院蔵聖閻曼徳迦威怒王立成大神験念誦法永久二年墨点)

24、仰《カウ》(平)臥(平濁)(して) (東寺観智院蔵聖閻曼徳迦威怒王立成大神験念誦法永久二年墨点)

25、沙(上)の嚕(去)地(上濁)羅(上)とを (東寺観智院蔵聖閻曼徳迦威怒王立成大神験念誦法永久二年朱点)

とあって、清音声点「○」と濁音声点「△」の出現が認められ、例25のように梵音の漢字音訳には、「○○」の出現も認められる。陀羅尼部分では、

26、(朱書)「唵、薩(上)嚩《る》(上)歩(去濁)多(上濁)、婆(去濁)野(上)、」 (東寺観智院蔵聖閻曼徳迦威怒王立成大神験念誦法永久二年墨点、本文は朱書で、「山王院/本无/此等字」の注記がある)

とあって、「•」「••」の出現が認められるが、朱点の声点に対する異説として記入する際は、

27、佉呬、訥《ト》(平濁)[朱点は平「•」]瑟吒 (東寺観智院蔵聖閻曼徳迦威怒王立成大神験念誦法永久二年朱点)

のように、「△」が出現する場合がある。

東寺観智院蔵甘露軍荼利菩薩供養念誦成就儀軌永久二年(一一一四)点(第一三一函第9号)[資料6]には、いずれも永久二年頃と思しき三種の訓点がある。朱点、墨点、茶点ともに、西墓点を用いている。奥書には、

（奥書）（朱書）「點本云點本云康平四｜（一〇六一）四｜八日奉讀之了／以平等院本一交了校本、長保五年（一〇〇三）六月／十六日於三井寺小堂房隨大阿闍梨點了」
本〔×金剛〕尊羯麼印（右傍補入）　本尊三昧印金剛卩母麼莫鶏印云々
永久二｜（一一一四）十月六日請越前已講御房本／書之了同｜同｜廿日ヨリ廿六日マテ六日間奉受之了
書本、寛治四｜（一〇九〇）九月廿一日書了廿九日移點之／十月廿五日於西蓮房御足下奉讀之了

とある。この奥書によれば、永久二年十月六日に越前已講（慶祐）の本に基づいて書写されたもので、その本にあった訓点には、少なくとも三系統が存したらしい。一つは、康平四年四月八日に伝授のあった系統のもので、この訓点に対して、平等院（永円）の所持本で対校している。平等院所持の校本は、長保五年六月十六日に三井寺小堂房において大阿闍梨（慶祚）に従って点じた訓点を伝えたものである。今ひとつの系統は、寛治四年九月二十一日に点じた本で、同二十五日に西蓮房（快誉）に従って伝授を受けた系統のものである。次掲の同体裁の資料でも、訓点の系統が推定されるが、朱点は、康平四年の訓点を伝えたもので、茶点は、長保五年の慶祚の訓点を伝えたもので、訓読法の異同箇所を記したもの。墨点は、寛治四年の訓点を伝えたものと理解しておきたい。朱点は、漢文本文において、

28、違｜犯の°愆《ケン》（去）｜咎を除き　（甘露軍荼利菩薩供養念誦成就儀軌永久二年朱点）

29、°軒（去）｜°°楯（平濁）周環せり。（甘露軍荼利菩薩供養念誦成就儀軌永久二年朱点）

とあって、清音「○」濁音「○○」で現れる。ただし、圏点双点「○○」は、右に掲げた一例で孤例である。陀羅尼は、

30、唵•薩《る》（上）•噂（上）•怛（上）他•（平）••誐（上濁）多•（平）、（甘露軍荼利菩薩供養念誦成就儀軌永久二年朱点）

の如くあって、「•」「••」と加点される。

墨点は、漢文本文において、

郵便はがき

料金受取人払郵便

麹町局承認

1433

差出有効期間
平成29年8月
31日まで
（切手不要）

1028790

202

東京都千代田区
飯田橋二—五—四

汲古書院 行

通信欄

購入者カード

このたびは本書をお買い求め下さりありがとうございました。今後の出版の資料と、刊行ご案内のためおそれ入りますが、下記ご記入の上、折り返しお送り下さるようお願いいたします。

書　名
ご芳名
ご住所 TEL　　　　〒
ご勤務先
ご購入方法　①　直接　②　書店経由
本書についてのご意見をお寄せ下さい
今後どんなものをご希望ですか

31、厭(平)倦(平)恪(平)惜(入濁)無(く)　(甘露軍荼利菩薩供養念誦成就儀軌永久二年墨点)

とあって、「○」「△」で、清濁の声点の加点が存する。陀羅尼においては、墨点の声点加点例がない。

茶点にも、声点の加点例が確認され、漢文本文で、

32、三昧耶(を)告(平濁)令(平)(す)　(甘露軍荼利菩薩供養念誦成就儀軌永久二年茶点)

とあって、右同様「○」「△」が現れる。陀羅尼の加点例にも拾えて、

33、訖穰二合喃阿引尾《ミ》(平濁)捨覩　(甘露軍荼利菩薩供養念誦成就儀軌永久二年茶点)

とした一例もあるが、多くは、

34、嚩日(上濁)[朱点は単点]囉鉢(上)[朱点は平]囉(上)[朱点は平]　(甘露軍荼利菩薩供養念誦成就儀軌永久二年茶点)

の如く「•」「••」と現れる。右の三種の訓点は、朱点が主体で、それに対して、墨点と茶点を加えたものであるが、訓読の異同を添えたものは非常に少なく、朱点の不足を補う例が極めて多いことが注目される。

東寺観智院金剛蔵に所蔵の金剛頂瑜伽降三世成就極深密門永久二年(一一一四)点(第三〇函第12号)［資料7］には、三種の訓点が存する。いずれも永久頃と推定される訓点で、朱の西墓点、墨の仮名点と茶色の西墓点の加点があって、右の資料と同様である。奥書には、

(奥書)點本云點本云御本云長保六年(茶)「此後記以此色了記之」(一〇〇四)二月十五日辰時奉隨／大阿闍梨承點了于時於三井寺時(?)永堂記之

　　僧正御足□

　寛治四ー(一〇九〇)七月廿七日以實相房御本一交了　□□

　　寛治四ー八ー廿八ー於西蓮房御足下奉受了

永久二ー(一一一四)十月七日以已講御房御本書之

同年同月十日○(同)越前已講御房御足下奉受了／同受賢首房

とある。右の奥書から、茶色の訓点が、慶祚の訓点であることが判る。東寺観智院に所蔵されている永久二年の茶色の西墓点加点のある資料においては、この茶色の訓点の出自が、慶祚であると認められよう。本資料の茶色の訓点は、朱点、墨点に対して異読を示した如くで、加点箇所自体が多くはなく、漢文本文にも、陀羅尼部分にも声点「△」の加点例はない。ただし、

35、吽(平)迦(上)羅(上)(の)身(を)現(して)　(金剛頂瑜伽降三世成就極深密門永久二年茶色点)

36、彼(の)傲(去)カ(平聲位置ニ双點加點)ウ慢者大自在欲主(を)攝(して)　(金剛頂瑜伽降三世成就極深密門永久二年茶色点)

の如く、声点「○」、また、右傍の仮名に双点を付して、濁音を示した例がある。前に掲げた甘露軍荼利菩薩供養念誦成就儀軌永久二年茶点には、声点「△」が現れるので、慶祚の訓点も、「△」を使っていたものと判断される。

朱点の西墓点における声点は、漢文本文に、

37、特(入)進(平)試(去)鴻(平)臚(平)卿(平)、大廣智不空三藏　(金剛頂瑜伽降三世成就極深密門永久二年朱点)

38、禮(平)淨(平)合(入)縛(入)摧(去)入(入)閇(平)普賢-印(し)　(金剛頂瑜伽降三世成就極深密門永久二年朱点)

の如き例と、濁声点と判断される

39、五(平濁)-相(返)を以て身を成(音)せよ。(金剛頂瑜伽降三世成就極深密門永久二年朱点)

濁声点「••」が現れる。陀羅尼部分には、

40、娑(平)去•莾(去)塩(平)鑁(去濁)　(金剛頂瑜伽降三世成就極深密門永久二年朱点)

の如くで、「•」と「••」とが出現する。

墨点の漢文本文における声点は、

41、心(を)按(去)(して)　(金剛頂瑜伽降三世成就極深密門永久二年墨点)

の如く、声点「○」と共に、以下の例が現れる。

42、禮淨(平濁)合(入濁)縛(入濁)摧(去濁)入門普賢印シ　(金剛頂瑜伽降三世成就極深密門永久二年墨点)

右は、朱点の例で掲げた、例38と同一の箇所であるが、濁声点「△」が現れる。陀羅尼部分では、

43、羅(去)麼羅(上)拘(上)嚕(上)二合駄　(金剛頂瑜伽降三世成就極深密門永久二年墨点)

44、唵䉶(上濁)日(上濁)羅(上)二合、　(金剛頂瑜伽降三世成就極深密門永久二年墨点)

の如くあって、「●」「●●」と共に、「○」の出現も認められる。例外的に現れる「○」は、先行の朱点に対する異説を記す場合に用いられている。

東寺観智院蔵大吉祥天女十二名号経仁平二年（一一五二）点（第一三一函第33号）［資料8］は、墨付き二丁半ほどの言語量の小さな資料であるが、朱の西墓点、墨の仮名点、茶色の西墓点が存する。先に取り上げた、一連の永久二年（一一一四）加点の訓点資料群があるが、かかる加点状況より、この系列を引くものではないかと推測される。奥書には、

（奥書）仁平二年二月二ー於延壽坊賜／御本書寫了　　行曉

即日題幷陀羅尼奉受了

とある。「行曉」は、寺門伝記補録に見えている僧である。声点は、朱点においては、

45、能く貧窮(返)を除(き)て豊《フ》(平濁)ー饒富ー貴(を)獲ー得せむ。(東寺観智院蔵大吉祥天女十二名号経仁平二年朱点)

漢文本文に、右の「△」声点一例が存する。墨点、茶点は、漢文本文には、声点の加点がない。陀羅尼には、朱点では、

46、薩《サる》縛《ハ》•迦(上)引哩也合二、（東寺観智院蔵大吉祥天女十二名号経仁平二年朱点）

の如く、単点「•」の加点例のみが加点されているが、濁音字だと推測される字に対する加点が確認できない。墨点にも、陀羅尼の加点例があって、

47、娑引••駄(去濁)•你(上)二三、（東寺観智院蔵大吉祥天女十二名号経仁平二年墨点）

声点に、「•」「••」が出現する。茶点には、陀羅尼の声点加点例が拾えない。

唐招提寺蔵大毗盧遮那成仏神変加持経承安四年（一一七四）点本（細字、巻第一〜巻第四、一巻）［資料9］には、全巻に亘る承安四年の墨の西墓点と、巻頭より四十六行ほどに加点された院政期の朱の西墓点が存する。朱点には、

48、勝迅《シン》(平濁)執金剛、（唐招提寺蔵大毗盧遮那成仏神変加持経院政期朱点）

49、労《ラウ》(去)-倦(平)を辞(平濁)セ不《す》。（唐招提寺蔵大毗盧遮那成仏神変加持経院政期朱点）

等とある。言語量が少ないが、「○」「-○」の出現は認められるものの、「△」は、存しない。

墨点に対応すると思しき奥書は、

（奥書）承安四年甲午始八月十一日終于十五合五ケ日之間於慶雙房阿闍梨座下／奉讀了　沙門慶壹(?)／同受禪

具縁本未傳受

とある。「慶雙房阿闍梨」も「慶壹」も未勘で、本資料の加点事情、伝来等が不明とせざるを得ない。この墨点には、

50、勝迅(平)執金剛、（唐招提寺蔵大毗盧遮那成仏神変加持経墨点）

51、是れ第三ノ疱《ハウ》(去)種なり。（唐招提寺蔵大毗盧遮那成仏神変加持経墨点）

とある声点「○」が認められる。濁音の声点には、寺門派資料に見かけられる、

52、廣大ノ心ニ利益勝-上大乗《ノ》(上濁)-句、（唐招提寺蔵大毗盧遮那成仏神変加持経墨点）

の如くの例が存して、「△」が現れている。また、漢文本文に対して、

53、思惟深くして復、甚(去濁)深(上濁)ナラムコトヲ　(唐招提寺蔵大毗盧遮那成仏神変加持経墨点)

とした、濁声点「••」が出現する。声点体系の重合であると認めなくてはなるまい。漢文本文中の梵語音訳部には、

54、摩訶泮《ハン》(去)尼、阿地(上濁)提《タイ》(去濁)婆(上濁)、　(唐招提寺蔵大毗盧遮那成仏神変加持経墨点)

とあって、「•」「••」が出現する。

一方、陀羅尼には、基本的には、声点の加点、仮名点の加点は存しないが、左の如き例も、例外的に存する。

55、嚩(上濁)迦(去)他(上濁)那(上)四、　(唐招提寺蔵大毗盧遮那成仏神変加持経墨点)

東寺観智院蔵の毗沙門別行儀軌寿永元年（一一八二）点（第一三一函第41号）［資料10］には、本奥書の記載の後、以下の書写加点奥書が存する。

(奥書) 壽永元年八月十三日以［×龍］禪 龍房御本書之了

交點了

同月廿六日奉受了

この奥書によって、この資料は、院政期末に書写加点したことが知られる。訓点には朱墨があるが、いずれも寿永頃の加点と見て良かろうと判断される。訓点には、

56、眼(訓)の精(平)(返)を護(す)るか如く　(毗沙門別行儀軌寿永元年朱点)

眼(の)精《シャウ》(平)(を)護(するか)如ク　(毗沙門別行儀軌寿永元年墨点)

等と有って、朱点墨点共に「○」声点を用いる。朱点には、

57、薬叉乾(去濁)闥婆等(返)を領して悪人(返)を摧(去濁)砕《サイ》すること　(毗沙門別行儀軌寿永元年朱点)

の声点「△」が出現し、墨点にも、

58、十二盤(上濁)(を)用(ゐよ)　(毗沙門別行儀軌寿永元年墨点)

〈朱点は以下の通り〉

十二盤(上濁)ヲ用ヰよ。(毗沙門別行儀軌寿永元年朱点)

とあって、濁声点「△」を用いる。陀羅尼には、朱点において、

59、嚩(上濁)日(上濁)囉(上)嚩(上濁)日(上濁)里(上)、(毗沙門別行儀軌寿永元年朱点)

の如く「●」「●●」で清濁を表示する。

60、唵(半音)尾(上濁)［墨點、尾(平濁)］薩《ソ》(平)普(上)宅(平)囉(平)、(毗沙門別行儀軌寿永元年朱点)

とあって、墨点の陀羅尼に対して「△」の使用例が一例認められるが、その他は、墨点による声点加点は認められない。

以上の如く、毗沙門別行儀軌寿永元年点においては、基本的に、朱墨点ともに、漢文本文には、「○」「△」により、清濁の区別をして加点する。朱点は、陀羅尼において、「●」「●●」によって清濁を区別して声点を加点する。墨点には、例外的な「△」の加点が認められるが、陀羅尼には、基本的に加点されていない。本資料について、このような体系の声点加点が、どこまで遡り得るのかと言う点については、明確には定めかねるが、本資料に存する本奥書には、保延七年（一一四二）四、五月のものが存する。

(本奥書)保延七年四月十九日以慈意房本書寫之了／一交了

(朱書)「保延七年四月廿三ー以慈意房本移點之了／兼伊記之」

保延七年四月廿三日以桂陽房御本移點之／墨點也兼伊記之

保延七年五月七日於白川別所北谷奉受／桂陽房了同受少將君兼伊記之

とした、兼伊の一連の奥書が存する。これに従えば、「慈意房」の本を基に、書写加点し、さらに桂陽房（猷乗）の本を基に、墨点を移点したこととなる。この期の「慈意房」は未勘であるが、さらにその基となった本には、延久二年（一〇七〇）、同三年の本奥書の登載がある。

（本奥書）延久二年十一月四日奉従法輪院阿闍梨御房／件儀軌奉讀之了　同受弁公覺譽記之
彼御本云件北方儀軌延久三年五月一日／奉受實相房阿闍梨御房了一日内也同受／人々円範阿闍梨　長
覺、、、　覺任元譽珍豪／覺意定円明覺定覺　覺譽記之／墨點件ノ實相房御本也

右によれば、朱点の素性が今ひとつはっきりとしないが、墨点は、「實相房」とあって、頼豪の伝と思しく、また、延久二年十一月に「法輪院」即ち、覚猷の伝授を受けたものと知れる。朱点は、あるいは、覚猷の伝を引くものであろうか。

東京大学国語研究室蔵胎蔵儀軌（玄法寺儀軌）文治二年（一一八六）点（第230冊第3号）［資料11］は、院政最末期の西墓点加点資料で、巻上の奥書には、

（奥書）（朱書）「文治二年卯月廿七日午時交點了
五月七八九十日三井平等院流壽光房ニテ
奉從受了　覺弁五十一」

とあって、これに墨書の正治二年（一二〇〇）の奥書が続く。文治二年五月に伝授があったようで、それに先だって同年四月二十七日に、移点した本文を用意したらしい。巻下の奥書も同様で、文治二年卯月卅日に普甲寺（現在の京都府加佐郡［現舞鶴市］）において本文を書写し、（原本奥書ノママ）卯　月　十三四五六日（五月ナラム）に伝授を受けたとある。巻上

の表紙左裾に「三井」の書入があって、三井寺関係の伝であると知れる。平等院流とは、永円の流の謂いと思しく、かかる資料的性格をもったものであると考えられる。漢文本文には、

61、滿分の淨法身、毗盧遮(平)那(上)遍(平)照(平)智の妙覺の光明　眼(返)を開敷して　（東京大学国語研究室蔵胎蔵儀軌文治二年点）

62、虔(去)−誠(上濁)にして　（東京大学国語研究室蔵胎蔵儀軌文治二年点）

の如く現れて、清濁を「○」「○」で区別する。また、濁声点には、「○○」も現れて、

63、我れ无明(返)に由(り)て積(入)集(入濁)(返)せる所の　（東京大学国語研究室蔵胎蔵儀軌文治二年点）

例外的であるが、

64、勤(平濁)「イ、勤(去濁)」−勇(去)ニシテ　（東京大学国語研究室蔵胎蔵儀軌文治二年点）

の如く、漢文本文にも濁声点「●●」が現れる。また、左の「△」は、巻下に偏って、用例が確認されるが、

65、左(訓)に商(去)−掲(上濁)羅(上)を置ケ《ヲ》。（東京大学国語研究室蔵胎蔵儀軌文治二年点）

66、忿怒降三世−催《サイ》(去濁)伏大鄣者に　（東京大学国語研究室蔵胎蔵儀軌文治二年）

の如く、濁声点「△」も現れている。

陀羅尼は、

67、唵、薩《る》(上)嚩(上)没(去濁)駄(平濁)冒(去濁)地(平濁)、（東京大学国語研究室蔵胎蔵儀軌文治二年点）

とあって、清濁を声点「●」「●●」で加点する。また、用例は少ないが、

68、部《ホ》(上)「イ、部(平)」跢《タ》(平濁)引悉(上)「イ、悉(平)」親也於也−　（東京大学国語研究室蔵胎蔵儀軌文治二年点）

声点「○」「○○」も現れて、漢文本文、陀羅尼部分ともに、声点は、輻湊している。

二、天台宗寺門派における「△」声点の発祥と伝流

右においては、「△」声点が用いられている奥書の存する西墓点資料を優先して、一一資料を取り上げた。資料数が十分であるとは言えないが、この一一資料について、集約してみたのが、次の表である。

	漢文本文	陀羅尼部分	年代
資料1 朱点	○ △ （○ ○○）	● ●●	承徳三年（一〇九九）
資料2 朱点	○ △	● ー （○ △）	承徳三年（一〇九九）
資料3 朱点	○ △	● ●● （◎）	康和五年（一一〇三）
同 墨点	○ △	なし	天治元年（一一二四）
資料4 朱点	○ △	● ●● （○ △）	天永三年（一一一二）
同 墨点	なし	● （●●）	天永三年（一一一二）
資料5 朱点	○	● ●● （◎）	永久二年（一一一四）
同 墨点	○ △ （● ●● ○○）	● ●● （△）	永久二年（一一一四）
資料6 朱点	○ （○○）	● ●●	永久二年（一一一四）
同 墨点	○ △	なし	永久二年（一一一四）
同 茶点	○ △	● ●● （△）	永久二年（一一一四）
資料7 朱点	○ ●●	● ●●	永久二年（一一一四）

同　墨点	○△	● ●●（○）	永久二年（一一一四）
同　茶点	○	なし	永久二年（一一一四）
資料8　朱点	△	●	仁平二年（一一五二）
同　墨点	なし	● ●●	仁平二年（一一五二）
同　茶点	なし	なし	仁平二年（一一五二）
資料9　墨点	○△ ●●〈● ●●〉	● ●●	承安四年（一一七四）
同　朱点	○ −○	なし	院政期
資料10　朱点	○△	● ●●	寿永元年（一一八二）
同　墨点	○△	△	寿永元年（一一八二）
資料11　朱点	○ −○ ○○ ●● △	● ●●（○ ○○）	文治二年（一一八六）

注、「漢文本文」欄の〈 〉は、漢文本文における梵語音訳部分。（ ）を付したものは、使用例の少ないもの。

右の表の如く整理できるが、この十一資料に現れた声点は、基本的には、漢文本文には、「○」「△」の対で、陀羅尼には「•」「••」の対で使用されていたように見受けられるが、種々の出入りが認められる。甚だしいものは、資料11の東京大学国語研究室蔵胎蔵儀軌（玄法寺儀軌）文治二年（一一八六）点で、声点体系の諸種が重合していると認められるものであろう。

右の諸資料における本奥書で、最も古いと目されるのは、資料4の石山寺校倉蔵金剛頂蓮華部心念誦儀軌天永三年（一一一二）点の墨点に対応するもので、良勇—敬一と伝授されたものであろうが、これには、漢文本文への声点加点はなく、陀羅尼に対するものも、極めて単純な形式を取っている。これに次いで古いと認められるのは、龍雲房大阿闍梨慶祚のもので、これに対応する訓点には、声点「△」が現れる。慶祚の本奥書が認められる資料は、資料1、資料5、資料6、資料7である。

資料1の本奥書は、左京青蓮院において慶祚の点本を見いだしたとあるもので、訓点は、第一群点と思しく、他のものとは質の違うものであると判断されるが、それ以外のものは、長保五年（一〇〇三）三月の稟受奥書（資料5）、長保五年六月の点了奥書（資料6）、長保六年（一〇〇四）二月承点了奥書（資料7）などとあって、長保五・六年頃の、慶祚よりの伝授、また、加点、承点があったものと考えられる。長保頃には、慶祚は、三井寺にあったと認められるところで、これらの伝授や加点は、三井寺でのものであろうと推測される。奥書を辿る限りは、最も古い記事は、龍雲房慶祚に発するもののようである。即ち、声点「△」は、三井寺に降った、慶祚あたりに発したものと推定することができよう。

右の推定で問題となるのは、大東急記念文庫蔵金剛界儀軌永延元年（九八七）点本の存在である。この資料は、今までに、何度か論及してきたところであるが、[4] 金剛界儀軌本文に、六種の加点が存する。永延元年点は、文慶が二十一歳の時、入道三宮悟円から受けた倫誉の説で、比叡山百光房での伝授であり、この奥書の注に、「前受」とある。ここで問題となるのは、長保六年（一〇〇四）三月加点の墨点（西墓点）である。文慶が三十八歳の折、慶祚から受けたものであって、その奥書には「受學三井大阿闍梨已了」とあり、「已上後受」の注記がある。問題は、この墨点の声点で、第一節で整理して示したが、[5]「△」声点が現れない。長保六年の奥書は、本奥書などではなく、大東急記念文庫蔵金剛界儀軌は、まさに長保六年に文慶が慶祚から伝授を受けた折に使った本文そのものであると認められる。文慶と慶祚間での伝授に使われた現物そのものであって、これに「△」声点が現れないことは、「△」声点が慶祚出自であるとした推定と矛盾することとなる。しかしながら、この墨点の成立事情が分からない。先の一連の永久二年加

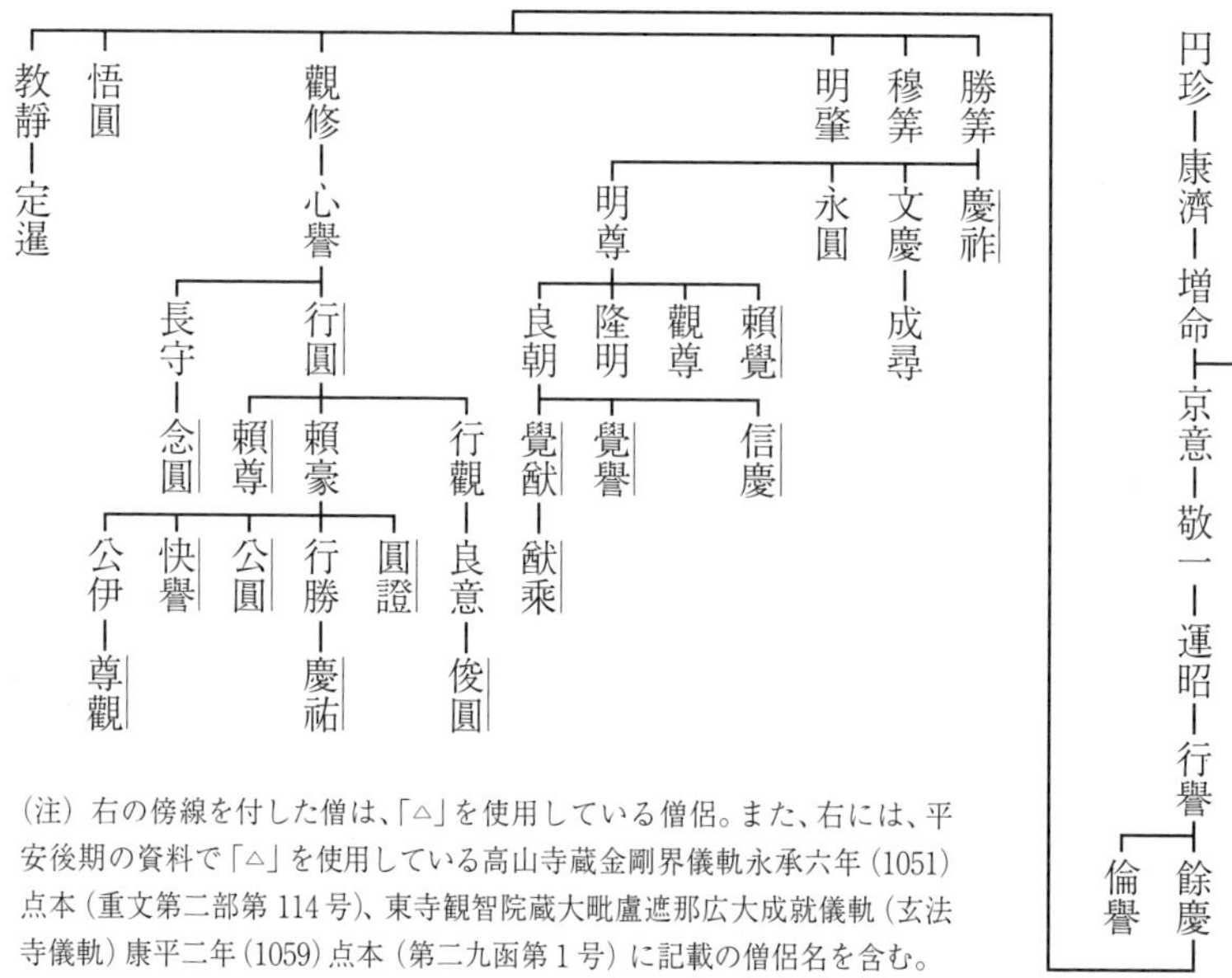

（注）右の傍線を付した僧は、「△」を使用している僧侶。また、右には、平安後期の資料で「△」を使用している高山寺蔵金剛界儀軌永承六年（1051）点本（重文第二部第114号）、東寺観智院蔵大毗盧遮那広大成就儀軌（玄法寺儀軌）康平二年（1059）点本（第二九函第1号）に記載の僧侶名を含む。

点本の本奥書には、「稟受」（資料5）とだけの奥書もあるが、「随大阿闍梨點了」（資料6）、「奉随大阿闍梨承點了」（資料7）とあって、修法の伝授とともに、慶祚の訓点を受けたことが知られる。大東急記念文庫蔵金剛界儀軌長保六年の墨点は、奥書からは、慶祚からの金剛界法の伝授があったことは明白であるが、面受、口受だけで、訓点そのものの伝承が無く、伝授を受けつつ、文慶が訓点を下ろした可能性を否定できない。

右の「△」声点の系譜を、内閣文庫蔵三井寺潅頂脉譜をもとに整理すると、以下の如くなる。

三、院政期の西墓点資料において濁声点「△」が認められない資料

右には、天台宗寺門派に特徴的とされる「△」声点について、その使用資料について記述を行い、伝流と、その発祥についての推定を掲げた。以下には、右記の例外となる資料を取り上げて、検討を加える。

院政期の西墓点加点資料において、「△」声点を加点せず、別形式の声点を加点して、声調、濁音を表示する資料が存する。年代順に掲げてみると、以下の如くになる。

高山寺蔵大聖妙吉祥菩薩説除災教令法輪寛治六年（一〇九二）点本（重文第二部第256号）［資料12］には、寛治六年頃と思しき朱点（西墓点）と加点は希であるが、長久二年（一〇四一）と思しき墨点（西墓点）の加点が存する。墨点には、声点の加点例が認められないが、朱点には、声点の加点が認められ、漢文本文では、

69、或は妖《エウ》（去）星彗孛《サイホツ》（入）王-者貴人の命宿を　（高山寺蔵大聖妙吉祥菩薩説除災教令法輪寛治六年点）

70、悪-物碎（平）瓦（平）破器、髑髏、毛（去）髪、康《カウ》（去）糟《サウ》（上）、灰（去）、炭《タン》（平）、（高山寺蔵大聖妙吉祥菩薩説除災教令法輪寛治六年点）

などとあって、基本的には、清濁を区別せず、「○」の加点を行う。但し唯一例の孤例であるが、

71、悖《ホ》（上濁）嚕（上）吽三合長聲呼なり　（高山寺蔵大聖妙吉祥菩薩説除災教令法輪寛治六年点）

の如く、梵語の漢字音訳部分に、「○○」の加点が認められる。陀羅尼では、

72、娜（上）莫（入）三（平）去曼（去）多（上濁）勃（上濁）駄（去濁）南引（上）上一、（高山寺蔵大聖妙吉祥菩薩説除災教令法輪寛治六年点）

の例が認められて、清音「●」、濁音「●●」とした加点が帰納できる。本資料の奥書は、

（奥書）寛治六年（一〇九二）七月二日書之

（別筆）「長久二年（一〇四一）九月十八日甲子於庚山房奉讀了證惠點本日記也／以西蓮房本點了／讃點本有之」

とある。年号は存して、書写加点年代は推定できるものの、「庚山房」「證惠」が未勘であり伝授の状況が明確では無く、本点の素性が摑めないが、長久二年に移点の親本となったのは、西蓮房（快誉）の本であると解釈されよう。

東寺観智院蔵吉祥天法保延三年（一一三七）点本（第一三一函第25号）［資料13］には、以下の奥書が存する。

（奥書）保延三年三月十六日書了　（朱書）「同十七日校點畢」

同年同月廿三日玄法房阿闍梨奉受了／求法僧宗尊記

（別筆）「仁平二年（一一五二）九月六日於千光明寺於玄法坊座下／點了交了　行曉記」

「玄法房」「宗尊」ともに未勘であるが、「行曉」は、寺門伝記補録に記載のある僧である。本資料には、保延三年と思しき朱点の西墓点、院政期の茶点の仮名点が存する。茶点は、加点箇所が極めて少なく、声点は確認できない。朱点では、漢文本文に、

73、當に［於］自（ら）ノ所住ノ處にして淨く掃（去）－灑（上）（す）應し。（東寺観智院蔵吉祥天法保延三年朱点）

「○」が確認されると共に、梵語の漢字音訳部分には、

74、摩（去）陀《タ》（上濁）那《ナ》（上）香、（東寺観智院蔵吉祥天法保延三年朱点）

75、摩（平）訶（上）毗《ヒ》（上濁）皷《ク》（上）畢（上）帝（平）十二、（東寺観智院蔵吉祥天法保延三年朱点）

76、三（平）曼（去）陀《タ》（上濁）阿（上）陀（上濁）［イ、陀（平濁）］十六、（東寺観智院蔵吉祥天法保延三年朱点）

の如くの清音「●」、濁音「⁚」は確認されるが、「△」の出現は認められない。陀羅尼では、

とあって、清音「●」と濁音には「⁚」と「●●」が出現する。

高山寺蔵蘇磨呼童子請問経保延三年（一一三七）点本（重文第一部第3号）［資料14］には、朱点と墨点の加点が存する。ともに、保延三年頃と推定されるもので、両者、西墓点を用いる。本資料の朱点は、

77、蘇磨《ハ》（上濁）呼（上）童子、坐従（り）［而］起（ち）（蘇磨呼童子請問経保延三年朱点）

の如く、梵音の漢字音訳部に、「•」「••」が現れるが、例外的で、漢文本文、漢字音訳部共に、

78、勤（めて）漑《ソヽ》キ灌《ソヽ》クニ［イ、漑《カイ》（去）灌（するに）］由（りて）（蘇磨呼童子請問経保延三年朱点）

79、涕（平）涶（平）棄（て）已（り）て便（ち）澡（平）灑（去）（す）應（し）（蘇磨呼童子請問経保延三年朱点）

80、蓮子、路（去）陀（上）羅二合乞沙二合、水晶、（蘇磨呼童子請問経保延三年朱点）

とあって、専ら「○」を使用する。唯二例、

81、阿（平）吠（去）［イ、吠（上）］説（上）那（上濁）ス應（から）不。（蘇磨呼童子請問経保延三年朱点）

82、半（去）拏（上濁）羅（上）縛（上濁）徙《シ》（上）寧《ニ》（上）此云服、白衣（蘇磨呼童子請問経保延三年朱点）

の如く、「○○」の使用例が存する。

墨点には、声点の出現が多くはないが、

83、假令ヒ善（く）御（去）ナレトモ終（に）、進（む）コト能（は）不（蘇磨呼童子請問経保延三年墨点）

の如くの例が認められる。また、別筆の墨の様であるが、

84、掲吒（上）布（去）單（上）那（上）、乾闥婆、部（去）多（上）、諸（の）鬼魅等（蘇磨呼童子請問経保延三年別墨点）

の例が存するが、「△」の使用はない。本資料の奥書には、別筆の承安三年（一一七三）十二月の高野山月上院での伝授の玄証の奥書が存して、月上院本の一部であったことが判るが、この資料の伝来は、上巻末に、

（巻上巻末）本經云墨ノコノ亂脱者明覺私付三巻本四巻經／所付也

また、下巻の奥書には、

（巻下奥書）保延三年（一一三七）年五月廿八日（朱書）「同年九月十七日移點了但温泉房／本也」

とあって、「温泉房明覺」出自の資料で、天台宗も、比叡山関係の資料であると理解できる。

院政期の山門派に西墓点資料が伝えられているのは、以下の例でも確認される。高山寺経蔵には、天台宗山門派の僧、「覺成」の関係した一群の資料が存する。稿者もこれを取り上げて論じたことがある[6]が、その中に、八点の西墓点加点の資料が存する。

覚成本の西墓点加点八点は、一点を除き、各帖についての全帖に亘る詳細な調査の機会を得ていない。ただ一点、詳細調査の完了している大金剛焔口降伏一切魔怨品保元元年（一一五六）点（重文第一部54号）［資料15］は、六丁程の言語量の少ない資料である。奥書には、

（奥書）保元、年閏九月廿日午（朱）「十六一點了」時許於大教房忝賜師御本書了

とあって、保元元年閏九月の覚成の署名が存する。大教房最厳の持本を底本に書写したもので、同年十月に点じたものである。この資料には、漢文本文と陀羅尼とが存するが、声点を見いだせない。声点がなくて、比較の対象とは成りにくいと認められる資料であるが、当然ながら声点「△」の出現は認められない。

西墓点加点の覚成本は、この他に、観自在権現歓喜天供法（第八二函第52号）、道場観上末（第八六函第27号）、不動立印儀軌（第一八二函第72号・第一九〇函第6号）が存する。これらは、覚成の自筆加点本であり、大毗盧遮那経随行儀軌（第一一五函第85号）も、覚成書写本で、高野山「月上院」の書入のある資料である。

烏蒭渋麼儀軌（第一一一函第31号）は、表紙に「玉泉房」の書入がある。大威怒烏蒭渋磨成就儀軌（第一八二函第13号）は、寛治二年（一〇八八）の範仁の書写奥書、同八年の範仁の奉受奥書、承徳二年（一〇九八）の桂林房における幸勝

阿闍梨からの伝授奥書とともに、

（奥書）（朱書）「以松井本移點了　範仁／大原本」

の移点奥書が存して、覚成の伝領本で、院政期の山上における西墓点資料の伝承があったことが裏付けられる(7)。

右の覚成本については、天台宗山門派において、西墓点資料の伝承があり、その本をもとに、伝授が行われていた事実を、ここで注目しておきたい。

石山寺校倉には、大毗盧遮那広大成就儀軌（玄法寺儀軌）二巻（校倉第九函第6号）［資料16］が伝わっている。加点された訓点は、永承七年（一〇五二）の朱点（宝幢院点）と平安後期の白点（宝幢院点）の加点が存するので、天台宗山門派関係の資料として成立したものであることが推定されるが、この資料には、院政期に降っての久安四年（一一四八）の墨点（西墓点）と院政期と推定される緑青点（西墓点）の加点がある。久安四年の奥書は、

（奥書）久安四年十一月六日未時許奉桂陽阿闍梨御房／即時奉受　心尊記之

とある。「心尊」は、未勘であるが、「桂陽阿闍梨」が、桂陽房の謂いなら、「猷乗」が候補として挙がる。三井寺潅頂脉譜によれば、「西蓮房快誉」の資に「猷乗」があって、長寛二年（一一六四）十月十三日に八十六歳で没しているから、時代的にも合致する。

墨点における声点を帰納すると、漢文本文には、

85、虔《ケン》(去)誠(平)ヲモテ妙香花(を)布散(せ)ヨ　（石山寺校倉蔵大毗盧遮那広大成就儀軌墨点）

86、二風輪を散舒《シヨ》(平濁)せよ。（石山寺校倉蔵大毗盧遮那広大成就儀軌墨点）

「○」「○○」が現れており、漢文本文も偶には、

87、堅(平)牢(平)地(去)天(平)幷(平)眷(去)属(入)［イ、堅(平)牢(平)地(去)天(平)幷(平)眷(去)属(入)］（石山寺校倉蔵大毗盧遮那

広大成就儀軌墨点）

「◦」「•」が出現している。

陀羅尼では、

88、嚩（平濁）引吃《キ》（上）質《シ》（上）二合多（平）三、（石山寺校倉蔵大毗盧遮那広大成就儀軌墨点）

89、滿《マン》（去）娜《タ》（上）南迦（平）嚕（上）彌　（石山寺校倉蔵大毗盧遮那広大成就儀軌墨点）

90、唵冒（去濁）地唧（上）多二、（石山寺校倉蔵大毗盧遮那広大成就儀軌墨点）

91、努《ト》（平濁）暮（上）捺《タ》（去）那《ナ》（去）、（石山寺校倉蔵大毗盧遮那広大成就儀軌墨点）

の如く、「◦」「◦◦」と「•」「ニ」「••」の使用例が認められる。

以上の如くで、墨点の声点は、相当に輻湊して現れているが、「△」は、出現してない。

院政期と推定される緑青点では、

92、尊形は猶（ほ）皓（去）素（上）（の）［猶］（再讀）（し）。（石山寺校倉蔵大毗盧遮那広大成就儀軌緑青点）

右の如く「◦」が出現している。梵語の漢字音訳には、

93、及（ひ）毗（去濁）哩（上）瞿（上）仙とか（あり）（石山寺校倉蔵大毗盧遮那広大成就儀軌緑青点）

94、泥《チ》（上濁）哩底方（平）の主をは（石山寺校倉蔵大毗盧遮那広大成就儀軌緑青点）

右掲の如くで、「•」と「◦・◦」また「ニ」が現れる。陀羅尼では、

95、滿（去）駄（平濁）滿駄（上濁）野冒《ホウ》（去濁）吒（平濁）冒（去濁）吒（上濁）野（石山寺校倉蔵大毗盧遮那広大成就儀軌緑青点）

声点に「•」「ニ」が使われている。かかる状況に整理できるが、声点「△」は、現れていない。この資料は、西墓点に先行して、宝幢院点の二種の訓点が存するもので、天台宗も山門派関係で成立した資料であると判断される。

以上の様な状況を観察すると、素性の明らかではない資料も存するが、院政期にあって、西墓点資料内に「△」声点の使用が認められない資料は、天台宗も山門派に伝えられたであろうと推定される資料、また、山門派に関係して成立したであろうと認められる資料であるように推定される。しかし、慶祚の「△」声点が、三井寺関係の資料に認められるのであるが、次節にも説くように、慶祚の訓点が寺門派を席捲しきったかと言えば、必ずしもそのようには認められない節もあって、慶祚の影響が三井寺関係に大きかった事実と、寺門派も教学、伝授の拠点が単に三井寺だけではなかったことを考えておく必要がある。

おわりに

以上、院政期の西墓点資料を取り上げ、声点の加点状況を帰納整理し、

1、西墓点資料の特徴とされる声点「△」は、平安中期末から平安後期の初頭に、慶祚が使用を始めたもので、以降、三井寺を中心とする天台宗寺門派に伝えられたものである。

2、院政期の西墓点資料で、声点「△」を使わない資料が存するが、この資料の伝来を、奥書また資料の成立事情等を示す書入を観察すると、天台宗も山門派において伝えられた西墓点資料であることが、当時の実情であり、寺門派も「△」声点が席捲しきったものでもないのが実状であった可能性が浮かび上がった。

の結論を得た。取り上げた資料の絶対量が、決して多くはなく、右の結論の妥当性を保証するものでは無いかも知れないが、院政期西墓点資料の本奥書からは、山上を追われた慶祚が、恐らく三井寺を中心に、長保年間前後に、盛んに伝授を行っていた実態が知られる。更に想像を逞しくして、声点「△」の使用が慶祚に始まるとするならば、山上

に対する寺門派の教学的アイデンティティーの誇示であった様にも読み取ることが可能ではあるまいかと思われるが、詳しくは、歴史的事実の推移とともに次節に詳述する。

注

（1）築島裕『平安時代訓点本論考　研究篇』（平成八年五月、汲古書院）。
（2）築島裕「濁点の起源」（東京大学教養学部『人文科学科紀要』第32輯、昭和三十九年四月）においては、声点「△」の使用資料群は、西墓点資料群と共に、法相宗喜多院点資料群であると説かれる。沼本克明『日本漢字音の歴史的研究』（平成九年十二月、汲古書院）第三章。
（3）本書第一章第一節。
平安中後期の管見の及んだ西墓点加点資料で、声点「△」が現れる資料は、取り上げた十三資料中、纔に、
○高山寺蔵金剛界儀軌永承六年（一〇五一）点
○東寺観智院蔵玄法寺儀軌康平二年（一〇五九）点・延久二年（一〇七〇）点、同平安後期点
に過ぎない。
（4）拙著『平安鎌倉時代漢文訓読語史料論』（平成十九年二月、汲古書院）。
（5）注（3）文献。
（6）注（4）文献。
（7）築島裕「高山寺経蔵の平安時代の典籍について」（『高山寺典籍文書の研究』、昭和五十五年十二月、東京大学出版会）

第三節　声点に見る平安時代天台宗寺門派の教学的アイデンティティー

はじめに

ここに、さほどの紙数ではないが、先行研究の多いのを承知で記してみようとするのは、日本史学や宗教史学の分野においては、実に良く知られた平安時代中頃以降の天台宗山門派と天台宗寺門派との政治的抗争、武力衝突にまで及んだ歴史を取り上げようとしているからであって、稿者自身は、研究としては実に低いレベルの意味しか持たないように自覚している。にも関わらず、稿者があえてページを裂こうとする意図は、第二節の最後に「おわりに」として記した、

○山上に対する寺門派の教学的アイデンティティーの誇示であった様にも読み取ることが可能ではあるまいかと思われる

としたことばの変化に働いた力について記しておきたいと思ったからである。

第二節には、濁音を示す「△」声点の発明者が、天台宗寺門派の慶祚であったろうと推測して、その発明は、複層

的に様々な理由があると捉えるべきであることは当然の歴史解釈の有り様であろうが、天台宗両派の動向を記述してみれば、寺門派慶祚の自派の教学的アイデンティティーを主張する所に、「△」声点成立の機縁が濃いように思われると認めたからである。「想像を逞しくして記した、寺門派のアイデンティティーの誇示とは何を言うのか」との疑問が投げかけられたのを受けての起筆である。

今一つには、天台宗寺門派関係資料のみならず、南都に関わる資料にも「△」声点が現れているのであって、この理由も、この天台宗山門派と寺門派の確執に関連する言語伝播の結果であろうと考え記しておきたいと判断したからでもある。歴史の記述内容は既述との重複があって諄くもあるが、以下に詳述してみる。

一、平安時代中期における天台宗山門派と天台宗寺門派の抗争の発端

平安時代中期十世紀に始まった天台宗山門派と天台宗寺門派の抗争の発端となるであろう感情的な対立を、更に教団初期に遡ってみれば、天台宗山門派が、最澄の弟子である第三代天台座主慈覚大師円仁（七九四～八六四）の系列の僧侶集団を指し、一方、天台宗寺門派は、遡って最澄の通訳として渡唐した義真（七八一～八三三）の弟子である第五代天台座主智証大師円珍（八一四～八九一）の弟子達の系列を指しての謂いである事に始まる。円仁と円珍が、共に初期天台宗において重きを置かれたのは、両者とも渡唐を果たし、最澄が十分には伝え得なかった密教に関しての天台宗教団における不足を補い、将来品も多く、後の天台宗教団を支えるとの評価を得た高僧であったからである。両者は、入唐八家の一人で、その将来録を通覧すれば、両者が天台宗教団において重んぜられた一端を垣間見ることができる。

天台宗慈覚大師円仁の流を天台宗山門派と言い、智証大師円珍の流を寺門派と称するが、円仁、円珍の生きた時代から存在したことばではあるまい。この両系統の僧侶集団間には、平安時代初期からも種々の確執があって、義真の後、義真の弟子達は、比叡山上を追われるような確執を産み始めている。この義真の弟子たちが、円仁の弟子系統の山僧に追われた折にも、義真の弟子である円珍は山上より下らず、以後、十二年の籠山をしたと言われる。かかる両派の対立は、天台教団初期にして既に芽吹いていると認めるべきであろう。

さて、時代を降っての平安中期の山門派寺門派両派の対立抗争は、寺門派の行誉（八九二～九七〇）の資で、寺門派僧の観音院僧正餘慶（九一九～九九一）に纏わる朝廷の判断に始まる。

この十世紀から十一世紀に懸けての天台両派の抗争として著名な抗争は、武力行使にまで及んだ山門派と寺門派との対立である。この対立は、天元四年（九八一）十一月二十九日に、寺門派の餘慶が法性寺座主に補せられた事に始まる。この山門派・寺門派の対立は、特に、時代を降っての寺門派には深刻で、その深刻さは以後鎌倉時代にまで継続された。その問題とは後に説くが、戒壇問題である（以下、一々の記事の典拠を掲げる煩を厭い、節末に一括して、参考文献を掲げる）。

餘慶は、諡智弁。筑前早良の人。慕う資は多かった様で、元亨釈書巻第十一の餘慶の記事末には、

○正暦二年（九九一）閏二月十八日化。年七十三。諡智弁。慶有四神足。觀修。勝算。慶祚。穆算也。

とある。後にも記すが、餘慶の資の神足四人は、天台宗両派の抗争に関わり、時代の波に翻弄された寺門派の四人である。

餘慶は、今昔物語集にも、霊験を現した有験の僧として説話が掲げられ、朝家の帰依は殊に厚かった様である。折しも、時代的に重なっている山門派には、第十八代天台座主となった慈慧大師良源があって、良源は、天台宗比

叡山中興の祖であると評される、政治的にも力を持った山門派僧の存在した時代であった。

餘慶は、天元二年（九七九）に、園城寺長吏に補任される。天元四年（三年説アリ）五月に寺門派僧である餘慶について、法性寺座主への補任が朝議にかかり、十一月二十九日には法性寺座主への補任発令の運びとなる。これに対して、山門派の衆徒は反対し、法性寺座主は、山門派弁日が最初で、以後九代山門派の僧が務めて居ることを楯にした。十二月七日には、山門派の衆徒が、関白藤原頼忠邸に乱入して濫行を働き、これに対して頼忠は、同九日、朝廷に被害届を出している。後に、頼忠邸乱入の張本人である比叡山の僧綱・大法師一六〇人には、公請停止の処罰が課せられた。十二月十五日、時の天台座主良源は餘慶の法性寺座主を改めるよう訴状を進上している。それに先立ち十二月十三日に餘慶は、法性寺座主の辞表を進って、餘慶自身法性寺拝堂が叶わぬまま法性寺座主の任を解かれている。

この寺門派餘慶の法性寺座主への補任問題にまつわり、山門派と寺門派との対立が激化して、比叡山上にあった餘慶自身は門人数百人を連れ北岩倉の観音院に、四神足の内、勝算は数十の門人と白河の修学院に、観修は門人三十余人と共に岩蔵解脱寺へ、穆算も門人と共に北白河一乗寺へと比叡山を逃れた。

餘慶四神足の内、慶祚は、寺門派百余人と共に比叡山上に残り、智証大師円珍関係の古蹟である円珍の住房であった山王院や千手院経蔵を護らんとした。朝廷も、円珍関係の将来品等の散佚焼亡を案じたらしく、比叡山上の住僧に対し、天元五年（九八二）正月九日勅使を延暦寺に遣わし、翌十日には三綱に対して千手院経蔵守護の勅命を下している。背景には、この時の天台座主良源が、千手院経蔵、観音院、一乗寺を焼き払い、餘慶や穆算など五人の殺害を企てているとの風聞が有ったらしく、良源は、奏状を献じてこの噂を否定している。

こうした中、依然として、朝廷の餘慶に対する信認は厚く、小右記天元五年三月二十一日条などには、餘慶の仁寿殿における不動法勤修の記事などが認められる。

このような朝廷の帰依は、永祚元年（九八七）九月二十九日の餘慶の天台座主補任へと繋がって行く。朝廷の宣命使源能遠は、同日、宣命を携えて比叡山に登ろうとしたが、道半ばにして、法師数百人に遮られ延暦寺へ至ることができなかった。十月一日に、能遠は再び坂本側から比叡山に登ろうとしたが、坂本にて山門派の衆徒に、携えた宣命を破り捨てられる事件が起こった。

山門派の衆徒は、餘慶の天台座主補任に抗して、寺門派の天台座主補任であるならば講堂を開けぬとして、門戸を固く閉ざしてしまった。

十月二日には、坂本にて宣命を破り捨てた山門派の僧数十人が罰せられる。同四日には、藤原時方が検非違使を伴い登山して宣命を読み上げた。

同月二十九日になって、かかる騒動に対する宣命が下され、右大弁藤原在国が宣命を帯して前唐院（慈覚大師の塔）にて山門派衆徒の暴虐を訴えた。

同年十二月二十七日（資料により日付の齟齬あり）に至り、餘慶は天台座主の辞表を上って任を罷免された。餘慶の天台座主は、実に三ヶ月間の事であった。餘慶は、正暦二年（九九一）閏二月十八日に七十三歳にて遷化する。

二、慶祚、比叡山から三井寺へ

餘慶下山の折、比叡山上より降らず、智証大師の古跡を護持して比叡山上に残っていたのは、餘慶の四神足の内、慶祚のみであった。慶祚は、大外記中原師元の息で、三井寺に龍雲房を営み、龍雲房大阿闍梨と言われた。顕密を良くして、衆生の化度を自らの任としていたと言う。寛仁三年（一〇一九）十二月二十二日、寿六十五にて示寂した。

さて、慶祚がまだ比叡山上にあった正暦四年（九九三）七月より両派の抗争に再び火が付く。七月二十八日、慈覚大師円仁ゆかりの赤山禅院で事件が出来する。赤山禅院は、慈覚大師入唐求法の際、赤山法華院に拝登し、帰朝後に赤山明神を勧請して、鎮護国家興隆天台の祈りを込めて建立した比叡山の塔頭で、慈覚大師入唐求法の際の笠、杖や衣、笏を納めた山門派の霊跡であった。その赤山禅院に、勝算の資であった成算が、人を遣わして、乱行に及んだ。赤山禅院住の人々に狼藉を働き、慈覚大師の笠と杖の行方が分からなくなった。八月になっても、寺門派の観音院、修学院の兵士が赤山禅院を中心に近くを荒らし、赤山禅院を囲んで、赤山禅院住の人々に濫妨を働いたが、これに対して山門派の衆は、当時、園城寺長吏であった勝算の責任を問うた。

この寺門派僧の濫行に対して、山門派の宗徒は、八月八日（資料によって月日が異なる）に、智証大師の旧跡千手院や寺門派僧の住房を焼き払った。寺門派僧達は、深更に及んで一千余人が、比叡山を下り、岩蔵大雲寺に逃れたと言う。この寺門派衆徒のなかには、餘慶の四神足で、比叡山上に智証大師の古蹟を守っていた慶祚が含まれ、他に山本房阿闍梨賀延、修習房阿闍梨忠増供奉、西方院源珠大僧正の四人（源珠の無い資料あり）が、衆徒を率いて下山し、大雲寺に入った。

時を措かずして、慶祚は、同年九月十五日には、大雲寺より三井寺に転じている。説話性の強さを考えておかねばならないが、元亨釈書巻第四には、

○祚率徒移大雲寺。不幾又遷園城寺。園城寺雖智證興建徒衆尚寡。及祚之來學者四方塵至。三井之道此時爲熾徒屬益繁。

とあって、慶祚の三井寺移住によって、衰退気味であった三井寺に人が溢れ、寺門派の学も盛んになったように思われる。

さて、第二節に「△」声点が、慶祚に始まり寺門派に受け継がれたものであろうとして、それは、慶祚の寺門派としてのアイデンティティーの発露だったのではないかと述べたが、顕密に通じた三井寺の中心的な学僧であってみれば、右に述べたような山門派との抗争の中、寺門派学の象徴的存在の一つとして、濁音に山門派や、真言宗諸流とは異なった「△」を使用して、自らの流派の学的な自立性を示そうとしたと見ても、強ち、当て外れでもあるまい。こうした言語変化の一因として、山門派との歴史的な抗争が心理的な産物として山門派に対する教学的対抗意識を生んだとみて良いと思われるが、ただアイデンティティーの発露のみが言語変化の要因であるとするには、些かの躊躇を覚える。天台宗内の政治的動態のみではなく、種々の疑問は残るのであって、変化の実証的な要因の検討は、まだ多くが今後に残された課題であろう。

天台宗寺門派は、さほどに大きな言語集団ではない。血脈集や、潅頂脈譜の類において、山門派と寺門派とを比較しても、真言宗両流と天台宗寺門派とを比較しても、同時代の規模は、寺門派において小さい。ならば、それぞれが多様な個性を持つであろう人間の数が決して多くはなかった寺門派であるから、人間の距離は他宗派に比べれば緊密なものであったろうと考えられるし、山門派に対する心情も寺門派において共有される事態であったろうから、慶祚以後、「△」声点が、寺門派を席巻しても良いように思われる。しかし、実状は、十一世紀以後の西墓点資料において、濁声点が、「△」ではなく別の形の符号で示されている資料は、少なくはないのである。例えば、比叡山上に残ったと思しき西墓点資料を十二世紀の伝授のために書写加点したと推定される資料は、慶祚を経ていないと認められるので、当然と言えば当然であるが、「△」声点が使用されていない。また、十一、十二世紀の三井寺、その他、寺門派関係の寺院の名が、奥書に見える資料であっても、「△」声点を使用していない西墓点資料は少なくはないのである。この事実一点を採っても、単純に山門派や他宗派に対する寺門派のアイデンティティーの誇示であるだけでは解釈はつかない。

第一節に引いた西墓点資料の中に、「△」声点を使わない平安後半期の資料を掲げた。重複するが、以下の資料である。

資料12　高山寺蔵大聖妙吉祥菩薩説除災教令法輪寛治六年（一〇九二）点本（重文第二部第256号）

資料13　東寺観智院蔵吉祥天法保延三年（一一三七）点本（第一三一函第25号）

資料14　高山寺蔵蘇磨呼童子請問経保延三年（一一三七）点本（重文第一部第3号）

資料15　高山寺蔵大金剛焔口降伏一切魔怨品保元元年（一一五六）点（重文第一部54号）

資料16　石山寺蔵大毗盧遮那広大成就儀軌（玄法寺儀軌）二巻（校倉第九函第6号）

これらなどには、「△」声点が現れない。第一節では、出現しない理由の一つに、比叡山上に残っていた西墓点資料の影響ではなかろうかと推定したが、その他にも、例えば、第一節に取り上げた、

○随心院蔵胎蔵儀軌巻下（玄法寺儀軌）承暦二年（一〇七八）点［資料9］

には、「△」声点が現れないばかりか、他の西墓点資料と学問的な深さが異なって、この資料では漢字音の有気無気の区別を行っている。慶祚の訓点に連なる「△」声点の現れる資料には、有気無気の別を区別しないから、西墓点資料群の中にも、慶祚以降、慶祚系ではなく異なった学系の寺門派が存したと認めざるをえない。即ち、平安後期以降の天台宗寺門派の学系も、多様であったと認めるべきで、一宗派が単一の学系に収まったものではなく、学問的な展開が複数、多様に存在したと見るべきである。

つまり、智証大師円珍の流を汲む寺門派も、学的な拠点は、三井寺以外にも点在したとみるのが穏当であろう。慶祚直系の流にはある程度の影響力を持って「△」声点が伝えられたのかも知れない。しかし、餘慶の四神足の内、勝

算、観修、穆算は、三井寺長吏なども務めるが、それぞれの拠点における訓読、加点行為あるいは伝授がどのようであったのかの解明は、今後の課題であろう。

慶祚の顕密の学的な影響力が、寺門派の中に大きかったであろう事は、否定できないが、寺門派全体を席捲したものではない。慶祚から下る時代にも、西墓点資料には、「△」声点が使われない資料も多いし、十三世紀以後の資料中の「△」声点の出現は、極めて稀になる。

この天台宗寺門派における学的背景を背負って実現される訓読語も、決して、固定したものではなく、「△」声点の現れる資料であっても、第二節に取り上げた、

資料5　東寺観智院蔵聖閻曼徳迦威怒王立成大神験念誦法永久二年（一一一四）点（第三〇函第98号）

資料6　東寺観智院蔵甘露軍荼利菩薩供養念誦成就儀軌永久二年（一一一四）点（第一三一函第9号）

資料7　東寺観智院蔵金剛頂瑜伽降三世成就極深密門永久二年（一一一四）点（第三〇函第12号）

には、三種三色の訓点が現れる。全巻に亘る朱点と墨点の他に、茶色の点が加点されている。この茶色の点に対応する奥書をたどれば、この茶色の点が、慶祚の訓点を引用したものであると知れる。その茶色の点には「△」声点が出現するのであるが、茶色の点は、非常に断片的で、朱墨の訓点の訓読に対する慶祚の異説をまばらに書入れたのみである。この状況から考えるに、院政期も永久二年の加点資料の訓読語の本体は、慶祚の訓読そのものの伝承であるとは考えられない。永久二年に訓読された訓読語は、恐らく慶祚よりも降って成立した訓説に従った訓点で、慶祚の訓点は、その永久二年に普通に行われていた訓読語に対して、寺門派の先徳である龍雲房大阿闍梨慶祚の訓読に敬意を払って、本体の主たる十二世紀の訓読法と異なるものを茶色の点で加点して、その異同が明確に成るよう配慮されたものであると認められる。即ち、慶祚以降、天台宗寺門派の漢文訓読語は、歴史的変化を遂げたもので、大碩徳であ

ると言うような理由によって、慶祚没後の平安時代後半期に慶祚の訓読をそのまま伝承したのではなくて、自由に改変されて、新たな訓読が生成され続けたと見るべきであろうと考えられる。

このような実態を、実は、漢文訓読語史解析において十分に重視する必要がある。俗家の博士家では、特に、経書において平安後半期から次第に訓読法の規範形式の固定傾向が顕著となり、第三章第二節にも説くように、規範とすべき訓読法の加点された経書は「証本」との価値評価で指し示され、これに外れる訓点資料は「狼藉本」との評価価値を与えられ軽んじられたと認められる。このような事態は、博士家の権威を支えると共に、「訓読法の正誤」の二見の観念をも生じさせたと考えられる。

かかる博士家の明経道の訓読語に対する規制の在り方が、時代的には遅れて紀伝道の博士家に及んだように認められるのである。紀伝道の漢文注釈法は、明経道に比べればまだ自由度が高かったように認められて、明経道の博士家に比べれば訓読法の正誤観念に縛られて逼塞することがない自由度で推移したとみるのが良かろうと考えられる。

漢文訓読研究の過去において、こうした俗家博士家の訓読語の固定化に傾いて行く様態が、無批判に仏書の訓読語の実態にスライドされた学史があって、僧侶の流派による言語集団の場合も、各流派毎に確固として動かしがたい一種類の規範的訓読法が各宗派流派の訓読語を規制して、一つの漢文理解に基づいての一つの訓読法を形成し、伝播伝承されたと見る事で平安鎌倉時代の仏書訓点資料の訓読語を捉えようとした試みは、学史的には古くから行われて来た。がしかし、稿者は、そうした視点での仏書訓点資料の訓読語史は、十全の成果を上げてはいないと評価する。

大学寮を中心にした博士家、あるいは、典薬寮なども含めても良いと思うが、漢文訓読に携わり、教授を生業とした俗家の人々の学習研究の拠点は朝廷で、これに関する資料が遺存する。畿内以外の平安鎌倉時代の地方国衙に在った俗家の訓読語の様態は不明とせざるを得ない。仏書訓点資料の場合も、偶然性に左右された奈良、京都などの畿内中心の訓点資料が伝存のほとんどで、漢籍類と資料の伝存状況には質的差は無い。細かな質的差に拘れば、漢籍類の場合は、洛中に多くが存したであろうが、仏書の場合は、洛中洛外に在ったろうと想像され、戦乱、大火などの被害は、洛中に多かったろうから仏書の伝存が多いのは、かかる偶然性に左右されたと認められる。

現存資料の遺存には、このような偶然性を考慮する必要があるとしても、平安鎌倉時代の実態として、漢籍類の訓読語の伝承に関わった博士家の人々の言語集団の規模に比べて、仏書類の訓読語の伝承に関わった言語集団の人々では、地理的な拡がりや人数において、博士家の規模を凌駕していたことを考えねばならない。つまり、仏書類の訓語が実現され伝えられた拠点は、博士家に比べて多かったと見るべきで、その多様性は、学的背景を背負っての訓読語の多様性を想起させるものである。

かかる論の実証的な証拠は、第一節に説いた如くで、諸宗派流派の中でも、言語集団の規模が小さくて緊密であったと推定される天台宗寺門派の西墓点訓点資料に現れた声点の形式においても実証される。同時代において一様でもなく、相承関係にあろうと推測される系列においてさえ、声点の形式には、揺れが認められる。学的にも、随心院蔵胎蔵儀軌承暦二年点では、有気無気の区別に従った異形式の声点を用いるが、他の西墓点資料には、この有気無気を区別できたのか否かを措いても、声点の形式上では有気無気を区別をしない。

即ち、平安鎌倉時代において、漢籍類の訓読を生業とした博士家においては、時代と共に保守的権威主義的に推移したとみられるが、一方、仏書類の研究訓読に関わった仏家においては、革新的批判的性格に傾いた宗派流派があったと見なければなるまい。人間存在の基底として進取新進の気風が存在したと見なければ、天台宗を基とした鎌倉新仏教生成、あるいは、平安時代末からの新義真言宗の機根を説明することは不可能であろう。

三、慶祚以後の天台宗寺門派と南都資料に見える「△」声点

餘慶の四神足の内、最後まで比叡山上に留まった慶祚が比叡山を下り、岩蔵大雲寺を経て三井寺に転じて、龍雲房に住して寺門派の教宣を張って以降も、山門派と寺門派との争いは続く。

慶祚の資は多く、現存の慶祚以降の西墓点加点資料の奥書に確認される次世代を支えた寺門派僧の永円、心誉、行円、頼尊等は、いずれも慶祚と師弟関係を持っている。また、餘慶の入室弟子である明尊も、慶祚の弟子である。

明尊は、小野奉時の息、小野道風の孫で、授業師は餘慶、慶祚について顕密を良くし、藤原頼通の信を得ていた。長暦二年（一〇三八）九月、第二十七代天台座主慶命の遷化を受けて、朝議は、明尊の天台座主補任を決した。これに対して山門派の衆徒が騒ぎ、明尊の天台座主補任を阻んだ。長暦三年、山門の多くの衆徒が祇陀林寺集まったのを聞き及んだ頼通は、使いを派遣して、天台座主の職は、慈覚大師系の山門派が占有してきた訳ではなくて、有能な人を選んで補任している。智証大師系の寺門派僧も多く天台座主に就いている。明尊は優れた僧で、朝議を拒むな、と告げさせたが、山門派の衆徒は受け入れなかった。衆徒は、頼通の館に押しかけて騒ぎ仕切りに門を叩いた。この騒ぎに対して、頼通は怒り、平直方に命じて兵達に矢を射かけさせて追い散らさせた。これを発端として山門派と寺門派の確執が再燃する。

山門派の寺門派への措置としては、戒壇院を寺門派僧に開放する事を停止して、寺門派僧は、比叡山での受戒ができぬ事態となった。この事態を受けて、明尊は、三井寺に戒壇を設けることを上奏した。これに対し長久二年（一〇四一）五月、諸宗に対して、三井寺に戒壇を設けるべきか否かの宣問があって、法相宗、律宗、華厳宗、三論宗、真

言宗は賛意を答えたが、山門派が中心であった天台宗の徒のみ応じなかった。この天台宗寺門派が、三井寺に戒壇を持てなかった事態は、鎌倉時代にまで及び、寺門派の対山門派への怨讐として残ることとなる。

永承三年（一〇四八）八月十一日、朝廷は再び明尊に、天台座主の勅を下す。同十三日、明尊は天台座主の辞表を上奏する。在位三日であった。その後、明尊は、康平六年（一〇六三）六月二十六日、九十三歳の長寿を全うして志賀寺に遷化した。

さて、右の明尊の天台座主補任を巡り、寺門派に対して山門派は、戒壇に登ることを許さず、寺門派は、比叡山での受戒得度が出来なくなった訳で、いかほどの年分度者が許されようとも、比叡山上の戒壇を使っては僧に成れない事態となった。また、寺門派独自の戒壇が許されず、寺門派僧達は、南都の戒壇を頼って受戒得度する事となった。平安時代後半期の寺門派の人々の悲願は、寺門派独自の戒壇を持つことであった。逸話の一つを掲げれば、藤原有家の息、寺門派僧頼豪は、顕密に通じて、白河帝の寵を得、詔勅に従って白河帝の跡継ぎ誕生を祈った。承保元年（一〇七四）の冬に、白河帝の皇太子が生誕した。これを喜んだ白河帝は、頼豪祈禱の験ありとして、その賞を頼豪の望み通りとする事とした。頼豪は、三井寺独自の戒壇を所望したが、山門派に阻まれて、勅裁が下りることはなかった。頼豪は、これを深く恨みつつ、応徳元年（一〇八四）五月四日、齢八十三にして示寂した。死後、頼豪の怨みの深さの噂話として世俗には、頼豪は死んで鼠となり、比叡山の聖教を食い破っているとの俗説が流れたと言う（本朝高僧伝巻第五十）。

源隆国の息、鳥羽僧正覚猷の場合も、顕密の奥底を極めて、天治二年（一一二五）園城寺長吏に補せられ、保延四年（一一三八）十月二十七日、天台座主に補任せらるるも、山門派衆徒の怒りを憚り、三日で辞退した。

右は、平安時代後半期の山門派と寺門派との確執の歴史の一部であるが、この対立は、鎌倉時代にまで持ち越される。

さて、「△」声点が、天台宗寺門派僧龍雲房慶祚に発すると見て、慶祚以降の寺門派西墓点資料の中に認められると概括した場合、例外が存する。天台宗比叡山上に残った西墓点資料で、天台宗山門派等が関係した十二世紀院政期の訓点資料には「△」声点が現れない。三井寺に緊密な関係で成立した平安後期、院政期資料にも、「△」声点が出現しない資料があることを指摘した。

一方で、寺門派の資料であるとは位置づけられない資料であるにも関わらず、「△」声点が出現する資料が指摘されている。「△」声点は、南都系の資料の中にも使用例があるのである。

南都系の資料に用いられた「△」声点は、右に説いた三井寺独自の戒壇が持てなかったことで寺門派の僧徒はどのようにして受戒得度したのかという観点から、例外処理が可能である。即ち、寺門派の僧徒と、南都の僧との人的交流の密度と比例したものであると解釈することが出来よう。

天台宗寺門派に限らずであるが、南都系の仏教集団は、天台宗寺門派が比叡山上の戒壇院から閉め出される以前から、平安新仏教集団の人々との行き来が認められる。南都古宗は、本来顕教系の仏教であるが、平安新仏教の成立時期から、天台宗や真言宗との交流が指摘される。訓点資料としては極初期資料に属して、延暦年間の奥書が明確な資料として著名な大東急記念文庫蔵続華厳経略疏刊定記巻第五[1]など華厳経関係の資料に、訓点記入が始まったと想像されているが、華厳経関係の平安初期の資料は、南都と比叡山に存して、この人的交流の存在が想像されている。また、平安初期の真言宗と南都古宗との人的交流は、例えば、空海は東大寺別当となっているし、以降、真言宗と南都系との交流は、色濃く存して真言宗醍醐寺の聖宝なども東大寺別当を務めている。

天台宗寺門派の僧についても、南都での仏事の導師を務めた記事[2]は多くて、寺門派の戒壇問題以前にもそうした南都との人的関係が指摘できる。天台宗寺門派にとっては、寺門派に対して比叡山の戒壇が閉ざされて以来、南都の戒壇で受戒得度すると言うことは自派の生存の問題で、授業師と受戒を受けた資との関係で、単なる知己の僧の関係とは異なって、師弟として密なるものであるのは想像に難くない。

さて、先学の論考の中に天台宗寺門派西墓点資料以外の資料において、「△」声点の出現する資料が指摘されている。例えば、築島裕博士の論文「濁点の起源」[3]には、西墓点以外の訓点資料で、喜多院点加点資料があることを指摘されている。喜多院点資料だけを掲げれば、

興福寺蔵高僧伝康和二年（一一〇〇）点（喜多院点）

大東急記念文庫蔵辨正論保安四年（一一二三）点（法隆寺僧静因加点、喜多院点）

法隆寺及国会図書館蔵大慈恩寺三蔵法師伝天治三年（一一二六）点（法隆寺僧覺印加点、喜多院点）

の三資料が、喜多院点加点資料で、後二点は、法隆寺僧とあって、南都の僧侶の使用例である。博士は、この文献列挙の後に、

又、観智院本類聚名義抄篇目には△（清音）△△（濁音）のように聲點を附してゐるが、これは他に例を見ない特異なものである。この本に附せられたヲコト點は喜多院點である。以上、△を用ゐた點のヲコト點は何れも西墓點又は喜多院點で、天台宗と法相宗とに亘っているが、眞言関係の資料が見えないのは偶然であろうか、尚考へたい。（二九六頁）

と述べられていて、天台宗寺門派と法相宗との「△」声点使用の前後関係には触れられていないが、この言語集団での使用声点に共に、「△」の広がりを認められている。右の「特異なもの」とは「△」声点そのものの事とも考えられるが、南都系資料では「△△」双点が濁音を示す機能を持つことであると思われる。

稿者は、「△」声点の発祥が、寺門派三井寺で龍雲房慶祚を初発と想定してみたが、後、南都への広がりを得たと考えている。この南都への伝流の契機は、天台宗山門派と寺門派との抗争の中で、寺門派明尊の時代になって、明尊の天台座主補任（長暦二年（一〇三八））に山門派が反対して寺門派僧への戒壇院を閉ざし、寺門派僧が比叡山上の戒壇に登れなくなったことに端を発していると考えている。比叡山上で受戒得度できない寺門派は、南都を頼り受戒得度して僧となって南都僧を授業師として師弟関係を結んだ。当然、南都の顕教の教学が寺門派に及んでも当然であるし、逆に、より身近な存在となった南都僧に寺門派の顕密の学が及んでもなんの不思議もない。

管見に入った最も年代の古い南都の関係した喜多院点資料で「△」を使用しているのは、十二世紀になったばかりの興福寺蔵高僧伝康和二年（一一〇〇）点である。天台宗山門派が寺門派に対して戒壇院を閉ざして約六十年後の加点資料である。現時点では寺門派明尊よりも下る資料しかしられていないので、右の推論の可能性は崩れはしないが、如何せん、喜多院点で「△」使用の実証的証拠が少ないと言わざるをえない。今後の課題としては、かかる「△」使用の西墓点以外の資料、喜多院点を含めた例外的資料と位置づけられるものの発掘に頼る必要があろう。

おわりに

以上、第二節に短く記したが、「△」声点を産んだ慶祚の内には、寺門派のアイデンティティーの確立が発祥―表記史上の言語変化―の理由の一つであろうと論じてみた。

日本語史の研究は、記述を持って研究の目的とし、記述が全てであるとの意見も実際耳にする。一つの研究の態度としてはあり得ることで否定はしない。理科学基礎研究においても記述を持って研究の最終目標とする場合があるのも確かで、それを否定する気持ちはない。自然科学においては、研究対象は無限に近い程あって、一つの記述が、それまでの理論を根底から覆す例はいくらでもあろう。量子力学の出現も二重スリット実験などの記述結果で、旧来の物理学を塗り替えてきた。

日本語史の場合の究極的な研究は、人間の内界の探求であると思っている。些か飛躍があるとお感じの諸賢もあろうが、語彙論や意味論の場合特に、人間の認識構造や、価値観、思想の構造や、その個体史の変化も視野に入れながらの日本語研究、日本語史研究が、理論的には可能であろう。

日本語史の場合、自然科学の研究などと異なるのは、資料が有限であって、時代を遡れば遡るだけ絶対量が少なくなる。つまり、「記述」なるものをどう概念規定して実際の研究をどう目的化するかと言うことに恐らく研究者間の個人差があろう。一口に記述研究に終止する日本語史の研究と言っても、資料の絶対量とともに、伝存する資料には必ず偶然性がつきまとって切り離せないのであるから、歴史的な日本語研究の解析方法を開拓していく方向、つまり漢文訓読語史研究も方法論の深化に向かうべき時期なのであろうと、稿者は判断している。

その一方法として、平安時代中期から平安後期・院政期へと流れる天台教団の人々の生活の歴史を記述して、そうした人間の活動営為が、表記史における「△」声点の発祥と伝流・伝播に関わっていると言った解析を試みてみたのである。

注

（1）月本雅幸「大東急記念文庫蔵続華厳経略疏刊定記巻第五の訓点について」（『鎌倉時代語研究』第二十三緝、平成十二年十月）。

（2）平林盛得・小池一行編『五十音引僧綱補任僧歴綜覧　推古卅二年—元暦二年』（昭和五十七年七月、笠間書院）等の僧暦資料による。

（3）築島裕「濁点の起源」（東京大学教養学部『人文科学科紀要』第32輯、昭和三十九年四月）。

〈参考文献〉

○園城寺伝記、愚管抄、公卿補任、元亨釈書、古事談、今昔物語集、寺門高僧記、寺門伝記補録、真言伝、撰集抄、僧綱補任、大日本史料、天台座主記、伝法潅頂相承略記、二中歴、日本紀略、百錬抄、扶桑略記、本朝高僧伝。

第二章　ことばの多重構造

序節　類聚集成資料の解析方法

最近、理論物理学の世界で、もともとは、稿者の少年時代にSFの世界で語られていた様な事柄が、理論的にであるが、真面目に学問の世界で論じられるようになった。

例えば、「超ひも理論」の祖と言われるサスキンドは、本来、「超ひも理論」によってこの宇宙の実在について一意的な説明をしようとした。しかし、宇宙の「インフレーション理論」がその合理性を得たために、宇宙が広大なものであり、我々の観測できるのは、その極一部で、実際の宇宙は、その体積千倍以上であると考えられるようになり、宇宙は非常に大きく多様である可能性が生まれた。「超ひも理論」は、多様な組み合わせによって作られる素材として、宇宙の部品を様々に創り出しているものだと考えられるに至り、この宇宙とは違った部品で構成された宇宙を想定する基礎的な根拠となっている。また「永久インフレーション理論」によれば、この宇宙とは異なった泡宇宙が、次々と生み出されることになる。

現時点での実証はおぼつかないが、マルチバース（並行多宇宙）には、レベルがあるとする基礎的理論がある。レベル1のマルチバースには、我々の宇宙に近接する泡宇宙の塊をレベル1マルチバースとして、それ自体が大きな泡宇宙を形成すると考える。その外には膨張する何もない空間があり、我々のレベル1マルチバースから距離を置いて、別のレベル1マルチバースが点在すると言うイメージである。

更に、この上位にレベル2のマルチバースがあると考えている物理学者がある。宇宙の多層構造は種々に語られ、次元的には様々にモデル化されている。リンデ（Andrei Dmitriyevich Linde）やホイーラー（John Archibald Wheeler）、スモーリン（Lee Smolin）の称えるマルチバースなどである。

もう一つのマルチバースの存在は、量子力学の不確定性原理に基づいたもので、分岐して行くマルチバースである。今一つは、自然法則そのものが、異なる並行宇宙が存在しても良いのではないか、と言うものである。

右のような議論のなかで、アハラノフ（Yakir Aharonov）は、宇宙世界は一つであると考えている。

さて、これらの理論物理学的モデルを念頭に置きながら、漢文訓読語史の問題を考えてみたい。

例えば、和文語対漢文訓読語の言語体系の差が実証された学史があるが、これは、日本語と言う大枠の言語の内のレベル1的多元宇宙に譬えられる言語の並行的存在と捉えることができよう。平安時代日本語の文体差と名付けられる事象である。

先に記した理論物理学の場における宇宙の多様なマルチバース観は、日本語史研究における日本語解析に、重要なイメージのアイデアを提供してくれる。

ここで、今昔物語集の研究史の概略を辿って見よう。

先の築島裕博士によって、平安時代に言語体系を異にする和文語と漢文訓読語が存在したとの実態が明らかにされたのを受けて、その成果を援用しての多くの研究が公にされて来たが、その内の今昔物語集の文体差の解析の学史を取り上げて見ようと思う。

今昔物語集は、説話の内容に連動して、天竺震旦部・本朝仏法部・本朝世俗部に分かたれるが、和文語対漢文訓読語の文体的対立を利用して、最初、前半部の文体基調が漢文訓読語で、後半本朝世俗部の文体基調が和文語基調であるとの研究が公にされた。この二項対立的文体差イメージに対して、変体漢文研究が深化して変体漢文と言う文体が、和文語とも漢文訓読語とも異なる存在であることが解明されるにつけ、今昔物語集も、天竺震旦部の文体基調は漢文訓読語で、本朝仏法部は変体漢文基調、本朝世俗部は和文語基調であると説かれる様になる。更に思考は深化して、今昔物語集と言う一つの説話集として存在する日本語資料を分裂的な部分部分の集合体であるとみるのでは無く、今昔物語集と言う一統合体を通底する基礎的文体が何であるのかの研究が行われた。部分部分に分切された学史を一資料として統合しようとする試みである。

先の理論物理学のマルチバースのイメージから譬えれば、今昔物語集全体を覆うバブルの中に、三種のバブルが近接する様なイメージであろうか。

学史上、今昔物語集の研究史の把握に誤解がない訳ではない。今昔物語集を文体差で三分割した言語体系の基調の違いによる解析結果も真実であろうし、今昔物語集の全体を通底する基礎的な言語基調が存在する一統合体の日本語資料であると捉えるのも、また、真実であろう。共に真実を明らかにしたものであるが、視点の置き方が異なる。レベル1マルチバースの内側にあって近接したバブルを腑分けしようとするのか、レベル1マルチバースの外から犇めき合っているマルチバースの全体を包み込むバブルを鳥瞰的に解析しようとするのかの違いである。

本章は、概ね、類聚されている訓点資料を取り上げて論じて見ようとするものである。今昔物語集の研究史の状況を引き合いに出せば、本章の諸論考は、初歩的な段階であることを出ないと自覚する。が、実際の訓点資料には、特に、類聚的資料においては多様な実態のあることを示して見たいと思うのである。

以下には、類聚的訓点資料の日本語解析を進めるために、その研究の基礎としての必須の問題を考えておきたい。

第一節　仁和寺蔵医心方における訓読語の組成

はじめに

医心方は、永観二年（九八四）、丹波康頼によって撰述、献上された医学書で、その内容は、唐の医学書を中心に抜粋して類聚した書である。抜粋された書には、病源論、千金方、葛氏方などをはじめ、新羅法師秘密法などにも及び、また、楊氏漢語抄などの引用もある。内典、金光明最勝王経などにも及んでいる。この医心方の平安鎌倉時代の点本としては、東京国立博物館蔵半井本医心方天養二年（一一四五）年点（お茶の水図書館蔵医心方巻第二十二を含む）、仁和寺蔵医心方院政期点、河内長野金剛寺蔵医心方鎌倉初期点が知られている。特に、半井本医心方は、その言語量も多く、奥書によって加点年代が明確で、訓点二種（藤原行盛点と丹波重基点）の素性も明らかであって、その両者の訓読語は、質的に異なることが明らかにされている。(1)十二世紀の言語資料としては、極めて重要なものの一つである。

本節に、主たる分析対象とした仁和寺本医心方も、仁和寺現存は、巻第一、五、七、九、十の五帖であるが、江戸時代には、もっと多くの巻巻が存したようで、その伝存状況は、国立公文書館内閣文庫の臨模本の存在などによって知られる。(2)仁和寺本医心方も十二世紀の加点資料であると認められるもので、貴重な言語資料である。現存、仁和寺本医心方五帖には、並記訓、異読書入が少なく、半井本医心方とは、様相を異にする。

右の他に河内長野金剛寺蔵の医心方巻第十三[3]が知られるが、鎌倉初期の書写と考えられている資料である。[4]

一、医心方二種の加点の様態

まず、医心方に先だって、漢籍類、即ち、博士家等の俗家の関係した資料を取り上げてみる。例えば、漢籍訓点資料としてよく知られた神田本白氏文集天永四年（一一一三）点には、同一紙面上に複数の訓読が併存している。これも複数の系統の訓読が、重合したものであって、これらの諸系統は、書陵部蔵の時賢本白氏文集における各博士家の訓読の色分けによって解けるものである。[5]神田本白氏文集は、同一紙面上に仮名は、墨書一色[6]で加点されたもので、諸種の共時的な位相を異にする訓読が並記されたものであるが、これを博士家ごとに解きほぐすことによって、その訓読語の重層性の様態を具体的に知ることができる。

この神田本白氏文集天永四年（一一一三）点は、複数の訓読が並記されていて、一見して、訓読語が重層していることを、明確に捉えることが出来る資料であるが、基本的には、巻巻別には一通りの訓点を加点していながら、一具全体を見たとき、巻々の訓読語の出自が異なり、その資料中の訓読語に重層性を含み持つ漢籍系資料が存する。医書である医心方には、東京国立博物館蔵半井本医心方天養二年（一一四五）点と仁和寺蔵医心方院政期点が存することは先に少し触れたが、この両者を取り上げて以下に訓読語の比較を行う。まず、両資料の資料性について概観する。

半井本医心方天養二年（一一四五）点には、一系統の訓読が重層したものであることは、その本文の加点の様態から知ることができる。加点は、最初、朱ヲコト点、墨仮名の第一種の下点(補注)が存し、それより後に加えられた庵点と一体をなす朱筆の仮名点とヲコト点よりなる第二種の加点が存することが知られる。この重合の情況は、巻第八に付された奥書によって解くことが出来る。

（東京国立博物館蔵半井本医心方巻第八奥書）

天養二年（一一四五）二月以宇治入道太相國本移點
移點少内記藤原中光　　比校助教清原定安
移點比校之間所見及之不審直講中原師長
醫博士丹波知康重成等相共合醫家本早
文殿所加之勘物師長以墨書之令朱合點

宇治本
初下點行盛朝臣　朱星點　墨假名
重加點重基朝臣于儒點　朱星點　假名勘物又以朱點句
御本不改彼様令（下補）移　點之

第一種点は、藤原日野家の学者である藤原行盛の加点であって、それを医家丹波家の丹波重基が、儒点、即ち、藤原行盛の訓読、訓点に対して添削を行っている。この加点、移点、添削作業は、親本である宇治入道太相国・藤原頼通所持本の段階で既にあった重層状況で、これを天養二年（一一四五）に移点した資料が現天養二年点である。複数の博士家の人々、医家の人々が関係したもので、大々的な移点作業であったことが知られる。

一方、仁和寺蔵医心方院政期点は、現在、巻第一、五、七、九、十の五帖が仁和寺に伝わるもので、医心方の零巻である。この仁和寺蔵医心方には、右の半井本医心方天養二年点の如く、複数種の加点が並存しているわけではなく、基本的には、一種類、一系統の訓点が加点されていると見えるもので、一見、一系統の訓点を純粋に加点した資料であると見なされる資料である。

以下、仁和寺蔵医心方院政期点を中心に取り上げて、仁和寺蔵医心方院政期点における訓読語の重層性の様態を整理、検討することとする。

二、半井本医心方天養二年点と仁和寺蔵医心方院政期点とにおける訓読の様相

一見、一系統にしか見えない仁和寺蔵医心方院政期点の訓読を、国立博物館蔵半井本医心方天養二年点の二系統の訓読と比較してみると、その系統的な対応関係が整理される。

両本の巻第五を比較すると、

1、又方　醬苦」酒、漿汁、之に(付庵点)灌《イ》ル　(半井本巻第五・行盛点、「付庵点」は、注記の上接の文字、符号、または、文字列に付された事を示す。以下同じ)

又方　醬苦酒　漿汁　之を灌レヨ　(半井本巻第五・丹波重基点)

又方　苦酒漿の汁、之(を)灌《イ》レヨ　(仁和寺本巻第五)

2、目(の)息《シ、ノソヒタル》　宍を治(する)方第十八　(半井本巻第五・行盛点、「シ、ノソヒタル(ママ)」)

目(の)息宍《「アマシ、」》(を)治(する)方第十八　(半井本巻第五・丹波重基点・「」は朱仮名、以下同じ)

3、目(の)息宍《アマシ、》を治(する)方第十八　(仁和寺本巻第五)
蘇を以て鼻の孔中に内ル《イ》　(半井本巻第五・行盛点)
蘇(を)以(て)鼻(の)孔中(に)内「イ」「レ」て　(半井本巻第五・丹波重基点)
蘇を以て鼻の孔中に内レ《イ》て　(仁和寺本巻第五)

4、細《ミラノネクサ》辛　瓜《ツチウリノホソ》蔕　分等(し)て　(半井本巻第五・行盛点)
細《ミラノネクサ》辛　瓜《ニカウリノホソ》蔕　分等(し)て　(仁和寺本巻第五)
細辛　瓜蔕「ニカウリノホソ」　分「ー」等　(半井本巻第五・丹波重基点)

5、鼻《ハナ》ノ中《ウチ》ニ瘜《シ、オヒタル》　肉(を)治(する)方第卅二　(半井本巻第五・行盛点)
鼻(の)中の瘜「アマシ、」肉(を)治(する)方第卅二　(半井本巻第五・丹波重基点)
鼻の中の瘜肉《アマシ、》を治(する)方第卅二　(仁和寺本巻第五)

6、緊脣生瘡《クチヒルノタヽレ》を治(する)方第卅八　(半井本巻第五・行盛点)
緊脣「アクチ」(の)生瘡(を)治(する)方第卅八　(半井本巻第五・丹波重基点)
緊脣《アクチ》(の)生瘡を治(する)方第卅八　(仁和寺本巻第五)

の如くであって、巻第五においては、仁和寺蔵本の訓点、訓読は、医家丹波重基の訓点に一致する。

巻第七でも、

7、薤白《ニラノネ》を取(り)て蘇に和(し)て之を傅ク《ツ》。　(半井本巻第七・行盛点)
薤白「オホミラ」(を)取(りて)蘇(に)和(して)之(を)傅「ツ」「ケヨ」　(半井本巻第七・丹波重基点)
薤白《ヲホミラ》を取(り)て蘇に和(し)て傅ケヨ《ツ》[之]　(仁和寺本巻第七)

8、酒を以て灌(き)之《て》[及]熱《アツ》ウシて(付庵点)氣《ケ》を以て陰を蒸《ム》ス　(半井本巻第七・行盛点)

酒(を)以(て)灌(き)之《(て)》熱《「アツ」》及《「ナカラ」》　氣(を)以(て)陰(を)蒸「セ」　(半井本巻第七・丹波重基点)

酒を以て灌(き)之《テ》熱《アツ》㆒及《ナカラ》㆓氣を以て陰を蒸《ム》セ　(仁和寺本巻第七)

9、又方　釜月下土《カナヘノシタノツチ》を、　鷄‐子‐白に和(し)て付(けよ)[之]　(半井本巻第七・行盛点)

又方　釜月下土《「カマノシタノウチ」》(を)鷄子白(に)和(して)付(けよ)[之]　(半井本巻第七・丹波重基点)

又方　釜月下《カマノシタ》ノ土《ツ(ち)》を、　鷄子白に和(し)て付(けよ)[之]　(仁和寺本巻第七)

10、[以]小腹(の)中ノ大(きなる)横理《ヨコシハ》を(付庵点)約《ツヽ》メて　(半井本巻第七・行盛点)

[以]小腹を約(め)て大(きなる)横理に中《「ア」》「テ、」《て》　(半井本巻第七・丹波重基点)

[以]少腹を約《ツヽ》メて大(き)ナル横理《ヨコシハ》に中《ア》テ《て》、　(仁和寺本巻第七)

11、生宍突《ツ》キ出(てむ)と欲《す》るを治(する)、　方、　(半井本巻第七・行盛点)

生「‐」宍突《「ツハク」》「ミ」出(てむと)欲(るを)治(する)方　(半井本巻第七・丹波重基点)

生‐宍突《ツハク》ミ出(てむ)と欲《す》るを治(する)方　(仁和寺本巻第七)

等の如く、仁和寺本巻第七の訓読も、儒者藤原行盛の系統訓読とは異なり、医家丹波重基の訓読の系統に一致している。

しかしながら、巻第一で比較を行ってみると、以下のような比較例となって、巻第五、七とは、様相を異にしている。

12、田野、下里(の)家㆒に來㆓ラム比㆔市に因(り)て藥を得は、　(半井本巻第一・行盛点)

比《「コノコロ」》‐來田野　下里(の)家　市(に)因(りて)藥(を)得(は)　(半井本巻第一・丹波重基点)

13、皆　田野、下里の家一に來二(らむ)比三、市に因(りて)藥を得は、（仁和寺本巻第一）
皆　尖《スルトナルハシ》頭、赤《キ》皮、雙《フタコ》人を去《サ》ケて仍《スナハ》チ、切ル[之]（半井本巻第一・行盛点）
皆　尖頭　赤皮　雙《「ナラ」》「ヘル」人《「サネ」》(を)去(けて)仍(ち)切(る)[之]（半井本巻第一・丹波重基点）
皆　尖《スルトナルハシ》頭「イ、を」、赤皮、雙《フタコ》人を去ケて仍《スナハ》チ、切(る)[之]（仁和寺本巻第一）

14、冷(かなるときは)[則]嘔《烏句反》-涌す。（半井本巻第一・行盛点）
冷《「ヒヤ」》「カ」(なるときは)[則]嘔涌《「ムカツ」》「ク」（半井本巻第一・丹波重基点）
冷《ヒヤ》(かなる)と(き)は[則]嘔《烏句反》-涌す。（仁和寺本巻第一）

右に掲げたごとく、仁和寺本巻第一の訓読は、藤原行盛の儒家点に符合する。

同様に、巻第九でも、

15、々(汗)多(く)は（付庵点）、喜《コノ》ムて眠(る)こと得不。（付庵点）汗《アセア》エ者《ハは》一服(し)て（半井本巻第九・行盛点）
々《「アセア」》(汗)「ユルコト」多(く)「シテ」喜(むて)眠(ること)得不(し)て汗「ユル」者《「モノ」》「ハ」一服(して)（半井本巻第九・丹波重基点）
々(汗)多(く)は喜《コノ》ムて眠(る)こと得不。汗《アセア》エ者《ハ》一服(し)て（仁和寺蔵巻第九）

16、韮《ミラ》を搗《ツ》イて絞《シホ》リ汁一升許を飲《ノ》メ。（半井本巻第九・行盛点）
韮《「コミラ」》(を)搗(いて)絞(り)汁一升許(を)飲(め)（半井本巻第九・丹波重基点）
韮《ミラ》ヲ搗《ツ》イ(て)絞(り)汁一升許を飲(み)て（仁和寺本巻第九）

17、大(きに)嚴《ヨ》キ醋を盛《イ》レて中に滿(し)て密を（付庵点）モ（付庵点）て（付庵点）口を塞《フサ》(き)て（半井本巻第九・行盛点）
大(きに)嚴(き)醋(を)盛(れて)中(に)滿(して)密《「タシカ」》「ニ」口(を)塞(きて)（半井本巻第九・丹波重基点）

大(きに)嚴《ヨ》キ醋を盛《イ》レて中に滿(し)て蜜を(も)て口を塞(き)て　(仁和寺本巻第九)

18、滓《カス》を去《サ》ケて竹《タケノシル》「−」瀝六合を加(へ)て攪《カキ》調(へ)て　(半井本巻第九・行盛点)

滓(を)去(けて)竹《「クレタケノシル」》瀝六合(を)加(へて)攪(き)調(へて)　(半井本巻第九・丹波重基点)

滓を去(け)て竹《タケノシル》瀝六合(を)加(へ)て攪《カ》キ調(へ)て　(仁和寺本巻第九)

の如く、仁和寺本医心方巻第九の訓読は、半井本の二系統の訓読の内、儒点である藤原行盛の訓点の系統に一致している。

一方、医心方巻第十は、右の二系統の訓読、丹波重基の訓読の系統を伝えた巻第五、七、藤原行盛の訓読の系統を受けた巻第一、九とは、その様相を異にしている。これまでと同様に、半井本医心方巻第十と仁和寺本医心方巻第十の訓読、加点の状況について、以下に比較例を掲げる。

19、復、爲に寒「−」氣と(し)て加(へ)所(る、か)、故に　(半井本医心方巻第十・行盛点)

復　寒氣「ノ」爲(に)加(へ)所《「ラ」》「ル、」(か)故(に)　(半井本医心方巻第十・丹波重基点)

復、寒氣ノ爲(に)加(へ)所(る、か)故(に)　(仁和寺本医心方巻第十)

20、藥を與フ(付庵点)。(付庵点)九丸を服セシム　(半井本巻第十・行盛点)

藥(を)與(へ)て九丸(を)服(せしむ)　(半井本巻第十・丹波重基点)

藥を與(へ)て九丸を服セシム　(仁和寺本巻第十)

の比較例の如く、仁和寺本医心方巻第十は、医家丹波重基点の訓読に合うところもあるが、一方で、左掲のごとき例も存する。

21、風「−」耶外に(付庵点)入(り)て　(半井本巻第十・行盛点)

風耶外《「ト」》「ヨリ」入（りて）　（半井本巻第十・丹波重基点）

風-耶外に入（りて）　（仁和寺本巻第十）

22、酒一斗を以て漬《ヒタ》シ之《て》密を（付庵点）モて（付庵点）器の口を塞《フサ》イて　（半井本巻第十・行盛点）

酒一斗（を）以（て）漬（し）之《（て）》密《「タシカニ」》　器（の）口（を）塞（いて）　（半井本巻第十・丹波重基点）

酒一斗を以て之を漬（し）て蜜を（も）て器（の）口を塞（い）て　（仁和寺本巻第十）

23、髪「-」癥を（付庵点）（も）て唯、油を飲（ま）シメムト欲《ス》ルを療（する）、方　（半井本医心方巻第十・行盛点）

髪癥の唯　油（を）飲《「ノマ」》「ム」ことを欲（するを）療（する）方　（半井本医心方巻第十・丹波重基点）

髪癥を（も）て唯油を飲（ま）シメムト欲（るを）療（する）方　（仁和寺本医心方巻第十）

等の例があって、仁和寺本医心方は、半井本医心方の儒者藤原行盛の訓読に一致する箇所も存している。また、以上の様に、儒者の訓読、医家丹波家の訓読の両系統の訓読が、巻第十に入り交じっているように認められる他に、

24、蔓菁《アヲナ》（の）子一升を取（り）て搗《ツ》キ研《キシ》リて　（半井本巻第十・行盛点）

蔓菁《「ナタネ」》（の）子一升（を）取（りて）搗（き）研（りて）　（半井本巻第十・丹波重基点）

蔓菁《カフラ》（の）子一升を取（り）て搗」研《キシ》リて　（仁和寺本巻第十）

25、竈突の墨《カマノクトノスミ》三合　（半井本巻第十・行盛点）

竈突墨《「カマノマラノスミ」》三合　（半井本巻第十・丹波重基点）

竈突墨《カマトノスミ》三合　（仁和寺本巻第十）

などの例のように、仁和寺本巻第十においては、儒者藤原行盛の訓読とも、医家丹波重基の訓読とも異なる読法の訓点が加点されている場合が存する。また、

26、茈胡《ノセリ》　二分（半井本医心方巻第十・行盛点）
茈　胡《アマアカナ》《「ハマアカナ」》二分（半井本医心方巻第十・丹波重基点）
茈胡二分（仁和寺本医心方巻第十・訓点加点ナシ）

27、朴「入」消「上」半鶏子如シ《ハカリ》　者《テ》《て（付庵点）》　一枚（半井本医心方巻第十・行盛点）
朴消　半鶏子如《「ハカリ」》「ノ」者《「モノ」》一枚（半井本医心方巻第十・丹波重基点）
朴消半鶏子㆒如㆓者一枚（仁和寺本巻第十）

比較例27の仁和寺本医心方には、返点「一」「二」が付されるだけで、仮名点等の加点が無く、訓読語の状況が不明である。

28、[則]、腹滿（ち）て心腹絞《シホリ》㆑痛（き）を治（する）、方（半井本医心方巻第十・行盛点）
[則]腹滿（ちて）心腹絞「ルカコトクニ」痛（きを）治（する）方（半井本医心方巻第十・丹波重基点）
[則]、腹滿（ち）て心腹絞㆑痛を治（する）方（仁和寺本医心方巻第十）

右の比較例28も、仁和寺本医心方において、訓点の加点が無く、「絞」字に纏わる訓読法が判然としない。挙例の如く、半井本医心方に両系統の訓点が併記されている箇所に、仁和寺本医心方では、加点の無い場合が存する。こうした状況は、仁和寺本医心方の、他の巻、巻第五、七と巻第一、九には現れない。巻第五、七や巻第一、九では、一巻ごとの比較上、儒家または医家かのどちらかの訓読が現れており、右の状況は認められない。

以上、仁和寺本医心方に関しては、儒者系の訓読が現れる巻と医家系の訓読が現れる巻、それと共に、一巻中に儒者の訓読、医家の訓読が共に現れ、訓読語が重合している巻第十が存することが記述される。この巻第十は、半井本と仁和寺本との本文を比較すると、他巻に比べて、異同が多い。仁和寺本医心方は、少なくとも江戸時代には五巻五帖ではなく、多くの巻を伝えたようであるが、(7)例えば、現、仁和寺蔵本を観察しても、内閣文庫に伝えられた臨模本を見ても、現蔵本が現状で取り合わせ本であるとは認められないし、寄り合い書きとも認められない。かかる訓読語の重合が、一具の資料に現れている現象が生じた理由は、いろいろに推定される所であろう。例えば、親本の段階で、取り合わせ本であったかも知れないし、仁和寺本の祖本が、半井本医心方の系統であって、それぞれの巻を形作る時に、訓点の取捨があったかも知れない。巻十の存在は、半井本以外の系統の本が存したことが考えられる。可能性は、これだけに限らないと思われる。ただ、問題は、いろいろな系統の訓読語が、いろいろな言語的背景を持って生成されてきていることである。稿者は、半井本における二系統の訓読語について、儒者藤原行盛の訓読語は、天養二年（一一四五）当時の訓読語を表したもので、藤原行盛が祖点として新たに訓点を下ろしたものであった可能性を指摘した。また、それに比して、丹波重基の訓点は、伝統を引いた訓読語のようで、ことばの性格としては、藤原行盛点に対して、古来の訓読を伝えた可能性があると論じた事がある。(8)仁和寺本医心方には、これら性格の異なる訓読語が、一具の資料の巻に現れたもので、言語的に複層性を内在した資料として存在していることとなる。かかる状況も、訓読語の重層の一実態であったと認められるのである。

おわりに

一般に、日本語史料としての訓点資料における訓読語の重層性、複層性の問題は、決して、軽い問題ではない。祖点の場合、即ち、全巻を、あるいは、一具の資料を一個人が新たな訓読行為をして訓点を下ろす場合には、一資料または一具の資料内部では、言語表現が統一的、規則的である場合もあると予測される。即ち、資料全部を統一的言語表現によって表現し、揺れのないことも考えられる。例えば、今までに屢々問題にされてきた助字の訓法が統一的であると帰納されるかも知れないし、読添語の出現の仕方が、統一的であるかもしれない。また、語彙的には、古語や当代語などが重合して出現することが無く、揺れがないかも知れない。事実、十二世紀には、実範加点資料などの様に、明確に、祖点として訓点を下した資料が知られるところであり(9)、これらの資料では、訓法にも統一性が指摘できる。従って、今後、各種の資料における訓読語の内実を、全体に亘って統一的な訓読語が出現するのか、あるいは、訓読語に複層性が存在するのかの観点から再検討してみる必要があろう。

本節に記述した如く、訓読語が重合し、複層性を内包する資料が、一資料として、また、一具の資料として伝えられたのは紛れもない事実である。即ち、このような複層的資料の書写、移点が行われて一つの資料が出来上がる時代においても、一資料または一具の資料として認識されていた筈であって、その時代から複層性を内包したまま伝えられたのは、確たる事実である。

漢文訓読語の変遷は、平安中期（十世紀）に画期があって、平安後半期には、移点という言語活動が一般的であると認識されてきた。即ち、平安前半期には、訓読語が動的であってさまざまに変化し、平安後半期は、移点という営為の一般化によって訓読語の伝承性が強いと把握されてきたのである。平安後半期にも訓読語に変化があって、変わり続けたであろうことは、既に、その課題を中心に論じてきたところである(10)。移点という行為が、平安後半期に存したことは確かであるし、実証も可能である。しかし、このことが、平安後半期において、新たな訓読語が生成されていたことを否定するものではない。資料の量的制約があって、実際に、複数の加点本を取り上げての比較対照による、具体的訓読語に基づいた実証の可能性は少ないと思われるが、平安初期において、厳密には、親本から訓点を写す「移点」という言語活動そのものが行われなかったとしても、師資間で、訓読語の伝承が行われなかったとすることには、慎重であらねばならないであろう。平安初期資料に「聴了」等の奥書がある以上、師の訓読語が、講説の場を通じて、資に伝わらなかったと立証することは極めて難しいことであると考えられる。(11) ましてや、平安初期には、平安初期的訓読語の類型が存すると説かれる以上は、平安初期に訓読語の類型の共有が存したと認めざるを得ない。即ち、後世の再読字の単読事象であるとか、古代の助詞と言われる副助詞「い」の頻用、「及」字の訓読、「勿《ナ》」の出現、否定の助動詞「ず」の連体形「ぬ」・已然形「ね」の出現などなど(12)枚挙に暇がないが、これらにおいては、平安初期の言語事象における類型が記述され、時代的な共通性が指摘されて後、平安中期以降の変化形との対照が論じられてきた。しかし、平安初期に、ある訓読語の類型が帰納されること自体、平安初期という共時態における訓読語の共通性、また、平安時代初期約一〇〇年間という通時的な広がりにおける伝承性が存していなければ、記述できないことであろう。

「移点」の語は、平安後半期に初めて、その確例が拾われ、平安後半期に移点という営為があったことは確実である。平安初期に、師の訓点資料の訓点を直接「移点」することはなかったと認めるとしても、講説の場において、資が、師と等しい訓読語を用いることはなく、師とは常に違った訓読語を加点して、その結果、訓読語は、常に新しく、各々の資料は個別的に存在して、訓読法の伝承が行われていなかったのだと考える保証は、どこにもないように思われる。訓読語の伝承を否定することは、講説の速記用に片仮名が生まれたとか、ヲコト点が発達したと説かれてきたことと明らかに矛盾する捉え方であろう。即ち、実証は困難であるにしても、平安初期にも訓読語の伝承的な事例が存したことがあったと考える方が自然であるように思われる。つまり、平安初期にも訓読語の伝承性というものが存したと捉えることができる。

漢文訓読語が、平安中期を迎えて、劇的に変化をしたと捉えられている。同一書の訓読を、通時的に追った研究もあり、注目されるところであるが、これとても、隔靴掻痒の感が残るのは、特に、激変すると言われる平安前半期の現存資料の寡少なるがためではなかろうか。劇的といわれる変化は、徐々に起こったもので、通時的に記述すべき資料の密度が薄いため、結果的に、通時的に配列する資料間が広がって、その時間的な距離のため、一見、劇的に変じたもののように見えると考える道もあるように判断される。ましてや、今まで通時的比較がなされてきた大方は、平安時代初期の南都古宗系の資料の言語事象と、降って平安時代中期以降の資料として取り上げられて比較されて来たものの多くが、密教系の資料の言語事象との比較である場合もあり、通時態の捻れがあると解されるところであって、そこには位相の問題[14]をも含むのである。

平安前半期における訓読語の変化は、劇的にではなく、多少の緩急はあるものの、徐々に起こったもので、同様に、遺存資料の密度が濃くなり、伝承性が強いと言われる平安後半期にも、徐々なる変化が起こっていた[15]と見て、なんの矛盾もないように考えられる。こうした、平安後半期の漢文訓読語の変化の一つに、訓読語の重合を含めても良いのでは無かろうか。

即ち、本来別々の言語体系であった位相的な差や、文体的な差が重合して新たな漢文訓読語の集合体としての訓点資料が成立することを想定すれば、重層性、複層性を内包した訓読語資料が生まれることは、位相差、文体差を越えて位相差、文体差が一資料に集約され、社会的に、次第次第に一般化、平均化することであって、この変化も、漢文訓読語の歴史的変化として位置づけてもよいものであろう。

注

(1) 拙著『平安鎌倉時代漢文訓読語史料論』(汲古書院、平成十九年二月)第一章第五節。

（2）江戸時代の仁和寺本の臨模本は、各所に所蔵されているが、内閣文庫蔵の臨模本は、『医心方 仁和寺本影写本 多紀家旧蔵本』（オリエント出版社、平成三年一月）にも影印公開されている。
（3）『医心方の研究』（オリエント出版社、平成六年五月）。
（4）金剛寺本医心方巻第十三は、墨書の句切り点の存する仮名点の資料で、半井本医心方巻第十三の訓点と比較すると、半井本に墨書反切記入箇所に仮名点が見えたり、半井本に並記訓が存するところに、並記が無く単一の和訓が振られたり、接続助詞の「テ」の有無などの違いがある。また、「石斛《イハクシリ》」などの音訛形が認められる。「盗　汗《ヒヤコキアセ》（を）治（する）方第十二」（金剛寺本）は、本文に出入りがあるが、半井本医心方に朱墨の並記訓があって、「陽虚盗　汗《ヒヤコキアセ》を治（する）方」（墨点・藤原行盛点）、「陽虚盗　汗《ヒソカニアセアユル》（を）治（する）方」（朱点・丹波重基点）の例の墨点に合致する。「肋《ワキホネ》」（金剛寺本）とあるところは、「助《タスケホネ》」（半井本墨点）とあって、本文が異なり、訓も一致しない。「明《アクルニ》」（金剛寺本）には、「明《アシタに》」（半井本墨点）とあって、不一致の箇所もある。加点箇所の状況、一致率は、半井本医心方とよく通じているが、出入りがあって、いま、別系統の訓点資料であると見ておく。
（5）小林芳規『漢研』（東京大学出版会、昭和四十二年三月）。
（6）墨点の他、神田本白氏文集には、角筆点による藤原茂明の加点がある。
（7）注（2）に同じ。
（8）注（1）文献。
（9）注（1）文献、第六章第三節。
（10）注（1）文献のテーマでもある。
（11）中田祝夫『点研　総論篇』（大日本雄弁会講談社、昭和二十九年五月）には、平安中期に移点が存したことを説かれる。本書第二章第四節。
（12）小林芳規『仏研』。
（13）築島裕「和訓の伝流」（『国語学』八十二輯、昭和四十五年九月）には、密な通時態を設定するために、成唯識論や金光明最勝王経などの同一書を取り上げて、通時的な変化を論じられ、平安中期に画期があったと説かれる。

(14) 第六章第一節。
(15) 注(1)文献。

第二節　高山寺蔵伝受類集鈔の訓読語基調と史料的評価

はじめに

栂尾高山寺経蔵には、第一〇三函に納められた伝受類集鈔巻第一～巻第二十五（現存二十四巻、巻第三欠）が伝えられている。本資料は、早くより宮澤俊雅氏が、鎌倉時代の栂尾流の実質を伺う上で貴重な資料と位置づけられ、注目されてきた資料である。高山寺蔵伝受類集鈔については、宮澤氏の簡にして要を得た解説が存し(1)、概要は、それに譲ることとするが、恵林房経弁が、師の玄密房仁真から伝授した口決・折紙類の類集である。本資料の大半は、遡れば、理明房興然の口決・折紙類であるが、その興然の口決・折紙類も、諸尊法を興然より更に遡って位置づけることができるものがある。本資料中の記載によって、出自の明らかなものには、法務寛信、大法房実任、助阿闍梨観祐、明海、亮恵、浄与等々を初めとして、諸師の伝が確認される。本文には、時代的には興然より降って、鎌倉時代の仁真から経弁への伝授の印信・血脈なども含まれている。

この高山寺蔵伝受類集鈔のような諸尊法の資料は、院政期から鎌倉時代にかけて各流派で盛んに作られたようで、それまで盛んに加点された中国から将来の、不空や法全などが訳した儀軌の訓点資料が、鎌倉時代に入って、その遺存量が激減するのと前後して、伝授に関わって盛んに制作されるようになる。こうした諸尊法の類が、日本語資料として問題となるのは、その諸尊法の言語をどう評価すればよいかと言うことである。即ち、本節の対象とする伝受類集鈔にしても、例えば、守覚の野決や広沢流西院流で作られた金玉・異水などにしても、諸師の伝を類聚している資料であることが問題となる。諸師の伝の類聚・重合とは、たとえ、単一の師からの伝授であっても、系脈を遡れば、複数の個人にたどり着く事である。甚だしい場合は、位相を飛び越えて、別宗・別派からの系脈である場合も存している。資料中に現れる訓読語のレベルは勿論、基の漢文などの本文自体が言語的性質（訓読語や用字法等）を異にする場合や諸伝の系脈の途中における本文・漢文訓読語などの改編、付加の問題を含むのである。諸伝の集合体である一つの諸尊法を、資料全体を通底する言語の基調、各伝の伝流における言語の位相、初源が存するとすれば、各個々人の言語特性の出現など多角的に評価してみる必要があると認められよう。

また、今ひとつ問題となるのは、伝受類集鈔の場合、これを構成する表記体（文体）の問題である。伝受類集鈔は、漢文（変体漢文を含む）または漢文訓読語文と片仮名交り文とで形作られている。平安時代の日本語の場合、この二種は、言語体系を異にするものであったことは、いろいろな視点から説かれてきたところである。伝受類集鈔は、この平安時代に異質とされる二表記体を内包する。伝受類集鈔という一総体としての日本語史料の評価については、この二表記体を採用された言語的な文体差と、おそらく全体を通底するであろう日本語の基調とを視野に入れて分析する必要がある。

かかる腑分けを行い、言語資料としての評価を行うことを経て、初めて院政期以降の漢文訓読語の変化・変遷、鎌倉時代の共時的な複合体としての総体を語ることが出来るように判断される。

本資料は、東大寺点加点の資料である。多くの尊法は、興然に関わって、真言宗も小野流に属する資料であると考えられるものであるが、その諸伝の中でも、注意すべきは、次の如き場合である。例えば、巻第二十四の印信・血脈が納められた巻には、広沢流の僧である「芳源」の「淨延法師」に授与した康和五年（一一〇三）七月五日の印信を登載する。これらには、訓点の存するものもあるが、仮名点の加点で、印信には、東大寺点の加点が確認されない。また、印信の中には、例えば「智證記」なども引かれて、天台方の諸伝の記載も存する。これも仮名点の加点が存するのみである。中院流や小島流の印信も存しており、宮澤氏のご指摘の通り、栂尾流の成立が、いかなる所伝の聚合によったのかの経緯が明らかになるが、問題は、高山寺蔵伝受類集鈔に現れている言語の時代と位相に関わる質についての問題である。

以上の問題を、厳密・実証的に、解決する方向としては、当該の言語資料の内部徴証の検討に従って総合的に評価すべきであろうと判断されるが、本節における一端の論述後に、時を改めて再度批判を試みることを課題とするとして、拙論の出発点では、以下の通りの認定・評価から出発してみることとする。

巻第五（経法部）には、「心經法」を納めるが、標題の下に、「覺鑁上人傳」とあって、覚鑁出自の尊法を伝えたものであることが知られる。本文は十三行ほどの言語量のあまり多くない尊法であるが、東大寺点の加点が認められる。来歴を辿れば、この伝が興然に流れて後、定真、仁真等を経て、経弁に伝わった事が想定されるが、この法には、仮名の加点と並んで、東大寺点の加点が存する。即ち、興然の時点かも知れず、それより前、または、後かも知れないが、小野流の訓点のバイアスが掛けられていることが知られる。(2)加えて、巻第二十の無垢浄光法は、「大法房實任―興然」と伝わった尊法であるが、標題の下に、「中河實範上人注」とあるもので、これにも、東大寺点の加点が認められる。

一方、この他に、巻第十八の奉造立仏像作法は、「成就院寛助御傳」、巻第二十三の遷宮修法には、「寛助大僧正記」

とあり、巻第十八の御衣木加持作法に「仁和寺」、巻第二十三の東寺講堂五菩薩中方菩薩事には、「心覺闇記」とあるが、本文は、仮名点と句切点のみで、東大寺点の使用が確認できない。ただし、それぞれは、言語量が少ない尊法で、しかも、巻第十八の「大御室御傳」の粥時作法には、本文に纔に、また、同作法の割書部分にも、東大寺点の加点が確認される。仮名点加点の資料を、慎重に扱うべきであるが、全体を加えても、言語量が十分ではなく、今は、この広沢流関係の尊法出自と認められる資料の、資料性の検討が尽くせない。これらの尊法を、一端は保留として置かざるを得ないが、後日に再検討してみる必要性を感じるところである。

今仮に、保留分を除いて、本資料を、大きくは、真言宗小野流の所産の言語資料であると設定して、以下に論述を行ってみる。また、本節標題の用語の如く、高山寺蔵伝受類集鈔の全体の言語を、〝訓読語〟という術語で捉えることとする。後にも問題とするところであるが、本資料には、漢文部分（変体漢文を含む）に、東大寺点の加点が存するのは、右に確認した通りである。片仮名交り文体で表記された部分にも、東大寺点の加点が存して、訓読をされている。各表記体の成立時の「漢文体または漢文訓読体」、「片仮名交り文体」という視点とは別に、それと整然と区別することが困難な局面も存するのではあるが、東大寺点がこれら全体に加点された時点の言語を想定して、この片仮名交り文体を含めて、〝訓読語〟という一術語を以て捉えることとする。

かかる基本的な立場を基として、当該資料について、表現内容、文体（表記体）差、漢文体（用字）の差に視点を当てつつ、その待遇表現の有り様を解析しようとするものである。

一、訓読語解析の問題の所在と対象

平安後半期から鎌倉時代にかけての真言宗小野流における訓読語の実情には、複雑な状況があるように認められる。例えば、稿者は、小野流に属する中川流について、中川流の祖である実範（喜多院点使用僧）によって、院政期に祖点が形作られたことを論じたことがある。東寺観智院蔵の金剛界儀軌実範点の奥書には、「是依㆓誠證㆒後輩勿㆑改」とあり、訓読語を改めるのを禁じた一文には、時代背景として、当時、容易に改められることが常であり、改点、新点の下点が普通であったと言う認識の元に記された奥書であると解釈したことがある(3)。これを元に、真言宗も小野流の訓読語は、院政期において、多様な様相を示すものであったであろうことを推定したが、以下には、院政期から鎌倉時代と思われる諸尊法の口決の類集である伝受類集鈔を取り上げて、そこに窺える訓読語の多様性と、その基調を記述してみようとするものである。

高山寺蔵伝受類集鈔は、その資料としての体裁として、料紙の表裏に墨書が存在するものである。表面は、上下二段となっており、上段には、多くは興然を経由した、または、興然に発した口決・折紙類の諸尊法を掲げる。各尊法においては、末尾に、奥書の存するものがあって、伝流の過程が明らかになるものが存する。表面下段には、上段の諸尊法に対する口伝が注され、箇条書き的に配される。この表面下段の口伝の注は、例えば、巻第十六の奥に、この下段の記事に対応して、

正安四年（一三〇二）壬寅九月九日抄出已了／經弁五十七

とする奥書があり、他巻にも散在する一連の奥書から、経弁の施したものであることが推定される。裏面には、表面

の諸尊法に対する口伝等の注記が施されている。

表面上段の諸尊法は、その表記体が複数有って、漢文（変体漢文を含む）、片仮名交り文を中心として、文章が構成されている。例外的ではあるが、巻第二十五には、平仮名表記の部分も指摘できる。この漢文、片仮名交り文には、先にも触れた如く、共に、仮名の加点と、東大寺点の加点が成される。本節での分析の対象としては、表面下段および裏面の書入については留保することとし、表面上段の諸尊法の部分に限定して取り上げ、以下に論述を加えることとする。

二、伝受類集鈔巻第一仏部における異伝の比較から

高山寺蔵伝受類集鈔について、鈔全体を見渡した時、同じ諸尊法で、異伝が載せられている例に気付く。例えば、巻第一に所載の「薬師法」では、二種の伝を載せている。最初の伝について、下段には、「／秘抄云　息災　増益行之」とあるが、後に、「／私云此折紙ハ理師（興然）ノ秘抄ヲ之（ママ）ヲ見　禪林寺助阿闍梨（観祐）口決ヲ載セ被（れ）タリト見タリ」の注記があって、観祐―興然の伝であると見ているようである。これに対して、異伝の「薬師法」には、「／此傳ハ法務御房（寛信）御傳也　息災　増益行之云々」とあって、寛信―興然の伝であることが知られる。両者は、同文ではないが、以下には、両者の「道場観」の訓読を比較して掲げてみる。まず、観祐―興然の伝と推定される薬師法では、

1、道場観

観想セヨ《せよ》・心ノ《の》前ニ《に》[illegible]字（返）有リ　變シテ《して》浄瑠璃世界ト《と》成《ナ》ル。其ノ《の》上ニ《に》大宮殿（返）有（り）七寶（返）ヲ以て荘嚴セ《せ》

リ《り》。其ノ《の》中ニ《に》大曼荼羅壇有(り)。々(壇)ノ《の》中ニ《に》𑖀字(返)有(り)　月輪ト《と》成ル《る》。々(輪)中ニ《に》𑖮𑖿𑖨𑖱𑖾字有(り)て變シ《し》テ《て》八葉ノ《の》蓮花ト《と》成(る)。々(花)臺ニ《に》𑖥𑖹《ハイ》(去濁)字(返)有(り)變シテ《して》壺《ツホ》ト《と》成(る)。々(壺)變シテ《して》藥師如來ト《と》成ル《る》。左ノ《の》手ニハ《には》藥-壺ヲ《を》持(す)。右ノ《の》手(返)ヲ《を》以(て)施无畏ニ《に》作レ《ツクれ》。光明映-徹シテ《して》相好圓滿セリ《せり》。殊ニ《に》十二ノ《の》大願(返)ヲ《を》發シテ《して》濁世ノ《の》衆生ヲ化-度ス《す》。日光月光等ノ《の》諸大菩薩・及(ひ)十二神將・七千藥叉(返)与前後圍繞セ《せ》リ《り》。是(返)(の)如(く)觀-想シ《し》畢(り)テ《て》・七處ヲ加持セヨ　眞言(に)曰(く)。唵歩欠《ヲムホツケム》　(巻第一)

〈漢文(変体漢文を含む)の用例は、読み下し文の形で掲げる。片仮名交り文について、掲げる用例の形は、この漢文の読み下し文に近い形で掲げざるを得ないが、片仮名交り文であることは、一々断ることとする。以下同。〉

との訓読が認められる。一方、法務寛信―興然の伝では、

2、道場観

壇上ニ《に》𑖏《キヤ》字(返)有(り)　々(字)變シテ《して》象ト成ル。々(象)ノ《の》上ニ《に》・𑖮𑖿𑖨𑖱𑖾字(返)有(り)　變シテ《して》蓮花臺ト《と》成ル。々(臺)ノ上ニ・𑖀字(返)有(り)　變シテ《して》月輪ト《と》成(る)。々々(月輪)ノ《の》上ニ・𑖮𑖳𑖽字(返)有(り)　變シテ《して》金剛杵ト《と》成(る)。々々々(金剛杵)變シテ《して》・藥師如來ト成(る)。左ノ《の》手ニハ《には》藥-壺(返)ヲ《を》持シ右手(返)ヲ以(て)施無畏ニ《に》作レ《れ》。光明映-徹シテ《して》相好圓滿セリ《せり》。殊ニ十二大願(返)ヲ《を》發(し)濁-世ノ《の》衆生ヲ化-度シタマフ《し》　日光月光等ノ《の》諸大菩薩・及(ひ)十二神將等前後ニ《ニ》圍繞セリ《せり》。(巻第一)

とある。同文ではないが、同文的な比較を行うと、異同の確例としては、用例1の「十二ノ《の》大願」と用例2の「十二大願」の如くの格助詞「の」の有無と、用例1の「衆生ヲ化-度ス《す》」に対して用例2の「衆生ヲ化-度シタマフ《し》」の尊敬の補助動詞の読添えの有無、用例1「前後圍繞セリ《せり》」と用例2「前後ニ《に》圍繞セリ《せり》」における格助詞「に」の有無が指摘されよう。この内、尊敬の読添えについては、別章にも触れたところであるが[4]、敬語表現を含めた待遇表現につ

いて、以下に取り上げることとする。

右の用例1と用例2は、言語量が決して多いとは言えないものである。敬語の読添えについて、対照した一文の主語に当たるのは「藥師如來」であると認められるが、資料1の観祐―興然の伝では、無敬語の待遇であるのに対して、寛信―興然の伝においては、尊敬の補助動詞「タマフ」を読み添えている。即ち、この例を採っても、伝受類集鈔の内部に、待遇表現の揺れが存する。次項には、この読添えの補助動詞「タマフ」に焦点をあて、出現状況の記述を行う事から論じ始める。

三、高山寺蔵伝受類集鈔における読添えの敬語補助動詞「タマフ」

まず、読添えの補助動詞「タマフ」について記述し、高山寺蔵伝受類集鈔における用法を整理・帰納する。

高山寺蔵伝受類集鈔の巻第一・二は、仏部にあたる部分で、その中に、読添えの尊敬補助動詞が出現する。この仏部における読添えの尊敬補助動詞は、「阿弥陀法」中に、

3、面ヲ《を》・觀自在菩薩(返)ニ《に》向ヘタマヘリ（巻第一・阿弥陀法・自観〈道場観ノ又説〉、宰相阿闍梨淳寛伝）

の例があって、主語「阿弥陀如來」の文に現れ、「阿弥陀如來」に対する敬意を表したものである。なお、諄いが、この個所は、漢文本文に、「タマフ」に対応する漢字が無く、日本語に訓読された際に、読添えられたものであることを確認しておく。

一方、高山寺蔵伝受類集鈔には、「阿弥陀法」の異伝が載せられており、この異伝の同文的な部分は、

4、定(返)ニ入(り)テ結跏趺坐ス・面ヲ觀自在菩薩ニ向フ。（巻第一・阿弥陀法、片仮名交り文、観祐伝）

「阿弥陀如來」主語の一文に、右の例があって、敬語表現が見あたらない。前にも触れた事象であるが、敬語の読添えに有無がある。この事象については、後に、改めて取り上げることとして、読添えの補助動詞の出現について、以下に記述・整理を続ける。

その他、読添語「タマフ」が現れる例としては、

5、大智大悲ノ《の》方便(返)ヲ《を》起シテ《して》金輪ノ《の》三昧地ニ入リタマフ《たまふ》。(巻第二・大イ丁去(大佛頂法)・道場観、浄与伝)

6、本尊我カ身(返)ニ入リタマフ　(巻第二・大イ丁去(大佛頂法)・入我我入観、浄与伝)

7、寶蓮滿月輪ノ《の》上(返)ニ《に》坐シタマフ《したまふ》　(巻第二・隨求法・道場観)

8、壇上ノ尊ト我自身(返)与㆒體无㆓ニシテ《にして》寶蓮花・滿月輪ノ《の》上ニ《に》坐シタマヘリ。(巻第二・隨求法・入我我入観)

の例が認められて、それぞれの敬意の対象は、例5・6が、「毗盧遮那」「大日」、例7・8が「大隨求菩薩」など、「如来」「菩薩」に対するものとして出現する。

高山寺本伝受類集鈔は、巻第三を欠くが、巻第四・五は、経法部である。この経法部には、「仏」を待遇した尊敬語(敬語動詞など)は出現するが、読添えの補助動詞「タマフ」の出現は確認されない。

高山寺本伝受類集鈔巻第六・七・八・九・十は、菩薩部で、この部分の状況を記述すれば、以下のようになる。

9、々々(月輪)ノ《の》[之]上ニ《に》・般若波羅蜜佛母坐シタマヘリ《したまへり》。(巻第六・般若菩薩法・観道場、神日次第)

右の例は、「神日次第云観壇場定印」として引用されたもので、「般若波羅蜜佛母」を主語とした文での待遇表現中に用いられる。他に読添語「タマフ」の存する例は、

10、本尊我身(返)ニ《に》入リテ我ヲ加-持シタマフ。(巻第六・普賢法・入我我入観)

11、壇上已-成ノ《の》菩薩・亦内證眷屬(返)ヲ《を》引-率シテ《して》[与]我(返)ト《と》相-對シテ《して》[而]住シタマヘリ《したまへり》。(巻第六・一髻文殊

法・入我我入観）

12、々々（本尊）我カ《か》身(返)ニ《に》入（り）テ我ヲ加-持シタマフ。（同右）

13、右手説法ノ印(返)ニ作レリ《れり》　結跏趺坐シタマヘリ《したまへり》。（巻第七・弥勒法・道場観、観祐伝、主語ハ「慈氏菩薩」）

14、右ノ《の》手ハ《は》胸(返)ニ《に》當テ、地水火ノ三指ヲ《を》屈す。赤蓮花ニ《に》坐シタマヘリ《したまへり》。（巻第七・大勢至法・道場観）

15、本尊自-證ノ眷屬(返)ヲ引（き）テ共ニ《に》我カ身(返)ニ《に》入（り）テ卽（ち）加-持シタマフ。（巻第九・如意輪法・入我我入観）

16、本尊自-證ノ《の》眷屬(返)ヲ引（きて）共ニ《に》我カ身(返)ニ《に》入（り）テ卽（ち）加持（し）タマフ。（巻第九・七星如意輪法・入我我入観、寛信伝）

などが指摘される。右の例については、各尊法に同様の文が見える。「入我我入観」に用例が多いが、「タマフ」による待遇の対象は、「本尊（菩薩）」「大勢至菩薩」「慈氏菩薩」の例である。先の仏部の「如来」の待遇と同様、「菩薩」に対しても、尊敬の補助動詞「タマフ」による待遇が認められる。

伝受類集鈔巻第十一・十二は、明王部で、この部分にも、読添えの補助動詞「タマフ」が認められる。

17、々（釼）變シテ・不動明王ト成ル。火生三昧(返)ニ《に》住シテ大忿-怒ノ形ヲ《を》現シタマフ。（巻第十一・不動法・道場観）

18、壇上ノ《の》巳-成ノ本尊・又自證ノ眷屬等(返)ヲ《を》引-率シテ我身(返)ニ入（りて）我ヲ加持（し）タマフ。（巻第十一・大威徳転法輪法・入我我入観、実任伝）

19、寶池ノ《の》蓮ノ《の》上ニ《に》住シタマヘリ。（巻第十二・烏蒭渋摩奉・道場観）

右の例の主語は、各々「不動明王」「大威徳明王」「烏蒭澁摩明王」である。

20、壇上ノ《の》已成ノ《の》本尊・四佛四波羅密等ノ《の》自證ノ《の》眷屬(返)ヲ《を》引-率シテ我(返)与相-對シテ《して》住シタマフ。(巻第十二・愛染王法・入我我入観)

21、即(ち)本尊・我カ《か》身(返)ニ入(りて)我ヲ加-持シタマフ　(巻第十二・愛染王法・入我我入観)

など、「愛染明王」なども、補助動詞「タマフ」で待遇される。

伝受類集鈔巻第十三から巻第十七の五巻は、天部で、この部分にも読添えの補助動詞「タマフ」が出現する。

22、法界定印(返)ヲ《を》結(ひ)テ々(印)上ニ《に》金輪(返)ヲ《を》安セヨ　一々ノ《の》毛孔(返)自リ《り》諸ノ《の》曜宿(返)ヲ流-出シタマヘリ《したまへり》　(巻第十三・北斗供略次第・仏身円満)

右例の主語は、「一字頂輪王」である。

23、自身・北斗七星(返)ト成《な》ヌ　諸佛我(返)ヲ加-持シタマフ　(巻第十三・北斗略次第・諸仏加持)

右の「加-持シタマフ」の待遇の対象は、「諸仏」である。例22は、「明王」に対する待遇に出現し、前述の「仏」「明王」に対する待遇表現と同質のものも確認されるが、

24、北斗七星・各々ノ《の》[於]本宮(返)ニ還(り)タマフ　(巻第十七・北斗護摩秘法、故僧都御房伝)

では、「北斗七星(天)」の待遇に、尊敬の補助動詞「タマフ」が読み添えられた例が認められる。

ここで、以上の補助動詞「タマフ」による待遇法を整理すれば、「仏」「菩薩」「明王」「天」に対する待遇に、尊敬の補助動詞「タマフ」が読添えられていると整理、記述することが出来る。

伝受類集鈔は、続く巻第十八から巻第二十三までは、作法部で、巻第二十四・二十五は、印信・血脈である。内容的に、或は、各作法の文章構成が、巻十七の天部までとは趣を異にし、興然以降の作法、また、印信類の搭載が目立ち、また、片仮名交り文が目に付く部分である。この作法部にも読添えの補助動詞「タマフ」が現れる。

25、仰（き）願（はくは）無量壽尊・二菩薩等・往昔（の）誓願（返）（を）誤マラ不《す》必（す）來迎引攝（返）ヲ垂レテ尊靈三有ノ［之］苦域（返）ヲ離レ九品ノ［之］淨臺ニ生（せ）シメタマヘ（巻第二十三・無常導師次第・表白、仁和寺尊勝院本）

26、十方如來常（に）隨（ひ）テ守《て》護シ三世ノ諸佛皆（な）授記ヲ與《を》ヘタマフ。（巻第二十四・一印印信・「即心成佛義」引用部、小野大乗院良雅伝）

の例があって、右に記述した如く、「無量壽尊・二菩薩等」と「諸仏」が、「タマフ」によって待遇された例が認められる。ただし、例25は、奥書に「寫本云／以尊勝院《仁和寺》御本書之云々」とあるもので、仁和寺関係の尊法を源とするようである。この無常導師次第には、仮名点・句切点の加点はあるが、東大寺点の加点が確認されないから、仁和寺系の作法が、東大寺点の影響を被らず、直接に編入した可能性を否定しきれないので、注意を要する。

一方で、右とは趣を異にした以下の例も認められる。

27、小野仁海僧正老亂シテ・宮僧正ノ法眼（の）時（返）ヲ以（て）御藥加持ニ參セ令メタマフ。云々（巻第二十二・御斎会之間五七日御修法幷御薬加持事、醍醐権僧正勝覚伝）

右の例27は、訓点の加点に疑問が残る例であるが、「宮僧正法眼」の待遇に、尊敬の補助動詞「タマフ」が読添えられた例と判ぜられる。例27は、文章内容も、それ以前と異なっており、「タマフ」も読添語として現れるもので、例外に属するものであろうことは後に節を改めて論述を加える。

以上に取り上げた読添えの補助動詞「タマフ」は、原則として、漢文（変体漢文を含む）に現れるもので、本文に、「タマフ」に対応する用字が無い場合である。右の挙例の内、例27を除いて、尊敬の補助動詞「タマフ」は、「仏」「菩薩」「明王」「天」に対する敬意の表現として読み添えられたものであることが帰納される。即ち、これら「仏」

以下「天」に至る諸尊に対しては、「タマフ」を以て待遇するという訓読基調が存していると見ても良いであろう。

ここで問題となるのは、先の第二節の例１・２にも触れた、敬語表現の有無の問題である。確かに、本資料においては、「仏」を始めとした文脈において、「タマフ」が出現するのであるが、以下のような例も多数に上る。

28、頂(返)従リ黄金ノ《の》光(返)ヲ《を》放(ち)テ无量ノ《の》世界ヲ照ス。(巻第一・宝生尊法、内山真乗房亮恵―興然伝)

29、大光明(返)ヲ放(ち)テ遍ク法界ヲ照ス。(巻第一・阿弥陀法)

30、大光明(返)ヲ《を》放(ち)テ遍ク法界ヲ照ス。(巻第一・阿弥陀法、宰相阿闍梨淳寛伝)

31、教法ヲ流-布シ衆生ヲ化-度セムカ爲ニ《(た)メ》説法ノ相ニ住セリ《せり》。(巻第二・釈迦法、実任伝)

32、法界定印ニ《に》住セリ《せり》。(巻第二・大仏頂法・道場観、浄与伝)

右の諸例は、巻第一・二の限りを取り上げたものであるが、実態としては、敬語の読添えが無い例である。仮定の域を出ない論行となるが、主語はそれぞれ、「宝生如来」、「阿弥陀如来」、「釈迦如来」、「大仏頂如来」であって、ここまでに帰納した例と引き比べれば、敬語の読添えが出現してもおかしくないと判断される個所である。即ち、先のように、敬語を読添え待遇するという訓読基調があった一方で、「仏」を始めとした諸尊を対象に、無敬語で待遇するという基調が並存したと見ることは出来ないであろうか。本伝受類集鈔においては、二種の基調の混在とみる解釈である。この基調の複合の問題を考えるには、通時的な視点を以て、時代を遡って実証する必要があるように判断するが、即座には、委細を論じる用意が無く、今後に委ねねばならない所である。

四、高山寺蔵伝受類集鈔における敬語動詞

さて、「仏」「菩薩」等、諸尊の待遇に関しては、右の尊敬の補助動詞の読添えの他に、高山寺蔵伝受類集鈔においては、敬語動詞による待遇が認められる。

以下に掲げる例は、本文の実字を敬語動詞で訓じた例であって、

33、々々(光明)ノ《の》中ニ《に》・无量ノ《の》化佛(返)有《イマ》シテ説法利生ス。(巻第一・阿弥陀法、宰相阿闍梨淳寛伝)

34、々々(圓光)ノ《の》中ニ《に》無量化佛有《イマ》ス。(巻第一・阿弥陀法、宰相阿闍梨淳寛伝)

35、々々(光明)ノ《の》中ニ《に》・无量ノ化佛(返)有《イマ》シテ説法利生ス《す》。(巻第一・阿弥陀法、宰相阿闍梨淳寛伝)

36、項《クキヤウ》－背《ハイ》ニ《に》・圓光(返)有リ　々々(圓光)ノ《の》中ニ《に》无量ノ《の》化佛有《(い)マ》　ス。(巻第一・阿弥陀法、宰相阿闍梨淳寛伝)

37、々(花)臺ニ《に》・觀自在菩薩(返)有《イマ》ス　(巻第一・阿弥陀法、宰相阿闍梨淳寛伝)

38、八葉ノ《の》上ニ《に》各(の)如來(返)有《(い)マ》シテ入定結跏趺坐セリ《せり》。(巻第一・阿弥陀法、宰相阿闍梨淳寛伝)

39、蓮花臺ノ《の》上(返)ニ《に》於(いて)觀自在菩薩有《イマ》ス　(巻第一・阿弥陀法、片仮名交り文、観祐伝)

40、蓮花八葉ノ《の》上(返)ニ於(い)テ各ノ如來有ス。(巻第一・阿弥陀法、片仮名交り文、観祐伝)

いずれも阿弥陀法にあって、例39と例40とは、淳寛の伝と、観祐の伝の内の片仮名交り文部分に出現する。「仏」「菩薩」の待遇に関わる訓読で、「有」字に「イマス」訓が付された例である。以降の巻々にも、

41、頭冠ノ《の》中ニ《に》各ノ化佛有《イマ》ス。(巻第八・十一面法・道場観)

42、首《(かう)へ》　ニ《に》寶冠(返)ヲ《を》戴ク　々(冠)ノ《の》中ニ《に》化ノ《の》无量壽佛有《イマ》ス。(巻第十・青頭観音法・青頭観自在菩薩経引用部)

には、本文に「有」字があって、「化仏」「無量寿仏」主語の文において、「イマス」と訓ずる例がある。

本資料においては、孤例で例外的であるが、本文中に対応する漢字の表記が無く、読添語に尊敬の動詞「イマス」が現れる例がある。

43、無量の相好(返)ヲ具(し)熾盛ノ威徳イマス。(巻第八・千手法・道場観)

主語は「千手千眼観自在菩薩」である。かかる読添えの例は、伝受類集鈔中には他に例が見えない。

右の「有」字の他に、漢文本文の用字に、敬語動詞を充てた例は、

44、佛香花國(返)ニ在《マシ〳〵》キ時ニ・比丘尼・優婆塞優婆夷・七万二千人(返)与《ト》倶ナリキ。(巻第五・仏説寿延経、興然伝)

の例があって、「仏」を主語とした文章の用字「在」に敬語動詞「マシマス」を充当した例が認められる。これらの例は、先の読添えの補助動詞と同様に、諸尊の待遇に現れた敬語動詞で、読添えの補助動詞「タマフ」と軌を一にしたものであろうと解釈されるが、理屈の上からは、「有」字に対する敬語動詞訓の選択は、一方では、非敬語動詞の充当訓も予想されるところである。本伝受類集鈔には、「有」字が出現する文脈で、諸尊に対する待遇表現上では、「イマス」以外の訓が積極的には認められず、「有」の用字に対しては、敬語動詞に訓読するという訓読語基調(補注)が存したと見て矛盾はない。

一方、三巻本色葉字類抄では、「イマス」、観智院本類聚名義抄を検索すれば、「マシマス」などの敬語動詞の充当訓が確認される字である「坐」字については、

45、咒師(返)ヲ《を》視《ミ》ル[之]勢ニシテ《にして》・蓮花座(返)ニ《に》坐セリ《せり》　(巻第七・持世菩薩法・道場観)

46、色相白色ニシテ《にして》[而]合掌シテ《して》・白蓮花ニ《に》坐ス《す》。(巻第七・馬鳴法・道場観、観祐伝)

などとあって、敬語動詞で読まれた確例が拾えない。この「坐」字の訓読は、

47、右ノ《の》手ハ《は》胸(返)ニ《に》當テ、地水火ノ三指ヲ《を》屈す。赤蓮花ニ《に》坐シタマヘリ《したまへり》。(巻第七・大勢至法・道場観)

等の例が認められ、例47敬語の補助動詞「タマフ」を読添えて待遇しているところから、「坐ス」はサ変動詞であった可能性が指摘できるのではなかろうか。

右掲の文例は、例33から40などに認められる道場観における表現と同様の文脈であると認められるが、「有」字の場合は、尊敬動詞訓が与えられ、「坐」字の場合は、尊敬動詞訓の可能性は低い。諸尊法中の各伝における両字の用字の問題を含むと考えられる。即ち、ある尊法の伝においては、右と類同の文脈において「有」字が使用されるが、別の尊法の伝には「坐」の用字が現れると言った漢文本体の使用漢字の異なりを検討してみる必要がある。「有」字と「坐」字の用字の異なりに対応して、「有」には敬語動詞訓を充当し、「坐」は、漢語サ変動詞と尊敬の補助動詞で待遇するというような訓読基調が存したと指摘されよう。

五、高山寺蔵伝受類集鈔における敬語の偏在（一）—文章内容の差による偏在—

さて、以上に、読添えの敬語補助動詞「タマフ」の出現と、本文漢字の敬語動詞訓の状況を記述したが、これらの表現は、伝受類聚鈔においては、偏在傾向を見せる。その偏在も、複数の要因によると認められる。その一要因が、文章内容に関連した問題である。伝受類集鈔の各々の尊法は、数種の条項によって組み立てられる。例えば、任意に取り上げてみるが、巻第一の「藥師法」（寛信伝）では、

勸請句・發願句・道場觀・讃・礼佛・印・眞言・正念誦・散念誦

で構成される。巻第四の「六字法」などでは、

種(子)・尊像・印・眞言・部主・勸請句・發願句・礼佛句・後加持咒・壇様・結線事・師口傳

で構成されて、観想に関する記事がない。実任の伝である「理趣經(法)」などにも観想に関する記述がない。尊法各々における文章構成が異なるが、第三節において中心的に記述した読添語の補助動詞「タマフ」の出現は、第三節

に掲げた用例の通り、「道場観」や「入我我入観」に偏っている。これらの観想法の文章には、「仏」「菩薩」「明王」「天」が主題となる文が綴られて、文章が構成され、これらに対する敬意の表現として、「タマフ」が読添えられる。
一方、同じ尊法にあっても、立印法を説いた文章にあっては、

48、中臺阿閦如來　左拳・[於]齊(返)ニ安セヨ《よ》　右羽八《は》垂(れ)テ《て》地ニ觸(け)ヨ。（巻第一・阿閦法金剛部、内山真乗房亮恵伝）

49、胎藏ノ《の》蓮花藏ノ《の》印
二手虚心合掌ニシテ《にして》・二頭指・二中指・二无名指・各ノ《の》開《キ》」立テ《て》、・指ノ《ユビの》隙《ヒマ》(返)有《ア》ラ令メテ着《ツ》クルコト《こと》勿《ナカ》レ。
所」謂《ユ》ル八葉ノ《の》印(なり)[也]（巻第一・阿弥陀法蓮花部・又印、宰相闍梨淳寛伝）

の如くであって、手や指などの身体部位が主語、主題となる。観想法では敬意の対象となった「仏」以下の諸尊が、立印法として記述された文章内容には関与しない。即ち、読添語の「タマフ」の出現は、同一尊法の中においても、文章内容によって左右され、偏在することが指摘できるが、これを以て、各部分の訓読語基調が異なるものであるとは認定できない。かかる視点から分析される偏在は、訓読語の質的な違いを示したものではないと解釈されるからである。

本伝受類集鈔には、これまで説いてきた尊敬表現以外に、謙譲の補助動詞「タテマツル」を用いて、待遇を表現した例がある。以下には、この表現を取り上げて、右の分析を補ってみる。

まず、読添語として出現する謙譲の補助動詞「タテマツル」についての記述から始める。構文の関係があろうと思われるが、本資料には、「タマフ」に比較して、読添語の「タテマツル」の例は、多くを指摘できない。例えば、

50、我本尊ノ《の》身(返)ニ《に》入(り)即(ち)法身の功徳ニ《に》歸‐依シタテマツル。（巻第二・随求法・入我我入観、興然伝）

51、盡虚空界ノ《の》諸佛・菩薩・縁覺・聲聞・及（ひ）一切世天等ニ供-養シタテマツル。（巻第四・寿命経法・護摩、実任伝）

とした補助動詞「タテマツル」が認められる。浄与伝の寿命経法にも、同様の文脈があって、

52、盡虚空界ノ《の》諸佛・菩薩・縁覺・聲聞・及（ひ）一切世天等ニ供-養シタテマツル。（巻第四・寿命経法、浄与伝）

53、々（我）レ本尊ノ御身（返）ニ入（り）テ本尊ニ《に》歸-依シタテマツル。（巻第六・普賢法・入我我入観）

54、件（の）像ヲ錦《ニシキ》ニ裹テ　箱《ハコニ》入タテマツル・（巻第十一・不動法、片仮名交り文）

55、々（我）本尊ノ身（返）ニ《に》入（りて）本尊ニ《に》歸-依シタテマツル。（巻第十二・相染王法・入我我入観）

などの補助動詞「タテマツル」の読添語が散在する。これらの謙譲の補助動詞によって待遇され、敬意の対象となるのは、先の「タマフ」と同様に、「仏」以下の諸尊である。かかる条件で読添語「タテマツル」が出現するのは、「入我我入観」等の観想に関する記述内容を持った部分で、「タマフ」同様の偏在が指摘できる。

六、高山寺蔵伝受類集鈔における敬語の偏在（二）―文体（表記体）による偏在―

前項までに取り上げた事象は、本文に対応する用字が存する実字訓の敬語動詞と、本文には対応する用字が認められない、読添語の補助動詞「タマフ」と「タテマツル」とであった。本項には、更に、事象を拡大して分析し、文体（表記体）の差による待遇表現の偏在について言及する。また、まず、漢文体という表記体に対して、片仮名交り文体という表記体の二項の両極対立として捉えるところから論を進める。

取り上げようとする事象は、原文の用字に基づく事象である。本資料中には、原文に、「給」や、「奉」字が存して、

この訓読語として補助動詞が出現する場合が存する。以下には、この事象に焦点を当てて記述、考察してみようとするものである。

読添語以外の原文の実字の訓として現れる尊敬の補助動詞「タマフ」は、次のように出現する。

56、葉上(返)ニ坐シ《し》給へリ・（巻第一・阿弥陀法、片仮名交り文、興然伝）

57、八葉ノ《の》如來顯レ給フナリ[也]。（巻第一・阿弥陀法、片仮名交り文、興然伝）

58、大日寶生尊ノ三摩地ニ入リ給(ふ)カ故ニ（巻第十九・後七日、片仮名交り文）

右の如く、「如来」を主語とした文脈に現れ、日本語の尊敬の補助動詞としては、読添語の場合と同様の条件で用いられる場合もあるが、この「給」字が表記されるのは、片仮名交り文においてであることに注意したい。即ち、読添語における尊敬の「タマフ」は、漢文（変体漢文を含む）部分の訓読語として現れるが、前にも論じた如く、出現、非出現は、訓読語の訓読基調の重合するところで、ある意味、任意であった。この片仮名交り文に現れる「給」は、右の「如来」の待遇に現れる他に、

59、慶雅闍梨云　越前阿闍梨、知足院の入道殿御祈ニ・鴨《カモ》院殿ニテ・此ノ法(返)ヲ行ナハ令(め)給(ふ)・亥ノ時ニ御所ヲ廻(り)給(ふ)・其(の)時御供ニ候(ひ)キ云々（巻第六・文殊鎮家法、片仮名交り文）

60、讃岐院ノ御時・法務御房之(返)ヲ修セ令《シ》メ給フ。（巻第八・千手法・加持物観、片仮名交り文）

61、或人云・仁和寺大御室ノ[之]帯(返)ヲ加-持セ令メ給(ひ)ケル時キ・加持了テ返-遣ケルニ・小-松(返)ヲ引《ヒ》キテ相-具セ令(め)給(ひ)タリケリ・云々（巻第十八・妊者帯加持作法、片仮名交り文）

62、是(れ)成尊僧都ノ[之]御堂佛ノ御光ニ金剛界ノ種子ヲ書(き)給ヒシ時ノ事也。（巻第二十二・両界供養作法、片仮名交り文、醍醐定賢法務伝）

などを始めとして、片仮名交り文中に、本文の用字「給」と共に現れる。この片仮名交り文には、右の挙例に、平仮名で表記（ヲコト点であることを示す）した部分がある様に、東大寺点の加点が存することが興味を引く。広くは、〝訓読資料〟と捉えることが可能なものであろう。この片仮名交り文部分は、本文中に表記された「給」に従って補助動詞「タマフ」が現れる。片仮名交り文部分も、所謂、読み下されたものであると理解されるが、文体（表記体）の違いによる補助動詞「タマフ」の偏在は、漢文（変体漢文部分を含む）における場合は、必ずしも原文の本文用字が読み下し文を規制することは任意であると認められようが―ただし、後に触れるが、変体漢文の場合、本文中に「給」の用字が存する場合がある―片仮名交り文の場合は、原文の用字「給」と、補助動詞「タマフ」の出現とは、言語表現の基盤としては、一対一対応と捉えて良いように思われる。

また、右の例文に観察される文章の内容は、口伝の類の記載と思しく、話題は、本朝におけるもので、説話的な内容となっているものである。伝受類集鈔全体を見渡した時、この本朝に関する内容の片仮名交り文は、特に、作法部、印信・血脈部である巻第十八以降に顕著で、巻々による偏在傾向も見せている。

この片仮名交り文の部分は、前に取り上げた漢文体の訓読語に、敬語動詞や読添語としてあらわれる敬語表現に比べて、多様な様相を示すと帰納される。即ち、前の漢文体における敬語表現は、敬語動詞と読添えの敬語補助動詞によって支えられていたが、片仮名交り文部分では、表現の多様さが指摘できる。例えば、補助動詞「タマフ」については、右に例を掲げたが、漢文体の訓読語にも読添語として現れた、謙譲の補助動詞「タテマツル」が出現する。

63、然後ニ[於]五古ヲ兩手《を》(返)ニ棒《に》(け)袖ノ中《の》(返)ニ於て額《に》(返)ニ當《に》ルカ如《か》クシテ少シ頭《し》(返)ヲ低《カタフ》ケ目(返)ヲ閇(し)テ兩部ノ諸《の》尊・幷(せて)本尊界會ヲ觀《を》念シ奉ル。（巻第二十二・東寺事等・御斉会之間後七日御修法幷御薬加持事、片仮名交り文、勝覚権僧正伝賢覚法眼記）

64、建永元年（一二〇六）十月廿三日奉受印信
其(の)作法・東御房道場西ニ向フ・中壇ニ兩界ヲ竝(へ)テ懸（返）(け)奉(り)テ・佛供四杯ヲ竝居(ふ)・大土器一界ニ二杯ツ、也。燈明二燈。又北壁ニ大師ヲ懸（返）奉(り)テ佛供二杯・燈明二、。（巻第二十五・一紙記、片仮名交り文）

の例があって、「奉」字の存在が確認される。先掲の例59などでは、補助動詞「候」なども出現し、敬語補助動詞の多様さが確認される。

この他に、片仮名交り文には、助動詞による敬語表現も認められ、

65、理明房阿闍梨御房ハ中指ヲ寶形ニシテ餘ノ四指モ皆寶ト觀シテ五部塔印ト習(ふ)ト仰(せ)被(れ)き（原本平仮名表記）・（巻第二十五・建保五年（一二一七）六月八日傳受日記・五部塔印事、片仮名交り文）

原文に「被」字が出現し、助動詞「ラル」が現れる。また、例65には、接頭語を用いた待遇表現「御房」も確認される。助動詞による尊敬表現としては、先の例59から例61までに現れる「シム（令）」も、指摘されよう。接頭語に関して、

66、讃岐院皇嘉門院（返）(の)奉《ヲムタメ》爲(に)不和ノ[之]時也　（巻第八・千手法・加持物観、片仮名交り文）

67、祇園女御・院（返）(の)奉《ヲムタメ》爲ニ不和ノ[之]時・之ヲ修(せ)令(む)。云々（巻第八・千手法・同敬愛秘事、片仮名交り文）

の如き例は、漢字ばかりの羅列された変体漢文部分にも、「奉爲」の文字列で出現し、

68、安元二年（一一七六）六月廿三日（返）自(り)建春門女院ノ御《の》二禁《ニキミ》（返）ノ奉《ヲムタメ》爲ニ五大虚空藏ノ法（返）ヲ始行セ被ル、日記。（巻第十九・五大虚空藏法・原本変体漢文）

の如く認められる。片仮名交り文では、原文中に、接頭語「御」字の有る場合も存して、

69、抑（も）南殿（返）ニ《に》於（い）テ《て》ハ《は》東ニ《に》立（ち）テ《て》作法・是レ《れ》清涼殿ノ《の》御物忌《モノイミ》ノ時ハ・南殿（返）（に）於（いて）此ノ《の》事有（り）之ニ《に》依（り）御衣（返）ヲ置（く）也。（巻第二十二・東寺事等・御斉会之間後七日御修法幷御薬加持事、片仮名交り文、勝覚権僧正伝賢覚法眼記）

の例がある。こうした片仮名交り文の部分においては、読添えの敬語は出現しない。先に検討した漢文部分で、読添えの敬語の存する表記体である漢文体では、敬語補助動詞は、読添えによって補われている。即ち、漢文部分の訓読語と片仮名交り文とでは、片仮名交り文における待遇表現が多様で、片仮名交り文に偏在が有るように認められよう。以上の論述は、漢文体と片仮名交り文体とを二項対立として捉えることを前提に行って見たものであるが、問題は、例68に掲げた変体漢文と思しき部分である。この部分にも、原文に用字があって、それに従って敬語表現が現れる。一口に漢文と言っても、本資料における漢文は、漢文体の中で、用字面を中心にして差が現れているようで、この点について、改めて、次項に取り上げてみる。

七、高山寺蔵伝受類集鈔における敬語の偏在（二）—漢文体（用字）の差による偏在—

第六節においては、専ら、片仮名交り文の側に視点を置いて、敬語表現の出現について整理し、それまでに取り上げた漢文の訓読文における敬語の出現に比べ、原文の用字との直接的な関係で出現するもので、加えて、多様な敬語表現が偏在することを指摘した。漢文体の訓読語の待遇表現体系とは異なった基調を示したものであろうことなどを確認してきた。以上には、漢文体対片仮名交り文体とした見地から分析を行ってきたが、当該資料を通覧すると、実

は、以下に掲げるような漢字の羅列である漢文体に属する表記体にも、原文に「給」が現れて、待遇表現を担った例が知られる。

70、常曉・大唐(返)ニ於《シ》テ此ノ法ヲ受ケシ自リ十五六歳許《ハカリ》ノ童子二人・相ヒ隨ー遂シテ歸朝ノ[之]後・本尊ノ像(返)ヲ思《ヒ》ー煩(ひ)テ愁歎ノ氣頻リニ見(返)ヘ令メ給フ。之ニ依(りて)一人(の)童子申(し)テ言ク・例(返)ナラ不見(返)令(め)給フ・何事(返)ヲ思ー食《メ》スソ哉《ヤ》ト問ヒ奉ル。爰(に)常曉答(へて)言ク・大唐勢靈等ノ太元ノ像者《ハ》金銅ノ像ナリ[也]。摸(返)シ奉ル可キ様(返)無(し)法(返)ヲ傳(へむ)ト雖《ヘト》モ本尊像(の)事(返)ヲ思ー惟スル也。云々（巻第十二・太元法外作法事）

71、大施主殿下・現世安穏ニシテ・百年(の)[之]壽ー筭《サン》(返)ヲ保《タモ》チ過去幽靈都率(返)ニ往生シテ千葉ノ蓮臺(返)ニ登《ノホ》リ給《タマ》フラム者歟《モノカ》・（巻第十八・始仏作法・表白）

72、勸修寺寛ー行(ひ)給ヒシニハ伴僧十二人ナリ。（巻第二十一・如法尊、興然伝）

これらの用例は、漢字ばかりが連ねられた漢文と評価される文章の一部で、これに訓点が加えられた例である。循環論に陥る可能性があるので、注意せねばならぬが、これらの敬語表現が、原文中の文字として出現するのは、変体漢文と判断される文体（表記体）であると位置づけられよう。

73、十四日夜右衞門《西也戌亥方也》ノ陳《の》(陣)(返)從(り)入(返)ラ令(め)給フ。今日申《サル》ノ剋許ヨリ雪降ル《る》・戌ノ《の》三剋ニ《に》參内。眞言院(返)從(り)御輦(返)ニ乘(り)・中ノ《の》御門(返)ヲ出テ令メ給フ。（巻第二十二・東寺事等・御斉会之間後七日御修法幷御藥加持事、片仮名交り文、勝覚権僧正伝賢覚法眼記）

右の用例は、文章中に傍線部の如く格助詞「ヨリ」が本行右寄せ小書きで記されたり、一連の文章の他の個所では、格助詞「ニ」や接続助詞「テ」が同様の小書きにされているので、厳密には、片仮名交り文と定義すべきであろうが、概ねは、漢字の羅列で、右の挙例部分などは、記録体に通ずるものと判断される。片仮名交り文の成立については、春日政治博士以来、種々に論ぜられるところであるが、変体漢文と片仮名交り文との連続性、即ち、本資料の場合、厳密には鎌倉時代まで時代が降る資料であるが、片仮名交り文の出自の一つとして、変体漢文を想定する論の妥当性を証しうる例であろう。また、注目すべきは、時代の降る資料ではあるが、この漢文体に東大寺点の加点が存することで、将門記や往来に加えて、変体漢文を訓読した資料として、有益なものと判断される。

本資料における片仮名交り文と変体漢文との連続性は、以下の例でも知ることが出来る。即ち、変体漢文体の、片仮名交り文に通じる待遇表現法の多様さである。

まず、原漢文における補助動詞に対応する用字が認められる。変体漢文における「給」の用字に関しては、右に触れたところであるが、謙譲の補助動詞「タテマツル」も、「奉」字として出現する。

74、次(に)佛師・形像ヲ畫《を》シテ《して》即(ち)造《り》始メ奉(る)。(巻第十八・新仏始事)

75、次(に)佛師・斧《ヲノ》(返)ヲ取《を》(り)テ之ヲ刻《を》始メ奉ル。(同右)

76、大日如來法身三昧印形法身泥塔・五眼具足(返)セ令メ奉ラム　五字ノ功徳・円満(返)セ令メ奉ラムカ爲《メ》ニ佛眼ノ眞言・大日明。(巻第二十二・泥塔供養作法)

77、信心大施主殿下・數万燈ノ明《ミアカシ》(返)(を)排《ハイ》(去)備《ヒ》シテ觀音ノ寶前ニ供シ奉ル　(巻第二十三・御明導師作法・表白)

など、漢字ばかり羅列された部分に原文の用字として用いられ、「タテマツル」が現れる。例77には、傍訓に接頭語「ミ」の出現も確認される。第三節以下で問題にした読添語の「タマフ」や「タテマツル」は、尊法の構成部分である「道場観」や「入我我入観」において、読添語として多出することを指摘したが、その際は、原文の漢文に用字として対応する漢字が現れることが無く、読添語として訓読語に現れる傾向のあることを指摘した。同じく「入我我入観」であっても、本文に「奉」字が存して、補助動詞「タテマツル」が現れる例がある。

78、我レ本尊ノ身(返)ニ《に》入(り)テ本尊ニ《に》帰-依シ《し》奉《マツ》ル　(巻第六・一髻文殊法・入我我入観、興然伝)

79、我(か)身自-従ノ眷属(返)ヲ《を》率シテ本尊(の)身(返)ニ入(りて)卽(ち)功徳法身ニ帰-依シ奉《タテマツ》ル　(巻第九・如意輪法・入我我入観)

80、我か身自-従ノ《の》眷属(返)ヲ《を》率シテ《して》本尊ノ身(返)ニ《に》入(りて)卽(ち)功徳法身ニ《に》帰-依シ奉《(たて)マツ》ル。(巻第九・七星如意輪法・入我我入観、寛信伝)

81、十二神・并ニ八大童子等ノ眷属(返)ヲ引-率シテ本尊ノ《の》身(返)ニ《に》入(り)て法身(返)ニ《に》帰-依シ奉《(た)テマツ》ル　(巻第十一・大威徳転法輪法・入我我入観、実任伝)

などの例で、先の読添語として現れる補助動詞の延長線上に、原漢文で表記されたものであると把握できよう。即ち、本資料には、儀軌類を引用した正格漢文部分と、それに準ずる「道場観」や「入我我入観」に代表される漢文体の部分、さらに、同じく「入我我入観」で、漢字ばかりの漢文体ではあるが、変体漢文的な用字が出現する部分を、連続的に捉えてみることができるように思われる。

変体漢文の範疇に入ると思しき文章には、右の敬語補助動詞の出現以外に、

82、嘉承三年(一一〇八)七月廿二日庚午[于]今日(返)自(り)成就院大僧都・仁壽殿(返)(に)於(て)遷宮御修法(を)修(せ)被(る)。(巻第二十三・遷宮修法、寛助大僧正記)

83、但(し)先師法務・一長者ノ《の》御時・件(の)佛・修-理(返)ノ爲《メ》ニ勸修寺へ渡シ奉テマツ被ル。(巻第十九・十八日観音供・私云)

84、建久年中東寺修理ノ[之]間・講堂ノ御佛同ク之ヲ修理。件ノ御佛供ノ髪-際ニ銅ノ筒・佛舎利一粒(返)ヲ入レ

奉(り)テ之ヲ籠(め)被(る)。（巻第二十二・東寺講堂仏被籠真言日記）

85、大僧都嚴覺ー終ー焉ノ[之]剋・臥(返)(し)乍(ら)授(返)(け)被(れ)給(ひ)了云々（巻第二十四・良勝阿闍梨秘ウ灌丁（密灌頂））

86、濟信大僧正・北院本願灌頂ヲ[於]大御室(返)ニ授(け)奉(る)[之]時・大僧正申(さ)被テ云(く)・（巻第二十五・広沢流不授灌頂印信文事、行延記）

などの例が確認される。補助動詞「奉」「給」の表記も確認されるが、「被」字は、尊敬の助動詞を表記したものと思しく、相対的な評価ではあるが、正格漢文体寄りに成れば、助動詞による待遇表現は出現しなくなり、偏在傾向を見せる。

また、接頭語による待遇表現も見いだせる。

87、延喜廿年（九二〇）八月六日・般若寺ノ僧都ノ御供ニ・醍醐山參ー上・件ノ《の》日夜(返)ニ《に》入(りて)御物語《ノリ》(返)有リ其ノ次尋(ね)申ス。（巻第十九・後七日酉酉、寛空伝）

88、同七日般若寺へ御還向・同九日參上・尚ヲ前ノ《の》事問（ひ）申ス（同右）

89、右宮僧正御入滅者治暦元年（一〇六五）也。（巻第二十四・諸家汀如六帖）

などを始めとした例である。更に、例87・88には、補助動詞「申」なども現れて、敬語表現の多様性を示したものと認められる。

この変体漢文に認められる敬語表現の多様さは、先に整理した片仮名交り文の敬語表現の多様さに通じるもので、敬語動詞による敬語表現は元より、原文に漢字表記された補助動詞、助動詞、接頭語など、本資料における片仮名交り文と同じ基調にあると見て良いであろう。模式的に整理すれば、正格漢文体から片仮名交り文体を両極とした数直線の、その間に、変体漢文が存して、その変体漢文の和化の度合いに従って、正格漢文体から片仮名交り文体の間に連続的に分布するような像として捉えることが出来るかも知れない。即ち、連続的で、間断や極度の落差のない数直線上での変体漢文体における敬語表現の偏在は、片仮名交り文体に寄るほど多様な表現が現れると結論できるのではあるまいか。

八、高山寺蔵伝受類集鈔における待遇表現の偏在

これまでに、待遇表現の偏在を視点に論じてきたことを纏めておく。

本節の検討対象として取り上げた高山寺蔵伝受類集鈔は、極めて大雑把な捉え方としては、諸種の性格の言語資料の集合体であると見ることが許されよう。即ち、一つの視点としては、儀軌などの引用部分における正格漢文、本邦において制作された漢字ばかりの日本漢文（変体漢文体を主とするもの）、片仮名交り文などの文体（表記体）が複合したものであることである。別の視点からは、諸師の口伝、作法の類集で、出自となる時代、また、言語主体の異なりなどの言語の違いを内包したことなどである。この内、先にも留保した時代的な観点からの問題、また、言語主体の異なりの問題については、課題として後に託さざるを得ないところであるが、その実態解明には、言語量の面からも、方法的な工夫によって、実証的に検討する道はあるように思われる。

本節に論じた待遇表現の偏在の状況は、当該資料の実状を措いた抽象的な範疇としての漢文、変体漢文、片仮名交り文とした表記体における文体差を指し示したものであると言えようが、個別個別の尊法、また、更に、一尊法の中の諸条項を具体的に捉えた場合、これらの文体を別々の言語体系として整然と線引きし、区別することは不可能で、連続的な側面が指摘されることに注意を払わねばなるまい。理に傾く嫌いがあるが、連続的である以上は、一連の資

料体であると見なすことが出来よう。経弁に集約する諸尊法の言語は、本節に記述した如く、文体的幅を有することは確かであるが、一連のものであってみれば、分裂することなく享受、また、表現されたとみることは出来まいか。

築島裕博士は、平安時代の国語資料の体系を、鳥瞰図的に示されたことがある。(5) この体系的分類においては、変体漢文と片仮名交り文とを、同一の枠組みで示された。本節に取り上げた高山寺蔵伝受類集鈔は、鎌倉時代成立の資料であって、平安時代との年代的な差を考慮せねばならぬのは当然であるが、本節の分析に従って、抽象的にではあるが、伝受類集鈔の言語的な性格を評価すれば、連続的に一体である資料の日本語的な基調が存すると見ることが出来るのではあるまいか。過去、今昔物語集の文体的研究は、今昔物語の二文体対立、あるいは、三文体対立の構造把握を経て、言語基調に関しての論に及んだ。(6)

右に説いたところは、高山寺本伝受類集鈔内部の言語の偏りを、偏倚として捉えて説明するために、ことばの分布モデルとして、「正格漢文体から片仮名交り文体を両極とした数直線の、その間に、変体漢文が存して、その変体漢文の和化の度合いに従って、正格漢文体から片仮名交り文体の間に連続的に分布するようなモデル」を想定して、伝受類聚鈔に当てはめて、伝受類聚鈔の内部の偏倚を腑分けしようとした。数直線モデルを伝受類聚鈔に当てはめた作業は、伝受類聚鈔の内部のことばの偏りの虚像を創りだしたものではないことを、ここで強調しておきたい。論者の研究の意図と目的によって、文体分析の視点の高さ・レベルが異なるのである。

右に分析した数直線モデルを当てはめた解析は、伝受類聚鈔と言う類聚集成資料の内部のことばの異同を説明するための方法であったが、次項には、分析レベルを高め、より鳥瞰図的な像を表現の多重性(補注)という観点から記述してみたい。

おわりに

高山寺蔵伝受類集鈔については、経弁に集約される言語資料であるが、通時的に、あるいは、位相の問題として捉え直せば、諸師の伝の複合体であって、日本語史料としては、諸師の言語体系が、どのように反映されたものであるかの課題を掲げることが出来るであろう。即ち、本資料は、数直線モデルを資料全体に当てはめれば、通時的、位相的な言語現象のモザイク状的な複合資料であると評価できるであろうことは、右に説いた。

以下には、分析の視点を少し引き上げて、本資料が、院政・鎌倉時代において、諸尊法伝受の場において成立したことを考えて、諸尊法伝受という「言語の場」における多重性を有した資料であることを記してみようと思う。

高山寺蔵伝受類集鈔は、仁真—経弁の伝授の口決・折紙類の集成であるが、仁真に至る口決・折紙の系譜を遡れば、興然に集約されたものが基本と成っている。即ち、興然が諸師より受けた口決・折紙の集約が一段階有って、更に、興然以降、定真や仁真—経弁に至るまでの増補によって成り立っている。伝受類聚鈔自体が、ことばの重合の産物であることは、右によって理解できるが、一々の尊法に分かってみれば、伝受類聚鈔に至る過程での伝受の場は、やはり、単純なものであったとは考えにくい。興然が複数の師にしたがって伝えられた折紙や切紙が類聚されていったものであるが、その各々の伝受の場では、その場自体伝受の様態が異なっていたであろうし、創りだされた伝受の場のことばも、多重的であったと言う仮説から出発する必要があろう。

本節に取り上げた伝受類集鈔のような、見方に依れば日本語の複合体と把握される言語資料は、諸修法伝授の場の実状の変化と連動して、十二世紀以降に盛んに作り出されてきたものである。こうした資料も、腑分けと同時に、統一的な言語体としての視点から、その日本語の有り様を追求してみる必要があろう。恐らく、こうした複合体的資料の生成は、日本語の変化に資するところがあった筈で、このような視点からの追求の必要性を切に感じる。

注

(1) 宮澤俊雅「伝受類集鈔目録」(『昭和五十九年度高山寺典籍文書綜合調査団研究報告論集』、昭和六十年三月)には、解説、伝受類集鈔目録、年表、修法索引、人名索引、経弁年譜が掲載されている。

(2) 宮澤俊雅「高山寺に於ける理明房興然流口決の訓点の相承について」(『訓点語と訓点資料』第九十五輯、平成七年三月)においては、伝受類集鈔の訓点が、伝承される他の折紙、口決類と比較すると加点状況が密であることを実証され、伝受類集鈔への加点は、経弁によってなされたものであろう事を推定されている。また、興然に発する折紙類を伝承に従って時系列で比較され、各資料の訓読文が、総じて同じであることを論ぜられている。また、伝授の場を通じて、本文と同様、訓点も伝えられたものであることを推量されている。

(3) 拙著『平安鎌倉時代漢文訓読語史料論』(平成十九年二月、汲古書院)第六章第三節。
小林芳規『仏研』にも触れられている。

(4) 本書第五章第一節。

(5) 築島裕『平安時代の漢文訓読語につきての研究』(昭和三十八年三月、東京大学出版会)、第一章第二節。

(6) 山口佳紀『古代日本文体史論考』(平成五年四月、有精堂出版)、第四章第二節。

第三節　高山寺蔵儀軌資料における書入注の諸相

はじめに

洛北栂尾高山寺には、多くの平安時代、また鎌倉時代の訓点資料を蔵するが、その資料の中に、儀軌と言われる一群の資料が存する。儀軌とは、諸仏供養にあたっての描像法や作法・諸尊の陀羅尼などを説いたもので、他寺院の経蔵においても平安鎌倉時代における訓点資料として、多くの資料が伝えられている。高山寺経蔵の場合も、例外ではなく、天台宗・真言宗に亘って、多くの儀軌資料が伝えられている。高山寺経蔵における儀軌資料の伝存は、厳密には、複数の経函に散在するものである。過去何度かに亘って、経蔵の典籍が整理点検されたようであるし(1)、江戸時代中期以降のいずれかの時期には、聖教全体が再編成されたらしい(2)。高山寺の聖教が、鎌倉時代より伝えられる中で、次第に纏まりを失ったようでもあるが(3)、近くは、少なくとも江戸時代末に慧友によって経蔵の整理、点検が行われたようで、慧友筆の包紙が現存している。儀軌資料は、複数の函に亘って分布するものの、特に、集中的に納められた経函も存する。例えば、本節に取り上げようとする第六二函もその一つで、高山寺経蔵典籍文書目録第二（昭和五十年三月、東京大学出版会）によれば、第六二函全体では、一二五点の資料を蔵するが、その内、平安時代の書写に係る資料で、内題（多くの場合、目録の標題）において「儀軌」の書名（「念誦法」「瑜伽」「ｌ法」なども含む）を冠した訓点資料は、四十一点が確認される。計数の資料数には含めていないが、

○金剛界瑜伽略述三十七尊心要（第11号）

○文殊師利菩薩根本大教王金翅鳥王品（第92号）

なども、儀軌類に含めるべきであろうと認められる。標題に「儀軌」の書名がなく、外題等でのみ、「ｌ法」等とあるものも、右の計数には加算していないが、これらも平安時代の儀軌類に含まれるものであろうし、これに鎌倉時代のものを含めれば、第六二函には、集中的に、かなりの量の平安鎌倉時代の儀軌資料を伝えていることが判る。

本節では、第六二函の他にも、比較的多くの儀軌資料の伝存が認められて、書入注の有無の視点から調査の機会を得ることができた第一一五函や、第一八二函（第1号〜第50号）、第一八四函及び第一三二函、第一五一函などに所蔵される資料を中心に取り上げて、以下に儀軌の書入注の検討から認められる訓読を支える注釈活動の諸相を論じようとするものである。

稿者は、すでに、書入注を手がかりとして、儀軌類訓点資料における注釈活動と経類訓点資料における注釈活動が質的に異なっていたことを論じたことがある。両資料群を比較すると、経類において義注、音注の書入が密で、儀軌類においては粗であるという結論を得て、各々は訓読の場における扱いに違いがあり、それぞれの注釈活動は、各資料群間における訓読語の異なりを支えていた側面があったであろうことを論じた(4)。

以下に、儀軌資料群（一部、本邦撰述と思しき「ｌ法」「ｌ私記」等をも含み、句切点だけのものは除外する）を取り上げて、個人や言語集団（宗派流派）の違いによって、儀軌における書入注の様相が異なるものかどうか、書入注の背景にある注釈活動の質に違いがないかどうかという課題を設定し、実態を記述して、考察を加えようとするものである。か

かる整理記述によって描き出された実情から何を考えようとするのかと言えば、狙いの一つに、十二、十三世紀には、事相関係において盛んに諸尊法が編まれるが、この諸尊法の出典の一つが、儀軌類資料であることにある。諸尊法は、儀軌や竪紙、折紙などの集成で類聚資料を支える一つが儀軌類であってみれば、類聚集成資料のことばを支える一類が儀軌資料であることになる。その儀軌類の訓読語の生成を支えるのが、儀軌訓読における注釈活動と言うことになる。注釈活動の当時の有り様が分かれば、ことばと同時に注釈活動も、伝承される傾向が当時の訓読語の様態として社会を覆っていたものか、それとも注釈活動は個々の訓読者において盛んで、個々が新しい下点活動をするのが訓読社会の風潮であったのかに理解が及ぶ。この儀軌訓読における注釈活動の様態解明は、前節の伝受類聚鈔の訓読語の腑分けに通ずるものであるし、次節の分析にも連なる事柄でもある。

一、天台宗寺門派資料における書入注の様相

以下には、各々の儀軌訓点資料について、ヲコト点法毎に、書入注の諸相を記述する。ヲコト点は、奥書による手懸かりと同様、僧侶の所属する言語集団の判別の拠り所となるもので、ヲコト点を中心に分類するが、仮名点については、末尾に、一括して掲げることとした。本節で、検討の対象とする資料であると認められる資料であっても、該当資料が大破し、開巻不能なものは、これを除外した。また、書入注についても、音注、義注の有無を検討したもので、校異、脱字の書入注や梵語に対する漢語の注のみの資料については、「書入注（音注、義注）の存しない資料」に分類した。

天台宗寺門派の訓点資料には、西墓点を加点された資料が多い。このヲコト点と、奥書を手懸かりに、調査閲覧を

行った儀軌類について整理すれば、以下の如くになる。

Ⅰ、書入注（音注、義注）の存する西墓点加点の儀軌資料（なお、掲げた用例中の訓点で、括弧等の何も付さない訓点は、朱点を示し、「」を付した訓点は、墨点を示す。以下同じ）。

該当なし

Ⅱ、書入注（音注、義注）の存しない西墓点加点の儀軌資料（本文の校異書入、脱字の注記は、それらが存する場合でも、本文の解釈に関わる音注、義注でないと判断されるものは、これに含む。その用例は割愛に従う。以下同じ）

1、大毗盧遮那経随行儀軌平安後期点（第一一五函第85号）月上院本

2、大毗盧遮那成仏神変加持経蓮華胎蔵悲生曼荼羅広大成就儀軌上平安後期点（第一八二函第8号）［第一群点の項に重出］

3、大威怒烏蒭渋麼成就儀軌承徳二年（一〇九八）点〈寛治二年（一〇八八）書写奥書〉（第一八二函第13号）覚成伝領本

4、成就妙法蓮華経王瑜伽観智儀軌承徳二年（一〇九八）点（第一八二函第18号）［宝幢院点の項に重出］

5、馬鳴菩薩成就悉地念誦法保延七年（一一四一）点〈保延七年書写奥書〉（第一八二函第40号）

6、金剛頂起勝三界経説文殊師利菩薩説秘密心真言院政期点〈久寿二年（一一五五）書写奥書〉（第一一五函第58号）覚成本

7、底哩三昧不動尊聖者念誦秘密法巻中院政期点（第一一五函第6号）

8、底哩三昧不動尊聖者念誦秘密法巻上院政期点（第一一五函第19号）

9、金剛頂瑜伽降三世成就極深蜜門院政期点（第一一五函第31号）

以上九点が、平安時代の西墓点資料において、書入注（音注、義注）の存しない資料である。
鎌倉時代の資料においては、次に掲げた資料にも、書入注（音注、義注）の書入はない。

10、阿闍梨大曼荼羅潅頂儀軌鎌倉初期点（第一一五函第34号）

以上の検討に依れば、西墓点資料においては、書入注（音注、義注）を付さないのが普通のようである。ただし、西墓点資料は、天台宗寺門派関係の加点資料であるが、高山寺経蔵所蔵の西墓点資料は、天台宗寺門派から出て、真言宗高野山等を経て、フィルターが掛かって齎されたものであって、そのまま天台宗寺門派の実態を端的に伝えたものではなく、寺門派資料でも偏ったものであると解釈する余地もある。天台宗寺門派における儀軌類の扱いそのものを示したものでない可能性が残ることに注意が必要であるが、管見の限りでは、右に記述した状況である。また、今回の高山寺経蔵所蔵の西墓点資料も調査の対象とした函に納められた限りであって、高山寺経蔵には、他にも西墓点資料が存するのであり、これらにも目配りをする必要があろうと判断される。ただ、儀軌類の資料においては、右の如く、大きな偏りを見せる。

西墓点の儀軌類以外で、今回調査が及んだのは、左掲の資料である。標題に「経」とある資料である。

1、仏説造塔延命功徳経院政期点（第六二函第101号）月上院本

○有小兒擢《「ニキテ」》　沙爲「一」塠（「塠」下欄外墨書「都廻反□／也」書入）

本資料には、朱点の西墓点の加点が存するが、その加点は、巻頭から第二丁表の一字目までで、以下は、墨点の仮名点が存する。右の書入注も、墨点部分に墨書で存するものであって、朱の西墓点との関係を考慮せねばなるまいが、西墓点の関係資料で経類には書入注が認められる。

二、天台宗山門派における書入注の様相

天台宗山門派の資料と認められるものを以下に掲げる。ヲコト点法としては、宝幢院点、仁都波迦点、天尓波留点（別流）、池上阿闍梨点、第一群点の資料群である。高山寺経蔵の伝存状況は、西墓点資料と同様に、その伝存資料の性格に問題を含んだ資料群であるかも知れない。まず、宝幢院点資料を取り上げる。

Ⅰ、書入注（音注、義注）の存する宝幢院点加点の儀軌資料

1、金剛手光明潅頂経最勝立印聖無動尊大威怒王念誦儀軌法品一巻平安後期点（第一八二函第6号）

○皆悉忙《マウ》-怖奔《□□》走《ソウマテ》シテ　投《[×赴]》佛に（返）（「投」右傍朱書「向也」）

2、北方毘沙門多聞宝蔵天王神妙陀羅尼別行儀軌久寿二年（一一五五）点〈久寿二年書写奥書〉（第六二函第3号）覚成本

○飲食蘇蜜胡麻糯（平濁）米等の（「糯」右傍朱書「壽六（音）」書入）

宝幢院点資料で、書入注（音注、義注）が認められるのは、右の二点である。

Ⅱ、書入注（音注、義注）の存しない宝幢院点加点の儀軌資料

1、浴場儀軌平安後期点〈康平二年（一〇五九）書写奥書〉（第六二函第12号）覚成伝領本

○所有の尊像は方に撃停息。せよ（「撃」左傍朱書「辞也」書入あり）

○安[於]牀の上。に（「牀」右傍朱書「辞也」書入）

右の資料には、本文の校異、本文の用字の訂正などの朱書の書入注が存する。その他に、右に掲げた如くの注記書入

も存するが、本文の漢字の用法に関する注記であろうと考えられ、具体的な訓読語形を支えるものではなく、音注や義注とは性格を異にすると認められる。◦

2、仏説無量寿仏他身大忿迅倶摩羅金剛念誦瑜伽儀軌法平安後期点（第六二函第116号）
3、金剛頂勝三界経説文殊師利菩薩秘密心真言院政期点〈長治二年（一一〇五）書写奥書〉（第六二函第21号）
4、成就妙法蓮華経王瑜伽観智儀軌大治二年（一一二七）点（第一八二函第18号）
5、十八道次第永治二年（一一四二）点（第一八二函第42号）
6、仁王護国般若波羅経陀羅尼念誦儀軌康治二年（一一四三）点〈康治二年書写奥書〉（第一八二函第43号）
7、題未詳院政期点〈久安四年（一一四八）奥書〉（第一八二函第48号）
8、十二天供儀軌院政期点（第一八四函第20号）
9、千光眼観自在菩薩秘密法院政期点（第一八四函第48号）

宝幢院点資料で、書入注（音注、義注）が認められないものは、右の九点で、IとIIとを比較すれば、注が書き入れられていない資料が、多数に上る。西墓点資料と同様に、儀軌類の加点資料に、注の書入を行わない傾向にあると認められる。

宝幢院点資料で儀軌以外の資料については、以下の一点が存する。

1、不空陀羅尼自在王咒経巻上保元四年（一一五九）点〈保元元年（一一五六）書写奥書〉（第一一五函第63号）覚成本

○不懐矯「去」詐《「ソ」を》「上」・無《れ》諸《の》諂曲。（「矯」上欄外朱書「矯／□□／宣也詐／□揉／箭箱／也」書入、「詐」上欄外　朱書「詐／六訝／□詐／偽」書入）

○無所逃《タウ》「一」避（返）（「逃」上欄外墨書「徒勞／切ヒ也」書入）

右の如く、朱書、墨書の書入注が存するが、墨書書入注には、「――反」の他に、掲例の如く「――切」（補注）の音注記が存する。「――切」の反切の書入は、古くからの書入注の移写ではなく、新しい注釈活動の証跡である可能性が高いと判断される。

同じく、天台宗山門派の資料であると認められる仁都波迦点加点資料における書入注の様態は、以下の通りである。

Ⅰ、書入注（音注、義注）の存する仁都波迦点加点の儀軌資料

1、七倶胝仏母念誦儀軌寛治八年（一〇九四）点〈寛治八年書写奥書〉（第六二函第119号）覚成伝領本

○言音威粛（去濁）心无憂悩　（「粛」右傍朱書「宿音後也」書入）

○以香水一瓶（返）置在壇中。（「在」左傍朱書「於也」書入）

などを初めとする朱書の書入注が存する。覚成本であるが、伝領本である。

2、文殊師利菩薩根本大教王金翅鳥王品一巻久寿二年（一一五五）点〈久寿二年書写奥書〉（第六二函第92号）覚成本

○随誦眞言《を》（返）濺《セン》（平）灑《よ》　（「濺」右傍朱書「子濺反□」書入）

○又法加持塼《を》（返）二十一遍　（本文「塼」の行間朱書「職縁反瓦也」書入、但し、置が異なる）

3、冥道无遮斎法一巻院政期点（第六二函第121号）

○諸事恐・乍賢者不悉（返）（「乍」右傍朱書「鋤駕反斬皃」書入）

右の資料3には、右掲の朱書の書入の他、墨書による左の如き書入も存する。

○然後取食投孟（平）（「盂」下欄外墨書「盆イ」「切-盂（平）／于音／飲器也」書入）

などを初めとして、本文に付された墨書の注記もあるが、その他、本資料の表紙見返しには、

○瀆／他谷反／通水　（墨書書入）

の音義書入が存し、巻末にも二条の音義が存している。

4、尊勝仏頂真言修瑜伽法巻上院政期点（第一八四函第58号）覚成本

○必有四種所爲除災増益降伏攝召《なり》。（「爲」右傍朱書「謂也□□借音歟」書入）

以上の四資料については、書入注（音注、義注）が存している。

Ⅱ、書入注（音注、義注）の存しない仁都波迦点加点の儀軌資料

1、尊勝仏頂真言修瑜伽法寛治二年（一〇八八）点〈寛治二年書写奥書〉（第一八二函第15号）覚成伝領本

2、摩利支菩薩念誦法保延三年（一一三七）点〈保延三年書写奥書〉（第一一五函第75号）

書入注（音注、義注）が存しない仁都波迦点資料は、右の二資料で、検討の対象とした仁都波迦点資料の全体量があまり多くはないので、判断を保留すべきであるかも知れないが、仁都波迦点資料においては、注が付される傾向が認められる。

仁都波迦点加点資料において儀軌以外の資料では、

1、大陀羅尼末法中一字心咒経寛治四年（一〇九〇）点〈寛治四年書写奥書〉（第一一五函第50号）覚成伝領本

が認められるが、書入注（音注、義注）は認められない。

天台宗山門派の資料として、天尓波留点（別流）の加点資料が存する。以下の如くである。

Ⅰ、書入注（音注、義注）の存する天尓波留点（別流）加点の儀軌資料

該当なし

Ⅱ、書入注（音注、義注）の存しない天尓波留点（別流）加点の儀軌資料

1、毗盧遮那五字修習儀軌院政期点（第一一五函第76号）月上院本

2、脩習般若波羅蜜菩薩観行念誦儀軌院政期点（第一八四函第90号）

天尒波留点（別流）の加点資料は、高山寺経蔵に限らず、一般に多くが伝存していない。高山寺経蔵においても今回調査の限りでは、右の二点のみに調査が及んだのであり、軽々な判断を避けねばならぬが、右の二点共に、書入注（音注、義注）は存しない。

次の池上阿闍梨点資料についても同様であって、伝存された資料そのものが多くない。

Ⅰ、書入注（音注、義注）の存する池上阿闍梨点加点の儀軌資料

該当なし

Ⅱ、書入注（音注、義注）の存しない池上阿闍梨点加点の儀軌資料

1、大毗盧遮那経広大成就儀軌巻上院政期点（第一八四函第73号）

ただし、この資料には、訓読語形とは関わらないと判断される、以下の如き書入注が存している。

○導師諸佛母《あり》。（「佛母」右傍朱書「佛眼也」書入）

○大安樂不空　（「大安樂不空」右傍朱書「延命𦬇也」書入）

右の例は、本文の熟語に注を付したもので、広い意味では義注の類であろうが、訓読語の具体的な語形に関わるものでは無いと判断される。

次に、やはり天台宗山門派の関係と認められる資料に、第一群点加点の資料が存する。

Ⅰ、書入注（音注、義注）の存する第一群点加点の儀軌資料

1、大毗盧遮那成仏神変加持経蓮華胎蔵悲生曼荼羅広大成就儀軌上平安後期点（第一八二函第8号）

○光色如《は》妄月《なるか(?)》。（「妄」右傍朱書「何老反光也」書入）

右は、書入注の存する資料で、用例は、右に掲げた如くである。

Ⅱ、書入注（音注、義注）の存しない第一群点加点の儀軌資料

1、題未詳［次第］平安後期点（第一八二函第11号）〈第一群点存疑〉

本資料は仮名点が主体で、ヲコト点は、中央の星点「の」のみである。いま、仮に、高山寺経蔵典籍文書目録第四の判断に従い、第一群点の項に掲げることとした。

2、金剛頂蓮華部心念誦儀軌院政期点（第六二函第1号）

右の二資料には、書入注（音注、義注）が存しない。

天台宗山門派の資料を通覧すると、資料数が少ないものを措くとして、宝幢院点加点資料においては、注が加えられない傾向が認められ、調査の資料数は多くはないが、仁都波迦点資料においては、注を付される資料が優勢である。共に、天台宗山門派資料でありながら、傾向が異なる状況であると認められる。

三、真言宗広沢流における書入注の諸相

真言宗広沢流に属するヲコト点法には、浄光房点と円堂点とが代表的である。まず、浄光房点資料の検討を行う。書入注（音注、義注）の存する浄光房点資料は、以下の通りである。

Ⅰ、書入注（音注、義注）の存する浄光房点加点の儀軌資料

1、聖迦柅忿怒金剛童子菩薩成就儀軌経巻上院政期点（第六二函第51号）

○抃評(去)吽字(返)誦《(せ)よ》　眞《を》言一千遍。（「評」右傍朱書「皮插反サタム」書入、「評」左傍朱書「訂也コトハル」書入）

○即雖《こと》地《を》・一折《にして》(入)（「折」右傍朱書「士列反」書入）

2、金剛頂勝初瑜伽普賢菩薩念誦法院政期点（第六二函第73号）円楽寺本

○瞻矚《は》薩埵《の》儀《なり》。（「矚」右傍朱書「之欲反視也」書入）

○南《をは》　携素《に》(返)皆黄《なり》。（「携」右傍朱書「恵家反撣也抱也」書入）

院政期の加点資料で、書入注（音注、義注）の存する資料は、右の二点であるが、鎌倉時代の浄光房点加点資料には、以下のものに、書入注（音注、義注）が存する。

3、甘露軍荼利菩薩供養念誦成就儀軌鎌倉初期点〈建久三年（一一九二）奉受奥書〉（第一一五函第32号）奉受兼意・興然本

○以入漫荼羅者《にノ》（「以」右傍朱書「已也」書入）

4、大威怒烏蒭渋摩成就儀軌鎌倉初期点〈建久七年（一一九六）書写奥書〉（第六二函第23号）

○淋《ソ、》　灕《キよ》六趣一切《の》有情《の》煩悩［之］火《に》。（「灕」右傍朱書「∟(音)麗」書入）

○微《シ(?)》　洗空器《の》中(返)（「洗」上覧外朱書「澆／古堯反／ソ、ク」書入）

5、瑜伽蓮華部念誦法鎌倉初期点〈建久七年（一一九六）書写奥書〉（第一一五函第2号）円楽寺本・性憲本

○掌中三摵手。（「摵」左傍朱書「動也」書入）

6、大自在天法則儀軌鎌倉初期点（第一一五函第73号）

○以觜《を》(返)繞《へ》。（「觜」右傍朱書「即委反」書入）

書入注（音注、義注）が存しない資料は、以下の三点である。

Ⅱ、書入注（音注、義注）の存しない浄光房点加点の儀軌資料

1、如意輪菩薩念誦法嘉承二年（一一〇七）点〈嘉承二年書写奥書〉（第一八二函第21号）林寛本
2、五字陀羅尼頌一巻院政期点（第六二函第58号）円楽寺本
3、金剛頂瑜伽護摩儀軌院政期点（第六二函第59号）円楽寺本

高山寺経蔵に所蔵される浄光房点資料は、円楽寺関係の資料が多く、また、円楽寺本を書写した、鎌倉初期の性憲関係の資料が多い。浄光房点資料も、多くを調査してはいないが、平安時代と鎌倉時代を含めて、書入注（音注、義注）の存するものが高い比率を示している。

浄光房点加点の儀軌以外の資料では、次に掲げた資料が書入注（音注、義注）の存する資料である。

1、蕤品耶経上中下平安後期点（第一一五函第1号）
○即應布施衣服金特《シ》(平)牛拼犢(入)。（「特」右傍朱書「女牛也」書入）
2、菩提場所説一字頂輪王経巻第一院政期点（第六二函第42号）
○繫旗纛上・（「纛」右傍朱書「徒到反」書入）
3、使咒法経院政期点（第六二函第46号）
○百種《の》害妿-性《ニモ》(平)誦《は》我陀羅尼（「妿」右傍朱書「古俄反女師也」書入）
4、菩提場所説一字頂輪王経世成就品第一鎌倉初期点〈建久七年（一一九六）書写奥書〉（第六二函第85号）円楽寺本・性憲本
○捏彼人形《を》(返)（「捏」右傍朱書「奴結反捺也」書入）
5、大威力烏樞瑟摩明王経巻上鎌倉初期点（第六二函第25号）
○若爲人秪犯者・（「秪」右傍朱書「立紙側手撃也」書入）

6、大威力烏蒭瑟摩明王経巻下鎌倉初期点（第六二函第63号）性憲本

○此大威力明尾褭多銘壇・（「褭」左傍朱書「奴了反」書入）

右の資料6には、朱書の例の他に、

○彼大叫被撲。（「撲」右傍墨書「撃也」書入）

の如く、墨書の書入注が存する。以上が、書入注（音注、義注）の存する儀軌以外の資料である。

儀軌以外で書入注（音注、義注）のない浄光房点加点の資料については、

1、一字奇特仏頂経巻二院政期点（第六二函第60号）

2、使咒法経鎌倉初期点（第六二函第69号）性憲本

3、仏説金色迦那鉢底陀羅尼経鎌倉初期点（第一一五函第74号）

の三資料を数えるが、儀軌以外の資料においても、加注の資料が多いことが判る。

次に、円堂点加点資料を検討する。

Ⅰ、書入注（音注、義注）の存する円堂点加点の儀軌資料

1、北斗七星護摩秘要儀軌嘉承二年（一一〇七）点〈嘉承二年書写奥書〉（第一一五函第83号）林寛本

○[巻末]搬／除也減也／去也　（本文「重罪者則搬算」）

本文に書入注（音注、義注）はなく、右の巻末音義の一条が存する。

2、金剛頂経一字頂輪王瑜伽一切時処念誦成仏儀軌一巻嘉承三年（一一〇八）点（第六二函第81号）林寛本

○中頭像《を》佛身《に》。（「像」右傍朱書「カタトル也」書入）

本資料は、義注の範疇に位置づけられるであろう片仮名書きの書入注一条のみで、後は、梵語の漢訳の書入が、二条

存する。

3、薬師瑠璃光如来消災除難念誦儀軌永久四年（一一一六）点（第一一五函第89号）

○臺繖《サン》寶楼閣・（「繖」右傍朱書「音散張常蓋也」書入）

4、摩訶吠室囉末那野提婆喝囉闍陀羅尼儀軌院政期点（第六二函第44号）

○先安置[於]㪷柄《ヘイ》(平)前《に》(返)（「㪷」右傍朱書「當口反斗作也」書入）

5、金剛頂経一字頂輪王瑜伽一切時処念誦成仏儀軌院政期点〈長寛三年（一一六五）書写奥書〉（第一一五函第82号）

範杲本

○纂「｜」(平濁)集此微妙　（「纂」上欄外墨書「作管反／集也」書入）

○婢娟花《ノ》謐辞「｜」。（「辞」上欄外墨書「蒲没反香也」）

資料5は、朱点の円堂点加点資料である。右の二条の書入注が認められるが、いずれも墨書の注記である。朱の円堂点との関連を考慮せねばならない。

6、大毗盧遮那仏眼修行儀軌院政期点（第一一五函第5号）

○降暴雨《を》(返)流《は》駃《ハヤキ》水《を》・（「駃」右傍朱書「決也」書入）

7、胎蔵青龍儀軌巻中院政期点（第一八四函第65号）

○其形如憩(去)伽(上)　（「憩」右傍朱書「□例反」書入）

○風針《て》空前《に》　（「針」右傍朱書「立也」書入）

以上の七点が、平安時代の円堂点加点資料における書入注（音注、義注）が存する資料である。鎌倉時代の資料までを検討の対象とすると、以下の二資料にも、書入注の存在が認められる。

8、金剛頂瑜伽他化自在天理趣会普賢修行念誦儀軌建久八年（一一九七）点（第六二函第74号）

○爲鉀《ヒホ》縚索。（「鉀」右傍朱書「古押反」書入、「縚」右傍朱書「他□反」墨書「タウ反」書入）

9、不動尊使者秘蜜法建久九年（一一九八）点（第六二函第48号）

○亦能乾竭《カハクツ□□ム》 龍湫。（「乾」右傍朱書「カン反」書入、「竭」右傍朱書「カチ反」書入、「湫」上覧外朱書「ㇾ／子由反／水名在／□□□／□也」書入）

一方、円堂点加点資料において、書入注（音注、義注）が認められない資料は、以下の通りである。

Ⅱ、書入注（音注、義注）の存しない円堂点加点の儀軌資料

1、□□不動□□平安後期点（第一一五函第42号）

2、観自在如意輪菩薩瑜伽法要平安後期点（第一一五函第49号）

3、底哩三昧不動尊聖者念誦秘密法巻中永久元年（一一一三）点〈永久元年書写奥書〉（第一一五函第20号）林寛本

4、如意輪菩薩念誦法天治二年（一一二五）又ハ大治二年（一一二七）点〈天治二年又ハ大治二年書写奥書〉（第一八二函第31号）

5、大孔雀明王画像儀軌大治二年（一一二七）点（第一八二函第30号）奉受兼意本

6、十一面観自在菩薩心密言儀軌経長承元年（一一三二）点〈長承元年書写奥書〉（第六二函第4号）〔喜多院点の項に重出〕小田原別所

○患《へて》 寒熱病（返）（「寒熱病」右傍朱書「一足疾也」書入）

○其日三白食。（「三白食」右傍朱書「乳酪蘇也」書入）

資料6には、右掲の如き書入注が存する。広い意味では、義注であろうが、具体的な訓読語形の決定と連動したもの

ではないと判断される。

7、吽迦陀野密行儀軌保延四年（一一三八）点（第一一五函第7号）覚禅本

8、阿迦陀蜜一印千類千転三使者成就経法久安五年（一一四九）点（第六二函第104号）弁真本

9、速疾立験摩醯首羅天説迦楼羅阿尾奢法久安五年（一一四九）点（第六二函第111号）弁真本

10、金剛薬叉瞋怒息災大威神験念誦儀軌院政期点〈仁平二年（一一五二）書写奥書〉（第一一五函第22号）

11、金剛頂経瑜伽文殊師利供養儀軌院政期点〈仁平□年書写奥書〉（第一一五函第33号）中川別所本・交了興然本

12、金剛超勝三界経説文殊師利菩薩秘密真言院政期点〈久寿二年（一一五五）書写奥書〉（第六二函第20号）奉受兼意・興然本

13、無量寿如来修観行供養儀軌院政期点（第六二函第99号）

14、地鎮院政期点（第六二函第100号）

15、阿閦如来念誦供養法院政期点（第六二函第103号）月上院本

平安時代の儀軌類の資料においては、右の資料に書入注（音注、義注）がない。鎌倉時代以降については、

16、聖観自在菩薩心真言瑜伽観行儀軌鎌倉初期点〈建久三年（一一九二）奉受奥書〉（第一一五函第52号）奉受兼意・興然本

17、金輪王仏頂要略念誦法通諸仏頂鎌倉初期点（第六二函第50号）性憲本カ

18、阿闍梨大曼荼羅潅頂儀軌鎌倉初期点（第一一五函第21号）

19、阿闍梨大曼荼羅潅頂儀軌鎌倉初期点（第一一五函第35号）

以上の十九点が集計される。書入注（音注、義注）の存する資料も、七点を認めて、少なしとしないが、書入注の存

しない資料の方が量的には多い。

円堂点加点の儀軌以外の資料について、書入注（音注、義注）の存するものは、以下の通りである。

1、法華秘釈院政期点〈久安六年（一一五〇）書写奥書〉（第一一五函第61号）

○泊[乎]雙圓《の》性海《は》常《に》談《し》四曇《の》自性《を》（返）（「泊」左傍朱書「至也」書入）

2、摩伽衍釈論記一巻治承四年（一一八〇）点〈治承四年書写奥書〉（第一一五函第48号）

○凷鏡日珠《とは》（「凷」右傍朱書「月也」書入）

3、八大菩薩曼荼羅経院政期点（第六二函第65号）書了興然本

○柘「|」鉢右手覆（「柘」右傍墨書「之石反取也」書入）

右の資料3には、朱点の円堂点の加点があるが、書入注は墨書である。朱点の円堂点が加点されていると言う関係から、墨書は、円堂点という形式のヲコト点資料と、いかなる関係であるかを考えねばならない。

4、使咒法経院政期点（第六二函第90号）林寛本

○百種《の》害□|性《ニモ》誦《て》我陀羅尼《を》（「□」右傍朱書「□俄反如師也」書入）

朱書の他に、

○世相凌蔑《「ナイカシロ」と》《せむ》者（「蔑」左傍墨書「輕也」書入）

の如く、墨書の注記も存する。

円堂点資料で、儀軌以外のも資料について、書入注（音注、義注）の存するものは、右の如くであるが、次には、書入注（音注、義注）のない資料を掲げる。

1、釈摩訶衍論賛玄疏巻第四保延二年（一一三六）点（第一八二函第36号）聖仙本

2、釈摩訶衍論巻第四院政期点（第一八二函第41号）尾欠、聖仙本

3、辨顕密二教論巻上院政期点〈久安二年（一一四六）書写奥書〉（第一三二函第14号）玄証本

4、阿唎多羅陀羅尼阿嚕力品第十四鎌倉初期点（第六二函第64号）

書入注（音注、義注）の存しない資料は、以上の四資料で、儀軌以外の資料については、調査の限りにおいて、書入注（音注、義注）の有無が、拮抗している。

以上の真言宗広沢流の資料においては、浄光房点資料において、音注や義注を書き入れる傾向が存するものと考えられ、一方、円堂点資料においては、書入注（音注、義注）の無い資料が、数量的には優勢であると認めてよいと判断される。

四、真言宗高野山関係資料における書入注の様相

真言宗高野山関係の資料としては、中院流で使用された中院僧正点加点の資料が存する。

Ⅰ、書入注（音注、義注）の存する中院僧正点加点の儀軌資料

該当なし

Ⅱ、書入注（音注、義注）の存しない中院僧正点加点の儀軌資料

1、金剛頂瑜伽経十八会指帰保延三年（一一三七）点（第一五一函第28号）玄証伝領本〔治承頃ノ青句点アリ〕

2、十一面観自在菩薩心密言儀軌経巻上下院政期点（第六二函第14号）

3、十一面観自在菩薩心密語儀軌経巻上下院政期点（第六二函第54号）

4、金剛頂経瑜伽文殊師利菩薩法一品院政期点（第一一五函第44号）摩訶衍院本

5、十一面観自在菩薩心密言儀軌巻上院政期点（第一八四函第18号）

一般に、中院僧正点加点資料の点数が、多いわけではないが、儀軌類資料においては、書入注（音注、義注）の存しないものばかりである。

儀軌類以外の資料については、一点が確認され、書入注（音注、義注）が存する。

1、諸仏境界摂真実経巻上中下院政期点（第一八四函第30号）

○乃至足指《の》一切《の》毛□發青色《の》□□　（「發」右傍朱書「放也」書入）

○一切煩《の》悩《を》悉皆摧砕《て》《ことく(？)》　鎖《カ》(去)黄金《を》(返)□色煥《クワン》然《シテ》《て》　（「鎖」下欄外朱書「呼段反／火□也」書入）

右の如くで、調査の限りでは一点のみであるが、中院僧正点も経類には、書入注（音注、義注）が存する。

五、真言宗小野流における書入注の様相

まず、喜多院点資料を取り上げる。高山寺に所蔵される喜多院点資料は、中川（成身院）で書写加点されたと思しき資料と高野山に関係した玄証の加点資料が多い。玄証本は、高野山の関係資料に含めるべきかも知れないが、ここに喜多院点資料を一括して検討を加えるものとする。

Ⅰ、書入注（音注、義注）の存する喜多院点加点の儀軌資料

1、金剛頂瑜伽三十七尊出生義院政期点〈保延三年（一一三七）書写奥書〉（第六二函第22号）中川本

○則大千震盪《ヒ》指顧《は》　（「盪」左傍朱書「堂浪又條《（ママ）》也」書入）

朱書による書入は、右の一条であるが、墨書による書入が、行間、欄外に七条認められる。用例は以下の如くである。

○随類貴見[之]身《として》[而]楪航《せり》(平)[於]邪出苦海(返)[也]（「楪」字上覧外墨書「ｌ／湯嵆反／土木階」書入、「航」右傍墨書「胡郎反渡海船」書入）

○遂擎《にヒサケ》瓶《を》(返)杖《ツイテ》錫《を》(返)（「擎」上覧外墨書「ｌ／□□反／ｌ持也」書入）

墨書の書入注は右の如くで、喜多院点は朱点で加点されており、喜多院点とは異なる出自であると考えねばなるまいが、本資料の奥書には、「保延三年（一一三七）正月十八日中川書寫畢／結縁之僧仁增之」とあって、「中川」の地名が見える。院政期の喜多院点の加点資料は、中川で加えられたものも多く伝わる。しかし、墨書注の出自を、どこに求めるべきかは、一概に、中川辺だけを考えるには、一考を要するかも知れない。

2、成就妙法蓮華経王瑜伽観智儀軌保安三年（一一二二）点（第六二函第114号）[次項に重出] 中川本・玄証本

○即擣《て》蓮子草《を》(返)（「擣」右傍墨書「春也手推也判也」、上欄外墨書「摩也試／也」書入）

右の資料には、右掲の如き書入注が存する。同じ資料を後にも掲げるが、この資料には、朱点の喜多院点〈保安三年（一一二二）〉と青点の喜多院点〈治承三年（一一七九）〉の二種の加点がある。朱点の加点資料としてここに掲げたが、書入注は、墨書によるものであることに注意せねばならない。

3、阿耶掲唎婆観世音菩薩受壇法仁平三年（一一五三）・治承三年（一一七九）点（第六二函第110号）小田原別所本・玄証本

○頭髪儓竪《イヨタチテ》　如火焔《の》色《の》。（「儓」上欄外青書「蹤／子公反／ソヒキ」書入）

本資料には、朱書による喜多院点の加点と青書による片仮名の加点があるが、治承三年の朱点（喜多院点）と青点（片

仮名）は、玄証の加点と思しい。上欄外に書き込まれた右の注は、青書によるもので、この一条が認められる。

4、建立曼荼羅護摩儀軌治承三年（一一七九）点〈保延三年（一一三七）書写奥書〉（第一五一函第29号）中川本・玄証本

○船輝極嚴麗。（「船」左傍青書「彤／同融／ニシテ《(?)(?)》／アカシ」書入）

5、新訳仁王般若経陀羅尼念誦儀軌治承三年（一一七九）点（第一五一函第31号）玄証本

○法駄（「駄」上欄外墨書「駄／□穴反／駿良／馬」書入）

青点の喜多院点の加点が存するが、書入注は、墨書による。

6、速疾立験摩醯首羅天説迦楼羅阿尾奢法院政期点〈保延三年（一一三七）書写奥書〉（第一五一函第22号）中川（成身院）本・玄証本

○身上无瘢痕（「瘢」上欄外墨書「薄官切／蒼痕也」書入、「痕」下欄外墨書「戸□□／瘢痕也」書入）

○角絡（「絡」下欄外墨書「力各切□／縛也」書入）

玄証加点と思しき青点の喜多院点の加点があるが、書入注（音注、義注）はいずれも墨書であって、「｜｜切」の形式の音注である。

7、聖不動尊安鎮家国等法院政期点〈保延三年（一一三七）書写奥書〉（第一五一函第3号）中川本・玄証本

○乘犎《「フ」「ホウ」》牛。（「犎」上欄外墨書「府窓反／野牛也」書入）

この資料も、朱点の喜多院点〈保延三年〉の加点が存するが、書入注（音注、義注）は、墨書による。

Ⅱ、書入注（音注、義注）の存しない喜多院点加点の儀軌資料

1、一字金輪王仏頂略念誦法保延二年（一一三六）朱点・院政期青点（第一八二函第37号）成身院本

2、陀羅尼門諸部要目保延三年（一一三七）点〈第六二函第13号〉成身院本
3、般若波羅蜜多理趣経大安楽不空三昧真実金剛菩薩等十七聖大曼荼羅義述保延三年（一一三七）朱点・治承二年（一一七八）青点〈保延三年書写奥書〉〈第六二函第115号〉中川本・玄証本
4、金剛頂経金剛界大道場毗盧遮那如来自受用身内証智眷属法身異名仏最上秘密三摩地礼懺文院政期点〈保延三年（一一三七）書写奥書〉〈第六二函第93号〉中川（成身院）本
5、金剛手光明潅頂経最勝立印聖無動尊大威怒王念誦儀軌法品保延三年（一一三七）点〈保延三年書写奥書〉〈第六二函第91号〉中川本
6、梵天択地法安元三年（一一七七）点〈第一五一函第30号〉玄証本
7、底哩三昧耶不動使者念誦品保延三年（一一三七）点〈保延三年書写奥書〉〈第一五一函第1号〉中川（成身院本）・玄証本
8、薬師如来儀軌保延三年（一一三七）点〈第一五一函第2号〉成身院本・玄証本、前欠
9、降三世金剛瑜伽成就極深密門保延三年（一一三七）点〈保延三年書写奥書〉〈第一三二函第21号〉中川本
10、金剛薬叉瞋怒息災大威神験念誦儀軌保延三年（一一三七）点〈第一三二函第37号〉中川本
11、仏説出生無辺門陀羅尼儀軌治承二年（一一七八）点〈第六二函第113号〉玄証本
12、仏説三千仏名礼懺文治承二年（一一八七）点〈保延三年（一一三七）書写奥書〉〈第一五一函第5号〉玄証本
13、大方広菩薩蔵経中文殊師利根本一字陀羅尼法院政期朱点・治承二年（一一八七）青点〈第一五一函第25号〉玄証本
14、成就妙法蓮華経瑜伽観智儀軌治承三年（一一七九）点〈第六二函第114号〉中川本・玄証本

15、聖迦抳忿怒金剛童子菩薩成就儀軌経上中下院政期点〈文治五年（一一八九）書写奥書〉（第一一五函第79号）
16、十一面観自在菩薩心密言儀軌経院政期点（第六二函第4号）［円堂点の項に重出］玄証本
17、大毗盧遮那経広大儀軌巻上院政期点（第一三二函第10号）
18、八字文殊儀軌院政期（第一五三函21号）
19、聖如意輪観音次第院政期点（第一八四函第34号）

右の如く、喜多院点加点資料においては、書入注（音注、義注）を書き入れない資料が多く認められる。儀軌類以外の資料についても、同様の傾向が認められ、

1、普賢延命金剛最勝陀羅尼経保延三年（一一三七）点〈保延三年書写奥書〉（第一八二函第38号）
2、仏説雨宝陀羅尼経治承二年（一一七八）点（第一五一函第24号）玄証本
3、普賢菩薩行願讃治承二年（一一七八）点（第一五一函第26号）中川本・玄証本
4、仏説大方広曼珠室利経院政期点（第六二函第112号）中川本カ・玄証本カ
5、仏説救抜燄口餓鬼陀羅尼経院政期点（第一五一函第23号）中川本・玄証本
6、金剛頂瑜伽中略出念誦経院政期点（第一八四函第3号）
7、即身成仏義鎌倉初期点（第一二七函第9号）

等にも書入注（音注、義注）は認められない。

真言宗小野流の東大寺点加点資料については、以下の通りである。

Ⅰ、書入注（音注、義注）の存する東大寺点加点の儀軌資料

1、北斗七星護摩秘要儀軌院政期点〈長治二年（一一〇五）書写奥書〉（第一一五函第97号）

○［巻末墨書］仙菓者　ホシナツメ

巻末に、右の墨書の音義が存する。

2、不空羂索毗盧遮那仏大潅頂光真言一巻天永二年（一一一一）点〈天永元年交了奥書〉（第六二函第120号）

○復有衆生連(平)年(平)累月《に》(入)痿《ヰ》(平)黄《を》(去)疾悩・（「痿」上欄外朱書「□嫣反／痺也／不能／□也」書入）

3、金剛頂蓮華部心念誦儀軌院政期点〈保安元年（一一二〇）書写奥書〉（第六二函第2号）

○仍《ノホリ》屈頭相《を》□。（「仍」左傍朱書「如凌就也因也即也」書入）

4、大毗盧遮那成仏神変加持経蓮華胎蔵菩提幢標幟普通真言蔵広大成就瑜伽巻上中下保安二年（一一二一）点〈保安二年比交奥書〉（第六二函第124号）

○彤-赤《ニシテ》　在三角《に》（「彤」左傍朱書「徒冬反赤也和(音)六同」書入）

5、成就妙法蓮華経王瑜伽観智儀軌経保延三年（一一三七）点〈保延三年書写奥書〉（第六二函第87号）

○任歳翹身（「翹」上欄外墨書「或翹《右傍朱書「車也」》」書入）

○析《アハキ》《ヲリ》　開《け》二小指《を》。（「析」上欄外墨書「析／思歴反／音石／□破也」「折或本／食列反／音折分也」書入）

6、大毗盧遮那成仏神変加持経蓮華胎蔵菩提幢標普通真言蔵成就瑜伽巻下院政期点（第一八四函第75号）

○食啖《タム(す)ること》（「啖」上欄外朱書「噉／玉、徒／敢反／噉食也／又□」書入）

7、金剛頂瑜伽金剛王菩薩念誦儀軌建久六年（一一九五）点〈建久六年書写奥書〉（第六二函第88号）書了興然本

○三世《の》諸佛《の》所《ナルカ》　共《に「ウヤマウ」》遵《シタフ》　承・故《なり》。（「遵」左傍墨書「シユン反」書入）

右の他に、鎌倉時代の資料には、以下のごとき資料が認められる。

8、底哩三昧耶嚩動使者念誦法鎌倉初期点〈建久九年（一一九八）書写奥書〉（第一一五函第24号）

○着種々《の》香花供養《を》(返)不歇《ヤマ》(返)誦一百八遍《を》(返)（「歇」上欄外朱書「玉云／虚謁反／竭也／臭息散也」書入）

○或山窟《の》中《にして》　離閙《カマヒスシ》《の》処(返)（「閙」右傍朱書「ネウ反」書入）

9、建立曼荼羅護摩儀軌鎌倉初期点〈建久九年（一一九八）書写奥書〉（第一一五函第68号）書了興然本

○苦‐㕘(平)（「苦㕘」左傍朱書「クラキ也」書入）

10、金剛頂蓮花部心念誦儀軌鎌倉初期点（第一一五函第30号）

○仍屈頭《ハンを》(返)相‐柱《よ》・（「仍」右傍朱書「則也」、上欄外朱書「仍／如凌就也／因也乃／也」書入）

11、仏説不空羂索陀羅尼儀軌経巻上下鎌倉初期点（第一一五函第92号）

○眼耳鼻舌齗牙歯頭（「齗」右傍朱書「牛斤反齗根也」、左傍墨書「銀音」書入）

○世尊若讁許我。（「讁」右傍墨書「玉篇云／丁浪反／言中也」書入）

資料11には、右の如く、朱書、墨書による書入注が存する。

以上の資料においては、書入注（音注、義注）が存する。

書入注（音注、義注）が認められない資料は、

Ⅱ、書入注（音注、義注）の存しない東大寺点加点の儀軌資料

1、金剛薬叉瞋怒王息災大威神験念誦儀軌平安後期点・長治二年（一一〇五）点〈長治二年書写奥書〉（第一八二函第4号）奉受兼意本

2、題未詳大治五年（一一三〇）点（第一八二函第34号）前欠

3、金剛峯楼閣一切瑜伽瑜祇経修行法第一院政期点〈嘉応元年（一一六九）書写奥書〉（第六二函第82号）範杲本

4、金剛峯楼閣一切瑜伽瑜祇経修行法第二院政期点〈嘉応元年書写奥書〉（第六二函第83号）範杲本

5、金輪王仏頂要略念誦法 諸仏頂院政期点（第六二函第9号）
6、仏母大孔雀明王画像壇場儀軌法院政期点（第六二函第102号）
これらに鎌倉時代の資料を加えると、
7、无量寿如来秘観行供養儀軌一巻建久四年（一一九五）点〈建久四年書写奥書〉（第六二函第94号）
右の七点に書入注（音注、義注）が存しない。書入注（音注、義注）の施されない資料も相当数に上るが、東大寺点における傾向としては、書入注を施す資料が量的には若干多いと考えられる。

儀軌以外の資料においても、書入注の認められる資料が存する。次の一点である。
1、大神力無比速疾大験如意輪菩薩金剛頂輪王秘蜜神咒式経平安後期点〈寛治元年（一〇八七）奥書〉（第六二函第105号）
○恣矍（去）吸致言・故　（「矍」右傍朱書「戯也」書入）

六、仮名点資料における書入注の様相

仮名点資料については、宗派流派の別が、訓点の形式だけによっては区別できない資料群である。奥書の存する場合で、所属言語集団の判る限りでは、天台宗も真言宗も含まれている。仮名点加点資料を、一括してここに掲げた。
Ⅰ、書入注（音注、義注）の存する仮名点加点の儀軌資料
該当なし
Ⅱ、書入注（音注、義注）の存しない仮名点加点の儀軌資料

1、属星供次第平安後期点〈第一八二函第7号〉
2、次第平安後期点〈第一八二函第10号〉
3、薬師如来私記寛治元年（一〇八七）点〈寛治元年書写奥書〉〈第一八二函第12号〉
4、金剛界瑜伽略述三十七尊心要寛治二年（一〇八八）点〈寛治二年書写奥書〉〈第六二函第11号〉覚成伝領本
5、大虚空蔵菩薩念誦儀軌寛治六年（一〇九二）点〈第一八二函第14号〉覚成伝領本
6、題未詳［次第］永久五年（一一一七）点〈永久五年書写奥書〉〈第一八二函第28号〉
7、授三衣一鉢座具作法院政期点〈永久五年（一一一七）書写奥書〉〈第一八二函第27号〉
8、染王記院政期点〈養和元年（一一八一）書写奥書〉〈第六二函第39号〉
9、尊勝陀羅尼卅四法院政期点〈文治五年（一一八九）書写奥書〉〈第一一五函第67号〉高野小田原本

右に加えて、鎌倉時代の資料は、

10、諸秘伝上鎌倉初期点〈第六二函第89号〉

の一点が存する。仮名点資料は、書入注（音注、義注）の存する資料の該当がなく、管見の範囲では、いずれも書入注（音注、義注）が存しない資料ばかりである。

儀軌以外の仮名点資料については、右と同様に、書入注（音注、義注）のないものが三点存して、左の如くである。

1、護摩表白平安後期点〈天喜六年（一〇五八）書写奥書〉〈第一八二函第2号〉
2、大聖文殊師利菩薩讃仏法身礼院政期朱点・治承六年（一一八二）青点〈第一五一函第21号〉玄証本
3、愛染法口伝鎌倉後期点〈仁安二年（一一六七）書写奥書〉〈第一五一函第8号〉範杲本

一方で、儀軌以外の資料には、書入注（音注、義注）の存する資料が一点認められて、以下の通りである。

1、集法悦捨苦陀羅尼経院政期点（第六二函第122号）

○陁舎地輪　（「陁」上欄外墨書「除尓切」書入）

○如童子初學憒憒者不少便。（「憒」上欄外墨書「公對切／盛也／乱」書入、下欄外墨書「公前古／悔二反／□也／乱也」書入）

この資料の書入注は、墨書で、「｜｜反」とするものも認められるが、「｜｜切」の形の音注が認められる。仮名点資料に限ったことではなく、既に触れた所であるが、ヲコト点加点の資料も含めて、平安時代後半期及び鎌倉時代に、伝承的なものだけでなく、新たな注釈活動が存したものと捉えられ、注意する必要があろう。

おわりに

以上、調査閲覧に基づいた限りの資料について記述を行ってきたが、管見の及ばないものも多数に及ぶ。平安時代だけを取っても、儀軌類の資料は、膨大な数に上り、わずか、右の資料のみによって儀軌類における書入注の様相を論ずることには、慎重であらねばならないと考えられる。また、書入注（音注、義注）が、漢文本文の訓読、理解に資するものであることを考えれば、対象とした一々の儀軌類の資料における用字が、注を施すほどのものではないという実態を示したもので、右に検討を加えた事項は、偶然の分布であると考える向きがあるかも知れない。しかし、特に、西墓点資料と中院僧正点資料については、また、円堂点資料と喜多院点資料とについては、加注のない資料に偏る傾向があって、偶然性を超えた状況を示したものであると判断できるのではなかろうか。

ここに述べたことを念頭に置きつつ、本節で扱った限りの資料で、各宗派流派、ヲコト点法別における書入注の諸相を纏めておく。

天台宗寺門派に属する西墓点資料群では、基本的には、儀軌類資料に書入注を施さない。一方、天台宗も山門派における様相は、ヲコト点法によって、書入注の様相が異なる。宝幢院点資料群は、書入注を施さない傾向にあり、仁都波迦点資料群では取り上げた資料数が少ないものの、宝幢院点とは逆に、儀軌類に書入注を施す傾向が認められた。真言宗においては、広沢流における浄光房点加点資料には、書入注の存する傾向があると認められる。この状況は、浄光房点加点の儀軌以外の資料についても確認される。円堂点資料については、儀軌類資料において書入注の無い資料が量的に多数占める。

高野山関係の資料では、中院僧正点資料が取り上げられるが、中院僧正点資料について、儀軌類の資料においては、書入注を施した例が認められない。

喜多院点資料では、儀軌類資料において書入注が施されない傾向が顕著に認められ、儀軌以外の訓点資料についても、同様の傾向が認められた。真言宗小野流の東大寺点加点資料については、書入注を施さないものが、十一資料認められ、書入注を施すものが十七資料認められて、量的にはほぼ拮抗したものと解釈できる所でもであるが、書入注を施す資料数が、やや多い。

仮名点加点の資料は、その言語主体の所属する言語集団を、全てに亘っては明確には定位できないが、奥書に依れば、天台宗関係の資料も、真言宗関係の資料も存する。検討を加えた如く、儀軌類資料においては、書入注が施されないものばかりであって、その辺に、ヲコト点を伴わない、宗派流派を越えた仮名点の資料的性格が存すると捉えられるかも知れない。

以上の検討の結果、天台宗の山門派においては、同じく山門派関係とされる仁都波迦点資料と宝幢院点資料の間の加注に差が認められ、同じ真言宗広沢流の浄光房点資料と円堂点資料との間にも差が確認された。真言宗小野流においてもヲコト点法による区分からは、内部に様相の異なる資料群が存することが指摘できる。以上の点から、儀軌訓点資料の訓読語を支える注釈活動は、天台宗寺門派・山門派、真言宗広沢流・小野流と言う大きな枠組みでは捉えることができない。また、「ーー切」形の反切表示は、中国・宋以降の表示形式であって、広韻、広益会玉篇などによって日本においてその影響を受けた院政期以降の新しい注釈活動の証である。天台両派、真言両流よりもさらに小さな諸流派レベル、あるいは、訓読者個々人での訓読語の成立を考えねばならぬことが明らかとなった。

以上が、管見の及んだ限りでの様相である。取り上げたもの以外に、多くの資料の調査を果して、右の推定の是非を究めるのが、今後の課題である。

なお、最後に付言しておけば、本節では正に、日本語史における従来からの記述研究の典型に属する方法を採った。漢文の訓読とは、言わずもがなのことであるが、中国古典文ならば中国古典文の哲学、思想、あるいは、思索法や表象の理解、感得のための一方法である。ことばの問題とは、音声音韻や文法などの形式だけの問題ではない。総計六項を費やして、ともすれば単なる羅列ではないかとの批判を受けるかも知れぬが、訓読と言う言語表現を支えている注釈活動は、かくも多様なものであったことを示そうと意図したものである。

多様さ、複雑さを示すが故に、論述に各種の不整合を生じる。多様さ、複雑さを、論述上の不都合の回避のために無視するとか、その論述上不都合なる用例を簡単に例外例として掲げるだけで論及を放棄したまま捨象して、兎に角、訓読語法や訓読法則の単純化を求めての研究方向に走りがちに推移してきた漢文訓読語史研究史に対しての、本節はアンチテーゼであると理解して戴きたい。

注

（1）高山寺典籍文書綜合調査団編『高山寺経蔵古目録』（一九八五年二月、東京大学出版会）に、合点の付された目録が認められる。

（2）宮澤俊雅「高山寺経蔵聖教内真言書目録」（『高山寺経蔵古目録』解説、一九八五年二月、東京大学出版会）。

（3）奥田勲「高山寺聖教目録」（『高山寺経蔵古目録』解説、一九八五年二月、東京大学出版会）。注（2）文献。

（4）拙著『平安鎌倉時代漢文訓読語史料論』（二〇〇七年二月、汲古書院）。

第四節　儀軌の訓読語と加点

はじめに

平安時代の訓点資料に現れた漢文訓読語に関して、言語資料としての資料性に種々の問題が存する。例えば、一言語資料に現れた訓読語の年代性の問題もそのひとつである。即ち、移点であるのか、下点であるのかの問題である。訓点資料の場合、一般に平安後半期の資料において伝承性が強いと見られて来たのは、移点が一般的な風潮であると認識されているためである。即ち、先行の訓点資料の訓点を写しとる、例えば、平安初期などの資料を、院政期に移点した例などの存在から、訓点資料に現れた言語が、純粋に加点時の言語であると位置づける事に対する疑問が生ずるからである。特に、平安時代の日本語史を考える上で、訓点資料の存在を抜きにしては語ることが出来ないのが研究の現状であろうが、このような訓点資料の資料性の問題は、決して小さな問題ではないと認められよう。この訓読語の伝承の問題は、前節までにも触れた如く、平安後半期に盛んに作られた類聚的資料である諸尊法などの源泉資料となっているのであるから、類聚的言語資料の資料性の基底に横たわる大きな問題である。

以下には、平安時代の儀軌類の訓点資料を取り上げ、所謂、移点を通じての言語の伝承性の問題を取り上げ、その一端を考えて見ようとするものである。

一、平安前半期及び平安後期前半における儀軌類の加点資料

本邦において、儀軌の訓読は一体いつからはじまり、いかに創始され、いかに伝承され、また、いかに改変されたものであろうか。密教自体が本邦に盛んになるのは、空海・最澄の出現以降であるから、本邦における密教儀軌の訓読が盛んになるのも平安初期以降のことであると考えられるが、密教教団のなかで儀軌は、訓読と関連してどのように位置づけられて来たものであろうか。

ここに、初期の密教教団における儀軌の位置に関して、その一端を窺わせる資料が存する。小林芳規博士の紹介されたもの[1]であるが、青蓮院吉水蔵には、山王院蔵書目録[2]一帖が所蔵されている。本来、四帖であったもののようであるが、この目録には、一〇九〇ほどの書名が掲げられている。その書名の下には、

○妙樂大師科本法華經　八巻　寫寺唐本科點一秩　（八・山王院蔵書目録における書籍の通し番号である）
○大毗盧遮那成佛經　丹後和尚爲圓珍手書便讀授之仍點汚也　（五三六）
般若波羅蜜多理趣釋　一巻　有朱點　（五三七）
○金剛頂經　三巻　有點聽　覺大師説　合衆　（六〇八）
蘇悉地經　五巻　並點本奉爲丹後和上七々日寫　圓敏禪師書　（六〇九）
○大毗盧遮那經疏　二十巻　二帙／上帙兩十巻　下帙露十巻　丹後□文和尚點本　（九三五）

などの如く割り注が存して、その中に「點」「點本」などの字句がみとめられる。この「點」について、小林芳規博

士は、科段点や句切点の如きものであったろうと推測されて、所謂、仮名・ヲコト点の類ではないであろうと推測されているが、この「點」等の注記が存する書は、右の他に、最勝王経、大般涅槃経、法華論、法華文句、成唯識論であって、他に、無量義経の項には「科」の注記が存しているが、いずれも経、論、経釈の類である。この山王院蔵書目録には、多くの儀軌類の登載があるが、これらの儀軌には、「點」等の注記は皆無である。このような情況は、平安初期、儀軌と言う書が訓読とか、学問研究の対象として、いかに位置づけられていたのかの一端を物語るものと考えられる。

以下、現存の訓点資料を取り上げ、儀軌資料を中心に訓読の生成と展開、伝承と改変の問題を考えてみることとしたい。左に示した一覧は、平安時代の初期より以降、平安後期の中程、西暦一〇五〇年までを取り上げて、多くは築島裕博士の「平安時代訓点本論考」によって、その存在に管見の及んだ儀軌類の加点資料を年代順に配列したものである。Ⅰは、平安初期の加点資料を、Ⅱは、奥書を有する加点資料で、年紀の存するものの内、天暦年間までのもの、西暦九四九年までのものを掲げ、Ⅲは、平安中期加点と推定される資料の内、平安中期前半（延喜年間から天暦年間頃）に加点されたと認められる資料を配し、Ⅳは、平安中期の後半、天暦年間より長徳年間、西暦九五〇年から九九九年までの奥書を有する加点資料について、これを年代順に掲げ、Ⅴは、奥書の無い資料で、平安中期の加点資料であると推定されたものを掲げ、Ⅵは、平安後期の前半、一〇〇〇年より一〇五〇年までの奥書のある資料を、年代順に掲げたもの、Ⅶは、平安後期の前半、例えば、資料番号86、「大聖歓歓喜天法　一巻」の如く、長保年間頃の加点と推定されたものなどを掲げた。

なお、末尾に掲げた「◎補」は、平安中期の加点資料と推定されるものを一括して掲げたものであるが、この内には、平安後期も前半期、即ち西暦一〇五〇年までに加点された資料が混在している可能性が存するもので、参考に掲げたものである。
＊以下の一覧中の略称は、
〈点研〉古点本の国語学的研究　中田祝夫
〈新論〉平安時代語新論　築島裕
〈角研〉角筆文献の国語学的研究　小林芳規
〈点論〉平安時代訓点本論考　築島裕
に従う。

Ⅰ、平安初期加点資料

1、金剛界儀軌　一巻（石山寺　校12—7）
○寛平元年点、朱点（仮名、寛平元年）、朱点（円堂点、院政期）
（奥書）（朱書）「寛（平）元元年（八八九）十一月廿七日傳受了釋宀記之」

Ⅱ、平安中期加点資料（九〇〇～九四九・年号の奥書あり）

2、蘇悉地羯羅供養法巻上・下　二巻（石山寺　薫20・21）
○延長三年点、白点（順暁和尚点、延長三年）、朱点（東大寺点、院政期）
（上巻奥書）（白書）「延長三年（九二五）潤十二月廿四日點了／祐」
（下巻奥書）（白書）「延長三年閏十二月廿五日點了」

3、息災護摩私記　一帖（石山寺校19—73）

○承平七年頃点、朱点（乙点図）

（奥書）承平七年（九三七）六月廿三日寫了

4、北斗七星護摩秘要儀軌　一帖（石山寺　深58―8）

○承平八年点、朱点（順曉和尚点）、墨点（乙点図、天喜五年）

（奥書）一交了／承平八年（九三八）五月十五日台山僧辨喜本

（別筆一）「天喜五年（一〇五七）十二月七日於醍醐御前奉讀了」

（別筆二）「朱点内供御本」

5、略述金剛頂瑜伽分別位修証法門　一巻（石山寺薫57）〈点論〉

○天慶六年点、朱点（順曉和尚点）

（奥書）（朱書）「以去延喜九年（九〇九）八月十六日聞此經於故高野／座主峯禪和尚已了今更寫一本而令分別明／案此經甚深妙之理耳于時天慶六年（九四三）／五月十三日也」

6、大日経隨行儀軌（宝寿院旧蔵）〈新論〉〈点論〉

○天暦二年加点、朱点・白点（仁都波迦点）

（奥書）天暦二年（九四八）二月七日書得已了

（白書）「同二月十一日點了」

7、金剛頂瑜伽修習毗盧遮那三摩地法（石山寺旧蔵、筑波大学蔵）（小林芳規博士より借用）

○天暦三年寛空資（寛忠カ）点、乙点図

（奥書）（別筆二）「康保二年（九六五）正月廿四日授雅守法師了春間候東院」
（別筆一）「延長八年（九三〇）五月廿八日圓堂三僧寛空大徳請之」
（朱書）「以天暦三年（九四九）六月十日授仁覺禪解輔算等師了」

Ⅲ、平安中期加点資料（平安中期前半加点）

8、金剛界儀軌　一巻（東寺観智院26―32）
○平安中期点、黄点（第五群点）、朱点（第五群点）、白点（第五群点）

9、胎蔵秘密略大軌　一巻・胎蔵略述・三親王潅頂時儀式一巻（東寺観智院71―7・80―45）
○平安中期（寛平法皇点）、朱点（乙点図）

10、胎蔵秘密略大軌　一巻（高野山学園）〈点論〉
○平安中期（寛平法皇点）、朱点・角点（乙点図）

11、無畏三蔵禅要　一巻（随心院）
○平安中期（寛平法皇点）、角点（乙点図）

12、蘇悉地羯羅供養法巻上　一巻（龍蔵寺）〈小林芳規『訓点語と訓点資料』第九十二輯〉
○平安中期（寛平法皇点）、角点（乙点図）

13、金剛頂瑜伽護摩儀軌　一巻（高野山三宝院）〈点論〉
○平安中期点、朱点（西墓点）
（奥書）天治二年（一一二五）己巳六月廿五日酉時於持經房奉受了／教禪記之廿、七、／七月二日於同所立印了／未時云々

（別筆）「保安二年（一一二一）壬五月二日薗城寺焼失之刻従彼寺取來僧慶應手ヨリ／傳得之教禪記之」

Ⅳ、平安中期加点資料（九五〇～九九九、有年紀）

14、大聖妙吉祥菩薩説除災教令法輪　一帖（石山寺　校18―14）

○天暦四年点、白点（叡山点）

（見返）（白書）「天暦四年（九五〇）六月廿六始誦之大師即傳受之」

（奥書）天暦二年（九四八）三月廿一日書寫之□□

15、胎蔵次第　一帖（青蓮院吉水蔵1―2）〈点論〉

○康保元年点、朱点（天尓波留点別流）

（奥書）應和二年（九六二）六月廿九日於雲林院書寫了／叡嶽釋氏慶契

（別筆一）「慶之本／受學僧仁重」

（別筆二）「傳領了　實助」

（帖首扉紙）（朱書）「以康保三年（九六六）四月之比下向周防國之間入海悉損破之不加指南之／天台僧慶契本」

（中書、六十四丁裏）（朱書）「康保元年（九六四）歳次甲子十月廿六日於雲林院大師上綱御本／校合既了」

（表紙）「天台僧慶契本」「慶之本」

16、七曜真言等　一帖（石山寺　校21―35）

○平安中期点、墨点（仮名）

（奥書）康保三年（九六六）十一月十二日

17、熾盛光讃　一通（来迎院如来蔵法99）〈点論〉

○康保四年点、墨点（仮名）

（奥書）以康保四年（九六七）十月十二日奉讀法性寺座主之

18、呪王経壇場画法式　一帖（石山寺　校16―40）

○康保五年点、墨点（仮名）

（奥書）康保五年（九六八）五月十三日椿房

19、胎蔵界私記　一帖（曼殊院）〈新論〉〈点論〉

○天元二年書写加点、朱点（第一群点）

（奥書）天元二年（九七九）三月三日書寫了　□□本

（見返）傳領沙門覺昭山人書

20、金剛界儀軌　一帖（大東急記念文庫）

○永延元年他点、朱点（西墓点、永延元年）、朱点（西墓点、永延～長保）、墨点（西墓点、長保六年）、桃点（仮名、長元七年）、朱点（仮名、延久二年）、墨点（仮名、延久二年）

（奥書）（朱書）「始自延久二年九月十七日至于十一月七日奉隨阿闍梨□□／讀事畢僧隆覺／同點法林房但墨點是也」

（別筆）「長保六年三月十八九廿廿一并四ケ日之間受學三井大阿闍／梨已了志同前耳老僧文慶墨點是也／同點観音院十禪師定暹公之　已上後受」

永延元年七月廿一日廿三日二箇日之間奉受入道三宮（朱別）「師云皇圓寺云」／志偏在出離生死　頓生菩提耳於天台山百光房奉受之／沙門文慶臈八年廿一　（別墨）「前受」

（桃書）「長元七年八月廿五日奉随法印御房稟受畢／重奉隨入道三宮稟受畢／又重奉隨唐房阿闍梨菓受畢／成尋」

21、胎蔵秘密略大軌　一巻（石山寺校　11―2）

○永延二年点、朱点（切点）、角点（乙点図）

（奥書）「寫圓堂御文也即御傳也云々」

（朱追筆）「永延二年（九八八）五月十七日承始同月廿二日承了」

22、嚩日囉駄都私記　一巻（清水寺）〈点論〉

○永延三年点、朱点（円堂点）

（奥書）天元五年（九八二）歳次壬丑二月廿五日於香山寺記畢興福寺／釋眞興

件書以彼自筆削已了而其本得失遂不可／得仍借定一度上徒寫取之本更以書之

永延三年（九八九）己丑四月二日於子嶋寺寫了頗／似嗚呼而已釋眞興

23、大日経広大成就儀軌　一帖（東寺観智院）〈点論〉

○永延三年点、朱点・白点（叡山点）

（奥書）（朱書）永延三年（九八九）己巳三月十八日讀點已了／僧（草名・仁孝カ）本」

（白書）「寛弘四年（一〇〇七）丁未八月廿一日點重／増仁本」

24、頓証菩提即身成仏真実三部一合行法　一帖（高山寺104―20）

○正暦二年頃点、墨点（西墓点）

（奥書）正暦二年（九九一）四月一日丹波國菜（桑）田群／篠村郷定額寺字河人寺寫了之／已畢

V、平安中期加点資料（平安中期後半加点）

25、求聞持法　一巻（石山寺一切附128）

○平安中期加点、角点（第五群点）、墨点（第五群点）、応和二年（九六二）紙背文書
26、甘露軍荼利儀軌　一巻（石山寺薫31）〈点論〉
○平安中期点、墨点（仮名）
（内題下）一交了
27、一字頂輪王密法　一帖（石山寺　校15―50）
○平安中期点、墨点（仮名）
（表紙）高隆寺□
28、求聞持私記　一帖（石山寺校18―83）
○平安中期点、朱点（天仁波流点）
29、求聞持次第法　一帖（石山寺校18―75）
○平安中期点、朱点（仁都波迦点）
（奥書）天台釋聖憲
（別筆）「天台沙門聖憲《二字見消》之本」
30、求聞持法　一帖（石山寺校18―84）
○平安中期点、角点（仁都波迦点）、白点（仁都波迦点）、朱点（仁都波迦点）
31、虚空蔵求聞持法　一帖（石山寺校18―56）
○平安中期末点、朱点（第六群点《星点ノミ叡山点ニ合致》）
32、金剛界儀軌　一巻（石山寺　校12―5）

○平安中期点、黄褐点（第一群点）、淡朱点（順暁和尚点）

33、金剛界次第　一帖（石山寺　校13—34）

○平安中期点、墨点（仁都波迦点）、朱点（仁都波迦点）

34、金剛界大法念誦次第上　一巻（醍醐寺）〈点論〉

○平安中期加点、朱点（第一群点）

35、金剛頂瑜伽降三世成就極深密門　一巻（石山寺　校3—27）

○平安中期末加点、朱点（叡山点）

36、建立曼荼羅護摩儀軌　一巻（石山寺　校21—8）

○平安中期点、朱点（第三群点）・墨点（仮名）

37、宿曜祀火法　一帖（青蓮院吉水蔵29—17）〈点論〉

（内題下）（朱書）「交已了」

○平安中期点、朱点（天尓波留点別流）

38、神供法　一帖（醍醐寺）〈点論〉

○平安中期、第三群点

39、聖天法複次第第一　一帖（石山寺　校26—83）

○平安中期点、朱点（乙点図）、角点（仮名）

40、聖閻曼徳迦大神験念誦法　一帖（石山寺　校19—117）

○平安中期点、白点（第五群点）、朱点（仮名）

41、胎記巻上下　二巻（醍醐寺442—11）〈点論〉複星点アリ
○平安中期写・長保頃点、朱点（第四群点）、白点（第四群点）
42、胎蔵界儀軌巻上（大東急記念文庫）〈新論〉
○平安中期加点、朱点（仁都波迦点）
43、大日経蓮花胎蔵儀軌巻下　一巻（東寺観智院26—15）
○平安初期寫、平安中期点、白点（第四群点）
44、大日経広大成就儀軌巻上　一巻（石山寺校9—8）
○平安中期点、墨点（順曉和尚点）
45、白傘蓋念誦法要　一帖（石山寺　校15—61）
○平安中期点、朱点（第四群点）、白点（第四群点）
46、金剛頂瑜伽護摩儀軌　一巻（石山寺　校2—19）
○平安中期点、朱点（禅林寺点）
47、多聞天王別行儀軌　一帖（石山寺　校20—69）
○平安中期点、朱点（第一群点、平安中期）、墨点（仮名、院政期）
48、十八契印法并儀軌次第　一帖（石山寺　校14—3）
○平安中期点、朱点（第一群点、平安中期）、墨点（第一群点、平安後期）
49、不動使者秘密法　一巻（石山寺薫34）〈点論〉
○平安中期点、墨点（仮名）

（奥書）一交了

50、金剛界大儀軌　一巻（石山寺　校13—37）

○平安中期点、墨点（仮名）

Ⅵ、平安後期加点資料（一〇〇〇～一〇五〇、有年紀）

51、本命元神供作法　一帖（石山寺　深111—64）〈点論〉

○平安後期（寛弘頃）点、朱点（宝幢院点）

（巻末には「寛弘四年歳次丁未、寛弘五—六月五十萬遍滿了八月中十万遍」等の記載有り）

52、阿闍梨大曼荼羅潅頂儀軌　一巻（最上乗菩提心戒と合巻）（東寺観智院又別5—2）

○寛弘五年写、朱点（西墓点、寛弘五年）、墨点（仮名、寛仁二年頃）

（最上乗菩提心戒外題右）寛平三年（八九一）五月廿一日依此儀於山王院修授傳法阿闍梨位灌頂／阿闍梨少僧都圓珍

受者大法師猷憲大法師康濟傳三部潅頂者

（見返）最上乗菩提心戒唐本戒儀末添梵網小本今此欠之／此阿闍梨受持正本／將此儀四度作灌頂一初入胎藏次金剛界灌頂次覺禪入壇後珍受傳教位戒儀末合本網小本

（阿闍梨大曼荼羅潅頂儀軌奥書）（朱書）「寛弘五年（一〇〇八）三月十八日三井寺於龍雲房奉點了／　僧永圓記之」

（別筆一）「同年　月　日以新寫點本獻平等／院賜此本也以此狼藉新本頗整正故也大阿闍梨日此爲汝親／點得故記／

寛仁二年（一〇一八）十一月廿二日追記／三井寺沙門行円

此青龍傳教和上謂持本珍等初入胎藏時／円覺禪和受胎藏灌頂時珍入金剛界壇時／復受傳教位時前後四遍以

威儀授戒／入壇臨珍廻發□和尚特以分付送路故記／大中九年十一月　日珍記」

（別墨二）「延享第三丙寅歳五月晦日補修治了／　僧正賢賀行年六十三」

53、金剛界儀軌　一帖（曼殊院）〈点論〉

○寛弘七年点、朱点（叡山点）

（奥書）寛弘七年（一〇一〇）従六月十八日同廿二日點已了

54、不動尊儀軌　一帖・甘露軍荼利明王念誦法　一帖（東寺観智院特17—4—1・7）

○寛弘九年頃点、第二群点

（奥書）（朱書）「寛弘九年三月一日書」

55、北斗儀軌　一帖（青蓮院吉水蔵27—4）〈点論〉

○長和二年点、朱点（宝幢院点）、墨点（仮名）

（奥書）長和二年（一〇一三）癸丑四月八日己巳於長尾山書之睿超

（後筆一）「永久二年（一一一四）九月十四日奉受三昧阿闍梨了／良實

（後筆二）「建保四年（一二一六）十一月九日隨大乘院僧正奉受了　道覺」

（後筆三）「寛喜二年（一二三〇）極月十七日以寶幢點要／處少々點了墨令點是也／假名然々移成後人可知□」

56、大日経成就儀軌　一巻（青蓮院吉水蔵8—1）〈点論〉

○長和三年点、朱点（宝幢院点）、白点（叡山点）

（奥書）（朱書）「始自長和三年（一〇一四）八月十八日奉從飯室律師受法」

57、金剛界儀軌　一巻（青蓮院吉水蔵1—5）〈点論〉

○長和五年点、朱点（宝幢院点）

（奥書）始自長和□□五年（一〇一六）六月一日於鎌藏延殷供奉奉讀了

（朱書）「以治安元年（一〇二一）十二月十八日於横川禪定房覺超／法橋重奉讀了」

58、別行儀軌　一帖（高野山持明院）〈点論〉

○寛仁二年点、朱点（西墓点）、墨点（西墓点）

（奥書）寛仁二年（一〇一八）八月二十日以唐院經藏本／寫了イ円始寛仁、年／冬比於龍雲房時々、得／同三年正月一日亨了佛子イ円記／同受興慶房　千算供奉

59、金剛界儀軌　一巻（石山寺校12―4）

○寛仁四年点、朱点（東大寺点）

（奥書）「寛仁四年（一〇二〇）閏十二月一日於上醍醐寺傳法已了僧深觀／師前座主御房」

60、聖無動尊大威怒王念誦儀軌一巻（東寺観智院142―21）

○万寿二年点、墨点（仁都波迦点）

（奥書）万壽二年（一〇二五）三月七日書寫已／奉以陀无房本是也已僧延尊之本

（別筆）「建永二年□月七日以他本一交了有頗相違事等／以勝本可比校也」

61、施餓鬼作法　二帖（来迎院如来蔵　法287）〈点論〉

○万寿二年点、仮名点

（奥書）萬壽二年（一〇二五）六月六日皤洲於法界寺書之

（表紙）智光房本

62、金剛頂瑜伽護摩儀軌　一巻（神護寺）〈点研〉

○長元五年点、（浄光房点）

（奥書）（朱書）「以大師御筆本交點了　頼尊

長元五年（一〇三二）七月廿八日奉従本寺入寺受奉了　而以天喜二年（一〇五四）五月廿五日又以他書移

點了　頗加用意而已　頼尊」

63、護摩観想　一帖（青蓮院吉水蔵24—3）〈点論〉

○長元九年点、朱点（宝幢院点）

（奥書）長元九年（一〇三六）五月二十六日書了／更非為名利令法久住也之耳／天台僧良観供奉本

64、不動念誦次第　一帖（石山寺　校19—134）

○長暦元年、朱点（宝幢院点）

（奥書）梵字最初發心是也後見人敢／不咲謗不可一例後之而已／長暦元年（一〇三七）秋之比注之

65、大聖無動尊念誦私記　一帖（醍醐寺333—1）〈点論〉

○長暦二年点、朱点（東大寺点）

（奥書）長暦二年三月十九日僧寂圓（朱書）「神日律師次第歟」

66、金剛童子成就儀軌　一帖（石山寺　校19—60）

○長暦三年点、朱点（円堂点）

（奥書）長暦三年（一〇三九）八月四日書了　沙門久祐本／御室本也

67、金剛界念誦次第私記　一帖（石山寺　校附30）

○長暦四年点、朱点（第五群点）

（奥書）（朱書）「長暦四年九月廿一日始受也但□□」

68、建立曼荼羅護摩儀軌　一帖（持明院）〈点論〉

○長暦四年点、朱点（西墓点）、墨点（西墓点）

（奥書）長暦四年（一〇四〇）九月二十八日平等院西僧房／書了

（別筆）「奉傅受了」

69、大毗盧遮那経供養次第法巻第七（石山寺　一切附29）〈点論〉

○長暦四年点、朱点（東大寺点、長暦四年）、白点（禅林寺点、平安中期）

（朱書一）「長暦四年（一〇四〇）十月十八日　仁圓本」

（朱書二）「保安五年（一一二四）二月六日午時許／理智院御房（仁源）奉傳受了／心覺」

70、金剛頂瑜伽千手千眼観自在菩薩修行儀軌　一帖（石山寺　校17—21）

（奥書）（朱書）「長暦四年（一〇四〇）六月三日於坐禪院巽勘點了／小僧都深観」

○寛徳二年点、朱点（宝幢院点）

（奥書）寛徳二年（一〇四五）十一月廿六日於大興房書畢　行曜　同月廿七日一校了

（朱書）「同月廿八日移點了」

（裏表紙）長治元ー冬一□

71、護摩次第　一帖（青蓮院吉水蔵24—4）〈点論〉

○寛徳二年点、朱点（宝幢院点）

（奥書）（朱書）「此次第承書戒壇上網之　明靖記」

寛徳二年（一〇四五）三月十九日奉讀了　安慶（以下略）

（追筆）「以谷正本校合了」

72、仁王経念誦法　一帖（曼殊院）〈点論〉

○寛徳二年点、朱点（宝幢院点）、墨点（宝幢院点）

（奥書）寛徳二年（一〇四五）四月十六日奉讀了　安慶

73、大毗盧遮那佛眼修行儀軌　一巻（長井市遍照寺旧蔵）〈点論〉

○寛徳二年点、朱点（乙点図）

（奥書）寛徳二年（一〇四五）十月十二日以禪林寺僧都借給付石山／内供　淳筆跡本書寫了

（朱書）「同十五日奉受小野御房了」

74、妙成就私記　一帖（青蓮院吉水蔵14―4）〈点論〉

○寛徳三年点、仮名点

（奥書）寛徳三年（一〇四六）丙戌三月五日巳時書了／沙門興昭之本

（別筆）「傳領了實助」

75、妙成就私記　一帖（青蓮院吉水蔵14―11）〈点論〉

○永承元年点、仮名点

（奥書）横川鶏足闍梨御文也／永承元年（一〇四六）九月二日申尅書了／沙門興昭之本也

（別筆）「傳領了實助」

（表紙右下）「公暹」

76、金剛頂経観自在王如来修行法　一巻（曼殊院）〈点論〉
○永承元年加点、第一群点
（奥書）（朱筆）「永承元年（一〇四六）四月廿五日奉讀之　院尊」
（朱書別）「天養元年（一一四四）九月九日奉讀智泉房了　全玄」

77、歩擲金剛修行儀軌　一帖（東寺観智院30―7）
○寛徳二年点、朱点（宝幢院点）
（奥書）寛徳二年（一〇四五）八月一日於大原以池／上本以寫之／佛子覺尋
（朱書）「寛徳三年（一〇四六）二月二日於南泉房池上阿闍梨奉受之　覺尋」
（別筆）「寛治三年（一〇八九）八月廿一日於智泉房奉受了／佛子尋仁」

78、建立曼荼羅護摩儀軌　一帖（東寺観智院131―1）
○永承二年点、朱点（宝幢院点）、墨点（宝幢院点）
（奥書）始自永承二年（一〇四七）七月十四日同十五日於三昧御房／奉讀了
始自寛治五年（一〇九一）五月廿四日同廿六日同卅日於常護房奉讀了

79、金剛界念誦私記　一巻（石山寺　校25―5）
○永承三年点、朱点（東大寺点、永承三年）、墨点（東大寺点、院政期）
（奥書）永承三年（一〇四八）九月四日石山寺於蓮花院書寫了
（別筆）「仁平四年（一一五四）三月廿四五兩日之間於白川奉傳受／大寶房了同四月廿二三兩日立印了同廿七日／於
石山寺本堂初行一七日箇日結願了」

80、金剛頂義訣　一帖（東寺観智院23—1）
○永承三年点、朱点（仁都波迦点）
（奥書）永承三年（一〇四八）壬正月中旬以谷御本移點之　同廿三日奉／（擦消）「請□□廿□□奉受了」長宴
81、弥勒儀軌　一帖（高野山三寶院）〈点論〉
○永承三年点、朱点（宝幢院点）、墨点（宝幢院点）
（見返）（朱書）「永承三ー（一〇四八）四月三日検蓮慶爲念讀之／恐定有紕謬歟教慶」
（奥書）吉祥子教慶

Ⅶ、平安後期加点資料（平安後期前半加点）

82、金剛界入曼荼羅三昧耶界行儀一巻（石山寺重書3）〈点論〉
○平安中期写・平安後期点、朱点（第五群点）
83、十二天法次第　一帖（高山寺153—9）
○平安後期前半点、朱点（仁都波迦点）、墨点（仮名）
84、息災護摩次第　一帖（石山寺　深1—24）〈点論〉
○平安後期初書写・加点、朱点（乙点図）
85、大聖歓喜天法　一巻（石山寺　深66—1）〈角研〉
○長保頃点、朱点（香隆寺点）、角点（香隆寺点）
86、大日経成就儀軌巻下　一巻（東寺観智院26—15）
○平安後期点、白点（第四群点）

87、無量寿如来儀軌　一巻（醍醐寺494—77）〈点論〉
○平安中期寫・平安後期前半点、朱点（西墓点）
88、金剛界念誦私記　二巻（石山寺重書5）〈点論〉
○平安後期点、朱点（宝幢院点）
89、護摩次第　一帖（石山寺　校21—9）
○平安後期点、朱点（叡山点）
90、十二天法　一帖（高山寺83—15）
○平安後期点、朱点（叡山点）
◎補、平安後期加点資料
91、聖焰曼徳迦　一帖（醍醐寺333—5）〈点論〉
○平安後期点、朱点（天尓波留点別流）、墨点（天尓波留点別流）
92、聖無動尊儀軌　一帖（高山寺182—6）
○平安後期点、朱点（宝幢院点）
93、胎蔵界次第上　一巻（石山寺　校11—7）
○平安後期点、朱点（宝幢院点）
94、胎蔵界書分次第　一帖（青蓮院吉水蔵48—1）〈点論〉
○平安後期点、朱点（宝幢院点）、墨点（宝幢院点）
95、毗盧遮那経成就儀軌巻上　一帖（東寺観智院12—1）

○平安後期点、朱点（宝幢院点）、墨点（宝幢院点）

96、雙身毗那夜迦法儀軌　一帖（石山寺　校20―66）

○平安後期点、朱点（宝幢院点）、墨点（仮名）

（奥書）承安四年（一一七四）甲午二月□九日子尅於燭下奉傳受了□□

（表紙見返）「傳得實祐之」

（裏表紙）「佛子□□」

97、曼殊至利五字陀羅尼瑜伽儀軌　一帖（東寺観智院30―55）

○平安後期点、朱点（宝幢院点）、墨点（仮名）

98、破壇法　一帖（高山寺189―45）

○平安後期、墨点（仮名）、朱点（第三群点）、朱点（円堂点）

さて、以下、資料番号91までの九十一資料を取り上げて考察を加えることとする。

この、右の一覧の加点の状況を概観するために、儀軌類初出の加点法別に纏めたものが、以下の一覧である。

儀軌類初出の加点法

仮名点―寛平八年〔文献番号1、金剛界儀軌（石山寺　校12―7）〕

16・17・18・26・27・49・50・61・74・75

****

順暁和尚点―延長三年（九二五）〔文献番号2、蘇悉地羯羅供養法（石山寺薫20・21）〕
　4・5・32・44
乙点図―承平七年（九三七）〔文献番号3、息災護摩私記（石山寺　校19―73）〕
　4・7・9・10・11・12・21・39・73・84
仁都波迦点―天暦二年（九四八）〔文献番号6、大日経随行儀軌（宝寿院旧蔵）〕
　29・30・33・42・60・80・83
第五群点―応和二年（九六二）〔文献番号25、求聞持法（石山寺一切附128）〕
　―平安中期〔文献番号8、金剛界儀軌（東寺観智院26―32）〕
　40・67・82
西墓点―永延元年（九八七）〔文献番号20、金剛界儀軌（大東急記念文庫）〕
　―平安中期〔文献番号13、金剛頂瑜伽護摩儀軌（高野山三寶院）〕
　24・52・58・68・87

＊＊＊＊＊＊＊＊＊＊＊＊＊＊＊＊＊＊

叡山点―天暦四年（九五〇）〔文献番号14、大聖妙吉祥菩薩説除災教令法輪（石山寺　校18―14）〕
　23・35・53・54・89・90
天仁波流点・天尓波留点別流―康保三年（九六六）〔文献番号15、胎蔵次第（青蓮院吉水蔵1―2）〕
　28・37・91
第一群点―天元二年（九七九）〔文献番号19、胎蔵界私記（曼殊院）〕

円堂点—永延三年（九八九）〔文献番号22、嚩日囉駄都私記（清水寺）〕
32・34・47・48・76
第六群点—平安中期〔文献番号31、虚空蔵求聞持法（石山寺　校18—56）〕
66
第三群点—平安中期〔文献番号36、建立曼荼羅護摩儀軌（石山寺校21—8）〕
38
第四群点—平安中期〔文献番号41、胎記巻上下（醍醐寺442—11）〕
43・45・86
禅林寺点—平安中期〔文献番号46、金剛頂瑜伽護摩儀軌（石山寺　校2—19）〕
69

＊＊＊＊＊＊＊＊＊＊＊＊＊＊＊＊＊

宝幢院点—寛弘頃（一〇〇三〜）〔文献番号51、本命元神供作法（石山寺　深3—64）〕
55・56・57・63・64・70・71・72・77・78・81・88
第二群点—寛弘九年（一〇一二）〔文献番号54、不動尊儀軌・甘露軍荼利明王念誦法（東寺観智院）〕
東大寺点—寛仁二年（一〇一八）〔文献番号59、金剛界儀軌（石山寺　校12—4）〕
浄光房点—長元五年（一〇三二）〔文献番号62、金剛頂瑜伽護摩儀軌（神護寺）〕
65・69・89
香隆寺点—平安後期（長保頃）点〔文献番号85、大聖歓喜天法（石山寺　深66—1）〕

右は、加点法（ヲコト点法）を中心として、その加点法の初出順に纏めた一覧で、各加点法の項目の下には、初出の文献番号と文献名・所蔵を記載した。その後の算用数字は、同一加点法の現れる文献番号を記してある。稿者未調査で先学の取り上げられた資料も多いが、儀軌類の加点資料の初出は、仮名点の加点資料である文献番号1金剛界儀軌（石山寺　校12—7）である。この金剛界儀軌には「寛平元年（八八九）十一月廿七日傳受了釋亠記之」の識語が存し、この頃の加点と認められるものであるが、寛平元年の加点は、陀羅尼を中心としたものであって、日本語史の資料としては、濁音注記の初出例として注目されているものである。漢文本文に関しては、当時の訓読の様態を具体的に知る手がかりに乏しいものであるが、この資料の加点に関しては、築島裕博士は、巻初に「妙法蓮華經」や「蓮華」などの落書の存することや、密教に関する儀軌であることなどから、天台宗関係の加点資料であると推定されている[3]ものである。この金剛界儀軌の加点状況と奥書の記載とからすれば、本資料が、伝受の場という言語場で成立した可能性が高いと判断される。

十世紀に入って出現する加点法で、年代的に早いものは、順暁和尚点で、延長三年の蘇悉地羯羅供養法に加点されたものでもある。他に、この順暁和尚点は、平安中期の四資料に認められる。石山寺淳祐関係の加点資料で、文献番号4の北斗七星護摩秘要儀軌の奥書には、朱点について「朱点内供御本」とある記載が注目される。即ち、移点の可能性を示唆する。

乙点図の初出例は、承平七年（九三七）の文献番号3、息災護摩私記で、以下、平安後期に至るまでに、他十点の加点資料が知られる。文献番号3では、奥書に「台山僧辨喜本」とあり、天台宗の関係であると認められる。

文献番号7には、奥書に「寛空」の名が見えている。文献番号9より12の乙点図は、寛平法皇の加点とされているもので、文献番号21の胎蔵秘密略大軌の奥書には、「寫円堂御文也即御傳也云々」とみえている。「円堂御文」は、寛平法皇の文章の謂いであろうと考えられる。「即御傳也」とは、寛平法皇の説を伝えたものであるとの事であろうか。この資料は、永延二年五月十七日から二十二日の六日間で、伝受を受けた旨の奥書が存する。

文献番号73は、築島裕博士の「平安時代訓点本論考」に依ったもので、寛徳二年の乙点図の加点があるという。奥書には、禅林僧都に借用の淳祐の自筆本を書写した旨の奥書が存する。

仁都波迦点加点の初出は、天暦二年（九四八）の文献番号6、大日経随行儀軌（宝寿院旧蔵）で、他7点が存する。これらの資料の奥書には、資料番号6・29・30・33・42の平安中期の加点資料においては書写奥書のみが存している。平安後期万寿二年（一〇二五）の加点である資料番号60では、「陀无房本」を以て書写した旨の奥書が存し、文献番号80の金剛頂義訣においては、永承三年（一〇四八）の移点奥書が存することが注目される。この資料は、長宴の自筆奥書の存するもので、谷御本、即ち、皇慶の点本を以て移点したことが知られる。

第五群点の初出例で、年紀の存する資料は、文献番号25の求聞持法であるが、これに先立ち加点に関する奥書は無いものの、延喜頃加点と推定される文献番号8の金剛界儀軌が存する。この資料は、平安中期初めの仁和寺関係の資料と推定されるものであるが、この他、文献番号67には、奉受奥書が存するものの、他は、奥書等の無い資料が多い。ただ、後世、点図集に記載されていない形式の第五群点は、専ら比叡山関係の資料であるようで、また、築島博士も第五群点の出自を、天台宗比叡山に求められている。

西墓点資料で、年紀の明確な初出の加点例は、文献番号20の大東急記念文庫蔵の金剛界儀軌永延元年（九八七）点であるが、これに先立つかと思われるもので、年紀が明確でない資料として、平安中期前半の加点と推定されている文献番号13の金剛頂瑜伽護摩儀軌が存する。以下、平安後期に亘って五点の資料が認められるが、このうち、文献番号20の金剛界儀軌は、平安中期後半にあって、永延元年の奥書にある如く、文慶が伝受に際して、入道三宮（悟円）

について二日間の伝受に伝えられた説は、皇薗寺、即ち、倫誉の説であるという。訓読語における伝承関係を認めることが出来よう。

さて、以上の加点法の資料群が、儀軌類の平安中期前半の加点資料として確認されるのであるが、これらの加点に関して、そのヲコト点法を検討すると、順暁和尚点は、石山寺淳祐の系統の学統に伝えられたものであるが、石山寺は天台の流を汲むと言われる。乙点図は天台宗に始まり、平安中期、宇多法皇の流に使用されたものである。仁都波迦点、第五群点は天台宗山門派所用のヲコト点法、西墓点は天台宗寺門派系統のヲコト点法であって、何れも天台宗関係の訓点資料ということになろう。順暁和尚点資料と乙点図加点の資料が、所謂、真言宗関係の石山寺や、仁和寺に関係したものと認められるが、この両寺院の当初は、教学的に天台宗の影響が強いと説かれる所である。乙点図の場合、平安中期以降も真言宗広沢流・仁和寺に伝えられた形跡が存する。この二種の加点法の資料については、仮名字体の伝承が、平安中期にはじまる資料群として説かれる所である。

平安中期前半までの儀軌類の訓点資料は、主として天台系の資料が現在に伝えられていることが知られ、真言宗関係と見られる順暁和尚点資料や、乙点図の資料も当時、真言宗にあって、天台的影響のある寺院で展開されていることを考えれば、諸尊の供養法や観相の方法などを記した事相関係の方書的性格の儀軌類の書の加点が、天台宗から起こったことが想像されよう。その中でも、西墓点の加点資料、即ち、天台宗寺門派の儀軌類と乙点図所用の真言宗仁和寺関係の儀軌類の訓読語は、平安中期において既に伝承性が強かったと想像される。

平安中期後半に初出の加点法で、叡山点・天尓波流点・天尓波留点別流・第一群点・第六群点は、天台宗比叡山関係と目されるものである。

この期の初出例として、円堂点があることが注目される。円堂点の初出は、文献番号22の嚩日囉駄都私記で、後世、真言宗広沢流で盛んに用いられる。円堂点は三保忠夫氏の説かれる所では、乙点図に源を有するものであるとされる。(4)平安後期に初出のものは、宝幢院点・香隆寺点が天台宗関係のものであり、真言宗広沢流関係のものとして浄光房点の初出例が認められる。この期の初出で注目すべきは、東大寺点加点資料が出現することで、文献番号59の金剛界儀軌は、奥書に「寛仁四年（一〇二〇）於上醍醐寺傳法已了」とあるもので、真言宗小野流に関する儀軌次第加点資料の初出例である。

儀軌類の加点の状況を、平安初期から眺めたが、儀軌類の加点は、天台宗に起こったらしいこと、初期の真言宗関係の訓点資料は、何れも天台宗の影響が認められる寺院に始まったらしいこと、真言宗小野流の儀軌の加点資料は平安後期にまで降ることなどが認められる。

二、儀軌訓読語の伝承性

先にも触れたところであるが、このような儀軌類の訓読語は、果たして、伝承的性格をどこまで持ったものであろうか。奥書中に見える「移點」と言う語の出現は、その伝承性に関して、一つの視点を与えてくれるように思われる。奥書に見える「移點」と言う語については、夙に、中田祝夫博士が、『古点本の国語学的研究　総論篇』に取り上げて論じられたところであるが、この語の初出は、前掲の資料番号70、金剛頂瑜伽千手千眼観自在菩薩修行儀軌一帖（石山寺　校17—21）「寛徳二年（一〇四五）十一月同月廿八日移點了」とあるものの由で、宝幢院点の加点資料、続いて資料番号80、金剛頂義訣一帖（東寺観智院23—1）で、「永承三年（一〇四八）壬正月中旬以谷御本移點之」の奥書と共に、仁都波迦点の加点の存するもの、続いて、資料番号62の金剛頂瑜伽護摩儀軌の天喜二年の奥書に存する「而以天喜二年（一〇五四）五月廿五日又以他書移點了頗加用意而已頼尊」とあるもので、上記以外の資料の平安後期の加点資料の奥書にしばしば認められるようになる。「移點」の語が存在して、奥書に使われる事実は、移点という行為が行われていての語の成立であるから、訓点を写すことが普通に行われていたことが確認される。この移点という語は、右の諸資料を初めとする儀軌次第類に限らず、平安後半期には広く認められる「以〇〇御本交點了」などの奥書も「移點」と言う語に準ずる表現と見れば、更に多くの例が追加されることとなろう。実際、

①降伏三世忿怒王念誦儀軌　一帖（高山寺Ｉ46）
〇平安時代嘉承元点、朱点（円堂点）
（奥書）嘉承元年（一一〇六）五月十四日未時於靜定房書了／　僧林寛之本也
（朱書）「同日以御房御本一交同移點了
　同二年二月二日受奉了」

②金剛寿命陀羅尼経法　一帖（高山寺Ｉ18）
〇平安時代天永元年点、朱点（円堂点）
（奥書）天永元年（一一一〇）十一月十七日申時許於御房
　以同御本書了（朱書）「同二年三月八日丑時許以御本／移點了」僧林寛之本
（追筆）「同二年九月十九日於瀧尾護广堂午時許御房奉受了」
（別筆）「久安五年（一一四九）四月二日巳時許樂生房奉受了」

③大聖妙吉祥菩薩秘密八字陀羅尼修行曼陀羅次第儀軌法　一帖（高山寺132―16）
〇久寿二年点、朱点（仁都波迦点）

（奥書）久壽二年（一一五五）□月七日以午時書了　執筆覺成生年十六

大教房御本於大教房書了

（朱書）「以同御本移點了　覺成　白河房　以犬時點了」

（追筆）「保元四年（一一五九）二月十四日奉受了　／同学三人」

④護摩私記一帖（高山寺Ⅲ105）

○久寿三年点、朱点（仁都波迦点）

（奥書）久壽三年（一一五六）三月一日書寫了

（朱書）「同年同月廿三日以大教房本移點了覺成生年十七歳」

點了（朱書）「同年四月二十八日於大教房立印了　覺成」／求法沙門覺成

右の如くの奥書が存しており、院政期の加点の状況と、訓読語の出自が知られる。右に掲げたものの内、①②の二例は、高山寺蔵の円堂点加点資料の林寛本（真言宗広沢流の僧）の一部で、①の奥書には「嘉承元年（一一〇六）五月十四日未時於靜定房書了僧林寛之本也（朱書）「同日以御房御本一交同移点了　同二年二月二日受奉了」」とあり、降伏三世忿怒王念誦儀軌本文の書写と加点とを御房御本をもって行っているが、書写、移点ののちに伝受を受けたものと知られる。②金剛寿命陀羅尼経法においても同様で、「天永元年（一一一〇）十一月十七日申時許」に、御房において御房御本を以て書し了り、「同二年三月八日丑時許に御房御本」を以て移点し了っている。伝受は、同二年九月十九日に瀧尾護摩堂において午時許に御房から受けている。別筆は、弁真の奥書で、この同じ本を使い、「久安五年（一一四九）四月二日巳時許」に伝受が行われたもので、伝領によって後年伝受が行われたことが知られる。同様のことは、天台宗でも確認され、③④は、高山寺蔵の覚成本の一部の例である。③の奥書からは、「久寿二年（一一五五）某月七日午時大教房御本」を大教房において書写し了え、同御本を以って移点し了え、保元四年（一一五九）二月十四日に伝受を受けたものであることが知られる。④護摩私記の場合も、久寿三年（一一五六）三月一日書写し了り、同年同月廿三日大教房本を以って移点了の後、同年四月二十日に大教房において立印し了ったとしている。即ち、同日伝受を受けたものであることが知られる。

院政期辺りの事相関係の伝受の実態の一部として、伝受に先立ち謂わば、テキストとして、諸種の儀軌や次第類が書写され、さらに移点されたものが準備されたことが知られる。こうした、訓読語の場合、伝受の場という言語場での言語の形成が、直接的に加点という形で訓点資料に反映しているわけではなく、何時の時代の祖点によるものかの問題もあるが、先学の謂われるとおり伝承的性格をもった訓読語が訓点資料に残存反映していると認められよう。即ち、こうした奥書が与える情報は、平安後半期の訓点資料の実態の総てであるような印象を与えていると認められる。移点が、何代にもわたり重ねられて平安後半期の訓点資料が成立していると捉えられているのである。ただ、右にも触れた如く、この場合もある資料の祖点が、どこまで遡りうるのかは、決して明確ではない。

平安後半期の儀軌次第類の訓点資料は、移点という加点方法により成立したもので、その伝承性が強いと認められる証拠がある一方で、院政期においても、祖点の成立していた実態を論じたことがある(5)が、移点という営為が、どこまで遡っての加点であるかについては、個々の資料について実際の訓読語の検討から実証的に位置づけてみる必要があろうと考えられる。

こうした中にあって、以下に触れる高山寺蔵などの、仮名点加点の資料が、注目される。「高山寺経蔵典籍文書目録」を中心に集計すると、仮名点資料が、137点存するが、その奥書に「移点」と記載の見えるものは纔に2点である。奥書の存しない資料も、他のヲコト点の存する資料に比べて多いように見受けられ、その奥書も、多くの場合、書写奥書、校了奥書を存するのみで、加点に関する奥書は右の如く稀である。儀軌類以外の経・経釈類他に存する仮名点のみの加点、又は、ヲコト点の加点に先行する加点資料の資料数と比較して、仮名点加点資料の出現は儀軌次第類に於いて高い比率となっていると認められる。このことが儀軌次第類の加点の特徴と考えられるのであるが、その奥書に移点の語の出現がまれである。この様態は、仮名点加点の資料が、ヲコト点加点の資料の伝承性の強さに比べ、相対的に伝承性の緩やかな事を示しているものと解釈されないであろうか。仮名点資料総てに亘って伝承性が希薄であると謂うわけでは無いことは、右に示したように、実際、移点が行われていた事が奥書より知られるし、また、儀軌次第類以外の資料、例えば、空海撰述書などまで問題にすれば、この様な見方に対する反証はいくらも存するが、儀軌次第類の仮名点加点資料の奥書には、概して、その仮名点の出自を明確にした奥書が稀である。このような状況は、仮名点加点の伝承性の弱さを示すものではなかろうかと考えられる。この漢文に対して移点によらず初めて訓点を下ろすような場合が存していたことは、謂わば種々の傍証を掲げることができるのであるが、確実な立証は、相当に難しい。伝承性の指摘は、奥書に「移点」とあれば直接に証拠として立証できるが、下点の場合、「下愚點了」とか、「下自點了」とかあれば良いが、こうした例は、極めて稀である。本章第三節には、儀軌類の注釈活動を記述したが、この注釈活動は多彩で、これを元に訓読を行うのであれば、初めて下ろされる訓点は、日常的に存したと推量できよう。

実証の方法が立証しやすいのは、訓読の新しさではなくて、伝承性の方である。次項に伝承性の方のみを取り上げ問題とするが、平安中期において既に存した事態であったものと帰納できて事実を認められるのであり、院政期における下点による訓読語の変容の実証は、その解析方法が問われることとなる。

三、東寺観智院蔵胎蔵秘密略大軌平安中期点と石山寺蔵胎蔵秘密略大軌永延二年点について

以下には、まず、平安中期の資料について検討を加える。先の一覧の資料番号10・22に掲げた東寺観智院蔵胎蔵秘密略大軌平安中期点と石山寺蔵胎蔵秘密略胎軌永延二年（九八八）点の二資料を取り上げ、その訓読語の様態を記しておきたい。

東寺観智院蔵胎蔵秘密略大軌平安中期点は、寛平法皇の自筆加点本とされている資料で、朱の仮名・ヲコト点（乙点図）の加点が存する。一方、石山寺蔵胎蔵秘密略大軌永延二年点は、下巻のみが現存しているもので、朱の句切点と角筆の仮名・ヲコト点（乙点図）の加点が存する。東寺観智院蔵本の加点は、全巻に亘るものであるが詳密とは言い難く、石山寺蔵本の角筆点の加点箇所も全巻に亘るものではなく、加点箇所自体が限られたものである。ただし、この両資料は、平安中期の乙点図加点資料、特に、東寺観智院蔵本は乙点図初期の儀軌訓点資料であり、同一書の同種ヲコト点加点資料であって、重要であると断ぜられる。この二資料の比較は、以下の通りである。

（東寺観智院蔵胎蔵秘密略大軌平安中期点）

○二羽・散舒《て》　左《の》　大《の》　上《に》　壓恵空《を》

○定《は》　仰《て》　安齊。恵《は》　風空・捻《て》　運-動《せ(よ)》

○舒《て》定《を》(返)頗曲《て》如承《る》髑髏《を》状。當胸前(返)仰之

○虚合《て》屈叉地《を》。風《は》屈火背。有八藥叉

（石山寺蔵蔵胎蔵秘密略大軌永延二年点）

二羽散舒《て》　左大上壓恵空《を》(返)　（百八十八）

定仰安齊恵風空捻運-動《せ(よ)》　（百九十六）

舒定《を》頗曲如承《□ル》　髑髏状當胸前仰之　（二百三）

虚合屈叉地《を》(返)風屈火背《に》(返)有八藥叉　（二百五）

○内縛《て》纏風《に》乎火《を》(返)並立空《を》
○上智《を》(返)申輪《を》。屈風(返)覆空甲《のに》。申定手(返)安齊邊
○虚合《て》斜《に》屈《よ》十輪《を》
○内縛《て》申二風。稍屈《て》端合立
○手《に》以壇茶《の》棒。辟徐《て》結界五身。
○恵拳《に(し)て》　立火《を》。空・押風(返)捻火《の》中節
○供事者以鉢印。口誦二覽字可恭敬
○金剛合掌《て》観‐想《せ(よ)》　火峯《に》。
○所獻皆充滿《すること》　平等《に》(返)如法界
○最勝吉祥《に(し)て》　同救世者《に》。右三明《の》者《は》果也号利《と》
○恵・拳《に(し)て》　置頂上《に》
○以先《の》索印《を》(返)左《の》風《は》返・縛《せ(よ)》。右《の》火・添風《に》
○以先《の》印(返)立加《よ》水《を》
○虚合《て》風空・端集。地水・小曲《て》頗開
○虚合《て》二風二水《の》端如環。二空・並屈《よ》上節《を》
○合掌《て》空風地・前《サ》聚合
○開手(返)屈水《を》(返)以空取頭《を》。屈風(返)着火邊(返)通用
○畢者盤珠《を》(返)捧頂上(返)

内縛《して》　纏《マツヘ》　風乎火並立空　（二百十五）
上智《を》(返)申輪屈《してを》風(返)覆空《へに》(返)申《て》定手安《す(?)》　齊邊《に》　（二百廿一）
虚合斜《ナヽメニ》　屈十輪(返)　（二百四十一）
内縛《して》　申二風稍屈《して》　端合立　（二百四十四）
手以壇茶棒辟徐《して》結界五身。（二百四十五）
恵拳《(に)して》　立火《よを》空押風《を》(返)捻火中節　（二百五十二）
供事者以鉢印。口誦二覽字可恭敬　（二百五十三）
金剛合掌《して》　観想火峯《に》(返)　（二百五十四）
所獻皆充‐滿《する□》　平等如法界　（二百五十五）
最勝吉祥《(に)して》　同救《よ》世者《に》(返)右三明者《は》・果也号利《すと》　（二百六十一）
恵・拳置《ケ》頂上《に》(返)　（二百六十七）
以先索印《を》(返)左風返縛。右火《は(?)》　添《ソヘヨ》風《に》(返)　（二百七十四）
以《て》先印《を》(返)立加《てよ》　水(返)　（二百七十五）
虚合《して》　風空・端集《ハシアツメよ》　地水小曲《て》頗開　（二百七十七）
虚合《して》　二風二水端如《せよ》　環《の》二空並屈上節　（二百八十一）
合掌《して》　空風地前《サキ》聚合　（二百八十五）
開手《を》(返)屈水以空取《れ》頭《を》(返)屈《してを》風(返)着火《に》邊《に》通用　（二百九十八）
畢者盤《して》　珠《を》捧頂上《に》　（二百九十八）

［例外］

○仰合二拳《を》(返)一峯《にせ(よ)》　風前《を》　　仰合二拳一峯風前《サキに》(返)　（二百六十）

○藏一切智印《に》　　藏《ヲサム》一切智印《を》　（二百八十六）

右の両者、東寺観智院蔵胎蔵秘密略大軌平安中期朱点（乙点図）と石山寺蔵胎蔵秘密略大軌永延二年角筆点（乙点図）とは、後者が前者の直接の移点、即ち、前者の仮名やヲコト点をそのまま忠実に書き移したものでないことは、両者を比較した場合、仮名の有無や、加点されたヲコト点の加点方法が同一でないことから認められる。しかし、右に掲げた比較例のように、その訓読は、表記上の差異が存するものの、結果として両者の訓読は一致するものとして矛盾のない例が非常に多数にのぼる。比較例の末尾に、不一致の例を掲げたが、例外としてはかかる例が指摘できるくらいである。

即ち、右の両者は、移点という訓点の直接の書承の関係は存在しないものであると認められるが、胎蔵秘密略大軌の訓読語としては、基本的には異なったものではないと認められるものであつて、平安中期においての訓読語の伝承性の一端を強く物語る証となるものであると判ぜられる。

四、高山寺蔵吒枳尼神経院政期仮名点について

次に、院政期の仮名点資料を取り上げる。右の第三項には、平安前半期における訓読語の伝承性の強さを物語る事象を取り上げて異なる二資料の訓読語を同文的に比較して訓読語の重なりを記述し立証を試みた。本項には、移点が一般化したと説かれてきた院政期の下点資料を取り上げて平安後半期における訓読語の改変状況を推論しておく。た

だし、改変状況の甚だしい例は、院政期に先学等の訓点資料など一切無視して、自分の漢文訓読の知識を動員して、白文を訓読する場合であろう。即ち、「下点」の資料を新たに作り出す場合である。が、この下点なるものの実証は、条件が整わねば極めて難しく、推論の域を出ない。以下に記述するのは、平安後半期の言語事象を色濃く示している仮名点の資料の言語事象を記述したものであるが、院政期の下点資料で当代の言語事象が現れるからと言って、即、下点資料であると見るのは極めて短絡的で実証的には、平安後半期の言語事象を含む訓読語の改変性を強く推測できる資料である、としか論述しようがない。ただし、前項の把握のカテゴリーからは逸脱した資料で、こう言った訓読語の実態が院政期に存したことは立証できるものであって、前項のカテゴリーとは別に、かかる資料群のカテゴリーを設定して、前項の伝承性の強い資料群と対比して時代時代の訓読語を捉える必要のあることを明記しておく。このことは、本章での論述目的である十二世紀以降の風潮である事相書の類聚である諸尊法や図像集などの編纂の基礎資料の一つであった儀軌類の、諸々の事情で成立した訓読語を含みこむ可能性のある事実で、類聚諸尊法の訓読語の腑分けを通じて、平安後半期の訓読語の多様性の解析のための方法論を提示することに繋がっていくと認められる。

さて、高山寺経蔵には、院政期の仮名点の加点資料として、吒枳尼神経一巻を蔵する。第八十三函第十三号として登録されているもので、振狐菩薩念誦次第と合巻となった巻子本である。両本文の末尾に本文と同筆の「僧延増本也」(吒枳尼神経)、「僧延増本□」(振狐菩薩念誦次第)の奥書を有する資料である。この資料の成立に関して、奥書の僧名「延増」がいずれの宗派の僧であるのかは、未だ明らかにし得ていない。また、ヲコト点の加点が無いので、ヲコト点法を手懸りにこの資料が、院政期のいかなる宗派の下に成立したかの推定も不可能である。ただし、所用の片仮名字体は、院政期のものであると認められ、その仮名字体中に「〆(して)」の所用が確認されることからすれば、真言宗高野山または、法相宗関係の資料かと推定され、本資料の儀軌という内容から真言宗高野山関係かと推定されるが、推定の域をでない。

資料性を見極めるには、奥書も不十分であるし、また、現存の状態も、破損が相当に進んでおり、決して恵まれた資料とは言い難いが、本資料には以下の如き言語事象が拾われる。

イ、加点法

○従座《ヨリ》(返)而起《モタテ》　曲躬《ミヲカヽメ》　合掌《タナコヽロヲアハセテ》　礼《テ》　雙足《ソウヲ》(返)

一般に、平安初期には、右の如く二字熟字を一単位としての加点方式が採られる場合があるとされるが、平安中期以降は、一般に一字一字に即して単字に対して加点されるのが常態であると説かれる。取り上げた資料が、平安初期の資料の移点等でなかろうことは、以下にも記述する言語事象の出現や、平安初期に儀軌関係の訓読が、一字頂輪王儀軌音義の存在以外にその証が無いこと、本資料中に平安初期の特徴となる言語事象が出現しないことなどから平安初期の訓読を引いているとは認め難いであろう。かかる加点法は、原理的には通ずるものがあるとしても、平安初期のそれとは別の源であろう。このような加点法が、平安後期や院政期の他のヲコト点所用の訓点資料においても皆無ではない。例えば、「所有（アラユル）」「所謂（イハユル）」などは、ヲコト点所用の資料中にも散見される事象であるが、一般に多くはない。

ロ、附訓

一、音訛形

○或金銀瑠璃珊瑚馬脳虎魄《クハクヲ》等　可用《シヲチイル》

○以《テ》力士《ノ》髎《ノ》　骨《ヲネヲ》　造《ツクテ》　獨《ト》胡《コ》杵《シヨヲ》(返)

○或本《ニハ》　乾宇加神《ユヘリ》

○十二時《ニ》守護《テ》无《シト》　間《アヒタ》(返)云《ユヘリ》

○三者《ハ》黒女子《ユヘリ》

二、二段動詞の一段化例

○若欲(待)盗人返《ヲカヘシ》(待)追《ヲヒ》(待)捕《トラエル》(返)以《テ》㆓木黄花《ヲ》㆒天盤《ノ》主《ニ》加《ヘヨ》（存疑）

三、マ行四段動詞連用形のウ音便

○以《テ》㆓柏葉《ハ》五葉合《ハツホウタル》　蓮花《ヲ》㆒天盤主《ニ》加

四、mとnとの混同例

○若欲得《ハエント》　百四十術《ノスツヲ》　成就《セヨ》

○以《テ》㆓年《ノ》地黄及富《ヒフク（ママ）》　生菓《ヲ》㆒奉《マツレ》(待)供(返)百万返《セヨ》　乃得《チエテン》

○此法修行《セン》所者《ハ》有《ハアラント》(待)四面黒阿蘭若《レンニャ》(返)

〔参照例〕○亦《タハ》　滿足六波羅蜜及《ヒ》諸功徳《トイハム》

右の諸例は、必ずしも、所謂、中世語法と言われるものばかりではないが、何れも多くのヲコト点加点の訓点資料中には、その事象の出現が多くは無いことは確かである。

纔に、一資料のみを取り上げての記述でしかないが、平安後半期の仮名点資料の言語的性格、即ち、平安後半期における仮名点加点の儀軌資料の新たな訓読語生成の一端を伺うことができるものと判断される。

おわりに

本節は、第二章第三節の平安後半期の儀軌資料における注釈活動の多様さの記述を受けて、そうした思考活動に支えられた漢文の訓読が、平安後半期の言語の変容を示す状況を、漢文訓読語の伝承性と対比させて解析を加えた。日本の十二世紀以降において、密教の事相関係の類聚的諸尊法や図像集の出典の一つである儀軌や次第の訓読語の多様性の扱いは、編纂者によって様々であろうが、出典の持つ言語をそのまま反映したものも想定されるのであって見れば、漢文訓読語の研究史のこれまでの解析視点は、荒いものであったと評価してよかろう。視点を改めての漢文訓読語研究は、多くの研究課題を与えてくれるものであると信じて良かろう。

注

（1）小林芳規「院政期の天台宗延暦寺の訓読の源流」（平成九年八月十二日、鎌倉時代語研究会口頭発表）。『仏研』。
（2）「青蓮院吉水蔵山王院蔵書目録」（第三十一函1号）は、夙に、以下の論考に全文が翻刻されている。
佐藤哲英「山王院蔵書目録に就いて―延長三年筆青蓮院蔵本解説―」（『叡山学報』、昭和十二年六月、昭和五十四年五月復刻）。
（3）築島裕「古点本の片仮名の濁音表記について」（『国語研究』第三十三号、昭和四十七年三月）。
同「石山寺経蔵の古訓点本について」（『石山寺の研究　一切経篇』、昭和五十三年三月、法蔵館）。
（4）三保忠夫「乙点図から円堂点へ」（『国文学攷』第六十九号、昭和五十年十月）。
（5）拙著『平安鎌倉時代漢文訓読語史料論』（平成十九年二月、汲古書院）。

第三章　ことばの資料の実存の意味

序　節　伝存資料と非伝存資料の訓読語

平安鎌倉時代の漢文訓読語資料の研究上の一つの利点は、奥書の明確な資料として、奈良時代極末期、平安時代初期初頭からの時代時代の訓点資料の現物が伝わっていることである。

訓点資料には、平仮名資料に比較して奥書が多い。奥書により、某年某月某日に某寺の僧某の加点によることが知られる。基礎的に資料の性格を保証してくれるのが、奥書識語の情報である。

平仮名資料は、平安時代に成立の日記や物語にしても奥書のある平安時代書写の資料はまれであるし、原作者の筆記は伝わらず時代の降った写本で現存する。異本の多い平仮名の日記や物語の資料は、校訂の作業を経るのが普通で、校訂によって出来上がった本文は、観念的なものであると評価せざるを得ない。

平安鎌倉時代の訓点資料は、時代時代の現物が現在に多量に伝えられると言う利点を、大いに評価して良かろうが、当然、ある時代に生産された全ての訓点資料が現在に伝えられていると言う訳ではない。ある時代に作り出され存在した資料の一部分だけが残っているのである。

日本語史資料の現存には、常に偶然性が介在する。元々作り出された資料の総体から、当然時代と共に増えることはない。平安時代に作り出された日本語資料は、時代と共に欠落して行き、現代に伝存している。

その欠落も、原因は様々であろう。焼失、朽ち果てたり、人為的な破棄など様々な状況で時代の流れと共に消失して行く。洛中にあっては戦火の被害も多かったろうし、方丈記などに見えるような大火の被害もあったろう。洛中でも境内の広い寺院や寺院の立地に隣家の稀な鄙にあっては、自ら火災を出さねば、貰い火も少なかったと想像される。比叡山の場合、洛外の山上から裾野に向かい塔頭が広がっていたが、織田信長による焼き討ちにあって、それに伴い典籍類も多数が焼失した。

日本語資料が残る必然性などはそもそも希薄で、自然現象や人為的な営為のなかで、まさに偶然性を背負って現存していると見なければならない。

人為的な営為と言えば、典籍や文書の収納に関しての問題があろう。寺院の経蔵にしても、博士家の蔵にしても、有限の面積しか持たない。限りなく増築が出来た訳でもあるまいし、時代を重ねて蔵書類が増えれば、当然整理が行われていたろう。その整理の実態の一部は、書籍目録の類から伺うことができる。限られた蔵に、あふれ返る程の典籍などが所蔵されている場合は、実用的利用に不便を来たす。整理されて利用の便を図る場合は、例えば、同一書が複数あれば、必要なるものを残してあとは整理されたかも知れない。本章にも述べるが、漢籍の奥書を見ると、「証本」なる語や、「狼藉本」なる語に行き当たる場合がある。典籍に対する二項対立の価値判断を示したものである。蔵の整理においては、「証本」は残され、「狼藉本」は廃棄の対象であったことは、容易に想像される。乱雑に複数種の訓点が付され、見た目も整然として居ない典籍で「狼藉本」との評価が下れば廃棄の対象となった訳であろうが、同じく複数の訓点が入っていても、また、朱や墨の訓点が乱雑に入っている訳では無くて、角筆による訓点の記入ならば、典籍の紙面は、訓点の汚損から一見逃れている様に見える。さすれば、角筆の訓読法が「狼藉本」と評価される資料であっても、廃棄から免れる可能性は大きいであろう。稿者は、角筆資料のある一部の資料に対しての評価、即ち、朱墨の歴史的な日本語史の通説の年代を遡って角筆資料には年代的に新しい言語事象が出現すると論ぜられているが、角筆資料が「狼藉本」的評価を受けながらも、典籍の紙面に目立たないがために残された可能性を考えても良いのではないかと思惟している。

角筆資料の角筆点の性格も資料によって新しい言語事象が現れるものもあれば、規範的な所謂「証本」的な訓読法で訓読されている資料もある。角筆点ならば全てが新しい言語事象を担っている訳ではない。その点で、朱墨と同様に列して、表記法の一つであるとした議論に同意するものであるが、角筆点資料の一部の、時代的に新しい言語事象の出現する資料は「狼藉本」と同列に扱うべきものだと考える。

さて、物理学の例を引いて、右に述べた点を分かりやすくイメージ化してみよう。古典力学やアインシュタインの相対性理論に対して、所謂、量子力学が登場する。一九二七年のアインシュタインとボーアの論争が有名であるが、この論争は、一九四〇年代末まで続けられる。結局、論争はアインシュタインの敗北に終わる。

量子力学の初期段階での理論的解釈の常識的なものは、アハラノフ以前には、量子的な重ね合わせの実態は、観測によっては得られないと考えられていた。よく知られる「シュレディンガーの猫」の場合で説明してみよう。「シュレディンガーの猫」の場合は確率50％対確率50％の単純な確率の比であるが、ある箱の中にα崩壊を起こす放射性物質を定量入れて、その放射性物質がα崩壊を起こして、原子核からα粒子が飛び出すのを感知する装置と青酸ガスの発生装置に繋いで、α粒子を感知すると青酸ガスが発生する箱を作る。そこに生きた猫を入れて、蓋を閉める。こんな思考実験である。

この系では、放射性物質がα崩壊を起こしてα粒子が原子核から発生すれば、猫は死ぬ。発生しなければ、猫は生き延びる。

実験段階の最初は、生きた猫を箱に入れるので、猫の生存は、１００％である。蓋をして、時間をおいて、観測者が再び箱の蓋を開ければ、猫の生死が判る訳であるが、この思考実験での最後の過程、つまり、観測者が蓋を開けた時点での猫の生死は、生50％対死50％で、そのどちらであるかが判明する。観測者がいつ蓋を開けるかで結論が変わる可能性があるので、量子力学の場合は、この系の思考実験の結果には観測者が関わると言われるのであるが、最初と最後は、猫生→猫生なのか、猫生→猫死なのかのどちらかである。

この思考実験で、問題になるのは「→」の部分である。つまり、観測者が箱に猫を入れた直後から、観測者が箱の蓋を開けるまでの猫の状態である。入れた時には、猫生で、蓋を開ければ、猫生か猫死かが観測出来るが、その間の蓋が閉まっている猫の生死は、観測者には、観測のしようが無くて、猫生50％であって、猫死50％である状態である。これを数字や％を使わずに、ことばで記述すれば、猫は生きているが死んでいる状態であるとなる。

この生きてもいて死んでもいる状態、「→」部分は、α粒子が決定する訳で、量子の重ね合わせ状態と言い、理論物理学者や科学哲学者達は、「→」の部分は議論しても無駄であるとして切り捨てた。考えても仕方がないと言うのである。観測できないのなら物理的実在性は無いとして来た。

これに対して、アハラノフ（Yakir Aharonov）は、「強い測定」ならば、量子の重ね合わせ状態は壊れてしまうが、「弱い測定」ならば、量子の重ね合わせ状態を記述する事ができるとして、思考実験を行い、量子世界の確率−1を求めた。この理論は、マッハチェンダー干渉計を使って実証された。電子と陽電子のペアでは無くて、光子を使って行われたが、アハラノフの預言した、確率−1を実証したのは、二〇〇九年に大阪大学井元信之・横田一広などのグループである。

些か冗長になったが、右の「弱い測定」では、一万回以上の測定結果によって、その値を集積して、確率1、確率0、確率−1のシナリオ通りに結果が出た。つまり、最初と最後の観測結果を大量に集める事によって、最初と最後の間の「→」部分の量子（光子）の振る舞いを記述した訳である。

日本語資料の問題に、話題を戻そう。本章では、時代の推移の偶然性に作用されて現在では失われてしまった資料の日本語は観察不可能である。このハードルは超えようのない現実で、正に、右の「量子の重ね合わせ状態」と同様に、資料が現存しない訳であるから、議論しても仕方がない。

量子力学では、「量子の重ね合わせ状態」を記述した実証実験で、「弱い測定」結果のシナリオを想定しつつ一万回以上繰り返し観測した結果に基づいて、偏りのない量子の重ね合わせ状態を導いている。本章は、平安鎌倉時代の訓点資料も、大部分の資料が失われて空白ができ、議論しても仕方ない部分のことばを、議論できないかと思考して編んだ一章である。量子力学では量子の重ね合わせ状態の記述を目指して「弱い測定」を際限無く繰り返し、多量のデータから記述を目指すのに対して、平安鎌倉時代における訓点資料の場合は、逆の資料の現存状態、即ち、過去には数万点とか際限のない程に日本国内にあったであろうと推量される資料が、偶然にも失われ、失われて現在に至る限りなく「少ない現存」から、実証的には議論をしても仕方のない過去のことばについての思考実験を行なってみようとするものである。

「少ない現存」は、現実に残った過去の言語事実である。漢籍の訓読において、例えば、高山寺本論語の訓読語は、当時の規範だと設定された博士家の訓読法以外のものが現れる。この言わば例外については、仏書訓みの混入したものであるとして、今まで考察の対象から外されていた。万が一に、仏書訓みの混入だとしても、鎌倉時代の実存した資料である。実存から出発すべきであろう。仮定の問題であるが、こうした高山寺本論語の様な資料が、寧ろ当時、圧倒的に量が多かったと考えるのも、偶然性が支配する「少ない現存」からは否定できまい。

例えば、原撰本系玉篇は、訓読においてよく利用された辞書であると認められるが、玉篇の一項目に存する夥しい引用用例の漢籍の訓読を、博士家外の玉篇利用者が一々正確に、某博士家の規範的訓読で実現したかと言うと、その実行を否定するものでは無いが、実行しなかったと認める事も否定はできない。

要するに、玉篇のある項目の利用者が、一々訓点を付す事はなくて、頭の中で訓読して用例を理解する思考過程において、文末の「之」字に対する訓読法に、助字と解しての不読の訓読法があり、一方で指示代名詞「これ」と直読する訓読法がある事を知る場合、思考上の訓読でも良いし、口中訓読でも良いが、「之」字の訓読法は重ね合わせ状態であると考える他は無い。

観智院本類聚名義抄の項目の和訓情報は、単字の場合は和訓の重ね合わせ状態の記述であると言って良いかも知れない。漢文脈において重ね合わせ状態の内の幾つかに絞られて、訓点を付すとなると重ね合わせ状態の内の一つが現れる。観測者が「シュレディンガーの猫」の箱の蓋を開けた状況である。

平安鎌倉時代の訓点資料の場合、漢文中の一字に多訓加点の場合もある。それぞれの語形式が、それぞれの意味を持つのであるが、素粒子の粒子であり、波動である「二重スリット実験」の光子の状況を連想させる。

漢文訓読語史のこれまでの研究は、実証性を重んじるがために、現存資料に見える例に重きが置かれた。現在に残っている資料が全てであるとの誤解を顧みない事が多かった様に感じる。研究史の流れの中で、築島裕博士の『平安時代の漢文訓読語につきての研究』（昭和三十八年三月、東京大学出版会）などは、使用資料が限定された実証研究で、一般論にまで広げての思考実験的な思索は批判されるべきであろうが、記述自体は限定的な日本語史料二種の比較の記述である。遡って、春日政治博士の『西大寺本金光明最勝王経の国語学的研究』（昭和十七年十二月、斯道文庫紀要）は、限定的な平安初期の一訓点資料の記述で、著書の中には、他の訓点資料を問題とされないから、現存史料の枠内での研究で他の資料の残存の偶然性には関連しない。更に遡って、大矢透博士の『仮名遣及仮名字体沿革史料』（明治四十二年九月、日本学士院）は、図表の集成で、そこから何を考えるのかは、読者に委ねられる。

研究の出発点は、「少ない現存」で現存実在する一々の訓点資料の筈である。しかし、現存の資料の言語特性によって、ある研究では、例外的な資料として切捨てられて来た憾みがある。本章が狙おうとするのは、正に「少ない現存」故に、軽んじられ、研究の対象とされ難かった資料に光を当てて見ようとする試みである。

批判があるとすれば、先ず第一に実証的でない、と言う批判であろう。この章は、謂わば、思考実験であると解釈して戴きたい。実証的でないとの批判に対しては、実証的でないと言う実証的証拠を示して戴きたい。

一種の可能性を示しただけだ、との批判に対しては、現存の資料の残存が、偶然性に左右されたものだと言う反論をしよう。現存の資料による、一見完璧な実証的研究も、資料の残存が偶然的である以上、思考実験以上のものではないことを自覚すべきではなかろうか。

基礎研究とはいいつつも、かかる観念性を承知の上で、本章を展開する事とする。

第一節　半井本医心方天養二年点における初下点の訓読語と重加点の訓読語

はじめに

本節は、前章にも大いに関係するが東京国立博物館に所蔵の半井本医心方天養二年点における二系統の訓点の内、藤原行盛系統の訓点が、移点ではなく十二世紀に新たに訓読された〝下点〟で、どのような質の訓読語が実現されているかを分析し、記述しようとするものである。なお、かかる観点での分析は、既に、論じたところでもある(1)。

医心方天養二年点に存する奥書の内容に関しては既に触れたので委細はそちらに譲るが、現存の医心方天養二年点は、最初に下点したのが紀伝道藤原日野家藤原行盛で、この行盛点の添削を目的として重ねてなされた第二次の加点が医家丹波重基であった宇治本医心方を、天養二年に朝廷規模の事業として書写移点したものであることが知られる。

以下には、この半井本医心方天養二年点の、特に藤原行盛点について、同点が十二世紀に下された訓点で、移点などではないことを、旧稿とは別視点から記述して、十二世紀にも伝統的伝承の訓読法とは異なって、自らに内在する漢文訓読語を駆使しての訓読が行われていたもので、平安後半期の漢文訓読語は専ら移点に依ったものであったと言う漢文訓読語史研究の常識的ともなった観念を否定してみようとするものである。

一、半井本医心方天養二年点における藤原行盛点の当代性と丹波重基点の伝統性

旧稿には、藤原行盛の初下点と丹波重基の重加点との名詞の加点例を取り上げて、本草和名、和名類聚抄と比較し、また、平安時代撰述の古辞書、古点本を援用しつつ、紀伝道藤原行盛による初下点の付訓基盤が院政期当時にあると見て矛盾のないこと、また、医家丹波重基に依る重加点の付訓基盤はそれよりも古くて平安前半期のものの伝承的訓点であると見て矛盾のないことを立証した。(2)

この半井本医心方天養二年点は、初下点の藤原行盛点が、恐らく、医書の訓読は初めてか、あるいは、初めてに近い状態での訓読語を下点したもので、藤原行盛の持つ内的に蓄積された漢文の注釈法、訓読法の実践、発露に基づいた訓点で、紀伝道の博士家の十二世紀当時における訓読語を残したものであると推測することが許されよう。一方、重加点の丹波重基の訓点は、恐らくは、医家丹波家の家伝の伝統的訓読語であると推定される。即ち、医心方の訓読には、謂わば素人の藤原行盛の初下点に対して、丹波重基の重加点は、医書訓読の専門家たる伝統的に正当な所伝の権威ある訓読法で添削を加えたものであろうと解釈される所である。藤原行盛の下点の訓読を、専門家である医家丹波重基が改めると言うのは、「行盛点の間違いを正す」と言う訓読語の価値評価が根底にはある訳であって、訓読語の生成に関しては、当時の正誤の価値的評価に意を注いでの解析が必要であろう。

小林芳規博士が、『漢研』において説かれた平安鎌倉時代の漢籍訓読史は、各博士家において伝承的規範としての家伝、庭訓に昇華された漢籍訓読の歴史で、当時権威が付与された系譜の訓読語史であった。(補注)しかし、それが平安鎌倉時代の漢籍訓読史の全てを覆う訳ではないと見るべきであろうと考えられる。

『点研』において、平安後半期の訓点資料の特性の一つとして、移点が盛んになった事が指摘された。奥書に現れる「移点」の語の初出が十一世紀であって、平安前半期の現存資料の奥書には、「移点」の語が見当たらず、訓点資料自体にも移点関係にある資料が指摘されなかったことがあって、平安前半期には、各資料資料で活力ある訓読が展開され生き生きとした訓読語が生成されていたが、平安後半期の訓点資料では、移点が主となって訓点の伝承性が強い訓読語が生成されたとイメージ化されるところがあった。次節にも問題としたが、かかる見方を徹底すれば、平安前半期には訓読語の歴史的変化があるものの、平安後半期の訓読語は古態性を伝承する歴史的変化に乏しい日本語であると結論されざるを得ず、日本語史資料として有益に情報を提供してくれるのは、専ら、平安前半期資料のみであると言うことになる。それが歴史的事実であるのならば、訓点資料は、そうした日本語史資料だとして評価すれば良いが、実際には、平安中期の訓点資料に移点の事実が確認される資料もある(3)し、本章に説く如く訓読者の訓読法の習得過程においての言語習得の問題を考えれば、平安時代初期において、移点の事実を考慮せざるを得ないし、一方、平安後半期において訓読者がそれまでに接したことのない初めての漢文を訓読し下点した場合の訓読語は、一々に当時の権威が付与された訓点資料に代表される訓読語に従って訓読をした結果が残されている訳ではない。初対面の漢文に対し訓読者が初下点の時には、訓読者に内在している重合した訓読法を駆使して訓読した訓点資料が存在していて何の不思議もない。実は、真実はかかる状況であって、従って漢文訓読語には歴史があると認識して記述する必要のあることを念頭に置かねばならない。

以下には、その代表的一例として、半井本医心方天養二年点における二種の加点について、『漢研』において記述された訓読法を取り上げて初下点と重加点の訓読法の記述を行うこととする。

二、半井本医心方天養二年点における実字の訓読法

半井本医心方天養二年点における藤原行盛の初下点に限って、各巻の実字の訓読語を検討してみることとする。錯綜するので、丹波重基の訓点には必要に応じて論及する。

医心方は医学書であって、医学書なるが故に訓読での使用語彙に偏りがある。名詞の類は、当然ながら医学関係語彙が豊富に存在する。動詞も症状の記述や処方の次第の記事が多いため、偏りを見せる。副詞や形容詞、形容動詞にも他の資料には拾えない訓読語の出現を指摘できる。医心方の訓読語の使用語彙体系を帰納分析することに興味を惹かれるが、この方向の解析は、後に委ねるとして、本項では、まず、名詞に注目して検討を試みることから始める。

医心方三十巻を通じて良く出現するのは、本草関係語彙である。医心方三十巻の構成は、巻第一は「治病大體部」で、病気の総論と薬の調製、投与等に関わる理論、それと本草関係の記事が存している総論的巻である。「諸薬和名第十」は、本草和名の抄出である。巻第二は「忌鍼灸部」で、経穴、鍼灸の総論が説かれる。巻第三からは、具体的疾病に関して部門を分けての治療法が記載される。巻第三は「中風部」で最初に「風病證候第一」とした病原理論が説かれた後、第二章「治一切風病方第二」に具体的診療、治療に関する記事が始まる。

この巻第三第二章の治療法が初めて記される項に引用された本草関係の語には、他には余り例が拾えない訓読法が示されている。漢字に対する声点の加点である。

1、秦(平)膠《ケウ》(上)《ツカリクサ》八分　獨(入)活(入)《ツチタラ》八分　（巻第三2・所在の末の算用数字は該当巻の章数を示す）

2、人(去)參《シム》(上)《カノイケクサ》　白(入)鮮(上)《ヒツシクサ》　防(去)風(上)《ハマスカナ》　防(平)已(上)《アヲカツラ》　芎(去)藭(上)《オムナカツラ》　秦(平)膠(上)《ツカリクサ》　獨活《ツチタラ》　（巻第三2）

右の例に、和訓は左に振られて、各本草名に声点が付されている。

巻が下ると本草への声点加点が比率を減じるように思われるが、巻が下がっても、基本的には、声点加点がある場合、あるいは、字音の仮名音形が加点される場合は専ら漢字右傍で、和語の本草名は墨点で左側に加点される例が中心に拾える。本草の字音読みは専ら墨点の藤原行盛の訓点で、丹波重基の訓点では和訓への添削が専らであるが、無い訳ではない。平安時代の医書の情報が少ないので仁和寺本などとの状況と比較する等、立証の方法を考えねばならないが、院政期当時は、本草は字音語が通行していた可能性があって、これに配慮する必要があるものと思われる。

医心方は医学書であって、中に病気の治療法、即ち、薬剤の調製法と投薬法が記載されている。薬剤の調製法に関しては、医心方の中に本草の種類と薬量が記載されていて、用例は相当数に上る。この本草名に藤原行盛の下点があるが、同一漢字表記に対する和訓に出現箇所によっての出入りがあって端々に亘って統一的とは評価できない。全巻を見通して巻々に出入りがあるのみならず、各巻々の一巻の内部においてさえ訓読法に揺れが存する。藤原行盛の訓点では、以下のような例が拾える。

3、通(去)草(上)《アケヒカツラ》六分　(巻第三7)

4、通　草《アケムソカツラ》二兩半　(巻第三13・右傍朱書「アケヒカツラ」)

5、通　草《アケヒカツラ》六分　(巻第五31)

「通草」に対する付訓の揺れで、巻第三内で揺れている。用例4では、藤原行盛の付訓は左にあって「アケムソカツラ」とあるが、丹波重基は「アケヒカツラ」に添削している。墨点の藤原行盛の訓点に揺れがある。他巻の例を用例5に掲げているが、丹波重基が添削した語形で現れている。ただし、字音語の出現は語彙的な偏りがありそうで、本草語彙の語形についての解析は今後の課題となろう。

次に掲げたのは、巻第六における「當歸」の訓読例で、巻第六での出現順に掲げたものである。

6、當歸《ウマセリ》二兩（巻第六2・左傍朱書「オホセリ」）
7、當歸《ウマセリ》二兩（巻第六3・左傍朱書「オホセリ」）
8、當歸《ウマセリ》二兩（巻第六3・左傍朱書「オホセリ」）
9、當歸《ウマセリ》三兩（巻第六4）
10、當歸《ウマセリ》三兩（巻第六5）
11、當歸《ヤマセリ》四兩（巻第六16）
12、當歸《ウマセリ》三兩（巻第六20）
13、當歸《ヤマセリ》三兩（巻第六20）

例6から例8までは、藤原行盛は「ウマセリ」と読んでいるが、これを丹波重基点が「オホセリ」に改めた例である。例9以降は、丹波重基が添削の手を入れていないが、藤原行盛も訓点は、「ヤマセリ」と「ウマセリ」の語形で揺れているのが確認される。この「當歸」も、巻が下がって、例えば、

14、當歸《ヤマセリ》三分（巻第七4）
15、當歸《ヤマセリ》二兩（巻第七15）
16、當歸《ヤマセリ》《オホセリ》二兩（巻第九6）
17、當歸《ヤマセリ》《オホセリ》五分（巻第十3）
18、當　歸《ヤマセリオホセリ》　一兩（巻第十4）
19、當歸《ヤマセリ》二兩（巻第十一1）

20、當歸《ヤマセリ》三兩（巻第十一11）

巻第七から巻第十一までを摘記したが、基本的には、「ヤマセリ」訓が現れるものの、例16・17・18には「オホセリ」訓が併記されて付訓に揺れを見せている。

21、當歸《ヤマセリウマセリ》《オホセリ》　二兩（巻第十二9）

22、當歸《ヤマセリウマセリ》《オホセリ》　三兩（巻第十二16）

23、當歸《オホセリウマセリ》《ヤマセリ》　二兩（巻第十二20）

右の三例は、三訓の併記で、例6から例20の付訓パターンとは異なっていて、巻によって付訓パターンに揺れが見える。

24、當歸《オホセリ》一兩（巻第十三9）

25、當歸《オホセリ》六分（巻第十三9）

26、當歸《オホセリ》一分（巻第十四35）

27、當歸《オホセリ》三兩（巻第十四60）

28、當歸《オホセリ》一兩（巻第十五2）

29、當歸《オホセリ》一兩（巻第十五4）

巻第十三から巻第十五までには、「オホセリ」訓のみの例が現れて、これもそれ以前の巻の付訓パターンとは異なっている。

30、當(去)歸(上)《ウ(平)マ(平)セ(上)リ(上)》　五分　（巻第十六3）

31、當(去)歸(上)三兩　（巻第十六9）

右の例30・31と、後に掲げる例34・38などは、「當歸」二字に声点が振られていて、字音語として読まれたもので、和訓の併記も存在している例があるものの、別の字音語での訓読法を表示した例があって、これもその他の例とは異なって、訓読の揺れを示している。

32、薤　白《オホミラノネ》　當歸《オホセリ》各二兩（巻第十八2）

33、當歸《オホセリ》（巻第十八10）

34、當《ウ》(去)《マ》歸《セリ》(上)一兩を内《イ》ル、を以て之を煮《ニイ》て　（巻第十九16）

35、甘草《アマキ》　當歸《ヤマセリ》《ムマセリ》各一兩　（巻第二十21）

36、當　歸《ヤマセリ又ムマセリ》十分　（巻第二十一5）

37、當歸《ヤマセリ》《ウマセリ》二兩　（巻第二十一10）

38、當《ヤ》(去)《マ》歸《セリ》(上)三兩　（巻第二十一13）

39、當歸《オホセリ》二兩　（巻第二十一23）

40、當歸《オホセリ》二分　（巻第二十一24）

41、眞の當歸《ヤマセリ》を取て　（巻第二十三9）

42、當歸《ヤマセリ》《ムマセリ》　（巻第二十三22）

43、當歸《ヤマセリ》一兩末　（巻第二十三25）

44、當　歸《オホセリ又ヤマセリ》八分　（巻第二十四1）

例32以降も揺れを見せているし、「ムマセリ」「ウマセリ」と言った語頭の音節の相通形の揺れも認められる。

右に摘記した「當歸」の訓読例は、藤原行盛の訓読法の出入りの例で、こうした揺れが存するのが実態である。この不統一な訓読の実態をいかに評価するかが問題として存する。その評価とは、一つには当時の評価である。いま一つには、藤原行盛の訓読語と丹波重基の訓読語を対比して、その訓読語をいかなるカテゴリーにどのように帰属させて当時の史料体系を考えて行くのかと言う研究者側の問題である。

医心方巻第一には、本草類に関しての記載が多いが、「當歸」の記事も存する。

45、草中當《ヤ(平)マ(平)セ(上)リ(上)》歸一名ウマセリ一名カハサク（巻第一9・朱書）

例45は、朱書の例で、丹波重基の施したものであろう。

46、第八巻草中之上卅七種

當歸和名宇(平)末(平)世(上)利(上)又於(平)保(上)世(上)利(上)　(朱書)「一名也(平)末(平)世(上)利(上)一名加(上)波(平)佐(平)久(平)」（巻第一10・諸薬和名）

例46は、本草和名の抄出部分で、万葉仮名の和名は、医心方本文の一部である。墨書と、朱書での和名が記載される。この例45・46の記載は「又」とか、「一名」とかで連ねられたもので、両例から拾うことのできる延べ五語（「カハサク」は巻第一のみに出現）について、当時等価であるのならば、四和語系と字音語の形態のどの語が訓読語となっても抽象度の高い意味では、同一の本草の一品を指し示すのであろうから問題は無いことになる。即ち、訓読語の出現がどう言う揺れを示そうが本質的な医療行為に問題を孕まないとして、所謂〝誤謬〟ではないと断ずる道があろう。

しかし、一方で、医心方全体の訓読としては、各箇所によって選択される語が整っていないのであって、訓読の完成度が低いと評される立場が、当然のこととして存在する。

医心方天養二年点は厳密には移点本で、元の本は藤原行盛の訓点とそれを添削した丹波重基の訓点が存した宇治入道大相国藤原頼通の所持本で、宇治本と称せられた医心方の一本であった。禁裏に収めるための医心方が天養二年点であると思われるのである。何故医家本を選定するのではなく、底本を宇治本にしたのかの経緯が現状では解明でき

ないが、天養二年点に書入れられた校合の注記には、

47、最勝王經文
　宇治本无之
　醫師本有之　（巻第一1）

48、此文无宇治之本
　醫家本有之　（巻第一1）

49、╱重基本有此篇之　╱重忠本無之或本有之云々
　╱宇治本有之仍書加之　（巻第一10・諸薬和名）

など、殆どの巻に書入れがあって、医家丹波家、丹波重基や丹波重忠など個人で医心方を所蔵していたことは知れるが、この医家本の訓点の内実が直接には把握できないので、医家がどう言う価値基準で訓読加点していたかの推論ができない。かかる憾みはあるものの、添削を受けたと言う事実を重く見れば、天養二年点における「當歸」の藤原行盛点の訓読の揺れは、やはり、不統一甚だしいと見ても良かろう。即ち、藤原行盛の訓点は、次節以降に詳述するが、カテゴリーとしては「狼藉本」の系譜に繋がる資料との評価を受けるべきものであったと考えられよう。

もう一事象を取り上げて、訓読語の揺れを記述しておきたい。医心方天養二年点には、一巻の内に同一の漢文が二箇所に離れて存在するのが常態である。その二箇所も、訓読者の目に立つ形で存在する。一形は、各巻巻頭の篇目の中に現れるものである。もう一形は、巻中の各章の章題として現れる。この二形は、基本的に同一構文、同一の漢文として一巻の内に存在する。この篇目と章題は、他の本文と同様に、初下点の藤原行盛の訓点に対して、重加点の丹波重基の添削が加えられている。この二形を比較すると、訓読語に齟齬が確認される。即ち、藤原行盛点の内部の揺

れを求めることが出来る。例えば、

50、中風(し)て口ノ噤《ツク》フを治(する)方第八　(巻第三篇目)
中風(し)て口ノ噤《ツク》ヘルを治(する)方第八　(巻第三8)

は、篇目は動詞形であるが、章題は動詞＋助動詞に訓読して揺れを見せる。

51、中風(し)て舌強《スク》メルを治(する)方第十　(巻第三篇目)
中風(し)て舌強《コハ》ル[イ、強《スク》メル]を治(する)方第十　(巻第三8 10)

例51は、章題の「コハル」訓が、篇目には下点されない。

52、中風(し)て音「ヲ」を失《ウシナ》「ヘル」を治(する)方第十一　(巻第三篇目)
中風(し)て音失《ヒコヱ》《コヽロク》を治(する)方第十一　(巻第三11・[朱点]音《コヱ》ヲ失《ウシナ》ヘルヲ)

例52は、章題にある藤原行盛点の墨書訓が、篇目には見られない。

53、中風(し)て四支の屈伸《カヽメノ》へ不(る)を治(する)・方第十五　(巻第三篇目)
中風(し)て四支屈」伸セ不(る)を治(する)方第十五　(巻第三15)

右の例は、篇目には和訓を与えるが、章題はサ変動詞の語尾の下点があって、漢語サ変動詞に訓読する。

54、陰嚢(の)濕《シルタ》リ痒《カユ》カルを治(する)方第七　(巻第七篇目)
陰嚢の濕《シルタ》リ痒《カユ》ルを治(する)・方第七　(巻第七7)

例54は、篇目と章題で語が異なる。

55、陽虚(し)て盗《ヒソカニアセア》汗ユルを治(する)方第十　(巻第十三篇目)
陽虚(し)て盗《ヒヤコキアセ》汗を治(する)方第十二　(巻第十三10・盗《ヒソカニアセア》汗ユル)

右は、篇目の藤原行盛点の訓読は、章題の丹波重基点の訓読語に一致するが、章題の藤原行盛点は異なった訓読を行っている。

56、客-《ヒトヱヒ》《ヒトケニヤム》忤《五故反》を治(する)方第四（巻第十四篇目）
客-忤を治(する)方第四（巻第十四4）

右の例は、篇目の訓読法は三種存在しているが、章題には漢語名詞のみの訓読を実行している。

これらの藤原行盛点における篇目と章題の訓読語の揺れは、様々なパターンであって、特に、医心方の内容を象徴する役目を担う篇目等の漢文の訓読であってみれば、相互に整えることも可能である。しかし、齟齬の放置が認められることは、藤原行盛点の性格が一回的、あるいは、草案的と言った訓読であったことを推測させる。

以下の事象は、初下点の藤原行盛点の一回性的な訓読語の揺れと言う訳ではないが、藤原日野家の訓読語が、医家丹波重基点の訓読特徴とは異なった様相を示した例である。

57、唾《ツハキニチノクハ、リイツル》血を治(する)・方第四十八（巻第五篇目・［朱点］唾-血［イ、唾ノ血ナル］(を)治(する)方第四十八）
58、逆《サカサマコ》産を治(する)方・第十（巻第二十三篇目・［朱点］逆に産(るるを)治(する)方第十）

などの訓読法が認められる。例57は、藤原行盛点が「唾血」二字単位に対して「ツハキニチノクハ、リイツル」と訓読するのに対して、丹波重基点では「唾」「血」の一字一字を訓読した例である。例58も、藤原行盛点では「逆産」二字に対して「サカサマコ」の語を与えるが、丹波重基点は、「逆」「産」の一字一字を訓読する。こうした藤原行盛点対丹波重基点の差違の確例が多く拾える訳ではないが、藤原行盛点の訓読法は、藤原日野家の特徴であるとされ、『漢研』第五章に説かれている所である。初下点の藤原行盛点には、かかる博士家の訓読法の特徴も指摘される。

三、半井本医心方天養二年点における助字の訓読法

小林芳規博士の『漢研』序章には、平安時代の訓点資料四十点を取り上げて、その訓点資料の訓読法の助字類を中心に、各資料内における事象を記述し、平安時代の訓点資料を訓読法の差によってカテゴライズされようとした論述が掲げられている。平安時代を鳥瞰しての整理には傾聴すべきところが多い。そのカテゴライズに利用された訓読法について、医心方天養二年点に当て嵌めて以下に記述を行ってみたい。その意図としては、前項同様に藤原行盛点の訓読語の評価のためである。

まず、「之」字の文末例を検討する。文末の「之」字は中国古典語においてモダリティの助字として現れ、日本の訓読語では不読にされる場合と、指示代名詞に訓読される場合とがある。小林芳規博士は、『漢研』では、平安初中期の訓点資料においてと、平安後半期の漢籍においては不読に、仏書においては指示代名詞に訓読されるとして儒仏の二分論を立てておられるが、実際には漢籍においても指示代名詞に訓読された例があって必ずしも二分に裁断されるわけではないようである。[4]

医心方天養二年点においては、

59、四時（の）[之]四季に遂《シタ（か）》て作（り）て服（せよ）[之]。（巻第三2）

60、若（し）盡（き）は更に・五升（の）酒に着（れ）て漬（し）て飲（め）[之]。（巻第八10・[朱点]漬《イ》レ（て））

右の二例は、医心方天養二年点からの摘記であるが、「之」字にはヲコト点の加点がなくて不読にされたと認められる例である。「之」字の不読例は、右に限らず枚挙に暇がない。医心方天養二年点も、巻毎に出現頻度に揺れがある

ように認められるのであるが、今は、計量的に実証してみる用意がない。

これらの「之」字の不読例は、そもそもヲコト点の加点がない訳であるから、藤原行盛の訓読と見ても不読であるし、丹波重基の訓読と見ても、共に不読であると断じてよかろう。一方で、「之」字の指示代名詞直読例も多い。

61、甑(の)中に(し)て蒸(し)て熱《アタヽ》(かなら)使(め)て耳を以て塩(の)上に枕《マクラ》ス。冷《ヒ》エは之を易《カ》《ヨ》フ。（巻第五2・[朱点]枕セヨ）

62、而(も)・静(かなら)不は[者]・便(ち)急に之を灸せよ。（巻第十一2）

63、与に倶に一時に・之を吹(け)（巻第十四1）

右の諸例は、「之」字に朱点のヲコト点「を」の加点があって、指示代名詞に訓読された例であると認定することができる。

しかし、問題は、初下点の藤原行盛の読みなのか、重加点の丹波重基の訓読なのかが問題となる。即ち、現存の医心方天養二年点は、最初に下点した藤原行盛の訓点に、第二次に添削加点をした丹波重基の訓点が、時間を挟んで別個人の筆で反映された複層構造を持つ宇治本を底本として、その宇治本を元に書写加点されたのが、医心方天養二年点なのである。つまり、一時に、二種の性格の訓点を移点されたのが医心方天養二年点であれば、二種の性格の違う訓点が同筆で書き込まれていることを想定せざるを得ない。本来、複層構造であった資料は、移点されて多重構造の資料に変質したと考えねばならない。

医心方天養二年点の文末の「之」字に加点された「を」のヲコト点は、藤原行盛のものなのか、丹波重基の加点なのかは、医心方天養二年点からは識別できないことになる。ただし、宇治本の加点の最終形態は、丹波重基の訓読・加点であろうから、右の例では丹波重基は文末の「之」字を、指示代名詞に訓読していたのは動かない。

64、好(き)苦《ス》酒を以て椒《ハシカミ》　漬《ヒタ》シて之〳〵に灌《イ》ル　（巻第五6・［朱点］之を灌イレ(よ)）

例64は、藤原行盛が、「之に」とした指示代名詞に訓読して、格助詞「に」を添えているが、これに対して丹波重基は、格助詞「に」に庵点を付して抹消し、格助詞「を」を添えている例である。

65、三歳の雄‐鶏の冠の血を數々之に傅《ツ》クレは自(ら)差《イ》ユ　（巻第五13・［朱点］之ヲ傅《ツ》ケヨ。自(ら)差(ゆ)）

例65では、格助詞「に」を添えて代名詞訓に読んでいる藤原行盛点に対して、丹波重基は朱の仮名「ヲ」で訂して指示代名詞訓に直読している。

66、醢《ス》を取(り)て粉《(朱点)ヲ》　に合(せ)て小《スコ》シキ温《アタヽ》(め)之て手に塗(り)て摩《ス》レ[之]。（巻第十一10・［朱点］之ヲ摩(れ)）

例66は、医心方天養二年点では、文末の「之」字にはヲコト点の加点がないが、朱仮名の格助詞「ヲ」の加点が存する例で、藤原行盛点では不読、丹波重基点では代名詞直読例であると知れる。右三例では、庵点の加点状況、あるいは、朱仮名点の加点状況によって、丹波重基点において、文末の「之」字が代名詞訓に直読されたことが明確に知られる。

67、温シて之〳〵を服(さ)〳〵は［イ、服せよ］良(し)　（巻第二十一25・［朱点］温(して)服(せよ)[之]。良(し)）

右の例67は、「之」字に加点された藤原行盛のヲコト点「を」を、丹波重基点が庵点を付して抹消し、不読に訓読した確例で、藤原行盛の訓読にも文末の「之」字を指示代名詞に訓読された例があることが理解される。

以上の文末の「之」字の訓読には、初下点の藤原行盛点内にも不読、直読の揺れがあったことが判るし、丹波重基点にも揺れの存した事が判明する。この事象は、下点であるが故の不統一な揺れと断じてしまうには問題の解明が不十分であると判断されるが、ただ、巻によって文末の「之」字に、丹念に格助詞「を」のヲコト点を付す巻と、「を」のヲコト点が殆ど付されず不読にされた巻との巻々によっての偏りがあることからすれば、訓読法の揺れが存しているのは間違いのない実態である。

「之」字に関して付言しておくが、医心方天養二年点には、連体の機能を持つ「之」字の格助詞「の」の直読例が存する。

68、状・魚之《の》脳《ナツキ》ノ如(し)・之を魚-脳《ナツキノ》-利と謂(ふ)[也]（巻第十一24）

の如き例で、「之」字の中央にヲコト点「の」の加点例が存する。平安時代の訓点資料においては「之」字の上接の体言に格助詞「の」を読添えるのが普通で、訓読法上での新形が顔を見せる資料であることにも注目しておきたい。

いま一事象、文末の「者」字を取り上げてみる。文末の「者」字の訓読について、小林芳規博士は、『漢研』の序章において、変体漢文資料（和化漢文資料）において引用文末に訓読されて、「テヘリ」訓を与えられるのが変体漢文カテゴリーの訓読語の特徴である旨を指摘されている。実は、この変体漢文カテゴリーと言うのを拡張して、例えば、本朝文粋等のような日本漢文カテゴリーを設定すれば、これに含まれる身延山久遠寺蔵本朝文粋においては、文末の「者」字の「テヘリ」訓の訓読法が現れていることが知られる。(5)

医心方天養二年点には、その文末の「者」字に、「テヘリ」訓を与えた例が認められる。

69、夫(れ)極虚・極-労の病ニ〵は補湯を服ス應(し)者《テヘ》リ・（巻第一3・[朱点]夫(れ)極虚極労(の)病・補湯(を)服(す)應(き)者ナリ）

とあって、藤原行盛点では、「者」字に「テヘリ」を与えている。この例の直後の訓読例は、

70、風病は治｣風｣湯を服(す)應(き)者ナリ。（巻第一3）

であって、藤原行盛点は文末の「者」を「者ナリ」と読んで、相接しているが、揺れを見せている。

71、楊上善か曰(く)・背輪を取(る)法・諸家不同テヘリ[者]。（巻第二2・[朱点]諸家同(しから)不サルモノナリ[者]）

72、相(ひ)去(る)こと十里〵に(し)〵て分(ち)て六服セヨ者《(て)へ》リ。相(ひ)去(る)こと卅里。了(ら)令メヨ。（巻第三2・〔朱点〕相(ひ)去(ること)十里。分(ちて)六服スルトキハ〔者〕・相(ひ)去(ること)卅里に(し)て了(ら)令(めよ)）

例71は、藤原行盛点は、「者」字を不読にして、「不同」に「テヘリ」を読添えたのに対して、丹波重基点は、「不」に「モノナリ」を読添えて「者」字を不読としている。例72は、二種の訓点で掲げた部分の文の断続に異同が存するが、藤原行盛点は「者」字を「テヘリ」と訓じ、丹波重基点は前接部分を条件表現に読んで、「者」字を不読とする。以下の例は、

73、若(し)・直に皮膚の上《ウヘ》〵に腫(れ)て行《アリ》クことを廢《スタ》レ不・之を案(する)に疼痛(ま)不者。（巻第八3・〔朱点〕若(し)直《タ、》皮膚(の)上腫(れて)行(くこと)廢(れ)不之(を)案(するに)疼痛(ま)不(る)者《の》ナリ）

とあって、文末の「者」字に朱仮名の「ナリ」があるので、丹波重基点では「モノナリ」と読んだ事は明確である。「者」字の中央に加えられたヲコト点の「の」が問題で、藤原行盛点の段階で下点されたヲコト点ならば、藤原行盛点も文末の「者」字を「モノナリ」と訓読して、「テヘリ」との揺れがあった例となる。

以上、文末の「者」字を、引用文末のマークと理解して、「テヘリ」と訓ずるのは、初下点の藤原行盛点の特徴であると見ることができる。

おわりに

以上、特に、初下点の藤原行盛点に焦点を当てて実字の訓読語の揺れと、助字の訓読法の揺れについて記述してきたが、この不統一なる事象は、初下点なるが故の臨時の、あるいは、一回性のようなもので、十分に整理されたものではないと評価しておきたい。かかる臨時性の故に、当代的訓読語事象が現れ易い、または、藤原行盛が慣れ親しん

だ訓読語の特徴が顔を覗かせるのだと見ようとするものである。即ち、訓読語の揺れの中に、藤原行盛らしい訓読語の一時的性格を見ようとするものであるが、字訓の語彙的揺れはそれなりの蓋然性を主張できるとしても、第三項の助字の訓読法については、いささか根拠が薄弱であることは、自己評価として認めざるを得まい。

洗練されて権威を得た博士家の訓読「証本」性の対極にある訓読の「狼藉」性の成立する一因に、初下点と言う訓読環境があると主張しようとするものである。

しかし、十分な実証性が保証されてはいないし、「証本」を極として「狼藉本」を対極とした数直線上の具体的資料による分布の記述は緒に就いたばかりであるとお断りしておきたい。

注

（1）拙著『平安鎌倉時代漢文訓読語史料論』（平成十九年二月、汲古書院）。
本書第二章第一節。

（2）注（1）文献。

（3）本書第二章第四節。

（4）例えば、金沢文庫本群書治要では、巻頭から経部の本文が掲載されて訓読されるが、「之」字には、専らヲコト点が加点されず、不読例と認められるものの、史部を挟んで、後半の子部に至っては、「之」字にヲコト点「を」の加点があって、漢籍でも指示代名詞に直読された例は、しばしば認められる。子部の巻々の奥書には、

點本奥云／長寛二年（一一六四）五月十五日／　正五位下大内記藤原朝臣敦周點進

文應元年（一二六〇）孟冬之候爲進士革／命勘文參花之次申出蓮花王院／寶藏御本校之點之了　直講清原（花押）／

一（金沢文庫本群書治要巻第三十六奥書）

の如き記載があって、この本奥書から、訓点は院政期の紀伝道由来のものであることが判る。問題は、この揺れが任意のも

のであって規則性がない事柄に属するのか、または、不読の出現と指示代名詞に訓読されての直読の出現とには規則性があるのかと言った解析は、今後の課題である。

（5）本朝文粋は、唐の文粋を模して本邦で編纂された詩文集であるが、押韻などは実現していないと言われている資料で、所謂、正格漢文と位置づけて良いのか否かの検討をせねばならない。

第二節　「証本」の訓読語史と「狼藉本」の訓読語史

はじめに

平安鎌倉時代の漢籍訓点資料における漢文訓読語史の問題は、夙に、小林芳規博士の『平安鎌倉時代に於ける漢籍訓読の国語史的研究』（昭和四十二年三月、東京大学出版会）により、解明された所が大きい。日本語学史的には、平安鎌倉時代における漢籍訓読語の通時的、また、共時的概観は、この書によって形成されたところが大きいと評価される。詳細に立ち入ることは避けるが、通時的には、博士家という家柄に伴って、家説なるものが成立して、漢籍の訓読語も平安時代後半期以降は、伝承的に伝えられ、表記上の変化や音訛等はあるものの、訓読語の構造的枠組みや語彙的、意味的変化等、文章表現の基本的要素の変化には乏しいものとされてきた[1]。即ち、通時的には、平安後半期以降は言語変化に乏しく、伝承の上に訓読語が生成されていたと考えられてきた。また、平安後半期以降の共時的な漢文訓読語体系の差は、博士家各家柄によって言語体系の特徴が存して、訓読調の強い家柄、また、和文的な訓読語を駆使する家柄と、博士家間に言語特徴があったとされた。小林博士以降、漢籍訓読語に関しては、謂わば、部分的修正が行われてきた。注目すべき研究では、小助川貞次氏が、平安前半期の漢籍訓点資料を発掘再評価され、特に、ヲコト点の展開の上での新見を示された。(2) 時を経たが、稿者も、漢籍訓読語も明経道におけるのと、紀伝道におけるのとでは、その学的差を背景として、漢文訓読語の様相がことなることを論じたことがある。(3)

本節は、いささか実証性に欠けるところがあるが、右の小林博士の描かれた漢籍訓読語史の鳥瞰的イメージが、漢籍訓読語史の一側面の叙述であって、平安後半期以降の漢籍訓読語史にあっても、論の視角を変えた時に見える像には、異なったものがあったであろうことを発展的に論述しようとするものである。

一、三千院蔵古文孝経建治三年点本の訓点について―表記体系の視点から―

三千院蔵古文孝経建治三年（一二七七）点本（古典保存会写真複製　昭和五年六月による）は、鎌倉時代の清原家に関わる漢籍の訓点資料で、奥書は、以下の通りのものが記載される。

（奥書）建治三年（一二七七）八月　日依垂髪御誂／如形染筆畢本自書生不堪之間／於字紕謬濟々歟尤不便右筆山王院門葉寂空
／金王麿之

（追筆）「同九月上旬交點之書本之點不一途頗可謂狼藉本歟／仍以證本移點畢　　金王丸重記之」

「點本記云／建保五年（一二一七）孟夏上旬之比以主水正清原頼尚眞人本／書寫移點了頼業良業等以此本爲
相傳本尤可／秘藏者也云々　　已上」（以上本奥書）

奥書は、「建治三年」の年号の存する最初の四行が、端正な楷書で記され、「同九月上旬」に始まる二行の奥書が、やや行書風であり、「點本記云」に始まる本奥書が、行書で記されていると認識される。建治三年八月の奥書と、同九月の奥書とは、書体は異なるが、字形の通ずるところがあって、九月の奥書を、追筆と認めた。また、ここに注目すべきは、「右筆山王院／門葉寂空」とあることで、本文を通覧すると、端正な正文、注文の楷書体の本文と、数筆あるものと思しい訓点の中には、本文の墨筆と一対をなすであろうと推察される細く小さめの墨色が鮮やかである訓点の加点があって、童蒙「金王丸」本人に代わって、右筆による本文の書写、加点が行われたものが基礎となっていると判断されることである。しかも、ここで、寂空は、僧侶であったと推測されることに注意しておきたい。

本資料が、鎌倉時代の漢籍資料の中でも他に比べて注目されるのは、右筆が関わっているが、童蒙が古文孝経の訓読を学習した現物として伝わっている点である。古文孝経建治三年点本には、複製写真に拠っても、複数の訓読が並存していることが知られる。どの訓点の訓読が、奥書の「狼藉」に当たり、どの訓点が「證本」のものであるかは、奥書の記載からのみでは確定が不十分で、実証的には、他の古文孝経の訓点資料と比較をして定めてみる必要があるが、印象的判断であって主観に左右されるであろうところがあるものの、前段落の記述のごとく、本文および本文と一対をなすであろう訓点とは、写真複製上でも明らかに峻別可能な別筆と判断できる訓点が存する。

加点された訓点の中で、注目すべきは、不読符の使用である（第六章第四節参照）。不読符は、「也」字や、文末の助字「之」などの左傍中央に「－」点を付すものである。

1、間-居せりと（いふ）は[者]静にシ而《て》道を思（ふ）ソ[也]。（古文孝経建治三年点70）

2、刑㊥は法《ハフ》[也]。（古文孝経建治三年点104）

3、故に本-座一に還《リ》二復《カヘ》ラ令三メて而《て》後に語ル[之]。（古文孝経建治三年点84）

などの加点例がある。この不読符は古文孝経建治三年点本中に、文末の助字「矣」「焉」や連体の「之」などにも付されるものであるが、遺存している他の漢籍訓点資料には一般に認めにくいもので[4]、漢籍の訓読における不読字の実証的拠り所として意義を認められて来た符号である。他に多くの類例を知らない現状では、実証的根拠に乏しいと言わざるを得ないが、本資料のこの不読符の出現は、童蒙が漢籍を学び始めた孝経に加点されていることに意味があるように解釈されないであろうか。即ち、童蒙が、不読の訓法を学び、身につけるための配慮に基づいて実体化した符号なのではないかと言うことである。(5)他の漢籍に一般に見かけられないことを考えれば、幼少期の漢文訓読の入門期に不読法を学ぶために使われた符号で、学習の進展や深化によって、使用されなくなるものであるように認められる。この不読符の有無からだけの極論は控えるべきだと思うが、幼少の入門期の訓点の表記体系と、長じてからの訓読における訓点の表記体系とが異なったものであると結論することも可能であろう。

更に、古文孝経建治三年点本は、声点の加点状況が、同期の他の漢籍と異なる特徴を有する。同資料には、漢文本文に対して、何種かの異筆による加点が存する。また、同筆と思しき中にも、以下に示す如く、異体系とされてきた(6)声点「-゜」「゜-」と「゜゜」とが併存しているので、移点の親本の段階で既に、重合したものの姿をも引いているようであるが、何種かの訓読法が複層的に存在重合している資料であると認めるべきものである。声点の実例は、以下の通りで、

4、仲(去)尼(平濁)間(平)居(平輕)セリ《セリ》。(古文孝経建治三年点69、「間」字には「●」声点も加点される)

5、敏《ヒン》(音)(上濁)は疾《シツ》(音)(入輕)[也]。(古文孝経建治三年点79)

とあって、清音「゜」、濁音「-゜」「゜-」で現れる。また、同資料中には、同筆と思しき声点に、

6、地《の》利とは《トハ》[イ、地(の)利(と)イフハ]原《クヱン》(平濁)隰《シウ》(入)・水陸(入輕)・各(の)所(上)宜(平濁)[イ、宜シキ所]有(る)を謂(ふ)[也]。(古文孝経建治三年点164)

の如く「゜゜」を濁声点に充てた例が認められる。右に用例として掲げた声点の筆は、小振りで鮮明なものであるが、同一資料中に濁声点「-゜」「゜-」と共に、濁声点「゜゜」の出現があって、同一資料中での声点の表記体系上に体系の混

交が認められる。

この訓点とは別に、明らかな別筆と認識される声点に、大振りで、「●」点と見える朱点の声点が存する。この声点は、右の例4から例6に示した小振りの墨筆よりは、時間的に先に加点されたらしく、例4から例6の小振りの声点は、「●」を避けて加点されている。声点「●」の用例を示してみる。

7、東°(入輕)－脩(平輕)〻周にして《シテ》徳を進メ。(ママ)志《シ》・清－風を邁《オコナ》フ。行也（古文孝経建治三年点89）

8、聲°(平)－譽(去)[イ、°譽(上)]・宣《ノヒ》聞《キコ》エて（古文孝経建治三年点89）

例7は、「●」単独での加点例、例8は、「●」の去声に対して「○」は、上声に加点している例である。

9、詩ハ小－雅(上濁)小－旻(平)[イ、旻(平濁)](の)[之]章なり[也]。（古文孝経建治三年点122）

10、存セレトモ[而]亡(平)[イ、亡(平濁)][イ、亡(上濁)]セむことを忘(れ)不。（古文孝経建治三年点124）

例9は、「旻」字に、平声「●」の加点があって、これを避けるように、この「●」声点の外側左上にずれて、小振りの墨の平声濁「-○」の声点の加点がある。例10は、「亡」字に、「●」点の加点があって、これを避けるようにこの「●」の左肩に小振りの濁声点「-○」が書き込まれている。これらとは別に上声の濁音として「○○」（双点の左「○」は、破損に重なる歟）声点の加点が認められる。右の二例は、「●」声点を避けて、小振りの墨声点が加点されていること、即ち、「●」が先で、小振りの声点が後に加点された前後関係が認識できることでも重要であるが、「●」は、単点であって、小振りの声点は「-○」とした濁音の声点であることが注目される。

大振りの「●」声点は、恐らく、ヲコト点と区別するためにわざわざ大振りにされたものであると解釈されるが、基本的には、該当本文の漢字の頭子音が、日本語の濁音にあたるものも「●」で表記している。「●-」と表記した如くに見えるものが四例認められる。一例は、孔安国の古文孝経序にあって、古典保存会の複製では、

11、分《カ》て數‐家之《ノ》誼《キ》一（去濁）〔イ、誼（去濁）〕と為《トナ》二す。（古文孝経建治三年点33）

と見えるものである。残り三例は、古文孝経正文で、

12、父‐母一を養二（訓）（ふ）を以て嚴（音）（平濁）と曰フ（古文孝経建治三年点245）

13、五刑と（い）は墨（入濁）・劓《キ》（去濁）〔イ、墨‐劓（去濁）レ義〕・刵《ヒ》（去）・宮（平）〔イ、刵‐宮レ非〕・大‐辟（入）を謂（ふ）〔也〕（古文孝経建治三年点294）

14、千載（去）を彌《ワタリ》二歴《ヘ》て〔而〕聲（平）‐聞（去濁）・亡《ホロ》ヒ不。（古文孝経建治三年点359）

の如く現れる。しかし、これらは原本においては単独で大振りの第一次朱点「•」であって、例外とはならない。(7)即ち、三千院蔵古文孝経における大振りの「•」声点の体系は、六声を区別するものの、清濁の区別がない。先に掲げた小振りの墨筆の声点では、表記上、濁声点は、「⁚」「⁚」または「⁚」の如くであったので、この古文孝経建治三年点本においては、複数種の（表記）体系の声点と、(8)更に、清濁の区別が行われていないと認められる「•」第一次朱点系列の声点が加点されていることになる。

以上のように「•」の声点体系は、墨書小振りの声点体系に比べれば、単純な体系であって、「•」が加点漢字の正位置を占め、小振りの声点がそれを避けるように加点されているという状況証拠からであるが、これが、童蒙の学習時の声点の加点であったのではないかと推測する。もし、この推測が正しいものであったとすれば、この「•」系の声点の（表記）体系も、幼少の入門時のものであって、これまで一般に、幼長の差に無頓着に帰納されてきた体系とは異なるもの、即ち、ある時代、ある位相の声点と漠然と認知されてきたと思しき——実は、長じてからの——声点の体系とは異なった、謂わば、学習用のより平易な——恐らく、声調の習得に重きが置かれて、清濁の表記上の区別は重要でなかった——声点の（表記）体系が存したこととなるのではなかろうか。

二、三千院蔵古文孝経建治三年点本の訓読法

古文孝経建治三年点本には、右の表記面の他に、語彙的、語法的に複数の訓読法が併記される。この漢文本文に「點ー（本）」との校異が書き込まれているので、漢文本文の問題もあろうが、「証本」に対して、訓読法の混交を以って、「狼藉本」とされたのであろうと思われる。この「狼藉本」の「狼藉本」たる所以の訓読法の異同例を以下に掲げてみる。

15、知(り)ヌルときは則(ち)移す[之]「イ、之（雁金點）(を)移(す)」。（古文孝経建治三年点47序）

右の如き例は、序文にも、本文にも多く認められるが、文末の助字「之」の訓読法に関する問題である。この字には、不読符（不読符については、第六章第四節に詳述する）の加点がある字であるが、右の例では、雁金点があって、「之」字を代名詞訓に読んでいる。雁金点は、漢文本文の中央にあって、鎌倉時代建治頃と見て矛盾がない。古文孝経正文でも、

16、女知ル[之]「イ、之（雁金點）ヲ知(る)」乎也 （古文孝経建治三年点77正文）

17、明王・愛‐行一を崇《タト》二ヒ「イ、崇《タフト》ヒ」て以て下《シモ》に接《マシハ》ルときは則(ち)・下・歡《ヒ》を竭《ツク》シ而•應(去)す[之]「イ、之（雁金點）ニ應(す)」。（古文孝経建治三年点213注文）

等の例が認められて、文末助字「之」の訓読が、不読と代名詞訓とで揺れを見せる。連体の「之」字の訓読も揺れを見せて、

18、民ノ[之]《ノ》載一スル所を以二(て)するときは則(ち)・上‐下和ク。（中略）民之《ノ》急《スミヤ》一ケムする「イ、急し」所を以二(て)

ス《す》ル《る》トキニハ・則(ち)。衆(去)・乱ラ[イ、乱レ]不《す》。（古文孝経建治三年点102）

19、蓋《オホム》ネ[イ、蓋《ケタ》シ]天‐子之《ノ》孝なり[也]（古文孝経建治三年点106）

20、天(の)[之]明(平)一に則二リ・地ノ[之]利一に因《ヨ》二て（古文孝経建治三年点184）

などの例があって、連体の「之」字も、不読と直読とで揺れている。今まで、漢籍読では不読であるとされてきた事象である。

不読、直読の問題に関しては、「則」字に注目すべき訓読法が現れる。漢籍における「則」字の訓読に関しては、この「則」字に前接する文脈が条件節の場合、平安鎌倉時代の漢籍訓点資料では、条件節末を「トキハ」「トキニハ」「トキンバ」と訓じて、「則」字を不読にするのが通例であったとされる。[9] しかし、この三千院蔵古文孝経において「則」字に、不読符が振られた例は皆無である。これまでの挙例を、「則」に、「スナハチ」訓を与えて読んで読み下し文で示したが、かかる用例の訓法の根拠を、「則」字の不読符加点例が、資料内部に一例もないことに置いたためである。即ち、三千院蔵古文孝経では、「則」字は直読されたものと解しても矛盾がないので、直読した。不読・直読の両方を一度に読み下し文にはできないので、直読を選択した。

この「則」字の訓読の様態は、三千院蔵古文孝経内部での訓読法上の揺れを示す訳ではないが、後世、桂庵和尚家法倭点において問題とされる助字で、

21、則字。古‐点二。上ノ字ノ下ニテ。トキンハト。点スル時ハ。スナハチト。ヨム事マレナリ。故二新‐註二。朱ニテ。則《ス》毎《ニ》レ字如《ク》レ此点スルナリ。是為《メナリ》レ可《キカ》レ正《ス》二古‐点ノ讀《ミ》｜落《シヨ》一也。又墨‐点ナラハ。字ノ右ノ肩《ニ》。サシアケテ。毎《ニ》レ字。スノ假名可《ヲシ》レ点《ス》也。点ゼハ。必《ス》上ノ字ノ下ニテトキハト。可レ点也。トキハノキニハ。〽如《ク》レ此《ノ》可レ引《ク》。キノ假名ヲハ。不レ用也。但《シ》トキハト。ヨマレヌ処モ。アルヘシ。古‐点《ニ》。トキンハト。点ズル

ハ。カタコトナリ。又ノリトモ。ヨムナリ。爲《タリ》二天下則《ノノリ》一。ナゾラフトモヨム。堯則《ナゾラフ》レ之《ニ》。又ノツトルトモヨム。（桂庵和尚家法倭点九オ）

とあるのは、夙に著明なことである。桂庵による、これらの訓読法の提示と実際の漢籍の室町時代以降の資料における訓読法によって、室町時代に漢文訓読語が大きく変化したと捉えられてきた向きがある。漢文訓読語史の大きな変革期が、平安中期と室町時代にあったとされる内、室町時代の変容の一つの根拠である。このような変革期とされる評価の射程は、あくまで、規範的漢籍訓読においてでしかない。広く、社会全体を覆って発想しようとすれば、漢籍に偏重することなく漢文全体に拡げて、共時的な訓読法の分布や相互関係、各社会集団の言語的価値は等価と見てその全体を捉え直す必要があるのではなかろうか。

三千院蔵古文孝経の「則」字の直読という実態を、鎌倉時代の漢籍訓読と言う視野から漢文訓読語全体に拡げて、共時的な視点から眺めれば、鎌倉時代に既に、「則」字の訓読法に揺れが存して、高山寺蔵論語鎌倉初期清原点の如く「則」字の直読例が存する訓読世界があったものであると位置づけられよう。この明証は、右の例21に照らせば、問題は決して小さなものではない。即ち、これまで「桂庵和尚家法倭点の訓読法は、新注の渡来によって、朱子新注を主張するに急となって、それまで不読としてきた助字を読み落としなく訓読する訓法が仏書の訓読法を採用することによって生じた」と理解されてきた節がある。(10) 説明の論理として、朱子新注の採用が、助字の訓読法を左右するという論行自体が腑に落ちてこないが、「古点」即ち、明経家の「証本」の訓読、つまり、当時の規範とされていた博士家の訓読法とは異なって—あるいは、朱子新注によることを意図的に示し、特徴付け強調せんがために敢えて—、渡来の朱子の新注を訓読する際に、博士家の規範的訓法とは対峙する「則」の直読の訓法、鎌倉時代には既に併存した直読「スナハチ」訓を採用するという宣言に過ぎないと解釈すべきように判断される。若し、この解釈が正しいとすれば、「則」字の直読「スナハチ」は、正確には、室町時代に変化して生じた訓読法ではなく、既に、鎌倉時代には揺れとして存した、多重状態の一方の訓読法を、朱子新注の読みであることを示すマークとして選択したと結論されることになる。

次には、訓読法というより、仮名遣いの問題であるが、

22、聴（か）不シ而《して》以て存すること得《ウ》一可二（き）コト《こと》有三ル者《ワ》［イ、有（る）は［者］］（古文孝経建治三年点200）

23、先を言ワ《イハ》不と（い）は・［者］大‒夫は賢を以て。擧（上）ス。（古文孝経建治三年点221）

など、「ハ」と「ワ」との仮名遣いの揺れが存している。例23では、右傍に仮名遣いを訂しているので、規範的と思しき「証本」の訓読では、ハ行の仮名遣いを目指されたものであろうと推定される。

右の他、古文孝経建治三年点本では、同一個所に複数の訓読が併記されている例の枚挙に遑がない。奥書には、「書本之點不二一途一、頗可レ謂二狼藉本一歟」とあって後、清原頼業・良業相伝の清原頼尚の証本を書写移点した本の本奥書が引かれているから、古文孝経建治三年点本は既に、何通りもの訓読（訓点の加点）の多重状態があって、その上に、証本（清原家の規範的訓点の加点本）による訓点が指されていることになる。即ち、併存する狼藉の訓点の中には、童蒙が、訓読の学習のために、試行錯誤し、清原家の証本を以て正した跡があると見て矛盾は無かろう。

従来の漢籍訓読語史は、訓読の規範たる「証本」の訓読語史であったと捉えて大きな間違いはないように思われる。この古文孝経建治三年点本の成立過程においては、訓読法上の揺れ―規範的観点からすれば、誤点と処断される訓読法―と思しきものが現れているが、そうした当時の規範外の訓読が現れる背景には、当時の漢籍訓読が、広く共時的には、規範的訓読からの変異を内在していて、そうした変化形が、童蒙の教育の場面を通じて表面化していると見ることが許されるのではなかろうか。即ち、例えば、右の文末助字の「之」の不読法が漢籍訓読では一般的な「証本」

の規範的読みであったのに対して、代名詞訓を与えるような変異の実態が厳然とあって、この変化形が「狼藉本」の訓読として表面化していると捉えることができるのではなかろうか。

三千院蔵古文孝経建治三年点本の「狼藉本」たる言語事象からは、以下の二点の実態を読み取ることができよう。

第一には、一般論として、訓読者個人の個体史の問題があって、生得でない漢文の訓読のための学習—言語習得—の時期を経て、規範たるべき伝承的な訓読語に近づき、これを駆使する、謂わば、訓読者個人の内に段階的な歴史的筋道が存するのであろうと考えられる。この漢文訓読語の学習・駆使に従っての時間的経過において、言語の体系は変化が存したとみることができよう。

第二は、規範たる「証本」の漢文訓読語史に隠れる形で、言語の変化を如実に反映した「狼藉本」の漢文訓読語史が想定される。この第二の点については、更に、節を改めて詳述することとする。

三、仁治本古文孝経の訓読語

童蒙の漢籍学習の具体的な姿を伝えた今一つの古文孝経の加点本が、仁治本古文孝経（昭和十四年四月、貴重図書影印刊行会）と称される加点資料である。この資料には、鎌倉時代の童蒙の漢籍学習の様態を伝えた著名な清原教隆の奥書が付されている。

（奥書）仁治二年（一二四一）九月十六日雨中燭本校點／功了。抑予全經傳習之次第、先於八歳／始レ讀二論語一經二五ケ年一終二其篇一、其後於十二歳讀二此書一。其時手身書二點爰家／君説一早。而件本幼學之間、字樣錯謬、料帋尫劣、不レ可レ傳二後代一隨又紛失早。仍新二調此本一欲レ傳二子葉一。於書寫者雖レ／借二他人之手一、於校點者用二微躬之功一。累／祖之秘説、更无レ所二脱漏一。子々孫々、傳二此／書一者、深秘二匱中一、莫レ出二困(閫)外一。

(中略)正五位下行参河守清原眞人(教隆)

(別筆)「主幸若丸歳十六」

(右の返点、句読点は私に付した)


右の奥書は、十三世紀中頃の童蒙の漢籍学習の実態について、伝えるところが具体的である。清原教隆の場合、読書の初めは、論語を用い、次いで、十二歳の時、「此書」即ち、古文孝経を読んでいる。その時には、自らが筆を執ったようで、家訓の移点を行ったようであるが、「字様錯謬」とあるから、漢文本文も書写をした可能性が高かろう。即ち、漢字の学習、訓読語の学習を行ったと見て良いのではなかろうか。この教隆が幼少時に使った教科書は、質(紙質も含めて)の悪いもので、後に逸したと言っている。あるいは、処分して後世に伝わらなかった可能性がある。所謂、本節に言う「狼藉本」との評価を下したのであろう。依って「子葉」のために、人の手を借りて古文孝経本文を書写して「新調」したと言う。その新調本には、清原家累代の秘説を教隆自ら点じたと言っている。稿者は、この仁治本古文孝経が、教隆が奥書に言う「新調」本そのものだとは解していない。奥書中に見える、「此本」は、仁治本古文孝経そのものを指すとも解されて、新調本、即、仁治本古文孝経と見る道があるかもしれないが、稿者は、以下の理由から、教隆の言う新調本は、この仁治本古文孝経の学習時の親本(親本系本)であったと解する。まず、奥書中の「深秘匱中」とあるのは、教隆が、清原家累代の秘説を、「脱漏」なく「校點」した本で、その本を、「秘」せよとあるのは、「証本」として、貴重に扱えと言う意と解せて、実際の十六歳の「幸若丸」[11]の漢籍学習のための教科書そのものに使ったとは考えにくい。古文孝経の諸本には、松岡忠良氏蔵古文孝経の奥書に、「仁治二年九月十六日」に始まる仁治本古文孝経と同文の本奥書が存し、京都大学附属図書館蔵古文孝経にも、仁治本古文孝経の奥書を、本奥書として伝えているから、(12)これら三本の親本の系統に、清原家の証本としての教隆自筆加点になる古文孝経が存したと見るほうが自然であろう。

また、稿者の印象的判断であって客観的証拠を示して論ずることが出来ないが、仁治本古文孝経の漢文本文は、些か稚拙な感が拭えず、清原教隆―他人の手を借りたとは言っているが―が、証本として残すべき品格にかけるように思われる。むしろ、童蒙の、古文孝経の学習時に、右の教隆の証本をもとに、受者である童蒙（伝領本の可能性が捨てきれないので、奥書にある、十六歳の幸若丸とは限らない）自身が、教科書として、自ら用意したものであると解する方が、稿者の主観には落ち着きが良い。仁治本古文孝経は、童蒙の教育に使われた教科書の現物であると解したい。

前項において、三千院蔵古文孝経も、童蒙教育の教科書そのものであるとの見方を示した。この仁治本古文孝経の訓読語と比較をして、決定的に異なるのは、仁治本古文孝経の訓読語は、多重的な錯綜と言うべき錯綜が殆どなく、並記されている異訓読が極めて少ないと言うことである。仁治本古文孝経は、古文孝経教育の初発から規範として拠るべき清原家の「証本」での教育が行われていた事が知られるが、(13)これに対して、前の三千院蔵古文孝経は、同じく、鎌倉時代の古文孝経教育の現場で、まず「狼藉本」として成立し、後に、清原家の「証本」で、訓読語の規範に訂した資料であると位置づけられるのではなかろうか。このことは、鎌倉時代の全体としてみれば、漢籍学習が、様態として一様に定まっていたものではなく、さまざまに行われていた一端を示すものであろう。ただし、今「鎌倉時代の全体」として見たと言う考察の視線を示したが、真俗などの位相の問題があって、古来の博士家の教育法、教育目的と、別の位相での教育のそれとが異なって存在していた可能性は否定できない。しかし、恐らく、廃棄されることが普通に行われていたらしい童蒙の教科書そのものの遺存資料が、多くは期待できない現状では、更なる追求は困難であるかも知れない。

四、鎌倉時代における僧侶の漢籍訓読

右に取り上げた孝経以外にも、童蒙の教育―漢文訓読語史的には、漢籍訓読語学習―のためには、論語も用いられていた。論語が、初学のための教科書として使われた証拠は、右の仁治本古文孝経の奥書以外にも、論語自体の奥書に、

○本奥云／此書受家説事二ケ度雖有先君奥書本爲幼學／書之間字様散々不足爲證本仍爲傳子孫重所書寫也（以下略）（東洋文庫蔵正和鈔本論語巻第一巻第一奥書、『漢研』漢籍古点本奥書識語集による。書陵部蔵論語にも同様の奥書を伝える。）

などと現れる。

洛北高山寺には、鎌倉時代加点の二種の論語を伝える。清原本論語（巻第七・八）、中原本論語（巻第四・八）と称される資料であるが、高山寺典籍文書綜合調査団によって訓読文が公開された日本語史資料である。[14] この両資料の訓読語は、既に、先学によって記述されているが、これに依れば、

○（高山寺藏清家本論語鎌倉初期点は）訓が豊富で、訓法は清家訓説を示しているが、「則《スナハチ》」の如き佛家讀を交える。（『漢研』一七六頁）

○此の點本（＝高山寺蔵論語鎌倉初期点）は「則《スナハチ》」の訓が用いられており、それは仏家讀の影響と考えられたが、（以下略）（同右、三六一頁）

○（高山寺藏清原本論語鎌倉初期点は）清原家の訓讀に基いて、僧侶が訓讀したものである。従つて、漢籍讀みが

基調でありながらも、不讀字など混入しうる箇所には、佛書讀みが混在することは、考へうることであり、當時の一般的風潮である。（『高山寺古訓点資料第二』論語四巻高山寺蔵、書誌略説〈小林芳規博士執筆〉）

※なお、高山寺本論語清原本巻第七・巻第八には、不読符が出現する。

とされる。「則」字の訓読の用例は、それぞれ右の論考に引かれた例に拠り割愛するが、小林芳規博士は、漢籍訓読語対仏書訓読語という位相的対立の枠組みを念頭に論じられたものである。漢籍の書に現れる仏書訓読語を、小林博士は、漢籍読に混入した仏書訓読語と捉えられているように解釈される。漢籍に現れる、所謂、仏書訓読語について、「當時の一般的風潮である」とも記述されているが、かかる現象のとらえ方、即ち、仏書訓読語の混入とされる把握の背景には、本節に説いてきた規範としての漢籍訓読語―「証本」の訓読語―が存して、それに対する例外の事象であるとの認識が根底にあるように解される。確かに、現存の漢籍訓点資料の多くは、俗人の世界において成立したと考えられる漢籍も、また、僧侶の手が関したと推定される漢籍も、博士家の「証本」を閲して、加点、校合、添削、修正を行っているから、当時の規範的な漢文訓読語意識には、真俗ともに博士家の訓読語に規範を求めていたであろうことは、想像に難くなかろう。しかし、この規範意識とは切り離して、訓読語の実態を記述しようとする場合、所謂、博士家の規範的な訓読語とは、異なった訓読語が漢籍の訓読に展開していたとせざるを得まい。

鎌倉時代の漢籍の訓読には、博士家の訓読に従うという規範意識が形成され、真俗ともにかかる認識が制約として共通に存する場合、俗側の博士家の人々は、家学を中心として、伝承された漢籍の規範的訓読を実現―あるいは、教育―したであろう。一方、僧侶や博士家以外の俗人達は、博士家の訓読が、規範であることを念頭に、自らで漢籍を訓読しようとする際、擬似的博士家の訓読を実現したと見て矛盾はないように考えられる。即ち、規範に寄り添うべきであるという価値観を持ちつつも、実現された訓読が、擬似的でしかない、即ち、「狼藉本」の訓読として成立した場合があったと見るのである。謂わば、博士家の漢籍読を目指しつつ、訓読者自らが、漢文訓読語の体系を駆使しつつ、新たに下点―既得の漢文訓読語の体系的枠組みに従って、新たに訓点を加点―した資料で、「狼藉本」として抹殺されたものも、並々ではなかったのではなかろうか。

先に、訓読者個人の歴史における訓読語の変容を指摘したが、社会的共時的にも、僧侶の世界や博士家以外の俗人の世界に、「狼藉本」の訓読語史が存したものと想定することができるのではなかろうか。

五、訓読語の変化と訓読者の個体史

日本語の変化は、言語体系の規範の逸脱から始まる。仮に、規範たる日本語の教育と、実態としての日本語の動態とのせめぎ合いの上に展開されてきたのが、日本語の歴史であるとすれば、各時代時代に、この両方の力の存在を認めねばならないし、変化しようとする日本語とその変化を引き止めようとする日本語の実態・力学を記述せねばならない。

今まで描かれ、イメージ化されてきた平安後半期から鎌倉時代にかけての漢籍訓読語の像は、極めて鮮烈で、如何にも像を結びやすい概念的構造として把握されてきた様に評価されよう。本節は、確かに、そうした歴史が描かれる事自体に対して根本的な異論を唱えようとするものではない。ただ、本節に説いてきた如く、従来の平安後半期から鎌倉時代にかけての漢籍訓読語史は、「証本」の訓読史ではなかったろう。「証本」の訓読史は、博士家各家の政治的な思惑もからみつつ、極めて保守的に展開したと認めざるを得ない。それは、漢籍訓読語史の一側面の把握でしかなかったのではなかろうか。

本節に意図して、主眼を置いて記述したのは、「狼藉本」の訓読語史である。想像でしかないが、このような「狼藉本」は、時代時代に多く作り出されたものではなかろうか。ただ、「狼藉本」なるが故に、「証本」の歴史によって抹殺されてきたと見ると、ある時代の〝息吹〟の様なものを感じ、当時の言語生活を描くことができる。漢籍の学習の世界に、「侍読」なるものがあって、資料の奥書に頻出する。いつの時代なのかの限定をせねばなるまいが、この皇族等の貴人に対する「侍読」は、公的な性格を持ったものであろうし、実際、各博士家の「証本」が用いられている。「読書始」も、公的行事の性格が強かったかもしれない。こうした側面の訓読語史は、所謂、「証本」の〝規範〟の訓読語史に属するものであろう。これのみならず、人々の漢籍学習の場は、大学寮においてもあったであろう。この大学寮の言語実態を、実証的にとらえるべき手だてを持ち合わせないが、自己が所属する博士家のみならず、他家の「証本」の訓読語も学習していたと認めるのは、想像上であっても比較的容易かもしれない。個人的な学習の場も当然ながら想定される。現存の漢籍訓点資料に、自家の訓読語は勿論、他家の訓読語を、一資料に併記した例は、例えば、神田本白氏文集や時賢本白氏文集など、著名な資料にも数が多い。漢文訓読が、生得のものでない以上は、いずれの人も学習を始めた時点があったのであって、こうした私的な教育、学習の場では、所謂「狼藉本」が生産されていたと見ることは、さほど難しいことではないように思われる。個体史という通時的な状況―人の一生の径間―での変位（あるいは、変異）、共時的な、言語を支配する場の問題を想定すれば、それぞれにおいて、日本語が均一ではありえないであろう。

実際にこれまでにも、博士家の「証本」の訓読語史を逸脱した漢籍訓読語の歴史については、あるいは、そうした問題を含んだ資料の存在には気付かれては来ている。(15) ただ、訓読語史における、そうした世界、そうした資料は、例外として切り捨てて処理されてきた向きがあった。

単純化され、構造の複雑でない日本語の歴史の描像は、理解共感し、受け入れやすいであろうし、そうした日本語史の実態があってもなんの不思議もない。ただ、その像が、どのような実態を、どのような日本語史の側面で切り取り、描いたものであるのかという反省は、常に必要とされるところであろう。聞き飽きた言葉ではあるが、複眼的な思考を必要とされるところで、言語を支えた場が単純ではなかったこと、また、歴史的人格を、人としての個体史が個々人にあったものとして、改めて捉え直してみる必要があるのではなかろうか。

平安鎌倉時代の博士家の人々は、「証本」に拘った節がある。漢籍の訓点資料の奥書には、夥しい数の「証本」の文字が見える。右のような背景を想定すれば解し易いであろうが、「証本」に拘った最大の理由は、その背後に存在した「狼藉本」の存在故ではなかろうか。即ち、実態としての漢籍訓読語は、共時的な広がりとしては、実際には多様多重であったと考えられよう。この社会的実態に対して、博士家としての家柄において自らの訓読を保守、統制することによって自己存在を証明しようとする、そんな博士家の必要性から、規範としての「証本」が強く打ち出されてきたように思われてならない。

本節の主たる主張である訓読者の個体史において、幼少期の学問の入門における言語体系（本節で主たる問題としたのは表記体系である）と、長じて博士家に属する人物であれば、家説の継承時代の言語体系に、体系的な差があるという実態があったのではないかという主張に、一縷の正統性があるとすると、問題は、本節内部だけの問題とはならず、諸種の言語生活史のパラダイムの点検が必要となる。

例えば、本論の筋とは必ずしも直結しないが、一例を挙げてみよう。訓点の「移点」という営為の問題である。従来は、訓読語の伝承性という大きな問題に関して、訓読語の変化に対する保守的な傾向を示す徴証として「移点」という営為が位置づけられた。その訓読語の変化を引きとどめる力、伝承性・保守性なるものが如何に働いていたのかは、訓読者の個体史の切り口によって異なってくるのではなかろうか。「移点」という述語が、奥書中に出現するのは、十一世紀の資料が初見であるとされる[16]。ただ、「移点する」という行為は、既に、十世紀に、実際の資料の比較によって跡づけることが出来るのであると説かれてきた[17]。即ち、平安初期・九世紀には、実証的には、移点の徴証に関する手懸かりがないのが今までの知見であった。これを如何様に捉えるか、解釈するかは研究者に委ねられた所であろうと判断するが、例えば、右に説き来たったように、〝個体史〟という訓読者個人の言語生活史を、幼少の初学時より捉えるという視点からすれば、実証的ではなく理論的観測でしかないが、その訓読者は、生得でない漢文訓読という営為を、どうやって身につけたのであろうか。幼少の入門期には、既存の訓点資料に従って、その模倣、即ち、移点から始めることは、十二分に想像が出来るところであろう。

そもそも、平安初期（南都の仏書を中心とした）の資料が、平安初期的な訓読語基調を有すると帰納され、それが平安中期に画期があって変化したとイメージされてきた平安前半期の訓読語史を想定した時、平安初期的な訓読語基調が共時的に存するという実態を支える原理は、学習、模倣、伝承、授受等であろう。少なくとも、幼少期の入学時に先行の、また、周囲に存した訓読語基調を受け入れるに際して、師資間での片仮名、ヲコト点の形式の伝承や、個別個別の箇所の訓読語の伝承を考えねば、当時の漢文訓読語が置かれた様態を、リアルに捉えることができないのではなかろうか。平安初期の訓読語の様態が、共時的にも差異に富んだものだとしても、それは訓読者個人が、長じてからも、幼少時に教育された訓読語を墨守しようとしたのか、あるいは、個々人のなかでの比較的自由な言語表現が許される環境であったのかの問題なのでは無かろうか。

平安初期の訓点資料が、個別個別に独立した言語体系を有するが如くにみえるのは、確かに実証的な整理に基づいて作り上げられた像には違いないが、現存資料の遺存量の少なさに左右されるところがありそうで、ましてや、本節の視点の如くに童蒙の訓読語学習という言語の場を想定すれば、現存の平安初期資料で、当時の言語世界の全てを覆い尽くして語れる状況ではあるまい。童蒙の訓読語教育に使われたであろう漢文本文は、そもそも破棄されず、保存され伝えられて、現存すると言う期待が極めて薄いと断ぜざるを得ない性質の資料であって、現存資料の様態は、平安初期に偏在した資料群の一部であると認めるべきであろう。

おわりに

本節に関して、将来的に大きな実証性の壁があるとすれば、幼少期の教育に使われたであろう現物の訓点資料が、今後発掘できるかどうかという点であろうが、残念ながら、実証は全て、今後に託さねばならない。

注

（1）小林芳規「訓点資料に現れた中世語について」（『広島大学文学部紀要』第三十二号、昭和四十八年一月）。同「鎌倉時代語研究の方法」（『鎌倉時代語研究』第十五輯、平成四年五月）。
前者の論文では、古文孝経諸本を中心に比較され、同一語・語句を基とした部分的要素の変訛形、唇内入声韻尾の促音化や合拗音の消失などの音訛形を取り上げられている。後者の論文では、春秋経伝集解の頼業点、書陵部蔵本の比較では、訓読語の変化のないこと、頼業点と金沢文庫本群書治要所引の春秋経伝集解教隆点本の訓読語の比較では、異同が出現するも、例としては多くないことを述べられている。後者については、比較事象の記述のみで、事象の拠って来たるところの解釈は述べられていないが、『漢研』一二六八頁には、教隆に自ら新しく点を下すことがあったと見ておられる。
（2）小助川貞次「訓点資料展開史における有鄰館蔵『春秋春秋経伝集解巻第二』の位置」（『日本語の研究』第四巻一号、平成二十年一月)。

(3)拙著『平安鎌倉時代漢文訓読語史料論』(平成十九年二月、汲古書院)第一章第一節。

(4)後節で取りあげた高山寺蔵論語清原本巻第七・巻第八にも、不読点の存在が知られる。

(5)小林芳規『漢研』(昭和四十二年三月、東京大学東京大学出版会)四三六頁には、不読符の存在は、裏を返せば、当時、不読でなく、直読した訓読法があったという前提で成立した符号であろうと解釈されている。

(6)注(4)文献には、清原家の濁声点は、「○」「○-」が使用され、中原家の濁声点は、「○○」が使用されると整理されているが、本三千院蔵古文孝経建治三年点本には、表記体系上の混交が認められ、両者が出現する。

(7)佐々木勇『平安鎌倉時代における日本漢音の研究　研究篇』(平成二十一年一月、汲古書院)一〇〇一～一〇〇二頁。佐々木勇氏は、大振りの朱声点「●」には、「-」が付されることはないとされる。また、佐々木氏からの直接の教示によれば、本節に引用した例11から例14までの四例は、いずれも大振りの朱「●」点に、第二次と思しき細い朱で「-」が加えられたものであるとのことである。

三千院蔵古文孝経には、本論中に掲げた以外に、形態的に「●-」と認められる箇所がある。佐々木氏の解釈では、右と同様に大振りの第一次朱点「●」に、第二次の細い朱の「-」が加えられたものと解釈されているようであるが、

〇官に任(する)こと(を)[「イ、任／スルニ」に[「イ、任し」]・能(音)(平)を以《テスル》テスル《する》ときは則(ち)・民・功-を上《タフト》ニフ。(101)

とある「任」字の去声位置に「●-」の加点が認められる。これは「●」去声とヲコト点「-(ことを)」の重なったものと解することも可能であると判断される。

(8)複数種の声点には、小振りの「●」「●●」の声点も確認できる。

(9)注(5)文献、第一章第二節。

(10)注(5)文献、七頁、四七三・四七四頁など。

(11)注(5)文献付載、「漢籍古点本奥書識語集」による。

(12)同右。

(13)注(5)文献、三五二頁には、仁治本古文孝経には、所謂、漢籍訓読語の枠を脱した、文末助字「之」の代名詞直読例など

が含まれることを指摘されている。
(14) 高山寺典籍文書綜合調査団編『高山寺古訓点資料　第二』高山寺資料叢書第九冊、(昭和五十五年二月、東京大学出版会)。
(15) 注(5)文献。第四節において触れた仏書訓読語の混入と言う例外処理がされている。
(16) 中田祝夫『点研　総論篇』(昭和二十九年五月、大日本雄弁会講談社)。
(17) 同右。
　本書第二章第四節。

第三節　漢籍訓点資料における訓読語の位相と文体

はじめに

本節に展開しようとする問題は、二点ある。

第一には、漢籍訓点資料における訓読語の様相についての解釈試案である。論じ始めるのは、冷泉家時雨亭文庫蔵の文選巻第二鎌倉中期点（本論の依拠資料は、『冷泉家時雨亭叢書　大鏡　文選　源氏和歌集　拾遺（一）』（朝日新聞販売部二〇〇八・一二　冷泉家時雨亭叢書八三）の写真複製に拠る）における訓読語の問題で、この資料に端を発しての論述展開を行う。この文選巻第二鎌倉中期点の加点の様態は、後に記述し、標題の論述展開をしようとするもので、委細は以下の項に譲ることとするが、本資料の訓読語が如何なる様相であるのかの記述と、記述された異訓読の訓点の並存によって生じる訓読語上の問題点（言語生活史に関わる問題）の位置づけである。

第二に意図するところは、本節の実践する所に依って提起したい、謂わば、漢文訓読語研究に関する学問論の問題である。この第二の意図は、本節の筋とは乖離したものであるかも知れないが、本論の成立にとって極めて重要な研究の根底の問題、背景となる基礎的立脚点であると位置づけられるもので、現時点で知られている平安時代の漢文訓読語資料でさえ、数千点に上る状況を考慮すれば、避けて通ることのできない問題であろうと認識している事柄である。これまでの漢文訓読語史の研究史を詳細に跡付けるのは、本節の目的では無いし、今、稿者の果たすべき任でもないように思うので、深く立ち入ることは避けるが、今までの漢文訓読語史研究を振り返って見るに、築島裕博士が、博捜収集され、汲古書院より刊行された『訓点語彙集成』のシリーズの到達点をもって、漢文訓読語史研究は、新たな局面を迎えるであろうと考えている。この点から、項を改めて論じ始めることとする。

一、本論の基本的立場について

本節の主旨を記述して行くについては、積極的、意図的に、あるいは、挑発として、また、アイロニーとして、あえて、写真複製である朝日新聞販売部から出版の冷泉家時雨亭叢書を根本的な依拠資料に据えようと考える。

写真複製、あるいは、公にされた他研究者による訓点資料の訓読文を、研究の出発点で根本的な資料に据えて展開する研究の態度に対する批判は、種々有ろう。そのなかで先ず想像に難くない批判に次のようなものがあるであろう。原本の実見、閲覧なくして漢文訓読語史を論ずることは、当の論者の責任において、また、学問的良心の点から、そうした過程を経て成立した論文自体になんの研究上の価値も意味も認めないという批判的立場である。原本の実見のない立論は、根底から信ずるに値しないものとして切り捨ててしまう態度である。確かに、こうした研究観が極めて崇高であることは認めるところで、研究の理想像として位置づけることに、稿者もなんの躊躇いもないし、異存もない。また、そうありたいと願う究極の理想像の一つでもある。ただし、一般に、原本の実見なるものを唱え、自らの実践として誇る研究者の、その実見なるものの内実が問題で、例えば、実見は、実見であっても、すべてを原本に則した、一から十までの、自らの目による精査、移点を経た、〝自ら〟に誇りうる内実を持つものであるかの反省がどれほどあったであろうか。以下にも述べる如く、漢文訓読語研究にとって、そうした厳密な態度が果たして、真に、今後、それのみが有用で意味のあることか否かは、今までの研究史の反省の上に立って再考する必要があるのではなかろうか。

研究の公開において、難ぜられる点に、右の事柄があるとして、かかる批判があるのならば、公にされた研究の不十分さを正すのが原本を実見する縁に恵まれたものの責務であって、研究の根本に関わるが如き批判のみを向けることは、正す側の研究責任の放棄以外の何ものでも無いように感ずる。右の崇高な理想の、批難の矛先は、研究者自らが、自らを律するために、自らに向けるべき質のもので、決して他者の研究に向けられ、批難、誹謗の材料になるべきものでは無い。

平安時代の訓点資料で知られるものだけでも数千点を上回る現状で、研究対象とした資料の周囲に位置する原資料群への調査、目配りが不十分での研究は、周辺資料の実見調査を経てから公にすべきであるとの訓点資料の現存状況を顧みない悪しき理想論や、資料の実見が出来ぬのは、研究を公にするものの一方的責任に属する事柄で、資料に対する熱意が不足しているとの精神論を聞くこともしばしばである。現代の出版状況では、書籍資料に関する所在情報には、かなりのものがある。公の図書館や公開を前提としている文庫等の情報は、研究者個人の努力によってその存在を知り、調査閲覧するための基礎資料となる。しかし、公刊された目録類によって、あるいは、先行研究によってその存在が知られることがあっても、およそ閲覧の方途がない場合は、幾らでもあるのが現状である。口頭発表などの機会に、某所にかかる資料があると、資料の存在状況の教示がある場合がある。情報としては謙虚に珍重すべきであるが、その情報は、実見、閲覧調査に結びつく場合ばかりではない。研究者各自の研究観にもよろうが、不幸にも、かかる所在情報を重視するものの、閲覧の方途が見いだせぬことによって、それまで積み上げた思索を根底から放棄する個人も当然あろう。

些か運命論的ではあるが、これまでに存在が知られた訓点資料の多様さ、数量に対して、写真複製にさえなっていない資料との巡り合いは、謂わば、縁によるところで、精神論で切り捨てることが可能な質のものではないと考える。また、文化財行政が進むにつれ、原資料の実見の機会は、所蔵者の資料に対する評価の高まりとともに、確実に、敷居が高くなってきているのが現況であろう。

研究者自らによる実際の実見精査をしたもの以外は、研究資料として使えないとの崇高さ、潔癖さのみを貫けば、その論理の赴く先は、写真複製での公開や、資料の翻刻、訓読文の作成、雑誌等への掲載は、全くの無意味としか結論されず、かかる学問的な営為を、根底から覆すことに他ならない。極論ではあるが、延いては、研究者の主観のフィルタを通らざるを得ない注釈、索引や現行の辞書類などの一切が否定されることになろう。

もし、表面的に、また、対他的に右の研究観に拘泥し、なおかつ、一方では自らの研究を展開しているものにとっては、自己矛盾に陥ることは、避けることができないであろう。

稿者の、漢文訓読語史の研究が、新たな局面を迎えているであろうとの主張は、右の『訓点語彙集成』の公開が大いに関係していると観測していることに発する。もとより、旧来から営々と続けられてきている新たな日本語史料の発掘と評価、新出資料に基づく記述研究を中心とした日本語史研究は、今後も、重要な日本語史研究の柱となるであろうことは間違いないし、これを放棄することは、日本語史研究そのものの放棄に他ならないであろう。しかし、築島博士が今までに、ご自身で移点精査を経られたものを中心に、目にされた平安時代の訓点資料は、三千点を超すと伝聞する。訓点資料に対して、余人には能うべくもない調査数と、視野の広さであると思われるが、かかる経験と視野とからの学問的判断に基づいて選ばれた良質の資料をもって、『訓点語彙集成』が編まれたものと思量する。元より築島博士の研究者個人としての選別によるものであって、後に続くものとしては当然ながら各研究者の責任においての検証や追調査を念頭に置く必要があるのは、言うまでも無い。しかし、特に、語彙的には、平安時代を中心とする諸訓点資料の拡がり全体の凝縮図が盛り込まれているものと評価できようし、また、平安時代における良質、重要と思われる訓点資料を指摘され、示されようとした意図もあっての書と理解する。

かつて、漢文訓読語史の研究は、大矢透博士に依って示された『仮名遣及仮名字体沿革史料』(明治四十二年)によって、通時的研究が始められたと捉えることが許されよう。その図表に取り上げられた訓点資料の日本語史上の価値は、大矢博士以来、日本語史研究が年を重ねる毎に精密さを増し、丹念に記述されてきた現在に至るも、極めて重要な資料としての評価は変わるところがないし、現在も日本語の歴史記述に大きな役割を果たしていることは、周知のことである。大矢博士以降、膨大な数に上る訓点資料を元に、進められてきた研究の方向性は、漢文訓読語資料を鳥瞰しての概念的枠組み、即ち、各時代の言語体系の構築であったように感じる。(1) 当然ながら今後、こうした研究を承けて、概念的な枠組みの再構築や、通時的あるいは、共時的に不鮮明な言語集団の訓読語のイメージの鮮明化が深められることは、漢文訓読語史研究の今後の重要な進路である。

右に、漢文訓読語史の研究が、その展望として新たな局面を迎えようとしている旨の論述を行った。実は、日本語史研究上の本質的な課題であって、今更触れるのも烏滸がましいことではあるが、新たなる展開とは、現時点では、殊更意識的に意を注がれることが少ないように見える方向性で、所謂「訓点語学」が盛んに日本語研究として関心を持たれていた時代には、議論が熱かったであろうと想像される事柄である。現今の漢文訓読語史研究では、課題として意識的な位置づけがされているのかさえ明確ではなく、議論にも熱を帯びることがなく、置き去りにされている感があるが、本来は、研究というものに欠くべからざる要素である筈の、極めて重要な研究上での狙いである。漢文訓読語史研究に限らず、研究者ならば意識下においてかも知れぬが、恐らく、暗黙のうちにも目指されて然るべき方向である。即ち、それは、漢文訓読語史研究の方法論の模索である。特に、個別個別の資料を取り上げての研究モデルの確立が必要とされているのであると思量する。

鳥瞰的研究は、多くの資料への目配りによる訓点資料全体を覆う言語資料の史料的分布イメージの構築が最大の目的で、謂わば、水平的な拡張思考が必要とされる。恐らく、細部にわたるイメージについては、新出資料の発見がまだまだ期待される現状では、更なる水平的拡張に向かうであろうし、従来の研究によって作り上げられた訓点資料分布研究のパラダイムの転換が行われるためには、同様の方法論が採られる必要があるかもしれない。しかし、近年の水平的拡張思考に基づく研究の決定的弱点が、立脚基盤にあることを顧みられることが少なかったのではなかろうか。また、鳥瞰的、水平的な拡張思考は、ともすれば例外を切り捨てがちであるように思う。自戒を込めてであるが、傾向としての概念的枠組みの把握を優先するがために、個別個別の資料が持つ例外的意味を積極的に考えてみようとせずに来たのではなかろうか。また、一先ずは、漢文訓読語史研究の鳥瞰図的概念枠が作られたと思しい研究の現今の状況をとらえて、漢文訓読語史研究で更に積み上げるべき研究が残っているのかと難ずる向きもある。これも、水平的拡張思考にのみ拘った一種の偏見であって、明確に不当な評価であることは言うを待たない。

稿者は今、「訓点語学会」の発足当初の頃、漢文訓読語史研究の機運盛んなりし頃には、頻りに話題にされたであろうと推測する垂直的深化思考の必要性を切に感じている。ただ、当時は、水平的拡張思考による研究での鳥瞰図的枠組みの把握が最優先課題であったのだろうし、訓点資料全体の概念的枠組みが作られていない当時の状況での個々の資料に対する研究は、研究的な不安の大海の、浮木の如きものであったろうと想像する。今必要なのは、概念的枠組みの批判的研究、つまり、個別個別の訓点資料を取り上げ、築かれたイメージに矛盾する実態に基づく漢文訓読語史研究、その方法論の追求、開拓である。即ち、現状で、偏狭な学問的価値観によって、漢文訓読語史研究における垂直的深化思考への学問的欲求を放棄するとか、方法論の開拓が破棄されるべきではないと考える。

この垂直的深化思考に基づく、方法論の追求、開拓という大課題を優先すれば、資料の実見に優先して、写真複製の読解に基づく研究、公にされた先学の資料的成果に基づく研究があっても良いように思われる。研究上の優先順位なるものを考えること自体邪道であるとか、原本の実見という、予めなすべき手順を経ぬことをもって、研究の価値を全面否定する向きには、稿者が日本語学も人文科学である以上、最も重要であると考えている要素、即ち、研究者の人間としての個性に対する評価が、全く念頭にないということであろう。人間学としての日本語学の否定と同義であると考えざるを得ない。

写真複製を元にした研究が、研究として十全でないことは言うを待たないし、また、研究者には、そうした状況の明確な認識と反省が必要でもある。ただ、必ずしも原本に即した研究ではない、謂わば、二等以下の資料を用いての研究は、必然的に方法論の模索や開拓のありようによって存在価値が評価されるもので、漢文訓読語史研究において、かかる方向での研究の展開が積極的に歓迎され、実見による記述的研究と相まって、車の両輪の如く位置づけ、推進されるべきであると考える。このような研究のあり方は、漢文訓読語以外の日本語研究においては、極自然の有り様で、独り漢文訓読語研究に取り入れられず、措かれてきた方向性である様に思う。このことも、漢文訓読語史研究が日本語研究における特殊な研究であるとの誹りを受ける最大の原因でもあろう。古くは、国語学という研究が、国文学の基礎学として捉えられた歴史がある。また、国語学という学問の自己存在の意義を、活字本に拠るのではなく、原本実見主義に託していた時代があった、あるいは、現在もそうであるかも知れない。即ち、従来の原本実見主義のみに拘泥する学問的価値観が、科学としての日本語学の一部である筈の漢文訓読語史研究という学問が旧態依然とした体質の学問であるとの評価を受けざるを得ない最大の弊害となっているのではなかろうか。

二、冷泉家時雨亭文庫蔵文選巻第二影印本について

右は、殊更に大上段に振りかぶって論述を進めてきたが、稿者は実は既に、複製本や撮影された写真にのみ頼っての論を公に問うてきた(2)。この拙論の評価は、当の稿者本人のなす能わざるところで、公に仰がざるを得ない事柄に属するが、特に、漢籍訓点資料の場合、古抄本の現存量も限られ、希少なるが故もあって、また、学問的な需要も手伝ってか、影印による出版物も、近代以降、相当な数に上る。この影印によって知られる原資料の情報は、学問観の有り様によっては不完全きわまりないとの評価を得ようが、逆に、同時に極めて多くのものをも伝えていると判断される。影印資料の限界を評定しつつ資料とすれば、漢籍類の影印を利用した漢文訓読語史研究は、研究上の条件的に恵まれた環境にあると認められるのではなかろうか。

本項では、冷泉家時雨亭文庫所蔵にかかる重要文化財文選巻第二鎌倉中期点を取り上げる。依拠資料は、モノクロの写真影印本である。この影印によって立論するが、稿者は、一般論としての原資料の調査とか、移点とかの研究上の努力を放棄してよいとか、研究の理想像の追求をサボタージュしてよいとかを言っているのでは当然ない。漢文訓読語資料のおかれている現状を鑑みるに、理想は理想であって揺るぎはないが、実際に、実見の機会が許されるか否かは、資料に縁があるか否かによってであって、個人的には如何ともし難い状況が、現実として横たわっているということである。先述と重複するが、この現状は、精神論で超えられるような質の壁ではない場合が極めて多いと認識

すべきである。

取り上げる文選巻第二鎌倉中期点の書誌情報については、後藤昭雄氏の書誌的解説［以下、後藤解説］に拠って良いように判断するので(3)、この後藤氏の認知、認識を論の出発点とする。諄いようであるが、稿者は、本節の現状で十全であると断じている訳ではない。将来的に研究者としての責任において、資料の実見による後藤解説の可否は、問わねばならない。

後藤解説には、関連する記載そのものがないが、一般に、漢籍の場合、〝角筆（文字）点〟の加点例が多いことが知られている。公刊の影印に関しては、殆どすべての影印においては識別不可能なもので、影印を利用しようとする場合の影印の資料的限界でもある。客観的、物理的存在である角筆（文字）点の存在が、日本語史研究の幅を狭めているとか、甚だしい場合には、日本語研究に悪弊を及ぼしているとかの評もあるやに伝聞する。かかる批判の立脚点は、理想論的資料実見絶対主義であろう。ある日本語史料を研究対象とする場合、研究の方向性如何に関わらず、原資料の様態の全てを調査し終えて初めて立論が可能であるとする完璧主義である。角筆（文字）点の故に、膨大な労力と時間とが必要となり、縁のない資料については、論の俎上に上すことができぬと言う一種の被害妄想である。

右に述べたごとく、漢文訓読語史研究における研究の方法論の開拓が現時の急務であると考える立場からは、角筆（文字）点の有無自体は、今は、最大の問題と言う訳ではない。問題なのは、方法論の開拓上、角筆の有無がどれだけ論の本質に関わるかである。角筆（文字）点の問題は、第六章に譲ることとしたいが(4)、この角筆（文字）点の研究も、資料性を含めて問い直し、角筆点以外の文字言語資料と同等の文字資料と捉え直して、文字資料全体の集合体での相対的な距離を測り直す必要がある時期に来ていると判断する。資料の実見の場においてすら、角筆（文字）点に限らず、白点の場合、また、時には、朱点の加点すら研究者個々によって認知のあり方が違う場合が屡々である。明確と思われている墨点であっても、ヲコト点加点の資料の場合、誤認の可能性も充分にあり得る。研究者としての利己的な発想からは、資料の保存し来たった状態を恨むしかないが、破損、焼欠、虫損などの本文の欠落や改装による切断など、本来あったであろう文字情報を正確には、あるいは、全く得られない状況も少なしとしない。かかる資料を、日本語史の資料として使用する場合、使われる文字情報は、確例だけにしか拠り所がない。

いずれにしても資料実見の機会に、角筆（文字）点の存在に気づいた研究者があって、その情報を元に先行の研究を本質的に訂正する必要を感じれば、訂正すれば良いだけのことではなかろうか。資料中に存在する文字情報の一部である角筆による言語情報は、歴然と存在するのであるから、認識できる角筆の存在を意図的に隠蔽し、無視することは、謂わば、作為的犯罪であろうし、基本的な研究者としての良心を疑われることになろうが、稿者は、角筆研究に限ったことではなく、先行研究の論を正し、乗り越えようとするのが、研究の進展の方向であり、資料実見の機会を得たものの研究上の義務であると信ずる。

三、時雨亭文庫蔵文選巻第二の加点状況から

後藤解説によれば、当該資料は、三箇所の例外的後筆が存するものの、他は漢文本文、訓点ともに一筆であるとされる(5)。本資料は、極めて加点が密で、また、声点加点和訓の例も相当数に上り、非常に貴重な鎌倉時代の文選訓点資料であると位置づけられるものである。後藤解説に重複するが、本節の論行のために、奥書を略述する。時雨亭文庫蔵文選巻第二には、巻末及び巻末紙背に奥書がある。後藤解説には、紙背の朱書が判読しづらい旨の記述があるが、表面巻末には「寛治七（一〇九三）年癸酉四月乙巳五日辛亥申二點」の菅原時登による加点本奥書、式部少輔菅原在公抄了

奥書、別筆による「以當家秘説讀合礼卩二千石訖／翰林主人菅（花押）」奥書と、「奉受秘説訖／散木光吉（花押）」とした伝授奥書があり、紙背に、文章生菅原在行の受嚴説了奥書、寛喜二（一二三〇）年二月十八日在公（公輔）奉受本奥書が存する。後藤解説では、菅原在公が式部少輔にあったのが、寛元元（一二四三）年から宝治二（一二四八）年であることを示されて、この頃の書写であろうと論述されている。右の人名の内、「光吉」とは、住吉朋彦氏の説(6)を引かれて、「惟宗光吉」であろうとされている。奥書による経緯を考えれば、時登より菅原家に代々伝えられたであろう説を載せる文選を、惟宗光吉が落掌したのであろうところまでの経緯を追うことができる。

この文選巻第二を通覧すると、並記訓―複数の異訓の加点―の存することに気づく。後藤解説では、本文選は、三条ほどの別筆以外には、同筆であると論述されるので、共に、菅原在公の並記した訓であると判断することができるという前提から出発してみる。

例えば、

1、乃チ小-戎に御（去濁）（し）て輕《ケイ》（平輕）-軒（平輕）に撫《ヨ》ル「イ、撫《ノ》ル」。（199・冷泉家時雨亭叢書頁数、傍注略記以下同）

2、桃《モ、》ノ弧《ユミ》「イ、弧（平）」・棘《ヲトロ》ノ「イ、棘《ナツメ》（の）」「イ、棘《ヨモキ》ノ」矢アて發《ハナ》ツ所・梟《マ（上）ト（上）》無（し）。（202）

などを始めとする異訓の並記例がある。例1では、「撫」字の合点付和訓「ヨル」と「ノル」、例2では、「弧」字の音読訓読の異同、「棘」字の三種の和訓などである。右の例の合点の意味するところが問題であるが、一般的には、採用すべき訓点に付されるのが常であるように認められるので、右の文脈の該当字の並記訓の内、採用すべき訓点に付したものと解されようが、その合点付和訓の記入状況が問題となる。

例1の場合の合点付和訓「＼ヨル」の記入状況は、「撫」字の右下方にあって、合点の付されない「ノル」訓が、「撫」字の正に右傍、傍訓の正位置と言うべき位置にある。一方、例2の「棘」字の合点付和訓「＼ヲトロ」は、「棘」

字の正に右傍の、漢字の真横の正位置にあって、他二訓「ナツメ」は、漢字右下方、「ヨモキ」は漢字左傍に位置する。この微妙な位置関係は、写真複製で明確に認識できるものであるが、合点の付された訓点が、種々の位置に存することが注意される。基本的に、和訓の記入位置は、並記訓の書入順によって決ってこよう。例1では、「ノル」が謂わば正位置にあって、「＼ヨル」訓が、後に書き込まれたことを意味しよう。逆に、例2の状況は、「＼ヲトロ」が正位置訓で最初に書き込まれた和訓、他の「ナツメ」「ヨモキ」の二訓は追記された様相を示す。後藤解説での異筆の指摘は、先に掲げた通りであるから、本資料ではこれらは同筆で、親本の段階、あるいは、さらに遡った時点での加点の順序を伝えるものと認められよう。

奥書に従えば、菅原家の秘説を伝受した旨の記事が多いので、合点が菅原家訓を指し示し、採るべき訓として表示されたものであると考えるのが一つの解釈としてあり得よう。しかし、親本の段階でか、あるいはさらに遡ってか、付合点で採られた訓の各々の記入時期が、区々であるように判断される。即ち、例1では、「ノル」訓が先に加点され、「＼ヨル」訓が後に、例2では、「＼ヲトロ」訓が先に書き込まれて、「ナツメ」「ヨモキ」訓が後に書き込まれた状況を示している。合点付和訓の書き入れられた順番が、最初ばかりであれば、菅原家の漢文本文・訓点をつたえる「証本」として成立して、後に異家等の異和訓が、書き添えられたと解釈できようが、菅原家関係の奥書ばかり（惟宗光吉奥書が例外として存するが）であるのに、菅原家ベースの本文・訓点の資料として当初から成立していたものではない可能性を指し示したものと認められよう。

文選巻第二鎌倉中期点には一例を確認したに過ぎないが、

3、威‐儀を敬‐慎《ツ、シミ々》(み)て人に偸《イヤシカラ菅》「イ、偸《コ》エ」不《サ》ルコトを示す。(198)

との例が認められる。殊更に「菅」家訓であることを示した例がある。そもそも元来菅家証本ならば、何故、わざわ

ざ「菅」を注記したのか問題が残る例であろう。また、

4、夫レ・人に君タル者《ヒト》［イ、者《モノ》］は黈《トウ》(上)-纊《クワウ》(去)・耳に塞《フサ》ク。(210)

の「者」字には、右傍訓「ヒト」に二種の合点、左傍訓「モノ」に別種の合点が付されて、三種の合点が存すること は、影印上で明確に確認される。影印上では、少なくとも左傍訓の合点が、右傍訓の二種の合点とは異なっていると 判断できるが[7]、訓読された機会に、「ヒト」訓が採られたり、「モノ」訓が採られたりした証であることは動かないと 認められる。奥書に従う限り、菅家に伝わった系統の訓点資料で、奥書では、惟宗光吉に落ち着いた資料であるとし ても、「者」字の訓読が何度も揺れていたことが知られ、多重状態であることが確認される。

右の諸例の状況を見ると、奥書から菅原家の訓点資料と位置づけられる資料の訓読が、菅原家に伝わる中、諸種の 状況での訓読の営為があったように解釈される。遡れば、本来、菅家の証本であったのか否かさえ疑われることとな る。以上のことが認められるとすれば、菅原家で伝えられた訓点資料でありながら、他家の本文・他家等の訓点を付 された訓点資料を菅原家の人間が書写加点（あるいは、移点）・伝承したこととなる[8]。

文選巻二の訓点資料としては、書陵部蔵院政期点と九条本文選巻第二南北朝期点が知られる。山崎誠博士は、書陵 部蔵文選巻第二院政期点を菅原家の系統の訓点資料であろうと推定されている[9]が、同文個所を見ると、例1に対して、

5、乃(ち)・小-戎に御(去)シて輕-軒に撫《ヨ》ル［イ、撫《ノ》ル］。(66・行数)

とあって、例1の合点付和訓「ヨル」は、漢字右傍の所謂正位置にあるが、

6、桃(訓)(の)弧《ユミ》・棘《ヨモキ》の［イ、棘《オトロノ又アシ》ノ］矢ありて發《ナ》ツ所・臬《マト》［イ、臬《カキリ》］無シ。(83)

の例2の付合点正位置の「ヲトロ」に応ずる訓は、左傍にあって、「オトロノ又アシノ」とある参考訓である。例3 に対しては、

7、威儀を敬《ツ》慎《ツ》(み)て人に偸《イヤ》シカラ［イ、偸《コ》エ］不(る)ことを示《シメ》す。(60)

となって例3の「菅」家訓が右傍正位置であるが、例4に対応する箇所では、

8、夫(れ)・人に君たる者《(も)ノ》は黈《トウ》(上)–纊(去)・耳に塞く。(138)

とあって、そもそも例4の右傍正位置の訓「ヒト」が墨訓に見当たらない。九条本文選巻第二は、藤原式家(師英)の本奥書(10)の存する資料で、

9、乃(ち)・小–戎に御(去濁)シて輕–軒に撫《ノ》ル(178・行数)

では、例1・5の「ヨル」訓がない。

10、桃(訓)の弧《ユミ》・棘《オトロ》［イ、棘《ヨモキ》］の矢ありて發《ハナ》ツ所・梟《マト》無シ。(193)

の例では、例2の付合点和訓に応ずる「オトロ」が右傍正位置にあって、例6には異なる。例3・7に対応しては、

11、威儀を敬慎ミて民に偸《イヤ》シカラ不(る)ことを示す。(174)

とある。九条本文選巻第二は、式家の訓点でありながら、例3の「菅」注の和訓のみが確認される。例4・8に対応しては、

12、夫(れ)・人に君たる者《(も)の》は黈–纊(去)・耳に塞ク。(243)

とあって、例8と同様に、「モノ」訓しか確認されない。各資料四条のみの比較であるが、その異同は、区々で、現象としては微細なレベルであると断ぜられる向きがあるかもしれないが、本節の視点からは、重大な問題である。即ち、各博士家の「家の訓法」なるものは、各家の資料にあれば、その扱われ方—即ち、加点位置が右傍正訓の位置にあるか否か—はどのようにでも解釈できるという質のものではあるまい。各家々で重要視された漢文本文の或る箇所に、即ち、某家の証本なるものに並記訓が存する場合、種々の解釈が成り立ちうる。

当然、実証を経ねばならぬが、一つの解釈として、ある博士家の訓説に、複数のものが内包され、並存していたと解釈することも可能であろう。一つには、博士家の伝承的な訓説とは別に、博士家外の人物の、博士家の訓読に包摂されない訓読法が交雑している事態の現れかもしれない。あるいは、また、一つに、諸種の博士家の訓説の並記で、各家の訓説が、一紙面上に並べられて、そのうちの一種が、当該の博士家訓であると考えることも出来よう。従来は、後者の言語的な腑分けが行われてきた。しかし、かかる解釈に対して反省をしてみれば、当然、単一の訓読を伝えたものも有ろうが、何家の証本であれ、複数の訓読（複数家の訓説）が、重合した資料として現存していることは紛れもないと認めねばならぬのは改めて説くまでもない。

複数訓並記の認知も、原本の実見調査に基づく必要はなくて、複製本に従うだけで、十分明確に確認できる事態であるが、古くは史記延久点にしても、院政期の資料である神田本白氏文集天永点にしても、複数条の訓読法が並記された箇所を指摘するのには枚挙に暇がない。白氏文集天永四年点では、他家の訓読法を墨仮名で書き入れ、自家の訓点は、角筆点としていると指摘されるが[11]、朱墨両点で記入されようが、複製では認知認識できない角筆点で記入されようが、「異訓読の並記が存する資料である」という事実は、実見したか否かの状況は必須ではなく、複製本からだけで十分に実証できる、否定しようの無い事実である。本節の主旨から言えば、ここに取り上げた文選の内、稿者の原本未調査である九条本文選の、あるいは、本節の中心資料とした時雨亭文庫本の実見の縁を得られた方が、角筆点を見つけられたとすれば、並記訓が更に一種増えることであって、本節の実証的な追証を得られることである。本論の補強にはなっても、その存在が反証にはなりえない。

兎に角、本節の結論としては、写真複製の資料類に基づく知見から、漢籍訓点資料一資料中に、複数の訓読法が並存していた事実が、また、博士家における自家の訓説の扱いが区々だという歴史的事実が、実証的に明確になったと認識しておきたい。その事実認識を基に、更に、次項に論述を展開する。

四、「位相」と「文体」の言語生活史

歴史的な日本語に関して、過去の言語実態、また、言語生活史を考えようとするとき、「位相」と「文体」という二概念は、非常に有効に働き、漢文訓読語に関する言語生活史のパラダイムが構築されてきたように評される。社会的な言語集団間の言語体系の異同は、「位相」差という用語、概念で把握されてきた。一個人内における言語の表現状況（場）の違いによる言語体系の差は「文体」差として抽象化されてきた。この二つのキーワードは、有効に機能して、現在も、かかる視点からの言語生活史の概念的な枠組みの把握が行われている。

日本語研究史における漢籍訓点資料に関する訓読語の解明は、小林芳規博士『漢研』（昭和四十二年三月、東京大学出版会）の大著によって成された所が大きい。共時態としては些か幅があるように思われるが、平安時代後半期から鎌倉時代にかけての漢籍訓読語の様態を記述された章では、平安後半期以降の博士家の世襲という歴史的な動態を念頭に置かれ、言語的社会集団として成立した博士家間における訓読語の異同を明らかにされた。その記述によって、訓読調の強い言語特性を有する博士家、和文的な表現を採る博士家など、博士家間の言語の特性の違いを論じられた。即ち、各博士家における訓読語特徴の異同の記述、解釈を通して、当時の漢籍の訓読語世界をイメージとして捉える概念的枠組みを構築されたものと理解することができよう。

稿者の曲解であることを恐れるが、小林博士の論のあり方は、博士家各家が固有の伝承的訓読語をもって自立、並存し、謂わば、各博士家の存在意義の主張の基盤となっていたと言うことであろうから、各家々の訓読法の差は、共

時的な位相差であるとの認識で把握されようとしたものであったと見なすことが許されよう。小林博士の業績は、歴史的な言語生活のイメージ化において重要な視座を与え、言語生活モデルの構築において国語学（日本語学）史的に極めて高い評価を得るものであろうが、今、批判的に捉え直してみれば、問題がない訳ではない。一つには、博士家間の訓読語体系の違いは、時代的に、何時の共時態を想定すればよいのかである。方法として採られた同文比較に利用された漢籍資料の多くは、鎌倉時代またはそれ以降のものが中心である。博士家が設定された、家柄として成立した平安後期以降鎌倉時代という時間的な枠組みでは、あまりに共時態としての時間的なスパーンが長すぎることとなる。[12] 今一つは、共時態の規模の問題で、明経道、紀伝道の訓読語には、質的な差が認められるので、[13] 分析の際の共時態のあり方を再考してみなければならない。あるいは、記録類中には、博士家以外の貴族の関係した資料、また、現存の鎌倉時代以降加点資料では、仏家の関係した実際の資料が、あるいは、童蒙の訓読語教育が関係した資料が知られているので、そうした資料の積極的な位置づけも必要である。

その他、多くの日本語学史上での批判的視点が存しようが、更に、今一つには、非常に素朴な漢籍訓点資料の実態の確認から発した、前項の事実の問題である。前項に確認したことは、訓読語の多重状態、即ち、一漢籍資料中に、異訓法が並存することである。各博士家の特有の訓読法が、位相差として存在し、各博士家のアイデンティティーの発露として存在したものなら、各博士家の訓読法は各家の証本に、純粋・単独に存在して、秘説・庭訓なるものが伝授されれば事は足りるように思われる。理屈に走り過ぎた様にも反省するが、各博士家は、家訓に依って立つことができさえすれば良い。にも関わらず、他家の訓説を複数並記した資料が実際に存する—紀伝道の関係書には、むしろ、並記訓が存在するのが普通である—ことの意味を問うて見る必要が有るのではなかろうか。

以下は、かなり実証性を欠く論述になって行くが、アイデンティティーの発露として博士家説が必要である局面とはどのような言語生活の場合であろうか。

先ず、漢籍訓読の場そのものを仮に想定してみよう。各漢籍訓点資料に残された奥書の記事や、記録類の記述を基に、想像を巡らせば、先ずは、大学寮という場であろう。具体的な場面を想定する実証的材料に乏しいが、大学寮における講筵であろうか。対策の場も想像できようか。大学寮を離れての漢籍の教授の場は、奥書に散見される読書始・侍読や貴族への教授の場が想定されよう。一層私的な場として想定すれば、師資間（父子間など）における秘訓の伝授や個人の漢籍学習の場などである。(14)

右の言語生活の場を段階的に横並びにしてみれば、公に振れれば振れるほど、アイデンティティーの発露としての家説が意味を持って来そうであって、そうした実態では、訓読法の異同は、位相差と捉えて言語生活をイメージ化することに違和感はあるまい。しかし、先に実際の写真複製を手掛かりにしてみた訓点資料そのものの様相は、位相差と把握すること自体に問題を提起している。例えば、侍読につかわれたと見られる漢籍本文の加点の実態を想定してみよう。これも、単純ではない。漢籍の奥書に、侍読の記事が有る場合、各々自家の「証本」を使用したと言う記事と共起することが多いが、例えば、神田本白氏文集の並記訓を類別する際に、(15)拠るべき尺度として用いられた書陵部蔵時賢本白氏文集は、色分けされた博士家各家の家説が並記されていることで著名である。この色分け訓が並記された情況について、如何なる事態が有ってのことなのかは、奥書からは、必ずしも実証的に分析・証明することが難しいように思われる。小林博士は、侍読に使われた藤原（日野家）正家本に並記訓（大江家訓と菅原別訓）が有ったとする説を採られている。(16)この説を採れば、侍読に用いた、正にその本文に、他家説の訓の並記が存したことになる。

一方、私的な言語生活の世界に寄れば寄るほど並記訓の存在は、言語主体個人と結びつく事態が顕著で、右の神田本白氏文集では、各家訓の並記が、藤原茂明個人の言語活動に依って、神田本白氏文集内部だけでは類別できない状況で混在・重合している。神田本白氏文集奥書には、藤原茂明が、「于時看侲子之射聞郭公之聲」「雨中點了」など、個人的な述懐を記していることで著名であるが、この神田本白氏文集は、茂明の個人的な言語活動の所産である可能性が極めて強く、個人の学習・研究の場での成立が想像される。つまり、茂明個人が、各博士家の訓を、私的な場で並記したものと認められようから、個人レベルに振れれば振れるほど、これらの訓読法の差、即ち、言語体系の差は、文体差として捉えるしかないことになろう。言語生活史上の、概念的な枠組みとしてイメージを結ぶためには、理論上厳密には、右の理由から、博士家の訓説に基づく言語体系の差は、個人においても実現されたと見なされる。厳格な態度からは、「文体差」として概念化し、イメージ化して、当時の漢籍に関わる訓読語の世界を捉えるべきであろうと言うところに落ち着く。

しかし、右の様に、言語実現の場のレベルの違いを設定しつつ言語生活史を考える時には、「文体差」というキーワードだけで当時の漢籍訓読における言語生活をイメージ化するには―究極の本質は「文体差」として記述されるべきかも知れぬが―、あまりに単純すぎて具体的な実態を指し示してはいないように評価できる。具体的な言語生活史の諸相の、より鮮明なイメージを得ようとすれば、前提として呉々も、出来うる限り小さな幅で時代的立脚点を明確に設定し、また共時態の言語生活の場が単一ではなく、公的、あるいは、私的にと複層性がある実態を解明できるような視点を設定したところから論じねばならないであろう。今までにイメージ化の有効な指針としての概念であった、「位相」と「文体」の二項対立によって資料のあり方、言語の実現を把握する峻別・枠組みだけでは、具体的な言語生活史を説明しきれない点があるのではなかろうか。

以上に述べたような事は、日本漢文学の研究世界の議論においては、常識的な認識で、稿者の不明を曝すことになるのかも知れぬが、漢籍訓読に纏る言語生活の具体相を、写真複製資料を出発点として、「位相」「文体」をキーワードに言語生活イメージの仮設を試みた結果、「位相」「文体」を言語生活史の分析の依拠概念として設定するだけでは、充分な体系化ができないという結論に至った。「位相」「文体」という用語の概念の再検討の方向もあろうが、現状では、漢籍訓読語の実態の説明には、不十分さを感じるところで、言語生活史の新たな体系化のために、新しい概念の枠組みを設定する必要が有るのかも知れない。

即ち、新たな研究のパラダイムの構築の必要があるのであって、それを実現するためには、方法論の開拓が必要であると考えるのである。その目標のためには、具体的一資料から発すべきであると主張するもので、しかも、その一資料は、実見・精細調査できれば勿論最善であろうが、時に写真複製であっても、次善の資料の、資料としての限界を自覚しつつ、方法論の試行を世に問うべきことが急務であり、また、かかる論及にも寛容であるべきであると主張したいのである。

おわりに

日本語史（古典語）研究によって、なにを描くのかという問いは、日本語史研究者すべてが一度は抱いた、あるいは、抱いている問いであろう。私事に亘ることであるが、稿者は、歴史的日本語（古典語）という対象を通して、当時に生きた人間の〝息吹〟を感じたいと願っている。単なる興味本位の覗き見主義であるのか、人間の本質に近づける方途であると信じているのかは、現時点では、必ずしも十分な自覚はないと告白せざるを得ない。ただ、研究というものを始めた切っ掛けは、単に、〝嗜好〟が向いたところより始まったように思う。理屈の世界から出発した訳ではない。その欲求は、人間学にあったように顧みる。

学問の厳しさというが、確かに、自己に課すところには、妥協はゆるされまい。所謂、「好きで始めたこと」である研究を、心底から楽しむあり方を目指すことと、厳格に立ち向かうものであることに対しては、一点の疑問もない。科学という範疇とは、異なるかもしれないが、人文科学は所詮、個人の内的な世界を突き詰めていくことであって、哲学に関わるであろう他人の根本的な学問観の正否を傍から論じ、批難、中傷するものではないように思う。あるいは、ましてや純粋に科学としての学問的な批判や、研究者本人の学問的な深化に繋がるであろうとの配慮からの助言は当然あって然るべきであるが、誹謗、論難する者自身が自から最もよく承知するところであろう感情論や精神論は、心して慎むべき世界のように感じる。

訓点資料が特殊な言語資料であるとの評は、未だによく耳にする。漢文訓読語史研究の世界は、化石的徒弟制の世界であるとか、蛸壺的な学問世界であるとかの評さえも、未だに生きている。

研究者各自が、理知的には分かり切っている事である筈なのではあるが、漢文訓読語の言語世界の広さは、和文資料には比べ物にならないほどに広い。社会的拡がりは、和文の社会的世界を飲み込んで、なお広い。中国漢文の訓点資料との連続世界とも位置づけられる日本漢文の訓点資料（変体漢文の世界を含む）の言語世界を想定すれば、言語世界の厚みも尋常ではない。これらを一個人の研究責任において覆い尽くそうとするには、途方もない広大な言語世界の日本語史を問題とせねばならないこととなる。広大な言語世界の歴史を切り取って、部分を解き明かし、更に、高次の普遍性を求めようとする時、必要とされるのは、各研究者の個性に基づく方法論の開拓であろう。にもかかわらず、資料の実見調査の積み上げのみに拘る徹底した実証重視主義を標榜する学問主義のみが蔓延っている漢文訓読語史研究の世界は、首の回らぬ硬直かつ逼塞した世界となってはいないだろうか。以上は、私的感慨に過ぎぬとの批判を受けるであろうが、科学的実証主義の上に、個性的方法論の開拓に力点を置いた研究が――実見主義と同等あるいはそれ以上に—必要とされているのが研究の現在だと認められる。

本節に実践してみたのは、利用資料の特性に応じた資料的限界の認識の上に、実証として可能な言語的徴証から、些か乱暴に過ぎるという批判を覚悟して、漢籍訓読語の世界に関わる言語生活史の切片を描いてみた。

漢文訓読語史研究の方法論の開拓ならば、粗っぽく極論すれば、個別単独の資料のみを取り上げれば事が足りるであろう。資料的限界の自覚さえあれば、写真複製でも、公にされた訓読語資料でも良かろう。

如何なる一資料を取り上げるべきかの迷いがあるのなら、仮に築島博士の『訓点語彙集成』を基として、資料の選定を考えてみるところから発すれば良いと思われる。そこから出発し、漢文訓読語史研究の方法論の開拓を目指して歩み出し、試行錯誤を繰り返せば良い。他の学問と同様に、漢文訓読語史研究も、垂直的深化思考に裏打ちされて、先学に依って描かれたパラダイムの転換を目指して進むべき時であると信じて疑わない。研究のスタイルとして従来の記述研究からの積み上げげと同時に、理論指向による方法論の確立が試されるべき時であると感ずる。

本節は、営々として積み上げられてきた研究のパラダイムに、たかが写真版からの例外的事象をもって疑問を挟み、あるいは、旧来の概念的枠組みを打ち壊し、再構築しないのは、研究者の基本的な責務を果たしていないとの誹りを受けることは明確であろうと思量するが、もし、一試論として批判的に受け入れられれば、本節の意図は達することになると思う。

自らも、この文章が、些か遺言めいても読めるであろうことは自覚するし、また、下らぬエッセイだと評されるであろうことは考え及ぶところであるが、稿者の潔しとするところではない。ただ、願わくは、特に、後生、後発の一考の呼び水とならば、幸いこの上ないところである。

注

(1) 中田祝夫『点研　総論篇』(昭和二十九年五月、大日本雄弁会講談社)。
築島裕『平安時代における漢文訓読語につきての研究』(昭和三十八年三月、東京大学出版会)。

小林芳規『漢研』(昭和四十二年三月、東京大学出版会)。

(2) 拙著『平安鎌倉時代漢文訓読語史料論』(平成十九年二月、汲古書院)に収載の第一章第一節における漢書楊雄伝天暦二年点に関する論、同第三節における古文孝経に関する論などは複製本、写真影印などを中心資料とする。

(3)『冷泉家時雨亭叢書　大鏡　文選　源氏和歌集　拾遺(一)』(平成二十年十二月、朝日新聞社　冷泉家時雨亭叢書八三)中の文選の解題。後藤昭雄「文選」(解題9頁~22頁)。

(4) 本書第六章に譲るので、以下には、多くは記さない。観念的には、角筆資料についての日本語史上の資料価値には、慥かに大きなものがあると認めざるを得まい。ただ、今までの角筆文献研究は、小林芳規博士を中心とした資料発掘、それに基づく、角筆文献のみを対象とした記述研究が主であった。その営為を通じて、角筆文献には、短絡的発想では許されない、根本的、基礎的な、日本語史資料としての欠陥が認識されるに至っている。この点についての稿者の態度は、委細、本書第六章に譲ることとする。

(5) 注(3)文献。この解題には、書写、注記、傍訓が一筆である旨の指摘があり、例外的に別筆の訓点があって、傍訓二条と一二点一カ所である旨の記述が存する。本稿の立論も、この記述に従う所を出発点とするが、稿中にも触れた如く、本文の伝領の間に、複数回の訓説の教授が行われており、写真版を見る限り微妙ではあるが、合点などこれに対応する書入も存するのではないかとの疑問も存するが、本論の趣旨には影響はないし、縁があり実見が叶えばの課題とする。

(6) 住吉朋彦「本邦中世菅家文選学事捃拾」(『日本歴史』652、平成十四年九月)。

(7) 注(5)。

(8) 注(1)小林芳規文献には、漢籍の奥書を整理して、他家の漢籍を書写、移点した例を示されている。序章第二節。

(9) 山崎誠「文選巻第二宮内庁書陵部蔵「管見記」紙背影印・翻刻並に解説」(『鎌倉時代語研究』第七輯、昭和五十九年五月)解説。本資料には、角筆点の加点が存する。稿者は、全巻に目配りした詳細・精密な移点などの精査の機会を得ぬままであるので、山崎解説によれば、角筆点は、「このうち角筆は専ら音訓注・補読・返点に用いられ、（中略）もとからくわえられてあった訓点に、二次的に附加したものと思量される」とある判断に基づき、加点事情を理解しておくことを、今は、前提とする。

(10) 九条本文選巻第二の奥書には、「本云／正慶元年大呂五日書寫了／散位藤原師英／同廿三日寫墨點同勘物了　師英／（朱書カ）「同夜半朱點畢　師英」」とある。原本未調査。依拠本文は、広島大学大学院文学研究科中国文学語学研究室蔵写真影印本により、中村宗彦『九条本文選古訓集』（昭和五十八年二月（再刊）、風間書房）によって訓点の確認を行った。

(11) 小林芳規「角筆点に基く神田本白氏文集の訓点の考察」（太田次男・小林芳規『神田本白氏文集の研究』（昭和五十七年二月、勉誠社）所収）。

(12) 注(1)小林芳規文献では、例えば、清原家の家訓のターニングポイントを、院政期の学者・清原頼業に想定されたと思しき論行がある。祖点の時期の問題を含む事柄である。

(13) 注(2)文献、第一章。

(14) 注(8)文献。

(15) 注(1)小林芳規文献、第四章第四節。

(16) 同右、九六八頁。

第四章　ことばの実存の諸相

序節　漢文訓読語史の文体解析

本章に説こうとするのは、遠く望めば狙いは漢文訓読語表現における中国語文の文体的制約の問題である。つまり、訓読語の紙面への定着（訓点）は、どれ程原漢文、即ち中国で表現された語文の場合、日本語とは異なる中国語たる中国古典文の影響を受けて成立しているのかと言う問題である。但し、本章に実践した解析は、学史上古典的な課題・方法と言って良いであろう。和文資料の解析、片仮名交り文の解析では、同趣向と思える課題は、かなり深くまで研究されて来て居ると言うべきで、ある意味研究が、今までの方法論では、峠を越えた感がある。多量の用例に対する解析が可能となるコーパスによる研究に今後の古典語研究の革新があるかも知れない。ただし、訓点資料による漢文訓読語のコーパス作成は、極めて難しい問題を抱えている。

和文資料、片仮名交り文資料の解析の結果が、訓点資料の漢文訓読語の解析に繋がるアイデアがあって当然であろうと思われるが、和文資料や片仮名交り文資料の研究成果の類推が働いてそれで良しとして居るのか、実証的研究は、思ったほどには多くない。

平安鎌倉時代の訓点資料の漢文訓読語について、所謂、類型論としては、漢籍・仏書・国書のレベル１の類別、漢籍内では各博士家の類別、仏書では宗派流派によるレベル２の類型論が行われて来た。かかる整然とモデル化された類別論に、異を唱えたのが前の第三章である。本章は理論的な類型論的モデル論にはなり得てはいないと思うが、漢文訓読語内の文体差、漢文訓読語外との文体差の解析を進めようとして編んだ章である。

量子物理学を持ち出すまでも無いが、本章の意義を分かりやすい例えで説明をしておく。近年の量子物理学のトピックは、素粒子の標準モデルで理論的に存在が預言されていたヒッグス粒子の実在がスイスの衝突型加速器ＬＨＣのＣＭＳ素粒子検出器によって実証されたこと。ニュートリノ振動が観測されてニュートリノが極々微量の質量を持っている事が発見されたこと。重力波の間接的な存在証明は、一九七四年、ハルス（Russell Alan Hulse）とテイラー（Joseph Hooton Taylor, Jr.）が連星系パルサーを対象に行っていたが、重力波そのものをＬＩＧＯで直接観測したというニュースが世界を駆けめぐった。ただし、波の観測であって、重力子（グラビトン）の発見ではなかった。しかし、直接観測から以後の経緯は、以下の様なことであった。

平成二十六年（二〇一四）三月には、米国の二カ所に設置された大型観測装置「ＬＩＧＯ」（ライゴ）のデータ解析から米カリフォルニア工科大学のチームなどが、重力波の証拠を初めて直接観測したと発表した。しかし、欧州宇宙機関（ＥＳＡ）などの国際研究チームは翌年、観測データは重力波ではなく、銀河のちりの影響によるものだったと結論づけ、〝世界初の観測〟とはならなかった。

遠い宇宙から届く「重力波」の世界初検出を目指す東京大学宇宙線研究所の観測施設「ＫＡＧＲＡ」（かぐら）が、岐阜県飛騨市神岡町の地下に完成し、平成二十七年（二〇一五）十一月六日、報道関係者に公開された。装置の調整を行ったのち、平成二十八年（二〇一六）三月二十五日に重力波の試験観測を始めて、さらに性能を高めた第二期実験施設が完成後、重力波の本格観測を開始して、世界初の重力波直接観測を目指している。

この内、素粒子の標準モデルに預言されたヒッグス粒子の実在証明は、ある体系的モデルの部分的要素の解明である。平安鎌倉時代の言語資料の存在体系の一要素の漢文訓読語の実証的な解析と同じである。日本語体系内の一言語類型の内実の解析によって、体系内での相互関係が捉えられる。つまり、日本語の言語体系内の類型が、日本語の全体の中で、他の類型との相互の関係付けによって日本語史全体の史的動態が判明するはずである。

体系モデル内での類型的な要素が、従来の理論的な解釈の体系的書き替えをせざるを得なくなったのが、ニュートリノ振動の発見であろう。どんなものでも通り抜ける程に小さな素粒子であるが、質量を持たないと言った解釈が一般化していた。地球の裏側からやってくるニュートリノと、宇宙線が大気に当たってできるニュートリノの比率差からニュートリノは振動（電子・ミューオン・タウと周期的に変化する現象）するものだと確認された。このニュートリノ振動は、数学的に質量が伴う必要があって、ニュートリノに極々微量の質量が存すると考えられるに至った。ヒッグス粒子は、元々質量を持つものであって、ヒッグス場において他に質量を渡すことが理論的に考えられて居たが、ニュートリノに質量があると言う発見は、素粒子の基礎モデルの体系的なお互いの張り合い関係の再考を促すことである。

即ち、言語体系の類型間における関係を日本語の表現機構の視点から体系の張り合い関係として説明するには、特に、漢文訓読語の解析が進まねば、全体の日本語の存在状況の記述は不可能となる。漢文訓読語の場合は、他の日本語資料の解析結果からの類推が先行しているのであって、本章はその一部分の解析を行おうとするものである。

重力波の実証的発見への期待は、すばるなどの巨大反射式望遠鏡やハッブル宇宙望遠鏡など、光子によるのではなく、重力波天文学の可能性を具体的に創造させる期待を生み出した。宇宙の地平の陥没たるブラックホールは、光子さえも捉え引き込むと言われる。そうなると光学系の観測はできないが、宇宙の地平をも歪めるブラックホールは、重力の塊で、重力波による観測が可能であると言われる。この宇宙の創生期も、光学系の観測の限界である以前の時間の宇宙の観測が可能であると期待されている。重力波は、理論物理学では、アインシュタインが唱え始めた。実際、直接重力波によって、今まで観測できなかった創生期の宇宙やブラックホールの中が覗けるのならば、天文学や物理学に革新的に資することとなる。本章には、そこまでの方法論的な革新は、残念ながら無いと告白せねばならないが、従来類推の域にあった平安鎌倉時代訓点資料の文体分析を通して実証的に解析結果を定位しようとした章である。

第一節　上表と勅答の訓読語

はじめに

代宗朝贈司空大辨正広智三蔵和上表制集（以下には、不空三蔵表制集と称する）は、唐の円照の編纂した書で、唐の玄宗・粛宗・代宗の三代の皇帝時代に長安を中心に活躍した不空三蔵の上表文と皇帝の勅答とを中心に収録したものである。その他、後半には、不空の遺書、更には、碑文や弟子僧の手になる上表文など、不空三蔵関係の文章をも収載している。

栂尾高山寺には、重要文化財第Ⅰ部第239号として、不空三蔵表制集六帖を蔵する。院政期の書写加点とみられる資料で、ヲコト点には円堂点と中院僧正点とを使用する。ヲコト点法からは、真言宗広沢流・真言宗高野山に関係する資料であろうと推定される。広沢僧の高野山参籠時の資料であるかも知れないが、奥書が無く推測に過ぎない。

加点の状況は、巻毎に区々で、巻第一と巻第六には、円堂点の加点が厚い(1)。巻第二は、円堂点加点であるものの、巻首には加点密度が比較的濃いが、第八紙以降の密度は薄くなる。巻第三・四は中院僧正点の加点資料であるが加点は疎である。巻第五は無点本である。本節は、高山寺蔵不空三蔵表制集院政期点の円堂点加点の厚い巻第一と巻第六を対象にして訓読語の記述を行おうとするものである。

高山寺蔵不空三蔵表制集院政期点巻第一には、不空三蔵の表制（上表文）二十通と答制（勅答）八通が納められる。巻第六には、不空三蔵以外の僧等による上表文二十二通と勅答十一通が存する。その上表文と勅答とを対象にして言語事象の記述を行う。中でも、高山寺蔵不空三蔵表制集院政期点の待遇表現体系を念頭に、本節では、待遇表現法の質に焦点を当て記述することを目的とする。

上表・勅答を対象として言語分析をする目的は、一つには、上表文・勅答は、君主に進上する文献、あるいは逆に、君主から下される文献である。上表文には、発信者と、それよりも高い地位にある受信者との相対的上下関係が前提として存する。逆に、勅答の場合は、発信者と、それよりも低い地位にある受信者の相対的関係が存在する。この場合、どのような待遇表現を採って訓読語が実現されたのかを記述してみたいと考えている。即ち、本節では、上表・勅答に限ってのことであるが、待遇表現法、中でも以下に取り上げるのは、先ず文法的敬語表現である。敬語表現という観点から、どのような訓読語の基調が記述されるかを問題とする。さらに、漢文訓読語の待遇表現法の全体を記述してみたい。

第二には、表自体が〝文書〟であることである。即ち、最初から〝書かれた文章〟として訓読される。漢文である上表文の場合、表現主体は、不空三蔵やその弟子等であるが、君主に申し立てる類型の〝文章〟として伝来したものである。日本人訓読者に受け入れられ訓読される際、当初から〝書かれたもの〟としての意識が形成されたものであろうと推測される。稿者は、その〝文章〟は如何に訓読されたものかと言う課題を追っているが、その一端を原漢文と訓読語の待遇表現体系との関係を通じて明らかにしたい。

以下には、敬語表現の記述を行うが、敬語表現も、まず、第二項で専ら文法的敬語表現に限ることとする(2)。漢文訓読の待遇表現の場合、和文とは異なり、語彙的待遇表現が重要な位置を占めるのであるが、この問題は、本節第三項以下で検討することとする。

本節では、先ず、高山寺本不空三蔵表制集巻第一・六の記述を行い、今後の漢文訓読語における待遇表現体系の質を考えるための見通しを述べてみたい。

一、高山寺蔵不空三蔵表制集巻第一・六の言語量

高山寺蔵不空三蔵表制集巻第一・六における敬語表現の記述を行うが、右にも記した如く、第二項では、文法的敬語表現を中心に取り上げる。文法的敬語表現とは、文法化した敬語表現を指す。例えば、補助動詞による敬語表現、「たまふ(四段)」や「たまふ(下二段)」「たてまつる」は、動詞に下接して尊敬や謙譲の敬語表現の機能を果たす。これらの補助動詞は、動詞+補助動詞の形態で、基本的には、動詞そのものを選ばない。即ち、文法的な機能として尊敬・謙譲を表す。助動詞の場合も同様で、動詞句の中で、多くは動詞に下接して、文法的に敬語表現を担う。

接頭語「み」や「おほむ」も同様に、語の構成要素として上接する要素で、同一の語形で多くの名詞を作り出すから、これも以下の記述に取り上げる。ただし、接頭語を冠した名詞は、語彙的敬語表現とも解釈される余地が十分にあるものであるが、第二項では、これを記述の対象として取り上げる。

また、例外的であるが、これに和語の敬語動詞も加えて記述する。敬語動詞は、厳密には語彙的敬語表現の範疇に含めるべきものであると思われるが、これを含めることとする。

概ね、第三項に委ねるのは語彙的待遇表現、即ち右以外の漢語名詞の類、漢語動詞の類で、これらの語彙・表現を

第三項以降で扱う。

本節で対象とする高山寺蔵不空三蔵表制集巻第一は、内題から尾題までで、計二八丁存する。半丁あたり七行で、第二八丁裏は三行で巻を閉じる。巻第一は計三八八行を存する。巻第六は、内題から尾題までの全体で二六丁、末尾の第二六丁表は、尾題のみ一行で巻を閉じる。行配りは、半丁あたり七行で、巻第一と同様である。巻第六は、計三五一行の言語量を持つ。本節に対象とする不空三蔵表制集院政期円堂点資料の言語量は、総計七三九行となる。字詰めは、行によって区々であるが、行一杯に書写されている字数は、一七字から一九字である。また、一行数字しかない行もあるので、目安にしかならないが、一行一七字として計算すれば、一二、五六三字となる。

二、高山寺蔵不空三蔵表制集における文法的敬語表現の出現状況

まず、高山寺蔵不空三蔵表制集に認められる補助動詞を取り上げる。高山寺不空三蔵表制集に認められる事象については、以下に実例の全例を掲げる。

尊敬の補助動詞「たまふ」は、以下のように出現している。

1、皇后張氏に冊《シャク》シタマフを賀(する)・表一首幷答　(巻一・二オ3・目次)
2、皇后張氏賀-冊シタマフ・表一首　(巻一・九オ7)
3、遂に千年(の)[之]聖を誕《スマ》シタマヘリ[墨、誕「ス」]。(巻一・一二オ5)
4、像・能く光明洞徹(したま)へり[墨、洞徹「ナリ」]　(巻一・一二オ7)
5、陛下の威萬-國を降(したま)《「シタマヘ□」》へるか如(し)。(巻一・一二ウ1)

6、伏(て)願(はく)は少《「シハラ」》「ク」敬念を脩《「ヲサ」》「メ」緘《ツ□□ム》て而(し)て帯シタマヘ[墨、帯(せ)「ヨ」][之]。(巻一・一二ウ4)

7、正法をモテ國を理ム　靈と與に・契を合(せ)タマヘリ。(巻一・一五オ4)

8、請フ道場に齊《ヒ》–儭《「ホ」》–翻–譯抄–寫の糧–食等に充–給(したま)「ハム」。(巻一・二三オ3)

9、威儀容–衞・釋迦(の)[之]鷲峯に下(し)タマヒシカコトシ《「ママ」》(に)[墨、下(すか)コトキ(に)]宛(つ)。(巻一・二四ウ4)

10、佛護–念(し)タマフ所身を烈火(の)[之]上に委(ね)テ足を銛《セム》鋒の[之]端《サキ》(に)投(く)(巻六・九オ7)

11、伏(て)惟(れ)は寶應元聖文武皇帝陛下。文殊(の)事を弘(め)普賢の願を行シタマフ。(巻六・一一ウ3)

12、忽に石上於(て)灰《「クエ」》燼《「シン」》を濕*したまひける便(ち)微火を得。(巻六・十六オ4)

〈*「濕」、「燼」字左傍に墨仮名「ウルヲヱル」あり〉

13、文殊大聖。靈山を保護(し)たまふ・(巻六・一九ウ3)

14、瑜伽最上乘義を受(け)後數百歳に[於]龍猛菩薩に傳(へ)タマフ。(巻六・二四オ2)

15、金剛智東來(し)て[於]和尚に傳(へた)マフ(巻六・二四オ4)

以上の一五例が全例である。いずれも読添語として出現する。両巻の総行数は、七三九行であるから、約四九・三行に一例の出現比率である。注意すべきは、例3・4・6・9・12の五例である。本資料には、朱点(円堂点)の他に、墨の仮名点・注記書入が存するが、その墨点に拠れば、無敬語である。つまり、墨点の訓読に従えば、読添語の補助動詞「たまふ」は、七三・九行に一例出現することになる。

謙譲の補助動詞「たてまつる」は、以下の二例が出現するのみである。

16、三千逾(え)タテマツル(巻六・二五オ6)

17、豈(に)只(た)・轉念誦持して而モ能(く)報し奉る者《モ(の)》ノミナラムヤ[矣]。(巻六・一二オ2)

例16は、仮名点の読添語として出現するが、例17は、本文の漢字の直読例である。漢語動詞「奉報」を、それぞれに和訓を与えて返読して読んだ例で、かかる訓読法の歴史を追ってみる必要を感じるが、このような返読での訓読法は、例外的である可能性が考えられる。即ち、二字の漢語動詞として訓読される場合を期待できるからである。

語彙的敬語表現の範疇としてよいと思われるが、和語動詞の敬語動詞「たまふ」は、以下の七例の確例が存する。

18、特(訓)に名香を賜へり[墨、賜「ヒ」]・兼ては天使を降す[墨、降《「クタ」》「セリ」]。(巻一・六ウ2)

19、乃《「ナ」》「ヲ」号を大廣智不空三藏と賜フ　(巻一・二七ウ2)

20、仰(きて)聖慈を思《ヲ(も)》(ふ)に・曲(け)て哀–恤《シウ》を賜へリ。(巻六・四ウ3)

21、亡–師恵堅ニ贈スル物賜フ表(に)謝(する)一首　(巻六・五オ4)

22、紫の僧衣一副《コク》を賜ふ・者《(てへ)》リ　(巻六・八ウ3)

23、特に錦綵縑緗共(に)四十疋賜ふ。(巻六・十二ウ4)

以上は、本文の漢字「賜」の和訓である。

24、薄《コ、》ニ中《ノ》へ奨*(め)賚《タマ》フ以て助脩行ナリ[墨、奨–賚《シャウテイ》ヲ申(へ)以(て)脩行を助(く)」[也]　(巻六・十三ウ3)

〈*「奨」字の右には朱仮名「ノ、ヌ」あり。「ス、メ」の誤点か〉

右の例24は、墨訓が漢語名詞としているので、本動詞「たまふ」の例として掲げたが、複合動詞ではなくて、補助動詞である可能性を捨てきれない。これも、類例を探索する必要があろう。

謙譲動詞「たてまつる」は、以下のように現れる。

25、虎魄の像幷に梵書の隨求の眞言を進《(たてまつ)》る・状一首　(巻一・二オ4・目次)

26、謹て状に隨(ひ)進「ル」（巻一・一五オ6）
27、恩命アテ京城諸寺ノ塔像ヲ拂ひ拭ひ訖て進る表一首（巻六・九ウ3）
右の三例は、「進」字の和訓として現れる。
28、謹(て)状に隨(ひ)進(る)。謹(て)進(る)。（巻一・一二ウ6）
などの例が多出するが、確例ではないので計数には掲げていない。
「奉」字の例は以下の三例の確例が認められる。
29、伏(し)て奉ル中使羌《カウ》庭瓌《クワイ》(平)聖慰を宣ヘ(ママ)ラク（巻六・五オ5）
30、伏(て)奉る中使李憲誠聖旨を宣キラク（巻六・一二ウ4）
31、今月十日・面《マノアタ》リ進止を奉る。（巻六・一四ウ6）
「獻」字を「たてまつる」と訓じた例は、
32、臣聞く子一善を得は・必(す)其(の)父に獻《タ(てまつ)》る。臣一善を得(は)必(す)其(の)居(に)獻る。（巻六・二ウ6）
33、元日に甄《ケン》升迦カ寶獻る・表一首幷答（巻六・一七ウ6）
の三例が確認される。
「覲」字の訓「たてまつる」は、中止法の一例があって、
34、想を十方に凝《「コラ」》「シ」花嚴(の)[之]諸佛に覲《「キン」》ツリ・（巻一・六ウ3）
と認められる。

以下、「つかまつる」、「まうづ」、「うけたばる」、「まうす」の各一例が認められる。
35、常に闕庭に奉《「ツカマツル」》「ル」（巻一・七オ4）

36、謹(み)「テ」銀-臺-門に詣《イタ》リ［墨、詣《「マウ」》「テ、」］奉表陳賀以-聞ス　（巻一・三ウ2）
37、伏(し)て承《「ウケタハ」》　レハ《「レハ」》官軍・捷《音妾「カチモノ」》　を獻(し)東京を収-復す。（巻一・四オ5）
37、沙門不空言「サク」　中使《「勅使也」》　呉《「コ」》《「姓也」》-遊《「名也」》-巖至(り)て聖旨を奉-宣「ス」。（巻一・六ウ1）

漢語名詞、漢語動詞の語彙的敬語表現を除いて、文法的敬語表現を中心に右に掲げた。右からは、敬語補助動詞は、基本的に読添語に出現する。ただし、補助動詞「たてまつる」一例が、本文の漢字の訓として、確例で出現している。敬語動詞の出現は、右の如くで、決して多くない。また、和語接頭辞を冠した名詞は、(3)確例が認められない。また、本資料中には助動詞「しむ」が出現する。しかし、いずれも使役の用法で、尊敬の用法がなく、その他の敬語助動詞は出現しない。

右のような敬語表現は、上表文と答勅と言う発信者と受信者の上下関係が明確な文章の訓読において、決して、栄えているとは言えない。(4)

三、高山寺蔵不空三蔵表制集における語彙的敬語表現—漢語動詞の例について—

さて、前項に記述した如く、高山寺蔵不空三蔵表制集巻第一・六院政期点においては、敬語表現として補助動詞の使用は、極めて少ないと言えようし、和語の敬語動詞も多く出現している訳ではない。

では、高山寺本不空三蔵表制集において、前項に取り上げた事象以外で、待遇表現を支える要素があるのであろうか。

先ず、一字の漢語サ変動詞について記述を行うことから始めてみよう。第二項に触れた如く、「奉」字には、補助動詞和訓「たてまつる」が充当されている例が一例存する。例17である。敬語動詞和訓としては、「進」「奉」「獻」「覲」字に「たてまつる」訓が与えられて和訓で訓読された例を例25から例34（例28は除外）まで掲げた。実は、これらの漢字は、不空三蔵表制集中に多用される字である。高山寺蔵不空三蔵表制集巻第一・六院政期点においては、充当語が和語なのか、漢語なのかの訓読語形の確例たり得ないものも例としては、

38、奉勅語《ヲ》。（巻六・一四ウ2・「奉」字にはヲコト点も仮名も加点されていない）

などの例が多く存している。

以下のように一字の漢語サ変動詞として訓読された例が認められる。確例が多くはないが、

39、大興善寺三藏沙門不空奏ス。（巻一・一八オ1）

40、右杜冕（人名）奏して「イ、奏（す）。」臣・素「ヨリ」功-勳無「シ」（巻一・二二ウ6）

41、謹（み）て中使李憲誠カ表ヲ奉シ陳賀以聞（巻六・四オ2）

42、師・道を靈山に訪（ね）精か（に）正覺を脩せり　異石來り獻せり・（巻六・一八オ6）

などは、謙譲の一字漢語動詞と認めて良かろうし、

43、大興善寺都維那法高に勅ス・前に依（り）て句當セシムル・制一首（巻六・二ウ1・目次）

などは、尊敬の一字漢語動詞と認められよう。ただし、文法的な敬語ではない。語彙的敬語の範疇に入るものであろうことを認めておく。

二字漢語動詞の例もあり、

44、陛下《肅宗》「平」時「ニ」乘（り）・至-徳（し）て興王（の）［之］首《ハシメ》［墨、首《「カウヘ」》］「ニ」冠《「カフ」》ラシメ」・（巻一・五ウ7）

45、所《「コノユヘニ」》-以に庶品を神-化「シ」（巻一・九ウ2）

46、皇后・柔《シウ》（去）範を徳彰「し」・（巻一・九ウ3）

これらの二字漢語動詞は、尊敬の動詞と見て良かろう。

47、志ヲ「イ、に」誓（ひ）鑽仰して豈に敢（へ）て怠遑《クワウ》「セムヤ」。（巻一・一六オ5）

48、續（き）て譯（し）て奏聞「セム」。（巻一・九オ1）

49、中使李憲誠勅旨を奉宣（上）（す）ラク。（巻六・九ウ5）

50、懇に「於」心を責（め）・何《ナ》に憑《ヨ》テカ啓請せむ。（巻六・一六オ4）

右の例などは、謙譲の二字漢語動詞と認めて良いと思われる。これらも語彙的な敬語であることを再度確認しておく。

次に掲げた例は、正に、語彙的な敬語として文脈内で機能するのか、敬語動詞表現としては機能しない美文漢語動詞であるのかが問題となりそうな例である。

51、故金剛三藏。天資秀異して・氣・沖ノ和ヲ「イ、に」稟（け）「タリ」。（巻一・二五ウ1）

例51は、「故金剛三藏」が主語としてとある。「天資（生まれつき）」が「秀でて他と異なる」の意の漢語動詞が、文脈内に使われて、美文語であるとは認めて良かろうが、例51は、

金剛三藏に開府及ひ・號を贈る・制一首

中に使われたもので、不空三蔵に対する勅書の中の一部である。「故金剛三藏」を讃えた文であるには違いないが、この皇帝の勅書中の漢語動詞「秀異す」は、「故金剛三藏」に対する皇帝からの尊敬の機能を持った漢語動詞と認めるか、あるいは、勅書中の美文表現ではあるが、尊敬の機能を持たないものであるとする二つの立場があり得ると、稿者は考えている。

即ち、語彙的な敬語は、如何なる文脈で使用されるのかが問題で、尊敬の機能を含んだ美文語であるのか、四六駢

儷文中に使われて単に美文語であるのかは、正に、文脈に支えられてのことになろう。ただし、敬語レベルではなく、待遇表現レベルでは、決してマイナス評価の動詞ではない。

四、高山寺蔵不空三蔵表制集における語彙的待遇表現―名詞・代名詞の例について―

敬意を含むか否かの問題から、高山寺蔵表制集の訓読語を眺めれば、漢語名詞も、語彙的な敬語として使用されていると思しい。漢語名詞の場合、用例の枚挙に遑がないが、数例を掲げてみる。

52、智藏(人名)久く　王化に霑(ひ)重(ね)て漢儀を覩ル（巻一・三ウ1）

53、智藏幸に　昌-明を保《タモ》(つ)（巻一・四ウ7）

54、西(のかた)　上皇を迎「フ」。（巻一・五ウ3）

55、　恩-賜の香を謝シ(て)情を陳(へ)シ・表一首（巻一・六オ7）

56、但シ冀《ネ》(く)は文殊法力(平?)憑《ヨ》リ　洪恩を上-答(せ)む。（巻六・一二オ3）

などの例が存する。これらの例は、漢文自体の表記の問題があって、二字漢語名詞の前に闕字が存する。この二字漢語名詞直前の闕字は、敬意を表すための表記法であるから、「王化」「昌明」「上皇」「恩賜」「洪恩」が敬意を込めた表現であることを表記上から明示したものと考えられよう。これらの例は枚挙に遑がない。

57、斯(に)實に睿《「エイ」》-謀《「ホウ」》《御謀》廣「ク」運(ひ)て「ィ、廣運「ナリ」」（巻一・四ウ5）

例57の「睿謀」の左傍には、墨書の書入があって、「御謀」との書入注が存する。この書入注の出典を解明してはいないが、「睿謀」に、敬意が含まれていることを示したものと解釈する根拠となろう。

58、而(し)て更に鑾輿《「鳳」》を尊「ヒキ《き》」・天歩《「天子筵道」》を清《「ハラ」》「ヒテ」而(し)て仍《「シキ」》「リ」に法-駕を延「ク」。天-父天子・先天・天に後《「ヲク」》「ル」。閶《「シヤウ」》闔《「カウ」》(入)を去(り)而《て》九重に復-歸「シ」「イ、歸《「カヘ」》「リ」」。朝《「御輦也」》-綱《「天也」》を正「シク」(し)而《て》萬-姓を載-安(す)「イ、載《「スナハ」》「チ」安《「ヤス」》「ムス」」。(巻一・五ウ3～5)

例58も、同様で、「天父天子先天」には闕字がある。「天歩」には「天子筵道」の注が、「閶闔」には、「御殿」「天門也」の注がある。「朝綱」には、「御輦也」「天也」の注があって、敬意の含まれた語として訓読されていると認めて良かろう。「鑾輿」の「鑾」にも「鳳也」の墨注が存するから、この語も「鳳」が「天子」を讃える用字として使われるものであることを考えれば「天子」の乗り物であるという敬意の籠もった漢語名詞と見て矛盾がない。

「法駕」は、闕字はないが、「天子の乗り物」を指した語で、これ自体が「天子」に対する専用語であることから、敬意を伴った待遇表現と認めて矛盾がない。

「九重」は、墨注もないし、闕字がある訳ではないが、この上表中では、宮中を指したものであろうから、この漢語名詞は敬意の含まれた待遇表現であると認めて良かろう。ただし、この文脈に拠るという限定を付さねばならない。中国漢文の漢語の場合、「九つの城」を指す場合があるから、文脈に支えられた漢語敬語名詞として、語彙的敬語と認めなければならない。

59、鴻《「天也恩也」》-私《「シ」》曲「ケ」て欣-躍(せ)て名「ケ」難《「言語斷也」》「シ」。(巻一・六ウ2)

60、何(に)由(りて)か丹《「帝宮也云々」》-戸瞻覩(せ)む　(巻六・一一ウ6)

右の二例「鴻私」「丹戸」にも墨注が存して、敬意の込められた待遇表現を担うと見てよい。

61、既に聖-政降(り)て惟《コレ》新(た)なり。(巻一・三オ5)

62、永く香火を脩(し)以聖躬に福《「サイハ」(ハ)》「、セム」。(巻一・一八ウ2)

などの例は、「皇帝の政」や「皇帝の身」を指した漢語で、これも敬意の籠もった待遇表現を担っているものと解釈されよう。ただし、

63、逆黨氷《「ヒ」》(の)「コトク」に銷(け)て・玉師「イ、師《「イクサ」》」獨(り)尅《「カテ」》「リ」「イ、尅《カ》チヌ」。（巻一・四オ6）

64、聖主(の)[之]威神㆒を昭《□カ》㆓す。（巻六・四オ1）

の如くの「玉師」や、「威神」は、美文語ではあると思われるが、不空三蔵表制集の上表中にあって、「皇帝の軍」や、「皇帝の気高さ」を意味するもので、文脈に支えられた敬意の含まれる待遇表現と見ることができるのではなかろうか。他の文章の文脈にあっても、美文語として、些かの改まった表現として使われる語であろう。待遇としては、プラスの待遇を表現したものであろう。ただし、今までの和語の敬語体系の範疇での分類が可能かどうかを再検討する必要があるが、上表中の皇帝に対する尊敬語としての待遇表現を担う例63・64がある一方で、この文脈を離れた場合、単なる美文語としての表現を担う場合が大いに予想される漢語であると思われる。今後、実例を元に記述してみたいが、四六駢儷文における美文語が、すべて、如何なる文脈においても、尊敬の待遇を担った語であると断ずることは出来ないと考えている。

名詞も、特定の地位にある人を、その地位で表現して指し示す語がある。

65、道は惟れ帝《「白土□也」》の先(平)す「イ、先《「キ」》「ナリ」」帝道洽《アマネ》キときには[則]神-功不-宰《「サイ□ハ」》「ナリ」。（巻一・五オ6）

など、「帝」の例で、これには待遇意識があると見て矛盾がなかろう。

66、陛下・功・立極に超エ・（巻一・三オ1）

67、陛下「ノ」北巡《「シユン」》に「イ、巡《「メク」》「ルニ」」及(ひて)不空・陪侍「スル」こと獲不と雖(も)・（巻一・七オ2）

この「陛下」も同様で、例67には、闕字がある。

68、深「ク」朕か懐「ニ」在「リ」（巻一・四オ2）

69、在昔《ムカシノ》の弘-誓・朕心に悉く知「レリ」。（巻一・八オ2）

右の二例は、勅答中の例で、自称の代名詞であるが、「皇帝」の「皇帝」を指す自称代名詞であると考えられる。用語として使用の限定のある語であってみれば、自ずから待遇表現であることが知られる。

70、臣素ト《と》ヨリオ-行无（し）（巻一・一三ウ4）

例70の「臣」は、一般名詞であるが、「帝」の対義語と位置づければ、語義そのものに謙った待遇が含まれる語で、この上表中においては、待遇表現を担っているとして矛盾がない。

71、即（ち）愚-臣か微誠・生死の願は畢「ラム」。（巻一・二三ウ6）

この例は、右の例70には、「臣」に更に「愚」が修飾要素として冠せられた二字漢語名詞で、軽卑表現であると見ることができよう。

72、微僧又（た）謹（みて）雜寶藏等經ヲ案ニ（して）云（く）（巻六・一〇オ7）

73、微僧何（の）幸（あ）テカ斯（の）聖跡観《ミ》ニル。（巻六・一六ウ3）

右の二例の「微僧」という二字漢語名詞は、「微」を冠して自らを軽卑したものであると解釈されよう。

74、恩-命を奉（し）翻-譯（せ）令（る）事許して・探ヌルに資《ヨ》リ・［イ、資「レリ」］微言に證-會す［イ、會《「カナ」》「ヘリ」］。
（巻一・八ウ6）

75、謹（み）て愚-誠を獻（して）戰汗《カン》を倍-増す・（巻一・一三ウ4）

右の例74・75と例71の「微誠」も同様で、二字漢語名詞の全部要素に、自らのあり方を謙って表現した待遇の機能を有するものと認められる。

即ち、右の例52から例75は、一字漢語名詞・二字漢語名詞を取り上げた。これらの待遇表現機能を帯びた名詞の出現は高山寺蔵不空三蔵表制集院政期点において夥しく、文法的敬語表現（補助動詞「たまふ」・「たてまつる」）の出現が寡少であるのに比べて高山寺蔵不空三蔵表制集院政期点の訓読語には良く出現する。ただし、訓読語に多出するこうした語彙的待遇表現は、原漢文の影響で成立していることを認めねばならい。

さて、第三項と本項では、漢語動詞と漢語名詞が頻出し、語彙的待遇機能を果たしていることについて記述してきたが、第二項に取り上げた文法的待遇表現である補助動詞「たまふ」「たてまつる」と言った敬語表現の出現傾向について論じておく。

高山寺蔵不空三蔵表制集にあらわれる補助動詞の全例を例1より例17に掲げて触れたが、例17以外は、総て読添語として出現する。補助動詞「たまふ」全十五例の上接動詞を列挙してみる。

「册す」・「賀册す」・「誕す」・「洞徹す」・「降す」・「帯す」・「合す」・「充給す」・「下す」・「護念す」・「行す」・「濕す」・「保護す」・「傳ふ（二例）」

右の動詞で、動詞そのもの表現が待遇価値を持たない。

補助動詞「たてまつる」は、出現全二例で、

「逾ゆ」

一例に下接した例と、原漢文には「奉報」の漢語動詞を返読して読んだ、

「報し奉る」

の計二例であるが、「逾ゆ」にも、「報す」にも、この語自体に語彙的敬語機能があるとは思われない。

即ち、文法的敬語表現として高山寺蔵不空三蔵表制集に現れた補助動詞は、いずれも、上接の動詞が、待遇的価値

を持たないもので、補助動詞によって、待遇的機能を添えるために読み添えられた（例17を除く）ものであると解釈されよう。

五、高山寺蔵不空三蔵表制集における句・文章レベルの待遇表現

高山寺蔵不空三蔵表制集には、次のような述語句が出現する。否定表現を伴った訓読語の形で、謙った朧化した間接的な待遇表現であると認められる。

76、臣素ト《と》ヨリオ‐行无（し）（巻一・一三ウ4）

77、臣・素「ヨリ」功‐勲無「シ」（巻一・二二ウ6）

文章表現レベルでは、上表中に現れる文体的な現象で、左例のような訓読表現が形成される。

78、伏（して）惟（みれ）は寶應元聖文武皇帝陛下。金輪運を撫（て）玉燭《ショク》時（に）乗レリ《リ》外護を［於］聖心に弘（め）・無縁（の）［之］慈澤を降ス　人　中禁從二（へ）リ・留念（し）テ誦シテ《て》［而］未（た）妨ケ［未］（再讀）。（巻六・二二オ1〜2）

例78の最初の「伏（して）惟（みれ）は」定型的な発語の訓読形で、右の例は、皇帝の行状を記すための枠組みとして現れる発語である。発語の以下には、闕字の名詞や、尊敬表現としての美文漢語を含めて、美文語が出現するが、その外枠を形作る上表文の文体特徴である。この他に、

79、生成已に多シ・報‐劫何《「ナニ」》「ヲカ」冀《ネカ》ハム。皃藻（の）［之］至に勝《「タ」》「エ」不　謹（み）「て」銀‐臺‐門に詣《イタ》リ［イ、詣《マウ》「テ、」］奉表陳賀以‐聞ス輕シク　宸‐嚴《「ケム」》を黷す［イ、黷《「ケカ」》「シ」］・伏（し）「テ」戰‐越［イ、越《ヲノ、》く」］に深シ［イ、深「ク」

戦越「ス」」。沙門智藏・誠惶誠恐謹言　（巻一・三ウ1～4）

などの例では、副詞的に働く「謹みて」や「伏して」なども上表文の待遇表現の一翼を担うし、上表文に定型的な文書末の「誠惶誠恐謹言」の書き止めも、上表文の文体的な枠組みとして上表文を包んで、待遇表現に関わる。文中の「奉表陳賀以聞」も、上表文に見られる定型的な待遇表現と見て良かろう。

以下には、巻第六の第四表の全文の訓読語例を掲げてみる。

80▲四・沙門元皎僧を度（せ）むと請（する）・表一首

▲沙門元皎。起居に附（きて）伏（して）惟（へらく）。　聖躬萬福。元皎生（れ）て▲福洲に居り・偏ニ方《ハウ》賤品たり。長年に多幸にして鑾《ラン》（平）輿に侍｜從せり。靈武自（り）京に▲還□（り）・承｜明の佛事に遇《ア》ふ。先師ノ遺訓稟（け）て國に許サン・忘（れ）たり［イ、忘しつ］軀《ミ》は暫（つらく）は絲（平）髮（の）［之］功▲无（し）　已（に）從《シヨウ》｜心（の）［之］歳に及（へ）り　身痾瘵《セイ》（瘵）病也ニ纒（はれ）侍養（する）に人▲无（し）。仰（きて）聖慈を思（ふ）に・曲（け）て哀｜恤《シウ》ヲ賜へリ。姪《テツ》は孝常トイフモノ有（り）。早（に）▲　天澤承（け）謬（り）て崇班《スウ》高位也ニ列せり。誠（に）國ニ報（す）る［之］勞无（し）。志（に）出家（の）［之］行有（り）。▲元皎。其（の）實業知（り）擧（くる）ニ親を避（け）不。居家に處（する）と雖も常ニ▲誦習勤む。伏（して）惟（みれ）は　聖恩傍《カタヘニ》　及（ひ）・特に殊私《シ》乞フ　冀（く）は殘形を竭《ツク》シ（て）永（く）上答セムコトヲ▲希《ネカ》フ　懇懼（の）［之］至に任（する）こと无（れ）。謹（みて）降誕（の）［之］辰（に）因（り）謹（みて）附（して）中▲使魏行林（を）して陳請以聞（す）　如《モ》シ　天恩允許せは付（する）に所▲司に請宣す。謹（みて）脚《カク》色使也を具（する）こと・後（の）如（し）。沙門元皎誠惶誠恐謹言

▲大暦十三年十月九日前長生殿道場念誦僧保壽寺主沙門元皎上表

（沙門元皎請度僧表一首／沙門元皎附　起居伏惟　聖躬萬福元皎生居福洲偏方賤品長年多幸侍從鑾輿自靈武還京遇承明佛事稟先師遺

訓許國忘軀慙无絲髮之功已及從心之歳身纒痾瘵侍養无人仰思聖慈曲賜哀恤有姪孝常早承　天澤謬列崇班誠無報國之勞志有出家之行元皎知其實業擧不避親雖處居家常勤誦習伏惟　聖恩傍及特乞殊私冀竭殘形永希上答无任懇懼之至謹因降誕之辰謹附中使魏行林陳請以聞如　天恩允許請宣付所司謹具脚色如後沙門元皎誠惶誠恐謹言／大暦十三年十月九日前長生殿道場念誦僧保壽寺主沙門元皎上表）

（巻六・四オ5〜五オ3）

この例からも、文章のレベルでの「伏惟……誠惶誠恐謹言」の文体的な枠組みの中に、副詞的に働く「仰ぎて」、「謹みて」などを配して、上表文全体の待遇を示し、その枠組みの中に、闕字等の表記上の敬意表現を含めた漢語動詞、漢語名詞の訓読や、間接的な朧化した否定的句を配する。尊敬謙譲の和語動詞も存するが、先に触れた語彙的待遇表現が支配的で、句単位の待遇表現、上表文文体の全体的枠組みにおいても待遇表現機能を担わせているのが理解される。

これに比較して、和文で多用されて待遇表現の中心となる文法的な補助動詞や接頭語などの出現は、寡少である。

おわりに

今までの認識としては、漢文には、敬語表現が発達せず、日本語文においては敬語表現が豊かであるとした一般的認識があったように思われる。

変体漢文の特徴としても、正格漢文に比して、敬語表現が豊かであって、漢文内に補助動詞「給」や「奉」の表記が現れやすいことを指摘されてきた。確かに、変体漢文と正格漢文とを比較した場合、「給」「奉」が正格漢文の訓読語に補助動詞として訓読される例は、本節の高山寺本不空三蔵表制集院政期点に現れる例を掲げた例17のような特殊な訓読法を除いては、あまり多くを期待できない。

その意味では、日本漢文に文法的敬語が多出するという指摘は間違いではない。注（4）において断片的に取り上げた如く、源氏物語や栄花物語の一部分を検討して、今後の見通しを述べたに過ぎないが、和文においては、文法的敬語が夥しく現れることを節を改めて実証してみたい（第四章第三節）。この現象をもとに、日本語文には敬語表現が発達し、漢文には敬語表現が発達していないとの誤認識があるように思われる。

右に検討した結果からは、和文語における文法的待遇表現を中心とした待遇表現と、漢文訓読語における語彙的待遇表現を中心とした待遇表現とは、質の違ったものであったことが記述できたのではなかろうか。

即ち、和文における待遇表現を主として担うのは、文法的な待遇表現であって、一方、漢文訓読語においては原漢文の影響を受けつつ、語彙的な待遇表現が支配的であるとして、両言語体系の待遇表現は、質的に異なったものであると認めて良いのではないだろうか。

築島裕博士は、『平安時代の漢文訓読語につきての研究』（昭和三十八年三月、東京大学出版会）において、和文語と漢文訓読語の言語体系の差を、語彙的な面から浮き彫りにされた。以後、多くの研究を生んだが、稿者は寡聞にして本節の如く、平安鎌倉時代の漢文訓読語を和文語と比較して、表現・文章レベルでも差があることを指摘された例を知らない。

本節の検討は、ただ一種の高山寺本不空三蔵表制集院政期点だけを取り上げた記述研究である。和文側の資料に触れたのも一部分であって、その意味では見通しの域をでるものではないと自覚している。

和文側の記述研究と、又、漢文訓読語内部の通時的研究が、課題として残されている。これらの課題は、後に俟たねばならないと考えている。

注

（1）高山寺蔵不空三蔵表制集巻第一・六には、円堂点が加点されていることは明確であるが、仮名や注記類の位置に、本文の被注字との関係で、ずれて書き込まれた例が散見される。仮名点にも誤記が認められ、また、円堂点の範疇からは、誤点と考えざるを得ない訓点も存する。本文はもとより、訓点自体も移写されたと思しく、あるいは、純粋な円堂点加点資料ではなく、他の訓点も混交している可能性を否定できない。本節では、不審の訓点を一々注記していない。

（2）専らの記述の対象は、敬語補助動詞、助動詞の記述を行う。また、和語の敬語動詞、及び、接頭語の上接した敬語名詞も視野に入れる。

（3）儀軌類などには、仏足を指して、「足《ミアシ》」などの確例が存するが、高山寺蔵不空三蔵表制集には、この種の語が用いられない。

（4）以下の問題については、次節に稿を用意して、和文の待遇表現法と漢文訓読語の待遇表現法体系の質的な差を詳細に実証してみたいが、以下に気付きを記しておく。

便宜的に、新日本文学大系『源氏物語』（岩波書店、平成五年一月）を用いて、「桐壺」巻に限って、高山寺蔵不空三蔵表制集に出現している敬語表現との数量的な比較を試みておく。桐壺巻は、新日本文学大系では、25頁存し、一頁15行、一行33字である。最初の頁は13行で、最終頁は、2行の本文があるから、計三六〇行となる。高山寺蔵不空三蔵表制集の一巻分と同程度の行数であるが、一行の字詰めは二倍ほど存することになる。ただし、漢文の場合、基本的に漢字一字が一語であるが、和文の平仮名資料の場合は、言語情報量としては少ないことになる。この源氏物語桐壺巻に出現する敬語は、不空三蔵表制集に比較して、以下のようになる。

補助動詞「たまふ（四段）」168例　補助動詞「たまふ（下二段）」3例　補助動詞「たてまつる」（四段）29例

補助動詞の量は、源氏物語に圧倒的に多出する。

語彙的敬語に分類されようが、敬語動詞の例は、

動詞「たまふ」1例　動詞「たてまつる」（四段）3例　動詞「つかまつる」5例〈つかうまつる〉4例

動詞「まうづ」0例　動詞「うけたばる」→〈うけたまはる〉3例　動詞「まうす」1例

の如くで、源氏物語に圧倒的に多いという訳ではない。右の比較では、文法的敬語表現である補助動詞の多様状況が確認さ

れる。

また、高山寺本不空三蔵表制集には現れていない尊敬助動詞や、接頭語を冠した語も、源氏物語には多出する。

今、和文一資料を掲げる。梅沢本『栄花物語』巻第一「月の宴」は、一丁20行で、52丁を存する。第五二丁目は9行で、全一〇二九行を存する。この資料には、

補助動詞「たまふ（四段）」419例　補助動詞「たまふ（下二段）」0例　補助動詞「たてまつる」（四段）58例

やはり補助動詞の量は、栄花物語に圧倒的に多出する。敬語動詞の例は、

動詞「たまふ」1例　動詞「たてまつる」（四段）6例　動詞「つかまつる」2例〈つかうまつる〉5例

動詞「まうづ」1例　動詞「うけたばる」→〈うけたまはる〉4例　動詞「まうす」25例

傾向としては、源氏物語に通ずる。

栄花物語も同様で、敬語助動詞、接頭辞を冠した名詞が多出する。

第二節　源氏物語絵巻・元永本古今和歌集における敬語表現法について

はじめに

漢文訓読語の言語的特性を明らかにしようとする時、如何なる場合も、念頭には、他体系の日本語が存在している。例えば、漢文訓読語の助字の訓読法に関する論考は相当の数に昇るものであるが、単に、漢文訓読語内での記述研究であっても、和文語や和歌の言語にはかかる事象が存在しないと言う意味で、漢文訓読語、または、変体漢文に特有の日本語事象であると言う暗黙の前提がある。即ち、この了解を前提にした場合にのみ、助字の訓読法や用字法の問題は、訓点資料や変体漢文資料内で完結した論述が可能である。

築島裕博士の『平安時代の漢文訓読語につきての研究』（昭和三十八年三月、東京大学出版会）では、漢文訓読語の語彙の相対化の意図は鮮明で、和文語の語彙との具体的な比較を示されて、漢文訓読語と和文語とに語彙体系の異同があることを浮き彫りにされた。こうした研究においては、漢文訓読語の言語特性を説こうとする時、必ず、他の言語体系の言語実態が念頭にあって、訓点資料内において完結することはない。

訓点資料における漢文訓読語を論じようとする場合には、右の二種の立場があり得るのであって、平安時代における漢文訓読語の実態を、如何なる視点で捉えようとするのかによって論述対象資料が異なることは当然の実態であろう。極端な例を掲げれば、漢文訓読語の特性を、他体系の日本語との比較によって、質的な差異、または、量的な差異を求める場合には、相対的に比較される言語体系の資料における言語実態の記述が必要である事はここに掲げるまでもないし、漢文訓読語の特性を明らめようとする場合、和文語の記述だけの単独論文が存してもよい。漢文訓読語の言語特性の解明を前提に、理論的には、和文語だけを対象資料とした論考があっても良い筈であることはここに断る必要もなかろう。

本節は、漢文訓読語における待遇表現法体系の解明のためには、些か不徹底である稿[1]の課題とした実証的論考を敬語表現を対象に、以下に示してみようとするものである。

本節は、和文語と漢文訓読語における敬語表現法体系の対照研究である。本節ではまず、和文語の敬語表現法を取り上げて記述を行いたい。和文の待遇表現法研究（当然、敬語研究をも含む）は、文学研究からの視点も含めて、過去の長きに亘っての研究の積み重ねが存する。今更という感もなきにしもあらずであるが、比較を鮮明に記述するために、まず、以下に稿者によって和文語における敬語表現法体系を記述することにする。稿者の念頭には、日本語たる漢文訓読語の敬語表現法、延いては漢文訓読語の待遇表現法体系との比較があっての論述である。

対象とした資料は、十二世紀書写の平仮名和文資料である。一つは、源氏物語絵巻の詞書についての記述を行う。今一つは、元永本古今和歌集の詞書及び左注の散文を対象として、和歌、および、長歌は検討対象から除外する。

一　源氏絵巻の敬語表現法—文法敬語の出現状況—

まず、平安時代十二世紀の書写とされる源氏物語絵巻（以下、源氏絵巻と略称）を対象として、敬語表現体系を記述することとする。源氏物語絵巻は、古典籍索引叢書4に従う。(2)

まず、言語量を問題としておきたい。古典索引叢書の索引を元に、源氏絵巻の言語量を示そうとするものであるが、言わずもがなのことながら、索引自体の編纂方針によって単語数は出入りがあるから、概数として目安を掲げるものであることを断っておく。古典索引叢書4に掲げられた単語数は、自立語・付属語を合わせて、延べ五、四二三語が存する。言語量としては、この五、四二三語によって綴られた和文を対象にして以下に記述するものであることを最初に確認しておく。

最初に、敬語表現について記述する。敬語表現についても、補助動詞・助動詞・接辞（「接辞」は厳密には、語彙敬語と位置づけるべきである等の種々の問題があろうが、本節では接辞も今、仮に文法的敬語表現中にカテゴライズして記述をしておく）についての計量的な整理を行う。一般の平安和文において認められる敬語表現であるが、これらの語の使用による敬語表現は、文法的敬語表現と規定されるものであって、かかる要素が頻出する。(3)

補助動詞の使用では、

1、「けふのせきむかへは、えおもひすてたまはじな」とのたまふ。（関屋16）

2、「このよのそしりをば、しらでなむかくものしはべる」などきこえたまふ。御かたりことにて、ものなまめかしうなつかしきさまにうちしのびやつれたまひて、うるはしきすみぞめの御すがたのあらまほしくきよら

なるもうらやましくみたてまつりたまふ。（柏木一5～12）

など、文法的に、動詞に下接して尊敬の補助動詞として機能する「たまふ」が、文末または句末に顕著に認められる。

○たまふ（四段）　二二三五例（総語彙量中4.25％）〈二三、一四五例3.49％(4)〉

3、「ことのおはしまさましかば」とおもうふたまへらるゝことおほく、（竹河二36）

など、動詞に下接する下二段、謙譲の補助動詞は、

○たまふ（下二段）　五例（総語彙量中0.09％）〈三三一例0.09％〉

謙譲補助動詞「たてまつる」は、例2などに認められ、

○たてまつる（四段）　一七例（総語彙量中0.31％）〈一、二八五例0.34％〉

〈源氏物語中には右の四段補助動詞の他に、下二段補助動詞一例が存する〉

が出現する。

謙譲補助動詞「きこゆ」は、

4、まちよろこびきこえさせたまふ　（鈴虫二44）

などと現れて、

○きこゆ　一三例（総語彙量中0.24％）〈一、三八四例0.37％〉

補助動詞「はべり」は、謙譲・丁寧の用法で現れ、

5、「きゝいれはべらぬなり」ときこえたまふ　（柏木一49）

○はべり　二一例（総語彙量中0.38％）〈一、九〇四例0.50％〉

また、源氏絵巻中には、助動詞による文法的敬語表現が存する。

6、「わざとかくたちよらせたまへること」、いはせたれば（若紫断3）
などの使役・尊敬の助動詞「す」・「さす」が存し、助動詞「す」は、
○す　一八例（総語彙量中0.33％）〈一、九三九例[5]0.51％〉
助動詞「さす」は、
○さす　一六例（総語彙量中0.29％）〈一、〇一六例0.27％〉
の使用例が認められる。源氏絵巻における助動詞「る」・「らる」の総数は、
○る　一三例（総語彙量中0.24％）〈一、五三〇例0.41％〉
尊敬用法の存する活用形である連用形の総数は、「る　六例」、
○らる　一四例（総語彙量中0.26％）〈六四八例0.17％〉
また、助動詞「らる」は、連用形の例「らる　九例」である。
接頭辞「お」・「おほむ」・「ご」・「み」（御―）を付した語が認められる。厳密には、接頭辞が付されて一語となるため、語彙的敬語とみとめるべきであろうと思われるが、使用した古典索引叢書4には、左掲の如き語例が存する。
お　「おまし《(座)》・三例[6]」、「おまへ《(前)》・七例」〈異なり二語〉
おほむ　「おほむあそび《(遊)》・二例」、「おほむありき《(歩)》・一例」、「おほむありさま《(有様)》・四例」、「おほむありさまども《(有様)》・一例」、「おほむいらへ《(答)》・一例」、「おほむが《(賀)》・一例」、「おほむかさ《(傘)》・一例」、「おほむかたざま《(片様)》・一例」、「おほむかたち《(容)》・五例」、「おほむかたちども《(容)》・一例」、「おほむかへり《(返)》・一例」、「おほむぐし《(髪)》・二例」、「おほむくどく《(功徳)》・一例」、「おほむくるま《(車)》・三例」、「おほむけしき《(気色)》・三例」、「おほむご《(碁)》・一例」、「おほむごがたき《(碁敵)》・一例」、「おほむここち《(心地)》・三例」、「おほむこころ《(心)》・六例」、「おほむこころざし《(志)》・二例」、「おほむこころども《(心)》・

一例」、「おほむこころならひ《心習》・一例」、「おほむこと《事》・二例」、「おほむざうし《曹司》・一例」、「おほむさうぞく《装束》・一例」、「おほむさかり《盛》・一例」、「おほむさき《前》・一例」、「おほむさま《様》・三例」、「おほむしつらひ《設》・一例」、「おほむしとね《褥》・一例」、「おほむしのびありき《忍歩》・一例」、「おほむすがた《姿》・一例」、「おほむすくせすくせ《宿世宿世》・一例」、「おほむせうそく《消息》・二例」、「おほむぞ《衣》・一例」、「おほむため《爲》・一例」、「おほむち《乳》・一例」、「おほむつかひ《使》・二例」、「おほむつきめで《月賞》・一例」、「おほむて《手》・一例」、「おほむとし《年》・一例」、「おほむどち・一例」、「おほむなか《仲》・一例」、「おほむにき《日記》・一例」、「おほむねんずだう《念誦堂》・一例」、「おほむはな《花》・一例」、「おほむふみ《文》・一例」、「おほむまじり《眦》・一例」、「おほむまゐり《參》・一例」、「おほむみ《身》・一例」、「おほむみみ《耳》・一例」、「おほむむね《胸》・一例」、「おほむめ《目》・一例」、「おほむもののけ《物怪》・一例」、「おほむよろこび《喜》・二例」〈異なり五五語〉

ご　「ごかじ《加持》・一例」、「ごぐわん《願》・一例」、「ごぜん《前》・二例」(7)〈異なり三語〉

み　「みかど《門》・二例」、「みきちやう《几帳》・三例」、「みくるま《車》・一例」、「みこたち《子》・一例」、「みずきやう《誦經》・一例」、「みす《簾》・二例」、「みちやう《帳》・一例」、「みづしども《厨子》・一例」、「みともびと《供人》・一例」、「みのり《法》・一例」、「みはし《階》・一例」〈異なり一一語〉

の例が認められ、接頭語「お」・「おほむ」・「ご」・「み」による敬語表現は規則的に現れて盛んに名詞に冠せられて出現する。

二　源氏絵巻の敬語表現法における複合動詞

源氏絵巻の中には、厳密には、語彙敬語に分類すべきであろうと判断される以下の如き複合動詞があらわれる。例えば、

7、うちあたりなどまかりありきて（竹河二35）

として、複合動詞「まかりありく（罷歩）」が一例出現する。「まかる」の上接した複合動詞「まかり＋――」は、現存の源氏絵巻には、この一例のみであるが、源氏物語自体には、

まかりあかる　まかりあたる　まかりありく　まかりいづ　まかりいる
まかりうす　まかりうつる　まかりおりあへず　まかりおる　まかりかへる
まかりかよふ　まかりくだる　まかりすぐ　まかりたゆ　まかりづ
まかりつく　まかりとまる　まかりなる　まかりにぐ　まかりのぼる
まかりはなる　まかりまうす　まかりむかふ　まかりよる　まかりわたる

〈異なり二五語形〉

と、複合名詞の「まかりまうし」一語形が存して、それぞれ謙譲語として用いられている。「まかる」によって盛んに造語され、接頭語的に文法化していると認める余地があろう。また、源氏絵巻には出現しないが、源氏物語には、以下のように、

おとりまかる　とりもてまかる　もてまかる

複合動詞後部要素(8)としても現れる場合も同様である。

補助動詞として形式的規則的に使用される語と、助動詞、また、文法敬語を広く解釈して、規則的に造語されるものを含めて右に記述したが、源氏絵巻詞書（および、源氏物語）においては、かかる敬語表現が盛んに用いられていると認めることが出来よう。

なお、源氏絵巻中に存在する文法敬語の出現率は、源氏物語本体に使用される出現率と大きくは離れていないことが注目される。

三　源氏絵巻の敬語表現法—語彙敬語の出現状況—

一方、源氏物語詞書の中には、語彙敬語(9)としては、次のようなものが現れる。動詞「おはす」「おはします」は、尊敬動詞として出現する。

8、とのおはせましかば、ゆくすゐの御すくせ〳〵は（竹河一12）

○おはす　一四例（総語彙量中0.25％）〈六六〇例(10)0.18％〉

9、そのひと十八九ほどやおはしましけん（竹河二5）

○おはします　九例（総語彙量中0.17％）〈四三〇例0.11％〉

「おはす」「おはします」は、複合動詞を多く作り出す。源氏絵巻中には、複合動詞前部要素としての語が出現しないが、「おはす＋」は源氏物語には、「おはしあつまる」・「おはしあふ」・「おはしかよふ」など、一二語形が出現する。複合動詞後部要素としては、源氏物語に「あそびおはす」・「あゆみおはす」・「いそぎおはす」など、四二語形が認められる。また、「おはします」も、複合動詞前部要素としては、「おはしまさせそむ」・「おはしましかよふ」など九語形が、複合動詞後部要素としては、「あはれびおはします」・「いでおはします」など二四語形が出現して盛んに造語されているが、後部要素として存在する場合には、補助動詞化したと見る余地があろう。

「おぼす」は、源氏絵巻中には、単独語形で一二例の出現がみとめられる語彙敬語で、複合語としては、源氏物語中に、複合語前部要素として「おぼしあかす」・「おぼしあがむ」など一五八語形、後部要素としては「あいおぼす」・「うしろみおぼす」など一六語形が出現する。「おぼしめす」は、源氏絵巻中には単独一例が認められるが、源氏物語中には、複合動詞前部要素として一〇語形、後部要素としては「おぢおぼしめす」・「をしみおぼしめす」の二語形が認められる。

「おほす（仰）」は、源氏絵巻中一例の使用例が認められるが、源氏物語には、複合動詞形として「おほせおく」・「おほせつかはす」と「いましめおほす」・「おきておほす」・「もよほしおほす」が出現する。

尊敬動詞「きこしめす」は、源氏絵巻中に一例（鈴虫二7）出現する。複合語形は源氏絵巻中には認められないが、源氏物語には、前部要素に現れる複合動詞「きこしめしあきらむ」など、一九語形が存し、後部要素に立つ「つたへきこしめす」一語形が存する。

「たまふ」は源氏絵巻には二例の出現が認められる。源氏物語には、「たまふ」は、複合動詞上接要素としてはあらわれないようで、形式化が進んで補助動詞として認定されるのが普通であろうが、動詞に後接する形は多い。

「のたまはす」は、源氏絵巻には二例が現れる。複合動詞は、源氏物語には出現しない。

「のたまふ」は源氏絵巻には、一二例の出現がある。源氏絵巻には、「のたまひいづ」と「おぼしのたまふ」が出現する。源氏物語には、複合動詞は多出して、「のたまひあかす」など上接要素としてあらわれるものは、四三語形が認められる。後部要素としては「うちのたまふ」など一一語形。その他「うちのたまひいづ」・「うちのたまひまぎらはす」の二語が出現する。

源氏絵巻中には、単純語としての「めす」は出現しないが、連用形の転成名詞「めし」が存する。複合動詞は存して、「めしいづ」・「めしよす」が各二例存する。源氏物語においては、複合動詞の生成例があって、前部要素として現れる複合動詞は一二語形が存する。

右の諸例が、尊敬動詞として出現し、複合動詞を生成する。謙譲動詞は、以下のものが認められる。

「きこゆ」は、第二節に謙譲補助動詞として文法化したものと扱ったが、単独での謙譲動詞が二七例出現する。源氏絵巻には、複合動詞「きこえかはす」が二例出現している。源氏物語には、他に前部要素に立つ複合動詞が存して「きこえあかす」・「きこえあきらむ」など八一語形が存して、複合動詞の造語が栄えている。

「さぶらふ」は、源氏絵巻には動詞として四例が存する。源氏物語には、複合語形が存して、「さふらひあふ」・「さぶらひくらす」・「さぶらひなる」・「さぶらひよる」と、「まゐりさぶらふ」とが存する。

動詞「たてまつる」は、源氏絵巻には三例が出現する。源氏物語には、複合動詞前部要素として六語形があらわれ、「たてまつりうつる」・「たてまつりおく」・「たてまつりかふ」・「たてまつりくはふ」・「たてまつりそふ」・「たてまつりなほす」が現れる。

「たまはる」は源氏絵巻には、二語が出現する。源氏物語には、「まうしたまはる」の複合動詞が出現する。

動詞「はべり」は、源氏絵巻には一七例出現する。源氏物語には複合動詞の前部要素としては出現がなく、補助動詞と認定される形が存する。(11)

「まうす」は源氏絵巻には二例が存して、「申たまふ」の連接として出現する。「まうす」は、源氏物語においては、複合動詞前部要素として「もうしあきらむ」など一一語形、後部要素としては「いのりまうす」など一九語形が出現する。「ます」の語形では、源氏絵巻に二例存しているが、源氏物語中では複合動詞を作らないようである。「まうづ」は、連用形の二例が存して「まうでたまふ」の連接で現れる。複合動詞としては、源氏物語に「まうであふ」など前部要素として七語形、「とぶらひまうづ」・「わたりまうづ」と「いでまうでく」・「つたはりまうでく」・「ゐてまうでく」が出現する。

動詞「まゐる」は、源氏絵巻には、一五例の出現を数え、源氏絵巻中にも「かへりまゐる」・「もてまゐる」・「まゐりなる」などが出現するが、源氏物語中の前部要素としての複合動詞は、二六語形が出現する。後部要素としては「あつまりまゐる」など二〇語形の出現がある。

右の他に、漢語出自のサ変動詞が存する。源氏絵巻には、「御覧ず」二例が認められる。

右の記述は些か平板になった嫌いがあるし、既に多く記述されてきたものであると判断されるが、漢文訓読語との対照のために、煩を厭わず記述を行った。源氏絵巻・源氏物語の記述のみであるが、単純語として出現する敬語動詞は、一方で、複合動詞を生成する造語力を持っていた事が判ろう。本節に、文法的な敬語表現としてカテゴライズして取り上げた補助動詞は、文法的形式化が進んだものとして認定されての特立であって漢文訓読語との異質性が際立ってる。

形式化が進んで補助動詞として成立しているか、複合動詞の後部要素として動詞の原義を強く保持しているかの判断は、実は、研究者の主観が入り込んでいることを認めなければなるまい。複合動詞の分析自体も、客観化を目指しての記述が行われてきているが、やはり、主観性の〝澱〟は完全には排除されてはいないと評価すべきであろうと思われる。即ち、蓋然性の問題が未だ大きな部分を占めていると認めるべきではなかろうか。結論を急げば、敬語単純動詞が、複合動詞後部要素として現れる力を得る場合、複合して新たな意味を表現する複合一語が和文の表現性の必要性を支えていくのであろう。しかし、実は「単純語＋単純語」で成立した複合動詞数直線の連続した端に、後部要素が形式化を果たした「動詞＋補助動詞」の存在があると見ることができるのではなかろうか。即ち、複合語生成の力をもったこと自体が和文語の敬語表現の自由度の特色があると認めることが出来よう。各研究者の持つ〝澱〟とは、複合動詞要素文法化の数直線上のどこからが形式化した補助動詞であると認めるのかの〝揺れ〟の問題であると置き換えても良かろう。

複合動詞の前部要素として出現する敬語動詞も、実は、接頭語的に形式化する力を持っていると見ることができるのではあるまいか。本節の源氏絵巻の分析には、接頭語語形としては、名詞が出現するのみで、この接頭語を含む名詞から、直接的に複合動詞に結び付けるには飛躍があると自覚するが、複合動詞も「単純語＋単純語」から、前部要素が次第に形式化していけば、接頭語的なものとなっていくことになる。

後にも触れる漢文訓読語の敬語表現と和文語の敬語表現との違いは、源氏絵巻・源氏物語の和文敬語動詞においては、漢文訓読語に比較して、複合動詞の造語に自由度が高いことと、次第に形式化の力が働いて、文法化する造語力をもった可能性を秘めた存在であったと認めることが出来るのではなかろうか。

四　元永本古今和歌集詞書・左注の敬語表現法体系――文法敬語の出現状況――

東京国立博物館蔵元永本古今和歌集（以下、元永本と略称する）は、上帖、巻第十末に「元永三年（一一二〇）七月廿四日□」と有ることによって、元永三年頃の書写と認められる古今和歌集の完本である。源氏物語の成立と比べれば、約一〇〇年ほど早くに成立した言語資料で、文章が断片的であるが、この資料中の序文と和歌・長歌を除外した散文部分、即ち、詞書と左注とを対象として、敬語表現体系を記述してみる。ただし、第一項・第二項の如くには詳述せず、概述することを旨とする。なお、集計は、古典籍索引叢書2に従う。[12]

元永本の詞書・左注の言語量は、総語数七、二四八語であるが、これには、七二八首に亘って記された「在原元方」などの作者名・「よみびとしらず」・「同人」などの語を含んだものである。

まず、敬語表現を計数化して示すこととする。尊敬の補助動詞「たまふ（四段）」の使用は、序と歌とを除いて、

9、日はてりながらゆきのかしらにかゝりけるをよませたまうける　文屋康秀（一8右）

などと詞書に現れるが、全二〇語の出現で、多出はしない。

○たまふ（四段）　二〇例（総語彙量中0.28％）

補助動詞「たてまつる」は、四段・下二段ともに出現しない。「きこゆ」も、本動詞の用例は存するが、補助動詞としては出現しない。文法敬語も、右の諸語は、古今和歌集詞書・左注には出現比率が極めて低いことになろう。その中にあって、補助動詞「はべり」は、

10、さける花のちりがたになりにけるをみてよみはべりける　典侍因香（二80右）

の如く現れて、二九例（内に「はうべり」一例を含む）が出現している。

○はべり　二九例（総語彙量中0.40％）

文法敬語における補助動詞の出現は、源氏物語の出現率に比較して低い値を示す。ただ、右の「はべり」の比率は、源氏物語絵巻に近い。

この補助動詞の出現の指数が何に由来するのかは、慎重に検討する必要がある。要素としては種々の可能性が存す

るのであって、今後の課題とせざるを得ないが、和文関係の平安時代の写本が現存稀であることが憾みとして残る。

使役尊敬の助動詞は、「す」「さす」が現れる。「す」は、詞書・左注には一二例が出現する。歌中には、五例の出現がある。「さす」は、三例が詞書に現れて、歌中には出現しない。

○す　　一二例（総語彙量中0.17％）

○さす　三例（総語彙量中0.04％）

源氏物語絵巻と比較して、やはり、出現率が低い。「さす」も、
とあって、出現率が低い。元永本古今集には助動詞「しむ」が一例出現するが、序文である。
助動詞「る」は、受身、自発、可能の用法として存するようで[13]、助動詞「らる」の出現は、

11、哥読とおほせられける時に（161詞書）

など、五例の出現がある。
接頭辞による敬語表現は、

お　「御前（おまへ）・四例」〈異なり一語〉

おほむ　「御五十（おほむいそぢ）・一例」、「おほむうつくしみ《慈》・一例」、「御賀（おほむが）・一例」、「おほむかた《方》・一例」、「おほむ返事（かへりごと）・一例」、「あまてるおほむ神（かみ）・一例」、「御國忌（おほむこき）・一例」、「御（おほむ）つゑ《杖》・一例」、「御時（おほむとき）・一九例」、「寛平御時（くわんぶやうのおほむとき）・三三例」、「御（おほむ）とも《供》・二例」、「御服（おほむぶく）・一例」、「御（おほむ）みき《酒》・三例」、「御（おほむ）め《目》・一例」、「御（おほむ）ものかたり《物語》・一例」〈異なり一五語〉

おほみ　「御遊（おほみあそび）・一例」、「御歌（おほみうた）・五例」〈異なり二語〉

ご「御らむ《覧》す・五例」〈異なり一語〉
み「帝（みかど）・一八例」、「みかは《御溝》水・一例」、「みこ《親王》・四七例」、「みたらしかは《御手洗川》・一例」、「みやすところ《御息所》・七例」、「御山（みやま）・一例」〈異なり六語〉

の如きものが出現する。和歌においてもこれらの接頭語が語構成要素となっている敬語名詞が出現するが、源氏物語絵巻に比較して、その出現は多様ではない。ただし、漢文訓読語資料におけるこうした接頭語の付された敬語名詞の出現が極めて限られたものであることに比すれば、和文の特徴的な事象であることは揺るがないものと認められる。

五　元永本古今和歌集詞書・左注の敬語表現法における複合動詞

元永本古今和歌集の詞書・左注に認められる敬語表現に与る複合動詞には、

12、惟喬親王のもとにまかりかよひけるを、かしらおろして、おのといふところにこもり侍りけるに、正月にとぶらはむとてまかりて侍りけるに、ひえの山のもとなりければ、雪いとたかゝりけり。しゐてかのむろにまかりいたりて、をかみけるに。つれ〳〵として、いとものかなしうてかへりまうできてよみておくりける（970詞書）

の如くの例が存して、「まかりかよふ」、「まかりいたる」や「かへりまうでく」は、敬語表現に与る複合動詞であると認められる。「まかる」は、

13、思に侍りける年の秋、山寺にまかりけるみちにて読める（842詞書）

の如く、語彙敬語として単独でも使用されるが、複合動詞前部要素として、

まかりありく　まかりあるく　まかりいたる
まかりいづ　まかりかよふ　まかりとぶらふ
まかりのぼる　まかりまうす　まかりわたる
〈異なり九語形〉

の造語を成し、後部要素としては、

かへりまかる

の一語形を造語する。源氏物語絵巻ほどには造語する複合動詞の異なりは大きくはないが、敬語表現に与る複合動詞前部要素としての造語力を有する。

「まうづ」も、単独に語彙敬語としての使用があって、

14、いし山にまうでけるとき、おとはやまのもみぢをみて　つらゆき（256詞書）

語彙敬語として敬語表現に与るが、複合動詞の要素として、

かへりまうでく　こえまうでく　まうでく

などの造語をなしている。

先学によって示された索引[14]によって、平安時代の複合動詞の俯瞰をすれば、「まかる」は、前部要素として五二語形、後部要素としては一九語形を作り出しているし、「まうづ（詣）」は、前部要素として一九語形、後部要素として二九語形、「まづ（詣）」が前部要素として三語形を作り出しているから、平安時代を通じて、複合語の造語力のあった語であると認めることが出来るのではなかろうか。

右の複合動詞は、厳密には語彙敬語に属するとしてカテゴライズする必要があろうが、敬語表現に与る本動詞に、

接頭語的、また補助動詞的に敬語複合動詞を造語していく活力があったと認めるべきで、規則的に敬語複合動詞を作り出す、謂わば、文法敬語的側面を認めることが出来るのではなかろうか。

六　元永本古今和歌集詞書・左注の敬語表現法体系—語彙敬語の出現状況—

元永本古今和歌集詞書・左注についても語彙敬語としては、敬語表現に与る本動詞を指摘できる。本動詞については、「おはす」二例、「おはします」一一例の出現があるが、複合動詞の要素としては現れてはいない。「おほす」は詞書に一例認められる。この「おほす」は、敬語複合名詞「おほせごと」三例を作っている。「さぶらふ」は五例の出現があって、連用形転成名詞「さぶらひ」三例が存在する。「たうぶ」は五例、「たぶ（四段）」は一例、「たぶ（下二段）」が一例存するが、複合語形は作っていない。動詞「たてまつる（四段）」は、全二一例が存する。

15、御ものがたりのついでによみてたてまつりける／僧正遍昭（247詞書）

などで、動詞「たてまつる（下二段）」は一例が認められて、

16、御みきのおろしきこえにたてまつれたりければ、くらひとどもわらひて、（874詞書）

との出現が確認されるが、補助動詞として動詞に後接しては使われてはいない。「たまはす」は一例、「たまはる」は三例が出現する。

本動詞「たまふ（四段）」は、

17、仁和帝のみこにおはしましけるときに、ひとにわかなたまひける哥（21詞書）

を初め、三例が確認される。「たまふ（四段）」は、補助動詞としても出現することは、第四項に記述した如くである。「つかまつる」は左注に一例、「つかうまつる」は四例出現して、「つこうまつる」は「なれつかうまつる」の複合動詞を作っている。

「のたうぶ」が一例出現する。

「はべる」は本動詞として三五例が出現する。補助動詞としての出現は先に述べた通りである。

単純語形の本動詞「まうづ」は七例が出現する。複合動詞を作ることは、先に触れた。

「まかる」は六四例が出現して、また、複合動詞も造語する。

本動詞としての「ます（申）」は一例、「まうす」は七例の出現があって、補助動詞としても使用される。

「まゐる」の使用例は二例で、複合動詞としての出現はない。

以上が、元永本古今和歌集の詞書・左注における語彙敬語としての本動詞の出現例であるが、源氏物語絵巻に比較して、複合語に向かっての造語が活発ではないと認めることが出来ようか。また、補助動詞としての使用も、然程には目立たないと評価できそうである。

おわりに

極めて概括的な俯瞰でしかないが、源氏物語絵巻と元永本古今和歌集詞書・左注の敬語表現の記述を試みた。念頭には、勿論、漢文訓読語資料における敬語表現の有り様が存するが、平安時代の漢文訓読語における敬語表現法は、語彙敬語に偏る表現を採ると思われる。(15) 複合動詞の出現も、基本的には原漢文の用字に左右されるし、読添語として反映されても良さそうな補助動詞も計量的には多くが出現しない。また、助動詞による敬語表現も極めて少ない。即ち、文法化して機能する文法的要素による敬語表現が盛んではない。待遇表現のレベルに範疇を拡げても、やはり、語彙的待遇表現が主体である。

これに比較して、本節に採り上げた平安時代書写の二種の和文の敬語表現は、まず、補助動詞、助動詞による文法敬語表現が盛んである。また、厳密には語彙敬語にカテゴライズすべきであろうと判断される接頭辞による敬語名詞・敬語動詞や敬語表現に与る複合動詞が盛んに用いられる。語彙敬語の範疇ながら、接辞による敬語名詞・敬語動詞は、接辞自体の種類・類型が然程には多くはなく、規則的に造語される。即ち、文法的色彩を備えた造語であると評価できる。敬語表現に与る複合動詞も、敬語本動詞形からの複合動詞の造語力が盛んであると評価できるものであって、敬語機能に特化して補助動詞化して文法敬語の範疇に納められる補助動詞の生成も、本来は、複合動詞の生産力が盛んな条件下において、複合動詞から動詞＋補助動詞へ連続的に進化するものであろうから、複合動詞の造語が盛んであること自体が、文法化する方向に傾斜するような力学の元に動いている問題だと判断される。

こうした和文の動向にあって、源氏物語絵巻と元永本古今和歌集詞書・左注の二和文資料を比較すると、源氏物語絵巻よりも、元永本古今和歌集詞書・左注における敬語表現法は、漢文訓読語の敬語表現法体系により近いと認められる。本節の検討では、計量的な問題であって、質的には明確に論じ難いという憾みを残すが、かかる傾向が、平安時代和文の通時的な問題なのか、和文内での文体差の問題であるのかは、今後の課題とせざるを得ない。

注

（1）本書第二章第二節、第二章第五節。

(2) 田島毓堂編『源氏物語絵巻詞書総索引』（「古典籍索引叢書4」、平成六年三月、汲古書院）。

(3) 漢文訓読語と比較して、和文において文法的敬語表現の多出現象の一端は、注(1)拙論において指摘した。

(4) 〈 〉中に示した用例数は、源氏物語中の各該当語の延べ使用例数である。また、百分率は、参考に掲げたもので、上田英代・村上征勝・今西祐一郎・樺島忠夫・藤田真理・上田裕一『源氏物語語彙用例総索引』付属語篇別冊（平成八年二月、勉誠社）の情報、総語数・三七六、〇五四語（因みに、自立語数・二一三、〇九六語、付属語数・一六二、九五八語）を元に算出した百分率・%である。第一節においては以下同じ。

(5) 源氏物語の助動詞「す」・「さす」および「る」・「らる」の用例数は、注(4)文献による。なお、源氏物語には、同文献には助動詞「しむ」の三例が掲出されている。

(6) 当代「まし《（座）》」が単独では存在しない。規則的に接頭語「お」が付かない対立語形が求められないので、純粋には語彙的な敬語と扱うべきであろうが、語構成の点から他の接頭語付きの語と同じく、今ここに、便宜上掲げておく。

(7) 「ぜん《（前）》」も注(6)と同様に扱う。

(8) 東辻保和・岡野幸夫・土居裕美子・橋村勝明『平安時代複合動詞索引』（平成十五年四月、清文堂出版）を参照した。

(9) 本節における語彙敬語は、類義語彙体系中に、待遇表現価値を伴って、他の類義語とは別語形を取るものを指している。動詞「おはす」「おはします」は、

〇その人にもあらずなりはべりにたいりや（柏木二25）

〇よりかかりてゐたまへるを（御法25）

などの動詞「あり」「ゐる」と類義語体系を作って使用されているが、尊敬の待遇表現価値を担っている。また、逆に、動詞「はべり」は、謙譲の待遇表現価値を担って類義語体系中に存在している。これらの尊敬動詞「おわす」「おはします」や謙譲動詞「はべり」を語彙敬語と称する。

本節では、文法敬語は、補助動詞や助動詞など、動詞に下接して敬語待遇表現を添える形式についての称としたが、「おほむあそび」⇅「あそび」など、厳密には相互に一語の語形対立で、語彙敬語とカテゴライズすべき要素である接頭語や、複

合動詞の前部要素などについても、規則的な造語が行われるものと認定して、文法敬語のカテゴリーに分類している。

(10) 用例数の内、四段活用の一例を含む。

(11) 注(8)文献には、「もてはべり」一語を複合動詞として認定しているが、「はべり」の形式化が進んでいないとの判断であろう。

(12) 築島裕・石川洋子・小倉正一・土井光祐・徳永良次編『東京国立博物館蔵本古今和歌集総索引』(「古典籍索引叢書2」、平成六年九月、汲古書院)。

(13) 注(12)文献の分類による。

(14) 注(8)文献。

(15) 注(1)文献。

第三節　知恩院蔵大唐三蔵玄奘法師表啓平安初期点における待遇表現体系

はじめに

漢文訓読語において日本語的な要素を抽出して原漢文との距離を測ろうとするとき、原漢文にはない漢文訓読語特有の読添語からの視点で切り込むことができると考えられる。原漢文に漢字の存在しない部分に読添える読添語は、基本的には日本語に特有の語詞であると先ずは認めても良かろう。

漢文訓読語における読添語の問題は、中国語文たる漢文との問題のみならず、日本語の範疇での文体差の存する文章との比較によって漢文訓読語の特有表現を特定する事象として焦点化できる視点であろうと思われる。築島裕博士は、『平安時代の漢文訓読語に就きての研究』（昭和三十八年三月、東京大学出版会）において、例えば、和文語資料と漢文訓読語資料の助詞助動詞の分布について論じられているが、漢文訓読語においては専ら、読添語の問題である。印象的なレベルでの問題としては、待遇表現において漢文訓読語に特有の事象があるように思われるし、テンス・アスペクトやモダリティの問題でも、特有の事象があるように認められる。

以下本節では、知恩院蔵大唐三蔵玄奘法師表啓平安初期点を中心に、待遇表現法(1)について記述する。

上表を対象として言語分析をする目的は、一つには、上表の場合は、君主に進上するものであり、そこには、発信者と、それよりも高い地位にある受信者との相対的関係が存する。この場合、どのような待遇表現を採って訓読が行われたものかを記述してみたい。また、勅答は、発信者と受信者の関係はその逆にある文章である。即ち、上下関係が明確な文章体の待遇表現法を記述することに本節の目的がある。

一、大唐三蔵法師玄奘表啓平安初期点の待遇表現（一）—上表文における語彙的待遇表現—

知恩院蔵大唐三蔵法師玄奘表啓平安初期点(2)は、奥書を欠く資料であるが、平安初期加点と推定される第三群点の資料で、訓点は部分的で、巻頭より一〇九行分に加点される。この部分を対象として以下に待遇表現を記述することとする。

まず、大唐三蔵法師玄奘表啓平安初期点の全体の言語量について触れておく。一〇九行の分量であるが、二一七七字を使用して表現されている。計量的には単純に過ぎるとも思われるが、基本的に一字一語ならば、日本語における自立語に相当するものが圧倒的で、二一七七語で文章が構成されていることとなる。

まず、第一表「進經論等表」の待遇表現を記述する。尊敬表現は以下のように出現する。なお、用例末尾の括弧内には、(主語・所在)を表示する。

1、靈を纂《ツ》きて震に出《い》て、運を撫《な》てて樞に登(り)たマヘリ　(陛下・8)

2、茂(き)ことを九-贏《エ》に勝《ア》ケ、素《ソ》-庭を掩《オ(ほ)》ヒて[而]獨《(ひ)とり》歩(みたま)へリ　(陛下・8)

第一表における尊敬の補助動詞「たまふ」の確例は以上の二例で、読添語として現れている。例1の緊密句の訓読は、対句一句目末を、補助動詞「たまふ」を読添えることなく中止法とする。例2の禁句対の場合も同様で、第一句目末は、動詞の中止法として、補助動詞「たまふ」が読み添えられるのは文末、第二句目・緊句末の動詞「歩む」に対してである。

注目すべきは、この例1・例2に続く文章の訓読で、

3、英勝（の）ヒトヲ八―極に飛シ軒―昊《カヲ》を欗《シノ》キて［而］高ク視《み》たり（陛下・9）

4、麾を紫―塞に分チ隨（ママ）の寇《アタ》を［於］幽―陵に翦《キ》レリ（陛下・9）

と文章が続くが、「陛下」主語文の例3・例4の文末には、補助動詞「たまふ」が読み添えられない。

以下、「陛下」主語の文は、「駐《ト、》メ…蕩《トラ》カセリ（10）」「戢《ヲサ》メて…歸（へ）セリ（11）」「宣（ひ）て…受（け）たり（11・他例と異なり、必ずしも「たまふ」を読添えない確例ではない）」「刊《ケツ》リ…創《ハシ》ム（12）」と続いて、「鳳―篆《占ム》龜―文（12）」「銀《言》鍚玉―字（12）」を主語とした二文を夾んで、「陛下」主語の文の文末が「屬《ツ》ケ…懐（き）て…爲《す》（14）」と訓読される文に続くが、いずれも文末に補助動詞「たまふ」の読添が認められない。更に、「鶏―林―（の）［之］士」を主語とした一文の後、「陛下」主語と判断される文の「建《た》て…引《ヒ》ケ□《リ?》（15・存疑）」「爲《す》［矣］（16）」の訓読が続くが、ここにも尊敬の補助動詞「たまふ」は読み添えられない。その後、第一表は、「玄奘」主体の文章となっていて、その中の「陛下」主語文は認められない。

右は記述が入り組んだが、第一表で文法敬語たる補助動詞「たまふ」が確認されるのは、例1・例2の読添え例のみであって[3]、補助動詞による尊敬表現は読添語によって行われている。第一表中に、敬語表現の読添えの可能性がある対象十一文中確例は最初の二例のみである。しかもこの二文も中止部分には補助動詞「たまふ」の読添えは現れず文末二例のみであって、残りの九文には読添えられてはいない。即ち、補助動詞による尊敬表現は極めて簡素であると評価できよう。即ち、文法敬語に該当する尊敬の補助動詞の出現は、皆無と言う訳ではないが決して栄えてはいな

い。

一般に、中国語文に比べて敬語表現の豊富さが日本語の特質のように説かれるが、右の如くに漢文訓読語に見える文法敬語表現は、決して豊かであるとは評価できない。しかし、右の文法敬語に比較して漢文訓読語においては、以下の語彙敬語表現・語彙的待遇表現が盛んであることが指摘できる。この語彙敬語・語彙的待遇表現に当たる表現は、原漢文に既に存する漢字に影響されて成立したものであって、原漢文に基因して日本語たる漢文訓読語にも語彙敬語・語彙的待遇表現が栄えていることを念頭に置かねばならない。即ち、次に検討しようとする語彙敬語・語彙的待遇表現は、中国語文たる原漢文において表現され、その表現を引き継ぐ形で日本語たる漢文訓読語に現れて、漢文訓読語の言語特徴となっていることが指摘される。

表記上より明確に待遇を担うと認められる漢語名詞は、「陛下」の例である。第一表中に現れる例は、「—陛下(8)」の例で、漢語名詞「陛下」の前に闕字が存する。表記上に明確な例で、「陛下」の語は、語彙的な待遇表現を担っているものと認められよう。

第一表中には、原漢文に存する以下のような漢語名詞が出現する。「鳳-篆《占ム》龜-文(12)」「銀《言》鎔玉-字(12)」「聖期(14)」「神-化(15)」「香-城(16)」「神-懸(16)」「金-地(21)」「玉-門(21)」「聖-鑒《經ム》(26)」「玄-言(26)」「天-規(27)」などの漢語名詞には皇帝に対する敬意が含まれた表現[4]であることを認識しておく必要がある。さらに、仏に対する待遇表現として「玄-津(16)」「至-教(27)」のような漢語名詞が認められるのであって、こうした原漢文に既にある漢語名詞語彙の影響による語彙尊敬表現を考慮に入れておく必要がある。

右の語彙的な待遇表現は漢文訓読語に多出する特徴的な待遇表現で、計量的には、かなりの比重を以て訓読語中に出現すると見ることができようが、以下のような問題を内包してもいる。

日本語文としての漢文訓読語の表現体系におけるこれらの漢語が、どのような表現性を持っているのかを考えようとする時、漢文としての上表文自体が四六騈儷文に依っているものであることを念頭に置かねばならない。基本的には、上表文中の漢文自体が〝美文〟として作成されることを目指したものであろうから、使用される一々の漢語が持つ〝美文表現〟なるものが、日本語の待遇表現のどのような範疇に入りうるのかを断じようとした時、その分類が困難な局面があるのも事実である。

例えば、右の「鳳‐篆《占ム》‐龜‐文（12）」などの「鳳」は皇帝に対する漢語上接要素で、この語自体は皇帝に対して使われるものであろうから、成立した訓読文では、この語自体に皇帝に対する敬意があると解釈しても良かろう。さすれば、「鳳‐篆《占ム》‐龜‐文（12）」は訓読文における語彙敬語表現を担う要素であると認めることが出来る。皇帝に対する日本語では一語と認定できる「金‐地（21）」「玄‐言（26）」や仏に対する「玄‐津（16）」「至‐教（27）」などの語に関して、中国語文において「金」「玄」「至」などが、構造上、一語の修飾要素としての下接要素を修飾する要素であると解釈できようが、「金地」「玄言」「玄津」「至教」自体が、文脈を離れた語彙レベルにおいて、敬語的な要素を既に有しているとは必ずしも断言できないのではなかろうかと思われる。漢文訓読語において、「金地」「玄言」「玄津」「至教」が語彙的には美文表現の要素として、「地」、「言」や「津」、「教」に対する美文的〝意味〟を担う語であることは間違いなかろう。それが、文脈において働いた時、皇帝に関することならば、その美文表現語彙を以って敬意を表現しようとしたとみて矛盾がなかろう。しかし、他の文脈によっては丁寧語とみる余地もあろうし、美化語だと定義できる余地もあろう。あるいは、常体表現の美文語彙の名詞であると解釈する立場もありうると思われる。しかし、この四六騈儷文に認められる美文語彙も、待遇表現の一端を担っていると認める必要があろう。

これらの語の待遇表現の範疇の分類は、現時点では、文脈文脈によって左右されるものであると考えざるを得ない。

語単位としての「金地」「玄言」「玄津」「至教」に、敬意を与えた待遇表現として解釈できるか、それともその他の範疇の待遇であるとするのか、美文的色彩を狙った単なる常体的美文語彙としての待遇価値しか持たないものであると認められるのかは、今は、文脈の解釈に依存していると言わざるを得ない。また、これらの待遇価値分類のカテゴリーは連続的なものと見て範疇化する必要があると考えなくてはならないであろう。

即ち、四六駢儷文の訓読語として現れる漢語名詞、漢語動詞は、待遇表現の要素である尊敬語と範疇化できるのか、丁寧語や美化語の範疇として範疇化出来るのか、常体の名詞や動詞としての待遇価値しか持たないものとして解釈できるのかは、現状では文脈に支えられるところが大きいと言わざるを得ない。また、語単位のレベルで考えようとする時、尊敬、丁寧語や美化語、常体表現、謙譲、卑下表現は、分析対象の語に対して連続していると認めねばならないであろう。これらの漢語名詞や漢語動詞の分析を通じて、訓読語においての待遇表現体系をどのように把握するのかの問題は、カテゴリー認定の方法論的な研究を含めて改めて後考に俟ちたい。

第一表の和語による謙譲表現には以下の例が確認される。

5、祇《ツヽシ》メて綸‐言を奉リ載《則》（ち）翻‐譯セ（し）メ爰に開‐士を召して慧‐義を同證セ（し）メき　（21・玄奘 築島訳文・中田訳文は、「奉（うけたてまつ）リ と訓読する）

6、謹（み）て闕に詣（て）て奉‐進と（たてま）ツリき　（26・玄奘）

この例は、右の読添語として現れる補助動詞「たまふ」の場合と異なって、上表中に原漢文の漢字として表記された語の和訓として語彙敬語に属する敬語動詞として現れる。ただし、例5は、「奉」字に関連した訓読であるが、先学の訓読文に従えば、「奉（したてまつ）リ」と、補助動詞「たてまつる」の読添えの可能性も全くない訳ではない。待遇表現に関しては、以下のような例も認めて良かろう。以下の例も漢文に表現された字義をもとに、動詞訓として文章の待遇表現を担った例と解せられよう。

7、祗《ツヽシ》メて綸言を奉リ　（21・玄奘・例5に同じ）

8、追（ひ）て慙チ戰《オソ》リ悸《カシコ》マルこと氷れル谷を履《フ》ムカ若シ　（28・玄奘）

確例ではないが、「言（す）（3）」「伏（し）て（8）」「謹（み）て（26）」「詣（て）て（26）」「仰（き）て（27）」「敬（み）て（27）」などや、上表文末の「謹言（29）」や「沙門玄奘上（29）」も、待遇を支配しているように考えても良いのではなかろうか。これらは、語彙的待遇表現である。

右のように見てくれば、確かに、読添語による待遇表現は多くはない。従来の日本語の言語特質として敬語表現の多さが説かれてきた。正格漢文に対する変体漢文の特徴としても説かれてきたところである。上表文第一表に限って言えば、日本語特有の文法敬語表現が訓読に出現することは稀で、むしろ、原漢文にある表現を頼っての語彙的待遇表現が実現されていると評価すべきである。

次に、第二表「進西域記表」における記述を行う。

読添語として存する文法敬語の補助動詞「たまふ」による尊敬表現は、

9、時《（と）き》移リ歳《（と）シ》積（り）たれ《レ》トも人の欲（するとき）に天從（ひ）たマヘハ遂に雪袖《シウ》を下《クた》して［而］提河に洽《ウか》ヒ鶴林を援《ヨ》チて［而］鷲嶺に栖《ヤト》ルこと得《衣》ムヤ　（44・天）

の一例のみである。この例は、文中の条件句中に現れる例である。下接の文の主語・玄奘とは異なるが、第一表の文末使用とは異なった構文上の位置に使われている。即ち、訓読語における読添えの補助動詞は文中にも使用が可能である証となるが、第一表には文中には出現していなかった。

第二表中には、「陛下」主語の文が存するが、「乘《の》り…範《のり（と）》（り）たり（34）」「威《かしコ》（まらし）メて…齊《すク》ヘリ（34）」「堙《ウツ》ミて…補《たす》ケ（35）」「曜《てラ》シ…闢《ヒラ》ク（36）」などと続いて、以下積極的に補助動詞「たまふ」を補読する例が出現していない。

謙譲表現は、実字の訓として、

10、沙門玄奘言す（31・玄奘）

11、西羌《光》ハ白き環《たマキ》を垂衣（の）［之］后《君》ニ薦《たてマツ》リき（32・西羌↓垂衣之后）

12、東夷は楛《な(ま)エ》の矢を刑措《ソ》の［之］君に賄《たてマツ》リき（32・東夷↓刑措之君）

13、蒼津に泛《ウか》ヒて［而］贄を委《(み)ッ》カシメたり（39・陛下↑〈群生〉）

14、謹（み）て闕（に）詣てて奉進（とたてま）ツリ（中止法）（52・玄奘）

15、伏（し）て戦《オソ》リ灼《かシ》クマルこと深（く）ス（52・玄奘）

の如く、和語謙譲動詞訓として現れる。

待遇に関与したと思しき漢語名詞「玉検」「皇靈」などの挙例を割愛するが、第二表においても、待遇表現は、漢文に対応した漢字が存せず尊敬の補助動詞「たまふ」を読添えられた文法敬語の一例と、実字に和訓を与えた謙譲動詞、及び、本来漢文において既に待遇を表現したと思しき漢語名詞などによって構成されていると認められる。

第二表においては、「（玄奘）愚魯（に）して（50）」の例が認められて、名詞相当の資格で待遇表現に与っている。

第三表「請大宗文皇帝作經序幷題經表」も、右と同様の待遇表現を用いる。

16、陛下典《マ》ケ（て）神《ア(や)》シキ翰《文テ》を垂《たれ》レて經の題表發シタ（ま）へ　親リ　玄藻を紆《マ》ケて宗極序明シタマへ（60・陛下）

17、竊に見《み「み」れ》レ（は）弘福寺（に）して尊像を初《はし》（め）て成（した）マへリ（しとき）（58・玄奘）

など、読添語の補助動詞「たまふ」は計三例を認める。第一表・第二表に認められない待遇表現として、接頭辞「み」

を冠した名詞の確例が一例存する。

18、聖-上の親《(まのあ)た》タリ鑾の輿《みコシ》を降シ青蓮(の)[之]目を開ケリ　(59)

接頭語による敬語表現は、厳密には語彙敬語に属するものであると考えられるが、和文などには種々の接頭辞を冠した名詞が盛んに出現する。しかし、漢文訓読語における例は誠に少ない。

語彙敬語たる謙譲動詞も、

19、沙門玄奘言す　(55・玄奘)

20、謹(み)て奉-表以-聞す　(62・玄奘)

など第一表・第二表に観察された語彙敬語の出現例が存する。例20は、漢語動詞の例であって、原漢文の影響下に成立した敬語動詞である。

右のような語彙敬語と共に、以下の例が出現する。

21、大宗文皇帝に經の序幷に題經作(りたまへ)ト請(ひ)た(てま)ツ(り)シ表《ヘウ》　(54・玄奘)

右の例21の読添語に文法敬語である謙譲補助動詞「たてまつる」の確例が見えるが、補助動詞「たてまつる」の確例は第三表にはこの一例のみの出現である。

この他、前と同様に待遇に関連したと認定される漢語名詞が認められる。

第四表「大宗文皇帝勅書表」、第五表「謝納袈裟剃刀表」、第六表「謝大宗文皇帝製三藏聖教序表」には、右の尊敬表現の他に、

22、納の袈裟一領賓鐵の剃刀一口施《たマ》ヒき　(88・陛下)

語彙敬語たる尊敬動詞が実字訓として現れる例が認められる。謙譲表現も、「謁《ツカ》へマツリき(101・玄奘)」「詣《マ(ゐ)》ツルこと

（101・玄奘）」「献《た(てま)ツ》ラム（103・玄奘）」「賜は（り）て（き）（103・玄奘）」「承《(うけ)た(ま)ハ》リ（107・玄奘）」の例が認められるが、事象としては既に説いた語彙敬語としての謙譲動詞の出現例である。

第六表において注目すべきは、

23、玄─奘往《サ(き)》（に）振《し》錫に因（り）て聊（か）崛─山に謁《ツカ》へマツリき（101）

24、［匪］千─葉に乗《の》らすして雙─林（に）詣《(い)た》（り）マツルこと食─頃《兄》（の）如《こと》し（101）

とした補助動詞「まつる」の例が認められることで、時代と共にこの語は漢文訓読語に原則として用いられなくなるとされる。(5)

以上、大唐三蔵玄奘法師表啓に訓読された上表文に限って纏めれば、待遇表現は、

一、尊敬表現の多くは、語彙的な待遇表現として出現して、実字の敬語動詞、及び実字訓で原漢文単字に対して接頭辞「み」を冠した名詞などの充当訓を与えて現れる敬語名詞として現れる場合が圧倒的に多い。文法敬語たる読添えられた補助動詞「たまふ」によって実現される場合があるが、文法敬語に分類される待遇表現の出現は寡少である。

また、補助動詞「たまふ」の期待される文脈にあっても常体で表現される箇所が多く、文法的な待遇表現は盛んではない。

一、謙譲表現は、語彙的な待遇表現として実字の謙譲動詞等の訓読によって実現される例が多い。

また、文法的な待遇表現として補助動詞「たてまつる」によっても行われているがその例は極めて少ない。

一、原漢文に表現された用字によって、これを漢語名詞、漢語動詞として訓読を実現して、待遇表現の働きを担わせた例を多数指摘できるが、待遇表現の範疇としては、語彙的待遇表現である。

大唐三蔵玄奘法師表啓平安初期点における上表文の単語レベルでの待遇表現は、右の有機的な複合によって成されていると認められる。読添語による文法的待遇表現を担う補助動詞の使用が極めて少なく、これに対して語彙的な表現である和語動詞は勿論、漢語名詞や漢語動詞に待遇機能を持たせたと認められる例が多出する。こうした語彙的待遇表現は、平仮名文などによるものとは傾向的に大いに異なるとみることが許されよう。[6]

二、大唐三蔵法師玄奘表啓平安初期点の待遇表現（二）

―上表文における文章文体レベルの待遇表現―

大唐三蔵玄奘法師表啓平安初期点においては、句・文・文章レベルでの待遇表現が存在する。まず、第一表「進經論等表」を例に採る。第一表の文章は、

25、沙門玄奘言(す)（3）

に始まる。これに呼応して、第一表は、

26、謹言　貞觀廿年七月十三日　沙門玄奘上（29）

によって閉じられる。これは第一表のみならず、他の上表文を取り上げても同様であって、文章レベルでの玄奘の謙った待遇表現として文章全体の待遇基調を作り出している。第二表「進西域記表」以下にも、

27、沙門玄奘言す……謹言　貞觀廿年七月十三日沙門玄奘上（第二表）

28、沙門玄奘言す……謹言　貞觀廿年七月十三日沙門玄奘上表（第三表）

29、沙門玄奘言(す)……謹言　貞觀廿年七月十四日沙門玄奘上表（第四表）

30、沙門玄奘言す……謹言　貞観廿二年七月十四日沙門玄奘上表（第五表）

31、沙門玄奘言す……謹言　貞観廿二年八月五日沙門玄奘上表謝（第六表）

の如くであって、一通一通の枠組みとしての待遇基調が形作られている。

一通の表の構成を第一表を例に記述すると、右の表頭に続いて、

32、玄奘い聞《き》ク、（3）

として、以下に、玄奘の知見を述べる。この玄奘の知見は、

33、其の道を詮《チ》するは[者]聖帝なり（7）

として、一般論としての「聖帝」の要道を記した部分で、これに次いで、

34、伏(し)て陛下を惟(ひみれ)ハ靈を簒《ツ》きて震に出《い》て運を撫てて樞に登(り)たマヘリ（8）

とした文章が始まるが、例34中には、単語レベルで前項に取り上げた語彙的待遇表現として副詞的な「伏(し)て」、漢語名詞「陛下」と、確例ではないが「惟(ひみれ)ハ」が出現し、同時に漢文訓読語に寡少な文法敬語たる「たまふ」（四段）が認められる。右には、「伏(し)て陛下を惟(ひみれ)ハ」とした条件句があって今上陛下の事蹟を述べ立てる部分であるが、この条件句表現も上表文において文章レベルでの常套的な待遇表現で、文章構成のレベルでの待遇表現を形作る。この今上陛下の事蹟を述べ立てる部分には、前項に取り上げた漢語名詞、漢語動詞が現れて、陛下に対しての敬意の待遇表現となる。

第一表の文章は、16行から、玄奘自身の現状を述べ立てる文章となるが、

35、玄奘行業紀《ツイテ》无(く)して空(し)く曲成を符へリ謬《ア(や)マ》(ち)テ緇《シ》徒《豆》に齒《マシハ》リて慙《ハチ》有(り)（16）

右は、上表文の記主たる玄奘の、自己に対する卑下の待遇表現を文章レベルで記したものであろうし、

36、玄-奘學《(か)ク》-沈-秘に非ず(あ)レは識《サトリカイ》-該-通に謝サレハ何の以てか仰(き)て天-規をシ稱して敬(み)て至-教を弘メム　(27)

などの条件句の表現も、玄奘自身の自己に対する卑下の待遇表現であると考えられよう。第一表に限らず、

37、玄奘質《身》を稟《ウ》ケ(たること)愚-魯(に)して[於]緝-實に昧《クラ》シ　(49・第二表)

38、此の蕪《アラ》き辭《ことは》を截《す》てて其の實-録を採《と》ラム　(50・第二表)

なども、玄奘の上表文における玄奘自身を卑下した待遇表現であって、この種の待遇表現が第一表以外にも多く出現する。

文章構成上、第一表は、文末の「謹言」の直前に至って、上表のおおけなさを述べた文が存する。

39、追(ひ)て慙《は》チ戰《オソ》リ悸《かシコ》マルこと氷れル谷を履《フ》ムカ若シ　謹言　(28)

右の一文も、玄奘の上表奉進に対する自己の有り様を記した文であるが、皇帝との関係における玄奘の自身に対する待遇表現とみて良かろう。

右の第一表の他に、同様の待遇表現は、上表文末に定型として現れるようで、

40、謹(み)て闕(に)詣てて奉-進(とたてま)ツリ輕《(かるか)る》シク旒《リウ》-衣《イ》を塵《ケカ》シ伏(し)て戰《オソ》リ灼《カシ》クマルこと深《フカ》(く)ス　謹言(52・第二表)

41、謹(み)て奉-表以-聞す輕(しく)天威を觸《ケカ》シて悚(り)汗《アセ》ツカフこと増す　謹言　(62・第三表)

など上表文における定型の文体的待遇表現として表れている。

右の待遇表現の類型は、知恩院蔵大唐三蔵玄奘法師表敬平安初期点の上表文に共通の表現類型で、もともとは原漢文の影響によるものであると認められる待遇表現法であるが、文章レベルでの待遇表現法が栄えていると認めること

が出来る。

三、大唐三蔵法師玄奘表啓平安初期点の待遇表現（三）―勅書における待遇表現―

大唐三蔵玄奘法師表啓には、玄奘の上表文に答えた訓点のある勅書（答制）が一通存する。全七行一三七字で言語量は極めて少ないのであるが、この勅書に認められる待遇表現は、以下の通り記述される。

文法敬語たる補助動詞「たまふ」が一例認められる。

42、又云は（く）「新撰の西域の記をは［者］當に自ラ《か》披《ヒル》ケ覧《み「み」よ》ヨ」と奘尚に勅（し）たマフ（70）

右の例である。訓読者がこの部分の漢文の構造を以下に理解したかが問題となる。「又云は（く）」の主体は、「朕《竹イ》」であろうから、訓読の結果からは、二種の解釈が可能である。

一つは、「勅奘尚」が、大宗文皇帝の主語文ではなく、第三者の叙述文だとみる場合である。この勅書を引用したのは、玄奘であって、文書末には、

43、貞観廿年七月十三日内（より）出與シ玄奘法師謝（し）き（70）

とあって、玄奘が勅書を引用した部分であると解釈できるとすれば、「勅（し）たマフ」の敬意は、第三者（玄奘）によって添えられているものと解される。

今一つは、この答制は、標題より「勅奘尚」までを一貫して大宗文皇帝の立場から書かれたものであって、「勅する」行為の主語が大宗文皇帝自身であると見れば、文法敬語たる補助動詞「たまふ」は、自敬表現と言うことになる。

右の二種の解釈は、訓読者が答制の文構造をどう捉えたのかに関係する。どう見たのかの結論は、ここで断じるこ

とは出来ないが、自敬表現が、四六駢儷文の平安初期漢文訓読語の待遇表現体系の中に存した可能性のあることを指摘しておきたい。

この勅答一通には、文法敬語の補助動詞「たまふ」一例以外には、補助動詞の確例は認められない。また、先に述べた如く、方法論の開拓を急がねばならないが、明確な漢語名詞や漢語動詞による待遇表現もその評価特定が難しいと言わざるを得ない。しかし、

44、法‐師夙《ハヤ》ク高‐行を標《へ(う)》シて早《スみや》(か)に塵の表に出(て)たり　寶の舟を泛へて[而]彼‐岸に登リ　(65)

における「高行」は玄奘の待遇としては尊んだものであろうし、「寶の舟」も敬意、あるいは、常体での美文的待遇を含んだものであってプラスの待遇表現が実現されていると認めることが出来よう。

自称の「朕《竹イ》」(68)は待遇表現に与るし、「朕」が主語たる、

45、朕《竹イ》學《(か)クウ(す)》淺ク心拙《ツた》なケ(れ)は物に在する(すら)猶し迷《マト》ヒヌ　(68・朕)

における「學《(か)クウ(す)》淺ク」、「心拙《ツた》なケ(れ)は」も皇帝の自己に対する卑下表現であって、これも句単位の表現として漢文訓読語の待遇に与る表現であると認められる。「猶し迷《マト》ヒヌ」も文皇帝の謙遜表現で、待遇価値を有するものであろう。この文に続く、

46、況(や)佛‐教の幽《ハル》カニ微《クハ》シ(き)をは豈に能(く)仰《アフ》キ測《はか》ラムヤ　(68)

の反語表現も文皇帝の謙遜表現として評価でき、待遇表現に与るものと認められよう。

勅答の言語量が少なく、類型的な待遇表現の帰納が充分にはできないが、単語レベルでの語彙的待遇表現と句や文章レベルでの待遇表現が帰納されることは上表文と同様で、また、文法敬語たる「たまふ」(四段)が例外的に出現することも上表文と同様の状況であると判断されよう。

おわりに

右には、知恩院蔵大唐三蔵玄奘法師表啓平安初期点に認められる待遇表現法を体系的に記述することを試みた。その結果、文法敬語と言われるものの使用が極めて寡少であることが理解された(7)。文法敬語は、専ら、助動詞と補助動詞によって支えられる表現であって、漢文訓読語においては、読添語として訓読語中に現れる語群である。その意味では、原漢文に制約される側面が少ない。にもかかわらず、待遇表現に与る補助動詞や助動詞が多出はしない。この点が平安和文の待遇表現法体系と大きく異なるものであって、漢文訓読語における待遇表現法の特徴を形作っているものと認められる。

また、日本語たる漢文訓読語には語彙的待遇表現が盛んに出現する。原漢文の用字に制約されたものではあるが、待遇表現に与る語詞が多数出現する。ただし、本論でも触れた如く、ある語詞が持つ待遇価値を如何なる待遇表現法の体系中の範疇に属するものであるとするのかの判断は今後の課題とせざるを得ないが、漢文訓読語においては待遇表現を司るかかる語彙レベルでの色彩が強いと見ることができる。また、今回の事象記述の対象が上表文及び勅答であったがために文章・文体のレベルでの待遇表現法が帰納された。広く上表・勅答以外の四六駢儷文における言語事象の記述の必要性を感じるし、さらに四六駢儷文以外の漢文体の訓読語における待遇表現法体系の実態を検討する必要があろうと案ぜられる。

大凡、概観としての歴史的変化として、平安初期の訓読語は、より大和言葉的に文章全体に亘っての目配りのもとに訓読されて読添語など表現が豊富であったものが、次第に一字一字の訓読の集積、即ち一々の漢字の訓のゲシュタルト(補注)としての訓読文生成に転じたと説かれる。右は平安初期の上表文、勅答に限っての分析でしかないが、漢文訓読語の事象の問題として待遇表現はもともと、原漢文に委ねるところが大きく、読み添えられても良さそうな箇所にすら平安初期より補助動詞の読添えなどが盛んではなかった歴史があるようである。(8)

即ち、概括して一つの特徴的な変化傾向を元に敷衍して変化傾向が説かれてきた憾みがある。平安時代の訓読語変化も、特徴的に変化して記述が明快で変化としてのトピックとして注目を集めやすい事象の研究の累積に注意が向けられてきた観があるが、漢文訓読語史においては本質的に変化していない事象が如何なる言語範疇に属して、平安時代の他文体の言語と対立的に存在したものかの視点で漢文訓読語の歴史を見直してみる必要があるのではなかろうか。

今まで一括して扱われてきた雑多な漢文訓読語の言語面の性質を組織化してみる必要があろう。言語事象の異なりを考慮した分類枠を設定し、それに従って漢文訓読語史上に変化を起こし易い分類枠組みが何であるのか、ある分類の枠組みでは漢文訓読語史内部では変化が起こりにくいものの、共時的な分析視点からは、和文等の他文体との言語組成の問題として対立している場合もあって、かかる範疇での文体的な差を求めてみる必要があるのではなかろうか。日本語たる漢文訓読語の事象差に対する配慮が十分ではなかったと反省すべきであって、従来求められてきた漢文訓読語内部での位相差による分析視点を改めて再考する必要があろう。即ち、従来、余りにも訓読者の〝言語主体〟の差に対する関心が独走して細分化しすぎたとみるべきであるように思われる。実は、和文との比較も充分に尽くされているとは言いがたいのであって、漢文訓読語を主とした分析の視角はまだ幾重にもあると認めるべきであろう。

諄くなるが、本節は、平安初期の「上表文・勅答」と言う四六駢儷文の中でも限られた漢文体の訓読における待遇表現という限られた切り口に焦点を当てたものである。漢文たる四六駢儷文の作文が必然的に担っている〝美文〟における待遇表現が、既に漢文において存したもので、日本語として成立した漢文訓読文の待遇表現は、原漢文の美辞麗句によって担われるところがあり、それに従っての漢文訓読語の待遇表現の実態があることを述べて、そうした表現体が日本語として定着したことを述べてきた。漢文の種類はこれのみではないことを十二分に自覚する必要があろう。

切り出すべき資料態を設定する視点は、恐らく、幾重にもあるはずであって、また、文章・文体レベルでの分析として切り込むべき言語事象も多々であろうと思われる。今後、研究者の個性によって考え得る視角に頼って分析を進めるべきであろうと愚考するところである。

注

（1）第四章第二節。

（2）知恩院蔵大唐三蔵玄奘法師表啓は、夙に、
大矢透『仮名遣及仮名字体沿革史料』（帝国学士院、明治四十二年三月）。
の第三面に登載され紹介されている資料で、本資料の訓点については、
吉沢義則「大唐三蔵玄奘法師表啓の訓点」（『国語国文の研究』岩波書店、昭和二年四月）、
築島裕「知恩院蔵大唐三蔵玄奘法師表啓古点」（『訓点語と訓点資料』第四輯、昭和三十年五月）、
遠藤嘉基「知恩院蔵大唐三蔵玄奘法師表啓古点について」（『国語国文』第二十四巻第十一号、昭和三十年十一月）、
山田忠夫「知恩院蔵本大唐三蔵玄奘法師表啓古点の研究」（『国語学』第二九集、昭和三十二年六月）、
中田祝夫『東大寺諷誦文稿の国語学的研究』（昭和四十四年六月）
において全貌が掲げられている。本節に使用するのは、右の諸論考により、また、小林芳規博士の御移点本を参照させて戴いた。

（3）知恩院蔵大唐三蔵玄奘法師表啓平安初期点における補助動詞「たまふ」の出現は、玄奘の上表文全七通を通じて、全七例

を数えるのみである。小林芳規博士は、

小林芳規『仏研Ⅲ　初期訓読語体系』（平成二十四年二月、汲古書院）二八二頁

において本節に取り上げる知恩院蔵大唐三蔵玄奘法師表啓平安初期点と興福寺蔵大慈恩寺三蔵法師伝永久点を比較されて、

平安初期点に読添えられた『タマフ』『タテマツル』が、永久点では欠くものがあり、逆に永久点で加わったものもあり、両資料共に見られるが、絶対量としては永久点の方が少ない。

と述べられるが、両資料を通時的に比較できるのは、第二表「進西域記表」、第四表「表謝太宗文皇帝勅書表」、第六表「謝大宗文皇帝製三蔵聖教序表」と唯一の答「太宗文皇帝報請作経序勅書」の四通のみである。補助動詞の出現の絶対量が二桁に満たないのであって、通時的多少は論じられないと判断される。同書二七一頁に記述された通時的異同の例で大慈恩寺三蔵法師伝永久点に認められない「敬語」の挙例三例の内、第一例は上表中の確例であるが、第二例は勅答での出現例で本節に問題とした例で、通時的な変化とは断定できない。また、第三例目は確例ではない。

（4）漢語名詞、漢語動詞が待遇表現に関わることは、連文「光命」の訓として、「光《オホセタマ（ふ）》命《ミコト》（88）」の例があって、語構成としては漢文段階で既に「光」は、「命」を修飾して美称として働いていると解釈されようから、美文たる四六駢儷文の用語に、既に中国語文において待遇表現がされていたものを訓読者が理解した訓読語であると認めて良かろう。

（5）注（3）文献、二六一頁。

（6）平安時代の平仮名資料（代表的には和歌集の詞書きや物語・日記・など所謂、和文）における待遇表現の方法とは異なるものと見ることができる。今、紙幅を裂いて詳述することが出来ないので、稿を改めねばならないが、その一端を、平安中期初頭成立で、十二世紀の書写である元永本古今和歌集の詞書きを例に一部を例示しておく。そもそも、古今和歌集の詞書き自体が短く、一文乃至数文のものである。その中で上下関係の明確な詞書きを例にとれば、

○朱雀院帝ふるの瀧御覧せむとて、ふづきの七日おはしまして在りける時に、御ともに候人々に歌読させたまうければ

よめる　橘長盛　（927詞書）

右の例は、朱雀院を主語として敬語動詞「御覧ず」「おはしましてあり」、助動詞「す」、補助動詞「たまふ」が尊敬表現を担う。主語朱雀院に対する述語節のすべてに某かの尊敬表現が伴う。接頭語を伴う「御とも」も朱雀院に対する敬語名詞で

あると認められよう。「人々」に対する連体の従属句には、連体法「候ふ」が現れていて、謙譲表現を司る。右に現れる動詞句には敬語表現機能要素が存在するが、唯一の例外は、詞書末の詠者・橘長盛が主語たる常体の「よめる」のみである。今後は、平安時代における文体差の存する資料群の待遇表現法体系を相対的に比較する必要があるものと考えられる。

（7）本節においては、右の注（4）において実例を掲げて和文語と漢文訓読語における待遇表現体系の異なりと一端を掲げたが、和文の待遇表現の方法については、特に敬語表現を取り上げて、第四章第二節において記述を試みた。

（8）本書第四章第二節。

第四節　石山寺蔵仏説太子須陀拏経平安中期点における訓読語の文体

はじめに

本節に取り上げようとする石山寺蔵仏説太子須陀拏経平安中期点は、小林芳規博士をファーストオーサーとして、昭和五十九年五月に、鈴木恵氏と稿者が連名で、『訓点語と訓点資料』誌、第七十一・七十二輯合併号として公にした資料である。同誌には、小林芳規博士の解説論文と共に、小林博士のご指導の下に作成した訓読文と、模写本文、語彙索引、漢字索引を掲載したものであるが、特に、訓読文の改訂が望まれて止まない現状にある公刊物である。

本節は、これを元に、現時点での改訂を加えつつ、同資料の説話漢文の訓読語の文体について、小林博士の解説に若干の補論を記そうとするものである。

仏説太子須陀拏経平安中期点の書誌事項は、小林博士の「石山寺蔵仏説太子須陀拏経平安中期点の訓読語について」（以下、小林解説と称する）に詳しいので、御稿に譲りたいが、必要と思われる情報だけについて触れておく。

仏説太子須陀拏経平安中期点は、平安時代中期と推定される白点加点の資料で、加点奥書は確認されない。ヲコト点の形式は、第四群点に属する天尓波留点（別流）である。小林解説では、天尓波留点（別流）加点資料二点を取り上げて、「天台宗比叡山で使われたものであろう」と措定されているが、築島裕博士も、天尓波留点（別流）加点の十六資料を収集されて、「第四群点は、平安時代初期から恐らく南都の古宗の間で成立したのであらうが、平安時代中期以後には天台宗延暦寺に伝り、恐らく平安時代中期頃にそこで天仁波流点・天尓波留点（別流）が案出されたのであらう。（中略）その勢力は微弱で、十二世紀中葉には殆ど衰滅してしまつてゐた」と述べられている。(1) 本資料の言語の場は、平安中期の天台宗比叡山に有ったと見ることが許されよう。

本資料には、小林解説に「八、和文系の語詞とその使用場面」として説かれた語詞には、築島裕博士の言われる和文語(2)が認められる。この和文語が、仏説太子須陀拏経平安中期点では、会話部分の文章に偏って出現している。この事実は、稿者が、小林博士の指導される広島大学大学院の国語学演習において会話文、地の文の文体差を念頭に発表したものであるが、(3) 小林解説では、多角的視点から用例を増やされ、分類されて、詳細を示されている。

本節は、これを承けて、石山寺蔵仏説太子須陀拏経平安中期点の漢文訓読語の更なる文体分析を行おうとするものである。特に、仏説太子須陀拏経は、原漢文が本来的に説話性が強く、かかる漢文を如何に訓読したのかを、文体分析を通じて考えてみようとするものである。

一、会話部分に偏る用語に就いて

一資料中の訓読語に文体差が有るとした場合、「どのような文体カテゴリーを設定して文体分析を行なうのか」、また、「どうであれば文体差として認めうるか」と言った基本的問題がある。稿者は、一漢文訓読語資料（一訓点資料）

の内部に、文体差を認めようとした時、カテゴリーとしてどのような単位を設定して、一資料を分解し整理・記述するのか、どのような言語事象を捉えて「文体差の分析」を行なうべきかの課題について、些かの試案を公にして来た。(4)

本書第五章第二節において設定した指標と成る文体分析の分類カテゴリーは、会話部分（「偈」を含む）と地の文部分（上記の会話部分以外）とであった。この根拠については、第五章第二節にも触れたが、〝会話部分の訓読語文体〟対〝地の文部分の訓読語文体〟として、漢文訓読語と言う文章中の「〝会話語〟対〝文章語〟」の類型として捉えてみようとしたものである。言語事象として取り上げたのは、文末表現―第五章第二節では、最文末一語の計量的集計を行った―であった。その試行の結果、会話語の文末表現は、地の文の文末表現に比較して多様で、活用語のムード、モダリティー表現に関して豊かな文末を形成していることが判明した。これに対して、地の文の文末は、ムードでは、活用語終止形による終止法が中心で、モダリティーの表現も平叙が中心の文末を取っていることを明らかにした。

ただし、第五章第二節における文体差についてのかかる描像には、以下のような問題が横たわるものであることも明らかになって来た。

一、会話最文末と地の文最文末の集合としての整理においては、地の文文末の出現事象は、すべて、会話文の集合中に含み込まれてしまう。

二、便宜的に最文末一語の集計を行ったが、文末分節全体の分析記述が必要である。

三、地の文の文末に多くの用例が出現する助動詞「き」の分布を解釈しようとすれば、「会話文（会話語）」↓↑地の文（文章語）」の対立だけでは解釈が出来ない。取り上げた「法華経」の訓読語を、別の指標「（法華経を見立てた）説話の表現」としての―入れ子型の―方法の問題が関わってくる。即ち、文体分析を行った際の指標が異なる場合、いかに統合して抽象化するかの問題が発掘された。

右の箇条書きの二と三とは、将来的問題で、方法論の開拓が必要な課題であると思われるので、ここでは、記して注意を喚起しておくに過ぎないが、一の問題は、現在試行中の方法が、真に、文体差の記述と成っているかの問題で、以下に少しく、解説を行う。

築島裕博士が実践して、単語レベルに至るまでの記述をされた、「訓読語↓↑和文語」の語彙的差は、訓読特有語↓↑共通語↓↑和文特有語の集合が存在する語彙分類で、この語彙分類は、直接的に訓読語↓↑和文語の文体差を記述したものである。即ち、「ハナハダ↓↑いと」とか、助動詞「シム↓↑す・さす」などの示す対立は、訓読語の用語と和文語の用語が、集合上重ならない事態を示し、正に、文体的な言語体系差と考えても良かった。しかし、稿者の第五章第二節における試行は、現段階までの記述では、地の文の文末のバリエーションは、完全に会話文末のバリエーションに含み込まれるものであった。疑問としては、会話文末の表現体系、即、会話文の文体と、それに対立した異文体として、厳密には文体の対立ではなく、会話文末の表現体系に対して地の文文末の表現体系を対立する一カテゴリーとして措定することができない、と言うものである。

稿者の立場は、近年「訓読語基調」と言う概念で、訓読語を捉え直そうとして試行を繰り返している所であるが、(5)文体基調が会話文と地の文とで異なった印象（この印象批評的な感覚に通じるものを「訓読語基調」として概念化し、客観的に論じようと試みている）を生じていたと見ても良いのではないかと考えている。つまり、地の文の文末表現は、平叙での単調な表現が中心である。それに対して、会話文の文末表現は、命令法や連体形終止法、疑問、反語、詠嘆等々の表現が現れて、当時の共時態において表現の表情が豊かであると言う印象を持たれていたものであったと推論して、一漢文訓読語資料中に文体的差が存したと認めようとするものである。

仏説太子須陀拏経平安中期点における地の文と会話文（小林博士は、厳密な定義をされていないが、本節においては、釈迦が会話として語る須陀拏太子説話の発話の中において、釈迦の語りの地の文を「地の文」と言い、直接会話として引用された会話文を、「会話部分」と言う。以下特に断らない限り同様の用語を使用する）との文体差を、語彙的な問題として、小林解説に取り上げられた語詞から数対を以下に記述する。但し、いずれも、対象語詞の全用例数が多くはないことを断っておく。

「ハナハダ」対「いと」については、以下の確例が認められる。

1、「諾(ふ)こと大ト《イ》[イ、大《ハナハ》タ]善シ。」（74・会話・太子）

2、「我　大《ハナハ》タ貧窮ナレハ《なれは》太子に従《ヨ》リて乞丐する所有(り)とは欲ふ。」（269・会話・婆羅門）

3、「太た善(き)なり。」（355・会話・天王釋）

4、凫雁鵁鶄翡翠鴛鴦異類甚た衆し。（191・地）

「ハナハダ」の確例は右の四例で、用例1から用例3までの3例は、会話文中での使用である。「いと」は、四例の確例があるが、その内の一例は、例1である。残りの三例共に「大」字の訓で、

5、「寒(け)れは[則]大に寒く熱(け)れは[則]大ト《イ》熱し。」（131・会話・太子）

6、「汝能く爾ら者大ト《イ》善し[也]」（144・会話・太子）

7、「又大ト《イ》飢渇(し)たり」（266・会話・婆羅門）

の四例で、太子の会話中の「大」字の訓三例と、婆羅門の会話中の「大」字の訓一例が認められる。この語に関しては、会話中に「ハナハダ」「いと」共に現れ、地の文では、「ハナハダ」のみが現れる。即ち、会話中の表現性が高く広く、地の文はそれに包み込まれる関係となる。

「カクノゴトシ」対「かかる」では、「カクノゴトシ」の確例は、五例あって、

8、「太子是(の)如く自《み》(ら)恣に布施す。」(85・会話・臣)
9、「菩薩すら檀波羅蜜(を)行(し)たまふこと布施是(の)如し。」(440・会話・仏)
10、是(の)如くイフコト三(ひ)に至る。(272・地)
11、是(の)如くして三(ひ)に至れとも太子應(へ)不《す》。(321・地)
12、使者還(り)て是(の)如く白(す)。(406・地)

右の確例以外とは、「此(の)如(き)を(366)」、「是(の)如(く)して(437)」、「是(の)如(し)と(430)」、「是(の)如(き)を(94・147・422)」の六例を指す。これに対して、「かかる」は、確例が三例あって、

13、「今復(た)遭ひて此《カ、》ルこと(に)値へり。」(286・会話・両児)
14、「我數《シハ、、》　婆羅門(を)見(る)に曾《コ、ロミ》　タニモ是《カ、》ル輩をは見未《す》。」(144・会話・両児)
15、「世世に復(た)是《カ、》ルこと(に)値遇すること莫らしめ(よ)」(288・会話・両児)

と現れる。漢文訓読語たる「カクノゴトシ」は、地の文、会話文を通じて現れるが、和文語「かかる」は、会話のみに出現する。この事象も、会話中の表現性が広く、地の文の表現は、それに包み込まれる。

「シバラク」対「しばし」の対は、

16、「願(はくは)小《シハラ》ク相避《ひ》(り)て過(き)去(る)こと得使(めよ)。」(305・会話・妃)
17、「且く當(に)此《コ、》に住(り)て水の減セ(む)を須《ま》(ち)て乃(ち)度らむ。」(182・会話・妃)
18、「且《シハラく》ク止め(よ)。」(325・会話・太子)
19、「此には暇《シハラ》ク止(り)ヌ可シヤ不や。」(178・会話・妃)

と出現する。これに対して「しばし」は、二例が確認される。

20、「我適《シハ》シ水取(り)て年少の曹輩《ワラハヘ》共に形タカヘテ我《て》(を)調リ咲ふ。」(231・会話・婦)

21、太子適《シハ》シ一《ハシ》メテ山の中に宿(り)たまふときには空シカシ池には皆(な)泉の水生《イつ》ツ。(214・地)

右の如き分布を示し、漢文訓読語「シバラク」は会話中に、和文語の二例は、会話中と地の文に現れる。表現性の意味では、会話に二語形出現して、地の文では一語形であるが、地の文に現れるのは、和文語形「しばし」である。用例の絶対数が少ないのではあるが、右の対照とは性質上は逆転した対応関係であると認めねばならない。ただ、かかる事象の用例数は決して多くはない。

平安後半期の共時態を問題として「漢文訓読語＝文章語」、「和文語＝日常会話語」とされた築島裕博士のパラダイムを、漢文訓読語史の側から批判できる糸口になるかも知れないとは思うが、後日に期することとする。(6)

「イタシ(痛覚に関わる意味)」対「いたく(程度の甚だしい意)」では、

22、「我は遠方從り來れは身擧(け)て皆(な)痛し。」(178・会話・婆羅門)

の一例は、漢文の用字と対応して、「痛覚に関わる表現」であるが、会話中に存する。和文語の「いたく」は、

23、「汝正(し)く坐《ヲ》ルときには布施を太劇《イタ》クシテ我か國の藏を空《ウムナ》シクナシ我か適を却《サ》ル《る》[之]寶をも失(ひ)つ。」(110・会話・王)

24、「我《れ》は布施用(て)太劇《イタく》ク國の藏を空虚《ウツカ》シ健《コワ》キ白象以(て)怨家に丐(へ)與(へ)タレハ(以下略)」(123・会話・太子)

25、「太子須陀拏トイフ《といふ》坐《イマ》シテ布施太劇《イタ》クするか故に父の王に徙《ウツ》サレて」(236・会話・婦)

と会話部分のみに現れて、会話部分の表現性の豊かさを物語るものと解釈できよう。ただし、右の例1から例25を通じて、各事象において、原漢文の用字の影響の問題を無視できないと考えられるが、この問題については複雑な状況

をより単純に整理する必要があって、これも後考に俟たざるを得ない。

この他に、小林解説では、助動詞「けむ」「らむ」「けり」、接続助詞「ものを」、副助詞「し」の会話専用の指摘があるが、稿者は、微力にして、この表現に対応する漢文訓読語表現を特定できないので、ここでは措かざるを得ない。また、「オゴソカナリ」対「いかめし」では、漢文訓読語形と言われる「オゴゾカナリ」の用例が、仏説太子須陀拏経平安中期点に確認されない。

以上、確例の用例数が多くはないが、会話部分における表現は、所謂、漢文訓読語と言われるものも、和文語と言われるものも、その出現を確認される。地の文においては、漢文訓読語形か和文語形のどちらか一方のみが確認されて、会話部分に比べて、文体的には表現の幅が狭いと認められる。

さらに付言しておきたいことは、文選読みの出現傾向で、結論的に言えば、この訓読語法（訓読語表現）は、地の文にしか認められない。その意味では、会話文との文体差の例として掲げても良かろう。文選読みは状態・形状の形容の「意味」を担って、動詞として現れる。文選読みの出現は、

26、王聞（き）て愕然とマウオトロイたまふ。（83・地）

27、鼻は正（し）く鶣鷉とヒラメリ。（225・地）

28、脚復（た）了戻とモトリ頭復（た）乾《ムシ》レ禿《カフロ》ナルこと狀なる類の鬼に似たり。（226・地）

の三例で、用例数は少ないが、いずれも、地の文に出現する。かかる意味では、会話文の表現性に、地の文の表現が完全に含み込まれるという集合関係でないことが実証される。飛躍するかも知れぬが、一訓読語資料における会話文対地の文の文体差は、平安時代中期に、同一の漢文訓読語資料の内部においてと言う限定付きであるが、〝言〟と〝文〟とが不一致であったことを物語る結果ではなかろうか。

二、仏説太子須陀拏経平安中期点の文章構造

先に断らねばならないことがある。本資料は、尾題前の空行一行を計数に入れて、総行数四四二行の資料である。ただし、巻頭より内題を含めて三六行が、後世の補写であって、院政期の石山寺朗澄筆であると推定される。この補写部分は、無点である。

漢文訓読語研究では、文体研究に限らず、語彙、音韻、文法等の訓読語の分析を行う際には、完存であることが望ましい。漢文の完存であっても、加点が必要であるのは断るまでもない。

漢文訓読語の文体分析に、巻首が欠けることによって生じる不利は、説話の入れ子型の枠構造が、全体として把握できないからである。石山寺蔵仏説太子須陀拏経は、巻頭補写部分を含めて尾題まで、経の全体が、以下の構造を採る。

(行頭のアラビア数字は原本行数)

1　佛説太子須陀拏經
2　聞如是。『一時佛在舍衞國祇洹精舍。阿難部
3　坻阿藍時與無鞅數比丘比丘尼優婆塞優
4　婆夷倶在四部弟子。中央坐時、佛微咲、口中
5　五色光出。阿難從坐起、整衣服叉手長跪、
6　白佛言「我侍佛以來廿餘年。未嘗見佛咲如

7　今日也。今佛爲過去當來今現在佛乎。獨當
8　有意願聞之。」佛語阿難「我亦不念去來今
9　佛也。我自念過去无鞅阿僧祇劫行檀波
10　羅蜜事耳。」
11　阿難問佛言「何等爲行檀波羅蜜事。」佛言
12　『往昔過去不可計劫時有大國名爲葉波　（句読点は稿者による）

（中略・須陀拏太子説話部）

429　布施に休（ま）不《す》自（ら）佛得（る）ことを致せり。』
430　佛阿難（に）告（けたまはく）「我（か）宿の命ニ《に》行せし所の布施 是（の）如（し）」と。「太子須陀
431　拏は我（か）身是也。

（中略）

439　菩薩すら檀波羅蜜行（し）たまふこと布施
440　是（の）如し。」
441　（空行一行）
442　太子須陀拏經一巻（尾題）

と記述される。この巻頭の構造をどう捉えていたのかは、訓点がないので実証できないが、漢文に従えば、「聞如是」によって、伝聞の語りであることを示して最も外側の大枠の設定をし、続いて、2行目の「一時佛在」以下「祇洹精舎」においての場では、阿難と仏との問答が語られる。この阿難と仏との問答の場は、最も外側の「聞如是」の構造

の内側に、入れ子型に設定される。左にも確認するように、この阿難と仏との問答の遣り取りの、仏が答として説き語る言葉によって須陀拏説話が語られ、阿難と仏の問答の場の内側に、更に、須陀拏太子説話が、入れ子型構造で存している。更に、この須陀拏太子説話の語りの中にも、須陀拏説話の時間進行から逸脱して、過去の逸話が引かれるなどして更なる入れ子型を構築する。

さて、話題を上記の本文の問題に戻すが、12行目の「往昔過去不可計劫時」以下は、「佛言」として仏説、釈迦の説いた形を取った「太子須陀拏」説話が展開すると解釈してよかろう。ただ、問題は、この説話の語りに入る場の設定がどんな用語によって成されているのかは、確認のしようがないことである。即ち、入れ子型の説話の語りにともなって、どのような語—助詞、助動詞を中心とした語、また、待遇法—が読添えられて形を整えていたのかは、残念ながら知る由もないのである。稿者は、妙法蓮華経を説話漢文と見立てて、文体分析の方法論を論じているが、(7)最も外枠の入れ子型構造の文体分析、及び、仏が説き、阿難と問答する場の設定の文体構造については、加点がないので、本節では最初から放棄しなくてはならない。

平安中期点は、第37行目から加点が存する。城門外に出て還った太子が愁憂の様子を見せるので、父・大王がその理由を問う、その大王と太子との問答の途中から加点されている。即ち、本節の検討対象は、第37行目以降とせざるを得ないことを、まず、断っておきたい。

この問題が何に波及するかと言えば、仏説太子須陀拏経に対する構造把握を基にした、訓読者の訓読姿勢の問題に繋がる。

仏説太子須陀拏経平安中期点の12行目以降の大半は、仏が説き語る須陀拏太子説話なのであるが、巻末の430行目以降の11行ほどは、一度、太子須陀拏説話の説話世界の場から、仏と阿難の問答の場に帰って、仏が阿難に告げた会話が記述される。

12行目から429行目まで、仏によって一気に語られた須陀拏太子説話が、本生譚であったことを仏が語るもので、阿難との対話であったことを示して、須陀拏太子説話の世界から巻頭に設定された仏と阿難の対話であった場へと一つ外枠の構造に視座を後退させて仏説太子須陀拏経平安中期点の本文が終わる。巻頭11行目までの部分の場に戻る状況を示して、謂わば、説話を支える場の、入れ子型の設定を行っているが、冒頭部分の「聞如是」に対応する漢文はなくて、最も外側の入れ子型は完成されていないことを先ず、確認しておきたい。

即ち、「聞如是」の最も外側、即ち、主語が「我」であろうと推定される最も外側の枠組みの内側に、仏と阿難との対話の場の枠組みが設定され、更に、須陀拏太子の説話世界の場は、その仏の会話の中に設定される入れ子型構造を採る。更に言えば、仏説の須陀拏太子説話の内部にも、登場人物の対話に直接会話が引かれる。更にまた、その登場人物の、須陀拏太子の現在から時間を遡った過去の逸話—テンスの助動詞の使用が認められる場—が引用される更なる入れ子型構造を認めることができる。

この太子須陀拏経の文章構造把握が、訓読者の言語の問題に波及するのは、須陀拏太子説話の世界が、仏によって語られた会話の世界だと捉えるのか、あるいは、須陀拏太子の説話世界の中に、更に登場人物間の対話が入れ子型に組み込まれたもので、仏の語りの世界の内部を、更に入れ子型世界がある、即ち、複層的な〝語り〟の世界があると認識して訓読者が訓読するのとでは、訓読文体の差が生まれる可能性が充分にある。即ち、仏の語りの須陀拏太子説話部分全体を、仏の会話（全部が会話語的である）と認めて訓読するのか、あるいは、語りの形を採ってはいるが、須陀拏太子説話部分は地の文（文章語的）に支えられて、会話部分である対話（会話語的）が挿入されていると認識して訓読するかでは、自ずから、訓読文の表現性が異なってこよう。

こうした訓読者の訓読対象資料の構造把握の違いが、言語に影響を及ぼしうると言う研究の視座は、いままで形成されたことがなかった。この問題を考えようとするには、石山寺蔵太子須陀拏経平安中期点の巻頭が、36行補写である事実は、如何とも越えがたい限界を示していることになる。

次項から石山寺蔵太子須陀拏経平安中期点に現れる漢文訓読語の具体的な記述に入るが、石山寺蔵太子須陀拏経平安中期点の扱いとして、429行目までの仏説による須陀拏太子説話部分と、430行目以降の仏と阿難の対話部とは切り離して検討することとする。また、先にも注したが、本節内の用語としては、「会話文」とか、「地の文」とかの用語を用いる。しかし、断らない場合は、共に、仏説の太子須陀拏説話内部の直接会話引用部分を「会話文」と言い、その会話の引用を支える一つ外側の構造―仏の会話内にある―を、太子須陀拏説話の話柄を支える意味で、「地の文」と称することにする。

430行目以降は、事象の処理上、右とは切り離し、仏と阿難の対話の場の叙述を「巻末の地の文」と言い、太子須陀拏説話が過去世の釈迦の本生譚であることを、仏が語る発言部分を「巻末の会話部（分）」と称することにする。

三、仏説太子須陀拏経平安中期点の文末表現

稿者は、一資料体内の文体差の検討、また、各資料間の文体的な距離を測ることを目的として、中院僧正点の初期資料の文末表現体系を指標として試論をものしたことがある。(8) それらの稿で採った方法は、各資料の文末表現に注目したものであった。日本語表現における文末の重要性は、各方面から指摘されるところである。第五章第二節に採った方法は、文末分節の最文末一語の集計整理であった。第五章第二節に扱った中院僧正点資料は、仮名加点は濃くは

ないものの、幸いに、文末表現をかなりの確度で特定できる資料であることも実証した。ただし、理論的に扱った部分もあって、諸種の最文末一語が、有標（訓点があって、活用形や再読の二度読みなどを明確に指示したもの）で特定できる箇所も多いが、無標（語形を特定できる訓点の加点がない場合）の所もあって、その場合は、特に、活用語については、活用語の終止形・終止法であると推定しての整理であった。論考の手続きとして、文末表現の有標、無標を右の如く理論化して帰納しても、矛盾はないことをも確認した。(9) 斯かる推論を演繹的に適用して、文末の帰納整理を行った。演繹的推論を経たことは、右の如くであるが、漢文訓読語史研究の学界においては、演繹法が理解をされていない場合がある。あるいは、誤認、迷信とも言うべき、研究者の無自覚、無知な演繹法への忌避がある。(10)

即ち、訓点資料は、一資料の総ての音節を特定できる情報を与える資料の存在が、殆ど望みがたい。無標の場合の訓読語は、演繹的推論によって研究者が決定しているという自覚に欠けている。例えば、「將」「當」「未」などの再読字の分析は、「単読である有標」あるいは「再読の確例」によって他は、演繹的に推読される。平安初期の訓読語の例も、再読の表記がない事をもって、再読が成立していなかったと演繹的に考えられている。残存資料が偶然性のもとに伝存しているとすると、平安初期再読字未成立論は、無標の箇所も単読であったと言う演繹の産物である。また、助字の訓読についてでも良い。一資料中に、有標の場合、「則《チ》」「則《ち》」等と確例が有った場合は、演繹的解釈は複数存する。有標の確例があることを以て、一資料中の「則」字は全て直読であったと結論して、無標箇所も演繹的に直読する場合がある。この論理も演繹法による。

これとは別の立場によっては、有標の「則《チ》」などとある箇所は直読するが、無標の場合は不読であったと推論する場合がある。この判断も演繹的推論を基にしている。

実は、ある共時態でどのような加点法が採られていたのかと言った、基礎的な表記法の検討さえ、現状では論じられた例を知らない。表記研究も、ヲコト点や片仮名字体の共時的差は論ぜられてはいるが、訓点の加点方法・表記法の実態における言語表現能力の記述については、共時体間の比較をされた論も、管見には入っては居ない。訓点資料研究の方法論の深化を急ぐべきだとする稿者の主張の根拠も、このような所にある。[11] 種々の立場が表明されて然るべき言語事象についても、反論対立的な価値を示して並立しても良い筈の論が、多くは生産されては居ないし、公にされてもいない。

本節では、かかる文末体系を指標とした文体分析を、仏説太子須陀拏経平安中期点の文体分析に使おうとするものである。しかし、文末の語形の特定が、仏説太子須陀拏経平安中期点においては、いままで稿者が取り上げて試論を展開した資料と比較して、容易成らざる部分があることを率直に認めねばならない。拠って、本節での最文末一語の計量的集計は、以下の方針に従って、演繹的に進めることとする。いずれも、文末語形の無標の場合の方針である。

一、最文末分節が動詞形容詞等自立語一語の活用語そのもの、又は、助動詞で漢文に対応漢字があって無標の場合（可、應、令等）は、終止形・終止法として集計することを原則とする。

一、原漢文の文末の構文・用字が同様で、他に有標の確例を認める場合には、便宜的にこれに準ずる。

例、大王當(に)聽(さ)見や不(や)　(37)

一、異読の併存する場合は、加点位置は問わず、仮名書訓点に従う。なお、異読形は参考のために、別途、これを表末に集計して示す。

一、表中の（　）内の数字は、推読の計数をあらわす。

右に従って、最文末一語の語形を決定することとする。計数的な処理の結果は、以下の通りである。

［表1］　仏説太子須陀拏経平安中期点の文末表現

○須陀拏太子説話部分の計数

		会話部分の文末	地の文部分の文末
動詞	終止形	32（10）	111（31）
	連体形（疑問反語の結び）	10（2）	φ
	命令形	14	φ
形容詞	終止形	5（2）	4
	連体形（疑問の結び）	1	φ
「なし」	終止形	10（5）	5
	命令形	3（1）	φ
補助動詞「たまふ」	終止形	8	21
	連体形（疑問の結び）	1	φ
	命令形	19	φ
「たてまつる」	終止形	2	7
	命令形	1	φ
助動詞「る」	終止形	1	φ

「しむ」	終止形	2		6	
	命令形	3		φ	
「き」	終止形	12	（2）	2	
「けり」	終止形	3		φ	
「つ」	終止形	18		6	
	連体形（疑問の結び）	1		φ	
「ぬ」	終止形	10	（1）	34	
	連体形（疑問の結び）	1		φ	
	命令形	3		φ	
「たり」	終止形	9		2	（1）
「り」	終止形	9	（2）	5	
	連体形（疑問の結び）	1		φ	
「なり」（指定）	終止形	36	（1）	3	
「たり」（指定）	終止形	1		φ	
「なり」（伝聞）		3		φ	
「ごとし」	終止形	5	（2）	3	
「べし」	終止形	15	（8）	φ	
	連体形（疑問反語の結び）	5		φ	

「らむ」	終止形	1	φ
「けむ」	連体形（疑問の結び）	1	φ
「む」	終止形	20（4）	φ
	連体形（疑問反語の結び）	10（1）	φ
「じ」	終止形	15（2）	φ
	連体形（疑問の結び）	1	φ
「ず」	終止形	18（11）	11（4）
	連体形（疑問の結び）	1（1）	φ
	命令形	1	φ
「あらず」	終止形	5（1）	φ
「あらじ」	終止形	1	φ
助詞			
「と」（会話引用格助詞）		2	58
「や」（疑問反語）		14	φ
（詠嘆）		7	φ
「をや」（詠嘆）		2	φ
「不《いな》や」		8（1）	φ
「か」		1	φ

「ぞ」（反語）		10	φ
「のみ」		4（6）	φ
名詞		3	1
「こと」（会話引用）		φ	1
ク語法		3	85（46）
「ゆゑに」		φ	1

○巻末の対話部分の計数

助動詞			
「き」	終止形	1	φ
「なり」（指定）	終止形	（11）	φ
「ごとし」	終止形	1（1）	φ
「べし」	終止形	1	φ
助詞			
「と」（会話引用格助詞）		φ	1
ク語法		φ	（1）
		計374（76）文	計365（83）文

総文数898文

※異読に拠って右に含まれない文末
　動詞終止形（会話1、地1）、「ぬ」終止形（地1）、「ず」終止形（会話）、「じ」終止形（会話1）、「ぞ」（地1）、「や」反語（会話1）

右表1の掲載順とは前後するが、巻末の対話の場での、特に、仏の会話部分は、言語量としては多いものではない。推読に依るものであるが、助動詞「なり」の頻出が指摘される。この巻末の11行ほどは、それまでの須陀拏太子説話が、釈迦の本生譚であることを解説した部分で、謂わば、注釈的文体とでも言えるものであろう。仏説である須陀拏太子説話部分を分類して計数を掲げたが、地の文は、動詞・形容詞・助動詞の終止形・終止法による平叙と、会話引用の形式「ク語法『・・・』格助詞と」との出現で、殆どの例を占める。

一方、会話部分は、文末の形式が多様で、平叙の終止はもとより、疑問・反語表現の連体形終止、命令形による命令法などのムードに関しても多様であるし、助動詞、助詞の異なりも多様さを示す。地の文の文末表現に比べて、会話内に、更に会話を引用する入れ子型は多くはなくて、「ク語法『・・・』格助詞と」の用例数が、地の文に比べて極めて少ない。

右の会話文部分と地の文部分の文体的な言語の質的な差異は、平叙によって淡々と説く地の文に対して、その地の文に支えられて変化に富んだ会話部分の表現が展開していると捉えても良かろう。これを出来上がった訓読文の文体基調の性格差として記述して良かろうと判断するが、かかる差異は、独り日本語としての訓読語にのみ原因がある訳ではない。即ち、訓読語成立以前に原漢文の側に既にこのような文体差を示す要因があったと見なければならないところがあるのは当然のことである。問題は、そうした漢文訓読文成立の中国語文たる要因と、日本語側の訓読語に存する独自の要因とがどのように絡み合っているかを解き明かす必要があるように感じる。

四、仏説太子須陀拏経平安中期点の読添語の整理

本項においては、前項末の課題に関連して、試論を掲げてみる。検討対象は釈迦の会話部分で、須陀拏説話部分37行目から429行目だけに限定して検討を加える。検討対象は、読添語についてである。読添語については、文中、文末を問わないこととする。表2については、以下の様な作業手順で集約したものを掲げる。

以下には読添語を取り上げるが、確例のみに限定する。それ故にまた、有無だけを示した情報の集約法を採る。集計対象の品詞は問わないが、日本語の助詞助動詞にあたるもので、漢字と対応して訓読された場合は、形式上、読添語とは異なるものとして扱う。

本節に意図するところは、本書の他節に、文末表現（最文末一語）のみを取り上げて検討を加えたが、最文末一語の集計方法が、文体分析に有効性を持つものか否かの検証を行うことにある。

漢文の理解をもとに訓読語表現をする場合、漢字と対応しない読添語は、専ら、日本側の問題、即ち、日本語としての訓読語の表現性に関わる問題であろう。よって、読添語の有無を集約して、文末表現の視点から検討を加えた他節が、説話漢文資料の文体を考える上において、どれほどの意味を持つものであるかの検証を行うものである。

［表2］　仏説太子須陀拏経平安中期点の訓読語における読添語

			会話部分の読添語	地の文部分の読添語
助詞	格助詞	が	有	有
		に	有	有
		の	有	有
		を	有	有
		と	有	有
		より	有	有
		して	有	有
		もちて	有	有
		もて	有	φ
	接続助詞	て	有	有
		ども	有	有
		ば	有	有
		とも	有	φ
		ものを	有	φ
		に	φ	有
	係助詞	は	有	有

	も	有	φ
	ぞ	有	φ
	や	有	φ
	か	有	φ
終助詞	ぞ	有	φ
	や	有	φ
	か	有	φ
副助詞	だに	有	φ
	すら	有	φ
	のみ	有	φ
	まで	有	φ
	し	有	φ
助動詞	る	有	有
	らる	φ	有
	しむ	有	有
	つ	有	有
	ぬ	有	有
	たり（完了）	有	有

	り	有	有
	き	有	有
	けり	有	φ
	なり（指定）	有	有
	なり（伝聞推定）	有	φ
	べし	有	φ
	らむ	有	φ
	けむ	有	φ
	む	有	φ
動詞	あり	有	有
	いふ	有	有
	す	有	有
	あたる	有	φ
	います	有	φ
	なす	有	φ
	なる	φ	有
	まうす	φ	有
補助動詞	たまふ	有	有

名詞	たてまつる	有	有
	こと	有	有
	とき	有	有
	もの	有	φ
		計52種	計31種

詳くなるが、右の表2と、先の表1とを比較すると、語種の出入りが存する。それは、表2においては、読添語に限定しての集計であるので、文中例を取り上げているためである。

先ず、総語種の数として、会話部分には52語現れるのに対して、地の文では、31語しか現れてはいない。従って、単純に数量として会話部分の語種数が21語多いこととなる。総量という概観でしかないが、この点からは、先に、最文末の表現体系を整理して得た傾向と同一である。会話文においての表現性が、地の文におけるよりも高いとみる見解を裏付けるものであろう。

表1に見えなかった語としては、格助詞の類がある。会話引用の「と」は表1の集計に現れるが、その他のものが表1には見えない。また、接続助詞の類も、表1には見えないが、これらは文中に読み添えられた構文上の関係を示す助詞類である。

格助詞においては、集計上、「もて」が会話部分に特有であると集計されるが、「もちて」は、会話文・地の文にも共に現れて、会話文と地の文との差は殆どないと見ることができよう。あるいは、語形の同定の問題があるが、会話文中において形式が豊かである。

接続助詞は、出入りがある。「とも」、「ものを」は会話部分に特有で、接続助詞「に」は、地の文に特有である。しかし、用例数がいずれも五例以下であるので、必ずしも、分布傾向を云々できないかも知れない。

助詞も、係助詞・終助詞・副助詞においては、分布に偏りがある。会話文・地の文に共に使われる読添語は、係助詞「は」のみであって、これら添意の助詞とされるものは、会話文に偏って読み添えられて、会話文の表現性の豊かさを支えていることを物語るものであろう。

助動詞は、ヴォイス、テンス・アスペクトの助動詞には、基本的には、会話文と地の文での出現差はないとみとめられよう。ただし、表1の解釈でも触れたように、テンスの助動詞に関して、地の文では「き」のみの出現であるが、会話には三例と僅かながら「けり」の出現が認められる。

大きく異なるのは、モダリティー表現に連なる、所謂、伝聞推定の助動詞、推量の助動詞群で、これらは会話文に特有の読添語であって、地の文には現れない。このことは先にも確認した如く、発話者の心的な態度を示すニュアンスの表現に関するものであって、会話文において、その表現性が豊かであると結論されよう。

動詞の読添語に見られる語は、「あり」以下の八語が存する。動詞読添語を一覧をするに、会話部分と地の部分とに出入りが認められる。ただし、自立語たる動詞の読添語は、それ自体の出現数が限られたものである。なぜならば、訓読文における動詞のような自立語は、多くは、原漢文の漢字の訓として現れるのが普通であろう。名詞も含めて、形式的な語が読添語中に現れる。平安初期から院政期・鎌倉時代までの通時的な変化もあり得ることであろうから、この読添語における動詞の出現は、これを特に論じてみる必要があろう。石山寺蔵仏説太子須陀拏経平安中期点においては、会話特有の「あたる」、「います」、「なす」と、地の文に特有の「なる」、「まうす」の出現から、今、即座に会話部分と地の文部分の文体差、表現性の違いを論ずることはできないのではないかと判断される。

本資料には、待遇表現が豊かで、補助動詞の「たまふ」と「たてまつる」とは、会話部分、地の文部分共によく現れる読添語である。文法敬語の出現は、漢文訓読語において栄えていないと評価できるのであるが、石山寺蔵仏説太子須陀拏経におけるかかる事情の解明がなされる必要がある。

名詞の読添語は、「こと」、「とき」の形式名詞が、会話部分、地の文部分共によく現れる。会話部分に特有の「もの」は、読添語としては計三例が会話部分に認められるが、用例数自体が寡少であって会話部分・地の文部分の文体差を論じ切ることができないと判断される。

以上の読添語の状況の記述によって、先の表1の文末部最文末一語を取り上げて、その体系を検討した結果と符合するものであると考えられ、最文末一語の分析が、文体差の傾向を捉えうる方法として妥当であると言うことの傍証となるであろう。

おわりに

以上、石山寺蔵仏説太子須陀拏経平安中期点を例として、一資料中に現れる訓読語の文体差につての言及を行ってきた。従来、平安時代和文の研究においては、地の文（双紙地）と会話部分の比較検討が盛んに行われてきた研究史があったものと認識している。その研究史の評価について、稿者は、明確な意見を持つものではないが、研究上の着想による仮説の検証が大きな動態を摑むべき成果を上げてきたかと言えば、十分なものではなかったように感じる。確かに、差異が明らかにされて来たことを否定するものではないが、地の文と会話部分との文体差に、体系的な視点から歴然とした表現性の差が認められてきたかと言えば、必ずしもそうでは無かったのではないかと感じられる。

論中にも記した如く、石山寺蔵仏説太子須陀拏経平安中期点においては、淡々と綴られる地の文の表現に対して、その地の文に支えられた会話文は、表現性豊かに訓読されたと認めても良いのではなかろうか。ここに文体差を認めると同時に、多くの平叙文によって地の文らしさを表現された淡々と説明的な訓読語の基調と、表現性豊かな会話文らしい訓読語の表現基調があったとみて良いのではなかろうか。和文における地の文（双紙地）の表現と会話部分の表現の差に比べて、明らかな差異を認めても良いように思われる。それは、些か粗っぽい類推的転化であるが、石山寺蔵仏説太子須陀拏経平安中期点における訓読語の〝言〟と〝文〟（言文二途）の差であると言い換えても良いかも知れない。

また、この視点は、第一節の終わりに触れたが、築島裕博士が構築された和文語と漢文訓読語の語彙の差異を、本節の検討に当て嵌めた際、漢文訓読語の内部という言語世界に限定されるが、〝言〟と〝文〟との差をもって、語彙的な面から、更に進んでは、文体的な面からの検討、即ち、地の文と会話文の表現を丹念に比較すれば、理論的には、築島博士の描かれた姿とは、異なった平安時代の訓点資料の語彙の姿が把握できる道があろうと思われる。ただし、その実証のためには、本節に取り上げたような説話漢文を訓読した訓読語資料を、論証可能な言語量が確保されるほどに発掘をしなくてはならないだろう。しかし、現在、稿者が調査することのできた資料においては、かかる試行が可能なほどに十分な量の訓点資料を得てはいない。今後の発掘に委ねねばならない。告白を許されるとすれば、本節のような一資料中の文体差を求めようとする視点に特化しての視角では、稿者は訓点資料を見て来なかった。目録等の検索から始めて、資料の存在の把握、調査・移点から確認作業を再出発する必要を感じている。

平安時代の訓点資料における語彙研究、また、文体研究の新たな可能性にはたどり着けたようには思うが、残された課題があまりにも多い状況である。

注

（1）築島裕『平安時代訓点本論考　研究篇』（平成八年五月、汲古書院）第二部第三章第八節。

（2）築島裕『平安時代の漢文訓読語につきての研究』（昭和三十八年三月、東京大学出版会）。

（3）小林芳規・松本光隆・鈴木恵「石山寺蔵仏説太子須陀拏経平安中期点」（『訓点語と訓点資料』第七十一・七十二輯合併号、昭和五十九年五月）小林解説、三〇頁。

（4）本書第五章第二節、第三節。

（5）「訓読語基調」なる概念を設定しようとしている背景には、仏書漢文訓読語における〝漢文訓読語〟を捉えようとした場合、従来の概念的な処理では、本質が捉えられないものであると考えている。即ち、仏書の訓読語の系統的な展開を筋として捉えようとすると、同文比較法などにおいての異なりが多様すぎる。つまり、異なり全体を体系化して、本質的差を求めようとするには、状況が複雑すぎて体系化できない憾みがある（漢籍における同文比較法も、限界のある方法で、果たして、博士家各家々の訓読法を体系的に抽象化して描き得ているかということにも、稿者は疑念を抱いている（本書第五章第五節））。この事態は、当時の仏書訓読語の訓読生活の本質に繋がっているものと予測しており、ある宗派中のある流派の訓読語が、例えば祖師から伝承性強く伝えられるものであったと捉え切って良いかと言った疑問に通じている。訓読語の詳細な共時的記述を試みようとすれば、特定個人の訓読資料に絞り込んで行かなければ、訓読語事象が記述できないと考えている。あるいは、それさえも不可能かも知れない。院政期、あるいは、鎌倉時代に至ってさえ、白文の漢文を所謂下点した例のあることを総合すれば、無批判に、平安後期以降は、伝承的なものであったと全体を捉えることは不可能であると結論せざるを得ない。確かに、移点の実態はあったが、それが全てではないと見るべきである。

稿者の考えている「訓読語基調」とは、緩やかな体系性を想定した、言語印象のようなものの拠り所と成っている事象記述を目指そうとしているである。即ち、仏書訓読語の場合、「──派的訓読語」と言った印象を、客観的に記述できないかとの発想から試行を繰り返している。

（6）築島裕博士は、「漢文訓読語」対「和文語」の語彙的対立を体系的に記述されて、両体系の性格を、「文章語」と「日常会話語」の対立であると捉えられた。本節にも略述したが、稿者の漢文訓読語分析の視座は、比較的に緩やかな「訓読語基調」という概念で捉え直そうと言うところに置いている。その観点からすれば、会話、地の文の両方に出現する共通語は、広く漢文全体に亘っての「漢文訓読語基調語」として位置づけられる語詞であろうし、会話専用の語は、漢文訓読語でも会話に限って出現するという偏りを見せる「会話専用語」と言うことになろう。かかる新たな概念を適用して、パラダイムを組み直し、当時の概念的枠組みに近づくことが、理論的には可能であろうと考える。ただし、実証的な実践的記述は、後に委ねねばならない。

（7）本書第五章第三節。
　右の拙稿において、文体的視点から、過去の助動詞「き」・「けり」の出現は、説話構造と関わることを論じている。

（8）注（4）文献。

（9）本書第五章第三節。
　稿者の理論的な仮設に拠って、整理集計したもので、当然ながら、別の理論的根拠をもって最文末一語の認定が成される場合は、論者によって、計数等の基礎的情報収集の結果が異なることは、十二分に予想される。

（10）本書第五章第五節において、帰納法、演繹法に対しての誤認識が根強いことを批判した。

（11）本書第三章第三節。

第五章　ことばの解析試論

序説　漢文訓読語史の方法

本章を「ことばの解析試論」と名付けたが、本書自体を「平安鎌倉時代漢文訓読語解析論」と題した如くで、各章において、脳裏に飛来した、と書けば要領は良いが、要するに、資料と対面した折の思い付きに従って記した文章を集めたものであるので、稿者の人格と言う統体の範囲においては、何がしかの纏まりを持つものであろうとは思うが、日々ある種の研究体系を念頭に置きながら、謂わば、作為的に纏め上げた様な意図があるものの集成では無い事を告白せねばならない。本章は些かの意図を持って、今まで先学の展開されて来た方法論を批判しようとしたものを集めてみた。あるいは、他の章に割り振った方が落ち着く文章も有ろうが、所謂、直感に従ってここに配したものがある事を御断りして置く。

稿者の生い立ちについては、既に触れたが、改めてここにも記しておく。稿者は禅寺に生まれ育って、禅に関係する語句は、幼くより耳に入って来た。今、研究に身を置いている分野は、日本語学・日本語史と分類されている場であるが、日本語研究のための立ち位置に居る。日本語の歴史の探究である。道元は、ことばを否定してはいない。でなければ、あれだけ大量の文章は残さない。が、世に、禅と言えば、以心伝心だの、教外別伝だの、ことばを否定して、ことばを超えた世界であるかの様に吹聴する向きがある。謂わば、ことばの否定である。研究を始めて間もない頃に、正に生い立ちと研究との相克に直面した。言い古された語句の呪縛から解き放たれたのは、近年の事である。

自分のことばを駆使して、研究を語って良いとの踏ん切りが付いたのは、ここ十年ばかりであろうか。禅は、私にとっては、いや、私の研究にとっては日常的な生活思想であるが、本質は何かと問われても、思索はそこまでの深化は得てはいない。自己の内奥への深化の途中である。

神岡旧鉱山の跡を使って、種々の日本の最先端の観測機器が地中深くに作られて居る。有名な施設は、カミオカンデとか、スーパーカミオカンデであろう。その他にも、本節執筆時にホットな施設としては、重力波の検出装置で、本格始動のＫＡＧＲＡも知られたところである。

そうした神岡の地に、東北大学ニュートリノ科学研究センターを中心に、カムランド禅と言うニュートリノ、反ニュートリノの測定装置が作られて居る。日経サイエンスのいつの号であったか、この「禅」と言う命名についての記事があり、「観測対象が機器で測定できるまで、じっと座って待つ」からだと言う趣旨の文章が掲載されていたが、命名の由来は、そんなことではあるまい、とその記事を読み飛ばした記憶がある。文系の稿者が口幅ったいが、カムランド禅と言う観測機器は、ニュートリノと反ニュートリノとが同じものである事を実証しようとした世界最大の液体シンチレーター検出機で、ニュートリノ振動なども観測しているが、内部にキセノン136を加えて、ニュートリノを伴わない二重β崩壊を観測しようとするものである。二重β崩壊は、二個の中性子が電子と反ニュートリノを一つずつ放出して陽子二個に変わるもので、核外に電子と反ニュートリノを放出する。ニュートリノを伴わない二重β崩壊は、中性子二個が陽子に変わるβ崩壊であるが、一つの中性子から放出された電子と反ニュートリノの内の、反ニュートリノがニュートリノに変わって、もう一つのβ崩壊で放出された電子と反ニュートリノと相殺して、ニュートリノが核外に放出されないと言う反応である。二重β崩壊の反ニュートリノの放出の内のごく稀にしか起きないものので、その意味ではじっと待つのであろうが、ニュートリノと反ニュートリノが、実は同じものであることが立証されれば、宇宙の創造のパラダイムシフトが求められる事になる。この問題は、実験物理学が研究上理論物理学に先行している。

N＝－N

となれば、思考の領域は、禅の抱える命題そのものと等しい。禅において古くから「不及二見」と表現される思考で、善悪、良否、正誤、順逆などの対立的価値で世界を捉えないとした世界評価に繫がる。ただし、稿者は、いまだ「不及二見」の心位には達した実感が無い。腑に落ちてはいないのである。「不立二見」は、共時的な状況そのものを指した表現で腑に落ちてはいるが、「不及二見」とは、二項対立に至る前の謂いで、時間の過程を含むものであろうから、その二項対立に及ぶ前の状況の世界認識の具体的な実在がどの様なものとモデル化すべきであるのかへの思索は、私自身の今後の大きな課題である事を明記しておく。

平安時代の訓点資料は、片々たるものも含めて数千点、今後も所在の確認される資料も有ろうから、一個人が総てを尽くして調査閲覧できる数では無い。文系の研究が、基本的に人間の内界への思索、カール・ポパー（Sir Karl Raimund Popper）の言う第二世界の探求であるとすれば、もはや、全を尽くす事は最初から観切らねばならない。とすると、今後の人文系の研究、特に、漢文訓読語史に限定して述べれば、発想としては、人間の外界に無数に存在する研究対象の、全的な帰納法を中心的発想とする様な時代錯誤の方法論を捨てて、自然科学の方法論に発想の根源を移してみても良いのではなかろうか。

真に、人文基礎科学としての日本語史の学は、自然基礎科学に学びつつ、パラダイムシフトを目指した方法論の開拓に向かうべきであると考えられる。その意味では、本章は、実に幼稚な段階で投げ出した感が強いのであるが、先学の方法論のスクラップを部分的には果たして居るであろう思っている。強い観念を打ち破り続けねば、人間学の研究者としての存在意義は無い様に思う。

　思索の枠組みを転換しつつ、日本語史を考え直すには、自然基礎科学からのモデルを移入することは恥ではなかろうし、また、自然基礎科学の如何なるモデルを自己の観念として設定するのかは、正に、人文基礎科学研究者の個性にかかっていると思われる。

第一節　平安後半期・鎌倉時代における漢文訓読語解析試論

はじめに

平安初中期の漢文訓読語史研究では、当時の資料の残存量が限られ、その分、平安初中期の訓点資料は稀少な資料として注目され貴重視されて、訓点記入の草創期の論述対象として屢々採り上げられてきた。時代が降った平安後半期以降の漢文訓読語資料は、その長所として言語資料の残存量が前時代に比べて飛躍的に増えて、それだけ実証には有利な条件にあると判断されるが、一方で、資料の多様さ、多重性の故に、時代的な言語の有り様を抽象化した把握、即ち、イメージ化が難しいようにも判断される。

平安後半期の資料の量的な多さ、また、資料の多様さは、築島裕博士の『訓点語彙集成』（平成十九年二月刊行開始、汲古書院）をみても、その選定された資料を一見するだけで、量の豊富さ、質の多様さを容易に感ずることができる。築島博士のこの偉業は、当時の漢文訓読語研究の達成点、例えば、古語辞典の編纂や、積み重ねられてきた日本語の歴史の解明を問い直すべきことが根本的に必要であることを提起されたものと認められて、画期的な業績であると認められるが、なお重要なことは、平安後半期以降の漢文訓読語史について、特に語彙的に広く見渡すことが可能になったことで、研究上の発想源、母体を公にされたものであると考えられることである。この偉業は後世に種々、多大な課題を残されたものであると認められ、この点で重要な語彙集成だと認められよう。恐らく、漢文訓読語史研究において生み出される所は限が無く、稿者の立場からも、後生に託さねばならぬであろう課題が種々に仄見えるものと捉えているし、そうした浮び上がってくる課題に照らせば、本書自体が研究のアイデアの二三を示したものでしかないと自己評価もしている。

本節は、右に啓発され、平安後半期以降の漢文訓読語の課題であろう問題の一つについての試論を展開してみようとするものである。

一、平安後半期以降の漢文訓読語の変化に関する仮説

漢文訓読語の実態としての変化、または、言語変化の力学的な解釈・説明を背景として説かれる変遷は、今までに、様々に記述され、様々に説かれて来たように思われる。一言語事象の変化、または、同類の事象を積み重ねての訓読表現の変化は、いろいろな訓読語のレベルから説明されてきた。例えば、一般に、漢文訓読語において注意を引いたのは、助字の訓読法であった。また、位相的な問題を含めて、漢文本文に存する実字の充当訓の観点からの分析も存した。音便形や音訛形についての論述も存したし、また、訓読文を形成する読添語に関しても論じられてきたところである。

漢文訓読と言う言語表現が、既成の漢文の上に表現される日本語であってみれば、漢文の制約は、日本語表現以前に既に存在することであって、漢字漢文に直結した、助字の訓法の変化であれ、実字の訓の変化であれ、原漢文の文

脈、表記とは、不可分のものである。読添語の場合、一見、中国語文と日本語文との異言語としての問題で、原漢文には制約を受けない日本語側の謂わば、自由な表現であると捉え、原漢文の漢字漢文に制約を受けない表現であると考えられそうであるが、必ずしも、そんな条件のものばかりではなく、原漢文の理解の上で、必然の出現である場合も存する。実際に存在する漢字、または、漢字列の影響を極めて直接的に受ける訓読語と、必ずしも原漢文の影響が大きくないものとが存在すると二分してみることもできようが、訓読と言う営為が、広い意味での中国語文の翻訳であってみれば、共に原漢文の影響を被ったものであるという前提に立つべきであろうと考えられる。

原漢文の影響が濃密であるのか、希薄であるのかは相対的な問題であろう。例えば、助字の訓法の変化・変遷は、原漢文の解釈に拠って支えられてはいるであろうが、不読とするのか否かの場合でさえ、色々な事例が考えられる。訓読文（読み下し文）という表現を考えた時、例えば、文末の「之」などの扱いは、一語の出現の有無に関する場合であろう。一方で、「ナリ」を読み添えて「也」字を不読としようが、「也」字を直読しようが、漢文訓読語表現の有り様によっては、影響のないレベルのものが存する。平安和文には漢詩文の朗誦という事実が指摘されるし、奥書に「聴了」とした資料も現存している。それをもとに発想すれば、口で唱える、耳で聞く漢文訓読の言語表現が存在したのは明確である。そうした場合を想定した言語表現では、助動詞「ナリ」の有無には差異がないと認められる。再読字の場合も同様で、訓点記入と言う表記面では問題となるにしても、読み上げられた訓読文のレベルを想定すれば、再読か否かは問題ではないように認められよう。再読表現で、問題になるとすれば、単読で副詞訓のみが与えられ、文末表現に比較的幅があったものが、再読の成立によって、類型的な表現になったことに注意を向けるべきだと考える。即ち、漢文訓読に関わる言語活動の全ての面においての変化であるのか、部分的であるのかは、研究上、自覚的また体系的に捉え直す必要があるのではなかろうか。

読添語の場合も、直接漢字に対応していない分、自由度が高いようにも思われるが、全ての事象が、自由である訳ではない。例えば、漢籍の場合、条件句によまれる読添語「トキンバ」が存する。「トキンバ」は、時代の流れと共に、類型化して成立した表現であろうが、原漢文の「則」字の出現と即応しているように類型化をしたものであろう(1)。また、「ラクノミ・マクノミ」は、「而已」等の存在と共起して訓読語文に現れる(2)。一方、格助詞などの場合、訓読文としての格関係を明示するために、必要であるとも判断され、実際に、訓読文中に多出し、ヲコト点の基本的な符号（星点）に音節を与えられたものであるが、必ずしも不可欠な場合のみではなく、「得」に続く場合、「ことを得」ともあれば、「こと得」ともあって、この表現類型が資料群によって異なるように説かれる(3)。

通時的な変化や、共時的に位相差、文体差を考えようとする時、訓読語の表現基調全体の変化に目を配るべきであって、基調という視点から捉え直してみる必要があるのではなかろうかと考える。即ち、残存量が増大する平安後半期、また、鎌倉時代の漢文訓読語を観察しようとする時、同文比較の方法は、有効性がある場合もあるとは判断されるが、一方で、同文比較法を脱して、今後、資料内の用例の使用傾向を抽象化して、複数資料間で比較整理する方向に踏み出す必要があるのではなかろうかと考えられる。特に、仏書における平安後半期と鎌倉時代の資料の同文比較は、複数資料間の同文箇所に、実に、多様、あるいは、雑然とも、また、量子力学における概念的な多重性があるように評価されるような対応を見せる。稿者は、この事実を基に、従来、訓読語が固定するとイメージされた時期にも、変化はあったし、また、新たな訓読語が作り出されていることを論じてきた(4)。

仮に、この多様さを通底する漢文訓読語の表現基調が、また、逆に多重性があり、これに共時的な異同が存するとか、通時的に変化しているとかの考究が出来るのであれば、動態（多重性の実在）としての平安後半期以降の漢文訓読語が整理、記述出来るはずである。更に、それを基に変遷が説かれるとすれば、この異同や変化も、決して軽々しく位置づけられるものにはなるまい。

訓読語の変化について、そのイメージに、平安中期と、朱子の新注が使用される様になった室町時代に大きな変化が現れると捉えられてきた向きがある。両者は、質的に異なった変化であることは明確で、この印象的判断に、客観的評価を与えるためには、訓読語の変化の質に注目すべきであろうと考えられる。いま即座には、平安中期の変化事象として説かれてきた全事象に目配りをする用意がないが、先に触れた様に、再読字成立の問題は、表記上の変化であると評価できるし、また、訓読語表現の類型化へ、即ち、多重性の要素的な減少としての道であると評価されよう。平安初期に、辞の訓を持って読まれていた字が、平安中期を境に、詞の訓に転ずると説かれる事象は、漢字に対する対応和訓の質の変化の問題であって、語彙的な事象と整理されようが、実は、平安初期資料は殆どが南都中心の資料であって、共時態の史料的偏倚を問題にせねばならない。一般的印象で大きな画期と捉えられる平安中期の言語事象を、平安新仏教の資料を含めた視点から、腑分けし、体系化し、統合して評価してみる必要があるのではなかろうか。

これも印象的に、変化が少ないとされる平安後半期以降の漢文訓読語は、実は、右とは、質的に異なる変化を見せる時期であると評価できるであろう事は、既に触れた。従って、右の平安中期の変化の質がどうであったのかの言語の体系的な観点からの整理や評価は、多くは、今後の課題となって行くであろうし、また、それとの相対的視点を持って、平安後半期以降の変化の質を具体的な言語事象に即して、多重性を念頭に記述し、評価することも今後の大きな課題であると思われる。

これらを後に託す必要があるが、稿者は、平安後半期以降の変化には、大きく、位相間にあった多重性の差が埋まって社会的に大きく、広く、ある種の訓読語基調が拡がるとか、複雑に並存していた訓読表現の類型化が進んで、訓読法の文体的な差がなくなるとか、所謂、漢文訓読調といわれるものが、社会全体の単位で個々人の差が埋まり整えられていく過程があるのではないかという仮説を持っている。即ち、資料間の比較においては、一見錯綜して、収拾がつかないと見える平安後半期から鎌倉時代に掛けての訓読語は、各種の並行して存していた訓読語が一資料中に重合して多重性的要素が減少して位相差、文体差がなくなるとか、例えば、漢籍の場合、読者層あるいは訓読者層が拡がって、僧侶も僧侶の言語的な立場で規範に囚われる事なく加点をし訓点を残すような訓読法の多重性、交雑性の強い時期を経て、新たな訓読語基調が、それまでとは違って、広範な言語社会に共通的に確立され、謂わば、没個性的になっていく方向に動いたものではないかと仮設している。この変化が、今後、跡づけられるとすれば、印象的に評価されてきた平安中期の、所謂、劇的な言語変化と言われるものと、平安後半期以降の言語変化とは、どちらが激しいとか、どちらが急速であるとかの評価や比較は、次元が異なるものの比較、評価であると反省してみる必要があるであろう。

次項以降は、平安後半期以降、鎌倉時代の漢文訓読語における訓読語基調の変化の一例として、読添語を取り上げる。読添語の中で、漢文脈に支えられながらであるが、比較的自由度の高い表現に、中国語文ではさほどに発達していなかったとされる敬語表現が指摘されよう。その敬語の読添語について取り上げてみる。また、漢文自体に、和語に対応する「令」字が存するのではあるが、読添えの使役の助動詞「シム」も、漢文脈上の構文の理解に支えられながらではあるとしても、自由度の高いものの一つではなかろうか。本節は、端緒を示すに過ぎないが、この二事象を中心に検討の一部を掲げて、以下に試論を示してみようとするものである。

二、高山寺蔵大毗盧遮那経広大成就儀軌について

洛北高山寺経蔵には、「大毗盧舎那成佛神變加持經蓮花胎藏悲生曼荼羅廣大成就儀軌（以下、玄法寺儀軌）」二帖（重文第二部第363号）を蔵する。

この玄法寺儀軌の巻上には、以下の奥書が認められる。

（奥書）永久六年（一一一八）三月十五日於南圓房／書畢

（追筆）「同月廿二日移點畢」

（別筆）「仁安二年（一一六七）九月廿六（マヽ）於観音寺傳受了／奉隨上慈叡（？？）聖与／恵眞共傳受了」

とある。「南圓房」は、南円房阿闍梨実算（天台血脈）か、南円房法印仙雲（東寺観智院蔵五音生起紙背天台血脈、天台血脈）の住房に該当するものと思しいが、仙雲は、法曼流相実（～一一六五）―慶勝（静然）―仙雲と承けた僧侶である。仙雲は建永二年（一二〇七）に没した僧(5)で、少々時代が降るかも知れない。実算は、長宴（一〇一六～一〇八一）―経暹―実算と承けた僧侶で、共に天台宗山門派の僧侶であるが、時代的には、この方が叶いそうである。

仁安二年の奥書にある「慈叡」「聖與」「恵眞」は、未勘である。伝授が行われた「観音寺」も特定できない。

巻下の奥書には、

（奥書）（追筆）「同年同月二日奉受了」

永久六年（一一一八）正月廿一日「池（擦消）□□闍梨□□□受了／□覺」

（別筆）「仁安二年（一一六七）十月朔日於観音寺恵眞／供傳受了」

とある。上下共に永久六年の書写、伝授奥書を持つものであるが、下巻が先に書写、伝授されたようで「正月」に伝授があったものと思しく、上巻には、「三月」の書写奥書が存する。奥書に錯綜があるようで、下巻の追筆の奥書「同年同月二日奉受了」とあるのが何時に当たるのかの解釈に難渋する。恐らく、巻上の奥書に対応して、「永久六年三月二日」と見ておきたいが、やはり、巻下が先行して伝授があり、巻上は、「三月廿二日」に移点されている。

上下両巻の奥書を、記事通り解釈すれば、先ず、巻下が書写され、永久六年正月に巻下の伝授があり、更に、永久六年三月に再び伝授があって後、上巻に移って、三月十五日に書写が行われ、更に三月二十二日に移点が行われていることになる。その上下二帖を用いて、仁安二年九月に巻上の、翌月十月に巻下の伝授があったものと考えられる。

この玄法寺儀軌の体裁等を確認しておく。巻上の法量は、縦一七・一糎、横一四・三糎、押界八行、界高一三・八糎、界幅一・五糎で、巻頭の五行ほどに朱の仮名点の加点があって、全巻に亘っては、墨の仮名点が加点されている。巻上における墨の仮名点は、専ら一種類に従っているらしく、異訓並記の例が殆ど見えない。一方、巻下は、巻上よりも一回り小さく、縦一五・七糎、横一三・六糎、押界八行、界高一二・三糎、界幅一・五糎であって、訓点の加点状況も巻上とは異なり、全巻に亘る朱の訓点（宝幢院点）と、全巻に亘る墨の仮名点、これも異訓並記や合点付和訓があって、巻上とは違った加点状況が存する。右に掲げた奥書と対照して、訓点の加点状況を推定してみると、巻下の朱点（宝幢院点、朱にも複数の系統が存する。後述）は、永久六年正月の伝授に関係するものであろう。ただし、原本の加点状況から右の推定だけでは処理できない事態がある。下巻の加点状況で、墨点の仮名は、少なくとも二系統あるようで、漢文に対して並記した異訓や、並記訓に付した合点が存する。朱の宝幢院点の加点（宝幢院点と対応した思われる朱仮名）は、専ら右傍にあるが、墨の仮名点が右傍にある場合、これを避けるように、本文左傍に加点された朱仮名が、少なからず認められる（後述）。この状況から考えると、永久六年正月の伝授に関係しては、朱の宝幢院点と朱の左傍仮名点、墨の仮名点が加えられたと解釈する方が矛盾がない。これとは別に、上下巻に共通に存するであろう墨点（仮名）は、永久六年三月の移点・伝授に係る系統のものであろうと認めておく。

巻上の巻頭五行の朱点（仮名点）の加点年代が問題となるが、巻頭五行には、墨仮名点の加点が無く、六行目以降には、朱仮名点が消えて、墨仮名点に転ずるので、いま、これを、永久六年頃に行われたであろう巻上の伝授の際の加点と見ておきたい。かかる本を使って、仁安二年に、短期間に連続して伝授が行われたもので、この時に、合点、庵点が付された可能性があると認めておく。

この玄法寺儀軌の巻上下は、法量が異なって体裁を異にするものであるが、右の如く、墨点（仮名）の加点には、上下巻を通じて加点された、一具のものと認められるところがあって、朱点の加点状況（伝授状況）が、巻上下で異なるものの、永久六年三月の時点では、一連・一具の資料と見なされていたと認めておきたい。このことは、既にして、上下巻の訓読語の断絶や、重合を予測させる事態である。

以下には、この玄法寺儀軌を取り上げて、そこに現れる訓読語についての記述を行い、その訓読語の性格を論ずることから始めてみたい。

三、高山寺蔵玄法寺儀軌巻下の墨仮名点の言語的性格について

本節で取り上げる高山寺蔵玄法寺儀軌は、永久六年三月の頃には一具として伝えられ、仁安二年九月と十月に伝授が行われたわけであるが、先にも触れた如く、巻上に加点されていない朱書の宝幢院点が、巻下には存している。このことは、本資料の成立当初には、巻上下をセットにして伝授が連続的に行われたのではなく、巻上とは別に、先に巻下だけを先行して伝授した証であろう。

ここでは、巻下のみに加点された朱宝幢院点と墨仮名点とに焦点を当てて、その訓読語の様相を記述する。論述に採った方法は、巻下の両者の同文比較を方法としたものであるが、同文比較法の限界を以下に論ずる。

稿者は、天台宗山門派の密教関係の資料について、複数の宝幢院点加点の同一の儀軌資料を、同文比較を行って、その訓読語の様相を記述しようと試みたことがある。(6)儀軌の冒頭部分を取り上げてみると、ヲコト点法に対して類型があるように帰納されたが、読み進めての同文比較の方法では、複数資料間における異同が多様で、系統性、伝承性、または、革新性を抽象化して論じることは勿論、個々の資料が、個別個別に成立したかの如きばらばらで区々の様相すら示しているものと認められた。即ち、同文比較法によって天台宗山門派の宝幢院点資料群の系統的存在を実証できない事態に立ち至った。そうした整理の結果から、天台宗山門派という言語集団においては、平安後半期に、かなり自由に訓読語が生成される体質を持った言語集団だったのであろうとの推定を行った。

この結論は、現存資料で、調査の及んだ資料を取り上げて得た結論であったが、管見の及んだ資料は、高山寺や東寺など真言宗寺院に伝えられた資料が主で、天台宗山門派で、どのように位置づけられる資料であるかの検討が出来ない場合が多く、天台宗山門派も偏った一部の資料である可能性が残って、どのようなバイアスの掛かった資料であるのかの判断は、保留とせざるを得なかった。

また、天台宗山門派における宝幢院点資料の訓読語の多様性は、天台宗山門派という宗教的集団の規模の大きさと流派分化の問題が関係しているのかも知れず、現存の資料の状況からの整理では、同一流派の谷流において、訓読語が多様で平安後半期も、動的に訓読活動が形成されていた性格の言語集団であったと結論せざるを得なかった。

天台宗山門派では、種々のヲコト点が使われて、ヲコト点法からも多様性を示すが、例えば、これも加点例の多い、仁都波迦点資料と宝幢院点資料とを比較し、両者の言語特徴を抽象化して、点法間での言葉の質の違いを記述しようとしても、それぞれの内部が多様すぎて言語集団としての特徴を示さず、系統論的には充分な成果が得られない。

以下に、宝幢院点の訓読語と仮名点の訓読語の比較を試みようとする。その意図は、仮名点の訓読語に予見される言語的な一性格にもよる。密教関係書の仮名点の言語的性格の一端は、既に、論じたことがある。[7] ヲコト点加点資料に対して、仮名点資料群内には、当代的言語事象の現れる資料が存すると考えられるところであり、勿論、仮名点資料の全てとは言えないが、その一部には新たな言語変化を如実に取り入れるものがある。平安後半期から鎌倉時代における仮名点は、謂わば、伝統的なヲコト点を使用する、ある意味保守的な資料的制約を脱して、伝統に束縛されない訓読語が出現する側面を持った資料が存するのではないかと言う仮説を提示したことがある。ただし、全ての仮名点における現象とはとても考えることが出来ず、それぞれの仮名点に対する評価が必要であろう。仮名点の資料性のことは、当然ながら、未だ、実証を果たしてはいない問題であるが、十二世紀から十三世紀に掛けて、それまで盛んに使われていたヲコト点が、一部を除いて衰退に向かい、それに代わるように仮名点の資料が増加する。[8] 以下にも触れる如く、それまでのヲコト点を、片仮名に置き換えた資料、質的にはヲコト点資料の訓読語と同質だと判断される資料も存在するであろうが、ヲコト点資料の系統を引かない仮名点資料が現れても何の不思議もない。仮名点資料を中心に博捜して実証すべきであるが、稿者はいま、即座にはその用意がない。

さて、本玄法寺儀軌巻下には、朱の宝幢院点と墨の仮名点が存する。これらの並記箇所を中心として、訓読の様相を検討し、先ず、墨仮名点の資料的性格を求めてみる。しかる後に同文比較法の研究上の限界を提示してみようと思うのである。

最初に、朱点の問題を取り上げる。朱点には、訓点が並記された場合があって、朱点の内部に異訓読が存している。

1、四寶をもて蓮花と爲よ《せ》。（高山寺蔵玄法寺儀軌・朱宝幢院点）

四寶ヲ蓮花（と）爲リ《セ》　（高山寺蔵玄法寺儀軌・朱仮名点）

〈右は、朱点のみをとりあげたもので、同一箇所に加点された墨仮名点は割愛した。以下3例までは同じ〉

2、聖者の安住せる所は金剛にして不可壊なり、境界三昧を行(音)(す)。(高山寺蔵玄法寺儀軌・朱宝幢院点)

聖者(の)安住スル所《ロ》ナリ　金-剛-不-可-壊(なり)　行-境界三昧ナリ(高山寺蔵玄法寺儀軌・朱仮名点)

3、堅固意は右《き》にして寶にせよ。羯磨金剛印にせよ。前《き》の印にして諸輪合(音)せよ。(高山寺蔵玄法寺儀軌・朱宝幢院点)

堅固意ヲハ右寶ニ羯磨金剛印ヲ前(の)印(にして)諸輪合(せよ)(高山寺蔵玄法寺儀軌・朱仮名点)

の如くであって、朱点の内部にも、最低、二系統の訓読語が現れているものであると知れる。即ち、朱点には、宝幢院点系の訓読語と、朱仮名点系の訓読語が重合したものであることが理解できるのである。

墨仮名点にも複数の系統が認められる。墨仮名の並記の一方に、合点が存し、合点付の仮名点が朱の宝幢院点と叶う場合がある。例えば、

4、雑寶をもて地を莊嚴せよ(高山寺蔵玄法寺儀軌・朱宝幢院点)

雑寶ヲモテ地ヲ莊嚴セヨ[右、莊嚴セリ][太、莊嚴シ](高山寺蔵玄法寺儀軌・墨仮名点)

5、聖者の安住せる所は(高山寺蔵玄法寺儀軌・朱宝幢院点)

聖者ノ安住セル[イ、安住セル]所《コロ》(は)[イ、所《ロ》ナリ](高山寺蔵玄法寺儀軌・墨仮名点)

6、威猛の談(音)、圍繞せり。(高山寺蔵玄法寺儀軌・朱宝幢院点)

威猛ニシテ圍繞セヨ[イ、圍繞ナリ](高山寺蔵玄法寺儀軌・墨仮名点)

などの例があって、合点付墨仮名点は、朱宝幢院点に通ずるところがある一方、

7、大白蓮花の坐をせり[イ、坐アリ]。(高山寺蔵玄法寺儀軌・朱点)

大白蓮花ノ坐《ナリ》ナリ(高山寺蔵玄法寺儀軌・墨仮名点)

8、金剛の印圍繞(せ)しめよ　(高山寺蔵玄法寺儀軌・朱点)

金剛ノ印圍繞〵セヨ[イ、圍繞(せし)メヨ]　(高山寺蔵玄法寺儀軌・墨仮名点)

などの例もある。用例7では、付合点の「ナリ」は、朱点には見えない。用例8では、朱の宝幢院点は、墨の付合点の訓読には合わず、墨の別訓に合致している。合点は付されないが、

9、恵は拳にして三輪を舒へよ。(高山寺蔵玄法寺儀軌・朱点)

恵(は)拳(にし)テ三輪ヲ舒ヘヨ　(高山寺蔵玄法寺儀軌・墨仮名点)

10、前《き》の印にして諸輪合(音)せよ。(高山寺蔵玄法寺儀軌・朱点)

前《き》ノ印ニシテ諸輪合セヨ　(高山寺蔵玄法寺儀軌・墨仮名点)

などの例があって、朱の宝幢院点の訓読と合致する墨仮名点の訓読が存する。また、庵点の付された墨仮名点の訓読もあって、

11、此の字門(返)に住(し)ぬる者は《の》(高山寺蔵玄法寺儀軌・朱点)

此ノ字門(返)ニ住(し)ヌル者ヲハ[イ、住(し)〵ヌレハ[者]]　(高山寺蔵玄法寺儀軌・墨仮名点)

12、右に輪(返)を旋らし相ひ接《ツ、》ケよ。(高山寺蔵玄法寺儀軌・朱点)

右ニ輪(返)ヲ旋ラシテ[イ、旋(去)輪〵シテ]相(ひ)接《ツ、》ケヨ[イ、接《ヘツ》ケ]。(高山寺蔵玄法寺儀軌・墨仮名点)

の如く、墨の付庵点の訓読は、朱点の訓読とは異なり、墨別訓の訓読が、朱点の訓読に通ずる。以上の如く朱点に複数、墨仮名にも複数の訓読が並存してこの訓点を比較すると、対応関係は一様ではなく極めて複雑な出入を示す。同文比較法が有効なのは、一訓読法対一訓読法の対照の場合で、朱点に複数の訓読法、墨点に複数の訓読法がある場合の同文比較は、複雑な様相を呈する。本項で処理した方法は、朱点の複数と墨点の複数を比較して、朱墨に共通する

訓読法が見出せれば、異とは処理せず、同と認定する方法を採用した。

以上の同文比較によって、同文比較の結果を示そうとすれば、極めて主観的な印象批評にしかならない。厳密には、朱の宝幢院点の訓読が、墨の仮名点の並記訓に合致しない例も存するので、朱の宝幢院点の訓読が、墨の仮名点の並記訓の一方に、完全に一致するというわけでは無いようである。同文比較の方法に拠れば、墨の仮名点の訓読の系統としては、朱の宝幢院点の訓読に重なる場合も多く、類似した系統のものを引いている可能性が高いと判断されよう。即ち、墨仮名点は、革新的で当代的な言語事象を反映したものではなく、本資料に加点の宝幢院点の訓読語とは出入りがあって異なるが、保守的とも言うべき天台宗山門派の訓読語の質的系統を引いた仮名点の実例と認めることが出来るのではあるまいかとした印象の提示にしかならない。

実際には、同文的な異同も多数存して、出入りが多く、巻下という同一紙面上の漢文に、質の近い天台宗山門派系と思われる訓読の複数種が重合して存在しているのが実際であると認めねばなるまい。

以上の如く、同文的な比較による訓点と訓読語の系統についての対応関係は入り組んだ状況で導き出されるのであるが、そもそも訓読語を整理しようとする場合の比較は、方法上の問題として二つの対比を持って行わなければならない。即ち、朱点に二系統、墨点に二系統がある時に、この四種を一度に比較して差を導こうとするのは方法的には誤謬に属するものである。一対一での距離を求めるべきで、その比較を六通り行って統合する必要があるが、比較結果は出入りの甚しいものとなって矛盾なく統合するには多くの場合、大胆に例外を切り捨てて行かねばならない。この意味でかかる比較法からは印象しか生れない。

四、漢文訓読語研究における同文比較法の限界と同一資料内における文体差

以下には、同文比較の方法を捨てる方向に向かう。同文比較法で同じであろうが、異なっていようが、その分析法を捨てて巻首から巻末までを端から順に加点された訓読語の総てを取り上げる姿勢での解析を試みる。即ち、資料内に加点された複数種の系統の訓点がある場合、その一つ一つの系統それぞれを取り上げて分析を行い、しかる後に、複数種の系統の各々の訓読語の特徴を記述し対照して、それぞれの訓読語の違いを導き出す方向へと向かう事とする。

本節に取り上げている高山寺蔵の玄法寺儀軌巻下には、朱の宝幢院点の訓読とは異なる、墨の仮名点で、主として並記された訓点が存する。まず、巻下を対象に、宝幢院点の訓読（左傍の朱仮名点は、いま、考慮の外とする）とは異なると判断される墨仮名点の訓読語の相対的異同例の内、二事象を取り上げて記述してみる。

まず、敬語表現が異なる場合がある。

13、安住して盤石に在リ《アり》　（高山寺蔵玄法寺儀軌・朱点）
　　安住シテ盤石ニ在ス《マシマ》　（高山寺蔵玄法寺儀軌・墨仮名点）

右の例は、詞の訓における尊敬語の出現であるが、巻下全巻を通じて、詞の訓の敬語表現における異同の確例が出現するのは、右の例のみである。朱宝幢院点には、「言（は）まく（三六ウ4・確例ではない）」「言はまく（四〇オ1）」「曰はまく（四三オ1）」などの例が認められるものの、これに対する敬語表現などの墨仮名点の訓読が加点されていない。

読添語の敬語表現は、墨左傍仮名点に、

14、化佛口《ち》（返）従《よ》り出ツ「墨左、出ツ」「墨左、出《イ》テタマフ」　（高山寺蔵玄法寺儀軌巻下・一〇オ1）

の例がある。中途の部分には認められないが、巻末近くには、墨左傍仮名点、朱点に使用例が集中して出現し、

15、古佛の開｣演したまふ［墨左、開演（した）マヘル］所なり　（高山寺蔵玄法寺儀軌巻下四三ウ1）

16、現在の諸の如來救世の諸の菩薩大乘教（返）を斷せ不（し）て殊勝（の）位（訓返）に到（訓）（り）たまふ者《の》唯し［墨左、唯《タ》］願（はく）は衆天衆決定（し）て我（を）證知したまふ。各の當に所｣安（返）に隨（ひ）タマフて後に復（た）哀｣起を垂（れ）たまふ［當］（再讀）シ　（高山寺蔵玄法寺儀軌・四六オ6）

の如き例が指摘される。これらは、出現個所が限られたもので、巻下も、巻末近くに集中して現れ、その他の部分との漢文訓読語文体の差が認められる。

巻下における敬語の偏在は、日本語としての漢文訓読語基調の気質的な違いと捉えるべきであろうか、または、原漢文脈に対応しての訓読語文体の偏倚と捉えるべきであろうか。事象の解釈としては、かかる二つの次元のレベルの訓読語の異同が存すると仮定されよう。これは、同文比較法の方法的問題点で、同文比較法からだけでは見えない文体的な偏在の姿で、後に再説する。

以上の墨点の検討は、読添えの敬語が、巻下中に偏在するものであることの確認と、偏在傾向を根拠に、朱点（宝幢院点）と訓読語基調を共にすると認めたもので、読添えの敬語の観点からは、同文比較的には用例異同が存し、出入りがあって、朱点・墨点は、別々な訓読法と整理、記述されても、朱墨の訓読語が異質なものでは無いことを示した例と解釈されよう。

続いて、読添語「シム」の有無について、用例を掲げる。まず、墨点に読添語「シム」が認められる例は、

17、内心に蓮｣花敷《ヒラ》けたり［左、敷《サ》ケリ］　（高山寺蔵玄法寺儀軌・朱点）
内心ニ蓮花敷ニセヨ［左、敷《サ》カシメヨ］　（高山寺蔵玄法寺儀軌・墨仮名点）

の例などで、「復次秘蜜主（巻下七ウ5）」に始まる部分に次いで、漢文本文第六句に現れた部分である。ここは、曼荼羅の第二壇の描像法についての記述部分と認められる。左傍の墨仮名点に助動詞「シム」の読添えが確認され、同文的に異同がある。

18、金剛鏁を持執せよ　（高山寺蔵玄法寺儀軌・朱点）

金剛鏁ヲ持執(せし)メヨ　（高山寺蔵玄法寺儀軌・墨仮名点）

右の例18は、「商羯羅（巻下九オ1）」の描像法の一部で、朱宝幢院点には、助動詞「シム」が読添えられないが、墨仮名点には、「シム」の読添えがある。

19、无量の衆圍繞せり　（高山寺蔵玄法寺儀軌・朱点）

无量ノ衆圍繞(せ)シメヨ［左、圍繞／セヨ］　（高山寺蔵玄法寺儀軌・墨仮名点）

この例は、以下に掲げた例22に続く部分である。「降三世」に関する描像法で、「无量衆」を「降三世」に圍繞して描像することを指示した文脈である。

20、衆の器械を操持せり。（高山寺蔵玄法寺儀軌・朱点）

衆ノ器械(上)(を)操《サウ》持(せ)シメヨ　（高山寺蔵玄法寺儀軌・墨仮名点）

などの例を初めとして、墨仮名点に助動詞「シム」を読添えた例が存する。また、次のような例も存する。

21、微笑(し)て同(し)く瞻仰せよ［左、瞻仰セシメヨ］　（高山寺蔵玄法寺儀軌・朱点）

微笑シテ同(し)ク瞻《セム》(平)仰(平濁)セシメヨ［左、瞻仰セヨ］　（高山寺蔵玄法寺儀軌・墨仮名点）

右の例は、「部母忙莽鶏（巻下八ウ6）」の描像法の一部で、朱点にも、墨点にも同様の異訓があるが、墨の右傍訓と朱仮名の左傍訓が通ずる例である。以上の同文比較の例からは、朱墨に異同があって、墨点の方に「シム」の存する傾向を示した事象として整理される。

同文比較法とは別の観点・視点に立って、個別個別の個所について同文比較を行うのではなく、同文比較では異なりとは整理されない事例で、全巻における偏在という観点・視点からの分析を行えば、墨点に助動詞「シム」の読添えが認められるのは、巻下も前半から中程に掛けてで、後半には出現が稀であると把握される。

墨点における「シム」の読添えとは逆に、朱の宝幢院点において、読添語「シム」が出現し、同文的には、墨仮名点に「シム」が現れない例が拾える。初出例は、巻下の最初、例4に掲げたもので、「地蔵尊（巻下一オ4）」の描像法を説いた部分である。

22、三（訓）の目（訓）四（訓）の牙現せしめよ［左、現セリ］（高山寺蔵玄法寺儀軌・朱点）
三目四牙下（上濁）現セリ（高山寺蔵玄法寺儀軌・墨仮名点）

この例22は、「忿怒降三世摧伏大鄗者、月猒尊（巻下九オ3・4）」の描像法の一部で、右に掲げた宝幢院点に、助動詞「シム」の読添えられない例と、同様の文脈に現れる。また、この例は、巻下も前半の九オ4に出現する。

23、寶冠し［右、寶冠ニハ］金剛を持（せ）しめよ。（高山寺蔵玄法寺儀軌・朱点）
寶冠シテ金剛ヲ持（せ）リ《セリ》（高山寺蔵玄法寺儀軌・墨仮名点）

この例も、描像法を示した個所で、「勝三世（一一ウ8）」の姿を説いた部分である。

24、天衆自《み》（ら）圍繞（せ）しめよ［左、圍繞セリ］（高山寺蔵玄法寺儀軌・朱点）
天衆自《オノツカ》ラ圍繞セリ。（高山寺蔵玄法寺儀軌・墨仮名点）

例24は、やはり、曼荼羅の描像法で、「帝釋天（三三オ3）」の描像に関する部分である。朱宝幢院点の方に助動詞「シム」の読添えが認められる。これらの例からは、朱点に「シム」の読添語のある例と纏められて、墨点とは異質であると整理されるが、同文比較法によって、墨点の方に「シム」があるとした例21までの整理と、同文比較に依存して、朱点墨点の性格を傾向的に捉えようとする立場からは、両者には矛盾があることとなる。

視点を変えて、同文的にではなく、巻下の全体を見渡して分析すれば、こうした朱墨の出入りの例は、巻下初から出現して、整然とではないが、巻下初から中程に向かって現れる状況が認められる。

また、巻下には、朱点、墨点共に、助動詞「シム」を読添えた同文的箇所も指摘される(9)。こうしてみれば、同文比較法のレベルでの解釈では、共に出現する場合もあるが、「シム」の有無に出入りがあって多様な対応を見せると結論されて、両点の訓読語の異質、同質の方向性は示されないであろう。即ち、朱点・墨点の同文比較の結果を整理すれば、単に、朱点のみに現れる個所もある、墨点のみに現れる個所もある、共に、出現する個所もあると実態が記述されるだけで、朱点・墨点の訓読語の質は抽象化できない。

しかし、朱点・墨点の全体的な基調という観点からは、同文的出入りの問題を超えて、両者は、同一基調にあって、巻全体では、同様の偏在傾向が指摘されると捉えられよう。

後半部分については、「尓時薄伽梵（巻下三六ウ4）」とある行頭部分に朱丸「•」があって、それまでの部分と、以降とを区分していると解釈される印が認められる(10)。今、仮に、「•」印以降、巻末（四七オ5）までを取り上げてみる。「•」印以前の漢文体との異同も考慮する必要があろうが、「•」印以降には朱墨を通じて、読添語「シム」が出現するのは、

25、三角にして威[墨、◦威(去)]焔鬘にせよ[左、鬘アラシメヨ]（高山寺蔵玄法寺儀軌巻下・朱左傍仮名）

の一例のみで、朱の左傍仮名点にただ一例認められるだけである。

巻下における訓読語の質を捉えようとする場合、訓読語の基調として、巻下全体が、同一質のものなのか、巻下の

部分部分によって質の異なりがあるのかが問題となろう。この「•」印以降の部分は、原漢文のレベルでは記述内容、記述態度には、前半部分との異同は認められないから、同質の記述内容を持った原漢文に対して、原漢文体に左右され難い日本語としての訓読語の基調が異なるレベルのものであると結論づけることが出来るかも知れない。即ち、訓読文体の偏りも、原漢文の記述内容に左右されるものと日本語側の訓読語基調に左右されるレベルのものとが存すると認められよう。

右の比較例は、高山寺蔵玄法寺儀軌巻下における朱宝幢院点と墨点との同文的な比較を軸にして、読添語の出現の有無に注目しての二事象の記述である。同文的な比較では各個所ごとに出入りが存しているから、積極的には同質とは認められないことに結論されようが、観点を変え、巻全体での分布状況の視点で捉えれば、前半部分・中程部分は、同様の質と思われる原漢文の部分に共に分布存在するもので朱墨同質性の解釈を支えることにもなり、また、全巻的な視点からは、日本語側の原因が強いと思われる、前半部分・中程部分と、「•」以降の後半部分との異質性を説明することができる。

右の視点での分析を積み重ねなければならないのは当然であるが、この理解からの発展的問題は、原漢文体に左右される訓読語基調が共時的にどこまで拡がりうるのか、通時的には、どの時代まで維持されるのか。また、共時的に日本語訓読語基調に原因のある事象がどう分布していたのか、通時的にはどの訓読語基調がどう広まり、もう一方の訓読語基調がどう淘汰されていったのかが問題として立ち上がってくるのではなかろうか。

五、訓読文体における原漢文体の影響

検討対象を高山寺蔵玄法寺儀軌の上巻にまで拡げて、原漢文体の訓読語基調に対する影響を細述してみる。まず、前項に取り上げた二言語事象を中心に、巻上の墨仮名点の訓読語について記述する。敬語表現については、巻上においては、巻下に比べて盛んに現れる。詞の訓の敬語表現（語彙敬語）は、

26、諸佛、[於]前《へ》一ニ現二(したま)フト思惟三シ諦(か)ニ自身其ノ所《ミモト》一ニ在二(り)テ（高山寺蔵玄法寺儀軌巻上）

27、普光淨月輪、清淨ニシテ諸ノ垢ヲ離(れ)タル。中ニ本尊ノ形有《マシマ》ス（高山寺蔵玄法寺儀軌巻上）

28、次ニ當ニ一切ノ佛口所生ノ子《ミコ》ヲ淨(す)[當](再讀)シ（高山寺蔵玄法寺儀軌巻上）

29、皆海會ノ衆(返)有《マシ、、》テ端嚴ノ位ニ圍繞シタマヘリ（高山寺蔵玄法寺儀軌巻上）

右の如き例が出現する。敬語表現としては、漢文本文の用字の直読例と判断されるが、漢文本文に依存した「戴《タ、》ケリ（二六ウ8）」が存する。巻下に比べて、極端に多くの例が拾えるわけではないが、巻上の訓読語の方が、詞の敬語表現が優勢であることは指摘できよう。

読添語の敬語（文法敬語）も、巻初から用例が密で、

30、滿ト分トノ淨-法身毗盧遮那遍照。(平)智ノ妙覺光明眼ノ修《ナカ》ク廣キコト猶シ青蓮葉ノ若(く)ナルヲ開敷(したま)ヘルニ歸命(したてま)ツル。（高山寺蔵玄法寺儀軌巻上巻初朱仮名点）

31、妙香花、種種ノ勝妙莊嚴ノ具(返)ヲ布-散二シ本尊妙印法上ヲ瞻-仰中シタテマツルト虔《ケン》誠(し)テ（高山寺蔵玄法寺儀軌巻上）

32、即(ち)能ク十方ノ佛ヲ礼(したてま)ツル（高山寺蔵玄法寺儀軌巻上）

33、十方三世ノ佛ノ三種ノ常身ト正法藏ト、勝願菩提ノ大心衆一トヲ南無二(したてま)ツル（高山寺蔵玄法寺儀軌巻上）

右の諸例は、巻上巻頭より二丁程を取り上げて示したものであるが、この二丁ほどの間には、右の例以外に更に、三例の尊敬の補助動詞「タマフ」、謙譲の補助動詞「タテマツル」の読添語が認められる。巻上の巻初は、「供養方便會第一」で以下巻上九オ7まで続くが、この部分では敬語の読添語が頻出する。「菩提幢密印幖幟曼荼羅品之二」以下は、方書的(補注)になって、供養念誦法、観想法などの記述となり、読添えの敬語は、頻出はしない。

右の結果を見れば、巻下に比べて、詞の敬語表現（語彙敬語）が発達しているとか、読添えの敬語（文法敬語）も、巻初に集中的に現れて、偏在傾向があると整理されよう。この纏めに従えば、巻下との漢文訓読語の文体差、巻上内における部分部分の文体差があるものと帰納、結論されようが、この文体差の背景が問題である。評価の視点の問題であるが、前項には、巻下を取り上げて、やはり、巻下の部分部分によって、文体の偏りがあるという傾向性を、二つのレベルから指摘することが出来るとした。即ち、傾向性の偏りには、原漢文の部分部分の主題や記述内容など、原漢文に素因があると認めるレベルと、「●」印を境に、日本語としての訓読語基調を異にして、一巻中に文体差を生じた次元のものがあると認めた。

巻上の文体の、巻下との異同、巻上内の偏りは、前提として存在する原漢文そのものに依るところがあって、巻上の巻初は、仏・菩薩を主題とする文章が存在して、これに対する尊敬・謙譲の表現が多出する。「菩提幢密印幖幟曼荼羅品之二」以降は、巻下と同様に方書的性格の強い文章で、巻下と同様に、敬語表現が散在することになる。

右の高山寺蔵玄法寺儀軌巻上における訓読語の偏在状況の記述が首肯されるとすれば、この場合の漢文訓読語の文体の成立は、原漢文からの訓読表現への制約を受けて表現される素因が強いと認められよう。即ち、訓読語を支える基調として、原漢文に対する巻上中の偏在については、基本的な言語面での姿勢に差がないものと認められよう。

読添語「シム」についても、

34、當ニ[於]无垢ノ處（返）に至（り）テ清淨法界ノ身㆒ニ安住㆓スルコトヲ得《エ》㆔シム[當《ヘ》]（再讀）シ　（高山寺蔵玄法寺儀軌巻上）

右の例における文脈は、如来に対する誓願の一部で、巻下のような描像法等の方書的記述とは異なっているが、

35、即（ち）无尼尊ニ同（しから）シメ（よ）　（高山寺蔵玄法寺儀軌巻上）

の例は、如来の念誦法の一部と思しく、処方的記述部分の一部で、巻下の中心的記述内容である曼荼羅の描像法と一脈通ずる記述である。

36、其（の）上ニ大蓮花アラシメヨ　妙色金剛ノ莖アラシメヨ　（高山寺蔵玄法寺儀軌巻上）

例36は、曼荼羅の描法と思しき箇所で、描画の処方を記した部分である。巻下の分析でも記した如く、儀軌の方書的性格の色濃い部分に出現することが多いようで、読添語「シム」の出現も、訓読語の背景的存在として存する原漢文の文体の質による制限が存するように認められよう。

助動詞「シム」の出現に関連して、第一義的に原漢文の制約上に成立する漢文訓読語の文体への影響は、

37、救攝シ歸依シテ解脱（返）（せ）令《シ》メ常ニ當ニ諸ノ含識ヲ利益ス[當]（再讀）シ　（高山寺蔵玄法寺儀軌巻上）

38、願ハ凡夫ノ所住ノ處（返）ヲ令《シ》テ速ニ衆苦所集ノ身（返）ヲ捨テ當ニ[於]无垢ノ處（返）ニ至（り）テ清淨法界ノ身㆒ニ
安住㆓スルコトヲ得《エ》㆔シム[當《ヘ》]（再讀）シ　（高山寺蔵玄法寺儀軌巻上）

など、原漢文本文に、歴然とした用字として「令」が存する場合で、このような漢文訓読語文体の成立は、原漢文の言語表現に制約される面が直接的で極めて強いと結論づけなければなるまい。一方、読添語「シム」の場合は、原漢文からの訓読語表現への制約を、どのように評価すればよいであろうか。先にも述べた如く、読添えの敬語表現の場合、原漢文体の制限が認められつつも、日本語としての漢文訓読語の幅に依存して日本語表現として成立する側面も

あると指摘した。読添語の「シム」の場合も同様に考えられるところであって、点本点本、箇所箇所によって、読添語の異同が出現するのは、原漢文の制約と、日本語としての漢文訓読語の表現の幅とのバランスによるところであろうが、方書的性格の漢文であるから、共通に現れ、どちらかと言えば原漢文に依存している要素が強いと見られよう。

即ち、特に、仏書の場合、一訓点資料における漢文訓読文体が、日本語文として成立するには、一つには、訓読語基調としては同質と評価されて、原漢文本文の用字と表現内容に対する訓読態度に素因のある訓読語の偏在があり、巨視的には同質の訓読語基調の上に立った個人個人の個性による漢文訓読語の生成の如き要素があったのではないかと判断される。また、一方には、次元の異なる、社会集団の異なりによる位相的な漢文訓読語基調の異同があったと考えられるのである。

第一項末の稿者の仮説に従えば、時代にも依ろうが、前者の場合、抽象的な、日本語側の位相を超越した漢文訓読語の基調が想定されてもよいように考えることは出来ないであろうか。

六、漢文訓読語の文体基調とその変化

本項には、読添語の敬語表現を取り上げて、前項までに取り上げた高山寺蔵玄法寺儀軌の訓読語の様相が、位相を超越した日本語としての漢文訓読語の基調であったことを、玄法寺儀軌以外の資料に求めて記述する。また、今は一端を示すに過ぎないが、その漢文訓読語の基調が、変化した証を示して、その基調が時代的に変化をしたであろうことを推測してみたい。

漢文本文に、仏・菩薩が主題として現れる文脈の場合、読添語の敬語表現が盛んであることを、高山寺蔵玄法寺儀

軌を取り上げて検討してきたが、かかる状況は、取り上げた高山寺蔵玄法寺儀軌だけの問題ではない。このような敬語の読添語が出現する事象は、枚挙に遑がない。以下には、ヲコト点法を広く覆いながら、用例を示してみたい。

39、聖主宰、普賢金剛手の一切(を)降伏せむか爲に吽、迦羅の。身(去)(返)を現して三世の有(音)の毒(返)を摧《クタた》(訓)イて即(ち)、菩提を證せ令(め)たまふに歸命(し)たてまつる。(高山寺蔵降三世極深密門康和五年(一一〇三)点(第一一五函第31号)、西墓点)

40、毗盧遮那佛に稽-首(し)たてまつりて淨眼(返)を開敷す(る)こと《コト》青蓮の如し[墨、毗盧遮那佛ノ淨眼ヲ開敷(し)タマフコト青蓮ノ如(く)イマスヲ稽首(したてまつる)]　(高山寺蔵大毗盧遮那經供養次第法巻第七院政期点(重文第Ⅰ部第7号)、朱宝幢院点、墨仮名点)

41、普賢諸佛轉輪王を稽首し礼(したてまつ)る。(高山寺蔵一字頂輪王念誦儀軌嘉承二年(一一〇七)年点(第六二函第81号)、円堂点、林寛本)

42、尓(の)時に諸の佛菩薩、一切賢聖世間(返)に現(して)一切有情を利益(し)タマフ。(高山寺蔵降伏三世忿怒王念誦儀軌仁平二年(一一五二)写・院政期点(重文第Ⅰ部第87号)、円堂点)

43、金剛手密主大菩薩の能(く)最上乘(返)を説(き)て速(か)に菩提を證(せ)令(め)タマフと甘露軍荼利の能(く)諸の魔障を摧(き)タマフとに歸命(し)タテマツル　(高山寺蔵甘露軍荼利菩薩供養念誦成就儀軌保延三年(一一三七)点(重文第Ⅰ部第28号)、喜多院点)

44、金剛手蜜主大菩薩の能(く)最上乘(返)(を)説(き)速(か)に菩提を證(せ)令(め)たまふに歸命(したてま)ツル。(高山寺蔵馬頭儀軌久安六年(一一五〇)写、院政期点(重文第Ⅰ部第22号)、東大寺点)

などとあって、読添えの敬語(文法敬語)が出現する。稿者は、金剛界儀軌の冒頭部の訓読語を、各宗派流派に従って比較して示したことがあるが、(11) これらを通じて、広く訓読語基調が存したことが理解される。

鎌倉時代に至っても、

45、三部の諸尊に《「三」》一向《「ムカ」》二「ヒタテマツル」と《「ト」》念三「ヘ」。（高山寺蔵金剛界念誦次第鎌倉中期点（重文第Ⅰ部第118号）、円堂点、「」は墨点）

46、殊ニ十二大願（返）を《ヲ》發（し）濁-世の《ノ》衆生ヲ化-度シタマフ（高山寺蔵伝受類聚鈔巻第一正安元年（一二九九）写、鎌倉後期点（第一〇三函第1号）、東大寺点）(7)

などの例が拾えて、院政期以前の漢文訓読語の文体基調が受け継がれたことが知れる。

しかし、一方で、以下の如きの用例が見出せる。

47、尓（の）時に金剛手菩薩三摩地に入（り）ヌ。金剛等至熾盛光焔と名（つ）ク。其の光普く一切の佛土を照す。（高山寺蔵不動尊念誦儀軌永承六年（一〇五一）点（重文第Ⅰ部第25号）、西墓点）

例47は、西墓点の加点資料であるが、西墓点加点の不動儀軌には、

48、尓（の）時に金剛手菩薩、三摩地に入（り）ヌ。金剛等至、熾盛光焔と名（つ）く。其の光普く一切の佛土を照す。（高山寺蔵不動尊念誦儀軌承徳三年（一〇九九）点（重文第Ⅰ部第57号）、西墓点）

ともあるから、不動儀軌と言う書物の問題か、西墓点資料群の問題か、あるいは、訓読者の問題であるのかは、詳細な検討を経ねばならないし、また、「入ヌ」については、「入（りたまひ）ヌ」の可能性も捨てきれないが、平安後期の資料に既に、読添語レベルでの無敬語表現が認められることに注目しておきたい。また、訓読者内部には、一つの部分の訓読に対して多重構造を保有していたのは、いとも容易く想像されるところであって、訓読語として表記される場合にその多重性の中の一形式が出現する筈であるから、そうした訓読行為も前提として認識する必要がある。

右の他に、仮名点の資料に、

49、毎日ニ炊《カシ》ク所ノ飯《イヒ》ノ上分（返）ヲ供養ス。（高山寺蔵大黒天神法天承三年（一一三三）点（重文第Ⅲ部第73号）、仮名点）

50、一切如來其ノ人ヲ安《アン》-慰《ヰ》ス（高山寺蔵菩提場陀羅尼鎌倉中期点（重文第Ⅰ部第6号）、仮名点、定真筆）

の如く、敬語の読添語のない例が存する。取り上げることが出来た用例が寡少で、今後の精査の必要性を切に感じるが、先の例46の伝受類聚鈔の例に対応する、

51、殊に《ニ》十二の《ノ》大願を《ヲ》發して《シテ》濁世の《ノ》衆生ヲ化-度す《ス》。（高山寺蔵伝受類聚抄）〈例46と同一の箇所ではなく、同一文脈の資料が別の箇所に掲載されて、訓読されている例である〉

を加えて考えれば、平安後半期から鎌倉時代十三世紀に至って、それまでの訓読語基調であった読添えの敬語が、存しない例が現れると指摘できよう。また、定真の加点資料は、仮名点の用例で、訓読語基調（あるいは、多重構造）の時代的変化と、仮名点の訓読語の性格の一端を覗かせたものとして、今後の検討の方向を示唆した事象であるようにも判断される。

おわりに

右の検討は、用例数が限られたもので、その一端を示したに過ぎず、元より試論的な論述より出るものではない。今後の精査によって実証性を高める必要を切に感じるが、漢文訓読語文体の成立の素因について、推定可能な所（多重性からの選択）を、用例を基に掲げ、訓読語基調という観点の導入を考えてみた。

漢文訓読語である以上、原漢文の制約を無視することが出来ないのは、宿命的な所である。本節に取り上げた敬語

と助動詞「シム」という読添語の場合は、直接的には、仏・菩薩を主題とするとか、方書的であるか否かとか、元より原漢文の内容の解釈態度による語ではあるが、第六項に示した如く、資料によっては、無敬語になったりと出現の有無の問題があるから、本質的に突き詰めて行けば、原漢文自体の制約のみではなく、日本語側の問題として、有っても、なくても訓読が成立する質のもの（多重性からの選択）で、二つの読添語の出現は、訓読語基調がそうした読添語を要求する訓読方針であったと結論される事象である。従来より、敬語については、日本語において発達している言語事象であると説かれるところであって、和化漢文の日本語的側面の説明に用いられたところである。その有無は、専ら、究極的には、訓読語という日本語側の問題であると考えられる事象であるが、これにも、原漢文の文章内容に因って偏在する側面があり、個人を超えた訓読語基調（訓読態度・訓読方針）に支えられていることを認めねばならない。

記述が重なるが、今後の課題として、特に、十二・十三世紀の漢文訓読語の変化・変遷を考える時、意図的、意識的に、訓読語基調（訓読態度・訓読方針）という視点（多重構造からの選択）から迫ってみる必要性を感じる。また、仮名点の存在が、課題となりそうであるとの予測が立ったものと考えるが、今後、収集した用例に従って、実証的に考えてみる必要を感じるところである。さらに、印象的記述とならないために、事象が偏在すると言うことを、数値化するなど、客観的に示しうる方法論も考えてみねばなるまい。

本節において、研究上の今後の課題が掘り起こされているとすれば、試論であって、それに過ぎるものはない。

注

（1）小林芳規「博士読の源流—トキンバ（則）を一例として—」（『国文学言語と文芸』第十五号、昭和三十六年三月）。『仏研』。

(2)小林芳規「『らくのみ』『まくのみ』源流考」(『文学論藻』第八号、昭和三十二年十月)。『仏研』。
(3)拙著『平安鎌倉時代漢文訓読語史料論』(平成十九年二月、汲古書院)第六章第五節には、類型的変化の問題として採り上げた。
(4)注(3)拙著。本著第三章。
(5)山本真吾『平安鎌倉時代に於ける表白・願文の文体の研究』(平成十八年一月、汲古書院)第一部第五章第六節。
(6)拙著『平安鎌倉時代漢文訓読語史料論』(平成十九年二月、汲古書院)第三章第四節、第六章第二節。
(7)本書第二章第四節。
(8)ヲコト点加点資料群に対して、仮名点資料の資料性に、問題がないわけではない。ヲコト点の場合、中田祝夫博士(『点研総論篇』(大日本雄弁会講談社、昭和二十九年五月))が実証されたように、特に、平安時代後半期のヲコト点加点資料では、奥書等が無くとも、ヲコト点法を手掛かりにして、共時的位相が推定されるものが多いが、仮名点資料については、共時的位相を推定するには、奥書・識語に頼るしか無く、その奥書・識語も、僧名、房号等が、判明せねば、資料性が推定できない。
(9)曼荼羅の描像法の記述などに、朱宝幢院点にも、墨仮名点にも、助動詞「シム」が現れて、異同の無い場合がある。共に認められる例は、巻下十二ウ6が初出例で、以降、点在している。
(10)「尓時薄伽梵」以下は、「布字八印」と称される部分で、本書第五章第四節においては、東寺観智院蔵玄法寺儀軌康平二年(一〇五九)点本は、奥書に対応して、「布字八印」より前の部分の伝授における授者は、「別所阿闍梨」、「布字八印」部分の授者は、「實相房頼豪」、「布字八印」以降巻末までの授者は、再び「別所阿闍梨」で、それぞれの授者に対応して、訓読語の質が異なることを論じた。
(11)拙著『平安鎌倉時代漢文訓読語史料論』(平成十九年二月、汲古書院)七〇八頁から七一〇頁には、金剛界儀軌の冒頭部分を、各種のヲコト点法を取り上げた比較例を掲げた。金剛界儀軌の冒頭部の場合も、広く謙譲の補助動詞「タテマツル」の読添えが存する。

第二節　高山寺蔵金剛頂瑜伽経寛治二年点の訓読法

はじめに

節題の高山寺蔵金剛頂一切如来真実摂大乗現証大教王経（以下、金剛頂瑜伽経）寛治二年（一〇八八）点巻第二・三の二巻は、高山寺経蔵重文第Ⅰ部第1号として現蔵の中院僧正点加点資料である。奥書には、

（巻第二）月院之
　眞典院本也

とあって、高野山月上院本の一部であったことが知られる。また、

（巻第三）寛治二年（一〇八八）十月四日點畢　於高野中院御房以小野僧正御傳本
　同年十二月五日受學了　金剛峯寺末葉弟子僧賢範本
　（別筆）「傳持僧證印」

とあって、明算の住房である高野山中院を舞台に、僧賢範が、小野僧正（仁海）伝本を底本にして点じ、二箇月後に伝授を受けた資料である。加点されているヲコト点は中院僧正点であって、明算の点である可能性が高い資料である。

本節は、この金剛頂瑜伽経寛治二年点を元に、本資料の漢文訓読語の文末表現体系を記述してみようとする試論である。

文末を取り上げた検討は、次項で行うが、その前に、本資料に現れた特徴的な訓読語事象について簡単に触れておく。

本資料には、読添えの「ソヱニ」が出現する。

1、金剛勇と大心と金剛諸如來と普賢と金剛初となり　ソ《そ》ヘ《ゑ》ニ《に》我金剛手を礼す。（巻第二・316）

の如き例で、一般的には、古体の残存と解釈される言語事象である。

また、再読字の単読例を拾うことが出来る。

2、印(返)に住(し)て則(ち)當(に)《立也》起(ち)て[於]諸方(返)を顧《コ》(去)視(し)て倨《コ》傲《カウ》《ホコリ》に(し)て[而]桜行(し)て金剛薩埵を誦(す)へし。（巻第二・340）

3、次(に)當に且《シハラ》ク先(つ)四礼(返)を以(て)一切如來を礼(せ)よ。（巻第三・21）

4、[應]自《み》(ら)有情を利(し)て願(く)は一切成を作(す)へし。（巻第二・361）

例2の「當」には、加点がないが、副詞訓に読んだものであろう。例3は、副詞訓に単読されたとしか解釈されない。例4の「應」字は、他所には助動詞「べし」に訓じたと思しき例があるが、副詞訓に訓じた例がないので、不読であろう。右の例の解釈に難しい点があるが、単に表記上の問題とも解する道があるものの、古体の残存である可能性も否定できない。

右の例1から例4までを、古訓法の残存と見る時、中院僧正点の最古例が、真興であることが注意される[1]。真興の選書である高山寺蔵金剛私記は、院政期加点と思しい訓点資料で、喜多院点の加点資料である。訓点は、粗なるもの

の、読添えの「ソヱニ（実際の表記は［ソヘ二］）」が、仮名点で加点されている事が思い合わされる。(2)

以上のように記述すれば、本節が、初期中院僧正点の資料の評価として、古体性を主張しているように読めるかも知れないが、そうした単純な評価は出来ない。以下に問題として取り上げようとしている課題は、訓読における中院僧正点の持つ言語的な全体的イメージ―多重性を前提とした訓読語基調―をどう捉え、像としてどう結ぶかという大きな課題に対する一試論である。結論的に言えば、従来捉えられてきた方法は、断片的な切片をとらえて、それを全体の印象として拡張した憾みがある。即ち、右のごとく「ソヱニ」や再読字の単読例が出現すれば、平安初期の語法だとして、全体が古態の訓読語であると評価する論理的飛躍である。

以下には、高山寺蔵金剛頂瑜伽経寛治二年点の文末表現を取り上げる。本節では結果的には、本資料の文末表現は、第三項以降の如くに帰納されるのであるが、この文末表現体系の問題と右に示した古体性は、どう絡み合っているかが問題なるところである。本節では、この問題に対しての解答を記すことが出来ていない事を先に告白するが、この問題解決のキーワードは、漢文訓読語の体系的描像への指向であろうと考えている。

本節での論述の範囲は、一訓点資料の全体の底流にあると思しき言語的な像―訓読者は、多重的である訓読法のどこを選定したのかと言った訓読語基調―をどう描くかの一階梯として、文末表現を体系的に記述し、その表現体系を制約する要素―量子力学の思想的な枠組みを例に取れば、観察者が関与した時点の状況―についての検討を展開してみようとするものである。

一、漢文訓読語における表現体系について

訓読語の「言語体系」と言われる用語は、極普通に用いられる述語であるが、果たして、充分な概念的な定義を尽くして文章中や会話中に使用されているかと、自らをも反省するに、漠然とした曖昧さを伴っている場合のあることをはっきりと指摘しておかざるを得ない。即ち、「体系」なる語を、実に曖昧に「言語要素の集合体」だとだけ認識し、用いてはこなかったと断言する自信がない。

確かに、言語要素の集合体であることは間違いなかろうが、それは、一つの条件でしかないことを今改めて認識をすべきである。言語要素―言語事象―の集合体ではあるが、その要素とは、分析範疇に入るべき言語事象の全てを尽くさねばならない。語彙の体系的研究は、有る共時態の日本語の語詞全てを対象として未だ、詳密には、全体を描かれたことはないように思う。全体の体系の描述が可能かどうかは別にして、今は、部分体系の描述段階であろうか。即ち、訓読者の脳裏に存在する多重構造の訓読語の部分体系を指す。目指すべきは、全語詞の集合体であろうが、果たして、研究者個人の研究上の良心と物理的な条件をクリアした詳細な体系なるものを描くのは、あるいは、不可能なものかも知れない。特徴的な語詞の状況を記述して、同傾向の語詞を類積し通時的変化を示し終えたとする様な研究は、体系性への配慮がない限り、漢文訓読語の用語集以上の意味を持たない。それは、語彙研究ではなくて、語詞記述の域を出ない。

語彙の部分的意味体系すら、描像は様々で、それらの記述された部分体系を統合して総てを覆う全語彙体系なるものが描けるのか否かは、大きな問題であろう。文法における体系化は早く、活用語の活用体系は全活用形を網羅して

いるし、樹状図としてのイメージが強い助詞の体系も、要素の全てを尽くしたものである。しかも、これらは、全要素の単なる集合ではない。要素要素の張り合い関係が解き明かされて、初めて、体系という描像が完成する。

語彙の意味体系を例にとれば、時には、意味的補完関係である場合、対義関係である場合、または、類義語の意味的張り合い関係—多重状態の意味的勢力関係とでも言い換えても良いかもしれないが—の描像。即ち、集合体における要素要素間の力関係を描述せねばならない。

体系なるものの条件としては、要素の全てを尽くしたものであること、要素要素の間の緊密な力関係が明らかにされたものである必要があろうと記したが、この二つは、最低限の条件かも知れない。しかし、仮にも体系とするには、必須の要素であろう。即ち、単なる要素の寄せ集めの束ではなくて、多重なる要素間の関係の記述が必要である。

さて、漢文訓読語に目を向けてみる。漢文訓読語を対象に、諸種の研究が行われてきたが、体系を視座に据えた研究も存する。語彙の研究が最たるものであろう。(3) 漢文訓読語そのものに正面から対したものではなかろうが、日本漢字音の研究も厚みのある体系的研究が行われてきた。(4) 表記体系の研究は、歴史が古い。(5)

さて、漢文訓読語に特有とも認められる言語分析の視点がある。「訓読法」あるいは、「訓法」と言われるものがあるが、果たして、「訓読法」なるものの概念的な整備が果たされているかと言えば、心許ない様に思う。概念の外延も明確ではないが、中核的な、プロトタイプ的部分さえも必ずしも明確ではない。(補注) 例えば、一資料に限定して以下の議論を進める。漢文訓読文における文末助字の不読・直読の訓読法、文中助字の同様の訓読法などは、今まで取り上げられてきて、訓読法の概念に含まれるものであることは動くまいが、訓読法なるもの全体系のどういった所に位置づけられるものであるのかは、あまり反省が無かったように思われる。その他、読添語の用法や、実字の付訓そのものの選択の問題（和語のみの範疇ではなく、字音語も含む）、付訓の語形（音便を用いるとかの特徴も含めて）などなどの要素による漢文訓読文の、訓読文としての文章的な印象―訓読語基調―を支配する事項であると仮説した場合、果たして、「訓読法」なるものの、多重状態の全体に亘っての網羅的、体系的な描像が可能であろうか。過去の研究でも取り上げられてきた、「訓読法」の事象に、助字の訓読法の整理検討がある。いま、「則」字を取り上げてみるが、この「則」字の訓読法の分析として、この「則」一字の訓読が、ある一資料において、または、同一人の複数の資料において、あるいは、複数人の共時的言語集団において、「則」の訓読法の多重性から何が選択されて紙面に記されて、どのように訓読されているか、即ち、ある文脈、構文においてはAと読まれ、別の条件ではBと訓読されたとして、整理していけば、我々観察者側からの〝「則」字の訓読法〟の記述は可能であろう。謂わば、「則」字一字の内側に向かった訓読体系の描述である。

しかし、「則」字を出でて、他の助字「於」字でも良い、「之」字でも良い、こうした方向に検討のまなざしを拡張しようとする時、果たして、複数の助字を対象にした訓読語の体系化が可能であろうか。「訓読法」なるものが、助字の訓読法のみならず、読添語や実字に対する充当和訓の方法、音便などの語形をも覆う概念であるとすると、そうした事象の一切を見通す訓読語の体系構築が可能なものであろうか。

今、本節では、一資料体を問題にしているから、読添語として用いられる助詞の全てを、また、原漢文の用字に対応した用語の全てを、実現されているあらゆる語形を取り上げることは理論上は可能であろう。体系描述の必要条件である言語要素は尽くすことが出来よう。その要素の相互関係を記述できるのか否かは、今後の実際の実践に委ねて検証を試みなければならないことである。本節は、多重性を前提に実現された文末表現の全を尽くして、体系の描像を〝試論〟として試みようとするものである。

いささか諄いが、以下に考察の対象としたものは、一資料体である。具体的には、高山寺蔵金剛頂瑜伽経寛治二年点二巻を対象とした論述である。この資料選択は、初期の高野山中院流の一資料である事が理由で、今後の研究の展開をある程度見通しての選択である。

一般には、共時的に複数の資料を集合して、この資料群の生成に関わった言語集団を設定することが行われている。理屈から言えば、まず、具体的存在体である一資料から出て拡張するところは、その資料を含んで同一人に関わる資料体全てに向ってであろう。逆に見れば、その資料の総体によって支えられる共時的言語体とは一個人であろう。個人言語の体系的視点からの分析は、可能であるように見通している。文体の問題として、資料資料の性格により訓読語が異なろう事は既に論じてきたところで[6]、所謂、文体として実現されている言語体系の差は記述できるものだと考えているし、本節もその方向の検討を含んだものである。更に広範な共時的言語態を想定すれば、一寺院内の僧侶集団、更には、共時的な一分派の僧侶集団であり、更に、一流派の僧侶集団の規模になり、更に、宗派の僧侶集団と言うような拡張の方向が想定される。この研究対象の拡張は、一個人の脳裏にある訓読語・訓読法の多重性解明の記述につながっているものと期待する。

理屈としての言語集団単位の規模の拡大の方向をあらあら記述してみたが、「訓読法」と言う視点から、訓読法の体系化が可能かどうかという問題を取り上げれば、個人を出て、最小、師弟とかの二人の言語集団で良いが、この言語集団の「訓読法」の体系的描述が、果たして可能であろうか。先にも述べたごとく、文体差を内包した複数人の「訓読法」の、要素要素の張り合い関係を描けるものであるか、あるいは、もっと大きな言語集団の「訓読法」なるものの体系を描く事が可能であるのか。結論は、今後の実践にかかる事であるとの自覚があるが、少なくとも、多重性と言っても現行の研究で行われている言語要素の束のみを扱う事は、体系的な研究ではない。また、より高次の拡張された言語集団に共通の訓読法が存して、そのいくつかの事象―複数の事象群の束、具体的にはこれを訓読語の多重性と把握している―を対象に位相差を論じるのも、傾向の記述を出るものではなく、「訓読法の体系」を比較してこそ、本質的な言語の差を導くことができるのであって、いくら多くの事象を集積したとしても、言語事象の束、即、言語の質には繋がらないと言うことを強調しておきたい。

更に諄いが、言語事象の束を対象にしては、量的なことまでは論ずることが出来るかも知れない。しかし、それは極めて印象的な主観的解釈を示すに過ぎないであろうし、傾向は描けるとしても言語の本質に迫れるかどうかは、誠に、心もとないと評さざるを得ない。体系の描けない状況で、水平的な拡張指向―思考―のみによって、「訓読法」の事象を増やして、いくら、言語事象の束を太く、また更に更に、太くしたところで、言語の質の問題を論ずることは出来ないと認識すべきであると考える。即ち、訓読語の質的な違いを観測し、記述しようとした場合は、体系への指向が不可欠であると認識しなくてはならない。

概念的に曖昧なまま推移してきた「訓読法」なるものの体系の描像が可能かどうかを、あるいは更に進んで、可能であることを立証しなければ、「訓読法」なるものを取り上げた研究は、今後も、極めて怪しげなものにならざるを得ないのではなかろうか。即ち、かかる研究は、どこまでも訓読語の一面のみを捉えた論であって、日本語としての訓読語の、人々に与える印象、また、人々の言語認識―前にこれを、多重性を前提とした「訓読語基調」としたが―を解明することにはならない。量を誇っても、その量は殆んど研究上の意味を持たない。

二、文末表現体系の構築のために用例の処理基準

漢文訓読語資料、即ち、多くは訓点資料の、資料的弱点の一つは、ある検討対象資料全体が、一音節一音節のレベルでの訓読語文が完全に確定的に再現できると思われる資料が期待できないことである。平仮名の和文資料とて、一切の語形が確定できるかどうかは、厳密には、漢字表記が入り込む以上、可能な訳では無いが、文章全体に占める不確定な要素は、訓点資料においての比率が数段に高い。

全文の読み下しが可能なほどに密に加点されていると評価できる資料でさえ、総ルビの訓読文の作成には、例外なく推読を避けることが出来ない。即ち、研究者の解釈と判断である。加点法が規則的であると考えることの出来る資料、例えば、石山寺蔵太子須陀拏経平安中期点(7)にしても、理論上の総ルビの訓読文の作成が目指されるが、実際の仮名加点のない原漢文の漢字は、研究者の〝理屈〟による解釈であるというレベルでしかない。厳密には、規則的加点法という研究結果を援用した観念的で理論的な訓読文とでも言うべきものに過ぎないと言うことである。仮名加点がなければ、音便形か非音便形かの語形決定の拠り所はないし、当然ながら仮名遣いなども論じることは出来ない。

高山寺蔵金剛頂瑜伽経寛治二年点の文末表現の体系を帰納しようとする試みにおいても、右と同様の憾みが残る。文末の語形決定に充分の根拠が得られない場合が存する事である。一般に、金剛頂瑜伽経の加点資料には、仮名点の加点が厚くない物が多いという個人的な印象を持っているが、本節に取り上げる金剛頂瑜伽経寛治二年点も、仮名点の加点が厚い資料と言う訳ではない。従って、文末表現を語形としての確例として特定できないものを含むことになるが、ただ、和文の場合と異なり、一般には、訓点資料の多くが、句読点の存在によって、文末の決定が比較的容易

で、文末の認識に揺れが出ない場合が多い。しかし、本節に取り上げる中院僧正点資料では、以下に触れる如く、漢字右下の星点を句点、これに対して左下の星点を、返点のみの機能であると単純に認める訳にはいかない事例が存する。語形の関係から、左下の星点を返点と同時に、句点と認めざるを得ない例も出現すると言う問題も存する資料であることの認識も必要である。

本節で取り上げる金剛頂瑜伽経寛治二年点二巻の帰納した文末は、巻第二においては文末281、巻第三においては文末472が求められて、金剛頂瑜伽経寛治二年点二巻は、計753文で構成された訓点資料と言うことになる。この全文末を対象に、次項以降において、文末表現の体系化を試みようとするのであるが、その前に、文末に、文末を決定する仮名点、もしくは、文末を決定できるヲコト点の加点のない場合の、あるいは、文末の決定に最も拠り所となる句読点の曖昧な部分について、本節における処理基準を述べておくこととする。

例えば、次の如き一文が存する。

5、依《て》一切如來《の》前《の》月輪《に》（返）而住《て》復請教令《を》。（巻第二・21）

訓読した場合の日本語としての文末は、「請」である。この文は、次の様に訓読されるものである。

6、一切如來の前の月輪（返）に依（り）て[而]住（し）て復（た）教令を請。

この場合の文末は、句読点の存在によって確定できるが、「請」字に加点が無く、語形は推定せざるを得ない。かかる場合は、動詞（語彙的な検討を経ねば、漢語動詞か和語動詞かは、右と同じ理由で確定できない）の終止形を採ったものとする。実は、初期の中院僧正点資料は、必ずしも、訓点の加点が密という訳ではない事は先にも触れたが、しばしば、語形の推定を行わなくてはならないのである。後の整理の如く、動詞訓以下に、補助動詞や助動詞・助動詞の読添えがある場合は、これに該当する訓点が存する。

また、「已」字が漢文末にあって、訓読文末となる場合は、

7、一切如來心㈢従(り)纔(に)出(て)已(り)ぬ。(巻第二・7)

※右の「已」字が、助動詞「ぬ」のみに読まれた可能性も否定できない。

とした加点があって、助動詞「ぬ」の終止形で文末を結ぶ。巻第二は、次項の冒頭に説いた如く、類型的な漢文で構成されている。右の用例7が、巻二の初出例で、以下の例には、基本的には、助動詞「ぬ」の加点がなされないのであるが、初出例と同等なものと考えて、助動詞「ぬ」が文末とされていたと推定して、カウントする。

五字一句で、四句が連なる偈が存するが、この文末は、

8、名(つけ)て大慈友と爲す。(巻第二・57)

として、動詞終止形で終始したと思われる例と、

9、暴怒の形を作(す)と示(す)と。(巻第二・70)

の如く、会話引用の助詞「と」が読み添えられた例があるが、右の「已」字の場合と異なり、助詞「と」の出現が任意で、同類の原漢文における初出例にも加点がないばかりか、加点されたり加点されなかったりと傾向性を認めがたい。「と」を取り上げることが、文末の表現体系の記述に有効かどうかという議論を今措き、最文末一語の原則に従って、本節では、加点された場合のみを助詞「と」の最文末と見る。ヲコト点の加点がない場合は、動詞の終止形等の訓読に従った文末と見て、助詞「と」のない箇所は、助詞「と」としてはカウントしない。

陀羅尼の扱いは、体言相当と見て良いかも知れないが、平安初期加点の石山寺蔵金剛頂瑜伽経仁和二年点などは、陀羅尼末に助動詞「なり」の読添えがあったりするので、いま、これを除外する。陀羅尼に関連して、巻第三には、巻第二には認められない原漢文の表現が存する。陀羅尼を導く、「眞言曰。」とあるもので、これを文末として扱い、

文末「ク語法」の項目を立てることとする。内題尾題及び、品題も除外する。

また、句読点に曖昧な部分がある。

10、一切如來无上安樂悦意の三昧耶なり、一切如來の鬘なり、一切如來の諷詠なり、一切如來の无上作供養業なり、是(返)(の)如(き)は一切如來の秘密供養なり。(巻第一・198)

の如き例で、助動詞「なり」の並列する文例であるが、本節の処理としては、右の例10は、一文として扱うこととする。

訓点資料一般には、句読が明確なものが多いが、本資料には、

11、倨傲《コカウ》(し)て杵(返)を抽擲《チウチャク》(せ)よ　等持(し)て金剛慢に(せ)よ。(巻第三・173)

の如き例が存している。この場合は、先にも触れた如く「杵」字の左下に返点の星点があるばかりであるが、「抽擲」は、漢語動詞の命令形に読まれており、文末と認定して、二文とした。

以上の方針に基づき、文末を設定して、文末の最末尾の全ての一語を取り上げて検討を加えることとする。

三、文末表現体系の素描（一）—巻内の文体差の素描—

本節に取り上げる金剛頂瑜伽経寛治二年点は、巻一を欠く資料である。三巻揃いで、一言語資料として扱うべきであろうと思われることからすれば、巻一の欠失は、問題となるところである事を、予めここに認めておく。

まず、巻別の体系化を試みて、その比較を行う。次項以降において、これを統合した言語体としての評価を試みる。かかる手続きを採ろうとする背景には、訓点資料特有の訓読語成立に関わる問題が存するからである。その問題とは、

訓読語実現の前提として、あるいは、訓読表現を規制するものとしての原漢文の存在である。漢文としての金剛頂瑜伽経は、巻第二は比較的に類型的な漢文表現が存して、方書としての事相的内容が展開される。巻三は、漢文表現が、巻二に比較して多彩であると認められる。巻第二は、「爾時世尊復入一切如來遍入大菩薩三昧耶所生名金剛三摩地」等と始まって、世尊の状況を説き、陀羅尼を掲げて、「從一切如來心纔出已」の類型的文言が続いて、五字四句の一行が存して、一段を閉じた表現が続き、巻尾に一句五字の偈が続く。巻三は、やはり事相的内容ではあるが、本文は、巻二に比べて陀羅尼も長く、漢文表現も、類型的であるとは言え、変化が存している。用字も、巻三が変化に富む。

この問題は、中国における漢訳の表現の問題で、日本語としての訓読語の本質的な問題では必ずしも無いと認められるのであるが、原漢文に制約されて表現される日本語としての訓読語が、偏る可能性があるのも事実である。実現された訓読語の文体の問題として考えれば、原漢文の制約故に異なることもあるのであって、日本語としての訓読語の持つ訓読語基調とも言うべき、日本語の質の問題とは、次元の異なるものであろうが、この問題も、軽視すべきではない。即ち、結果として実現した―読み下し文の―訓読語の文体の問題としては、原漢文の制約も、日本語側の性格たる訓読語の特質も、共に読み下し文成立の基底をなす部分で、この二要素が渾然一体となって実現した訓読語を捉えようとする時に、この二要素を腑分けして位置づけ、評価する必要があろう。

さて、文末の表現体系を如何に捉えれば良いかと言う試みに、いま、原漢文の用字―如何なる漢字が、訓読最末尾の漢字となるかと言うこと―を問題外として、一律に日本語としての最末尾の一単語に注目して分類を試みてみる。以下の整理では、最文末一語の品詞をもとに文末表現の変奏、または逆に、単純な姿を描いてみる。

まず、巻二の文末は、以下の様に帰納、整理される。

巻第二は、巻頭より315行までは、前に記した如くの類型的な漢文で構成される。これを巻第二のＩ部とする。これ

に続く、316行より330行までは、用例1に掲げた如くの

○金剛勇と大心と金剛諸如來と普賢と金剛初となり　ソ《そ》へ《ゑ》ニ《に》我　金剛手を礼す。（巻第二・316）

とある文型が連続する部分である。これを巻第二のⅡ部とする。331行より336行には、漢文の散文が記されており、これをⅢ部とする。この後は、五字一句の偈が存して、巻第二の漢文本文は、362行で閉じられる。この偈の部分をⅣ部として以下に記述を行う。

巻第二の第Ⅰ部の文末は、以下のように整理することが出来る。

動詞	終止形	94例
形容詞	終止形	1例
補助動詞		
「たまふ」	終止形	3例
助動詞		
「しむ」	終止形	5例
	命令形	1例
「ぬ」	終止形	49例
「り」	終止形	2例
「なり」（指定）	終止形	25例
「たり」（指定）	終止形	2例
「べし」	終止形	1例

「む」　終止形　2例

助詞

「と」（格助詞）　16例

「を」（格助詞）　1例

「ゆゑに」　1例　計203文

第Ⅱ部では、

動詞　終止形　16例

助動詞

「なり」（指定）　終止形　16例　計32文

第Ⅲ部では、

補助動詞

「たまふ」　終止形　1例

助動詞

「しむ」　終止形　1例

「なり」（指定）　終止形　1例

「む」　終止形　1例

助詞

「と」（格助詞）　2例　計6文

第Ⅳ部は、

動詞	終止形	6例	
	命令形	12例	
補助動詞			
「たまふ」	終止形	1例	
助動詞			
「しむ」	命令形	3例	
「ぬ」	終止形	1例	
「なり」(指定)	終止形	2例	
「べし」	終止形	15例	計40文

これらの集計の結果からは、日本語文となった漢文訓読文の文末表現について、第Ⅰ部では、活用語の終止形の例が豊富である。アスペクトに関する助動詞の出現が目立つが、「む」「べし」などの助動詞は、用例が少ない。会話引用の格助詞「と」は、五字四句の偈の部分に集中する。第Ⅱ部は、極めて類型的である。第Ⅲ部は、文数6例で区切ったが、活用語終止形終止の文末が多い。第Ⅳ部は、右とは対照的で、動詞も命令形終止が多いし、助動詞「べし」が多出する。

便宜的に、文末最終一語の整理であるが、モダリティの観点からすれば、第Ⅰ部から第Ⅲ部までと、第Ⅳ部とに差があると見ることができよう。第Ⅳ部の五字一句を連ねた偈の部分は、所謂、如来大金剛たる話し手の会話部分で、文末表現の質が異なると見ることができよう。即ち、巻第二中において、文体的に質の違う部分があることが記述できる。漢文訓読における所謂、会話部分と地の文の訓読とに、最終的に出来上がった日本語としての訓読語文に文体的差があることは、既に触れたところであるが、(8)この文体的差は、日本語たる訓読語の質を原因とばかりする訳では必ずしもない。例えば、第Ⅳ部に、動詞の命令形の目立った出現があるが、これは、会話であるという漢文脈を念頭に置いた日本語としての活用形の選択で、日本語の問題であるとも言えなくはないが、やはり相手に動作行為を持ちかけ勧誘する助動詞「べし」文末は、多くは、原漢文の「應」字の出現に原因がある。第Ⅳ部の文体の醸成には、原漢文の働く要素が大きいと認めねばならない。

巻第二の文末表現は、原漢文の影響もうけて、文体的な差異が、偏在していると纏め、巻第二の言語的な像を描くことが出来よう。即ち、文末表現の偏りがモザイク的に存在しているのが、巻第二の文末表現の実態であり、各部分において具現した訓読語の総体が、立体的に体系を構築しているのが巻第二の文末表現体系と認めることができるのではなかろうか。

四、文末表現体系の素描（二）―巻別の素描―

続いて、巻三は、以下の如くである。なお、以下の整理には、最下段に、巻第二の状況を示して対照するが、巻第二の整理は、前項に分割したものを、統合して示すこととする。

		〈巻第三〉	〈巻第二〉
動詞	終止形	131例	116例
	命令形	129例	12例

形容詞	終止形	1例	1例
「なし」	終止形	1例	φ
	命令形	1例	φ
補助動詞			
「たまふ」	終止形	5例	5例
「たてまつる」	終止形	1例	φ
助動詞			
「らる」	終止形	2例	φ
「しむ」	終止形	16例	6例
	命令形	7例	4例
「き」	終止形	1例	φ
「ぬ」	終止形	6例	50例
「り」	終止形	4例	2例
「なり」（指定）	終止形	50例	44例
「たり」（指定）	終止形	φ	2例
「ごとし」	終止形	3例	φ
「べし」	終止形	43例	16例
「む」	終止形	37例	3例

「じ」	終止形	2例	φ
「ず」	終止形	3例	φ
	命令形	1例	φ
助詞			
「と」（格助詞）		3例	18例
「を」（格助詞）		1例	1例
「ことを」（倒置）		1例	φ
「を＋や」		5例	φ
「ぞ」		2例	φ
名詞		1例	φ
ク語法		13例	φ
「ゆゑに」2例		1例	
		計472文	計281文

となる。巻第三は、巻第二と同様に、品題には、「大曼荼羅廣大儀軌品之三」（巻第二は同「二」）とあるものであるが、巻第二の如くには、原漢文に漢文体としての偏りが認められない。基本的には、諸尊の供養法を説いたもので、供養法と陀羅尼が繰り返される。巻第二は、漢文としての総行363行、同じく巻第三は、364行であって、ほぼ同量である。しかも、巻第三の陀羅尼は、巻第二に比べて字数が多い。にもかかわらず、巻第二において文末数が少ないのは、訓読語としての日本語文が、巻第二において長いことを示す。

最文末の一語は、以上の通りに集計されるものである。下段に示した巻第二の総集計は、異なったものと稿者が認めた四分割を集合したもので、全体として文末のバリエーションが全体を統合したことによって複合して、出現の語の様態が広がって示されるものと予測されるものであるが、巻第三の文末の状況は、更に、広い。即ち、巻第二の文末部最末尾にあらわれる表現よりも多彩であると認められる。巻第二に現れて、巻第三に現れない語は、助動詞「たり」のみであるが、逆に、巻第三に現れて、巻第二には、現れない語は、14語（語形）に上る。文の量にも関係があるかもしれないが、相対的には、巻第二の文末の単調な体系を、巻第三の文末には多彩な体系を認めて良いように思われる。

質的な問題として、体系的な表現の張り合い関係について略述すれば、巻第三の表現の多様さは、文末に現れる動詞、助動詞を取っても、ムード、モダリティに関わっての表現が豊かで、文末の指定表現も、助動詞「なり」によるものと、終助詞「ぞ」によるものの複数の表現が現れて、表現の厚みを増していると認められよう。

五、文末表現体系の素描（三）―一言語資料として―

さて、右に論述してきた視座は、巻第二の内部における文体的な偏り、また、巻第二と巻第三とを比較しての文末表現の質的偏りについて記述しようとするところにあった。高山寺蔵金剛頂瑜伽経寛治二年点の、現存の二巻は、その総体が一言語資料であると認める所に、立脚して訓読語基調の検討を始めてみる必要がある。即ち、第四項までに説いて来た文体差は、一資料の訓読語基調を立体的体系として描いたものと評価できるであろう。

言語資料たる金剛頂瑜伽経寛治二年点は、少なくとも寛治二年（一〇八八）に、僧賢範という一個人が、小野僧正伝本を移点し、受学した資料で、移点資料であると認めても、一度は賢範が、訓読語を再現しているものである。あるいは、該当資料そのものの訓点が利用されたか否かの実証的な証拠がないが、同年十二月五日の伝授に使われているので、古点によるかどうかは別として、この時点でも、本来の巻数である三巻の訓読語表現が成立したことは間違いない。複数巻から成り立つ資料が、一個人によって、一具の言語資料として成立している以上、内包する文体的な体系差を考慮しつつ総体としての一言語資料として位置づける必要があろう。

即ち、歴史的な一個人の言語生活史を描こうとする場合、前提となるのは、かかる具体的な一具の言語資料が最低単位となるであろうと言うことである。言語の個体史（一個人の多重性を前提とした〈漢文訓読語〉史）の素描を目指す場合、生を受けてから言語の習得を行う訳であって、漢文訓読語の習得期から、次第に長じて学習を深め、師のみならず第三者との言語接触などがあることが想定されるが、この場合、最低の資料単位となるのは、一具の訓点資料だと思われる。ただ、右に検討した如く、原漢文の影響もあって、一具の資料に、文体的多様性を内包する場合があり、これを念頭に文体的な腑分けを行って、立体的体系を構築しておく必要があるのではなかろうか。また、言語資料たる一具の訓点資料も、少なくとも移点時また伝授の場で、日本語表現として具現した筈であるから、その言語資料たる訓点資料の成立状況に、古体の言語事象を含むなどの言語の複層性があったとしても、それを含めて実現されたと認めるべきで、言語の複層性の問題は、一具の訓点資料の内的な問題として捉えるべきであろう。ここに問題となるのは、一具の訓点資料の訓読語の体系の問題で、たとえ古体性が指摘できるにしても、全訓読語体系の中に、どのように位置づけられるのかが問題となる。例えば、成唯識論や因明関係の書に、江戸時代の版本に至るまで、副助詞「い」の残存することは、今や、周知の事となっているが、(9)こうした古訓法が、断片的に残った、あるいは、特徴的な事象として目立つ事象の域をでないものなのか、つまり、訓読語体系を形作る他の部分体系は新しく変化して、特定のものだけが残存したのか、あるいは、資料全体の訓読語が変化を起こしていないのかでは、歴史の質が異なろうことは、ここに説くまでもなかろう。先に論じた如く、事象を複数集め、その事象の束をいくら大きくしても、この質の問題には、基本的に迫り得ない事柄で、訓読語の体系的な言語像の構築が必要であろう。

本項において、文末の最末尾の一語を取り上げて、体系的な記述を目指して来た。この文末最末尾の一語を取り上げて、一資料の文末の語の全を尽くす〝方法〟によったが、果たしてかかる方法が有効に働いて、体系が描けたものかどうかは、誠に心許ない。

本項には、「文末表現体系の素描(三)――一言語資料として――」と項題を掲げたが、訓読者の内部にある訓読語の多重性の解明は、実は何を措いても、金剛頂瑜伽経寛治二年点を出でて、別の一具の資料と対照し、相対として評価する必要があり、これが不可欠であろう。

いま、高山寺蔵書の中から二点の資料の文末表現を整理してみる。

一点は、第八七函第27号「金輪王佛頂要略念誦法次第」である。本資料には、巻末に、覚経の奥書があって、

(朱書)「承元二ー(一二〇八)七月十二日書了　　覺經」

とあるもので、鎌倉初期まで時代が下がるが、事相書の例として、取り上げてみる。

本資料に加点の中院僧正点は、決して、密度の高いものではない。文末の決定に資する句切点も、文末として期待される箇所に、加点されない例などを初め、不安定な要素のあるものであるが、文末であると認定したものについて整理、記述することとした。また、本資料は、儀軌などの引用があり、金輪王の供養法を箇条書的に記した書で、書中に陀羅尼を含む。本資料の文末の整理に当たっては、先の方針と同様、この陀羅尼は除外する。また、内題、尾題も除外する。以下のような、

○次加持供物用前一字明を

次五悔在別　　次五大願在別　（二オ5～6）

などとある小書き、割り書きも除外する。なお、右の例の「次加持供物」などの場合の文末は、名詞と認定する。

この金輪王仏頂要略念誦法次第承元二年点の文は、183文が存し、同数の文末が存する。文末の最末尾の一語は、以下の整理のように現れる。

動詞		終止形	64例
		命令形	49例
形容詞	「なし」	終止形	1例
		命令形	1例
補助動詞			
「たてまつる」		命令形	1例
助動詞			
「しむ」		終止形	1例
		命令形	1例
「り」		終止形	3例
「なり」（指定）		終止形	3例
「ごとし」		終止形	7例
「ず」		終止形	1例

	命令形	1例
助詞		
「と」（格助詞）		2例
「や」（終助詞）		1例
名詞		25例
ク語法		22例
	計183文	

右の整理から導かれるのは、量的には、動詞の活用形と名詞（体言止め）、ク語法が二桁の出現を見せることが特徴的である。比較的簡素な体系で表現されていると評価できるであろう。ムードの点からは、活用語が命令形をとる例—多くは、動詞である—が目立つ。動詞句の場合、漢文本文のモダリティに関しては、終助詞「や」が、1例出現するのみである。先の金剛頂瑜伽経寛治二年点の場合と比べると、例えば、出現異なり語数が少ない点も指摘できるが、箇条書き的な資料である金輪王仏頂略念誦法次第承元二年点における体言止めの多用は、原漢文由来ではあるものの、質の点での違いが、文末表現体系に現れていると見て良いのではなかろうか。

二点目は、高山寺蔵大毗盧遮那成仏経疏康和五年（一一〇三）点を取り上げてみる。高山寺第一八一函第1号〜第19号（巻第一欠巻）として現蔵の資料である。本資料は、訓点も稠密で、ヲコト点の加点に揺れが少なく、訓点資料として質の高い信頼できる資料であると評価できるものである。本資料の訓点資料としての信頼性は、築島裕博士や月本雅幸氏の認められているところで[10]、稿者自身が、原本資料の移点に携わった巻第十八・一帖（第17号）、即ち、現存計十九巻・十九帖の内、巻第十八のみを対象として、文末表現の整理を試みてみる。

本巻第十八の奥書は、「(朱書)『二校了』」とある許であるが、僚巻の奥書には、「快与」による康和五年の奥書が存して、十二世紀極初頭の中院僧正点加点資料であると認められる訓点資料である。本資料も、これまでに説いてきたと同様の方針に従って文末を認定する。以上と同様に、句読点は、右下の星点は、句点として機能しているが、左下の星点は、返点としてのみ機能する場合と、返点と句点と兼ねる場合のあることをここに断っておく。

文末最末尾の一語を取り上げて整理を行うと、以下の様になる。

動詞	終止形	293例
	連体形	4例
	命令形	21例
形容詞	終止形	3例
「なし」	終止形	16例
	命令形	2例
補助動詞		
「たまふ」	終止形	14例
	命令形	2例
「たてまつる」	終止形	1例
助動詞		
「しむ」	終止形	28例
	命令形	1例

「き」　終止形　12例
　　　　連体形　1例
「つ」　終止形　25例
「ぬ」　終止形　33例
「たり」　終止形　4例
「り」　終止形　29例
「なり」（指定）　終止形　413例
「たり」（指定）　終止形　6例
「ごとし」　終止形　29例
「べし」　終止形　49例
　　　　連体形　1例
「む」　終止形　26例
　　　　連体形　4例
「じ」　終止形　2例
「ず」　終止形　77例（内「あらず」15例）
　　　　連体形　2例（内「あらず」1例）
　　　　命令形　17例

助詞

「と」（格助詞）　22例
「は」　2例（倒置）
「のみ」　15例
「ば」（接続助詞）　1例
「か」　1例
「ぞ」　3例（疑問2例、指定1例）
「や」　30例（疑問、反語〈「をや」を含む〉）
名詞　18例（内、「云々」5例を含む）
ク語法　15例（右下星点の用例のみ）
「ゆゑに」　8例
虫損にて不明　5例
計1230文（不明分5例は除外）

右の如くであるが、金剛頂瑜伽経寛治二年点に見えて、大毗盧遮那経疏康和五年点巻第十八に見えない語は、助動詞「らる」一語である。右に取り上げた大毗盧遮那経疏は巻第十八のみで一巻・一帖であるが、言語量自体が文数にして、金剛頂瑜伽経二巻分の約一・六倍ほどある資料である。言語量そのものが大きい。言語量の増大に伴って、文末表現が多様に現れるとは短絡的には解釈が出来ない。確かに、金剛頂瑜伽経寛治二年点と比較して、大毗盧遮那経疏康和五年点に特有の文末用語がある。両者の比較で特徴的な事象には、ムードの面では、連用形の終止法が目立つ。

また、アスペクトの助動詞も大毗盧遮那経疏康和五年点において異なりが豊富である。また、終助詞も豊かである。これらの事象の中には、大毗盧遮那経疏康和五年点において1例とか3例とかの僅少な出現があるから、この場合、言語量が大きいと言うことに由来して、希少な用例がたまたま現れたとの解釈も、成立すると認められるのは確かであろう。

こうした言語量の多寡の側面での解釈がなりたつ事を否定できないが、文末表現の質的な点を考察すれば、両者の差が記述できる。

例えば、体系の量的構造に関して言えば、助動詞「なり」の出現は、金剛頂瑜伽経寛治二年点には計94例、大毗盧遮那経疏康和五年点には413例であって、四倍以上の開きが存する。この出現の大毗盧遮那経疏康和五年点に多いのは、大毗盧遮那経疏の表現内容に因るところがある。即ち、大毗盧遮那経疏は注釈書であって、この注釈的内容は、大日経の本文の注釈に採用されている、

12、是(返)(の)如(き)一類の衆生(返)有れば[イ、有(る)ニハ]宜く此(返)を以て化スヘキ也。(二オ4・「也」は直読であると思しい)

13、菩薩は其(の)慳を害(す)と(いふ)害と(い)フハ是れ對治の義なり・永く隨眠(返)を害すと言(待)(ふ)か如(し)今も亦是(の)如(き)は彼の慳結(返)を害する也。(二オ8)

などの如くの注釈文体に起因しよう。但し、この注釈文体とは、原漢文に由来するところが大きいと見るべきであろう。即ち、「なり」多出の原因は、その多くを原漢文の注釈文体たるところに求めることが出来そうである。

また、活用語の活用形に関しての連体形文末の出現は、巻第十八には、注釈の方法として、説話の文章が多くあることに拠ると考えられる。この説話の文章では、対話、問答が記述されるが、連体形終止の出現は、疑問副詞に対応

した文末に現れる。テンスの助動詞「き」の出現や、アスペクトの助動詞の多様な体系は、これも、説話の文章が存する故であると解釈される。原漢文の制約があるものの、助動詞や助詞の使用状況は、日本語たる訓読語の問題であると見ることができよう。

一方、大毗盧遮那経疏康和五年点には、活用語命令形の終止が少ない。金剛頂瑜伽経寛治二年点二巻には、154例の出現がある。大毗盧遮那経疏康和五年点には、43例の出現しかない。この量的な違いについて述べれば、命令法の出現が、金剛頂瑜伽経寛治二年点において多いのは、事相面での諸尊の供養法が記載されているためで、この諸尊供養における所作や作法の指示に、命令法が用いられている。一般に、儀軌類も同様であるが、活用語命令形による命令法が多用されていることによる。活用形の選択は、原漢文の表現内容と切り離しては考えられないものの、本質的に命令形が使用されるのは、これも訓読語の側の問題であると解することができよう。

本項は、一言語資料としての金剛頂瑜伽経寛治二年点の文末表現の記述と、時代の降った中院僧正点の二資料（その内の大毗盧遮那経疏康和五年点は、現存十九帖の内の一帖のみを取り上げたものである）との比較に留まるが、原漢文の表現内容によって、同一ヲコト点資料の資料間に、文体的な差が存し、その差は、文末表現体系に反映していると認めてもよいのではなかろうか。

おわりに

本節が、羊頭狗肉であるとの批判を免れ得ないのは、稿者の自覚するところであるが、右には、密教の、仏説の〝経〟ではあるものの、事相的色彩の強い資料である金剛頂瑜伽経寛治二年点二巻を取り上げて、内部的な文体の腑分けを、一巻中の漢文体の偏りに注目し行ってみた。また進んで、巻別の文末表現体系と言う観点から文末表現体系を手懸かりに腑分けを行ってみた。さらに第五項において取り上げたのが中院僧正点加点の二資料で、断片的ではあるが、中院僧正点の他資料の文末最末尾の一語を採って、文末表現体系の比較を行ってみた。

結果は、右に纏め、論じた通りであるが、いま、稿者自身が、最も自己批判が出来かねているのは、右の方法で、素描ではあるとしても、一訓点資料の文末表現体系を描き得ているか否かである。即ち、ある時代の訓読主体が、自己の持つ文末表現の多重性の中から一つを選択して表現が行われる訳であるが、その多重性の記述にはなってはいないし、文末選択の必然性の説明もできてはいない。

本節では文末最末尾一語を手懸かりとした方法を採ったが、かかる視点からは、挙がってくる語に、例えば、会話引用の格助詞「と」の項目に纏まった用例数が認められる。しかし、文末の表現体系としての質を問題にしようとした場合、むしろ、格助詞「と」に導かれる直前の表現を問題にすべきようにも反省する。方法的な検討が課題として残った。その他、本節の課題となる問題などなど、細大、大方のご批判を賜りたい。

注

（1）築島裕『平安時代訓点本論考　研究篇』（平成八年五月、汲古書院）

（2）拙著『平安鎌倉時代漢文訓読語史料論』（平成十九年二月、汲古書院）第五章第一節558頁。

（3）築島裕『平安時代の漢文訓読語につきての研究』（昭和三十八年三月、東京大学出版会）。

（4）沼本克明『平安鎌倉時代に於る日本漢字音に就きての研究』（昭和五十七年三月、武蔵野書院）。
同『日本漢字音の歴史的研究　体系と表記をめぐって』（平成九年十二月、汲古書院）。

（5）大矢透『仮名遣及仮名字体沿革史料』（明治四十二年三月、帝国学士院）。

(6) 注(2)拙著。

(7) 小林芳規・松本光隆・鈴木恵「石山寺藏佛説太子須陀拏經平安中期點」(『訓点語と訓点資料』第七十一・七十二輯、昭和五十九年五月)。

(8) 注(2)拙著、第三章第一節。

(9) 月本雅幸「因明論疏の古訓点とその伝承」(『訓点語と訓点資料』記念特集、平成十年三月)。
同「古訓点の改変について—藤原頼長加点「因明論疏」をめぐって—」(『国語と国文学』第八十五巻第八号、平成二十年八月)。

月本雅幸氏は、右において因明論疏の訓読語について論じて居られるが、因明論疏の訓読語は、平安時代典型的な特徴のある訓読語で、謂わば、「因明読み」(稿者の理解である)とも言うべき印象的特徴を持った存在であったとお考えのように判ぜられる。稿者の言う、訓読語基調の特徴的あり方としての存在である。

(10) 築島裕博士は、『訓点語と訓点資料』誌に連載され、月本雅幸氏は、『高山寺典籍文書綜合調査団研究報告論集』に連載して、訓読文を掲載されて、資料の公開をされようとしている。

第三節　中院僧正明算の訓読語

はじめに

中院僧正明算（一〇二一～一一〇六）は、平安後期の真言宗僧で、中院流の祖、寛治四年（一〇九〇）には、高野山検校に任じられた。高野山の復興に尽力したようで、諸伽藍の造営を行ったりしている。

高野山龍光院には、明算自筆の訓点資料が伝えられ、夙に著名である(1)。妙法蓮華経は、全巻の写真と訓読文が公開されている(2)。高野山龍光院には、明算の点になる大毗盧遮那経巻第一・一巻と大毗盧遮那経七帖（大毗盧遮那経六帖と大毗盧遮那経供養次第法一帖、一具七帖）が伝えられている(3)。

これらの明算点資料の加点状況は、大坪併治博士のご著書によっても窺い知ることができるが、ヲコト点には中院僧正点が使用されて、中院僧正点展開の初期の加点資料として重要な意味を付されてきた。ただ、一般的視点から、訓点密度の高い、一々の語形レベルまで確定できる資料かと言えば、必ずしも充分な評価を与えることが出来ない。即ち、語形決定の拠り所となる仮名の加点が希薄である。月本雅幸氏は、こうした訓点資料の様態を、一流の祖点たる加点を施す僧侶は、漢文訓読の学的力が備わっていたと見える僧が多く、仮名点の加点を密にしなくとも、漢文を訓読する要を達成できたのであろうとの推論を下されているが、同様の環境に成立した全ての訓点資料において実証を尽くすことが出来ないとしても、かかる傾向を認めることのできる資料は、実際に現存しており、氏の資料観に同意するところは大きい。(4)

かかる資料的な短所を自覚しつつ、本節では、同一僧の複数の資料を対象に、その資料群に現れる言語事象を、どのように捉えれば、実態としての言語体系が叙述できるものかの方法論を論じてみようとするものである。

一、漢文訓読語史研究史と言語実態

これまでの漢文訓読語史研究も、訓読法の歴史における論述は、諸種の成果と言語変化のイメージ、力学を説明して大きな成果を上げてきたと評価できよう。即ち、平安初期から平安中期以降への時間的展開にしたがって、訓読法の諸事象が変化したことが記述され、その変化の力学、変化の根底に胎動する法則性などが論述されてきた。

例えば、小林芳規博士の漢文訓読語史の叙述を目指された一連のご高論である（『仏研』）。博士は、平安初期の訓点資料中に現れる複数の言語事象について取り上げ、時を隔てて論じられ多くの論をものされた。事象を積み重ねることによって描かれたご論を基に、通時的な変化の動態として大きく動いたのが平安中期であろうと推定されていた。一々のご論を取り上げることは控えるが、訓読法変化の画期が、取り上げられた多くの事象に共通して平安中期を指していることを元に、訓読法史の変動の時期を推定された。また、博士は、かかる作業を通じて、平安初期の訓読語がもつ本質的表現の立ち位置と、平安中期以降の訓読者が立つ立ち位置に質の変化があったことも論じられている。質の変化とは、平安初期の訓読法の視座が、文・文章レベルで原漢文と訓読日本語が対応した表現であったものが、一漢字一漢字の和訓あるいは読法が、漢字一字に結びつく方向に変化し、平安中期以降の訓読法は、漢文における一漢字一漢字の訓を積み重ね、一語一語が累積集合して、ゲシュタルトを編み上げる。部分の集合としての漢文訓読法に変化したのであるとの学的パラダイムを構築されようとしていた。

歴史的変遷の説明としては、変化の力学をふくめ理解ができやすい方向の叙述であると評価できる。ただ、かかる研究に対して前節において批判を加えたところであるし、問題は、現存資料の実態がどんな様態を指し示し、平安初期の訓読語の時代の共時態を覆いきっているものなのかの反省が必要である様に思われる。即ち、遺存資料の偶然性に対する反省は十二分に尽くす必要があるのである。この点については、誠に不十分ではあるが、副助詞「ら」などの反証を掲げて糸口を論じたことがある。(5)

第二点は、漢籍の訓読語史についてである。共時論に足場を置いてのこととなるが、所謂、位相としての博士家の訓読語の生成と、通時的な訓読規範の伝承の問題である。この問題も、学史的には小林芳規博士によって解明されてきた。博士家の訓読語の質的なイメージと、博士家存立の問題、博士家のアイデンティティーに関わる訓読法の保守、伝承の実態を記述され、すなわち、言語規範の維持についての展開を示された。これに対しても、パラダイムの新たな仮設を行なって、当時の訓読者の概念の枠組みについての記述方法に反論したことがある。(6)

従来の仏書訓読語史の解明に、この漢籍の訓読語史において小林博士が描かれた方法が、無批判にスライドされるところがあった。仏書においての訓読語の問題は、仏教界では「仏法」なるものの保守的継承と言う前提が無批判に念頭に有って、仏法の伝承即、訓読語の伝承であると短絡した発想であったところはなかったであろうか。確かに、言語集団である以上、言語変化には、革新性があったろうし、また、言語規範の保守性が、力として働くと見るのが一般である。

特に、平安後半期の仏書訓読語の世界において、その保守性が、漢籍の訓読語世界と同質のものだったのか、もっと緩やかなものだったか、果たして存在したのかという問いかけ、反省は、今までに、第三者の研究としては、寡聞にして焦点化して論じられた月本雅幸氏のご論以外を知らない(7)。

仏法の伝承なるものを取り上げてみれば、仏法の伝承の方法が、宗教集団の性格に依って異なる事は、ここに説くまでもないことである。そうした集団の性格に依って、言語・言語規範の伝承・改変も区々であったろうことは、容易に想像できるところである。極端なる例は、一般の認識としては、禅の如く、文字（言語）による認識そのものを否定し、〝ことば〟での伝流への依存を拒否しようとする集団さえ有る。例えば、この禅をも含んだ日本天台宗の内実の複雑さは、鎌倉時代新仏教の胎動として平安時代に既に存した事であろうし、台密の谷流のみを取り上げてみても、その分派たるや夥しいものがあって、仏祖の単伝なるものは、幻想に過ぎないかの如くである。漢籍の訓読語の保守性と傾向的に全く同一であるとみる保証はどこにも無いし、言語の規範性の伝承力が、全ての言語集団に漢籍と等し並みに存したとは考えにくいであろう。

さて、今までの漢文訓読語史の研究は、位相研究として仏教教団の宗派流派を共時的単位に取り上げる事が多かった。例えば、ある言語事象について、共時的に位相差を導こうとした時、密教においては、真言二流（広沢流、小野流）、天台二派（山門派、寺門派）単位が主として論じられた宗派の規模であろう。あるいは、更に、細かな流派の設定を行う場合もあるが、かかる下位の流派のレベルに徹底させて、密教経典全体を俯瞰することを意識的に行った研究は、少ないのではなかろうか。また、顕教と言う視点からは、平安時代においては南都古宗と天台宗顕教関係の言語資料を中心とする必要があろう。

言語の位相差を、言語の質の差として捉え、解明するには、言語体系を問題にする必要がある。繰り返し説くが、ここで問題となるのは、「漢文訓読語の体系」なるものである。理論的には、例えば、真言宗小野流の訓読語の体系なるものを措定してみる事ができよう。更に、小野流内の言語集団を分かって、小野流の下位レベルの位相的存在としての、訓読語の共時体の措定が可能であろう。更に、進めば、究極的には個人言語の体系と言う点に至ろう。即ち、立体的、あるいは、そこまでは描けなくとも、個人・流派・宗派とした段階的に言語を捉えて考える必要がある。

訓読語体系の内実について「訓読語」なるものを分析する視点としての各言語要素を取り上げれば、その体系の観念は、確かに存在するものである。端的な例は、語彙の意味体系である。語彙の意味体系なるもののイメージは、かなり摑みやすいものとなって来ている。この体系の構築によって見える体系像で注意すべきは、体系の構造体は、形式だけのものでは無く、記述された形式構造を支える一語一語の意味的なネットワーク、意味的な張り合い関係を基に構築されてきている事である。この構造体は、即、言語主体の外界分節、認識の概念的枠組みであると言っても良い。

言語体系の要素たる文法にも体系が存する。稿者が身の丈で説きやすい事象を取り上げ前節に説いた趣旨を繰返して諄い事を許されたいが、動詞の活用体系は、活用形の語形の全を尽くして、例えば、連体法だの準体法だの各活用形の持つ用法（ムード）が整理されて、その張り合い関係が理解されてきた。附属語の体系もしかり。要素の全を尽くしての各語の張り合い関係が示されてきた。研究は、統合的な文法体系を目指して、語・文から文章に立脚した論に依って文法の全体系を捉えようとしていると理解している。音韻の（あるいは、文字の）体系も、日本語学史が、五十音図の歴史的展開に深い興味を寄せているのは、その清音の要素全を尽くした体系性にあろう。体系中の個々の要素に寄り添ってみれば、各要素が存在すべき質的必然性に解釈を与えてくれるのが、「体系」と言われる言語実態の把握の方法ではなかろうか。

以上諄くなったが、問題は、漢文訓読語に特有とも言うべき、「訓読法」なるものである。訓読法と名づくべき実態・事象が存する事は理解できる。原漢文をどう訓読したかの仕方であるから、実態としての一々の事象の認識、記述は可能である。かかる発想から、宗派流派間の訓読法の異同を示して、訓読語に差のある事が説明されてきた。前節にも注意した如く、密教においては、真言二流、天台二派の規模の共時態の設定は、今まで無批判で来ているが、真言宗小野流に共通の訓読法（の一事象）を取り上げて、広沢流と言うレベルでの広沢流共通の訓読法と異なる、あるいは、天台二派とも異なることを整理記述して、訓読語の差がある事を示して来た。複数の事象について、複数の要素たる一々の訓読法が宗派に依って差のある事も見えて来つつある。ただ、言語の質の問題に踏み込んだ論述は多くないのではなかろうか。こうした「訓読法」なるものの質的差あるいは質的変化の方向性、もっと基礎的な課題としては、質の違い・変化の有無を考えようとする時、体系として訓読法各要素の構造的な張り合い関係を記述する必要があろう。個別個別の訓読法事象を束にして、あるいは、束の太さを増やすことによって、体系なるものが記述できるであろうと言う楽観論には賛成できない。束の太さを太くすれば、何かが見える筈だと言う安易な期待に基づいた水平的な拡張思考には、発想の出発点において、既に、破綻があると見なければなるまい。

前節に重ねて説いた如く、訓読法の体系を構築するには、訓読法なるものの全要素を尽くす必要がある。全要素とは、視野の問題としてである。その要素の張り合い関係をどう組織化するかに掛かってこよう。その前提としての大問題は、「訓読法」なるものの実態である。即ち、概念的にその外延をどこに置くのか。有り体に書けば、何が訓読法であるのかの定義も極めてあいまいな現状にある。

体系を論じなければ、訓読語の質を問題にはできないと思われる。(8) しかし、宗派流派の訓読語の一事象を取り上げて、その差を記述し、しかる上で、極めて短絡的に宗派流派の言語的性質の判定を目指して、いとも簡単に性格付けをしてきてはいないだろうか。即ち、例えば、ある特徴的事象―副助詞「い」の出現を例としても良い―が、訓読語の伝承的古体性をしめすとした場合、この一事象を以て安易に、資料全体にスライドし、敷延して資料全体の訓読語基調のイメージとして捉えてしまうような論理のすり替え、または、無批判なイメージの拡張である。

体系化とは、要素の総体、事象の全体を視野に入れた問題で、体系的記述の中での古体性事象の位置づけを行わねばならない筈である。

二、明算の訓点加点法

日本語史料としての訓点資料の、資料的価値の評価は、今まで、どれだけの確定的だと判断できるような言語情報を、どの位与えてくれるかによって評価されて来た様に思われる。例えば、仮名点の充実した資料は、評価が高いし、殆ど、訓点の無い資料で、句切点・返点主体の資料は、訓読された形跡は示すものの、具体的訓読語を音節単位にまで及んで復元して、言語資料としようとする場合は、資料的評価は低いとされて来た。

この項に説こうとするのは、中院僧正明算の加点法の推定である。明算点である資料は、複数が知られている。例えば、龍光院蔵妙法蓮華経七巻（依拠の資料は、大坪併治『訓点資料の研究』〈昭和四十三年六月、風間書房〉所載の写真版を第一次資料とする。大坪併治博士作成の訓読文は、随時、参考として扱う）を例に採れば、その七巻の言語量に比して、仮名点の加点は、極めて少ないと評価される。計数で示せば、

巻第一　〈仮名〉17条　〈｜也注〉39条
巻第二　〈仮名〉162条　〈｜也注〉43条

巻第四　〈仮名〉32条　〈｜也注〉34条
巻第五　〈仮名〉52条　〈｜也注〉37条
巻第六　〈仮名〉55条　〈｜也注〉35条
巻第七　〈仮名〉18条　〈｜也注〉12条
巻第八　〈仮名〉42条　〈｜也注〉21条

以上の如くである。例えば、巻第一を例にすると、巻第一は全519行（一紙分欠失あり）であるから、片仮名の加点は、30.5行に一条、「｜也」注を加算して延べても、9.3行に一条の割合となる。即ち、10行足らずにヲコト点のみでの加点ばかりがあって、仮名点または仮名点に準ずる訓読を指示した注記がやっと一条現れることとなる。

仮名の加点条数が三桁におよぶ巻第二を例に取っても、巻第二は全673行で、仮名点は、4.2行に一条、注を加算すれば、3.3行に一条の割合となる。出現率の高い巻第二でも、3行余りに一条の書入しかないことになる。

この状況は、本資料がヲコト点主体の訓点資料で、仮名点の加点が少ないことを数字が示していると考えられる。このような質の資料は、従来の漢文訓読語の資料としては、評価の低い資料ということで位置づけられていた類のものであろう。以上、記述の主旨が前節に重複した。労を厭わず、記述して実証しようとしたことは、この様な明算の加点態度は、第二節に説いた明算の弟子の世代の僧たちに受け継がれて行くのである。即ち、ここに学問の相承の一実態が描き出されたものと判断する。

さて、今までの漢文訓読語史研究において、正面から取り上げられたことが、恐らくないであろうと考えられる問題を、以下に先ず取り上げる。その問題とは、暗黙の了解が成立していたのか、あるいは、忘れ去られてきた訓点資料の評価に関わる問題である。それは、変体漢文の加点資料においては、恐らく誰もが問題にしたであろうと認められる問題で、変体漢文訓点資料の場合の言語主体をどんな風に措定するかと言う問題に通じた問題である。変体漢文の場合、漢文自体が日本語表記の一類型であるから、その漢文本文自体を表現した日本人の言語主体がある。その変体漢文表現自体の主体とは別に、仮名点などの訓点加点者がある場合があって、この訓点の言語主体は、多くは変体漢文の言語主体とは別個人である。この問題は、変体漢文を、日本語文として音節単位で復元しようと試みる場合の拠り所とされる訓点の言語主体が、厳密には変体漢文の記主とは異なる訳であるから、言語的な齟齬を念頭に置かねばならないという問題に通ずる。

正格漢文に対して加点された訓点をどの様な立場から捉えるかと言った問題は、訓点資料の研究においてさほど真剣には考えられて来なかった節がある。例えば、著明な資料である立本寺本妙法蓮華経上に色分けされ、それに対応する奥書が存する時、平安初期の明詮の喜多院点の移点訓点は、平安後期に移点されたものではあるが、明詮の平安初期の訓読語として扱われて、その後の研究史において反省がなかったように思われる。反省とは即ち、明詮の資料は、平安後期に赤穂珣照上人に移点された時点で享受実現された訓読資料なのである。この明詮点の問題は、寡聞にして、今まで具体的に触れられた論を知らない。

右に中院僧正点の例として触れた妙法蓮華経明算点も、明算の言語資料と位置づけられて来たが、これを享受した、例えば中院流の弟子や孫弟子、あるいはそれ以降の僧侶達の問題は顧みられることが無かったのではなかろうか(9)。明算自身を取り上げても、この妙法蓮華経の訓読という言語活動が、明算個人の中で完結したものであるなら、本人の自習の産物で、訓点は、機能としては本人が訓読が出来ればそれでことが足りる。極論に走るなら、本人の言語生活内に完結するものならば、訓点など記す必要はないのかも知れない。

稿者は、今まで漠然とした、また、画一的で単調・単純なイメージが作り上げられてきた平安時代の漢文訓読語の歴史の鳥瞰的像を個別個別の資料に反証を求めて、立体的に描き直す必要があると感じている。既述と重複するが、従来の変化・変遷の像を粗々と記せば、以下の様であろう。

平安初期訓読語は、日本語としての自由な表現が採られ、言語主体個々人の自由な大和言葉に叶った言語で、共時的に表現を束縛するような定型化した訓読語ではなかった。

平安中期においては、共時的に言語の質を共有する言語集団が現れて、伝承が形成される集団もあった。訓読語表現も、平安初期の文・文章単位での日本語表現から、各一字一字に即した訓読へと変遷し始めた。

平安後期・院政期に至っては、訓読語の伝承・移点が一般化されて、訓読語が固定して行った。

とする認識が形作られて来たように思う。稿者はこうした単調な変化・変遷ではなく、平安後期においても、新たな下点（言語主体自己の漢文訓読語の枠組みを使って、個人にとっては新しい白文を訓読し、加点する）の実態があったこと、また一言語集団内の訓読語が多様であった事実を論じたことがある。(10)即ち、平安後半期に移点など言語伝承の言語的営為が有ったことは否定しないが、そうした伝承性だけの画一化した実状ではなかったと考えられる。また、逆に、実証的な証拠が残っていないが故に、顧みられて来なかった平安初期において、一言語主体個人の漢文訓読語習得から自由な運用に至る個体史を念頭に置けば、平安初期における移点という営為も、否定しきれないことを論じたこともある。また、平安初期も言語集団によっては、事象にも拠るが、平安中期的だと言われてきた事象を既に体現していた言語集団のあったであろうことを説いたことがある（注5拙稿）。

即ち、今後の漢文訓読語史研究には、時代時代の多様性を十二分に解明する必要があろうと思われるし、共時的にも、通時的にも、立体的な歴史像を描く必要がある。(11)

問題を、加点者の訓点と、その享受者の訓読の問題に帰してみる。右の箇条書き的な、単純単調な歴史の捉え方をもとに、訓読語変化の大枠で考えたとき、本節で取り上げようとする中院僧正点明算関係の訓点資料群は、些か微妙な時期にあるとも見られよう。即ち、平安後期は、訓読語の伝承・移点時代と概説されてきた。確かに、移点の実態があったのは事実であるが、一方で、下点も行われていたと思われる時代でもあるので、平安後期の訓点資料が実は、一様ではないと見るべきである。いや、平安後期だけの問題であるとも限定できないのであるが、その多様な訓点資料の作成意図を、一々の資料に沿って解明することには無理があるかも知れない。つまり、何の目的で訓点を付したかと言う加点者側の事情の解明である。加点者の言語生活において、どんな場で、どんな意図で加点されたかの問題である。ただ、この意図も、恐らく各資料一々を個別に採り上げて、単一な意図をあぶり出すのは単純に過ぎるであろう。複数の加点意図があって当然である。

実証的研究では、中院僧正点の最も古い資料は、成唯識論安和元年(九六八)真興点および仁王護国般若波羅蜜経永祚二年(九九〇)真興点であるとされる。(12) 二種の真興点は共に、顕教系の資料への加点が伝存すると知ることができる。

中院僧正明算を遡るのであるが、現存資料の残存が偶然であったとしても、中院流の祖、明算の加点資料の実物が複数点残存しているから、少なくとも明算は、中院僧正点資料に多く携わって訓点を付したとした推定が許されるのではなかろうか。高野山龍光院には、妙法蓮華経明算点を蔵するが、これは顕教系の経典である。明算点として知られるのは、以下にも採り上げるが、同じく龍光院蔵の大毗盧遮那経天喜六年(一〇五八)点・七帖、大毗盧遮那経巻第一明算点・一巻、大毗盧遮那経供養次第法疏康平二年(一〇五九)明算点・一帖であって、これらは共に密教経典である。

漢文訓読語研究史上、古くは、各種のヲコト点の各々の初発の下点が、祖点であると単純に認識された時代があったのは確かであろう。しかし、こうした状況の例外は、明らかに存する。つまり、訓点伝承の過程で、新たな訓読語によって下点されたと思しき資料を指摘することもできる(13)。

さて、問題は、その新たな下点資料の訓点の加点の意図―即ち、伝える事を前提とした場合、如何なる方法で訓点を書入れたか―と、享受者側がその新たな下点資料を、如何なる訓読語で実現したかということである。つまり、下点者の用いた訓読語と、享受した訓読者の訓読語とは、どの点が同じで、どうした点が齟齬を免れない相対的加点実態となっているのであろうか。即ち、伝える〝ことば〟、あるいは、時代的に下点以後に他者に訓読される可能性を強く認識しながら伝えたい〝ことば〟とは、なんであろうか。当然一足飛びには解明できない問題であるが、どうあれば〝ことば〟がつたわるのであろうか。ただし、理屈の上から居直れば、訓点資料の総てが例外なく、厳密に一音節一音節の復元が出来る資料が存在しないと考えられるので、享受者の側がどう推読しようと構わない訳である。享受者側（現代の我々を含めて―山田本妙法蓮華経の訓読文が複数公開されて、各々異なることは著名なことであるが、平安初期においてさえかかる類の訓点資料の享受者があった筈である。要は、言語的な確定情報をどう得るかの問題であろう）の訓読語は、無限に近い可能性があって、訓点加点で規定されたところ以外はどう読んでも、所謂、誤謬ではあり得ない事にはなるが。

極めて漠然とした問題設定であるが、具体的には、どういう要素が、誤解無く読まれたいとされたかと言うことになろう。純粋な自学自習で完結するなら、本人が下点時に読むことができればよい。ただし、時代の規範のようなもの、概念レベルで、当時の人々が共有した訓点の加点法は存在したとみて、なんの矛盾もない。即ち、個々人の中で完結する漢文訓読という営為のなかにも、時代的な概念的枠組みが存在したとみてよかろう―ただし、平安時代の全時間帯を捉えての時代差を考慮する必要が当然ある。平安初期の訓読語は、個々人に属する性格があるように説かれる研究上の局面があるが、そうした研究者のパラダイムを根底から点検し直す必要があろう事はここに記すまでも無かろう——。その内実は、多様であるかも知れない。ただし、誤解無く伝えようとすることを重大な目的とするか、自己の精神性を高めんが為に、自己に対しての訓読であるかによって、訓点の加点の様態に左右の揺れが出ても当然のことであろう。その揺れ幅の通時的な研究が成立する余地があることになるが、今は、措くことにする。

右のように考えることが許されるなら、本節に中心的話題とする明算に関わる平安後期の実態をどう考えればよかろうか。結論的には、演繹的仮説、あるいは、アブダクション(補注)的な発想を採る以外に今は道がない。即ち、これ自体を問い直さねばならないのであるが、従来説かれてきた平安後期という時代は、移点伝承の力が強まった時代であるという趣旨の仮の設定である。いわば、この演繹的仮説の実証を行うことによって、言語実態の例外から、設定した仮説の点検を行う必要がある。

つまりは、一足飛びには、仮説の検証が出来きらないから、かかる演繹的仮説の客観的検証を、将来に亘って目指し続けてみる必要があると言うことである。

さて、平安後期が訓読語の移点伝承の傾向が強まった時代と言う仮設的前提から考え始めるが、今一つの仮説として、明算の訓読語が生成される場合、中院僧正点の最古例は「真興」であるから、常識的には「真興」の影響を受けつつ、明算自ら下点したであろうとの前提を仮設してみる。この仮設の有る意味の保証は、中院流なる流派が、高野山明算に始まると考えられているからである。高野山の伽藍の復興など、所謂、政治力のあった僧でもあるらしい。即ち、訓読語の初発点(祖点)とみるのは、当時の高野山の政治的な中心でもあったと認められるからである。

次項では、明算点の文末表現を取り上げる。先に示した様に、明算の加点資料は、仮名点の密度が濃くない。つまり、最初から漢文中の漢字の訓読語形などは実証的には特定しにくい。そこで、文末表現を捉えて、加点状況を記述しつつ、どれほどの文末表現が、主としてヲコト点によって規定され、表現が指示されているかと言う視点から検討を加える。

三、龍光院蔵大毗盧遮那経天喜六年点巻第三・五の文末の加点法

高野山龍光院には、中院僧正点加点の大毗盧遮那経一巻・七帖を伝える。本資料は、夙に大矢透博士の『仮名遣及仮名字体沿革史料』第十四面に取り上げられた資料で、大毗盧遮那経巻第一・巻子本一巻と大毗盧遮那経全七巻の七帖を伝える。いずれにも中院僧正点の加点が存して、その奥書と対照して、明算の自筆加点であろうと推定されている資料である。この一巻七帖の内、大毗盧遮那経巻第三・五を本項に取り上げる。

該当の大毗盧遮那経天喜六年点巻第三・五、二帖には、奥書が無いが、巻第七にあたる大毗盧遮那経供養次第法の末尾に天喜六年（一〇五八）七月二十六日於小野阿闍梨（成尊）御房受学始・同年八月五日受学已畢明算奥書が存する資料で、朱点加点の部分と白点加点の部分とが交互に出現している。ここに取りあげた大毗盧遮那経巻第三・五天喜六年点は、平成九年九月に閲覧の許しを得て、高野山霊宝館において稿者が移点に携わった二帖である。

この二帖について、文末表現が特定できるのか否かの観点から以下に記述を行ってみる。用例認定の方法として、以下の態度を取る。既述した如く例えば、ある訓点資料の訓読文を作成する際、諸種の態度があり得る。特に、異同の幅が大きいだろうと思われるのは、右にも極論した読添語に関してであろう。実字の訓も、仮名点が振られなければ語形が確定できないのであるが、読添語について論述する。以下数値などを示して実証すべき必要性を感じるが、密教経典で、儀軌類や金剛頂経、大日経には、仮名点の極めて密な資料は一般には多くない。大日経疏や、蘇磨呼経

などは、所謂、上質の点本に属するものがあって、個別に、訓読文などが公にされ、学界に提供されているが、一般に、儀軌類の仮名加点は多くの条数を数えない。計数を掲げて実証しないままでの論行となるが、かかる加点状況によって、伝授が行われていたものと判断されよう。

儀軌の場合は、所謂、漢文中に難字が多くないなどの前提が存すると思われるが、僅かな仮名点と、ヲコト点によって訓読語が表記されている訳である。仮名点に比べてのヲコト点の示す訓読語の根拠の脆弱性は、既に触れたところではあるが(14)、ここに採り上げて記述しようとする大毗盧遮那経天喜六年点巻第三・五は、中院僧正点の加点資料であって、ヲコト点の担う音節の蓋然性は、点図集所載であることによって有る程度保証される。ここには、築島裕博士の校訂整理を経て公にされた中院僧正点のヲコト点図（『平安時代訓点本論考 ヲコト点図仮名字体表』昭和六十一年十月、汲古書院）を基とする。中院僧正点は、例えば、同一の語形、助動詞「たり」にあたるものは、活用形「たり」「たる」によって別形式のヲコト点が与えられるから、基本的には活用形を表記し分けたと見ることが出来ようが、補助動詞や形式動詞の場合は、検討対象とする資料内で帰納してみる必要がある様に感じる。即ち、例えば、左のような加点法を採って、活用語の活用形（命令形等）を指示している。

○爾時薄伽梵毗盧遮那如來目(返)を以(て)一切法界(返)を観察(し)て法界俱舍於《に》(待)入(り)たまふ。（巻五・六オ6）

○現前に佛灌頂(し)たまふ　（巻五・十六ウ5）

などの例は、該当字の下辺中央に単独に「┓」のヲコト点を加点して、「たまふ」形を表記しているが、

○此の大悲藏生大漫荼羅(返)に於《おい》て所疑(返)を決斷(し)たまへ　（巻五・一〇ウ6）

○身の相と顯と形との色を惟(た)次第に開演(し)たまへ。（巻五・十一ウ2）

などは、該当漢字の下辺中央に「┓」のヲコト点を加点して、更に、漢字右肩に、ヲコト点「-」を添えて命令形

「たま（給）へ」の語形を表示している。即ち、ヲコト点「ㄱ」は、「たまふ」または「たま（語幹）」の音節が与えられていることとなる。終止連体形以外には、更に別のヲコト点を加点して活用語尾の音節を指示しているという加点法を採っており、文末の語形の指示に、意を注いでいる状況が伺える。

以下には、実例として、龍光院蔵大毗盧遮那経天喜六年点巻第三・五の文末表現に焦点を当てる。巻第三の巻頭部分を原漢文に訓点が付された形で掲げてみる。

一オ1　大毗盧遮那成佛神變加持經卷第三
2　世間成就品第五
3　爾時世尊復告《て》　執金剛秘密主(返)[而]説偈(返)言。
4　如《く》眞言教法《の》(返)　成就《(す)へし》　[於]彼《の》果《を》。當《に》字《と》字《と》相應《せは》
5　句《と》句《と》亦如是。作《れ》心想念誦《を》(返)　善住《く(せ)よ》　一落叉《に》。
6　初《の》字《は》菩提心《なり》　第二《のを》名《て》爲聲《と》。句《を》想《て》爲《て》本尊《と》(返)
7　[而]於《て》自《の》處《に》(返)作《れ》　第三《の》句《は》當知(返)　即諸佛《の》勝句《なり》。
一ウ1　*行者觀《みよ》住《せりと》彼《の》　極圓《の》淨月輪《に》。於《コレか》中《に(し)て》　諦誠想《にへ》
2　諸字如《(せ)よ》　次第《の》。中《に》置《て》字句等《を》(返)　[而]想《てよ》淨其命《を》。
3　命《といふは》　者所謂(返)風《なり》　念《て》隨《よ》出入息《に》。彼等淨除已《をは》
4　作《て》先‐持誦法《のを》(返)　善住眞言者　次一月《に》念誦《よ》。
5　行者前《つ》方便《て》　一一《の》句通達《よ》。諸佛大名稱
6　説《(きたま)へり》　此《の》先‐受持《を》。次當隨《て》所有《に》(返)　奉《れ》塗香華等《を》。

7　爲成《のか》(待)正覺《を》(返)故　廻向《よ》自《の》菩提《に》。如是於《おいて》兩月《に》(返)

二オ1　眞言《を》當无畏《には》。次滿此《の》月《を》(返)已《て》　行者入《れ》持誦《に》。

注、一ウ1に「行者觀住彼《テヨ》　極圓淨月輪」の左傍異読あり。

なお、本資料の文末は、「。」と一対一の対応をしている訳ではない。

右は、巻第三の巻頭より十五行ほどを示したものである。3行目には、偈を導く文が存して、偈の途中までの引用である。片仮名の訓点は、二箇所で、注に示した一ウ1行目の「住」字左傍と、一ウ1行目の「於」字のみである。偈の部分の文末に右傍線を施した。この挙例において、文末の訓読語の指示がないのは、

如（一オ5）　爲（一オ6）　當（二オ1）

の三例のみである。右の引用部分において、文末表現の指示として存するのは、ヲコト点によって示された助動詞（べし、なり）・補助動詞（たまふ）の読添え、活用語の命令法を指定したものである。右の活用語三語（如、爲、當）には加点がない。この加点の無い状況に対する解釈は、一通りでは無いと思われるが、これらの活用語は、終止形に読んで矛盾がないと判断しても良かろう。さすれば、大毗盧遮那経天喜六年明算点は、仮名点の決して多くはない資料で、ヲコト点主体の資料ではあるが、文末表現の特定は、意図を持って指示された加点資料であるとみても良いのではなかろうか。(15)

偈以外の部分も、

一九ウ3　　　　　　　　復次秘密主

4諦聽《け》彼《の》密印《と》形相《と》敷置《する》聖天之位威《と》

5驗現前《と》三昧《の》所趣《とを》如是《き》(返)五者《は》往昔《の》諸佛《の》

6成《たまふ》　菩提《は》法界虚空《の》行《なり》　本所《は》誓願《したまひ》（返）度脱《て》

7无餘《の》衆生界《を》（返）爲《の》欲（待）利益《し》安樂《むと》（待）彼《の》眞言門《の》

二〇オ1修菩薩《の》行《を》（返）諸《の》菩薩《を》（返）故《とのたまふなり》。　金剛手《の》言《に》如《なり》　是（返）

2世尊願樂《くは》　欲《す》聞《と》。　時薄伽梵以偈頌（返）曰。

巻第五の例であるが、右の四文末共に文末表現の指定がある。先の例ともに、偈を導く「言」「曰」字のク語法の指定はないが、定型表現であって、この表現には、訓読を指定する加点がない。客観的な説明のために、右の如き文末表現の訓読語の指定の有様を、数量化でもして示せば良いのであろうが、今はその方途が見出せない。右に引いたものは、二巻の極一部であるが、全巻に亘り、かかる加点法が行われていたと見て矛盾が無く、以下には、右の文末表現の解釈に従って文末の語形を措定する。ただし、厳密には、加点者・享受者、如何なる個人の言語に属するかと言う具体性に不明確な所があって、観念的言語実態だという批判は、免れ得ない。この課題に対する解明の模索は、後に期することとする。

四、大毗盧遮那経天喜六年点巻第三・五の文末表現（一）

第三項に論じた加点法を根拠に、龍光院蔵大毗盧遮那経天喜六年点巻第三・五の文末表現を計数化してみると以下のようになる。なお、計数に当たっては、既に検討を加えた高山寺蔵金剛頂瑜伽経寛治二年点の処理において採った方法を本資料にも適用する。(16) 本項の検討対象は、大毗盧遮那経巻第三・五天喜六年点の文末表現体系である。文末表現体系についての用例の処理・分析の採用指針は、第五章第二節に触れたのでここには詳細には繰り返さないが、内題・尾題、品題、陀羅尼は整理には除外し最文末一語の整理を行う。詳細は、第五章第二節を参照願いたい。

大毗盧遮那経巻第三・五天喜六年点の文末表現は、以下の様に計数化できる。

［表1］高野山龍光院蔵大毗盧遮那経天喜六年点と高山寺蔵金剛頂瑜伽経寛治二年点における文末表現

		大毗盧遮那経天喜六年点 巻第三	巻第五	高山寺蔵金剛頂瑜伽経寛治二年点二巻
動詞	終止形	151例 24.7	146例 17.4	247例 32.8
	連体形（疑問語の結び）	1例 0.2	24例 2.9	φ
	命令形	199例 32.5	273例 32.5	141例 18.7
形容詞	終止形	1例 0.2	4例 0.5	2例 0.3
「なし」	終止形	10例 1.6	7例 0.8	1例 0.1
	命令形	2例 0.3	φ	1例 0.1
補助動詞				
「たまふ」	終止形	φ	21例 2.5	10例 1.3
	命令形	2例 0.3	6例 0.7	φ
「たてまつる」	終止形	1例 0.2	5例 0.6	1例 0.1
	命令形	2例 0.3	1例 0.1	φ
助動詞				
「らる」	終止形	φ	φ	2例 0.3
「しむ」	終止形	1例 0.3	2例 0.2	22例 2.9

連体形（疑問語の結び）	φ	1例 0.1	φ
命令形	42例 6.9	45例 5.4	11例 1.4
「き」終止形	φ	φ	1例 0.1
「つ」終止形	4例 0.7	5例 0.6	φ
「ぬ」終止形	6例 1.0	6例 0.7	56例 7.4
「たり」終止形	6例 1.0	12例 1.4	φ
「り」終止形	12例 2.0	21例 2.5	6例 0.8
「なり」（指定）終止形	42例 6.9	113例 13.5	94例 12.5
「たり」（指定）終止形	φ	φ	2例 0.3
「ごとし」終止形	19例 3.1	17例 2.0	3例 0.4
「べし」終止形	24例 3.9	35例 4.2	59例 7.8
連体形（疑問語の結び）	φ	1例 1.0	φ
「む」終止形	28例 4.6	16例 1.9	40例 5.3
連体形（「云何」の結び）	1例 0.3	10例 1.2	φ
「じ」終止形	1例 0.2	φ	2例 0.3
「ず」終止形	2例 0.3	9例 1.1	3例 0.4
命令形	3例 0.5	1例 0.1	1例 0.1
「あらず」終止形	1例 0.2	9例 1.1	φ

「あらじ」終止形	1例 0.2	φ	φ
助詞			
「と」（格助詞）	11例 1.8	5例 0.6	21例 2.8
「に」	φ	2例 0.2	φ
「を」（格助詞）	φ	1例 0.1	2例 0.3
「ことを」（倒置）	φ	1例 0.1	1例 0.1
「や」	1例 0.2	φ	φ
「を＋や」	φ	φ	5例 0.7
「か」	φ	1例 0.1	φ
「ぞ」	φ	3例 0.4	2例 0.3
名詞	2例 0.3	3例 0.4	1例 0.1
ク語法	28例 4.6	30例 3.6	13例 1.7
「ゆゑに」	8例 1.3	3例 0.4	3例 0.4
	計612文	計839文	計753文

（集計表1）

注、右の集計の数値の内、金剛頂瑜伽経寛治二年点の用例数は、第五章第二節よりの転載である。なお、用例数は、巻第二・三の合計である。掲げた数値は、「○例〈用例数〉00.0〈当該巻中の百分比〉」の順である。

第五章第二節において、最下段の高山寺蔵金剛頂瑜伽経二巻寛治二年点の文体分析を行ったが、中院僧正点初期の資料の訓読文体を一巻内の漢文の様態によって一巻を部分に分け比較して、漢文体に由来する訓読語文体の差が出現すること、これらを統合して巻第二と巻第三との巻別の文体差を記述し、金剛頂瑜伽経二巻を更に統合した一具レベルでの訓読文体の問題を考えた。この狙いは、一漢文訓読文資料の文体の様相を立体的に記述してみることに有ったが、段階的、層的な積み重ねに終わったかも知れないとも顧みている。

大毗盧遮那経天喜六年明算点も、仏説の形を取る密教の経で、金剛頂瑜伽経と同様に、事相的色彩が濃い。その大毗盧遮那経天喜六年点も、巻第三と第五との出現用例の計数を比較すると、項目の出入りで最も目を引くのは、巻第三では「助詞」文末が栄えていない。出現用例数は少ないものであるが、巻第五では、仏と金剛手との対話が多くを占め、倒置表現が巻三に比較して、よく現れていることが指摘できよう。それと巻第五には、原漢文レベルでの問答に対応して、疑問・反語表現が目立って、動詞連用形の疑問語の結びや助動詞「む」の疑問語の結びに用例が多い。これらの偏りは、巻によっての表現内容、あるいは、表現を支配する場面に関連しており、巻毎の差が現れたものと解釈されて、一具の大毗盧遮那経内の文体差（多くは、原漢文の影響による）が記述されるものと認められる。

五、大毗盧遮那経天喜六年点巻第三・五の文末表現（二）

さて、以下には、前項では、大毗盧遮那経天喜六年点巻第三・五の文末表現を対象として、百分比に拠る集計を行なったが、その表1の計数に検討を加えてみる。

百分比に拠る集計は、龍光院蔵大毗盧遮那経天喜六年点（実際の対象は、巻第三・五の二巻の合計）と、高山寺蔵金剛頂瑜伽経寛治二年点（巻第二・三の合計）とにおける文末表現の体系を、同質のものと認めるのか、異なった質の体系であると認めるのかの問題に手懸かりを与えてくれるものと思われるためである。

表1の集計は、母体となる文（末）数が異なるものであるが、計数最下段の百分比を目当てに、上の二段の大毘盧遮那経天喜六年点と三段目に掲げた金剛頂瑜伽経寛治二年点を比較して、相互の資料の計数上の状況を記述する。

集計表1において、比率が二桁に上る項目で、しかも各資料の計数が一致するものは、「動詞終止形」、「動詞命令形」である。助動詞「なり」は、大毘盧遮那経天喜六年点巻第三において6.9％を示すが、巻第五では13.5％、金剛頂瑜伽経寛治二年点では12.5％と二桁を示している。大毘盧遮那経天喜六年点も、巻第三と巻第五とを統合すれば、その比率は、10.7％と僅かに二桁を上回る。

「動詞終止形」と「動詞命令形」および「助動詞「なり」」文末の百分比の合計は、大毘盧遮那経天喜六年点巻第三において実に、64.1％を占める。同巻第五では、63.4％となる。即ち、大毘盧遮那経天喜六年点巻第三・五においては、六割以上が右の文末を採る。金剛頂瑜伽経寛治二年点においても同様の比率をしめし、右の文末は、64.0％の出現を見る。

両資料は、密教の経資料であるが、事相的色彩が強く、諸尊の供養法、曼荼羅の像描法を、仏が説く内容が続くものであって、事相書である儀軌類の文末に通じるところがある。

全体の文末表現法の分布は、大毘盧遮那経天喜六年点に比べて、僅かに金剛頂瑜伽経寛治二年点において狭いと認められるが、分布比率を検討しての基本的な文末表現体系は、両資料において、その質を根本的に事にするとは認められない。

ただし、質的には異ならないであろうという推論は、他資料との相対的な比較を行って初めて説得力を持つものである。そのために、次項において次の方法を講じる。

明算の自筆加点本と目される資料には、龍光院蔵妙法蓮華経平安後期点が知られる。密教の枠内においては、経相関係資料と位置づけられるもので、所謂、顕経系の経資料である。この龍光院蔵妙法蓮華経平安後期点の文末表現法の計数的処理を行い、ここまでの結果との比較を行ってみる。龍光院蔵妙法蓮華経平安後期点の文末表現体系を考えようとするが、右に掲げた密教系の経資料の文末表現法とは、異なった様相を呈している。

六、妙法蓮華経明算点の文末表現体系

高野山龍光院蔵妙法蓮華経は、明算の加点になる訓点資料であるが、この妙法蓮華経の加点密度は、先に論じた大毗盧遮那経の加点状況と同様に、仮名点の加点は少なく、語彙的には多量の言語情報を与えてくれる資料ではない。しかし、第五項までに説いた如く、本節で文末表現の体系を帰納すべき根拠とした文末表現の特定は、この高野山龍光院蔵妙法蓮華経においても同様に可能であって、この実態を基にして以下に、最文末一語の表現体系を記述することとする。

依拠した本文は、大坪併治『訓点資料の研究』（昭和四十三年六月、風間書房）であるが、大坪博士の訓読文を参照しつつ、同書掲載の写真版によった。当該資料は、白点加点の資料であるが、掲載の写真は白点識別は比較的容易なものであって、訓読文との対照に拠って文末が確認されるものと判断した。集計に当たっては、まず、前提作業として、同資料内に存する文体的偏倚を記述しておく。

以下に掲げたものは、高野山龍光院蔵妙法蓮華経巻八に存する「妙法蓮華経観世音菩薩普門品第二十五」を例として掲げた文末表現の集計表である。同一品の中の文体的偏倚を把握するために、同品訓読語の文末表現を、先ず、偈

の部分とそれ以外に分割する。この分割の根拠は、もともと梵語の韻文であったものの漢訳で、漢文の形式の問題で、偈の部分は、五字一句の漢文となっているが、偈以外のところは、こうした漢文の形式を採らない。更に偈以外の部分を、地の文と会話文とに分割する。循環論になることを恐れるが、この分割の根拠は、日本語一般に文体差が仮設されて、文体的差異を帰納しようとされているからである。稿者はかつて、漢籍における、所謂、和文語なるものが、会話文部分に現れやすいことを論じ、漢文訓読語において地の文と会話文とに文体差が存したこと論じたことがある(17)が、かかる実態を視座に、偈と偈以外に分かち、更に偈以外の部分を地の文と会話部分との二種に分割する。なお、偈中に含まれる会話部分は、便宜上、偈の会話部分として（　）に包んで示し集計した。集計の計数結果は、以下の通りである。

［表2］高野山龍光院蔵妙法蓮華経観世音菩薩普門品における文末表現

	偈（偈中の会話）	偈以外会話	偈以外地の文
動詞終止形	10	22	φ
連体形（疑問語の結び）	φ（1）	1	φ
命令形	φ（1）	1	φ
形容詞終止形	φ	1	φ
「なし」終止形	φ（1）	φ	φ
命令形	φ（1）	1	φ
補助動詞			
「たまふ」（四段以下同）終止形	φ	2	1

連体形（疑問語の結び）	φ		2	φ
命令形	φ		2	φ
「たてまつる」終止形	1		φ	1
助動詞				
「き」終止形	φ		φ	1
「り」終止形	φ	(1)	φ	φ
「なり」（指定）終止形	φ	(1)	φ	φ
「ごとし」終止形	φ	(1)	1	φ
「べし」終止形	φ	(1)	5	φ
「む」終止形	φ	(12)	16	φ
「じ」終止形	φ	(3)	5	φ
「ず」終止形	φ	(1)	1	1
助詞				
「と」（格助詞）	φ		1	4
「を」（格助詞）	φ	(1)	φ	φ
「や」	φ		2	φ
「ぞ」	φ		2	φ
名詞	φ		2	φ

ク語法	1	2	11
「ゆゑに」	φ	1	φ
	文末計12（25）	文末計70	文末計19

右の集計によって判ることは、最下段の偈以外の地の文における文末が19例しか存在しないことである。普門品の総文末数は126文末が帰納できるが、地の文の出現比率は、19例で、15.0％に過ぎない。つまり、純粋に普門品の訓読語の文章を底辺から支え包み込む密度は、普門品において希薄であって、入れ子的に捉えれば、地の文に包み込まれる内実（偈、会話部分の文末）密度が高く、充実して居ると見て良かろう。

これに対して偈以外の会話文末は、70例が帰納されて、57.0％の比率で存する。普門品の全文末の半数以上が偈以外の会話文末である。

偈の場合は、偈中に会話部分を含む、更なる入れ子的になっているが、総文末37例、29.4％が存する。内訳は、偈の会話以外の文末が12例、10.0％で、偈中の会話文末が、25例、19.8％の値を取る。普門品の場合、偈中の会話文末が、会話以外の文末に比べて約倍の出現が確認され、偈中の入れ子も、外を包む偈の地の文とも言うべき文末よりも、偈中に引かれた会話の文末が多い。この傾向は、基本的には、偈以外の部分の訓読語の様態と通じるものである。

さて、右に集計した文末の語の体系に注目すれば、それぞれ分別した文末が如何なる性格を示すのであろうか。

最上段の（　）内の数値は、偈中の会話文末を示すが、その異なり語の分布と、第二段目の偈以外の会話文末の異なり語とを比較すれば、用例の多寡はあるものの、比較表の異なり語の拡がりが良く対応しているように認められる。ともに会話の文末であって、両者の文末表現の同質性が求められる。但し、大きな異なりは、動詞終止形の出現である。最上段の（　）付きには動詞終止形が存在しない。動詞終止形が出現するのは、偈も会話部分を支える偈の文末であって、この文末を偈の会話部分と統合すれば、地の文の会話文末と非常に近くなる。

偈以外の地の文の文末には、普門品に限れば、右の動詞終止形文末は認められない。偈以外の地の文の文末の特徴は、会話引用の格助詞「と」の出現数、文末として扱ったク語法による文末に用例が多い。偈、偈以外の会話では、その中に更に入れ子的に会話を引く場合があるが、両者を合わせて、格助詞「と」が1例、ク語法は計3例であって、偈以外の地の文の様相とは一線を画す。即ち、会話内の会話部分、偈中の会話部分は、ク語法を用いる事が少なく、会話末も格助詞「と」が補われる事が少ないと言う意味で、同質のものであると認めて良いであろう。

実は、偈部分は、「爾時無盡菩薩以偈問曰」として引用表記されるものである。明算点はこれを「[爾]時(に)無盡菩薩偈を以(て)問(ひ)曰《まう》さく」と訓じて、会話引用の様式を用いる。偈全体を会話に準ずるものとして扱う根拠の一つとなろう。また、後に触れるが、偈以外の地の文において過去の助動詞「き」の1例の出現が特有であることに注目しておきたい。

右の整理は、単純な抽象化を目指しての一品だけを取り上げての集計であった。偈中に比較的多くの会話引用がある品を取り上げたが、不十分であるのは、地の部分の文末比率が極めて低く、会話及び会話に準ずる偈部分の用例との格差が大きすぎて、これらの文体的差異を十分に論じることが出来ない。集計を統合して後にも触れることとするが、比較的、偈以外の地の部分の文末例が多い、巻第一の全一巻を取り上げて、左に再度、集計を行う。集計方法は、右に準じて集計する。

[表3]　高野山龍光院蔵妙法蓮華経巻第一における文末表現

	偈(偈中の会話)	偈以外会話	偈以外地の文
動詞			

終止形	69（1）	11	5
連体形（疑問語の結び）	φ	3	φ
命令形	5	2	φ
形容詞			
終止形	7	4	φ
「なし」終止形	13（1）	3	φ
補助動詞			
「たまふ」終止形	28（2）	19	φ
連体形（疑問語の結び）	2	1	φ
命令形	5	5	φ
「たてまつる」終止形	1	φ	1
連体形（疑問語の結び）	1	φ	φ
命令形	1	φ	φ
助動詞			
「らる」終止形	1	φ	φ
「しむ」終止形	3	φ	φ
「き」終止形	φ	φ	91
「つ」終止形	4	1	φ

「ぬ」終止形	5	φ	φ
「たり」（完了）終止形	3	4	6
「り」　終止形	10（3）	12	7
「なり」（指定）終止形	26（5）	27	9
「ごとし」終止形	7	4	φ
「べし」終止形	6（1）	3	φ
連体形（疑問語の結び）	φ（1）	φ	φ
「む」終止形	21（1）	17	φ
連体形（反語、疑問）	φ	2	φ
「まし」終止形	φ（1）	φ	φ
「じ」終止形	8（1）	2	φ
「ず」終止形	17	4	2
「あらず」終止形	3	2	φ
助詞			
「と」（格助詞）	9	1	12
「や」	φ	1	φ
「か」	3	φ	φ
「ぞ」	2	φ	φ

名詞	1	4	φ
ク語法	8（1）	φ	26
副詞「いかに」	φ	φ	φ
「をもて」（倒置）	1	4	φ
	文末計270（18）	文末計136	文末計159

右が、巻第一全巻の文末集計表である。普門品一品と異なるのは、総文末数583例の内、偈の文末数が49.4％を占める。更に、偈の文末の内、入れ子式に、会話文を引用しての文末は、僅かに18例、3.1％に過ぎない。偈以外の会話文の文末は、136例、23.3％、更に、地の文は、159例、27.2％存する。

普門品一品の集計との差は、巻第一全巻では、地の文の比率が、二倍以上存する事、偈の集計において入れ子式に引用された会話文の文末が、18例、3.1％と少ないことであろう。逆に、偈では、引かれた会話文ではない部分が多いことになる。右の表３の数値を比較すると、

○偈に出現の文末の異なり形式は、31形式、内、偈に引かれた会話部分特有の文末形式は、２形式のみである。これに対して、偈以外の地の文は、９形式に過ぎない。

○文末の出現形式から見れば、偈（偈中の会話文末も含む）の文末形式と、偈以外の会話の文末形式は、同質のものと見て矛盾が無い。

○偈以外の地の部分の文末形式で、特に目立つのは、過去の助動詞「き」の多様と、会話引用の形式であるク語法と会話末の格助詞「と」の出現比率が高い（巻第一における過去の助動詞「き」の出現は、91例、地の文の文末中、57.2％を占めて高率を示している。なお、[表２]の普門品における「き」の出現比率は、全体の用例数が少ないが、１例で、

5.3%を示す)。

以上のまとめより、以下の［表4］の処理においては、偈全体と偈以外の会話文末を等質のものと扱い集計する。即ち、偈の全体と偈以外の会話部分の文末を一括一項（以下、単に会話文末と称する）として集計し、これに対して、偈以外の地の文文末（以下、単に地の文文末と称する）を対比項として集計することとする。

七、妙法蓮華経明算点における巻別の文末体系

さて以上の手続きを経て、妙法蓮華経明算点の巻別の集計を行なう。龍光院蔵妙法蓮華経の文末は、巻別には以下のように集計される。

［表4］高野山龍光院蔵妙法蓮華経における文末表現

	巻一	巻二	巻四	巻五	巻六	巻七	巻八	小計
動詞								
終止形	81(5)	146(3)	70(19)	64(11)	58	43(6)	40(6)	502(50)
連体形	3	4	φ	3	φ	5	2	17
命令形	7	11	3	12	4	1	2	40
形容詞								
終止形	11	9	14	13	3	1	10	61

「なし」								
終止形	17	25	2（5）	14	4	3	1	66（5）
命令形	φ	9	1	15	1	3	2	31
補助動詞								
「たまふ」								
終止形	49	24	5（3）	12（1）	3	11（4）	8（2）	112（10）
連体形	3	φ	φ	φ	φ	1	2	6
命令形	10	2	φ	8	2	6	6	34
「たてまつる」								
終止形	1（1）	φ	1（2）	3（5）	2	1（1）	1（1）	9（10）
連体形	1	φ	φ	1	φ	φ	φ	2
命令形	1	φ	φ	1	φ	2	1	5
助動詞								
「る」								
終止形	φ	φ	φ	1	φ	φ	φ	1
命令形	φ	φ	φ	φ	φ	φ	1	1
「らる」								
終止形	1	φ	φ	φ	φ	φ	φ	1

命令形	φ	φ	φ	1	φ	φ	φ	1
「しむ」								
終止形	3	7	6（1）	6（2）	8	1	2（1）	33（4）
連体形	φ	φ	1	φ	φ	φ	φ	1
命令形	φ	φ	φ	1	φ	φ	φ	1
「き」								
終止形	φ（91）	26	21（4）	20（8）	2（7）	72（7）	11（17）	152（134）
連体形	φ	φ	φ	1	φ	φ	φ	1
「けり」								
終止形	φ	5	1	φ	φ	φ	φ	6
「つ」								
終止形	5	25	7	5（3）	8（1）	7	3（1）	60（5）
「ぬ」								
終止形	5	27	8（7）	1（3）	7	5（1）	4（4）	57（15）
連体形	φ	1	φ	φ	φ	φ	φ	1
命令形	φ	φ	φ	1	φ	φ	φ	1
「たり」（完了）								
終止形	7（6）	18	6（7）	10（1）	4	5（3）	2	52（17）

「り」								
終止形	25（7）	62	12（24）	36（4）	19	6（4）	6（3）	166（42）
連体形	φ	φ	φ	4	φ	φ	φ	4
「なり」（指定）								
終止形	58（9）	1（86）	34（11）	50（4）	32	40（4）	18（2）	233（116）
「たり」（指定）								
終止形	φ	1	φ	1	φ	2（1）	φ	4（1）
「ごとし」								
終止形	11	26	16（2）	15	11	21（3）	10（2）	110（7）
「べし」								
終止形	10	33	44	35	28	29	18	197
連体形	1	φ	1	2	1	φ	φ	5
「む」								
終止形	39	121	159	99	209	32（1）	67	726（1）
連体形	2	4	3	2	φ	3	1	15
「まし」								
終止形	1	3	φ	φ	1	1	φ	6
「じ」								

終止形	11	7	3	13	φ	12	14	60
「ず」								
終止形	21（2）	36	26（2）	25（1）	16	9	6	139（5）
命令形	φ	φ	1	39	2	2	φ	44
「あらず」								
終止形	5	3	1	3	2	φ	φ	14
助詞								
「と」（格）	10（12）	34（3）	9（16）	13（27）	10（3）	9（18）	3（31）	88（110）
「を」	φ	φ	φ	φ	φ	φ	1	1
「や」	1	4	1	7	2	1	1	17
「いなや」	φ	φ	2	5	3	8	4	22
「をや」	φ	1	1	1	1	φ	φ	4
「か」	3	3	φ	φ	φ	φ	φ	6
「ぞ」	2	φ	φ	4	4	6	6	22
「は」	φ	1	φ	φ	φ	φ	1	2
「には」	φ	φ	φ	φ	1	2	φ	3
「をば」	φ	1	φ	1	φ	φ	φ	2
「のみ」	φ	1	1	φ	φ	φ	φ	2

名詞	5	1	4	8	1	8	15	42
ク語法	9（26）	32（11）	10（37）	5（53）	10（27）	22（32）	3（50）	91（236）
副詞								
「いかに」	4	3	φ	1	1	3	3	15
「しばらく」	φ	φ	φ	1	φ	φ	φ	1
「な」	φ	1	φ	φ	φ	2	φ	3
「ゆゑに」	φ	6	4	5	2	2	2（1）	21（1）
「をもて」	1	6	2	φ	φ	1	φ	10
文末計	424（159）	730（103）	480（140）	568（123）	462（38）	388（85）	277（121）	3329（769）

※右の表中の各巻の集計においては、まず、会話相当部分文末（偈の部分と偈以外の会話部分の合計）と（　）に包んで、偈以外の地の文文末を示した。但し、スペースの都合上、地の文の文末形式が存在しない項目は、（　）も記さない。

右の作業に拠って求められる総文末数は、妙法蓮華経明算点・現存七巻において、計四〇九八文末、その内、会話文末が三三二九文末、地の文文末が七六九文末として訓読されていることになる。即ち、妙法蓮華経明算点の右二項の比率は、会話文の方が、地の文の四・三三倍多く存することとなる。

今までの漢文訓読語史の研究においては、地の文と会話部分の様相の違いに就いての着眼は少なかったと反省されるので、右の比率は、新たな漢文訓読語史の内実を記述したものであることとなろう。

地の文部分の文末数は、その用例数が七六九例に達するから、地の文の文体と、会話部分の文体の差異を比較しようとする時に、数量的な保証を与えてくれそうに思われる。

先ず、この会話部分の文末と、地の文部分の文末の全体の構造を捉えてみる事から始める。

実は、三蔵は、「経」「律」「論」の三種に分類されて、経蔵、律蔵、論蔵を指すが、妙法蓮華経は、「経」蔵にカテゴライズされる。経とは、仏説の形を取る叙述文で、妙法蓮華経の場合、釈迦が説いたと言う体裁を取る。この釈迦が説く内容が、どのように叙述されているかを、先ず、問題とする。

実は、右の表2～4に集計整理した如く、地の文部分と会話文部分とが対立的に区別出来るのであって、偈も含めた会話部分は、妙法蓮華経の中で、直接話法的に引用されて記述されていると認めて矛盾が無い。その引用形式は、漢文レベルで徹底していて、二三の例外を除いては、

1、爾（の）時佛、舎利弗に告（けたまはく）「止《ヤ》ミ（な）む　止《ヤ》ミ（な）む（中略）」と。（巻第一・方便品）

2、爾（の）時《(と)き》世尊重（ね）て此（の）義（返）を宜（へむ）と欲て[而]偈（返）を説（き）て言（はく）『偈』（巻第一・方便品）

などの如く、言語表現行為を表す動詞が言語行為の起点であるマークとして書き表される。用例1の地の文中に会話が引かれる場合は、会話末に、多く格助詞「と」を添えて、言語表現行為の末尾であることを示している。用例2の例は、偈の引用の場合で、やはり引用直前に会話引用のマークとして言語表現行為を表す語を配する。偈の場合は、その他の散文部分と異なって、視覚的にも、四字乃至五字一句の漢文を連ねて明確に区別できるのであるが、この偈の引用末には、格助詞「と」などの読添え語がない場合が多い。書記された漢文の視覚的形式上、明らかに地の文部分とは区別が可能である。つまり、妙法蓮華経の漢文表現、また、それを訓読した日本語表現において、文章構造は、地の文の枠内に入れ子型に会話、偈が引用されている、あるいは、地の文を文章全体の基底として、その上に発話、また、対話が表現されていると言う大きな枠での構造の文章であることが記述される。

さて、ここまでの論述において、「地の文」と言う術語を用いて来た。結論的な事を先走って記すと、本節は、こ

の地の文の文末表現と、会話文の文末表現を比較して、量的、また延いては、質的な異なりのあることを論述しようとするものであるが、会話文の扱いは、本妙法蓮華経明算点においては、直接話法的に訓読している―循環論になる危険性が伏在するのであるが―と解釈して矛盾がない。当時の実際の口頭語の実態とどの程度の距離があるのか、無いのかは、今は、問う用意がないが、先学の研究において漢文訓読語と和文語とが対照された時、(18)和文語の代表資料として取り上げられた源氏物語については、会話文部分の語彙と地の文部分の語彙についての比較対照の視点からの言及はあるが、漢文訓読語の代表として取り上げられた興福寺本大慈恩寺三蔵法師伝については、会話文部分とか地の文部分とかの文体差については、必ずしも明確な視点を設定しては論じられていない。しかし、先学の比較対照によって位置づけられた両資料の言語的性格は、和文語は当時の日常会話語的なもので、漢文訓読語は文章語的な性格の言語であると位置づけられた。その後、この両者の語彙的な性格については論じられたところ(19)であるが、共時的な研究上のパラダイムとしては、これを根本的に覆す研究が行われてはいないと稿者は評価している。

さて、この先学の研究によって位置づけられた、漢文訓読語の性格が、文章語的であるという推論は、地の文、会話部分の文体的な峻別が不徹底での評価であるとしても、和文語の日常会話的性格とは語彙的に距離のあるものであると記述されたことに基づく。即ち、理論的に記せば、もし、漢文訓読語の会話部分が当時の日常会話そのものに非常に近い言語であったならば、源氏物語の語彙との対照によって導かれる語彙的状況は、源氏物語の語彙を含み込む形で漢文訓読語の語彙的な分布が帰納されて良い筈である。

しかし、実態は、和文語と漢文訓読語の語彙の集合図は、重なって共通する語彙の部分がある一方で、特有語彙が帰納されて記述されている。稿者は、かつて、漢文訓読語の会話部分には、和文特有語なるものが出現する傾向があることを論じたことがあるが、漢文訓読語の会話部分の訓読が、当時の日常会話そのものとは解釈できない状況では有っても、漢文訓読語内において、地の文の訓読に比べ、会話部分の訓読語は、相対的に当時の日常会話語寄りの文体を有していたとして矛盾はない。解明は、今後の課題であろうが、中国語文たる漢文を訓読して、所謂、日本語として翻訳する時に、一つには、原漢文の表現に既に、訓読語として成立した漢文訓読語文の会話部分が、地の文とは文体的に異なって訓読されざるを得ない要因を孕んで移入された要素と、日本側の日本語会話に近づけんが為の訓読の場における工夫の要素とがあると認めねばならぬ事になる。ただし、この腑分けは、現時点では十分ではない。

妙法蓮華経明算点の会話部分の位置づけは、原漢文において直接話法的な入れ子形式になっていることは明らかになったと思われるが、これまで「地の文」と名付けてきた部分についての性格を論じておく必要がある。何故、「地の文」の性格を記述せねばならないかと言えば、妙法蓮華経は、巻一・序品の冒頭部分は、左の如くに始まるからである。

3、妙法蓮華經序品第一

是（の）如く我聞（きたま）へき。『一時、佛王舍城と耆闍崛山との中に住（したま）へりき。大比丘の衆萬二千（返）與倶なりき。（以下略）（巻第一・序品）

妙法蓮華経は、仏説の経であるが、実は、「地の文」と一括して称した部分が、更に入れ子型の構造を持つ。序品の冒頭第一文の主語は、「我」であって、某人が「聞き申し上げた」と宣言した文である。これに呼応する表現は、巻第八末尾には確認されず、巻第八最終一文は、

4、佛是の經（返）を説（き）たまひし時に普賢等の諸の菩薩舍利弗等の諸の聲聞と、[及]諸の天龍人非人等の一切の大會皆大（き）に歡喜し、佛語（返）を受持（し）て禮（返）を作《つ（く）》（り）て而も去りき。』

妙法蓮華經巻第八　（巻第八・普賢菩薩觀發品）

とあって、巻第一冒頭一文に呼応する文末は用意されては居ない。しかし、冒頭の一文、「是(の)如く我聞(きたまへき。」によって、妙法蓮華経の第二文以下は、伝聞内容であると位置づけられる。問題は、この第二文以下の位置づけについてである。結論的に言えば、今後の研究に委ねなければならないのだが、第二文以下の文章が、更に入れ子型になっている。直接話法として会話文が引かれている事を述べたが、その会話を支える「地の文」は、それ自体が、「語り」の文章であるのか、または、伝聞を「記述」した文章と位置づけられるかによって、所謂「地の文」と称した文章の言語的な性格の解釈が、大きく揺れることになる。

稿者は、いま、「会話文文末」と「地の文と称した部分(以下、既述の如く「地の文」と称する)の文末」との文体的な差を記述しようとしているのであるが、この文体差の性格をどう叙述するのかは、今は保留とせざるを得ない。しかし、仮定的な仮設を行っておくと、その文体差の性格の判断は、妙法蓮華経を訓読した個々の資料の言語事象の記述を果たし切らないと断言できることではないであろう。何故なら、「地の文」と称した部分の文体的な位置づけや価値は、各資料の訓読者の解釈に発するとしたところから考え始めなければならないからである。共時的な時代において共通認識が存在したかどうか、その事態、認識を実証してみる必要がある。

八、妙法蓮華経明算点における地の文の文体特徴

以下には、まず、表4に基づき、地の文の文末表現と会話部分の文末表現の体系差を総ての「小計」(表4最下段)に従って記述することにする。

地の文の文末数と、会話文の文末数に大きな開きがあることは、既に述べた。拠って、以下の整理記述では、用例

の素数と共に、全体文数に対する比率も併せて示すこととする。

表4においては、地の文の最文末に現れる語または語形の異なり数は、計一七語が存する。これに対して、会話文に出現する最文末語は、異なり数、計五九語形が出現して、圧倒的である。また、地の文に現れる総ての異なり語は、全部、会話文の文末語形に完全に含まれる。左には、地の文文末に現れる語形に限って、明算点の集計数を問題にする。

［表5］高野山龍光院蔵妙法蓮華経における地の文の文末表現

	地の文の文末	会話文の文末
動詞終止形	50（6.5％）	502（15.1％）
形容詞「なし」終止形	5（0.7％）	66（2.0％）
補助動詞「たまふ」終止形	10（1.3％）	112（3.7％）
「たてまつる」終止形	10（1.3％）	9（0.3％）
助動詞「しむ」終止形	4（0.5％）	33（1.0％）
「き」終止形	134（17.4％）	152（4.6％）
「つ」終止形	5（0.7％）	60（1.8％）
「ぬ」終止形	15（2.0％）	57（1.7％）
「たり」（完了）終止形	17（2.2％）	52（1.6％）
「り」終止形	42（5.5％）	166（5.0％）
「なり」（指定）終止形	116（15.1％）	233（7.0％）

「たり」（指定）	1（0.1％）	4（0.1％）
「ごとし」終止形	7（0.9％）	110（3.3％）
「む」終止形	1（0.1％）	726（21.8％）
「ず」終止形	5（0.7％）	139（4.2％）
助詞「と」（格助詞）	110（14.3％）	88（2.6％）
ク語法	236（30.7％）	91（2.7％）
「ゆゑに」	1（0.1％）	21（0.6％）
計（百分比は小数第二位を四捨五入）	769 全例	2621（79.1％）

右の表4からは、地の文の文末表現に見える語形としては、活用語終止形が集中的に出現する。これらの語に対応する会話文末の表現は、全二、六二一語が認められる。会話文末総数の八割近くを占めるから、かかる形式の文末終止の語法が、当然ながら地の文文末で、また、会話末の文末表現法の中心的部分を占めているものと考えられよう。

地の文の文末の百分比の整理からは、10％超の語形としては、助動詞「なり」（指定）、助動詞「き」、会話引用の格助詞「と」と「ク語法」が特徴的なものとして指摘出来る。

先にも触れた如く、妙法蓮華経の文章構造が、入れ子型になっていると認められるから、この入れ子型表現を支える語法として、「ク語法」と格助詞「と」との出現例が多い事は、容易に解釈出来る所である。会話文にも出現するのは、会話文中に、更に、直接話法として会話を引用する入れ子型を形成しているからである。

また、テンスの助動詞「き」の多出は、やはり、妙法蓮華経の文章構造に関係する所で、入れ子型表現の地の文は、文章全体を過去で支えていることが認められる。会話文末にも、一五二例、4.6％程であるが出現を見るのは、過去の時制で支えられた地の文の内側に存する会話の中に、話柄として過去時制を採るトピックが散在する事を物語る。会話文末に過去時制の文が含まれることは、特に、奇異な現象ではあるまい。それと、助動詞「なり」が多出する。これに関する解釈は、結論的には、今は保留とせざるを得ないが、本資料の漢文の用字を確認してみる必要があろうし、本資料以外の漢文訓読語の漢文の用字と文末表現の検討、また、和文資料との文末表現の比較を経なければ蓋然性の高い解釈は不可能であろう。ただ、会話文に出現が少比率であると言うことは、指摘しておきたい。つまり、地の文と会話文との文体差を支えている可能性があるからであるが、検討は、将来に俟ちたい。

逆に、地の文の文末に出現用例の確例はあるものの、出現例の少ない語は、助動詞「たり」(指定)、助動詞「む」と「ゆゑに」が、一例ずつ出現する。

助動詞「たり」は、会話文での出現数も四例、0.1%と百分比も同程度である。即ち、この助動詞「たり」は、地の文、会話文ともに、文末表現としては多出するものではない。他資料について、この助動詞「たり」(指定)に焦点を当てて整理しては居ないので、妙法蓮華経明算点に使用例が少ないのか、それとも、位相上の問題があるのか、または、漢文訓読語という言語体系の中で、そもそも本質的に多用されない語なのかの性格上の解釈は、保留しておかざるを得ない。

「ゆゑに」についても、基本的には、地の文の出現比率に比べ、会話文での出現率が若干高い。文末の総文数は、地の文対会話文で、一対四の差があるから、若干の開きがある。ただし、この語の文末出現は、原漢文において「故」字で文が切られることが必要条件で、その意味では、会話文の文末用字に特徴があると見ることができるかも知れない。

最も注目すべきは、助動詞「む」の出現傾向である。地の文の一例に比べ、会話文の七二六例、21.8%と言う開きは、地の文における助動詞「む」の出現は、正に、例外だと判断して良かろう。所謂、意志・推量の助動詞と言われるもので、モダリティー表現に関与する。地の文での文末表現は、活用語も終止形の出現ばかりであるし、モダリティー表現に関する語は、この「む」一例以外には認められない。会話において「む」の出現が極めて多いのは、会話の文体特徴、質的な差を示す語例と解釈してよかろう。

九、妙法蓮華経明算点における会話文の文体特徴

右の表5の文末表現の語彙的分布は、総てが会話文の文末表現にも確認できるものであったが、会話文末特有の文末表現は、どのように形成されて居るであろうか。情報は、表4と重複するが、会話文末特有の語形を取り出して一覧した表を、以下に、表6として掲げる。

［表6］高野山龍光院蔵妙法蓮華経における会話文特有の文末表現

動詞				
	連体形	17	命令形	40
形容詞				
	終止形	61	「なし」命令形	31
補助動詞				
	「たまふ」連体形	6	命令形	34
	「たてまつる」連体形	2	命令形	5

助動詞

「る」終止形	1	命令形	1
「らる」終止形	1	命令形	1
「しむ」連体形	1	命令形	1
「き」連体形	1	「けり」終止形	6
「ぬ」連体形	1	命令形	1
「り」連体形	4		
「べし」終止形	197	連体形	5
「む」連体形	15	「まし」終止形	6
「じ」終止形	60	「ず」命令形	44
「あらず」終止形	14		

助詞

「を」	1	「や」	17
「いなや」	22	「をや」	4
「か」	6	「ぞ」	22
「は」	2	「には」	3
「をば」	2	「のみ」	2

名詞　42

副詞

「いかに」	15	「しばらく」	1
「な」	3	「をもて」	10

最も多く出現する語「べし」で、出現率が5.9％であるから、右の文末形は、会話文末において頻出する形であるとは言い難いが、少数であっても地の文には出現が確認されない。

活用語においては、連体形の終止と、命令形の終止が目立つ。連体形の出現は、「疑問副詞」などの呼応としてあらわれるもので、疑問表現を担っている。命令形は、命令表現を担うものである。平叙の表現ではなく、会話文末に特有に出現する理由は、良く理解できるところである。

活用語の終止形も現れる。「形容詞」文末が会話文末に特有に出現する。この出現理由を今は、明確に述べる用意がないが、形容詞の意味論的語性を整理する必要があろう。即ち、心情形容詞などは、会話文末のみに出現する理由付けが可能であろう。が、この問題も後に俟つ事とする。

その他の終止形は、「る」「らる」のヴォイスの助動詞、テンスの助動詞「けり」と、「べし」、「まし」、「じ」である。この内、「けり」は、過去の助動詞としては漢文訓読語に多用されない用法だとされるが、本資料には現れて、入れ子型の外側たる地の文では、「き」で把握される事態を表現していて出現は「き」のみの一種であったが、会話文では、出現数は少ないものの、過去の事態の認識の態度が異なると思われる。

「べし」は、専ら、命令表現を担う文末で、動詞の命令形が、会話中の特有文末であることに通じる。動詞命令形とともに、会話に出現が特有である理由が理解されよう。

「まし」と「じ」は、モダリティーに関する助動詞で、例外一例が存するが、「む」の会話文多出と軌を一にする出現傾向であろう。

集計上、「あらず」を特立したが、文末表現を支える語形としては、「ず」と同質のものと考えれば良いようである。ただし、地の文と会話文の原漢文の用字差が考えられそうである。

助詞の各語は、構文レベルでの倒置、反語・疑問に預かる語で、これらの表現法、表現効果が、会話に存することは理解しやすい。

名詞文末の例が、四二例有って、体言止めによる表現効果を狙ったものであろう。

副詞「いかに」は専ら倒置構文に現れ疑問表現に用いられる。「しばらく」の一例も倒置に現れる。「な」は禁止表現に使われている。平叙とは異なった表現効果を持つ使用である。

「をもて」の一〇例も、倒置構文に現れる。

即ち、会話文の表現性の多様さを支えるための出現だと解釈されるところであって、訓読者は、地の文の文体と、会話文の文体を質の異なるものとして訓読していると見て良かろう。

一〇、妙法蓮華経明算点における巻別に見た助動詞「き」

先の表4は、妙法蓮華経明算点の文末表現を、巻別に集計したものであるが、巻別集計において特徴的に出現した文末形式について触れておくこととする。助動詞「き」の巻別分布について、本項にて付説しておきたい。

取り上げる事象は、任意以上ものにはならないが、助動詞「き」の出現についてである。表4は、会話文と地の文とを分かって巻別に集計したものであるが、助動詞「き」の分布に注意が惹かれる。厳密に言えば、各要素共に巻毎に変動があるのが当然で、同率で現れている語が無い以上、総ての語形に巻別の変動がある訳であるから、選別の理由を客観的に説明する必要がある。巻別の出現率の差にどれほどの開きがあるかを求めて、有るところでは理由を示して、取捨の基準を明確にする必要がある。従って、助動詞「き」を拾い出した理由を、他の語形との比較において線引きの理由や、どこまでを求めれば、妙法蓮華経の巻別の出現差が、言語の質の違いを反映する体系の一部を明らかにすることになるのかを論じる必要がある。つまり、助動詞「き」以外の語形も拾出して説明することによって初めて質の問題として論述できるのであろう。結論を先走れば、見せかけの巻別の助動詞「き」の分布差が、実は、巻毎の訓読語の質の違いを語るものではないことを論じておきたいのであって、必ずしも地の文の文体と、会話文の文体の質的差を示そうとするものではない。巻別の言語体系の差を描こうとする場合は、体系内の同質の語群の選定をする必要があろうし、複数の要素を取り上げる必要を感じるが、逆に、分布に大きな巻別数量差があるものの、地の文の文体と会話文の文体の視点からの言語の質の差を示したものではないことを論じてみようと意図するものである。つまり、以降に論じようとするのは、地の文対会話文と言った視点とは異なった視座を用意する必要の有る事を述べようとしたものである。

さて、重なるが、助動詞「き」の巻別分布状況を示してみる。

［表7］高野山龍光院蔵妙法蓮華経における助動詞「き」の巻別分布

	巻一	巻二	巻四	巻五	巻六	巻七	巻八	小計
終止形	φ（91）	26	21（4）	20（8）	2（7）	72（7）	11（17）	152（134）

連体形	φ	φ	φ	1	φ	φ	φ	1
文末計	424 (159)	730 (103)	480 (140)	568 (123)	462 (38)	388 (85)	277 (121)	3329 (769)
文末総数数に対する比率	φ (57.2)	3.6 (φ)	4.4 (2.9)	3.7 (6.5)	0.4 (18.4)	18.6 (8.2)	4.0 (14.0)	4.6 (17.4)

※右の表は、表4と同様に（）内が地の文、（）上の数が、会話文を示す。

右の数値の分布を見ると、巻第一の地の文に多出すると認めることが出来る。これによると巻第一の地の文の訓読語特性と、巻第二以降の地の文の訓読語特性とが異なるように解釈される余地がある。しかし、巻第一の漢文の表現内容に注目すべきであって、巻第一の地の文の、会話文に対して占める割合は、27.2％である。同様に、巻第二以下の数値を求めると、巻第二12.3％、巻第四22.6％、巻第五17.8％、巻第六8.0％、巻第七18.2％、巻第八30.4％となる。巻第二から巻第八までの入れ子型構造を支える外側の地の文の出現率は、区々で、これに比較して巻第一の地の文の出現率が特に大きい訳ではない。にもかかわらず、巻第一の助動詞「き」の地の文における出現率は、特に飛び出していると判断される。ただし、この比率差は、巻第一対巻第二〜巻第八と見るべき差で、巻第二以降に順次増減すると言うものではない。

実は、この助動詞「き」の出現については、最文末だけを集計しても、傾向的なものしか導けないことは注意すべきで、文中に使われている助動詞「き」の採取が必要なことは言うまでもない。ただ、今は、その用意がないので、この問題の厳密な論は、これも、後に俟たねばならないところであるが、巻第一に集中して出現するのは、巻第一も、序品の漢文表現に由来する。序品には、二つの偈も存するし、短いが会話引用も認められる。しかし、序品の妙法蓮華経において果たす役割は、冒頭の「我」によって語られる妙法蓮華経説話のもっとも外側の入れ子構造を支えるも

ので、方便品以下の妙法蓮華経説話の場の設定に深く関わっている文章である。即ち、

5、妙法蓮華經序品第一

是(の)如く我聞(きたま)へき。

『一時、佛王舎城と耆闍崛山との中に住(したま)へりき。大比丘の衆萬二千(返)與倶なりき。(以下略)(巻第一・序品)

と始まる序品の冒頭の語りは、説話の場として、まず、「王舎城と耆闍崛山との中」として、妙法蓮華経話柄展開の舞台を規定する。これに続き、この「場」に集まった阿羅漢、菩薩摩訶薩、大衆等の叙述となる。これらは、基本的に「き」の時制で行われる。

前項以前では、地の文と会話文の入れ子型構造に拠って、会話文の訓読語の表現性が多様で、様々な文末表現を採る事を論じて、それを、地の文は、平叙の表現を中心に、謂わば、淡々と支えている事を明らかにしたが、それとは別のレベルでの説話の入れ子型構造を認めることが出来よう。即ち、序品は、妙法蓮華経説話の展開を基底で支えたもので、過去時制を明確に打ち出しての場の設定をしていると認められる。即ち、その表現の必要性に拠って、文末に助動詞「き」が多出するものと考えられるのではなかろうか。確かに、語りの文体差と名付ける事が出来ようが、それは、「地の文対会話文」の把握とは視座の異なったもので、恐らく、言語体系の差そのものと言うよりは、文章の内容的に、妙法蓮華経の説話展開に必要とされる説話の過去時制の「場」を設定する要求から現れた、謂わば、文学言語的な捉え方による文体差とでも称することが出来よう。

さて、右には、助動詞「き」の巻別出現を記述し、説話の入れ子型枠構造―「語りの構造」における文体差と言っても良いかも知れない―に関わる視点からの説明を付けた。この説話展開上の枠構造と言う見方は、「地の文対会話

文」の視点の文体差とどのように絡み合うのであろうか。

稿者は、立体的な言語記述と言うものを目指してみるべきだと言う立場に立つが、この二つの視点からの文体差を対象にした場合、即、階層的な構造で捉えてみようとする立場があろう。即ち、助動詞「き」の多出は、巻一の地の文に色濃く出現する事象であるから、地の文の下位構造として懸かる事象を捉えてみようとする試みである。しかし、この文体的構造把握には、例外が多すぎる。即ち、「地の文―会話文」の二元構造の「地の文」の下位として「過去時制表示文―非過去時制表示文」の文体差を措定しようとするものであるが、会話文の中にも、会話文中が入れ子型になった過去時制文がかなりの数存在する。しかも、会話文中の方が、過去時制表現の表現法（evidential に関係する表現）が豊富である。即ち、階層的、段階的な体系を描こうとすることには問題が多い。

「地の文―会話文」と言う捉え方は―漢文訓読語の場合には厳密には当たらないと思われるが―「文章語（書記言語）―会話語（口頭語）」と言う対立的概念把握に近そうであるから、かかる視点からの文体差の記述であると位置づけられる。助動詞「き」の問題は、説話展開の場面をささえる言語差、語りの方法の問題であろうから、「地の文―会話文」とは、視点が異なるものであると説明せざるを得ないであろう。

さすれば、本節には最文末一語しか捉えては居ないが、多角的に視点を設定したその視点の数だけの文体差が記述されても良いことになろう。恐らく、多角的視点を統べる当時の人々の概念的な枠組み―研究者側からすれば、研究のパラダイム―が形成されて良いことになる。即ち、助動詞「き」を視点として妙法蓮華経明算点の文体分析を行えば、先の対立的尺度である地の文内にも文体差が生じるし、会話文内においても会話文に文体差が生じていることになる。諄くなるが、このような構造観で捉えれば、「地の文―会話文」の下位分類的な位置づけになっているが、下位分類基準である保証はどこにもない。つまり、時制の問題が、地対会話の分析基準の下位概念である保証がないからである。

未だ稿者自身が明確なイメージをもって、稿者自身のパラダイムを作り上げては居ないことを告白せざるを得ないが、今は、異なった視点からの文体分析においては、それぞれの像が描けるであろう事、その事を否定する根拠はどこにもないし、これらの多角的視点で描き得た文体差を、統べていくべき形而上的観念を如何に設定するかの問題として、後の課題としなくてはならないであろう。

一一、妙法蓮華経明算点の文末表現体系と大毗盧遮那経天喜六年点の文末表現体系

さて、第四項[20]に取り上げて文末最末尾一語の集計を行った、大毗盧遮那経巻第三・五天喜六年明算点の数量的な文末表現体系との比較を行っておく。

既にお気付きであろうが、文体分析を行う視点は、右に説いた如く、単一ではあり得ない。「地の文―会話文」と言った文体差を求めようとして仮設した視点と、妙法蓮華経そのものを一種の「説話」と見立て、説話の語りの方法とか、説話の表現の場とかと言った視点での文体分析も可能である。この多角的視点の一段高次の統合は、今から求めてみなければならないことは告白したが、特に、後者の視点からの文体分析が可能である以上、実は、対象資料は完結体の全体に目配りをする必要がある。即ち、密教の経たる大毗盧遮那経天喜六年点も、「仏説」形を採る密教の経である以上、説話的な場の設定が可能であると見なければならない。さすれば、大毗盧遮那経天喜六年点も全巻を調査対象とする必要が浮かび上がる。この問題は、次項で触れることとするが、二種の資料の用例から纏めた表の比

較について記述をする。

さて、大毗盧遮那経巻第三・五天喜六年点の文末表現について、妙法蓮華経明算点との比較を記述しておきたい。大毗盧遮那経巻第三・五天喜六年点においては、動詞のムードは、終止形の終止法の他に、命令形の命令法が多出する。連体形の疑問語に対応する終止法も認められる。妙法蓮華経明算点の集計では、連体形の終止法、命令形の命令法の出現は、会話文の特徴であった。動詞の分析からは、大毗盧遮那経巻第三・五天喜六年点の文末状況は、妙法蓮華経明算点の会話文の文末と通ずるものである。ただ、比率の問題としては、大毗盧遮那経巻第三・五天喜六年点に現れる命令法の比率が高いことが指摘できる。命令法の出現率の高さを、事相的色彩が強い、大毗盧遮那経巻第三・五天喜六年点の文末表現の特徴—実は、方書的色彩の強い儀軌類の特徴でもある—と見ることができよう。

形容詞の場合、大毗盧遮那経巻第三・五天喜六年点には、終止形の出現が確認される。特立した「なし」には、終止形と命令形が確認される。妙法蓮華経明算点における形容詞は、「なし」の終止形が地の文に現れる以外には、形容詞終止形、特立した「なし」の終止形、命令形共に、会話文に集中する。比率の問題を記述すれば、大毗盧遮那経巻第三・五天喜六年点における形容詞の出現自体の比率が高くはない。即ち、出現比率を考えれば、大毗盧遮那経巻第三・五天喜六年点の形容詞の出現は、妙法蓮華経明算点の会話部の状況に比べて、地の文よりのものであると認められよう。

補助動詞文末は、大毗盧遮那経巻第三・五天喜六年点で、「たまふ」「たてまつる」に命令形の命令法が認められるから、妙法蓮華経明算点の会話部分と通じる性格であることが判る。しかし、妙法蓮華経明算点には、連体形による疑問表現の用法が認められるので、大毗盧遮那経巻第三・五天喜六年点の表現性の幅は、妙法蓮華経明算点の会話部分の表現性よりも、狭いと見なければならない。

ヴォイスの助動詞は、大毗盧遮那経巻第三・五天喜六年点に「しむ」の命令法が認められるから、基本的には、妙法蓮華経明算点の会話部分通じると判断できる。

テンスの助動詞は、大毗盧遮那経巻第三・五天喜六年点おいては、一例のみが確認される。妙法蓮華経明算点には、地の文、会話文ともに出現しているが、これが、大毗盧遮那経巻第三・五天喜六年点と大きく異なる。右に、テンスの助動詞は、説話の表現を支えるものとして妙法蓮華経明算点で使用されていると説いたが、こうした見方が成立するとすれば、大毗盧遮那経巻第三・五天喜六年点は仏説の形を取るが、説話的色彩が薄いと見ねばならない。

アスペクトの助動詞は、大毗盧遮那経巻第三・五天喜六年点おいて専ら、終止形の終止法が現れる。妙法蓮華経明算点においては、終止形以外に、連用形の疑問表現の終止法も現れてはいるが、用例は多くない。妙法蓮華経明算点には、終止形が地の文、会話文に分布するので、大毗盧遮那経巻第三・五天喜六年点の終止形の出現の性格を判断する材料とはならない。

指定の「なり」、「たり」も終止形で現れ、妙法蓮華経明算点には地の文にも、会話文の文末にも出現する。大毗盧遮那経巻第三・五天喜六年点も同様である。比況の「ごとし」も、妙法蓮華経明算点の地の文、会話文、大毗盧遮那経巻第三・五天喜六年点にも終止形が等しく出現する。

「べし」は、妙法蓮華経明算点において、会話文の特徴的な助動詞だと性格付けをしたが、大毗盧遮那経巻第三・五天喜六年点にも使用例が多い。

モダリティー表現に関連して、妙法蓮華経明算点の会話文の特徴として、推量の助動詞「む」、「まし」、「じ」の出現についても、先に指摘したが、大毗盧遮那経巻第三・五天喜六年点においても「む」、「じ」の出現がある。

助動詞「ず」に関しても、妙法蓮華経明算点の会話文の現れ方と、大毗盧遮那経巻第三・五天喜六年点における出現が同傾向を示す。

文末における助詞の出現は、格助詞の「と」以外は、妙法蓮華経明算点において会話文末に現れて、出現語種が多い。これらは、疑問、反語、倒置に与るもので、大毗盧遮那経巻第三・五天喜六年点においても同様の傾向を指摘することができる。

ク語法の出現は、入れ子型文章に関するもので、両者に差は現れない。大毗盧遮那経巻第三・五天喜六年点には、陀羅尼の引用に現れるのが特徴と言えば特徴である。

即ち、以上の両資料の対比の結果、大毗盧遮那経巻第三・五天喜六年点の文末表現法体系は、妙法蓮華経明算点の会話文の文末体系の通じるものであると判断されるが、ただ、大毗盧遮那経巻第三・五天喜六年点の性格としては、より地の文側に寄った性格であろうと判断される。

この問題を解き明かすには、実は、地の文と会話文とを峻別して、訓読語を分析しなければならない。しかし、次項の如き問題を含む。

一二、大毗盧遮那経天喜六年点の文章構造

本項には、大毗盧遮那経天喜六年点の文章構造について触れておきたい。第五項までに触れた大毗盧遮那経天喜六年点の文末表現は、巻第三・五の二巻であった。自らが、移点に携わった二巻であるが、大毗盧遮那経天喜六年点の途中の二巻である。仏説の形を取る密教経典の枠構造、即ち、入れ子型構造の状況を確認して文体分析のあり方を考えておきたい。

さて、妙法蓮華経における分析視点は、右には、二視点を示して分析結果を記述したが、その二視点に従っての文体分析を略述しておく。龍光院には、大毗盧遮那経天喜六年点の一具の内の巻第一と別本の巻第一があり、共に中院僧正点の加点がある。この二資料[21]に即して、巻頭の状況を記述してみたい―本節に示した思考過程の逆を目指すものである。

巻第一巻頭の構造は、仏説の形を採って、妙法蓮華経に等しい。

6、大毗盧遮那成佛神變加持經巻第一

入眞言門住心品第一

是(の)如く我聞(きたまへ)き。

『一時、薄伽梵、如來加持の廣大に(し)て金剛(の)ごとき法界の宮に住(したま)ひき。一切の持金剛-者、皆(な)悉(く)集會(したま)へり。(以下略)　(平安後期点・巻第一・入眞言門住心品)

7、大毗盧遮那成佛神變加持經巻第一

入眞言門住心品第一

是(の)如(き)ことを我聞(きたま)へき。

『一時、薄伽梵、如來加持の廣大に金剛(の)ことくある法界宮に住せりき。一切持金剛者　皆(な)悉(く)集會せり。(以下略)　(天喜五年点・巻第一・入眞言門住心品)

の如くに始まる。例7は、冒頭、下二段「たまふ」が確認されて妙法蓮華経明算点に等しい。例6は、下二段「たまふ」の確例ではないが、共に、テンスの助動詞「き」が現れる。この一文が最も外側の構造をなすことは、妙法蓮華経明算点と同様である。「一時」以下に、説法の場が形成されるのも、妙法蓮華経明算点と同様であるが、二段階目の構造の第一文は、テンスの助動詞「き」が現れるものの、以降の文末表現は、専ら、アスペクトの助動詞に支えられたもので、稿を改めて論じる必要を感じている。加点時期も近いと推定され、同じく中院僧正点加点の大毘盧遮那経である。右の例6・例7の比較だけでも、訓読語の異同が確認されるが、この異質なる事も後の検討に俟たねばならない。

仏説の経としての構造は似ているが、大毘盧遮那経は、事相的な色彩が濃い。前に取り上げた巻第三・五を分析すると、巻第三では、世間成就品第五は、「爾時世尊」に始まる一文だけが地の文で、後は、偈となっている。悉地出現品第六は、「爾時」で始まる段が七段存するが、最初の一文乃至二文が地の文であって、段中にも僅かに地の文が認められるものの、その他の殆どが、会話文及び偈で構成される。成就悉地品第七は、全体が偈である。転字輪漫荼羅行品第八は、地の文と会話・偈が、短い文章量で交替するが、陀羅尼や描像法などを説いて、事相的色合いが濃い。文末も命令形等、儀軌類に多い文末が採用される。巻第五の字輪品第十は、陀羅尼と加持法との記述が多く行者に対して語りかける指示的な文章となっているし、秘密漫荼羅品第十一は、偈の部分が圧倒的である。入秘密漫荼羅法品第十二は、九行ほどの短い文章であるが、七行を偈が占める。入秘密漫荼羅位品第十三は、地の文に分類すべき記述が他品に比べて多い。秘密八印品第十四は、陀羅尼の引用が多いが、その地の文の文末表現も、動詞命令形が出現する。持明禁戒品第十五・阿闍梨眞實智品第十六・布字品第十七は、偈が殆どを占める。会話文や偈を引用する際に使用される漢字「曰」、「言」などで会話や偈が引用されている箇所もあるが、有標である例ばかりではなく、

8、復(た)次(に)『秘密主諦(かに)彼の密印と形相と敷置する聖天(の)[之]位と威験現前と三昧の所起とを聴け』。是(返)(の)如き五者《は》往昔の諸佛の成(し)たまふ菩提法は界虚空の行なり。本所は誓願したまひて无餘(返)の衆生界を度脱(し)て彼の眞言門の菩薩の行(返)を修(する)諸の菩薩(返)を利益し安樂(待)(せ)むと欲(待)(るか)故

なり』とのたまふ。金剛手の言に是〈返〉(の)如(く)なり『世尊願樂(すら)くは聞(かむ)と欲《す》』。時(に)薄伽梵偈頌〈返〉(を)以(て)曰(く)。（大毗盧遮那経巻第五天喜六年点・一九ウ3）

右の例8は、偈があった直後の文章であるが、傍線の如く「聽け」の命令法が認められる。実は、無標であるが会話文が二つ含まれる。『』で示した部分で、この中に命令形の命令法が含まれているのである。大毗盧遮那経の漢文体の特徴の一つであろうが、こうした会話文を析出していけば、地の文は、極めて少ないのである。巻第三・五の文末に会話的色彩が濃いが地の文寄りであるのは、こうした漢文体の影響があろう。儀軌類と共に数量化して具体的に示す必要を感じるが、以下に掲げる問題と共に、後に俟ちたい。

概述した如く、本節に取り上げた大毗盧遮那経天喜六年点巻第三・五の文章構成は、比率として会話文・偈が多いと認められる。無標で地の文とも見える所をどう訓読するのか、これも、多資料での比較が必要な問題である。地の文に埋没したと思われる文の訓読語文末表現には、右に触れたように命令法が出現したりする。全体として捉えれば、会話文調の勝った訓読語が基調となっているように認められるが、数量的には、妙法蓮華経明算点の会話文末の体系よりは、やや妙法蓮華経明算点の地の文寄りに位置づけられそうである。

また、今一つの問題は、大毗盧遮那経の訓読語の基本的な姿勢を考えてみなければならない。事相書の訓読としては、儀軌類も同様に考えられるが、地の文と思しき部分に埋没して、命令法が出現したりする。この現象は、修法を行者（訓読者）に語りかけているとも捉えることができるものである。稿を改めて、事相書における訓読語の〝語り〟が如何なる構造を持ったものであるかの検討が残ったが、大きな課題であると自覚している。即ち、説話的に比較的端正な訓読語構造を採る妙法蓮華経の訓読における訓読語の〝語り〟と、事相関係の書の訓読語の〝語り〟とが、同質のものであるかどうかの検討は、是非行わねばならないと考えている。

おわりに

従来の漢文訓読語史研究において、極めて曖昧に扱われてきた大毗盧遮那経や妙法蓮華経の内部における訓読語の構造差と文体差の問題は、右の検討から明確な差が存するものであることが明らかになったと思われる。その差の出現する理由を解明することが今後の課題であろう。主として、助動詞や助詞という読添語のレベルでの語形が問題中に色濃いが、独り日本語の問題という訳では恐らく無くて、原漢文の構造分析と訓読語の〝語り〟を併せて行わねばならないことは、略説となったが、最終項に確認をした。

即ち、原漢文の構造差の問題と連動した訓読語の〝語り〟の方法と訓読語の関連、また、漢文の内容的資料性による訓読語の〝語り〟の解明を今後、積み重ねる必要があろう。

また、訓読語分析の方法論の問題があろう。当然、深化を求める必要があるが、本節に採用した方法は、文末最終一語の数量的な処理であった。現在、稿者は、文末表現も、文末一文節単位での研究方法を開拓する必要があると切実に感じているし、文末のみではなく、訓読語の読添語の分析の方法を開拓する必要があると思っている。課題は多いが、総ては、後考に俟ちたい。

注

（1）大矢透『仮名遣及仮名字体沿革史料』（明治四十二年三月、帝国学士院）。
大坪併治『訓点資料の研究』（昭和四十三年六月、風間書房）。

（2）大坪併治、注（1）文献。
（3）平成九年九月に閲覧申請が許されて閲覧移点した。本節の基として使用している移点本は、築島裕博士、花野憲道師、月本雅幸氏と共に分担移点を果たした資料を使用している。
（4）月本雅幸氏の直話による。
（5）本書第六章第一節。
（6）小林芳規『漢研』（昭和四十二年三月、東京大学出版会）。
本書第三章第三節においては、所謂、「位相」と言う概念だけで、記述されてきた博士家の訓読語を捉えきれるものかの反省を論じた。
（7）月本雅幸「大唐西域記の古訓法について」（『国語と国文学』第五十七巻第十二号、昭和五十五年十二月）。
この問題は、既に、本書第一章第一節にも触れた所である。
（8）本節に論述が重複する部分があるが、訓読法を通じて訓読語の質に迫ろうとする場合、意識的、意図的な体系指向の必要性があることは、第五章第二節においても説いた。
（9）本書第五章第二節。
（10）拙著『平安鎌倉時代漢文訓読語史料論』（平成十九年二月、汲古書院）には、医心方天養二年点の藤原行盛の訓点は、彼が新たに自己の読みを記したものであろうと推論した。また、天台宗で比較的規模の小さかったであろう、それ故に、一流派内での訓読語も、比較的伝承性が強いと考えられた寺門派内において、平安後半期に訓読語の変化があったことを論じた。
第一章第一節においては、寺門派の学的活動に多様なものが併存したことを論じた。
（11）「立体的な像描」と言う用語について、その概念的な内容の不明確な点、また、以下に掲げた拙論においては立体的には微塵も描けていない旨の御批判を戴いた。ご指摘の通り、実際の体系的な立体像を描ききることは出来てはいないと実感しているが、試論として、本書第五章第二節を公にし、一資料の文体分析を、段階的な単位を設定して、その単位が大きなものになるに従っての言語的イメージ―漢文訓読語基調―が抽象度をます状況を記述した。立体的と言うには、あまりに段階的かも知れない憾みが残る。また、平成二十一年度広島大学国語国文学会研究発表会においては、「鎌倉時代漢籍訓点資料における訓読語の個体史—三千院蔵古文孝経建治三年点本を例として—」の題目の下に、口頭発表を行った。この発表では、言語主体個人の漢文訓読語の個体史を問題にしたもので、幼少時に学習するべく定められた論語・孝経を題材として、童蒙学習時の訓点・訓読語の体系と、長じてからの訓点・訓読語の体系が異なったものであったことを指摘し、訓読語の社会的な通時的歴史の内に、訓読語主体の歴史（言語運用上の成長）が内包されていることを論じた。

（12）築島裕『平安時代訓点本論考　研究篇』（平成八年五月、汲古書院）。

（13）注（10）拙著では、医心方天養二年（一一四五）点における藤原行盛点、金剛頂蓮華部心念誦儀軌実範点などは、各言語主体によって初めて下された点であると論定した。

（14）注（5）拙稿。

（15）かかる解釈に対する反論は、いくらでも可能である。即ち、享受された訓点資料の訓読法は、無数に有りうる。その点での訓読語再現の揺れ幅は尋常なものではないが、一方に振れると表記されない無数の読添語が存したとする態度と、本節で取ろうとする、もう一方に振れる仮説として、必要最低限の訓読語が表記されたものと見なす態度も、当然存したと認めて良かろう。無数の読添えの可能性があるという批判もあろうが、取り留めのない日本語史研究不可能論に繋がりかねない。

（16）注（8）拙稿。

（17）注（10）拙著、第三章第一節。

（18）築島裕『平安時代の漢文訓読語につきての研究』（昭和三十八年三月、東京大学出版会）。

（19）山口佳紀『古代日本文体史論考』（平成五年四月、有精堂出版）。

（20）本節前半部。

（21）平成九年の調査時に巻第一を移点分担されたのは築島裕博士（平安後期点）と花野憲道氏（天喜六年点）であった。その移点本を拝借して、再移点を行なった本文を使って、先ず、巻頭の状況を記述した。

第四節　訓点資料における訓読語複層性の一様相

はじめに

訓点資料群は、平安時代の一等資料として日本語史の記述、考察には欠かせない資料である。平安時代の書写、加点になる資料である訓点資料は、多くの資料に奥書が存して、資料の年代が推定できることや、遺存の絶対量が多いこと、平安時代の各期に亘って残っていることなどの利点から、日本語の歴史研究の資料として重きを置かれてきた資料である。近年、その訓点資料の資料性が問われる所となり、その一つとして、訓点資料における言語の複層性・重層性が問題として取り上げられるようになった。

例えば、以下の如き場合が端的である。立本寺本の妙法蓮華経は、平安時代の訓点資料としては、極めて重要な資料の一つで、今までにしばしば取り上げられてきた資料である(1)。薄い紺地の料紙の同一紙面上に、極めて明瞭な白書の訓点と、朱点、墨点の加点が存する資料である。この資料には、奥書が存して、資料の成立事情を知りうる重要な手掛かりとなっている。その巻第五の奥書に従えば、白書奥書では、寛治元年（一〇八七）五月十九日に沙門経朝が、赤穂珣照聖人の訓点を白点で移し、定慶聖の音読点を（墨書によって）移点している。朱書奥書では、寛治二年（一〇八八）正月に元興寺明詮僧都（七八八〜八六八）の点を、赤穂聖人の読みとは異なるものについて、朱筆で移点したものである。この資料は、同一紙面上に、白点と朱点、また、墨点を、同一人（経朝）が移点したものであるが、その奥書によって、白点は、平安後期の赤穂珣照聖人の訓読語を伝えたものであり、朱点は平安初期（明詮）の法華経訓読の姿を移点したものであると識別することが出来る。奥書によって、加点事情、訓読語の出所が知られる恵まれた資料である。奥書がないとすれば、寛治頃の移点に関わる資料として、推定は可能であろうが、白書、朱書の訓読語の時代性は、不明とせざるを得なくなる。出所に時代差があることが認識されず、同一紙面上に同一人が加点した資料として位置づけられることとなる。(2) こうした時代的に異なった訓読語が、同一紙面上に加点されると、その訓点資料は、時代的な重層性を持つものとなる。奥書の無い資料、または、情報が不十分な奥書を持つ資料における時代的な重層性は、方法を講じねば、それを具体的に解明することが不可能である。こうした日本語史の資料としての質的問題性を持ち合わせた資料が存するであろうことが確かであってみれば、一資料における時代の複層性・重層性は、決して、見過ごすことが出来ない問題である。

以下には、立本寺本妙法蓮華経の日本語の年代の複層性・重層性とは異なる訓点資料における複層性・重層性の問題を取り上げて、実態を記述し、訓点資料の資料性について論じてみたいと考える。

一、東寺観智院蔵大毗盧遮那広大成就儀軌康平二年点本の資料的性格について

洛南・東寺観智院金剛蔵には、第二十九函第一号として、大毗盧遮那広大成就儀軌巻下一巻が所蔵されている。料紙は、紙高二十九・八糎の楮紙打紙で、これに界幅一・八糎、界高二十四・三糎の墨界が打たれている。巻首には、

欠損がある。現状で、表紙が存しているが、その表紙は後補のもので、江戸時代、延享三年（一七四六）頃に、賢賀の命によって某人が付したものと思しく、外題「大毗盧遮那広大成就儀軌下」は、賢賀の筆による。保存状態は、賢賀の修補の後のことと思われる虫損が進み、この類の訓点資料としては、加点された仮名の多い良質の点本とは認められるものの、判読しがたい個所も多く存する。

本資料は、四種の胎蔵儀軌の内、法全の玄法寺儀軌（以下、玄法寺儀軌と称する）に当たるものである。玄法寺儀軌は、平安時代を通じて、真言両流、天台両派ともに、広く読まれた儀軌で、現存の訓点資料数も多い。

本資料には、奥書が存して、以下通りである。

（奥書）（朱書）「康平二年（一〇五九）二月廿九日奉随別處阿闍梨奉始讀之」

（朱書追筆一）「同年三月六日奉讀之了但布字八印未奉讀之同學信齊（コノ下ニ朱書擦消）

廿三也（擦消）「此□經(?)ハ以□□房御本［　　］」

（朱書追筆二）「延久二年（一〇七〇）二月廿九日奉從於實相房奉讀從○布字八印已下悲愍而救護已上已了

僧覺□(意カ)記之」

（朱書追筆三）「持珠當心已下ハ延久二年八月八日奉從○別處奉讀之了」

（別筆）「延享第三丙寅歳（一七四六）五月十六日令

修復了

僧正賢賀春秋六十三」

この玄法寺儀軌には、五種の訓点が認められる。第一種の朱点は、仮名、ヲコト点（西墓点）で、奥書に対応した康平二年（一〇五九）加点の薄い朱点である。第二種の朱点は、この第一種の朱点をなぞった、濃い朱点で、その後に第三種の朱点として延久二年の奥書に対応すると認められる朱点が加点されたと認められるものである。この第三種朱点は、仮名の他、ヲコト点（西墓点）を用いて加点されていると認められる。この他、墨点が二種存している。第一種の墨点は、平安後期と思しきもので、仮名点を加えたもの、第二種の墨点は、院政期加点と思しき仮名点である。

奥書の「別處阿闍梨」「別處」は、未勘であるが、「實相房」は、天台宗寺門派の頼豪の謂いであり、「覺意」も、内閣文庫蔵三井寺潅頂脉譜に見える僧である。ヲコト点も、西墓点という天台宗寺門派所用のものを使用しており、本儀軌は、平安時代十一世紀、十二世紀頃の天台宗寺門派の訓読を伝えた玄法寺儀軌と見て差し支えないであろう。但し、奥書に従えば、覚意は、康平二年二月二十九日に、別処阿闍梨に従って、読み始め、康平三年三月六日に読み終わっているが、「布字八印」（玄法寺儀軌の一部を指す）は、未読であった。擦消の部分が問題であるが、「□經」とした部分は、「墨點」とも見える。「墨點」ならば、本儀軌に加点された墨点の素性に関するものと考えられる。また、「□□房」の部分が解析不十分で誰の本を指したものかが不明であるが、朱点の系統とは異なった別本からの移点と考えられよう。延久二年二月二十九日には、実相房頼豪に従って、「布字八印」から「悲愍而救護」までの部分を読み終わって、延久二年八月八日には、また、別処阿闍梨に従い、「持珠當心上」以下の部分を読んでいることになる。いずれにせよ、天台宗寺門派の訓読を伝えたものであろうが、内実が、一様かどうかが問題となる。他の天台宗寺門派の訓読を伝える玄法寺儀軌と比べると、内実は、複層的であるように認められるのであるが、具体的な実証は、次項以降に詳述することとする。いずれにせよ、平安後半期において行われた天台宗寺門派の玄法寺儀軌の一つの実態を伝えたものであることには間違いがない。

本東寺観智院蔵玄法寺儀軌は、以下の用例によって、知られる資料である。[3]

1、頂戴して珠を掌（訓）の内《う(ち)》（返）に盤《ワ(上)カ(上濁)ネ(平)テ(上)》　（以下、朱点には何も付さず、墨点は「」で表示する。以下同じ。）

とした、朱声点付き和訓が存すること、また、その他、

2、虎(訓)の皮(訓)の裙《モ「去」》あり。

3、右には劔を下《(し)も》には羂索、棒《ハウ》「上濁」、及(ひ)三股の叉《ヒ「上」シ「上」》を

4、恵の手もて指(訓)の峯《サ「上」キ「上」》(に)聚《アつ》「アツメテ」(め)て

5、妃(音)后(音)左右(に)侍《サ「上」フ「上濁」》らへり。

などの和訓の仮名に、墨声点が振られていること、

6、嚧《ア(平)ラ(平)ム(去)》(上)嘮(入輕)八

など、朱の声点も存する一方、

7、底《チ》(上濁)―也《ヤ》チ「上」ヤ「上」二合「上」、

など、陀羅尼の仮名にも、墨声点が存することで著名な資料である。

二、東寺観智院蔵大毗盧遮那広大成就儀軌の訓読と東京大学国語研究室蔵大毗盧遮那広大成就儀軌の訓読

右の東寺観智院蔵玄法寺儀軌と東京大学国語研究室蔵玄法寺儀軌巻下(第230冊第3号2)の訓読語を比較してみる。

東京大学国語研究室蔵玄法寺儀軌巻下には、以下の奥書が存している。

(奥書)文治二年(一一八六)丙丑卯月廿日伽佐郡於丹州普甲寺書了

同年五月廿一日三井平「×法輪」等院流壽光房(朱)「ニテ」従御口

御本賜受了卯月〇（朱）「十三四五」十六日受了　覺辨五十一

とある資料である。「壽光院」「覺辨」ともに未勘であるが、ヲコト点法より、院政最末期の天台宗寺門派の資料であると考えられる。

既に、旧著にて、比較の概要を示したことがある。(4) この東京大学国語研究室玄法寺儀軌巻下と東寺観智院蔵巻下との訓読を比較してみると、以下の特徴が認められる。

8、内-心に蓮華ヲ敷《シ》ケ［イ、蓮華敷「ヒラ」「ケタリ」］。（東寺観智院蔵玄法寺儀軌）

内-心に蓮-花敷《ヒラ》ケたり　（東京大学国語研究室蔵玄法寺儀軌）

の如き例が存して、東京大学国語研究室蔵本の訓読は、東寺観智院蔵本における墨書の訓読に一致する。東寺観智院蔵本に存する墨点に注目して、東京大学国語研究室蔵本の訓読と比較をすれば、

9、先《き》の佛（訓）、説（き）たまはく　是れ汝か勤勇《ユウ》（去）の曼荼羅なりと［イ、先（の）佛「ノ」説（音）（なり）。是（れ）汝（か）勤「去濁」勇「平」（の）曼荼羅「ナリ」］　（東寺観智院蔵玄法寺儀軌）

先《サキ》の佛（訓）の説（音）（なり）。是れ汝か《ち》勤（去濁）勇（平）の曼荼羅なり。（東京大学国語研究室玄法寺儀軌）

10、次の東の第一に（中略）忿怒月厭菩薩上を布け［イ、次「ツ」「イテニ」東（訓）「ヨリ」第一「ニハ」（中略）忿怒月厭菩薩「上」（を）布「シ」「下」「ケ」］　（東寺観智院蔵玄法寺儀軌）

次《ツ》イテに東（訓）より《?》第-一には（中略）忿怒月厭菩薩一を怖《シ》二ケ。（東京大学国語研究室玄法寺儀軌）

11、金剛牙《ケ》（上濁）［イ、牙《ケ》「去濁」］菩薩　（東寺観智院蔵玄法寺儀軌）

金剛牙（去濁）菩薩　（東京大学国語研究室玄法寺儀軌）

12、千の手［イ、手「訓」］に各（の）金剛の諸の器杖（上）（を）標《ト》リ持《ト》レリ［イ、標「ト」「リ」持「モ」「タリ」］。（東寺観智院蔵玄法寺儀軌）

千の手(訓)に各(訓)の金剛の諸の器(去)杖(上)一ヲ標《ト》二リ持《モ》三タリ　(東京大学国語研究室蔵玄法寺儀軌)

13、諸の衆生(返)の爲の故なり[イ、故「ニセリ」]。(東寺観智院蔵玄法寺儀軌)

諸の衆生(返)の爲の故にセリ、(東京大学国語研究室蔵玄法寺儀軌)

14、周匝して皆黄(去)-暉(平)なり。[イ、黄《キ》「ナル」暉《ヒカリ》「アリ」。]　(東寺観智院蔵玄法寺儀軌)

周-匝して皆黄《な》(訓)なる暉《り》(訓)あり。(東京大学国語研究室蔵玄法寺儀軌)

などの例のように、東京大学国語研究室蔵玄法寺儀軌の訓読は、概ね、巻頭より、東寺観智院蔵玄法寺儀軌の墨点の訓読と符合して推移する。

加点の粗密があるが、東寺観智院蔵玄法寺儀軌(尾題込、全五四二行)の364行目相当の部分の

15、風　空輪の上(返)に絞《マツ》フ[イ、絞《マツ》「ヘ」]　(東寺観智院蔵玄法寺儀軌)

風　空輪の上に絞へ。(東京大学国語研究室蔵玄法寺儀軌)

16、礫(入)石(入)衆(去)寶(平)を等(音)す[イ、等《ヒト》「シク」す]。(東寺観智院蔵玄法寺儀軌)

礫石衆寶を等く(す)。(東京大学国語研究室蔵玄法寺儀軌)

を最後に、以下、東寺観智院蔵玄法寺儀軌においては、墨点の加点が、極端に少なくなり、以降、異同の確例は、の一例のみである。東寺観智院蔵玄法寺儀軌には、364行以降の陀羅尼において、朱墨の異同が並記された箇所があるが、これについての東京大学国語研究室蔵玄法寺儀軌との比較は、東京大学国語研究室蔵玄法寺儀軌においての陀羅尼の加点状況から、困難である。

漢文部分について、右の例16の箇所以降に、東寺観智院蔵玄法寺儀軌には、

17、遍照(平濁)の眞言に曰《のたま》はく[イ、曰《イ》「ハク」]。(東寺観智院蔵玄法寺儀軌)

の朱点、墨点の並記例が存するが、東京大学国語研究室蔵玄法寺儀軌の同文箇所には、加点がない。

以上の状況から、旧著にも示した如く、院政期最末期の加点である東京大学国語研究室蔵玄法寺儀軌の訓読語は、東寺観智院蔵玄法寺儀軌における墨点系統の訓読を伝承したものであると認めて、大過ないのでは無かろうか。ただし、前述のごとく、東寺観智院蔵玄法寺儀軌において、前半には、墨点の加点が多いものの、後半部分に、墨点の書入が少ない状況が認められて、この点が問題となる。旧著においては、東寺観智院蔵玄法寺儀軌を一つの資料体として、同一質の漢文訓読語が現れた資料と位置づけ分析を行ったが、墨点の粗密の点からだけでも、この前提に問題が残る。この点については、第四項において詳述したい。

三、平安後期の天台宗寺門派における大毗盧遮那広大成就儀の異系統の漢文訓読語の並存

ちなみに、平安後半期の西墓点加点の玄法寺儀軌の訓点資料としては、旧著にも掲げた如く、石山寺蔵玄法寺儀軌久安四年（一一四八）墨点、院政期緑青点（校倉第九箱第6号）と随心院蔵玄法寺儀軌承暦二年（一〇七八）点（第二函第3号）とが存するが、この両本と東寺観智院蔵玄法寺儀軌の訓読の具体例を一部を対照すれば、以下の如くである。旧著には、異同の概数を掲げたが、具体的な訓読文における異同例は、

18、是の中にし(て)[イ、中《「ナカ」》「ノ」]鉢(去)頭(上)摩(平)あり　（東寺観智院蔵玄法寺儀軌）
是ノ中に鉢頭摩《サ》ケリ[イ、摩《ヒラ》ケリ]　（石山寺蔵玄法寺儀軌・墨点）
是(の)中の鉢に頭摩(せ)は　（石山寺蔵玄法寺儀軌・緑青点）

19、阿吒(上)吒の笑《ワラ》フ聲(訓)なり　(東寺観智院蔵玄法寺儀軌)
阿(上)吒(上)吒(上)して笑ふ聲す　(石山寺蔵玄法寺儀軌・墨点)
阿(去)吒(上)吒(上)笑(ふ)聲あり　(石山寺玄法寺儀軌・緑青点)

20、手「訓」に檀「去濁」拏《タ》(上濁)の印を持して　(東寺観智院蔵玄法寺儀軌)
手に檀拏ノ印を持《と》れり。(石山寺蔵玄法寺儀軌・墨点)
手に檀(上濁)拏(上濁)印を持(た)しめ(よ)。(石山寺蔵玄法寺儀軌・緑青点)

の如くで、それぞれに出入りが存する。

また、随心院蔵玄法寺儀軌と東寺観智院蔵玄法寺儀軌とを比較すれば、

21、内-心に蓮華ヲ敷《シ》ケ「イ、蓮華敷「ヒラ」「ケタリ」」。(東寺観智院蔵玄法寺儀軌)
内-心に蓮花敷《サ》ケリ。(随心院蔵玄法寺儀軌)

22、頻《ヒン》(平)眉「ミ」にして笑(去)怒(上)の容《カヲ》なり　(東寺観智院蔵玄法寺儀軌)
眉(上)「ヲ」頻「ヒソメ」メ、笑-怒の容《カタチ》なり。(随心院蔵玄法寺儀軌)

23、普花は風火差《アサ》ヘヨ。(東寺観智院蔵玄法寺儀軌)
普花は風と火と差「タカヒ」ヒニ(せ)よ。(随心院蔵玄法寺儀軌)

などの例があって、この二資料間にも、出入りが存する。

これらの現象を観察する時、平安時代後半期に、玄法寺儀軌の西墓点資料において、複数の訓読の系列があったと見なくてはなるまい。稿者は、金剛界儀軌を取り上げて、寺門派の複数並存した平安中期末、平安後期初の訓読の内、慶祚の系統の訓読が、部分的な変化は遂げつつも、伝承性強く後世に伝えられたのではないかと論じたことがある。(5)

この実態は、金剛界儀軌の場合にも述べた如く、玄法寺儀軌の場合に、平安後期に並存したいくつかの訓読で、後に伝承的性格を帯びて伝えられた訓読が、龍雲房慶祚の系統のものであるか否かの実証はできないものの、一系統の訓読が院政最末期に伝えられていた事実と符合するものと認めて矛盾はない。ただし、慶祚の訓読を雛型としてであって、隅々までの伝承が作り上げられたわけではないと今は考えている。つまり、時代とともに変化・変質したものである。

右の玄法寺儀軌の資料を比較するに、特徴的には、例えば、西墓点特有の濁音声点「▵」が出現するのは、東寺観智院蔵玄法寺儀軌のみであって、石山寺蔵玄法寺儀軌には、「▵」の濁声点は使用されないし、随心院蔵玄法寺儀軌にも「▵」の使用例がない。また、随心院蔵玄法寺儀軌には、他の西墓点資料には見られない、注音方式（漢字音の頭子音の清濁を区別するもの）も見られるところであって、これらの資料が、同一系統線上に位置づけられることはないと考えられる。即ち、平安後半期にも、活発な注釈・読解活動に基づく下点がなされていたと認められ、天台宗寺門派の玄法寺儀軌については、平安後半期、伝承的性格が生じると共に、祖点と言うべき下点も行われて訓読語が変わっていったものと解釈される。

ただ、右の様相が示す事情が今ひとつ明確ではないのは、資料資料の成立事情によるところが大きいのではないかと推測されるところであるが、奥書等に手懸かりが乏しく、状況を具体的に捉えることができない。石山寺蔵玄法寺儀軌の如く、宝幢院点加点資料に、西墓点の加点があることを考えれば、寺門派の系統の訓読が、比叡山上でも行われていたとみる余地があるし(6)、三井寺においても、複数の訓読の生成があったかも知れない。寺門派という流派に広げれば、三井寺以外の拠点が無かったわけではない。今は、平安後半期に、西墓点資料の玄法寺儀軌の訓読に、種々のものがあって、それらが多重的に並存していたという実態のみを記述、指摘することとする。

四、東寺観智院蔵大毗盧遮那広大成就儀軌康平二年点本における訓読語の重層

東寺観智院蔵玄法寺儀軌における、朱点に対する異訓である墨点の記載状況について、その概要は先に触れた所である。東寺観智院蔵玄法寺儀軌においては、その前半部分に屢々現れる、墨訓による異訓並記例が、364行目を境に、後半には極めて少なくなるという状況がある。今、奥書の内容に従って、巻初より「普世明妃真言」末の「娑嚩二合賀」（405行目）までと、「爾時薄伽梵」から「悲愍而救護」（512行目）まで、「持珠當心上」（513行目）以降、巻末までの三部に分かって、その部分部分に現れる言語事象を観察してみたい。最初の部分は、奥書との対応から、康平二年（一〇五九）に、別処阿闍梨から伝授を受けた部分である。第二の中程の部分は、延久二年（一〇七〇）に実相房頼豪から伝授を受けた部分であり、最後の三〇行ほどは、また、別処阿闍梨に従って伝授を受けた部分である。

以下、特徴的訓法を取り上げて、各部分の比較を行ってみる。最初は、並列の助詞「と」の出現状況である。最初の部分には、並列の助詞「と」の読添えが見えない場合が特徴的である。

24、外に叉へて拳(返)(に)作《つ》(り)て檀恵直く竪てて手に少分を交へヨ。進力頭圓《ハシマトカ》にして忍願竪てて相ひ合(訓)せよ。（東寺観智院蔵玄法寺儀軌）

とある部分に対して、他本の内、石山寺蔵玄法寺儀軌の墨点では、

外に叉(へ)て拳(返)に作(り)て檀と恵と直く竪てて互に少分を交(へ)ヨ。進と力と頭圓にして忍と願と竪てて相(ひ)合(せ)ヨ　（石山寺蔵玄法寺儀軌・墨点）

と訓読する。右は、印契法に関する結印における手指の列挙部分で、こうした身体部位の並列については、例外が認

められない。同様の例は、屢々現れて、

25、發生金剛部　金剛鉤（平）菩薩　手持金剛菩薩　金剛薩埵菩薩　持金剛峰《フウ》（平濁）菩薩　金剛拳（上）菩薩　忿怒月猒菩薩《上》「上」を怖《「シケ」》「下」け　（東寺観智院蔵玄法寺儀軌）

に対して、

發生金剛部と金剛鉤菩薩と手持金剛菩薩と金剛薩埵菩薩と持金剛峰菩薩と金剛拳菩薩と忿怒月猒菩薩とを布ケ［イ、布ケリ］。（石山寺蔵玄法寺儀軌・墨点［緑青点も助詞「と」の出現は墨点に同じ］）

の如くである。右、例25は、菩薩の列挙で、かかる例には、例外も存して、

26、婆（去濁）藪《ソ》（上）仙と仙の妃と阿（去）詣《ケイ》「上」羅と瞿《ク》（去）曇《トム》と及毗《ヒ》（上濁）（去濁）哩《リ》（上）瞿《ク》（上）仙とあり。（東寺観智院蔵玄法寺儀軌）

波藪仙と仙ノ妃と阿詣羅と瞿曇と［及］毗哩瞿仙とあり。（石山寺蔵玄法寺儀軌・墨点［緑青点も墨点と同様に、並列の助詞「と」の読添えがある］）

の如く、仙の列挙部分、また、天、龍王の列挙部分などには、並列の助詞「と」の出現が認められ、先の例25の場合と並存して、訓読法の揺れを示している。

「與」字に関する構文の訓読も、

27、風輪、火（返）與俱「訓」なり。（東寺観智院蔵玄法寺儀軌）

風輪と［與］火と俱なり。（石山寺蔵玄法寺儀軌・墨点）

の如くであって、先に分かった東寺観智院蔵玄法寺儀軌の最初の部分では、並列の助詞「と」の読添えがない。しかし、中程の「爾時薄伽梵」以降の部分では、以下のように転ずる。

28、眉間と咽（訓）と心（訓）と齊《ホツ》トニ　（東寺観智院蔵玄法寺儀軌）

眉間と咽と心と齊とに　（石山寺蔵玄法寺儀軌・墨点［緑青点においても、並列の助詞「と」の出現状況は、墨点に等しい］）

29、初と行と果と圓（去）寂となり。（東寺観智院蔵玄法寺儀軌）

初と行と果と圓寂とノときに［緑青点、圓寂となり。］（石山寺蔵玄法寺儀軌）

30、風と火との輪（返）を和合して　（東寺観智院蔵玄法寺儀軌）

風と火とノ輪（返）を和合して　（石山寺蔵玄法寺儀軌・墨点［緑青点も並列の助詞「と」の現れ方は等しい］）

東寺観智院蔵玄法寺儀軌中程部分においては、右三例のように、並列助詞を読添えるのが普通である。ただし、以下の例の如きものも存して例外に属する訓読法も認められる。この例外は、以下に示すように、文脈解釈が揺れ、石山寺蔵玄法寺儀軌では、異読の存する部分である。

31、礫（入）石（入）衆（去）寶（平）を等《「ヒト」》（音）「シク」す。（東寺観智院蔵玄法寺儀軌）

礫と［緑青点、礫ヲ］石と衆寶とを［緑青点、衆寶ニ］等（しく）せよ。（石山寺蔵玄法寺儀軌）

三分割の最後の部分では、言語量が少なく、体言の並列構文が認めがたくて、訓読法は帰納できない。

以上の並列の助詞「と」の出現は、最初の部分においては、例外があって揺れはするものの、読添えないのが普通であって、それに続く本文中間の部分では、普通に読添えられて訓読法上の対立を示していると認められる。

今ひとつの事例として、助字の訓読法を掲げてみる。「而」字の訓読は、本文最初の部分においては、次に示した如くである。

32、［於］劫灾（去）の火（訓）（返）に同「訓」して《「シ」》［而］三角の形「訓」を作くれ。（東寺観智院蔵玄法寺儀軌）

［於］劫灾ノ火に同せり。而して三角ノ形を作（訓）（れり）［ィ、作せり］（石山寺蔵玄法寺儀軌・墨点［緑青点

も「而」を文頭で「而て」と訓読する」）

右の例は、石山寺蔵玄法寺儀軌の訓読と比較すると、句読に違いのある例である。文頭の例としては、

33、而も［ィ、而「シテ」］黒蓮の上《へ》に在り。（東寺観智院蔵玄法寺儀軌）

而して黒き蓮ノ上に在リ。（石山寺蔵玄法寺儀軌・墨点［緑青点「而（し）て」と訓読］）

の例が認められ東寺観智院蔵玄法寺儀軌の朱点においては、接続詞「シカモ」が現れる。文中の例でも、

34、一目にして而も諦に観せり。（東寺観智院蔵玄法寺儀軌）

一目（にして）而して諦に観せり　（石山寺蔵玄法寺儀軌・墨点［緑青点も「而」の訓読は同様］）

35、専-請［ィ、専「訓」（に）請「音」］して而も教を受く。（東寺観智院蔵玄法寺儀軌）

専請して［而］教を受く。（石山寺蔵玄法寺儀軌・墨点［緑青点も「而」は、不読］）

36、更互にして而も相-加せよ［ィ、相「ヒ」加《「クハ」》「ヘヨ」］。（東寺観智院蔵玄法寺儀軌）

更互にして［而］相（ひ）加（へ）たり。（石山寺蔵玄法寺儀軌・墨点［緑青点も「而」字不読］）

とあって、石山寺蔵玄法寺儀軌の訓読と比較をすれば、東寺観智院蔵玄法寺儀軌朱点の訓読語の特徴が際だつように見える。また、文中例としては、

37、彼（返）に住して［而］法（訓）を説く。（東寺観智院蔵玄法寺儀軌）

彼《カシコ》（返）に住（し）て［而］法を説く。（石山寺蔵玄法寺儀軌・墨点［緑青点も「而」の訓読は同様］）

38、九執は二羽《「ウ」》（上）合して空輪竝へて［而］申へよ。（東寺観智院蔵玄法寺儀軌）

九執は二羽合（し）て空輪竝（へ）て［而］申フ。（石山寺蔵玄法寺儀軌・墨点［緑青点も「而」字不読］）

の二例が認められて、不読とされている。

やや冗長になったが、右が東寺観智院蔵玄法寺儀軌の三分割の内の最初の部分に出現する「而」字の全例である。用例数が必ずしも十分に得られないところがあって、これらから帰納して、「而」字の訓読法を記述することには慎重であらねばならないとは考えるが、その訓読法の特徴は、文頭、文中に「シカモ」訓が認められるところである。

三分割の中程には、言語量は多くはないが、以下の全八例が認められる。

39、本尊(返)を知り已《ヲハ》て本尊の如くして住セヨ。而して悉地を得《ウ》。（東寺観智院蔵玄法寺儀軌）

本尊(返)を知(る)こと已ナハ本尊(返)ノ如(く)して住して[而]悉地を得む。（石山寺蔵玄法寺儀軌・墨点［緑青点も「而」字、不読］）

40、而して醇《順反》(去濁)淨の水(訓)を服せよ。（東寺観智院蔵玄法寺儀軌）

[而]醇《順六》(去)淨ノ水を拭くせよ。（石山寺蔵玄法寺儀軌・墨点［緑青点も不読］）

右の二例は、句読が異なるところもあるが、文頭にあって「シカウシテ」と読まれる。

41、大因陀羅(返)に住して而して[於]阿(上)を観せよ。（東寺観智院蔵玄法寺儀軌）

大因陀羅に住せよ。[而][於]阿字を観(し)て（石山寺蔵玄法寺儀軌・墨点［緑青点も不読］）

42、一切の罪(訓)を焼-滅して而して身語意を生(音)す。（東寺観智院蔵玄法寺儀軌）

一切ノ罪(返)を焼滅(し)て[而]身語意を生《ナ》せ。（石山寺蔵玄法寺儀軌・墨点［緑青点も不読］）

例41・42は、文中例で「シカウシテ」と読まれている。

43、三角にして[而]光(訓)を具せり。（東寺観智院蔵玄法寺儀軌）

三角にして[而]光(を)具せり。（石山寺蔵玄法寺儀軌・墨点［緑青点も不読］）

44、遠く住して[而]礼敬し（東寺観智院蔵玄法寺儀軌）

遠(く)住して[而]礼敬す。（石山寺蔵玄法寺儀軌・墨点［緑青点も不読］）

45、恭敬して[而]遠《トホサカ》ル[之]。（東寺観智院蔵玄法寺儀軌）

恭敬して[而]之を遠《(と)を(さ)か》ラム。（石山寺蔵玄法寺儀軌・墨点［緑青点も不読］）

46、悲愍して[而]救‐護とせよ。（東寺観智院蔵玄法寺儀軌）

悲愍して[而]救護(せ)む。（石山寺蔵玄法寺儀軌・墨点［緑青点も不読］）

例43以下は、いずれも文中例で不読の例である。これら八例には、「シカウシテ」訓は現れるものの、「シカモ」訓が現れない。

三分割最後の部分は、

47、現前に[而]摩頂す。（東寺観智院蔵玄法寺儀軌）

現前(に)[而]摩頂す。（石山寺蔵玄法寺儀軌・墨点［緑青点も不読］）

48、菩提心(返)を思惟して[而]薩埵の身(音)に住せよ。（東寺観智院蔵玄法寺儀軌）

菩提心(返)を思惟して[而]薩埵ノ身に住せよ。（石山寺蔵玄法寺儀軌・墨点［緑青点も不読］）

の二例が現れて、共に不読とされて、用例が少なくその特徴が摑めない。

以上の「而」字の訓読には、用例は少ないものの、三分割の最初の部分と中間部分とには訓読傾向に差があるものと認められよう。

いま一事象を取り上げる。これも用例数が多いわけではなく、偶然性の支配するところかも知れないが、陀羅尼の例を取り上げてみる。陀羅尼においては、陀羅尼の音訳字に、諸種の注記が存する。反切注もその内の一つであるが、他に、声調を記したものがある。巻頭より三分割の最初の部分の陀羅尼の用例を、出現順に掲げてみる。なお、参照には、石山寺蔵玄法寺儀軌の墨点を掲げる。

49、賀(上)賀(去)賀引(上)、弱《サ》入(平濁)　（東寺観智院蔵玄法寺儀軌）

賀(上)賀(去)賀引(上)弱入(入)［イ、弱(平)］　（石山寺蔵玄法寺儀軌・墨点）

50、嚩(上濁)日(上)囉二合(上)素《ソ》(上)爾《シ》入(上濁)　（東寺観智院蔵玄法寺儀軌）

嚩日囉二合、素(上)爾《シ》入(上)［イ、爾《ニ》］　（石山寺蔵玄法寺儀軌・墨点）

51、惹《サ》入(上濁)［イ、惹「平軽」］娑嚩二合賀　（東寺観智院蔵玄法寺儀軌）

惹入(平)娑嚩二合賀　（石山寺蔵玄法寺儀軌・墨点）

52、哩《ニ》入(平)［イ、哩「入」「日反」］素《ソ》(上)娜《タ》(上濁)襄(上)、　（東寺観智院蔵玄法寺儀軌）

哩《ネ》入［イ、哩］素(去)、娜襄、　（石山寺蔵玄法寺儀軌・墨点）

53、苫(去)、惹《サテル》入(上濁)欲《ユ》(上)、　（東寺観智院蔵玄法寺儀軌）

苫《セム》［イ、苫《サム》］惹入欲《ユ》［イ、欲《ヨ》］、　（石山寺蔵玄法寺儀軌・墨点［緑青点は「惹(上濁)」］）

54、唵、阿上(平)瑟《シ》(上)［イ、瑟「主反」］吒(半音)二合　尾(上濁)孕《ユ》(上)二合　（東寺観智院蔵玄法寺儀軌）

唵、阿上瑟《シ》(上)吒(半音)二合　尾《ヒ》(平)孕《ネイ》(上)二合　（石山寺蔵玄法寺儀軌・墨点）

55、諾《タ》(平濁)乞(上)察《サ》(平)二合怛(上)囉(上)二合上毗《ヒ》(上濁)藥《ヤ》二合、　（東寺観智院蔵玄法寺儀軌）

諾《ナ》［イ、諾］乞察二合、怛囉二合上毗藥二合、　（石山寺蔵玄法寺儀軌・墨点）

56、儞《ニ》(上)寧逸反襄《タ》《ナ》(上)顊《ニ》(上)去曳(上)、　（東寺観智院蔵玄法寺儀軌）

儞《チ》［イ、儞《ねイ》］寧逸反、襄顊《ナ》去曳(平)、　（石山寺蔵玄法寺儀軌・墨点［緑青点は「寧頁」上声］）

右の例で全例であるが、陀羅尼本文割書の声調注記と合致する朱点の例は、例55の一例である。また、例52は、陀羅尼に対する割注は、「入」とあって、墨点は入声である。

続いて、三分割の中程部分では、以下の例が認められる。

57、嚩日羅二合被嚩ハ(上濁)ク(平)入　（東寺観智院蔵玄法寺儀軌）

嚩日羅二合被嚩(入)入　（石山寺蔵玄法寺儀軌・墨点［緑青点は「嚩」字、平濁］）

東寺観智院蔵玄法寺儀軌には、声点付きの仮名加点があって、韻尾は「ク(平)」となっている。更に、菩提心真言が掲げられる前に、七句三十三字があって、「入聲呼」の割注が存するが、東寺観智院蔵玄法寺儀軌には、いずれにも仮名が付され、韻尾は「ク」表記となっている。

58、欠《ケム》(去)、阿上(上)、［イ、阿「去」］、々「」　（東寺観智院蔵玄法寺儀軌）

欠(去)、阿上(上)、阿(去)、（石山寺蔵玄法寺儀軌・墨点）

59、阿去(去)吠《ハイ》(上濁)娜《タ》(上濁)、（東寺観智院蔵玄法寺儀軌）

阿去(去)吠(去)娜《タ》(上)、（石山寺蔵玄法寺儀軌・墨点）

60、薩(上)嘌《ル》(上)嚩(上)二合他(平)引上阿上(上)阿去(去)暗(去)惡(平輕)　（東寺観智院蔵玄法寺儀軌）

薩《サ》(上)嘌《ル》(上)嚩(上)二合他引上、阿上(去)阿去(去)暗(去)惡(平輕)　（石山寺蔵玄法寺儀軌・墨点）

右の如くの例が存する。この内、割書の声調表記と合わない例は、例60の「他」のみである。三分割した、最後の部分には、声調の割書注記が見あたらない。

陀羅尼における以上の用例によって、最初の部分（布字八印に至るまで）は、割書の声調と合わない例が頻出するが、中程部分（爾時薄伽梵から悲愍而救護まで、布字八印）では、割書の声調に合致する例が支配的である。この違いに、漢文訓読語の質の違いを見いだすことができるのではなかろうか。

以上、東寺観智院蔵玄法寺儀軌中の特に朱点の訓読について、石山寺蔵玄法寺儀軌の墨点を中心に参照比較として、相対的距離を捉えて見たが、その結果、東寺観智院蔵玄法寺儀軌を三分割した、最初の部分（別処阿闍梨の伝授部分）と中程部分（実相房頼豪の伝授部分、布字八印）の訓読語は、互いに、異なった訓読法上の特徴を示すことが明らかとなった。

かかる状況は、東寺観智院蔵玄法寺儀軌の訓読において、同一の一巻の別々の箇所の訓読法に統一性がなく、異なった伝授に伴って、異なった訓読法を各部分部分において実践し、それを記録したことに他ならない。

おわりに

以上、寺門派における玄法寺儀軌の訓点資料を取り上げ、その資料が内包する言語の複層性の問題を検討してきた。ここに取り上げた資料は、奥書によって、複層の可能性の予見と実際の解析が可能な資料であった。その複層性の実態の一端に触れたが、問題は、これらの転写された資料が、全くの一点、一具として後世に伝わることにある。即ち、ある意味で、各所、各所で訓読語が同一基盤ではなく、謂わば、訓読法上の齟齬を孕んだまま存在し、伝承されることである。訓点資料の資料的価値をいかに評価するかは、色々な角度から可能であろうが、一資料の全文が、同一の言語基盤に立たないものが存することの評価をしなくてはならない。即ち、訓読語が混交し、複層、重層している資料が現に存在する事実からの評価が必要であろう。量子力学の思想からの説明を加えれば、本節に示した訓読語の複層性は、加点者にしてみれば、脳裏には何れを選択しても資料への出現は可能であるという多重状態で存在していて、いざ紙面に訓点として定着される時に、多重状態の内の一つが選択されて現れるとしたモデルを考えてみることができるのではなかろうか。

漢籍の資料については、同文的箇所の比較から、博士家各家の訓読語の様相が論じられ、和文的な色彩を持つ博士家の訓読語、訓読調の強い博士家の訓読語などが、博士家の訓読法の特徴として帰納されている。(7)仏書についても、同様の同文的比較が試みられてきた。しかし、宗派流派の違いに従った、明確な様相としての訓読語の違いが、共時的にすっきりした形で整理され、示されて来なかったように感じる。仏家における宗派流派の伝承性の強弱には、検討を加えてきたところであるが、(8)同文的比較においては、あまりにも対応関係が多様で、それぞれの宗派流派の訓読語の特質を、抽象化することが、困難であったように思う。

この困難さの背景には、諸種の事情が考えられるであろう。右に取り上げた西墓点加点の平安後半期における玄法寺儀軌の訓読の様態を見ても、資料資料において、特徴的な異同が認められる。東寺観智院藏玄法寺儀軌では、特徴的には、仮名に対する声点が存した。随心院蔵玄法寺儀軌においては字音における頭子音を区別した声点が加点されていた。石山寺蔵玄法寺儀軌には、相重なり合わない二種の西墓点の加点が存した。これらの状況を俯瞰するに、平安後半期において、一通りの伝承性の強い訓読が伝承されていたのかもしれないが、実際に訓読者の脳裏にある多重状態からの一つが選択されて下点され新たな訓読法の資料が生まれていたことに他なるまい。

また、右に整理、検討を加えてきた実態に、以下のような理由が存在するのかも知れない。即ち、伝授における各師による各師の訓読法の異同が、訓点資料に、直接的に生々しく働いており、その伝授の様態によっては、例えば、一資料の伝受を部分に分かって数師より受けた一点、一具の資料中に、さまざまな師の、さまざまな層の訓読語が入り込んで、一点、一具としては、統一性のない訓読語の並存の状態を醸し出して、それによって訓読法の統一的説明が困難になった場合もあろう。

右のような実態に対する評価として、平安後半期における新たな祖点の形成の問題と共に、右の様な取り合わせ的訓読が、新たな訓読語資料を生成していたことでもあると認められよう。

平安後半期に、訓読語の複層、重層によって、新たな言語事象が生まれた可能性は、大いに高いものであると評価できよう。

注

（1）広浜文雄「妙法蓮華経巻第四の訓読文（その一）」（『訓点語と訓点資料』第一輯、昭和二十九年四月）
築島裕『平安時代訓点本論考　研究篇』（平成八年五月、汲古書院）第三部第二章
同「妙法蓮華経における明詮の訓説の伝承をめぐって」（『訓点語と訓点資料』記念特輯、平成十年三月）
門前正彦「漢文訓読史上の一問題（二）―「ヒト」より「モノ」へ―」（『訓点語と訓点資料』第十一輯、昭和三十四年三月）
同「立本寺本妙法蓮華経古点」（『訓点語と訓点資料』別刊第四、昭和四十三年十二月）
小林芳規「訓読法の変遷―平安時代の妙法蓮華経古点本を例として―」（『漢文教育の理論と指導』、昭和四十七年二月、大修館書店）
同「妙法蓮華経訓読史叙述のための基礎作業」（『訓点語と訓点資料』第九十輯、平成五年一月）
同「「乃至」の訓読を通して観た漢文訓読史の一原理」（『小林芳規博士喜寿記念国語学論集』平成十八年三月、汲古書院）など。

（2）白点、朱点の年代性について、そこに現れた言語事象、例えば、朱点には、副助詞「い」が出現するとか、「者」字に「ヒト」訓があるとか、平安初期の訓読語の特徴が出現することをもって、平安初期の訓読を伝えたものであろうと推定する道があるようにも思われるが、循環論に陥る危険性が存すると考えられる。

（3）古くは、中田祝夫博士によって、最古の仮名声点であると説かれたこと（『国語学辞典』「声点」の項、昭和三十年八月）もある資料である。
築島裕「仮名声点の起源と発生」（『金田一春彦博士古希記念論文集第一巻　国語学編』（昭和五十八年十二月）

（4）拙著『平安鎌倉時代漢文訓読語史料論』（平成十九年二月、汲古書院）において、本稿に取り上げた東寺観智院蔵玄法寺儀軌の訓読語と、東京大学国語研究室蔵玄法寺儀軌の訓読語について、簡単な比較例を掲げ、異同の概数を示したことがある。本論の趣旨と重複するところがあるが、行論の都合上、旧稿に比べて、比較例の例文を長めにとって、同種の比較の行い、論述を進めた。

（5）拙著『平安鎌倉時代漢文訓読語史料論』（平成十九年二月、汲古書院）第六章第一節。

（6）例えば、一〇世紀末より一一世紀に掛けて、天元元年（九七八）には、餘慶の法性寺座主補任に関して、永祚元年（九八九）には、餘慶の天台座主補任について、山門寺門の抗争があり、また、勝筭は、両門の抗争によって、比叡山を退去しているし（三井寺灌頂脉譜）、長暦長久頃、明尊の天台座主の補任を巡って、また、三井寺の戒壇建設について、山門の衆徒が騒ぎ、騒動があったりしている（本朝高僧伝他）。現存の西墓点資料の奥書に屢々現れる三井大阿闍梨龍雲房慶祚（九五五～一〇一九）も、餘慶の天台座主補任の山門・寺門の衆徒の騒動で正暦四年（九九三）八月、比叡山上にあったが、朋輩を従えて、一度は、岩倉大雲寺に転じて、三井寺に入ったなどの経緯がある（元亨釈書）。比叡山上には、「百光房」「山王院」はじめ寺門派の拠点がいくつかあったようで、内閣文庫蔵三井寺灌頂脉譜を検すると、勝算以降、

〇明尊〈山王院〉　〇心譽〈延暦寺快公法印舎弟〉　〇明肇〈百光房〉

〇慶暹〈百光房〉　〇頼豪〈於山王寶前賜寶物印信ー〉

などとあって、山上との関係が認められる。抗争上の問題はあるものの、寺門派の山上での活動が、抗争と連動して断続的に行われていたと見ても、矛盾はないように思われる（本書第一章）。

（7）小林芳規『漢研』（昭和四十二年三月、東京大学出版会）。

（8）拙著『平安鎌倉時代漢文訓読語史料論』（平成十九年二月、汲古書院）。

第五節　漢文訓読語史研究における同文比較法の陥穽

はじめに

稿者は、近時、漢文訓読語の訓読語基調（言語としてのイメージ・〝らしさ〟）という捉え方を問題にしつつ、量子力学の言う多重性を含有した訓読語基調なる概念が成立しうるのか否かの検証の為の試論を展開している（本章、第六章第四節）が、不安定に抽象度の高い概念設定で、内包に揺らぎがあること、外延の明確ならざること、素描の実践が不十分な事の憾みがある。〝訓読語基調〟と言う視座が立ち上げられるか否かは、まさに検証の最中であると告白せざるを得ない。こと近代の小説の、所謂、〝文体〟なるものを取り上げて、誰々的文体と評されることがある。研究主体の主観的印象批評ではあろうが、このことからすれば、歴史的に遡っての実際の実証的証拠があるわけではないものの、漢籍は当然、仏書訓読語の世界でも、何々的訓読語なる印象（＝認識または意識）が形作られていたと夢想して推論（＝研究における作業仮説）を立てても、これを実証的に退けることができないであろう。

また、漢文訓読語の内実を理論的に考えてみると、訓読表現の主体である加点者にも、また、加点された資料を訓読することばの受動者にも、脳裏における訓読表現要素は多重状態であると見ざるを得ない。即ち、訓読行為における用語の選択は、複数多重の内から、紙面に下点される時に語形が選択されるものであろうし、訓読され訓点の付された訓点資料を理解する理解行為においても、多重多様な情報が脳裏にあって、その中から紙面に現れている語形に相当するものを選択、理解していると見なければならない。

漢文訓読語史研究においては、〝演繹法〟なるものに対する忌避が有った。端的には、仮説的理論の検証においては、仮説的理論に縛られた研究者のパラダイムが先行して、歴史的に過去の人間の〝概念的な枠組み〟をあるがまま、そのままの姿に描き出せないのではないかという批判である。確かに、演繹的方法によって仮説を検証しようとする場合、言語事象の方を、仮説に引きつけて解釈する危険性を全くは、否定できないであろう。稿者は、そこが人間学の人文科学たるところで、自然科学とは大きく違うところであると考える。自然科学では、演繹的理論研究も、実験的実証研究も価値的には等価であると捉えているように思われる。

そもそも、歴史的研究である日本語史の研究は、帰納法をもって意義あるものと評価されて来た節がある。所謂、帰納法的実証研究によって導きだされて来た姿は、〝事実〟であったとして歴史に位置づけることが行われ、ある種の人々には、「言語〝事実〟の記述的解明が最終目的で、帰納法を持って辿り着く先は、事実として動かぬ言語の実態である」、「言語〝事実〟の措定を目指すべきが、日本語史研究のあり方である」、とする日本語史研究に対する研究的価値判断が信奉されて来た向きがある。

帰納法的証拠に基づいて論を組み立て、〝言語事実〟だと帰納される研究は、今まで積み重ねられ、確かに存在して、また、その成果も意味ある研究であるには違いない。しかし、そうした帰納法的研究至上主義の陥穽なるものに対する反省が、漢文訓読語史研究において、謙虚に行われて来たかと言えば、無論今までの稿者自身にあっても、念頭にすらなく、そうした陥穽に対する認識は微塵も持っては居なかったように顧みる。

切り捨ててきた思考。例えば、現存の資料自体が偶然の産物なのである。偶然に遺存した資料を以て描いた日本語史は、果たして、真実であろうかとの問いは顧みられず、無意識とも言える前提で、切り捨てられている面が多かったのではなかろうか。一面の事実であったろうとは思うが、それが真実の総てであろう筈のないことは、さほど思索を巡らすことは無くとも至る結論である。ただ多くは、帰納法的に反論する証拠が、偶然にも残されなかった、とする事態を想定することに稿者自身も横着であったのかも知れない。

帰納法、アブダクション、演繹法と呼ばれる三種の思索の道筋があるとされるが、実は、これらは、研究を歩み出す時の踏み出し方の問題であると稿者は認識している。帰納法的に足を踏み出すか、演繹法的に足を踏み出すかの違いであって、対象がある一コーパスであってもよいが、諸事象に従った帰納的判断を導き出すことから始めるか、仮説的言語理論の実証を演繹的に行い始めるかの違いであって、一研究（論文一篇ほどの規模を想定する）の展開には、右の三種が同時に含まれていると考える。帰納法からの歩み出しを考えれば、言語現象の記述的研究、「言語〝事実〟の措定を目指すべき云々」等である段階は、帰納法的に行われるものであろう。この帰納の結果に従って、謂わば、経験則的に記述された言語現象の底流がなにであるのかを導きだそうとする場合は、アブダクション（＝実態の多様性から仮説を導きだそうとする〝思いつき〟）として原理原則が求められる必要があろう。試行を繰り返して、そこから、法則性が組み立てられれば、その法則性を用いて、演繹的に同一コーパスに返してのスパイラルな実証的点検などが行なわれると考えられる。但し、これらは、規模の大小は有ろうが、三種の方法は、一研究において常に螺旋的に、あるいは、間断なく展開して、思索が深められている筈で、共存していると認めるべきであろう。演繹法的に踏み出しても同様に、三種の思索は、言語現象との間で、螺旋的に間断なく深められて行く筈である。また、一研究には、歩み出す大前提と言っても良い部分で、必ずアブダクションが存在する。右の一研究は、研究者の連続的な思考活動の一部である。先行する思索や、試験、経験によって立てられる〝思いつき〟から発する。一研究者の研究は、研究史に裏打ちされたものであろうから、研究者の個体史としての研究の初発においてさえ、複数の研究者の思考過程の結果に学んだアブダクションが存するはずである。

本節は、いままでの雑文と同様に、試論の域を出ないと自覚するもので、あるいは、気付き程度を出ない、批評の対象にもならぬ文章であるかも知れない。従来、漢文訓読語史の方法論としてその説得力が認められ、広く援用されようとして来た同一の書物の複数の訓点を比較して、その差から〝訓読語基調〟、即ち、訓読語の特徴的イメージを導きだそうとして来た、訓読文の同文比較法に対する方法的問題点を取り上げて、大方の批判を、特に、新進の研究者からの批判を仰ぐために以下に文章化してみることとする。

一、帰納法的研究神話について

日本語史研究の評価の一つの尺度に、「実証性の高さ」なるものがあろうと思われる。実際の証拠を掲げての言語事実なるものの、客観的記述の完成度の高さに関する批評的価値判断である。

いま問いたいのは、漢文訓読語史研究における、こうした帰納的実証研究と言われるものの、客観性なるものである。日本語史が人文科学の枠組みの中に存する限り、学問的探求の方向は、人間の内側に向かう。日本語史の研究が、歴史的研究である以上、研究は歴史的に存在した人間の内側に向かうものであろう。が、そうした歴史的人間の内側に向かう探求が、普遍的な〝人間の真実〟を捉え得るものならば、外界からの観察者である研究者たるものの、その内側の真実をも描くはずである。それは、研究主体として日本語史の姿に関わろうとする、稿者自身の内的な問題でもある。稿者が、漢文訓読語史研究に主体的、積極的に関わろうとする理由は、実はここにある。

他の人文科学と同様、日本語史研究においても、客観性を保持した実証研究のために、方法論の深化が求められてきた。確かに客観性がある程度保証された研究が目論まれ、その客観性を目指しての方法が展開されて来たものと評価できよう。しかし、その目指される客観性なるものは、完全に果たされうるのかと言えば、極めて頼りないものであると言わざるを得ない。

次の文章は、反定立でもなんでもないが、帰納法的研究の本質は、即、主観的、観念的、また、独我的研究である。日本語史研究者は、深くこのことを自覚する必要があるのではなかろうか。

この常識に属するともみえる認識の構図を、ともすれば、見失って来たのがこれまでの漢文訓読語史研究の歩みでもあったように反省する。

贅言になることを許して戴き、少し具体的、比喩的に記すことにする。帰納的実証研究の目論む客観性は、その方法が徹底できない壁があると言う事である。ある言語的な真実に迫るべく、そのベールを客観的方法を以て一枚一枚剝ぎ取るとする。このベールの剝ぎ取りでさえ、いくら客観的方法を駆使して核心に迫ろうとしても、人文科学においては結局、「澱」のような揺らぎが残らざるを得ない。例えば、漢文訓読語研究の世界を例にとるが、ある資料を解析する場合、ヲコト点を手懸かりに言語資料としての定位を目指す時には、具体的な音節音節に置き換える作業に、研究者の推定、解釈の入り込む余地―と言うより、主観混入の事実がある。これが即、研究者の主観的解釈である。仮名表記の語については、ヲコト点よりも蓋然性の高い形で音節に置き換えることが出来る。即ち、ヲコト点よりは、相対的に確度の高い蓋然性に拠って語形レベルまでを再現することが可能である。しかし、この可能性は、一字一字の片仮名の字形に対する研究者の経験的解釈に基づいている訳で、従来この点に無意識的であったと気付くべきであろう。相対的にはヲコト点による言語の再現よりも片仮名による言語の再現が、蓋然性は高いとしても、観察者である研究者の認識―解釈―が介在する限り、「澱」のような主観性は排除できない。

ただ、人文科学の場合、この「澱」は、観察者である研究者の個性と置き換えることが出来よう。今更、ここに説くべき必要はないかも知れないが、人文科学の場合、この個性をもって、人間の普遍的な個性に―普遍的個性というのが、パラドックスであると言われるのなら、人間存在の本質に迫る手懸かりに―他ならないと位置づけられるように考えられはしまいか。多様なる個性と言うものの漠然とした拡がりを、客観的手法によって追い詰めた後に残るその「澱」は、己を脱して、人間の本質に迫るものと考えて初めて、そこに人文学の、人文科学の、人間学の存在理由があろうと思われる。人間学においての、最終的に客観的方法では排除できない〝主観性〟の存在は、実は、人間学の、究極的、最深部の拠り所、人間の本質に迫るカギでもあるのではなかろうか。果たして、日本語史研究における漢文訓読語史研究が、真実・真理に迫った研究であるかどうかの評価は、実は、最終的には、哲学的思惟に委ねざるを得ないことに気づかされるのである。

帰納的実証研究なるものが観念的であるというのは、歴史的日本語（あるいは、現代語においてさえ）での純粋共時論は成立し得ないというのが理由であるし、純粋通時論も成立し得ないと言う理由からである。即ち、残存資料が偶然であるという逃れがたい事実があるからである。歴史的日本語研究の共時態の設定という、そのことがある種、重大な矛盾である。共時態は、時間的幅を持たないはずであって、何年かの時間的開きまでを同一共時態と設定する、そのこと自体が、実は、共時研究を名乗るには矛盾を内包する。何年までは良いとか言った主観的程度差の問題でないことは当然であって、現実の資料の残存状況においてそうした仮設をせねば、共時的研究なるものが出来ないという現実主義的反論もあろうが、それに対しては、先に述べた如く、現存資料そのものが偶然性に支えられている以上は、本質論として、純粋な共時論はあり得ないと自覚すべきであろう。

他に採るべき道はなかろうから、現実主義にしたがって、今までの共時論を否定し去る訳ではない。しかし、平安時代和文資料の校訂本なるものが観念的存在であると自覚するのと同等に、資料の偏在する歴史的な共時的研究が、観念によって補われ、成り立ってきた観念的共時論であったことを自覚すべきであると言いたいのである。

通時的研究においても同様である。連続した時間を埋め尽くすべき資料の分布は、当然ながら期待できない。先の共時論と同様、何年の開き以上は通時論的資料として位置づけ、通時論として許されるとか言う主観的程度の問題では当然無い。即ち、今更敢えて説くことも無かろうが、共時論にせよ、通時論にせよ、残存資料の現状を元に、突き詰めたところにあるのは、欠落をもった現存資料の分布しかないと言う現実を、素直に認めるところから出発すべきであると主張したいのである。この乗り越えがたい資料的欠落は、今まで、日本語の歴史研究においてどのように扱われてきたかと言えば、共時的な不足や通時的な欠落を、観念的推論によって、埋めてきたのではなかろうか。漢文訓読語史研究における帰納法的研究なるものが観念論であると言うのは、この点を指した評価である。

また、帰納法的実証研究至上主義者にとっては、確たる実証的証拠が存在しない、つまり、個たる研究者が存在を認識出来ないから存在しないと言う観念論―独我的世界観―も当然存在する。例えば、親本の訓点を移す「移点」と言う言語的営為の問題に例をとれば、平安後半期十一世紀になって「移点」なる用語が奥書に現れ、それ以前には「移点」の使用例は発見されていない。「移点」と言う〝ことば〟が存在する以上、実態は有った訳である。概念の備わった〝ことば〟の形としては残っていないが、現在に残された訓点資料の実態から、平安中期には移点が行われていたと見て矛盾のない複数の資料が指摘されている。この証拠としての指摘が、帰納法的証拠なるが故に、漢文訓読語史研究の研究者の発想を、必要以上に縛って来た。帰納法的証拠のない世界は、現在の我々から見れば、総ての可能性を内包した量子力学に言う多重的言語世界であったと見るより他はない。この偶然に残った証拠をどう評価するかは、研究者の判断によろうが、移点という言語営為の証拠として最も古く指摘されるのが平安中期資料で、また、人々が概念として〝ことば〟の形で分節化し、認識していた言語行為の最古のものが平安後期の資料なのである。この証拠は、これ以前に「移点」と言う言語行為が〝行われなかったこと〟を指し示す証拠ではない。推論に走りすぎるとの批判があろうが、平安初期において、例えば、本書に度々記して来たが、童蒙が漢文訓読（語）を習得する過程に、師の（訓点）資料を写す行為が無くて、どのような教育が行われてきたのかと言う疑問に、果たして、納得のいく答えが用意できるだろうか。即ち、移点と言う営為が、存在した可能性と、存在しなかった可能性とは等価であると見なければならない。

このことは、自然科学においても同様で、古典物理学においても、観察者が居り、データの解析をする研究者の認識が存在することが問題となる。また、ある物理量を測定しようとした場合、測定器具が観測対象に影響を与える――例えば、温度測定の場合の温度計は、観測対象に差し入れることによって、対象の温度変化をもたらす――が、これらは、計算によって本来の物理量を推論できる。即ち、古典物理学の場合は、外界諸現象がある一定の形をもって実存することが前提であった。

量子力学においては、電子や光子は、波動（更には、中性子また、原子、C_{60}さえも波となって干渉することが明らかにされている）と同時に粒子として存在すると考えられているが、二重スリットの実験装置による二次元検出器を介すれば、実際に観察される一電子の姿は、一粒子として到達点予測不能で――確率として――しか観察されない。これらに対しては「多世界解釈」が行われたりしている。即ち、量子力学においては不確定性原理と言うものが存在して、観察は、観察する側（研究者）と観察される側（観察対象）とが相互作用をなして、一つの結果を生む営為であると考えられている。あるいは、一光子や一電子の帰納法的観察は、確率論的な本性と結びついたもので、物事の本質の極めて狭い一点をしか捉え得ないものである。稿者は、パラドキシカルな解釈が出来そうであっても、可能性全ての〝有〟を含んだ実存―「唯識」的、「禅」的とでも言うべき実存（世界観）―があると考えるが、今は、この問題には深く入らない。

自然科学における帰納法的研究は、主観的、観念的研究の域をでないと見るべきものであると言うことは、稿者がたまたま手にした書で、カール・ポパー（Sir Karl Raimund Popper）は、述べている。(1) また、カール・ポパーは、帰納法的研究は、独我的研究であるとも言う。この場合、帰納法的研究の過程を、前提となる初頭の基礎実験の段階から追試しなければ認識が成立せず、自己の帰納法的探求を満足せしめぬような懐疑主義を指したものであろうと稿者は理解している。そもそも人文科学研究は、あるいは、人文科学に限らず研究である以上は、根底的に独我的なのであろうと思惟するが、この帰納的実証主義が、懐疑的な独我論であると言う把握を、現在の漢文訓読語史研究に対する批判的観点より当て嵌めてみれば、最たるものとしては短絡的な原本実見至上主義などがそれに当たるのではなかろうか。第三章第三節にも記したところであるが、閲覧調査が許され、その機会が求められるのであれば一も二もなく原本調査をし、研究者の責任において原本を精査し、その調査結果（実は、その調査が主観的なものであることは右に説いた通りである）を基に立論すべきであるのは当然のことである。理想的基礎資料の確定は、かかる研究行為を目指すべきであること、この事が研究の理想的な姿であることを疑うつもりは毛頭無い。

注意すべきは、かかる理想的調査によって収集した資料を基に作成された翻字本文や訓読文などに対しての批判の有り様で、これを問題にしたい。他の研究者の研究に対する批判はあって当然であるし、研究するものの義務でもあろう。しかし、自己の研究（調査認識）のみに対する絶対的信頼―独我―だけが存する批判は、独我的懐疑主義以外の何ものでもない。確かに、個としての認識がある以上、無意識に独我的認識は存在して、否定のしようがないことは、先学の説くところである。(2)即ち、他者の研究に対する批判の原点は、その独我的批判より生じるものであろうが、その独我的批判より一歩も出ない懐疑に終始しての他者への必要以上の批判、その批判の態度の反省が必要なのではなかろうか。また、かかる独我的姿勢は、悪質なる〝権威主義〟に繋がるものでもあろう。

複製資料や訳文等の存在自体、あるいは、それらの資料に依拠しての研究に対しての、先入見としての懐疑的全面的否定論に関しては、第三章第三節でも批判したところである。漢文訓読語史研究における帰納法的研究の本質が、実に、主観的、観念的であるという極めて初歩的認識が容認される基本的で本質的な立場からすれば、独我的な他者の研究への実際の追試を果たさぬままでの懐疑的批判は、正に独我的権威主義以外の何ものでもないのではなかろうか。

いささか理屈っぽくなったが、稿者の言わんとするところは、一つには、他者の研究に対する批判のまなざしの持ち方の問題である。現在の漢文訓読語史研究における逼塞感の存在は、右に述べた人文科学の本質に対する誤認、あるいは、帰納的実証研究に対する至上幻想が根源にある様に感じるからである。

日頃、私淑して止まなかったT博士の直話で、ご自身は「学問研究不完全論」または「学問研究不完璧主義」者であると話されたことがある。当然、研究上で意図的に、所謂、不完全とか不完璧とかを目論む訳ではない。自己の目標は、揺るがぬ完成されたものとしての研究を狙うが、〝人間〟なるが故に、事後果たし得なかったことを素直に受け入れ、認めるべきだ、との言だと解している。批判対象たる自己の、あるいは、他己の産物が、正しいとか、間違っているとかの、正誤と言った二元論的な次元の低いレベルの評価、批判ではなく、残った論文や業績は、その時々の人間の営為の産物だと捉えるべきで、そこにある、所謂、誤謬と見えるものは、研究主体の主観の揺らぎであったり、観念的推論の産物であったりする。研究は、独我的批判が出発点における基本的性格として存するのであると捉えれば、その研究業績自体が人間学の研究対象となる研究文化財にほかならない。また、公にされる論文・業績が、〝ことば〟の真実を抉り正鵠を射たもので、完全完璧なものであるなら、日本語史研究なるものの、ここまでの長きに亘る研究史が構築されて存在する訳がない。

「真実には、謙虚に向かわねばならない」とは、良く耳にする言い回しであろうが、稿者自身を含めて、どれだけの研究者が、自己に対しての事の重大さを認識して行動規範にしているであろうか。即ち、前にも述べた、他者の研究に対して評価を与える時にである。

漢文訓読語史研究では、独我的懐疑論たる〝原本実見至上主義〟の蔓延のために、研究のあるべき本質が曲げられてきた歴史があろう。

この弊害は、自己の研究の依拠資料（具体的に、移点までを自己の責任において完遂した資料に拠ったのか、原本瞥見の機会を得、以後の研究は専ら撮影された資料に拠ったのか、あるいは、写真複製に拠ったのかと言った依拠資料の質）を明確にせぬままの論が横行することに直結するのである。稿者自らの反省も含めてであるが、原本に対する接し方の如何を問わず、見たか、見なかったかと言ったアリバイ的言辞を頼り、調査の質の問題を措いて、単なる瞥見したという事実だけに寄り縋ってきた如くであったのではなかろうか。実見が困難な資料について、自身が実見した事の特権的優位性を示し誇示せんがための権威主義、自己矛盾さえも一向に、念頭にない思考の粗さ、無神経さが学問を歪めて来た様に思う。それ故、複製資料、撮影写真の利用に敢えて触れないという依拠資料の秘匿が公然と行われても来たろう。帰納法的原本実見至上主義の横行は、あるがままの漢文訓読語史研究の質的な矛先を鈍らせて来たし、時には研究者の成長をも大きく阻害し、あるいは、研究者としての将来を潰して来た様にも思われる。

以上のような偏重した〝帰納的実証主義〟に対する認識があれば、他者の研究に対する批判の有り様もおのずから明確になる筈であって、単純、短絡的、感情的な批判はできない筈である。

二、漢文訓読語資料の日本語史料としての否定論について

漢文訓読語史研究の主たる対象資料である訓点資料は、当時の日本語としての再現が、先にも述べた主観の差し挟まれる部分の大きさによって、日本語史の資料たり得ないとか、かかる主観性の強い資料に拠った漢文訓読語史研究自体が日本語史研究ではないという批判がある。

訓点資料を使った漢文訓読語史は、言語表現として先行する原漢文があるが故に、純粋日本語ではないという理由から、日本語史研究ではないとする立場がある。

変体漢文研究にも同様の憾みがあって、一音節ずつの言語の再構成が出来ないが故に、日本語資料たり得ないという立場がある。大量に出土する木簡の言語などに対して、万葉仮名文書はともかく、変体漢文資料は、日本語史研究の資料たり得ないと言う否定論もある。同様に、記録類についても否定的言辞が行われている。

ならば、かかる批判の向きに問うとすれば、例えば、平安鎌倉時代の日本語を考えるべき資料としてはなにがあると言うのであろうか。平仮名漢字交り文とか、片仮名交り文であろうか。あるいは、極論としての平安鎌倉時代日本語の史的研究不可能論なのであろうか。

日本語史研究完全不可能論に対しては、今、記述すべき明確なことばを持ち得ないが、日本語史研究が人文科学として成立し得るのだろうと考えられる根拠は、実に、人文科学が人間の内側に向いた研究である事に由来しよう。非

常に個人的なところから出発して、人間の普遍的問題を考えようとする学問であると思っている。往々にして与えられた既成の学問的カテゴリーから歩みだし、進化してスクラップし、更にビルドして行く、その研究者個人の最初の選択の客観的な理由など無いのではないだろうか。つまり、〝心惹かれる〟から始めるのである。

学問研究が目的ではなく、他に、名誉欲などの或る種の我欲を満たさんがための手段としての日本語史研究ならいざ知らず、入り口は、嗜好の問題、入門期の研究主体の興味を引くか引かないか、と言った個人的感性の問題である様に思われる。実は、この個性なるものに人文科学の―これからの漢文訓読語史研究の〝核心〟がある様に思われるのである。

訓点資料研究否定論で、平仮名漢字交り文や片仮名交り文に重点を置く立ち位置での論については、一つは、先に述べた如く、文字資料としてしか残らない平安鎌倉時代などの過去の言語資料は、日本語史資料として使うためには、やはり、研究者の主観が排除出来ない。仮名、漢字については、訓点資料と同様の認識論の問題となる。即ち、訓点資料や変体漢文資料の資料的価値と平仮名漢字交り文や片仮名交り文の日本語資料としての定位とは、程度差の問題以上の本質的根拠があるであろうか。また、時代にもよるが、平仮名漢字交り文研究の依拠資料が、一等の文献文化財として十分量あればよい。しかし、校訂本での研究は、本文自体が主観的、観念的存在でしかないという批判が成立することは先に述べた。

訓点資料の場合の日本語の成立に、日本語以前に原漢文が存するという問題は、漢文訓読語という言語表現の質に関する問題であって、確かに決して小さな問題ではない。従来の漢文訓読語史研究において、〝漢文訓読語研究〟、即、〝日本語研究〟という暗黙の前提が存した。即ち、読み下されたものは、まぎれも無く日本語であると言う事実を根拠にした、謂わば、一切の知的判断を経ずになされた直接的思考である。確かに、首肯できる結論ではあるが、少し、日本語の表現なるものから、訓点資料における訓読語の腑分けが必要であろう。和文などの言語表現を考えれば、所謂、白紙に一字一字を記し、謂わば、自由な想に基づく言語表現が可能で、初回の案文（諄くなるが、案文段階だけで成立した文字言語資料もあるのは当然である）にあたるであろう一々の表現では、原漢文が先行する漢文訓読文のような言語表現上の観念的な制約や、概念的な規制を、外からは受けない。しかし、訓点資料に現れる漢文訓読語の場合、特に、語彙などの偏倚を考えれば、制約・規制の存在を端的に理解ができる—もっとも、和文とても、話題の種類によっての語彙の偏倚は存在するのであるが—。

小助川貞次氏は、氏の研究当初からのライフワークの一つとして、漢文訓読語の、日本語として如何に成立するのかのシステムの探求をされてきているものと認識している。近年の視野は広まって、日本語だけではなく、中国の近隣諸国に探求の矛先を向けられている。(3) 稿者には、かかる視野の広さを自身には望めないが、漢文訓読語が日本語として成立する場合の、契機—漢文訓読文を構成するための本質的、必然的要素の由来・過程—を解明してみる必要があろうと考えている。かかる日中二カ国にわたる、複合した文化世界の言語の研究は、漢文訓読語史研究からのアプローチも可能なはずであって、〝日本語史〟と言う研究カテゴリーをも内包できるような高次の言語生活史—人間学としての文化史研究の構築が可能であろうと思われる。

三、漢文訓読語史研究における同文比較法（一）

—金沢文庫本春秋経伝集解と金沢文庫本群書治要について—

本節に、同文比較法と言っているのは、今までの漢文訓読語史研究史において、漢文の同一書を対象に、異本間の漢文同文箇所の複数の訓読語を比較して差異を見つける手法、または、同一資料に複数加点されている訓読語の異同を問題にした日本語史研究上の方法を指す。

この同文比較の方法は、小林芳規博士が、『平安鎌倉時代に於ける漢籍訓読の国語史的研究』において、書陵部蔵時賢本白氏文集をはじめ、特に、玉著の後半部分で採られた方法である。実に多くの漢籍訓点資料を博捜され、漢籍訓点資料の状況を俯瞰された。また、同一漢籍の複数の訓点を比較し、異同箇所を導いて、その「異」に解釈を施されたものである。この分析は、声点の形式などの表記の問題にも及んでいる。この「異」の解釈によって、博士家各家の訓読語の、当時の人々の概念的枠組みを解明すべく、平安鎌倉時代の漢籍訓読語の様態を中心に論じられたものである。

この日本語学史上注目すべき研究は、日本語学（国語学）の学的カテゴリーに止まらず、日本漢文学の研究世界でも大きな影響を持って受け入れられて来た。即ち、小林博士の帰納された各博士家の訓読語の違いの特徴と言う、個々の事象の解釈から抽象化された法則性を、演繹的に援用して漢籍の訓点資料がどの博士家に属するものかなどの資料の性格を量る基準として用いられて来もした。その意味では、研究史上での偉大な足跡である。

この同文比較法は、訓読語が同一の箇所には、言語の性格的な差はないと言う暗黙の前提、また、「異」のある箇所には、言語の性格の異なりが横たわっている筈であると言う推論、また、異同の整理・解釈によって言語の差を捉えられる筈であると言う推論によって裏付けられて採られた方法である。小林博士の著書以後、漢籍の訓読語においては勿論、仏書訓読語の世界でも同じ方法を援用しようとした研究史が有った。

先学も、また稿者も、仏書訓読語の分析に同様の研究方法を採ろうと試みた過去があるが、稿者は、犇犇として整然とした家説があったらしい漢籍訓読の博士家世界とは別に、仏書訓読語の多くが成立する寺院世界における訓読語の整理・性格の付与には、かかる方法が十分な成果をもたらさないと断じるに至った。この事は、既に、述べたとこ

ろでもある。(4)

本節では、小林博士の同文比較法の追試を行うことからはじめてみる。まず、同じ博士家の関与した同文の漢籍における訓読語の問題を取り上げて見よう。

小林博士は、同じ清原家の家系において生み出された二種の春秋左氏伝訓点資料、即ち、金沢文庫本春秋経伝集解三十巻と金沢文庫本群書治要巻第五・六春秋左氏伝巻中・下との同文的比較を行われている。(5)両資料を比較されて、

○(1)金沢文庫本には読添えられた語が、群書治要所収本の同箇所に用いられない、(2)助字の訓が変更している、(3)副詞の呼応が変更している、(4)実詞訓の変更、となる（『漢研』一二六八頁）。

と帰納されて纏められている。異同の整理により導かれた特徴的な語（法）については、(1)では、副助詞「イ」、助動詞「ラム」、終助詞「ヤ」、「マデニ」。(2)では、「者」字の訓（ヒト→モノ）、「将」字の訓読法（単読→再読）。(3)では、「豈……レヤ」→「豈……ムヤ」、「曰」の結び（トイフ→φ）。(4)では、「オソル」（上二段→下二段）、和訓→字音、特殊な和訓→一般的な和訓。とした各条を掲げられて以上についての例文を示されている。かかる同文比較法によって出現した異同について、小林博士は、

○（略）平安初期特有訓法の大部分が用いられなくなっており、反面（中略）新語法が伝統的な訓法と並んで用いられている。（同右・一二七〇頁）

と総括して纏められている。かかる記述に対しての稿者による追試では（以下の用例は、広島大学日本文学語学研究室蔵金沢本春秋経伝集解の紙焼写真版と、『群書治要（一）』古典研究会叢書漢籍之部9（平成元年二月、汲古書院）による）、

1、華元・羊（訓）（返）を殺シて士に食《ア》（去）フ。（金沢文庫本春秋経伝集解・67）

華-元羊（訓）（返）を殺《コロ》シて士に食《クラ》ハシム。（群書治要巻第五・5）

2、戰フに及《お》(ひ)て[イ、戰《カヒ》(に)及(ひて)]曰(く)・疇《チウ》-昔(の)[之]羊には子(音)政を爲《せ》り[同、爲《セ》リ][イ、爲《ス》][イ、爲《シ》キ](金沢文庫本春秋経伝集解・68)

戰《タヽカヒ》(返)に及(ひ)て曰(く)・疇-昔《セキ》ノヒノ[之]羊(訓)には子政を爲《シ》キ　(群書治要巻第五・5)

など、対照冒頭より、小林博士が施された分類カテゴリー外の異同が出現する。

そもそも、金沢文庫本春秋経伝集解には、並記訓が多見される。並記訓と言うことは、金沢本群書治要の春秋左氏伝の訓読が、一訓に対応するとしても、他は、異なると言う状況が多出する訳である。これらの処理についての具体的方針は示されてはいない。

3、今_日(の)[之]事には我政(返)を爲《せ》むと(し)て[イ、(存疑)爲《せ》り]與に鄭の師に入(る)。(金沢文庫本春秋経伝集解・69)

今_日(の)[之]事には我政(返)を爲ントイ與に鄭の師にイ入ル。(群書治要巻第五・6)

などの例は、記述された項目とは逆に、群書治要の方に副助詞「イ」が現れる例であろうと考えられる。

挙例には、多くを掲げないが、玉著に触れられたこの左氏伝以外の他書の比較の場合と違いこの春秋左氏伝の比較は、小林博士の同文比較法によって辿り着かれた結論の根拠となる一々の生の異同の具体的内実を、全条網羅して分類比較するという形を採られていない。「異」の全体を一条一条のレベルでは掲げ示し対照し説かれている訳ではない。異同と言う意味で注目された条項は、日本語史の観点からある種特徴的な、即、古代の副助詞「イ」の減少であるとか、助字の訓法、陳述副詞の呼応など、従来からの一般認識のある如くの訓読語の歴史性を語るキーワードとしての語詞・語法とを恣意的に示され論じられたものであるように解せられる。一般的認識という観点からは説明・解釈を付しての歴史性を示されてはいない、用例1の動詞訓の選択、使役表現の有無に関する異同や、用例2に掲げた動詞訓対名詞訓、文選読みの異同やテンスの助動詞「き」の読添えの有無の異同も、異同の事実として整理上に挙がってくる。共に同じ同文比較法によって差として現れるもので、語学的検討は、先ず形式的な異同を、事象内容の如何に関わらず、等価であると認めることから始めねばならない。同文比較法の異同として挙がってくる事象の各々のすべてを検討対象とすべきで、訓読語の歴史を語りやすい特徴的な語詞・語法の選別的な取り上げ方は、研究者の恣意的認識と先入見の存する主観性に拠るところであろう。即ち、用例1・2についても、その差が訓読語のどんな性格の差によって現れた事象であるのかが説明されねばならない。さもなくば、用例1・2の異同も論理的には、「平安初期特有訓法の大部分が用いられなくなっており、反面（中略）新語法が伝統的な訓法と並んで用いられている」と説明されたその法則の具体例であると位置づけられることになる。この小林博士の導かれた訓読語変化の法則に包摂されて捉えねばならない事象の例と位置づけられ、解釈されることを論理的には否定することはできない。小林博士は、この方法を『仏研』においても採られていて、文学研究の悪しき印象批評たる研究の如きを一歩も出てはおられない。

単に保留とか不問とかの処置ではなく、例え実字訓の異同であろうが、読添語の異同であろうが、異同として現れてくる全例が、論の出発点においては等価のものであるから、特徴的だと恣意的便宜的に取り上げて説明した後に残った異同例に対して明確な説明が加えられなければ、用例1の動詞選択や使役表現法に拠るか否かについても、また用例2の文選読みや助動詞「き」の読添えの異同も、「平安初期特有訓法の大部分が用いられなくなっており、反面（中略）新語法が伝統的な訓法と並んで用いられている」事象の実例であると認めねばならないということである。

仏書の訓読語の異同が多様すぎて、同文比較法の効果を認めがたいのは、実は、これと等しい問題がある。異同として上がってくる等価である「異」全ての事象に目配りして、その全体を如何に体系立て、秩序立てて分類整理して、解釈を施すかが問題で、多様すぎる異同の体系化は、稿者自身の菲才にもよろうが、不可能であると告白せざるを得ない。説ききれない異同例を捨象し、あるいは、保留として棚上げすることなく、異同の差全例を対象に訓読語の性格の違いを語ろうとすることは、現在の稿者にはその能力がないというのが実状である。

つまり、現状は、仏書の同文比較においての多様な異同を、全異同の体系的整理は疎か、異同の内容が多様すぎて分類整理しようとしても、収拾が着かないのが現状で、主観的に選択・選抜した事象を列挙しての傾向性らしきものを指摘して、客観的保証のないまま論じてきたに過ぎないように顧みる。仏書における同文比較法の適用に対して、稿者が懐疑的になった理由は、実は、ここにある。(6) 即ち、言語的な差を述べようとすれば、主観的な項目―性格を付与しやすい例―の選択を行わざるを得ず、切り捨てる部分の方が質的にも量的にも多いということなのである。

訓点資料を広く、鳥瞰的に覆って、見取り図を描こうとすることが急務とされた時代において、仮設的な全体傾向の素描を行うことを目的とするなら、同文比較法は有効であるかも知れないが、体系的な整理から複数の対立する訓読語の本質的な違いを求めようとする場合に採るべき研究法としては、同文比較法の方法論的限界がここにあるように判断する。

以下には、実例を示して右の考えの説明を補足する。先に掲げた時賢本白氏文集での同文比較に関する異同例は、小林博士に拠って列挙されている。即ち、玉著において「異」として記された例は、「異」の全例に目配りされ掬い上げられての帰納的記述結果であると信頼して良かろう。同資料における同文比較は、例えば、菅原家訓と藤原日野家訓との「異」の対照が、玉著の九〇六頁から九一八頁に及んで、分類を施した上で掲げられている。この比較対照によって「菅原家の訓読語が漢文訓読調が強く、藤原日野家の訓読語が和文寄りである」と結論される。この相対的な両家の訓読語のイメージは、以下のような異同の解釈を通じて結論されたものである。例えば、玉著九一二ページに、異同の分類(ホ)として「菅原家訓が訓読語的表現をする語を、藤原家訓は比較的和文的に訓ずる」と分類され

た項目がある。用例の一二を引用すると、

4、下《ク(た)ス》レ涙（菅原家訓）　下《オト(す)(朱)》レ涙（藤原日野家訓）(292)

5、涙垂《ル》（菅原家訓 大江家訓は(た)レリ）　涙垂《オツ(朱)》（藤原日野家訓）(381)

の異同を掲げて「「涙を下す」「涙垂ル」は字に即した訓である。朱訓の「下《オト》す」「垂《オ》ツ」は文字を離れた和文的表現である」（九一二頁）と解説されている。以下、該書は、「イト（苦）」と言う和文語脈の副詞が藤原家訓に現れる等の説明を積み重ねられて論述が続く。この菅原家訓と藤原家訓の比較の結果を統合して、「右の諸例から考えるに、藤原家の訓法は、漢文訓読という制約を受けながらも、菅原家の訓法に比べては比較的に和文的であるといえる」（九一八頁）と纏められる。稿者の考えようとする訓読語基調と言う捉え方に、対応する当時の人々の持った印象に迫る論述であると認められる。

しかし、特徴的な異同を採り上げての解釈は可能であるとしても、異同は、右の特徴を裏付けてくれる例ばかりではない。この菅原家、藤原家の両家訓の対照には、方向性に例外が、即ち、全くの矛盾としての逆行した対応例が存していることを小林博士自身が明らかにされている。また、特に読添語の異同については、例えば、玉著九一〇頁に掲載の異同例、

6、覺《ヲホ》エ不シて心・平-和なり（菅原家訓）

心ノ平和ナルヲ覺サ不（藤原日野家訓）(328)

（原文は「不覺心平和」とあるもので、小林博士は漢文を掲げて訓点を付されている）

を例に採れば、この一条の異同には、複数種の要素が含まれる。先ずは、語序の違いである。次に、「覺」字の訓の異同である。この挙例は、分類（ロ）の「菅原家訓が助詞・助動詞の無い箇所を、藤原家訓ではそれらを読添える」

項目に掲げられた例であるが、異同の内実には、以下の如く、複数の要素が存する。語序の異同が関わるので、その連動で実字訓が影響を受けたとする可能性を否定しきれないが、「覺」字を単独に取り上げると、菅原家訓は「オボユ」（ヤ行下二段動詞）が充当され、藤原家訓は「オボス」（サ行四段動詞）とした別語が充当された異同であると考えられる。右に小林博士が比較を総括して、「菅原家訓＝漢文訓読語調が強い」対「藤原家訓＝比較的和文的である」と指摘される対立が結論ならば、全体を体系化して捉えようとする態度からは、例えば、右の「覺」字の訓も、同じ法則性、同じ枠組みで説明されねばならない。

7、官・不求賢《メを》（菅原家訓）　官《ハ(朱)》・不求賢《モ(朱)》（藤原日野家訓）（225）

（小林博士は、「賢」の藤原家訓の読添語に格助詞「ヲ」を補読され、「ヲモ」と言う複合助詞であると見ておられる）

この例の異同も二種が認められて、一つは「官」に対する係助詞「ハ」の有無。今一つは「賢」字の読添語が格助詞「ヲ」であるか、係助詞「モ」または「ヲモ」と言う複合形であるかの異同である。こうした異同の解釈として、結論として法則化された「菅原家訓＝漢文訓読語調が強い」対「藤原家訓＝比較的和文的である」によって解釈されるかと言えば、実証的にはその説明が、誠に心許ないと評価されよう。さすれば、菅原家訓対藤原家訓の訓読語基調としての違いは、傾向的なもの、小林博士が説かれる「特徴的」であると解釈される事項のみに対する評価でしか無く、訓読語全体に対する訓読語の本質的な違いと言う問題であるよりは、同文比較法は量的傾向性しか導き出すことが出来ない。研究の方法論としては射程が限られた方法であると言うこととなる。

四、比較する訓読語資料体の規模の設定と記述内容

さて、ここで改めて〝訓読語基調〟の問題を取り上げる。研究に使おうとする資料を、どこまでで一体のもの・言語的に一纏まりの研究対象資料とすることが可能なのか否かの判断には、論理的な説明が必要である。何故なら、個別の言語資料を、他の資料と截然と区別する根拠をどこに求めるかによって、描かれる訓読語基調の質のイメージが異なると考えられるからである(7)。前項の例に従って説けば、小林博士が、実際の対照作業の対象とされた二種の春秋左氏伝のそれぞれの資料的均一性は、各々が、春秋左氏伝という同一、一体の書で、各々清原教隆と言う同一個人が両書の訓読に関与したと言う事情が根拠となるのであろう。あるいは、各々の資料の内部で等しく完結しているものと解せられること、即ち、取り合わせ本などではないことも根拠として良かろう。

しかし、問題として金沢文庫本群書治要に収載の春秋左氏伝は、群書治要という訓読語統合体の一部であると言う事実が問題として残る。確かに、本節でも問題にしている訓読語基調なるものには、どういうレベルで一研究対象資料としての大きさを設定するのかの課題がある。「春秋左氏伝」と言う一書物の性格として群書治要の中でも「春秋左氏伝」に特有の言語体系が存して、他の経書にはない〝春秋読み〟と当時認識されていた如くの特有の訓読語基調なるものが存したと想定されるなら、群書治要の中でも「春秋経左氏伝」だけを特別に切り出して、一言語資料体として明確な理由を以て、小林博士の比較対照された資料の規模、範囲で良いとの論理的理由が付加されるであろう。

がしかし、一方では、一つの研究実践として金沢文庫本群書治要経部（以下の論述にも触れる『宮内庁書陵部蔵本群書治要経部語彙索引』〈古典籍索引叢書10、平成八年二月、汲古書院〉では、成立事情が等しいとの判断であろうが経部が一具と扱われる）全

体の単位で一資料体を設定されて、群書治要経部の巻々が等し並みに扱われて索引が作られている。言語統合体の一つとして群書治要経部を通じて取り上げて分析する事が可能であると言う立場もあり得ると解釈される研究実践である。

この「金沢文庫本春秋経伝集解」対「（春秋左氏伝を含んでの）金沢文庫本群書治要経部」と言う単位での対応で比較が出来ると言う視点からみれば、副助詞「イ」も、助動詞「ラム」も、

8、司‐城子‐。罕（上）・入（り）而《て》哭《コク》スルイ[之]哀《カナ》シ（み）て（金沢文庫本群書治要巻第七・礼記43）

9、所謂《（いは）ユル》・伊《コノ》人・於焉《イツクンカ》逍‐遙スラン（同右巻第三・毛詩267）

終助詞「ヤ」、「マデニ」も、

10、吾か罪ナレヤ[也乎哉]・吾（れ）亡（音）セン[也]（同巻第五・春秋左氏伝362）

11、三旬マテニ降（ら）不。（同右497注文）

として「春秋左氏伝」中に現れる。「曰」の呼応も、

12、周書（に）曰（く）「敢（へ）て鰥‐寡ヲモ侮《アナト》ラ不《ス》」トイヘリ。（同巻第五・春秋左氏伝200）

13、玉を獻スル者、《モノ（の）》曰ク・「以て玉‐人に示《シメ》スニ玉人以て寶と爲《す》[也]故に敢（へ）て獻ス[之]」トイフ。（同右巻第五・春秋左氏伝316）

とした「曰く」の呼応が存する。「者」字の「ヒト」訓も、

14、夫（れ）・國に君タル者《ヒト》は將に民と[之]与に處《オ》ランコトヲ[將《す》]（再讀）。（同右巻第八・春秋外伝国語318）

と確認されるし、「将」字の単読用法も、

15、將に[於]少‐西‐氏を討（音）セン[矣]（同右巻第五・春秋左氏伝46）

の如く存すると認められる。「オソル」（上二段）も

16、畏《ヲソ》リ而《て》後に慈和(す)。（同右・春秋左氏伝422）

の如くである。群書治要経部には、「春秋左氏伝」をも含んで、複数の用例の出現が確認できる。春秋左氏伝中の用例が掬い上げられないのは、まさに同文比較法なるが故の方法的欠陥—両資料に共に現れて用例が有るにもかかわらず、「異」として存しないために掬い上げられない—であると判ぜられる。さすれば、同文比較という方法だけでは比較二資料における本質的な訓読語の差の印象、つまり、〝訓読語基調〟が異なるものと認識されて良いかどうかは、甚だ危うい判断にしかならないと言うことになろう。訓読語の質の問題ではなく、量的な問題であることも十二分に考え得るところで、出現の多少という傾向性しか明らかには示し得ないものでしかない方法論だということになろう。

五、漢文訓読語史研究における同文比較法（二）

—高山寺本論語清原本巻第八・中原本巻第八について—

さて、以下に、もう一つの例として、小林博士の同文比較法を追調査してみる。高山寺には鎌倉時代の論語訓点資料が所蔵されているが、論語巻第八は二種類あって、清原家の関係資料（以下、清八と略称・全144行）と、中原家の関係資料（以下、中八と略称・全167行）とが存する。小林博士は、玉著において、この二つの資料をどちらかでも取り上げての同文比較は実践されていない。[8] 小林博士が、玉著で目指されたものは、博士家各家の純粋な家学（家訓・家説・庭訓、即、証本の訓読語）の解明に重きが置かれたものであったろうと忖度され、この二資料を、純粋なる清原家の家学（家訓・庭訓）や、純粋なる中原家の家学（家訓・庭訓）を伝えたものではないと判断されて排除された処置であろ

う。所謂、狼藉本と判断されて、求めようとされた各博士家の純粋な特徴的訓読語を解明する資料にならないとのお考えで対象外とされたのであろうと判断される。忖度した研究目的に沿えば、極めて当然な処置であると理解できる扱い方である。漢籍訓点資料の訓読語を鳥瞰されようとの目的で編まれた書であろうから、現時点においてその研究史を振り返れば、その研究目的達成には、夾雑物を排するのは当然の論理的基点であったろうと評価される。が、視点を変えれば、事実、鎌倉時代に残された漢籍訓点資料の現物であって、研究の狙いによっては、この高山寺蔵論語巻第八の両本を取り上げ、論ずることの意味が生まれる。即ち、小林博士が排除された資料をも含めて、鎌倉時代の漢籍訓読語の世界がどのように描き変えられるかとした課題を設定すれば、両資料に積極的な研究上の価値が付与される。(9)言語量は決して多くはないが、本試論の対象資料として高山寺蔵の二種の論語巻第八を以下に取り上げて見る。

この両本を対象に同文比較法によって異同を整理する場合、訓読語の質的な異同を求めようとすると、説明可能な特徴的事象のみならず全異同例を取りあげ、体系的な構造を構築してみる必要があることは、先に触れたところである。稿者は、いま、同文比較法によって帰納的に取り出される多様な事象を、如何に扱えば訓読語の異同全体の体系が構築できるのかの研究方法が見いだせないままでいるのは先に記した稿者の現状である。

異同を網羅して、「異」なる言語事実と認定して、実態を羅列・記述する道もあろうが、(10)稿者の考える訓読語史研究が、当時の訓読語基調を描いてみたいとする目論見からすれば、帰納的な実態記述段階だけを最終目的にすることは、言語事象の網羅的羅列にすぎないのであって個別的、平面的な整理・論述に過ぎない。訓読語全体の統合体に対する質的な分析には迫り得ないと考えている。

以下には羅列的な全例の記述を示すことは割愛するが、旧来の如き視点から、全異同例中から訓読語基調を想定する上で旧来の方法に拠ってみる。極めて便宜的であるが、実例の説明に特徴的だと思える事象を恣意的に取り上げて記述してみると、以下の様な例が出現する。なお以下の「則」字の検討は、論語巻第八の正文も注文も比較対象とする。

17、立《タ》テルときは則チ其ノ〔於〕前《マヘ》ニ參然《シムセン》タルヲ見《ミ》ル〔也〕（清八18）
立《タ》テルときは〔則《トキハ》〕、其ノ〔於〕前に（參然）タル（を）見《ミ》（る）（中八17）

右の如き「則」字の訓読法の異同は、両資料での対立が顕著で、清八では、必ず片仮名「チ」が添えられて、「スナハチ」訓で直読される。一方、中八には、訓点の加点が一切無く、不読として訓読されていたと考えて例外が無い。即ち、同文比較法によって指摘される両者の違いは、そのままで、両者の全体に及ぼすことが出来る。両者のかかる対立は、同文比較法を離れて、巻第八巻頭から巻末までを順次確認しても、二資料間での同文比較法での挙例に漏れる例が見出せない。即ち、「則」の訓読全てが二資料間で対立的「異」として掬い上げられて「異」以外の用例が無い。「則」字の訓読は、両者間での訓読語の差異を印象的に特徴付ける対立であると位置づけることが許されよう。かかる見方の論証を補強するものとして、両巻第八の同文比較法による「異」で取り上げられた事例のみならず、同文比較法が採れない清原本巻第七、中原本巻第四を個別に取り上げて帰納しても、清原家本巻第七・八の二巻は必ず直読され、中原本巻第四・八の二巻は不読とされて例外が無い。即ち、両者の訓読語の基底に横たわる事象であると認められる。取りあげたのは「則」の訓読法一事象であるが、同文比較法による「則」の異同の帰納を以て掬い上げられた事象が、そのまま訓読語基調の対照性を示す事象であったと見ることが許されよう(11)。

一方、両論語巻第八の訓読語の異同には、次のような例がある。文末表現の一部であるが、両本において同文比較法で掬い上げられる比較可能な文末助詞「ゾ」の異同例を、以下に総て採り上げてみる。

18、然《シカ》ナリトイハ多《ヲ、》ク學《マナ》ヒテ〔而〕識《シ》レリト〔之〕謂《イ》フソ〔也〕（不讀符）（清八10）

然(な)リトいふ《イフ》は多(く)學(ひ)而《て》識(る)を[之]謂《イ》フ[也]（中八9）

19、終《ツキニイ》（に)成功《コウヲナ》スコト无《ナ》キソ[左、无成功《コウナルコトナ》キソ](不讀符)[也]（清八43）

終《ツイ》に成《ニナスコト》　ること无(し)[之][也]（中八44）

例19は、中八の「无」字に加点がないが、平叙での終止形であろう。

20、志士仁人其《ソ》ノ身《ミ》ヲ愛《アイ》セ不《ス》[左、不ルソ][也]（清八28）

°志(音)(去)(欠損)(士仁人)(欠損)(其)身《ミ》を《ヲ》(愛不《□ス》)(也)（中八27）

例20は、中八に欠損があるが、「□ス」の仮名が残存しているので、平叙での終止形であろう。右の三例は、清八においては文末に「ゾ」が使用されているが、これに対して、中八は活用語の終止形での終止法を採用する。同文比較例には、この逆の例も一例あって、

21、非-議《ソシリハカ》ル所(とこ)ロ《ナ》无シ(不讀符)[也]（清八107）

非-議《ソシリハカ》る所无(き)ソ[也]（中八124）

22、黨ハ°助(去)ソ[也]（清八48）

黨は°助(去)(音)[也]°。（中八50）

23、文-子武子°悼(去)子平子ソ[也]（清八109）

文子は・武子・°悼《タウ》(去)子・平-子[也]（中八127）

24、子(の)曰(く)席《セキ》ソ[也]　皆《ミナ》-°坐《サ》(去)ス°。（清八76・正文）

子(の)曰(く)・席[也]・皆・°坐《サシヌ》(去)す[イ、坐《ヲ》リ]（中八84）

例21は、例18から20の三例とは、逆の対応を示す。また、

例22か24までは、清八では「ゾ」を使用するが、中八は体言止めとする。なお、例24は、正文の用法である。また、例24の対照では、中八は、「席」の訓読では、中止であって文末になっていない例であるかも知れない。この逆の例もあって、

25、宴樂ハ沈《チム》荒《クワウ》　淫濆《イムトク》。(入)［也］（清八115）
宴《エン》樂は沈《チム》。(平)—荒《クワウ》。(平)淫—濆。(入)［イ、淫《イン》〵ナルソ濆《トク》。(入輕)ナルソ］［也］（中八135）

清八は体言止め、中八は清八の如き体言止めの文末と、異読に示した「ゾ」文末とが現れる。なお、「淫《イン》〵ナルソ」の表現には、庵点が付されているので、抹消した訓読法であろう。

26、。俎(上)—。豆(去)ハ礼ノ器《ウツハモノ》　なり(不讀符)［也］（清八3）
俎豆(は)礼の器ソ(中八2)

27、尊—貴ヲ恃《タノ》ムテ以《モ》テ自《ミツカ》ラ恣《ホシンマ、》　ナリ［也］（清八114）
尊貴を恃《タノ》ムて以て自ラ・恣《ホ》《ホシ(いまゝ)》　なるソ［也］（中八134）

右の例は、文末の指定の語の、両資料共に有標での異なりで、清八が「ナリ」に対して中八は「ゾ」とある異同であり、例18から20までと例22から24等とは逆対応の例である。右の例26・27からの異同では、平叙終止対「ゾ」表現とか、体言止め対「ゾ」表現の対立ではない。共に文末に指定の語が現れて、清八が「ナリ」の文末の指定表現を採るのに対応して、中八には指定表現としては終助詞「ゾ」を採る〝一方向〟でしか現れないから、同文比較法と言う方法論では、清八「ナリ」対中八「ゾ」とした文末の指定の語の選択に、対照的な差があると言う推論が浮かび上がりかねない。

実は、同文比較法によらず、両資料の全体に目配りすれば、清八も、用例18・19では、終助詞「ゾ」も現れるし、

28、子(の)曰(く)階《ハシ》ソ[也]　(清八76)

子(の)曰(く)・階《ハシ》(訓)ソ[也]。(中八83)

とした指定の文末助詞「ゾ」を採る例は複数指摘できる(この場合、中八も同じ文末指定表現には「ゾ」を採って、同文比較法に拠っては「異」としては掬い上げられない)。

逆に、

29、軍旅ハ末《ス(ゑ)》(の)事ナリ　(清八4)

軍旅(は)末《スヘ》ノ事(訓)なり　(中八3)

の如く中八でも指定の助動詞「ナリ」文末を採る例は、いくらも存在する。即ち、同文比較法による異同として掬い上げられる用例だけでは、両資料の訓読語の質的な差を論じることはできず、「異」と「同」とを含めた訓読語全体に目配りする必要があると言うことになろう。

更に、右の例18から例27までの異同例を集計して、「清八に特有な6文末にみえる「ゾ」に対して、中八には4文末の「ゾ」が特有である」とした帰納的な記述が導かれるかもしれない。しかし、その帰納からの「清八は量的な纏めとして、「ゾ」文末が盛んな傾向にある」という解釈は、実際には、右の例21・26・27の例も存しているから、難しいであろうと判ぜられる―大凡、何例以上の差が有れば、とか、どれだけの比率の差が有れば有意であるとするのか根拠そのものが薄弱であるが。そもそも、「異」なる対比では、以上の数量的差が出るが、「同」の部分にも目を向け「同」を加味して集計すれば、清八に「ゾ」文末は十七箇所(「ゾ+ヤ」一例を含む)、中八には十四箇所(「ゾ+ヤ」一例を含む)(箇所とは、一箇所の文末に複数の「ゾ」文末が現れる場合があるのでかかる単位とした。また、中八の破損箇所に対応する異同三例は加味して居ない)が確認されるのであって、この出現状況からは、更に量的比率の差が縮まって、清八と中八との本質的な対立的言語事象とは認められないとすべき解釈に落ち着くことになろう。

右に立てた二種の推論（例26・27をもとに清八には「ナリ」文末が盛んで、中八はそれに対して「ゾ」文末を採用するという推論と、両資料には差がないと解釈する推論）は、相対立するものである。ただし、右の二種の推論は、両論語巻第八に対する処理の方法、即ち同文比較法のみを採用して解釈を施すか、異同に関わらず論語巻第八という資料全体の文末表現たる言語事象を帰納、体系化して比較する方法に拠るかという採用した方法の違いによって打ち出される訓読語の像とが異なることを認識しておく必要がある。また、方法的には同じ、同文比較法を採っても、相反する推論が成立する場合がある。異なった訓読語像が描かれる背景には、分析に採用した方法論そのものの違いもあると説いたが、採用した同様な同文比較の方法論によって掬い上げられた異同例を分類整理する場合、整理される異同分類の集合の規模をどこまで広げて一類を設定するか、あるいは、逆に細分化するかと言った研究者側の研究姿勢、訓読語観の違いが横たわっている場合もある。

即ち、同じ方法論である同文比較によって掬い上げられる「異」の用例のみを基礎的根本資料としても、終助詞「ゾ」に関連する全てを広く等し並みに一括して扱う方向で類を設定し解析すれば、清八が「ゾ」文末を採る例と同じく清八で「ゾ」を採らない例とが併存して現れて、片方の訓読語に偏倚するものではないと解釈されよう。さすれば、かかる「ゾ」文末に関連する事象は、訓読語の異同を説明する事象には成り得ないと判断し、論述において保留するか、検討対象外として除外するかの道を採ることになろう。

同じ同文比較法を採って対象の一々の事象が総て右の場合と重なるとしても、①「ゾ」文末（清八）⇅活用語平叙終止（中八）〈逆対応の例外あり〉、②「ゾ」文末⇅体言止め〈逆対応の例外あり〉、③「ナリ」文末⇅「ゾ」文末と三種の集合に「異」を細分化して分類すれば、同文比較法という方法論の範囲内で掬い上げられた例外のない顕著な例は、

③の分類が該当すると論じてその方向性を記述しても、同文比較法内に留まる限りでは矛盾が起きることはない。

しかし、同文比較法の限界を自覚すれば、同文比較法のみの方法論を離れて、右の推論を検証する方法がある。それが、同文比較法によって問題として炙り出された事象を、二種の論語巻第八の訓読語全体に還元して位置づけ直してみる方法である。それが次項に説こうとする一統合体の訓読語資料の全体から、体系的整理を経て、複数の資料間の訓読語の質を比較しようとする方法である。

六、同文比較法を脱して

前項までの同文比較法による「異」に拘って解釈を施した言語事象に関しては、量的な傾向の把握を超えては、訓読語の像が描けないことが明らかになったかと思うが、この量的な差を超えた、訓読語研究上に描くべき訓読語の質的な差は、いかにして描く方途があるのであろうか。

前項は、同文比較法には、方法的限界があると示すことを目的に用例に則して論じてきた。同文比較法のみから脱して、論語巻第八の訓読語全体に亘って一資料の訓読語の体系記述という観点から方法論を吟味して考えてみる必要があることが明らかになったと思う。

以下に示したのは、論語巻第八の全体に目配りした上で、注文部分に限定しての文末表現体系の計量的集計である(文末の整理では、最文末一語の集計を行った。また、用例の採用には、並記訓は合点付、または、右傍訓に限定した。また、中八には本文に破損部分が多く、必然的に清八よりも集計対象箇所は少ない)。

高山寺本論語巻第八注文の文末表現

	清八	中八
動詞（終止形）	71	68
形容詞（終止形）	9	9
助動詞		
しむ（終止形）	3	2
む（終止形）	2	1
なり（終止形）	27	24
たり（指定・終止形）	1	1
ず（終止形）	28	24
つ（終止形）	0	1
ぬ（終止形）	3	2
たり（完了・終止形）	5	7
り（終止形）	4	4
べし（終止形）	7	6
ごとし（終止形）	3	3
助詞		
ぞ	15	11

らくのみ	3	2
まくのみ	0	1
や	1	1
体言止め	28	26

右の計量的な比較では、同文比較法と言う研究方法では決着の付けがたい、前項に示した可能性、即ち、清八に「ナリ」が多用され、中八に「ゾ」が対応するような量的傾向の見方は、成立しないであろう事が明確に知られる。同一の論語巻第八という漢文の範囲でしかないので、必然的に大きな偏りは見出せないが、中八の文末表現体系の方が僅かに広く、相対的には清八の数値に若干の量的偏りが認められることが知られる。

ここで、右に残した、論語巻第八の正文の文末体系を整理して、計数を示してみる。

論語巻第八正文の文末表現

	清八	中八
動詞（終止形）	97	93
（連体形）	0	1
（命令形）	5	3
形容詞（終止形）	14	18
（命令形）	2	3
助動詞		
しむ（終止形）	1	0

む（終止形）	3	5
（連体形）	3	0
なり（終止形）	14	15
ず（終止形）	28	31
（連体形）	2	0
あらず（終止形）	2	2
じ（終止形）	1	1
き（終止形）	2	2
つ（終止形）	4	4
ぬ（終止形）	2	3
たり（完了・終止形）	3	3
り（終止形）	6	10
べし（終止形）	3	3
ごとし（終止形）	2	0
助詞		
ぞ	2	2
らくのみ	2	3
まくのみ	1	0

か	6	7
や	8	9
かな	7	7
体言止め	1	4
ことを（倒置文末）	0	1

以上の整理の一覧からは、清八と中八との訓読（語）の異同をも含み込んでいるため、同文比較法での「異」が、各用例条項の両資料の用例数の数量的差としても現れていることが理解されよう。また、文末の用語に清八特有語や中八特有語が存することが解る。この特有語とした訓読語の質に関する解釈の付与も、同文比較法だけの研究法では「同」部分に両資料に現れる可能性を捨てきれないため埋没してしまう可能性があって、同文比較法を脱した全文末表現の対比よって初めて実証性高く論ずることが出来るものであろう。

右の全体系に目を配った一覧表での整理ではなくて、同文比較法のみによって掬い上げられる文末表現の異同だけに限定して考えてみようとする場合も、同文比較法によってのみ掬い上げられた異なり事象を基に、同文比較法で掬い上げられる例について、ある一方向だけの傾向しか示さないとして取り纏め統合しても、常に全体の訓読語の中でその傾向性の持つ意味を問わねば、実体的訓読語基調は求められない。即ち、従来の同文比較の方法からはかかる「異」があるのだという記述は可能であるが、それが一資料の訓読語の中で特有な事象か、「同」の部分には共通に出現する事象なのかの調査を経なければ、量的傾向でしかないのか、質的な差異であるのかの位置づけを行うことは困難であって、常に、研究上の不安が付きまとうこととなる。

右は、数量的な一覧整理のみであるが、文末の表現体系として整理した場合、出現する文末の表現項目の差異や、用例数から清八と、中八の訓読語文末表現の質的な偏りが、初めて記述されるものであると認められる。つまり、同文比較法においては漠然とした多様性しか示さない各事象が統合されて、同文比較によって掬い上げられた各異なりが、訓読文の表現体系内でどのような意味づけが可能なのか、そこで初めて把握されることになる。

七、同文比較法では描き難い一統体中の訓読語の文体差

同文比較法のみによる検討では、描ききれないのが一資料中の文体差の様相であろう。同文比較を、前項に集計した視点の如く、正文と注文に別って行っても、異同の「同」なる部分も問題にしなければ両者の質的差は描けない。両資料を合わせて、注文の文末は一八語（事象）であるが、正文の文末は二八語（事象）が出現して、正文の文末表現体系の豊かさを伺うことができる。計数によって現れた全体は、両資料間の訓読語の傾向的差（量的差）の問題ではなく、表現体系の質そのものが異なっていると見ることができる。即ち、正文においては、テンス・アスペクトの助動詞「き」、「つ・ぬ・たり・り」、活用語のムードでは終止形終止法・連体形終止法や命令形による終止、モダリティに関する表現体系、終助詞の出現語種や倒置表現が正文文末の特徴として整理できる。その表現性は、注文に比べて明らかに質的に複雑なものとなっていると認めることが許されよう。例えば、倒置表現は、中八に特有な訓読法で、同文比較法によっても拾い出せる事項であるが、両資料の文末表現体系の中において捉え直せば、用例は一条のみではあるが、清八では「同」なる部分にも現れない事象で、中八の正文の多様な表現を支える特徴を指し示す指標たり得ることが理解される。

右の文末という視点以外に、同文比較法での異同から出発すれば、例えば、

30、陳(平)ニ在《ア》テ糧《カテ》絶《タ》ヘヌ。（清八5）

陳(平)に在《マ》シて粮《カテ》(訓)絶《タ》エヌ。（中八4）

などは、実字の付訓体系も、待遇表現の視点からの両資料全体の内での体系的検討を経て位置づける必要があろうと思われるし、

31、非《ヒ》ヲ爲《ス》ルカ如《コト》キニアラ不[也(不讀符)]（清八9）

非(音)を爲《ス》する《ル》か《カ》如(く)ナラ不[也]（中八8）

など、語形の変化の歴史を内包するであろう例が存し、同文比較法を脱して、かかる視点で清八・中八の訓読語全体を表現体系として、変化語形がどういう意味を持つのかを見直す必要があろうと考えられる異同事象もある。

同文比較法を新たな研究法開拓の道具（ツール）として位置づけ、同文比較法によって掬い上げられる言語事象の「異」から研究を出発しようとするのであれば、その同文比較という方法は、今後も漢文訓読語史において十二分に機能する方法であろうと認められる。同文比較法によって現れた一事象に研究の焦点を絞り込み、一資料の訓読語全体を還元して、その一事象に関わる言語事象の体系化を行う糸口を見いだす極めて有用な方法であろう。

その検討を経て、各要素を一々具体的な資料内に還元して、同文比較法によって現れた「異」を事象毎に段階化、組織化して、全異同例の体系的な構築を模索してみる必要がある。質の問題として捉えるには、「異」として整理される個別個別の事象だけの問題を越えて、全体としての訓読語基調が、どのような方向性を持って対立しているのかを再構築した上で考えねばなるまい。が、果たして、多種多様な異同の統合による再構築が可能であるか否かは、本試論を脱して、今後の方法論の開拓と、実証的実践に委ねられることであろう。

研究史において、一足飛びに鳥瞰的に俯瞰する研究目的が先行したために措いて来ざるを得なかった量的に寡少な

言語事象の例外や、解釈が与えられないがために留保されて触れられることなく切り捨てられた言語事象の一々を掘り起こさねば、従来の研究を乗り越える事は、到底不可能であると思われる。また、同様に研究目的に沿わず切り捨てられてきた訓読語資料の再評価もまた、同様に大きな課題である。即ち、漢文訓読語の概観を描かんがために顧みられなかった事象を掬い上げ、その訓読語としての意味解明のための方法論を開拓することによって、従来の鳥瞰図における矛盾を明快に指摘することができようし、またそれによって今までに描かれてきた漢文訓読語の姿を刷新することも出来よう。

そう考えると、課題としての訓読語事象一々の右のような再検討は、今後に委ねねばならぬところであることが明らかとなる。概観的鳥瞰図の立脚基盤を点検する課題は山積していると見るべきであろう。垂直的深化思考と名付けた(12)が、研究の足下の危うさを乗り越えるためには、従来の説明に矛盾する一事象一事象の検討を丹念に重ねるべきで、一朝一夕では、解決し得ない。地道な視点から、再度、方法論の点検を行って積み上げ直すべき研究は、あるいは、限りがないかも知れない。

稿者が設定しようとする仏書の訓読語基調という当時の人間の認識に迫ってみようとする目論み自体も、根本的にかかる概念や研究そのものが成立しうるのか、また、証明が可能な方法があるのかどうかの検証も含めて、今後、多重性を前提として一基調と設定する資料の規模の大きさ、レベル（一基調として設定することの可能な検討対象資料の段階的カテゴリー）の問題や、当時の「言語主体の認識」に近づく方法が模索できるのかなど、検証・思索を重ねねばならないと考えている。その意味では、本節は、正に試論の域をでてはいないと自覚するものである。

おわりに

本節で稿者が示したかったのは、今、現時点において俯瞰すれば研究史上採られた研究姿勢は極めて良く理解できるところであるが、方法論の開拓によって深まることが今後の漢文訓読語史研究の向かう方向であるのなら、今まで研究の必要上、全体像を鳥瞰せんがために除外された言語事象の諸断片、切り捨てられた資料を今一度すくい上げて見る必要があろうとの主張である。先学の研究に学問的な批判を加えることが、漢文訓読語史研究の健全な活性を目指すことになろうという、謂わば、極常識的なことに属する結論なのかも知れない。一言で言えば、新たな方法論を模索して漢文訓読語史研究における垂直的深化思考を基盤とした、行きつく先は深く底のない〝脱構築〟を目指すべきであると言うことである。

同文比較法の立脚基盤となる推論に論理学的誤謬があるとすれば、「安易な一般化」と言われるものかもしれない。即ち、同文比較の異同なるものの、「異」なるものは取り上げて強調されてきたが、それが即、訓読語全体に敷延されてイメージ化されてきた節がある。「同」なるものへの研究の視野の広がりが欠落していたのでは無かろうか。また、少なくとも「異」として出現する比較実態の多様さを秩序立てるためには、個々の「異」事象を個別に掘り下げてみて、統合化・体系化して、従来の研究を批判的に〝再構築〟してみる必要があろうと言うことになろう。

過去の漢文訓読語史研究に、同文比較法が取り入れられたのは、本節に記した「訓読法の差が現れるはずだ」という〝思いつき〟(13)から始まったものであろう。研究史は、同文比較の方法を、多方面の資料に利用しようとする横への水平的な拡張は見せたが、方法的な欠陥に対する批判が充分ではなかったと思われる。同文比較法で導き出された個々多様な異同全てに目配りして一足飛びには統括的に説明できない以上、その方法的陥穽を自覚する必要がある。その上で、その多様な帰納的記述をもとに、更に作業仮説としての推論を行うべきで、新たな方法論の意図的、垂直的な深化思考への指向が必要である。漢文訓読語史研究における同文比較法を全く否定しようとする訳ではないことは先にも述べた。同文比較法は、多くの断片を産み出す。方法的陥穽に気付かず、その「異」だけで体系的な研究が目指せるとした甘い幻想は捨てるべきであるが、比較によって導かれる〝異同〟の断片は、確かに、研究方法上の推論を導いてくれる重要な道標であるのは間違いない。

本節は、同文比較法だけによって一研究を完結しようとしても、見込みとは異なった非常に大きな陥穽があるという、過去四十年間余にも亘って批判されてこなかった同文比較法批判である。

あるいは、かかる問題は、先学の個々人のそれぞれの研究史においては、既に自己の中で完結された事なのではなかろうかとも思う。その意味では、文章化することにどれほどの価値があるのか極めて心許ない。漢文訓読語史研究に研究の主軸を置かぬ人々からすれば、演繹的にさえ使われてきた四十余年前に唱えられた法則、またそれを支えた方法論の今更の批判は、陳腐で、時代遅れと評されるものかも知れないとも感ずる。

ただ、本節に意図した、従来の漢文訓読語史研究が立っている立ち位置の、その足元の脆弱さの自覚は常に必要であろう。即ち、論の立脚点たる最も重要なる研究資料の信頼性と、その資料を使っての方法論に対する反省が余りにも少なかったと評価すべきであろう。

新しい言語資料群の発掘と言語実態の記述という研究上の関心は、研究史的に日本語史（国語史）の研究が近代的に展開され始めてからの関心事であった。第三章第三節では、水平的拡張思考と名付けて概念化したが、現在のような各所蔵者による所蔵資料に関しての情報公開の風潮が行き渡りつつある研究の現状で、大規模で資料的信頼性の高い新たな日本語史料を発掘して帰納法のみを頼り、言語事実の提出のみに拠って日本語史を書き換えようとする目論見は、最早限りがあるように思われる。

漢文訓読語史研究が今直面している研究課題は、方法論的深化であろう。今までの研究史で描かれてきたこと、即ち、言語の変化事実の帰納的記述の域から、さらに進んで文化史を背景とした、あるいは、訓読語という視点から、文化史自体を解明しようとする意図での研究、あるいは、稿者が目指そうとする極めて広い概念での「言語生活史」への関心に進み、垂直的な深化思考というべき方向に向かおうとしている、あるいは、向かうべきである考えている。

言語事実の歴史変化を把握するために、帰納的記述に最大の価値観をおいた日本語史学（国語学）から、例えば、平安鎌倉時代の漢籍訓読語については、四十数年前に既に、言語イメージや博士家各家の家訓の、言語生活上の意味が問われてきたのは、学史上の小林博士の業績であろう。かかる学史的評価が的を射ているとすれば、博士の描かれた言語生活史の姿を含めて、四十余年の歳月の間に批判する必要があった。過ぎ去った過去は措くとしても、今後は、研究者の個々人の立ち位置からの視点での研究の深化を目指して、さまざまな漢文訓読語に纏わる像が描かれ、学問的な主張があっても良いと考えている。

注

（1）カール・ポパー『量子論と物理学の分裂』（平成十五年十一月、小河原誠・蔭山泰之・篠崎研二訳、岩波書店）。不確定な確率論的な世界については、ポパーは、観察者の介在しない、客観的世界で実存するものであるとしている。

ブライアン・マギーは、『哲学と現実世界』（平成十三年二月、立花希一訳、恒星社厚生閣）第四章・七二頁において、ポパーの科学的方法について解説している。

科学的方法に関する伝統的な見解においては、次のような段階を順次ふんでいくものであった。㈠観察および実験、㈡

帰納的一般化、㈢仮説、㈣仮説を実証する試み、㈤立証あるいは反証、㈥知識。ポパーはこれを次のように変更する。㈠問題（通常は既存の理論や期待の挫折）、㈡解決の提示、いいかえると新理論。㈢その新しい理論からのテスト可能な命題の演繹、㈣テスト、すなわち特に（といっても他のいろいろな方法の一つにすぎないが）観察および実験による反証の試み、㈤競合しあう諸理論のうちからどれを優先的に選択するかの決定。

何をもって一研究とするかが問題となろうが、かかる方法的進展（思索の深化）は、稿者には、人文学においては、一論文単位であっても、これらのスパイラル（螺旋的深化）が存すると捉えている。あるいは、右の整然とした進行過程は、人文学においては、渾然としたもので、みな等価で、同時に存在するものかも知れないと考えるが、漢文訓読語史研究についての思索は未だ半ばである。

（2）バートランド・ラッセル『西洋哲学史3』（昭和四十五年三月、市井三郎訳、みすず書房）六四八頁。観念論の一類型として「独在論（独我論・solipsism）」を掲げ、「しかしそれらのものをわれわれが認める以前には、それらは認識論のデータではなかったのだ。自分の観察するものからこの程度の推論をすることは、誰もが無反省にやっていることであり、経験を超えて自分の知識を不当に延長することをもっとも避けがたがっているひとびとでさえ、この程度の推論はやるものである。」と記している。赤井清晃氏の教示による。

（3）小助川貞次氏は、例えば、「国際的視点から見た漢字文化圏における漢文訓読についての実証的研究」（二〇〇七～二〇〇九、科学研究費補助金）などの研究を展開されている。

同氏「東アジア学術交流史としての漢文訓読」（『富山大学人文学部紀要』第51号、平成二十一年八月）。

（4）拙著『平安鎌倉時代漢文訓読語史料論』（平成十九年二月、汲古書院）。批判の対象は、現時点でシリーズの刊行途中である、小林芳規『仏研』（平成二十三年三月～、汲古書院）に対しても存する。

（5）小林芳規『漢研』（昭和四十二年三月、東京大学出版会）第五章第四節。

（6）月本雅幸「大唐西域記の古訓法について」（『国語と国文学』第五十七巻十二号、昭和五十五年十二月）。

同「因明論疏の古訓点とその伝承」（『訓点語と訓点資料』記念特集、平成十年三月）。

同「古訓点の改変について─藤原頼長加点「因明論疏」をめぐって」（『国語と国文学』第八十五巻第八号、平成二十年八月）。

月本雅幸氏は、右の御論文等において、早くから、仏書の訓点資料における訓読語の様態は、小林芳規博士が説かれた漢籍の様態の場合と異なり、系統自体があり得るのか、十二世紀にも、新たに下点（白文を自らの訓読語体系を用いて、独自に読み下す場合とか、先行の訓読語を独自に改変して訓点を施す）することが有ったという具体的事例を報告されている。この時に使われている方法が基本的には、同文比較法であろうと忖度する。

稿者も、十二世紀の下点の実例として、漢籍系である医心方天養二年（一一四五）点の初加点である藤原日野家行盛の訓点は、伝統にこだわれない当時の訓読語に基づいて、独自に加点したもので、それを医家丹波家の丹波重基が、丹波家の家訓によって添削した資料であろうと推論したことがある（拙著『平安鎌倉時代漢文訓読語史料論』第一章第五節、平成十九年二月、汲古書院）。

（7）本書第五章第二節で問題とした、一具の書の原漢文の質の差などが原因となる文体的偏倚は、ここでは、問題としない。

（8）比較のための依拠資料は、『高山寺古訓点資料第二』（『高山寺資料叢書第九冊』、昭和五十五年二月、東京大学出版会）登載の訓読文と写真版とによる。稿者は、原本は、高山寺において瞥見の機会を得ただけである。

比較において、例えば、資料叢書の訓読文に、以下のような異同がある場合がある。

○俎（上）-豆（去）ノ［之］事《コト》ハ則チ嘗《ムカシ》ヨリ聞《キ（キ）》、キ［之］［矣］（清原本論語巻第八・3）

○（俎豆之事則嘗）聞《キ》（ク）［之］（中原本論語巻第八・2、清原本に比較して、破損が多い。用例の（　）は、破損を示す。）

右の比較例において、「聞」字が問題となる。中原本論語の「聞」字に付された仮名点「╲キ」は、動詞「聞く」の語幹とも、活用語尾とも、助動詞「き」の終止形とも解釈可能で、外部的な徴証を援用しなければ、推定できないので、これら場合は、異同の確例とはしない。

（9）拙稿「鎌倉時代漢籍訓読における訓読法の一実態―高山寺蔵論語巻第七・巻第八清原本を例として―」（『平成二十二年度高山寺典籍文書綜合調査団研究報告論集』、平成二十三年三月）。本書第五章第六節。

（10）注（5）文献においては、異同の記述を項目を立てて示されている。例えば、某家の訓読語が、漢文訓読語調が強い言う判断は、記述の全体の要素の体系化を経たものではなくて、特徴的事項を綴られ、傾向的な印象として示されたに過ぎないと評価できよう。

（11）小林芳規博士は、この対立事象の内、清八の直読訓「スハナチ」は、仏書読みの混入であると解釈されたものと思しい。「則」字の直読は、朱子の新注で採られた特徴的訓読語法だとの認識があるが、別に、室町時代以降のものでは、必ずしもないと見るべきである。

（12）注（2）拙稿。

（13）帰納法とも、演繹法とも異なる「アブダクション」と呼ばれる思考法のこと。直知。直感。↓（補注）

第六節　鎌倉時代漢籍訓読における訓読法の多重性

はじめに

高山寺には、清原家の奥書を有する論語巻第七・巻第八（本節の使用資料は、「高山寺典籍文書綜合調査団編『高山寺古訓点資料　第一』高山寺資料叢書第九冊、昭和五十五年二月、東京大学出版会」に掲載の清原本論語巻第七・巻第八に拠る。原本は、高山寺法鼓台において瞥見したにすぎない）を所蔵する。本節は、この高山寺蔵論語清原本にあらわれた所謂「助字の訓読法」の記述を目的とする。第一項にも触れる如く、漢文訓読語研究における、従来の概念での「訓読法」に、安易・無反省に、体系なるものを認めることには、現在、稿者は、甚だ懐疑的である。即ち、中国古典文において助字の意味用法の体系が記述されるのは当然であろうし、そうあらねばならないと考えている。中国古典文を漢文として受け入れた日本語側の訓読体系なるものが、体系として存立するかと問われれば、「助字」をキーワードとした体系の存在に懐疑的であると答えねばならないという意味である。訓読語には訓読語の、日本語側の辞の体系があるはずで、この対象は、方法を考えねばならぬとの謂である。

本節では、「桂庵和尚家法倭点」に取り上げられている事象を中心に、羅列的であると評されるかも知れないが、助字の訓読法の体系性を問題として記述を試みようと思う。本節の意図は、「訓読法」の部分的要素である助字の訓読に、言語体系を認めることができるのかと言う問題に対する実態記述と、更に、高山寺蔵論語巻第七・巻第八の訓読語の実態的言語事象と、参考とした高山寺本論語より時代の降る「桂庵和尚家法倭点」の事象との対比・記述の二点の論述を目的とする。

既に略説したが、「訓読法」なるものの総体の体系性への懐疑から説き始めることとする。

一、従来の「訓読法の体系性」なるものへの懐疑

ある訓点資料の「訓読法」なるものの記述や、「訓読法」と言う術語を使っての比較研究は、古くより盛んに行なわれて来た漢文訓読語の分析視点ではあるが、稿者は、従来の術語に定義—寡聞にして、文章化されたものを知らないが—される「訓読法」なるものが体系的存在であると言う無批判の楽観論には、極めて懐疑的である。例えば、本節にも触れる助字の訓読法は、中国語文である漢文における助字の存在が、日本語文と対比において特徴的な齟齬をきたす類の要素であることが多いから、訓読語においてどのように扱かわれてきているかに目を向け易い事象である。これまでの研究成果に従えば、あくまで個別一事象としてのレベルで通時的な変化が捉えられる事象も有り、また、共時的な言語集団間において、その訓読上の扱いに位相的な差を見いだす事例があって、助字の訓読法の分析が行なわれてそれなりの成果を上げて来た。

ただし、この術語「訓読法」の外延の不明確なることは甚だしく、例えば、「訓読法」の問題の内、再読字の訓読法は、基本的には表記法の問題で、その再読の訓読法の成立が、定型的な表現類型として存在するにおよんで、表現

法上の幅を狭めたことに日本語史上の意味を認めることが出来る。この再読の成立は、要素によって再読の成立に時間的な差があるものの、事象はある群れを作って、陳述副詞と文末表現の対応関係で、複数の要素（漢字）が同一方向に変化していると思われるので、表記法上の体系的存在であると考えることができる。

即ち、例えば、音韻変化、アクセント変化や二段動詞の一段化の如く、言語要素に類を設けて、その類に属する事象が、同じ方向性をもって、群れとして体系的に変化した事象と、この再読字が対比できる事から、訓読法としての再読字の問題は、他の言語要素との張り合い関係から記述ができて、体系的な存在であると認めることが出来よう。

しかし、「訓読法」と言われるものの総ての要素を覆っての体系性を認め得るか否かには慎重で有らねばならないであろう。体系の叙述は即、言語の質の問題に繋がろうから、従来の術語が示す「訓読法」については、実例に則した思索を十二分に経ねばならない。何故なら、従来の概念である「訓読法」には、右の再読字は勿論、中国語文たる漢文における助字の扱い、実字の充当和訓の問題―語詞選択の問題は勿論、音便の採用の問題、語形の音訛等々を含む―、読添語の問題、文法的な誤謬―格の二重表示等―、更には、返読法の問題や句読の問題も、訓読文の文単位の接続関係表現さえも含んだ概念であると考えられるが、これら総てを覆っての体系が如何に構築できるのか、あるいは、従来扱われて来た「訓読法」は体系的な存在であると考えることが不可能であるのかは、今後の漢文訓読語史研究において極めて大きな意味を持つことになろう。従来言われて来た「訓読法」は、日本語としての訓読語の、文字・表記の問題、音韻の問題、語彙、語法の問題、更には文章・文体の問題を内包する。このことは、「訓読法」の概念の不正確さの故で、「訓読法」を構成する各要素要素によって、抱える問題の研究上の領域・方法が異なる事態を生じさせる。

例えば、無条件に「日本語という言語の総体は体系的存在である」と言う立場が存しよう。その日本語には、文字・表記、音韻、文法、語彙、文章・文体の問題を内包するものであるから、「訓読語」の内実に各種の要素が含まれても、言語の質を考えるための体系化は可能である、との立場が予想される。漢文訓読語も「日本語という言語の体系」の一部であるので、体系的存在であるという前提そのもののが、実証され切ってはいない仮説でしかないことを充分に認識する必要があるが、「訓読法」にも同様の問題があろう。「訓読法」なる言語事象の個別個別の実例を採り上げて、その事象が多数集まれば、即ち、事象の束が太くなれば訓読語の質的な問題に及んで、体系的な問題を論ずることが出来るという、方法論的な反省のない楽観論には、稿者は、どうしても賛同できない。この楽観論には、体系を論じようとすれば、体系に—あるいは、部分体系に—属する総ての要素を尽くしての言語の力学的関係とも言える各要素の張り合い関係を問題にする必要があることに対する反省がない。

確かに、中国語文としての漢文と日本語文としての訓読語の〝あわい〟に存在する「訓読法」という言語現象は、異質の両言語を結びつけようとする、あるいは、異質な言語である中国語を、訓読して日本語に置き換えて、そうした営為を通して中国文化を取り込もうとするものであるから、例えば、比較文化的な関心からも、注意を引く現象である。

漢文において「文末助字」と言う事象がある。「中国語文としての文末助字には、言語的—意味用法上の—体系が有る」と言うことの理解は、さほど困難ではなかろう。即ち、中国語文の文末助字は、一々の言語事象（一字、一語）が、他の文末助字との意味用法的張り合い関係を作っている筈で、中国語文におけるモダリティーの体系と直結している訳である。

日本語側においても同様で、日本語の文末表現の体系の構成要素の一つ—モダリティーの体系は、多くの研究者が問題にしてきたところで、日本語固有の体系が存在することの理解は容易である。漢文訓読と言う方法を介さないで、この日中両国語の文末表現体系の比較を行えば、両国語のモダリティー表現体系の差が導き出せる筈である。

両国語が同一紙面上に現れ、一目瞭然である漢文訓読という営為に利便を認め、両国語の〝あわい〟を見いだそうとすれば、それは即、所謂「訓読法」なる視点から、分析叙述することとなろう。問題は、異質な言語を結びつけようとする「訓読法」と言う方法に、体系性を求めうるかであって、ともすれば、技術論の問題となりかねない。「技術」なるものに、質の問題である体系性があるかどうかと言う問題は、極めて大きな問題であって、稿者の能力に余るところがあるが、実際に残された訓点資料という具体的言語資料に従って、今後、意図的に方法を立てて検討する必要があろう。

以上は、思弁的に過ぎるとの批判が耳底に聞こえるが、「訓読法」なるものの体系性の検証には、まず、部分体系の記述の可能性を目指すところから始まるであろうと主張したい。「訓読法」なる術語の概念の内実も、また、「訓読法」の下位分類の素描も、部分部分が体系的に記述できるかどうかを検討してみることから始まるように考える。「訓読法」なるものに体系があるとすれば、「訓読法」の各要素を腑分けによる検証をして、非常に曖昧な「訓読法」なるものに対する、研究者側の―体系化が可能ならば―新たなパラダイムを構築する必要があるのではなかろうか。それによって初めて、歴史的な過去の訓読語の持つ概念的な枠組みが明らかになって行くように考える。

右には、「訓読法」なる術語の概念の曖昧さを問題にしたが、「訓読」なる術語が実に曖昧で、研究者の立ち位置に拠って、置かれた足場には、かなりのずれが有る。以下に触れる「桂庵和尚家法倭点」においても、例えば、「字訓」なる用語は、「誠實也」などの漢文注文の注釈を指している。「訓」なる語も概念が明確ではない。注釈そのものを言う場合もあれば、漢字の字義を指す場合もあるし、訓読語和語形を指す場合もある。

本節に言う「訓読法」は、特に、漢文訓読語における日本語の語形という言語形式に重きを置く。ただし、中国での注釈活動や、日本における語釈などを無視できない。形式としての語形の決定には、漢文の注釈活動という思考営為が内在するし、更には、抽象的に伏在する思想性や文芸性などの表象として扱わねばならないものであることは、避けようがない。実はこうした多層的、多重的構造を解明した思想的と言っても良い観念的な体系の枠組みを設定しなければならないと考えられるが、本節には、訓読語の要素間の張り合い関係を措いて、現れた現象面の記述が先行していること、即ち、稿者の論述の足場が、言語形式に、より比重を置いていることを断っておく。

二、「桂庵和尚家法倭点」に見える助字訓読法の記述について

周知の如く「桂庵和尚家法倭点」(1)は、臨済宗の僧、桂庵玄樹（一四二七～一五〇八）によって編まれた書で、明応十年（一五〇一）年に成立した経書の訓読法に関する成書で、新注の訓読法を記述した書として著明である。本書の本文の問題に関する先行研究(2)や国語学史からの視点で論じられたもの(3)が管見に入ったが、稿者は寡聞にして、この他に時代的に遡っての訓読法との比較を問題として、正面から漢文訓読語史の問題に言及した先学の論を知らない。

本資料に関する一般的な認識として、「室町時代に新たな訓読語が作られた」としたものがある。(4)この認識の及ぶ所は、室町時代に訓読語の大変革期を迎えたのであるという論理誤謬を産み出している。(5)最も甚だしき論理的飛躍は、古注から朱子等の新注を基とする訓読語―あくまで、日本語の問題であることをしっかりと認識する必要がある―において朱子等の新注の注釈内容の影響を受けて、日本語たる漢文訓読語が質的な大変化を生じた時代であるとする論理的すり替えの誤謬である。その訓読語変革の具体的言語現象は、助字―置き字―をも読み落とさず、(6)日本語側の問題である訓読をしようとした態度であるとの論理の飛躍、論理のすり替えが行われて来ている。ただし、断っておか

ねばならないのは、訓読法が新注そのものの影響を受けて成立した事象は、皆無ではなく、「桂庵和尚家法倭点」中にも、「思字○中庸《ニ》○神《ノ》之格《イタル┐》思。註《ニ》曰。思《ハ》○語《ノ》辞。此《ノ》思《ノ》字○不《ル》レ讀《マレ》也。」とあって、中庸第十六章にある当該例は、朱熹章句にも「詩大雅抑之篇。格來也。矧況也。射厭也。言厭怠而不敬也。思語辭。」とあるので、中国で作られた新注に従って、不読と訓読される場合のあったことも確かであるが、総ての訓読語形を決した訳ではない。

さて、本節で問題としている「訓読法の体系性」の問題に帰ろう。本節に取り上げた「桂庵和尚家法倭点」は、訓読法について多くの紙数を裂く。活字公開の資料があるので、(7) ご参照を戴きたいが、本資料の内容を羅列的に示す（本節の引用は、基本的には広島大学蔵元禄七年（一六九四）刊本による）と、①四書五経の古注と新注について　②新注の渡来と講筵（以上四ウまで）以下が、具体的な訓読語・訓読法に関する条項である、

③句読の事　④語辞・助辞の事（以下、主に単字を取り上げて、訓読法を示す〈再読字の条項を含む〉）（十オまで）⑤実字（二声調以上を持つ字をも取り上げる）（十三ウまで）⑥仮名遣い・仮名字体（十五ウまで）⑦読み癖（十六ウまで）

これ以下には、⑧「儒釋道三教」と、⑨「刊記に類する記載」が存する。

右には、「桂庵和尚家法倭点」の構成を概掲したが、この一書が、現代的に言う「体系性」を備えた成書であるかと言えば、極めて心許ないであろう。取り上げた各項目の内容が、比較的纏まった配列を成していることは、右の概要で理解できようが、①から⑨までの各類毎が、それぞれ他と言語体系的な組織的構造が構築されているかと言えば、そのような評価は不可能である。③から⑦までの訓読語事象に関係する記述間にも―そもそも桂庵が取り上げた事象は、桂庵の漢籍訓読語における特徴的な事象を羅列的に取り上げたものであるとの評価が出来ようが―各項目同士がお互いに作用しつつ存在しているようなことには、一切の言及がない。桂庵自身に現在言うところの「言語の体系性」と名付けられる概念的枠組みに対する思索があったとは評価できまいが、以下の如く、訓読語の表記法には、整

序を試みようとした跡が認められる。かかる意味での小項目内では表記法の体系性への指向があったものとも認められようか。例えば、桂庵は、

1、之字○ユク○オイテ○此《ノ》時ハ○當《テ》レ字《ニ》可レ点《ス》也。（中略）ノト讀時ハ○上ノ字ノ下ニテ○点シ添ルナリ。當《テ》レ之《ノ》字《ニ》点スルハ○鈍也。（以下略）（五オ）

「之」字の連体用法に就いて説いた部分で、「之」字は不読として、上字に格助詞「ノ」を添えた表記を採ることを主張しているが、この主張は、当時の実態として、「之」の直読例が存在していたことが前提と成らねばならないし、「鈍也」という評価は、やはり、「之」字に対する和語「ノ」の結合が認識されていて、直読の実態があるのに対して、表記法の問題として、直読的な加点を戒めているに過ぎないように認められる。「也」字においても、

2、也字。江西《ノ》云。讀《ニハ》レ文《ヲ》○也《ノ》字○而《ノ》字○句讀能可《ク》レ辨《ス》。云々 句ノ時ハ○ナリト讀テ○可レ切也。但《シ》ナリト○ヨマレヌ処アリ。然トモ一句ノ○トマリナラハ○句ニ可レ切。而好《メ》レ作レ乱者未《ヲ》レ之有也《ラ》之類。讀ノ処ハ○大畧○ヤト讀テ○下ニカクルナリ。ヤノ点○上ノ字ニ○点《シ》添《ル》也。其爲《レナリヤ》レ人也之類。又ヤト○ヨメトモ○句ニキル、処アリ。字訓《ニ》○誠《ハ》○實也。是讀《レヨミ》クセナリ。又人ノ名ノ下ハ不《メ》レ点《ーセ》○皆ヤト○可讀。古点《ニ》○回也ハカリ○ヤト讀テ○商也○賜也《ノ》之類○不《ル》レ讀○曲《クセ》事也。又ナリノ点モ○上ノ字ニテ○点《シ》添《ル》也。ヤトモ○ナリトモ○不《ル》レ讀処アリ。（五ウ）

まず、加点法の問題では、「又ナリノ点モ○上ノ字ニテ○点《シ》添《ル》也。」とあるので、(8)「也」字が「ナリ」訓との対応的な結び付きが強いこと—即ち、直読が可能であること—の桂庵自身の認識、また当時、直読的直接加点の例があったことを前提として、表記法として上字に添える加点法を採るように主張したものであると解釈される。今一つの問題は、「也」字に対応する如き和訓が無い場合を指摘していることで、「但《シ》ナリト○ヨマレヌ処アリ。然トモ一句ノ○トマリナラハ○句ニ可レ切。而好《メ》レ作レ乱者未《ヲ》レ之有也《ラ》之類。」と記述した部分が問題となる。文末に「也」字の有る場合で、文

を切れと指示しているが、この「也」字は、正に、不読の例である。「也」字の条末にも「ヤトモ○ナリトモ○不ルㇾ讀処アリ。」とあって、文中、文末共に、不読例のあることを示したものであろう。「桂庵の訓読語は、新注に拠ったが故に、総ての字を読み落とし無く訓読するという、訓読語史上の画期的な変革を起こした」と認識されてきた節があるが、決してそうではない。本節末の注（６）に概説したが、中国語文としてのニュアンスを嗅ぎ取ろうとすると訓読では不読などとして日本語表現上には上っては来ないで、ともすれば、表現要素として落とされて仕舞う場合のある助字なども含めて、総ての字を中国語文に従って理解する必要があることを説いたに過ぎないと解される。

では、「桂庵和尚家法倭点」において主張された新しさとは何であったのであろうか。中国で成立した注釈であるから、朱子等の新注に、日本語文である漢文訓読語に配慮しての訓読表現を規定する意図がそもそもあったとは思われない。新注を使うことで、直接的に訓読法の変化があったとすれば、それは、漢文自体の解釈に関わる訓読法においてである。例えば、句読の問題であるとか、時に、実字の和訓の問題であるとか、接続法とかであろう。解釈上の構文構成には関わらない読添語の訓読法に重大な影響を及ぼしたとは考えにくいし、助字の訓読法についても、一部の助字を除いて、新注を採用した注釈なるが故に従来の訓読法にことさら異をとなえるべき事象が多量に出現するとも思えない(9)。

桂庵の一つの意図は、先に触れた、訓読法の表記法上の整理、統序であろう。「桂庵和尚家法倭点」中には、助字の訓読法の総てを尽くしてはいないが、一種の表記法上での意図的体系指向を認めることが出来ようと思う。

今一つは、平安時代より脈々と繋がってきた古注学派たる博士家の室町時代における権威でもあった訓読法に対しての対抗―新注による訓読であることを示す〝マーク〟として採用した訓法―であろう。その対抗とは、形式上では訓読法の問題として説いている。例えば、「則」字の訓読法についての桂庵の記述は、

3、則字○古-点《ニ》○上ノ字ノ下ニテ○トキンハト○点スル時ハ○スナハチト○ヨム事マレナリ。故《ニ》新-註《ニ》○朱ニテ○則《ス》毎《ニ》レ字如《ク》レ此点スルナリ。是《レ》為《メナリ》レ可《キカ》レ正《ス》二古-点読《ノミ》-落《シヲ》一［也］。又墨-点ナラハ○字ノ右ノ肩《ニ》○サシアケテ○毎《ニ》レ字○スノ假名可《ヲシ》レ点《ス》［也］。点ゼハ○必《ス》上ノ字ノ下ニテ○トキハト○可レ点［也］。トキハノキニハ○乀如《ク》レ此可《ノ》レ引《ク》○キノ假名ヲハ○不レ用［也］。但《シ》トキハト○ヨマヌ処モ○アルヘシ。古-点《ニ》○トキンハト○点ズルハ○カタコトナリ。又ノリトモヨムナリ。為《タリ》二天-下則《ノリ》一。ナゾラフトモヨム。堯則《ナゾラフ》レ之《ニ》。又ノツトルトモヨム。（九オ）

室町時代の博士家の訓読法に対する対抗として、古注を用いる博士家が「トキンバ［則］」と読むのに対して、新注では、「トキハ則《ス》」と点じて直読する方法で訓読するように主張するが、それは新注に拠ったが故に導き出された訓読法ではない。桂庵の既成観念のなかに、「則」字は直読すべきが正しいという観念があったことは確かで、それ故、古点は、「読み落とし」ているとしている。この訓読法の成立が、注釈行為に新注を採用したことよって日本語の形式としてもたらされたと考えるのは無理で、古点（古注）採用の訓読に対して、新注を利用した訓読であることを訓読語上での形式的差によって示すことを意図したものであろうと思われる。古注に拠る博士家の訓読に対して、新注を示す印として採用した訓読法であると思われる。また、右の記述を以て、置字も読み落としなく訓読しようとした新しい訓読法を主張したものであるとするのも短絡に過ぎるように判断する。[10]

三、高山寺蔵論語清原本について

先学は、本節の主たる検討対象である高山寺本論語清原本を取り上げて、鎌倉時代当時の仏家による漢籍の訓読例で、三千院蔵古文孝経建治三年（一二七七）点とともに、訓読法には清原家の訓読法を伝えるのもではなくて、夾雑物（仏家の訓読法）が混入したもので、鎌倉時代の漢籍訓読語資料としては例外的な資料であるとして切り捨てられた資料である。[11] その例外が、平安鎌倉時代を通じて、仏家による漢籍の訓読の事実が例外的で僅少あったということと同意ならば、稿者は、その解釈に賛同が出来ない。

漢籍の訓読において、平安鎌倉時代、更には、室町時代に至るまで、訓読語（翻訳、読解）の権威は、博士家であったろう事は否定しない。桂庵の時代ですら、博士家の訓読は、古注家としての厳然たる権威を持って存在していたと推定される。博士家が関する訓読法、あるいは、訓点資料について、多くの漢籍において「証本」なる呼称と評価を持って記されている事実は、枚挙に遑がない。[12] 即ち、規範の一つとして、儒家・博士家の家説として体現された訓読語・訓点資料に価値が置かれていたと見ることには矛盾があるまい。ただ、平安鎌倉時代の全ての訓読者（仏家も含めて）が、博士家の訓読語が一つの規範であると認めていたとしても、博士家の訓読語のみが実現されたかと言えば、実態は異なったものであったと断じてよいと思われる。即ち、「証本」なる語が使用され、かかる資料が存在したのであるから、博士家の訓読が規範の一つであった事実は覆しようがない。しかし、殊更に、「証本」なる語が使われた背景には、逆に証本以外の訓読が実行されていたことを指し示す以外の何ものでもない。高山寺本論語清原本巻第七の巻末に別紙が継がれ、「故論語一卩／如形《クカタノ》清家一説《ヲ》所讀《ム》也」の一文と共に「天台山沙門僧禅心之本」との記述がある。本文と同時期と推定されるものであるが、[13] 仏家に関係した資料であることは、この奥書より知れるし、論語の訓読が仏家によって行われた事実は紛れもないものである。稿者には、「清家一説」の句の「一説」の解釈が定まっては居ないが、巻第八の紙継ぎに「清原康祐」の署名もあるから、右に説いた如く、権威として清原家（の訓読）が関わっていたものであろう事は知られるところである。ただ、後に確認する如く、「累代清家の訓説」とは異なるところが大きい。

次項以降に記す訓読法の記述に参照資料とするが、三千院蔵古文孝経建治三年点も、天台宗関係の漢籍訓読資料と思しく、この資料の奥書は、金王丸の垂髪に誂えられたもので、「同（建治三年）九月上旬交點之書本之點不一途頗可謂狼藉本歟／仍以證本移點畢　金王丸重記之」とあって、清原頼業以来の証本を以て移点している。ここで注意すべきは、清原家の証本を権威有るものと認識していたのは当然確認されるが、一方で、訓点の重合した「狼藉本」と評価される底本が存在していた事実である。右からは、訓点の価値の軽重は、明らかで、儒者たる清原家の訓読が珍重されていたと同時に、当時の価値観から「狼藉本」と評価される訓点資料が存在していたことに注意を向ける必要がある。

このように考えてくれば、先学が漢籍訓読の例外として切り捨てられた訓点資料の現存は、「狼藉本」と当時評価された類のものであって、先学の切り捨てられた根拠である「仏家の訓読法」の混入した類の本の現存の寡少は、積極的な伝承の対象とはならなかったものであったが為であろうと考えられる。高山寺本論語も三千院蔵古文孝経も、偶然の現存であると捉えるのが妥当であろうと思われる。恐らく、平安鎌倉時代を通じて生産された「狼藉本」は、仏家を中心に夥しいものではなかったかと想像する。ただ、そうした訓点資料は、権威としての博士家の訓読がある故に、高い価値を置かれず、歴史から簡単に消えていったものであろう。

仏家が漢籍（の訓読）に関わらなかったと考える根拠はどこにあるのであろうか。例えば、現在残っている仏書訓点資料に多く書き入れられた逸文である原本系玉篇に、語釈の用例として掲げられるのは、まさに漢籍である。例えば、論語だけを取り上げても、大正新脩大蔵経を対象として、検索すると(14)「論語曰」では、經疏部初め86例のヒットがある。「論語云」では、359例、「論語言」でも26例がヒットする。これら全てが論語の引用部分ではないが、多くは、論語を引用し、あるいは、論語本文を話題とする。「孝経」のキーワードでも228例のヒットがあって、仏書内部に引

用された漢籍の条文は、重要な位置を占めていたものと考えることが許されよう。(15)

さすれば、仏家個々人、宗派によって浅深の差はあろうが、漢籍の訓読機会を日常的に持っていたとしても根拠のない推論ではあり得ない。その時に、宗派、個人が、如何なる訓読を行っていたのかを実証する必要があるが、具体的検討を後に譲るとしても、高山寺蔵論語清原本や三千院蔵古文孝経が、仏家を舞台とする実際の訓点資料であることは間違いない事実で、かかる訓読法が実在したことは否定できないであろう。

四、高山寺蔵論語清原本の訓点—三千院蔵古文孝経建治三年点と共に—

高山寺蔵論語清原本と三千院蔵古文孝経とには、他資料には概ね確認できない訓点の符号が共通して存している。それは、「不読符」であって、両資料ともに加点されている。形式は異なるもので、高山寺蔵論語清原本では、漢字右傍中央に「、」が付される。三千院蔵古文孝経では、漢字左傍中央に「こ」で加点される。機能は同一であるが、形式が異なるから、この両資料の背景には、多くの実例が存して分派分布していたことが考えられよう。

稿者は、三千院蔵古文孝経建治三年点を中心にして、かかる類例の多くない「不読符」という記号、三千院蔵古文孝経建治三年点には、清原家の声点体系よりも単純な、大振りの清濁を区別しない声点があることを指摘し、これらの符号は、漢文訓読学習期の童蒙の使用した言語体系、教育的配慮に基づく幼少学習者用の言語体系の一部が現れたものであることを推定したことがある。(16)論語、孝経が、童蒙の訓読学習に使われたテキストであったことは、仁治本古文孝経等の奥書に詳しい。(17)

即ち、幼少時の訓読語の体系は、長ずるに応じて変化したものであろうと論じた。つまり、訓読者個人において成長と共に訓読語の体系は深化していったもので、訓読者の個体史（個人の言語変遷の歴史）を想定して良かろうと論じたところである。日本語の通時的な変化変遷は、かかる個人の言語史を内包したものであって、立体的に描いて行く方法を模索する必要があるとした。即ち、「狼藉本」という評価は、本節の対象とする高山寺蔵論語清原本や三千院蔵古文孝経建治三年点などに与えられたもので、当時第一の権威であった博士家の訓読以外の夾雑物（学習用の訓読語や仏家などで日常的な漢籍訓読に用いられたであろう博士家訓読を逸脱した任意の訓読語）を含んだ資料に対するものであったろうと推定される。これら「狼藉本」は、個体史の過渡的時代の訓読言語であり、あるいは、仏家における一時的な解釈作業などにおいて随時生産された訓読言語を含んだものを、あるいは、そうした訓読語そのものに対する評価であってみれば、後に残されるべき価値を付与された資料群ではない。が、偶然にも、その訓読語（法）は、文献文化財として現在に残されているのである。

五、高山寺蔵論語清原本の訓読法―「桂庵和尚家法倭点」に記述のある助字の訓読法―

以下、本項は羅列的となるが、桂庵を遡っての訓読語の鎌倉時代の実態資料である高山寺蔵論語清原本二巻を取り上げて、「桂庵和尚家法倭点」に記載のある助字の訓読法を「桂庵和尚家法倭点」に掲げられた序列に従って、記述しようとするものである。また、鎌倉時代に実在した訓読法であることを証するために、適宜、三千院蔵古文孝経建治三年点、金沢文庫本群書治要を参照する。

①「之」字の訓読法

桂庵は、「之」字の用法について、動詞「ユク」「オイテ」と訓ずる場合、「コレ」「コレカ」と訓ずる場合を掲げて後、連体を示す格助詞「ノ」の例を掲げて、点法としては、上接字に転じ添える表記を採るべきで「當《テ》レ之《ノ》」字《ニ》点スルハ○鈍」也。」と述べている。かかる例は、高山寺蔵論語清原本には普通の訓読法で、該当資料に限らず、鎌倉時代の内典外典を問わず一般に出現する訓読法である。むしろ、直読例が現れることの方が注目されて、

4、々(徳)ハ恩恵《クヱイ》／之《ノ》徳《トク》[也]〔清七90〕

右は注文部分であるが、改行があって「之」字が出現するから、「之」の直読例以外のものではない。即ち、高山寺蔵論語清原本における連体の「之」字の訓読意識は、桂庵と変わることが無く、「之」字の直読も可能であるが、表記法の制約から上接字に「ノ」を添えているに過ぎないと判断される。

桂庵の「又中カニ○ヲクコトアリ。謂《フ》レ之《ヲ》」文《ト》。」とある構文は、

5、之《コレ》ヲ蕭墻《シクシヤウ》ト謂フ[也]〔謂之蕭墻・清八101〕

として代名詞訓が確認される。

「之」字の文末用法については、桂庵は、「此ノ字。句ニ切ル處アリ。學《テ》」而時《ニ》習レ之《ヲ》々類。」として、代名詞訓に読んでいるが、高山寺蔵論語清原本においては確例を拾えないものの、[18]三千院蔵古文孝経建治三年点には、

6、女《ナムチ》之《コレ》ヲ知ル乎〔女知之乎・77〈「之」字ニハ不読符モアリ〉〕

即ち、鎌倉時代において既に、桂庵の認識の枠組みと同じものが存したのであって、殊に桂庵が、新しい訓読法を提唱したものではない。

②「乎・耶・歟」字の訓読法

この三字就いて、桂庵は「此ノ三-字。大略○ヤト○カト讀也。コレモ上ノ字ノ下ニテ点シ添也」と述べている。表記法を指示したものであると解されるが、

7、信《マコト》アルカ［イ、信カ《ト》（ある）］［乎］。（清七30）

を初めとして、不読表記とともに、

8、是賢レラム乎《カ(付合点)》［イ、乎《ヤ(付合点)》］（清七85）

の如く、鎌倉時代において直読例があって、既に表記上の揺れがあることは、桂庵の問題意識に通じる現象であろう。

③「者」字の訓読法

桂庵は、「者字。徳《ト云ハ》［者］○如ㇾ此《ノ》点《ス》。」と記している。この訓読法も、平安鎌倉時代の漢籍資料に普通に見えるもので、

9、如之何（と）いふハ［者］言（は）禍（難己成吾）亦（如之何）无（し）［也］（清八42）

の如くである。

④「也」字の訓読法

桂庵は、「也」字について、「句ノ時ハ○ナリト讀テ○可ㇾ切也。但《シ》ナリト○ヨマレヌ処アリ。」と言い、「而好《メ》ㇾ作ㇾ乱《ヲ》者未ㇾ之有《ラ》［也］之類。」不読の例を掲げている。高山寺蔵論語清原本には、以下の如き例が存する。

10、子産ハ古［之］遺愛ナリ［也］（清七15）

11、夫子答《コタ》へ不《ス》［也］(不讀符)（清七4）

文中例は「ヤ」と訓ずるが、「ヤ」は上の字に添えるように指示している。また、「字訓○誠《ニ》○實《ハ》［也］。是讀《レヨミ》クセナリ。」とも記す。注文部分には、

12、○諒《リヤウ》(去)ハ○信(去)［也］　陰《イム》ハ猶嘿《ナヲホク》(入輕)ノ［猶《コト》］(再讀)シ［也］（清七112）

13、三代ハ夏殷周［也］(不讀符)（清八54）

の例が認められるが、例13は、不読符が付された体言止めで、桂庵の提唱の訓読法に叶う確例であろう。また、「又人ノ名ノ下ハ不《メ》レ点《セ》○皆ヤト○可レ讀。古点《ニ》○回也ハカリ○ヤト讀テ○商也○賜也之《ノ》類○不《ル》レ讀○曲《クセ》事也。」とする。高山寺蔵論語清原本には、

14、子(の)曰(く)賜《シ》也汝《ナムチ》予《ワレ》ヲ以《モ》テ多《ヲ、》ク學《マナ》ヒテ[而](以下略)(清八9)

の例が存するが、「也」字の扱いがどうされたかは、仮名点等の加点がない[19]。表記法の問題としては、「又ナリノ点モ○上ノ字ニテ○点《シ》添《ル》也」としている。また、「ヤトモ○ナリトモ○不《ル》レ讀処アリ。」として、純粋な意味で不読・置字扱いを記している。いずれも平安鎌倉時代の漢籍資料に確認される訓読法であるし、純粋な不読の場合が有ると述べていることに注意が必要である。

⑤「乎・諸・於・于」字の訓読

桂庵は、この四字につき、

15、乎○諸○於○于○此ノ四字○返点《ノ》中《ニ》○アルトキハ○皆無レ讀也。諸《ノ》字○ヤト○讀《ム》処多也。其《レ》捨《ステメヤ》[諸]。其猶病《ヤメリヤ》諸之類。又不《ル》レ讀處アリ。於《ノ》字○于《ノ》字○上ニアルトキハ○オイテト讀也。二字多クハ○通シ用ル也。

これらの用例は、

16、予[乎]君爲ことを樂シフこと無シ。(予無樂乎爲君)(金沢本群書治要・論語372)

17、吾《ワ》カ力《チカラ》猶《ナヲ》能《ヨ》ク[諸]市朝《シ》(平)(に)○肆《シ》(去)セシメテム(吾力猶能肆諸市朝)(清七96)

18、[於]孔子ニ問《ト》フテ曰《イハ》ク(問於孔子曰)(清七1)

19、民[于]今《イマ》ニ到《イタ》ルマテニ稱ス[之](民到于今稱之)(清八134)

例16は、金沢文庫本群書治要清原教隆点からの引用であるが、博士家清原家の訓読法のなかに既に存している。その

他の高山寺蔵論語清原本中に文中不読例が認められる。「諸」字の「ヤ」訓は、高山寺蔵論語中原本嘉元元年（一三〇三）点中に、

20、子（の）曰（く）、有リ諸《ヤ》（中四72）

と認められる。「於」「于」二字の「オイテ」訓も、

21、我礼《レ》於《ヲ》イテ當《マサ》ニ君《キミ》ニ告《マウ》ス［當］（再讀）シ（清七68）

22、其（の）子―孫《ヲ》に于イて率《シタカ》ハ弗。（金沢文庫本群書治要・尚書185）

後者は、金沢文庫本群書治要・尚書の例であるが、共に、鎌倉時代には認められる訓読法である。

右の訓読法は、平安鎌倉時代の漢籍経書訓点資料だけに限っても、桂庵の言う訓読法が採られた例は、枚挙に遑がない。即ち、桂庵の新しい訓読法などではない。

⑥「而」字の訓読法

「而」字の訓読法について、桂庵はまず、語頭の用法について記す。「大畧讀《トウ》ノ○カシラ字ナリ。但《シ》シカレトモト○讀ムトキハ○句カシラニモナル歟。」と述べる。ただ、逆接の接続詞として桂庵が掲げた例は、「シカルヲ」の例であって、「又不《ル》レ渉《ラ》レ句―讀《ニ》処アリ。人不レ知而《ルヲ》不レ慍之類。」と記している。文頭の訓読法については、他には具体的な訓読語形を指示しては居ない。

この「而」字については、旧来から指摘されるように、新註の訓読法として読み落としを戒めている論調は、他と比べて強い。

23、新註《ニ》○此《ノ》而字○而《メ》毎レ字《ニ》○如レ此点《ノス》。其《ノ》故《ハ》○古―点《ニ》不レ讀ヲク故ナリ。學《テ》而《メ》時《ニ》習《フ》レ之《ヲ》。此《ノ》一―句○論語首篇之篇首五字皆肝―要《ノ》字也。爭《カ》可《ンヤ》レ不《ル》レ讀乎。古点ニ○マナンテトキニ○ナラフト○ハカリ讀テ○而之《ノ》兩字不《ル》レ讀○曲事也

として、「シコウシテ」と読むべきことを唱えるが、文頭の「而」字を、

24、而《シカ》ウシテ犯《ヲカ》セ[之]（清七70）

と訓読した例を始め、金沢文庫本群書治要・論語には、文中例として、

25、舜‐禹天下を有《タモ》テルこと而《シカ》ウシて與《アツ》カラ不[焉]（論語273）

訓読語の形式に無かった訳ではない。23に続いて、「下ニオイテ○ヨマレヌ処アリ」として「已《ヤンナン》而」などの不読例をあげ、詩経においては「反‐而」「遠‐而」を「ハンタリ」「トヲケレハナリ」と読まず、音読して「ハンジ」「ヱンジ」と読んで「而」の字の存在を知らしめるべきであるとする。また、「ナンヂ（汝）」訓のあることを示して「而」字の項を終える。

桂庵は、「而」字の訓読を、字毎に落とさず「シカウシテ」と読めと言っているが、事象としては、文頭・文中ともに、鎌倉時代以前にある形式であって、しかも、不読の場合があることも述べている。桂庵の意図の核心は、「而」字の読み落としのないことを言っているのであろうが、訓読法の事象は古くから有るものであることを考えれば、桂庵の主張の趣旨は、それまでになかった新しい形式というよりは、訓読法の統序・徹底にあると言えよう。

⑦「矣」字の訓読法

桂庵は、「大‐畧一‐句切《ノル、》処‐也。」として、音節の連接形態としては「ヌ」「レリ」「タリ」「ケリ」と読むこと。但し、不読（置字）も有ることを指摘し、「上ノ字ニテ点《シ》添《フル》也」と加点法を指示する。また、他字と孰合し、あるいは、文中にあって「カナ」と読まれる例を掲げるが、「但シヨマレサル処多也」とも記述している。これらの訓読法は、

26、辭《コトハ》ハ達《タツ》シヌルときは則《スナハ》チ足《タ》ンヌ[矣]（清八75）

27、孺‐子、王タリ[矣]（金沢本群書治要・尚書428）

28、吾《レ》其ノ語ヲ聞《キ》ケリ[矣]（清八130）

29、今ハ則チ亡イカナ[矣][夫]（清八56）

30、甚《ハナハタシキカナ》矣、吾《ワ》か衰（へ）《ヌル》タルこと[也]（中四3）

などとあって、鎌倉時代の経書訓点資料に確認される。

⑧「焉」字の訓読法

桂庵は、まず、副詞訓「イズクンゾ」を掲げ、「コレ」訓が充当されるもの、続いて、「大-畧不レ讀《ル》処多《シ》。如《キ》レ丘者《カノ》[焉]。」として文末助字の不読を例示する。

31、孔子之《コ》レ与坐《トキ》テ[而]問《ト》フ[焉]（孔子与之坐而問焉・清七74）

は、普通に出現する訓読法である。また、大学の序文の音読「各俛《メン》-焉《エン》」例を掲げている。

⑨「耳・尓・而已」字の訓読法

この三字については、「也已・也已矣・已矣・而已矣・焉耳矣・已乎」の例を掲げて、「ノミ」と直読することを述べている。

⑩「巳・已・己」について

当時は、この三字に混乱があったようで、桂庵は、韻会を引いて、三字の別を記している。続いて以下には、「哉字。与○乎○字《ノ》-○小シ異ナリ。」、「兮字。鳳兮々々」、「思字」の助字の例を掲げる。

⑪「則」字の訓読法

「則」字の項は、例3として全文を引用したので繰り返さないが、古点に「トキンバ[則]」と不読に扱うのを難じて、「則《ス》」と点じて、読み落としなく直読することを指示する。高山寺蔵論語清原本には、「則」字には、加点があっ

て、

32、［於］野ニ謀《ハカ》ルときは則チ獲《ウ》［イ、獲《エ》タリ］［於］國ニ謀《ハカ》ルときは則チ否《エ》ス（清七10・11）

などと加点されて、いずれも直読される。三千院蔵古文孝経は、不読符がある資料であるが、その不読符は、「也・而・之・矣・烏（焉）・焉・以・者」（出現順）に付されている。「乎」字は直読されて訓点が付される。「也」や文末の「之」には、盛んに現れる不読符が、(20)「則」字には確認されない。また、

33、知《ヌルときは》」則移《す》レ之（47）〈「之」字には、雁金点と不読点が付される〉

34、祭《マ(つる)ときは》」則。鬼(上)享《ウク》［之］（223）

の例があって、「則」字は、前接字と訓合符で結ばれている。かかる状況によってすれば、「則」字は「スナハチ」訓で直読されていたと考えて矛盾がない。桂庵の言うところは、既に、鎌倉時代の漢籍訓読資料に見られる訓読法であって、桂庵の新説ではない。

桂庵は、続いて「將・宜・當・盍・令・教・使・俾・遣・須・未」の再読字訓法について触れるが、特に、加点の表記法について記している。更に、「與」字について、多訓である旨を述べ、「ト・トモニ・クミス・アヅカル・シメス・カ・アタフ・ユルス・ヨリ」を掲げて、孟子の注、韻書を引いて証している。

次には、「大」字の清濁の問題、「其諸」字を問題として助字である旨を述べ、不読を指示し、古点の「ソレトモ」の訓読を難じている。

以下は、感動詞、疑問副詞を掲げて訓読法を示し、「夫」「曰」「如」「或」「事の動詞訓」について記す。以下は、「樂・治・食・好・惡・見」の複数の字音を持つ字の訓読法を示している。

続いて、「自（オノヅカラ・ミヅカラ）」「爲」字の加点法を記す。また、合符・音訓読符について述べ、雁金点、「ヰ・

オ・ワ」の仮名を始めとして仮名字体のことに及び、字音読の加点法、和訓読の加点法、「車馬」の加点法、古点の「比於我老彭」の文字列の読み誤り、漢文本文の漢字の異同のこと、「不二和尚曰」として呉音漢音の問題に触れる。ここまでが、訓読に関わる条項で、後半部の項目は任意の感があるが、概ね、訓点の表記法に関することに関心が向けられている。

以上の検討を通して、「桂庵和尚家法倭点」で示される、特に、助字を中心とした訓読法は、室町期の新訓法というよりも、各事象が、鎌倉時代に既に確認される訓読法であって、訓読法上の新味はないと言うべきであろう。

おわりに

以上、前項などは、羅列的に終始したが、桂庵の訓読法が、「新注による新訓読法の提唱であって訓読語変化の質的な画期であった」とするのは、言い過ぎであって、既に、時代的に遡って、特に仏家に関係しての漢籍の訓読法には、桂庵の提唱する訓読法の多くが事実として確認される。古点（古注）の訓読は、室町時代も博士家による権威があったものであろうと想像するが、これに対抗して、新注による訓読であることを示す印〝マーク〟として、訓読法の、特に、表記的な統序を行って、統一した体系的な表記法を提唱しようとしたものであるとは解釈できないであろうか。即ち、前時代において「狼藉」と評されるような価値しか付与されていなかった漢籍訓読語を、新注による―正統な―訓読であるというある種、権威的な価値付けを試みた営為であると認めることができるのではなかろうか。

本節に残る問題は、臨済宗の漢籍の訓読法の実態がどのようなものであったかという点である。

視野狭くして、かかる問題を検討すべき資料を手元に持たない。臨済宗の漢籍訓読語については、抄物なども視野に入れて、更なる実証を目指さねばならないと考えられる。

注

（1）本節に引用の桂庵和尚家法倭点の本文は、川瀬一馬「桂庵和尚家法倭点について」（『青山学院女子短期大学紀要』第十三輯、昭和三十五年七月）に掲載の室町末期写本の翻字本文を参照し、広島大学蔵元禄七年（一六九四）刊本を基本とした。

（2）注（1）川瀬論文。

（3）村上雅孝「国語学史から見た『桂庵和尚家法倭点』の意義」（『東北大学文学部研究年報』第三十九号、平成二年三月）。

（4）注（1）川瀬論文には、「桂庵和尚が我が国の訓点史上に占める位置、及び桂庵の新注講学、並びに新しい施点法制定の意義等や、その残存点本等に関することなどは、筆者が昭和二年に初めてこれを取り上げて論じ（以下略）」（46頁）、「桂庵が在来の古い伝統的な施点に拘束せられず、新しい点法をはじめることができたのは、これまでの施点が行われなかった新注本を講学に使用し、独自の読み方をしたからに外ならぬであろう。」（47頁）などとした記述がある。

注（3）村上論文では、「従来、この「倭点」（桂庵和尚家法倭点）は、桂庵が、博士家の訓法に対抗して生み出したものというのが成立の直接的要因のように受け取られていると思われる。これは、桂庵の具体的記述から首肯できることであるが、このことをもう少し掘り下げて考えてみたいと思うのである。」（8頁）、「事実、助字等を落とさずによむために、その訓読化にしいて努めねばならなかったし、また古点を批判することによって自らの古点学の底の浅さを露呈しなければならなかったのである。」（22頁）、「このように見てくると桂庵は、やはり時代の子であったということになる。宗祇風に言えば、当代の言語を以て本となす心があったのである。」（26頁）などとした記述がある。

これらの記事によれば、桂庵和尚家法倭点に取り上げられた言語事象の出自が必ずしも明確とは言えない。村上論文には、当時臨済宗内で行われていた漢文訓読語なる実態があったことを想定されているが、その臨済宗の訓読語の実態が、いかなる系統の引くのか、あるいは、新たに作り出されたものかについての質的言及がない。

（5）漢文訓読語の大変革期は、歴史上に二期あるとの認識が一般的であるように感ずる。一つの時期は、朱子の新注系が鎌倉時代にもたらされ、新注の利用の裾野が拡がった室町時代だと認識されている。その室町時代の象徴として桂庵和尚家法倭点が取り上げられる。

（6）桂庵が、助字類も文脈によって漢文にあることを認識する必要があるといっているのは、

①摠‐別望《ノソミ》ナラハ○文‐字讀《ミ》ヲハ○無レ落‐字様ニ○唐‐音讀《ニミ》度也。其‐故ハ○ソラニ覺ユル時○ヲキ字○不レ知レ有《ルコトヲ》二其何《ノ》‐字一也。口‐惜哉。（元和十年刊行本・十六ウ）

この部分に関する解釈によるものであろうが、桂庵は、「字の落としがないように、唐音で読みたいものだ」言っていると解せられる。この「唐音」は、「桂庵和尚家法倭点」中に、もう一箇所、

②故兒《ニ》‐童走卒。誦《ス》二○不《レハ》レ宗《トセ》レ朱子《ヲ》元非《ス》レ學《ニ》。看到《テ》レ匡‐廬《ニ》始《メテ》‐是《レ》‐山《ト云》○兩‐句《ヲ》一。唐‐音《ニハ》○不宗朱子元非學 看到 匡 廬始是山《フスンチウスヱンヒイヨウカンシヤンシヤウルシシイサン》。此《ノ》‐意《ハ》○漢‐儒以‐來儒‐者雖《ヘトモ》レ多《シト》○以《テ》レ晦菴《ヲ》爲《スルノ》レ宗《ト》之‐義《ナリ》也。宗《ハ》○領也。（同右・一オ）

とも見える用語で、②の場合は、掲げた例の一行目が訓読の形、二行目には、その漢文の文字列に、字音振ったものである。この音読即ち、当時の中国語の形を「唐音」と言っていると解釈される。論文中にも触れるが、桂庵の主張する「助字」の訓読法は、「置き字」即ち不読扱いのものが相当数見える。「この助字を落とさずに」としたのは、訓読語レベルのものでは、「ソラニ覚」えて口に上せても、原漢文の助字などは、その存在も明示できないから、中国語文として助字も、その存在が分かるように発音すべく「読度《ヨミタ》キ」と言っているに過ぎない。訓読語に反映されるとされないとに関わらず、桂庵自身の認識には、中国語文の持つ意味用法が、ニュアンスとして訓読語に反省され得ないのにもどかしさを感じた故であろうし、看話禅たる臨済宗においては、「ソラニ覚エル」こと、即ち、漢籍に限らず、先達の語録にしても暗記することが強く、必然として要請されていたことであろうと思惟する。

（7）注（1）川瀬論文。『日本教育史資料』（臨川書店版による、昭和四十四・四十五年）。

（8）「桂庵和尚家法倭点」内に、以下の如き例が認められる。

○二字多クハ○通シ用ル也。（元和十年版本・六オ）

○字ヲ音ニ讀‐時○末假《ヘ》名バカリハ不レ点。東《トウ》○如《ク》レ此《ノ》皆点スル也。（同右・十五ウ）

とある例が複数存して、「也」字の直読と思しい。また、

○大‐畧一‐句切《ルヽ》処‐也。（同右・六ウ）

○體トハ○人也。人ノ體是レ也。（同右・十一ウ）
の如き合符が「也」字に及ぶ場合があって、
○此ノンノ假名ハ○未來之ノ辭《ナリ》［也］。ヌノ假名ハ○トマリヌトテ○假名ノムスビぬナリ。云ハツル辭也。（同右・十五オ）

の例をみれば、二箇所において対比的な加点がなされ、初例が不読、第二例が「也」直読であると判断せざるを得ない。ただし、注意すべきは、桂庵本人の矛盾であるとは断定できないし、本資料は、基本的には片仮名交り文であって、その中に漢文が引用されていると考えるべき性質の資料であろう。

（9）小林芳規『漢研』（昭和四十二年三月、東京大学出版会）においては、「桂庵和尚家法倭点」を取り上げての論述が、数カ所有るが、その内に、以下のような記述が存する。

○家法倭点の主張する訓法が、当時は無論後世の漢籍訓読に大きな影響を与えたことは先学の説かれた所で、筆者も一二の資料につき確認した。それは仏書の即時的訓法を更に強力に唱え、置字までも字面に即して読もうとしたものである。このように見ると、平安鎌倉時代の漢籍訓読と室町時代のそれとは質的に異なるものであると見られる（一六二頁）。

○ただ、室町時代になると、桂庵和尚家法倭点で「古點に讀ミ誤リ多し」として、自らの新点法を古点と比較することが見られる。この「古點」が博士家の訓法であるとすれば、この種の初めての言及となる。確かに「古點」は漢籍の点法にかなり合う点を持つ。しかし家法倭点は、自説を主張する余り、古点を批判対象として取り上げたのであって、項目も少なく恣意的で、印象的主観的なきらいがある。そこにいう古点の訓法も必ずしも漢籍の当該字の訓を全部調べたものでないから、例えば「而《シカウシテ》」の如く誤解があることも注意しなければならない（四七三頁、同趣旨の文は七頁にも存する）。

○従って、家法倭点は、漢籍訓読語の特徴の一面に気附きながら、それが古訓法を伝えた理由を解さない為に、或いは郷談として斥け、何よりも自説（新注）を主張するに急となって、古訓法に内在する事実を、広く客観的に把握することが出来なかったと思われる。一方、家法倭点で拠所とした訓法は、上述の相違によれば仏書の訓法に主として拠っていたことが推測される。（四七四頁）

右の文章より忖度される見方は、桂庵の主張した訓法が、桂庵の時代において新しいものであること。その新訓法は、新注に依拠した自説の主張の現れであること。置字までも落字なく即時的に読もうとしたもので、平安鎌倉時代の訓読法とは、質的に異なったものであること。と考えられているように認められる。本節は、右の傍点部の解釈に、異を唱えようとするものである。

（10）漢文の総ての字を読み落としなく訓読しようとした訓読法でないことは、注（6）において触れたところである。

（11）注（9）掲載書。

（12）注（9）掲載書巻末の「漢籍古点本奥書識語集」を参照。

（13）高山寺典籍文書綜合調査団編『高山寺古訓点資料　第一』高山寺資料叢書第九冊（昭和五十五年二月、東京大学出版会）解題。

（14）「大正新脩大蔵経テキストデータベース」（http://21dzk.l.u-tokyo.ac.jp/SAT/ddb-sat2.php）〈平成二十九年五月一日現在〉による。

（15）稿者が関係した具体的な仏書の例として、
高山寺典籍文書綜合調査団編『高山寺古訓点資料　第四』高山寺資料叢書第二十三冊（平成十五年八月、東京大学出版会）所載、三教指帰巻中。

三教指帰成安注に引用された書は、玉篇の引用が最も多いが、その他、内典や国書は僅かであって、外典の引用が圧倒的に多い。左の掲書も参照。

佐藤義寛『三教指帰注集の研究』（平成四年十月、大谷大学）。

音義類も、玄応「一切経音義」なども外典の引用は夥しい条数に及ぶ（古辞書音義集成「一切経音義」〈上・中・下・索引〉、汲古書院）。

（16）「鎌倉時代漢籍訓点資料における訓読語の個体史—三千院蔵古文孝経建治三年点本を例として—」（広島大学国語国文学会平成二十一年度研究集会、平成二十一年十一月二十一日）の稿者の口頭発表。

（17）注（9）掲書、巻末「漢籍古点本奥書識語集」一四六二頁、松岡忠良蔵古文孝経の条、および、仁治本古文孝経奥書には、八歳に論語を始読し、十二歳にして古文孝経の訓読を行っている旨の記事が確認される。

(18) 高山寺本論語中原本には、「有リ二之一」(中四73)、「之《コレ》を制《セイ》スルコト《コト》君に由レリ[也]」(制之由君・中八123)など文末助字の直読例が認められる。

(19) 注(13)掲載書の訓読文では、清原本論語も、中原本論語も、かかる構文の「也」字を「ヤ」と直読扱いとされている。

(20) 三千院蔵古文孝経建治三年点の「之」字や「也」字に付された不読符は、本文前半には、夥しい例を指摘できるが、後半には少なくなる。そもそも、「之」字や「也」字に不読符が盛んに付される背景には、当時、これらの字の直読の訓読法が存在したことが前提となろう。後半に少なくなる理由を実証的に考えてみる必要があるが、学習の進展と共に、不読符の量が減ったと考えても矛盾はない。

第六章　ことばの歴史的研究の課題

序節　漢文訓読語史研究の課題

本章は、正に、研究課題として、後を俟たねばならない課題の論考を集めた。

先に、平安鎌倉時代の訓点資料の現存は、偶然の巡り合わせによったもので、その点を思考の基礎に置かねばならないと説いたが、第一節には、解析を深めるためには、平安初期の密教系の訓点資料の発掘が必須である旨を説いた。平安新仏教の天台宗・真言宗に属する訓点資料の解析には、現存で知られている平安初期加点の訓点資料が余りにも少ない。管見の及んだのは、天台宗系の石山寺蔵金剛頂瑜伽経仁和二年点本のみで、まさに孤本である。奈良仏教の訓点資料に対比しての平安新仏教の進取の気風は、空海の金剛頂経一字頂輪王儀軌音義で補ったものの、加点資料の発掘が無ければ、進展は無いと思われる。今後の課題である。

第二節に扱った「角筆」文字等の問題は、先ず、「実存する」ことを認める所から出発せねばならない。現に在るのである。我々は、紙面に凹みが在ることを認知できる精巧な光学系の機器である目を持つ。その凹みが人為的な産物、例えば、文字と言う意味のある記号であると認識できる緻密な思考回路である頭脳を持つ。自己の真実に従えば、即ち、自己が視認している情報が真実であると仮定すれば「角筆」の実存は自己にとっては疑いの無いところである。この凹みの形の認知から文字の認識に至る過程に、光学系の機械装置を持ち込めば、角筆書入れの存在解析に、他者との認識の共有は可能で、この認識のための解析には、光学系において、時が経つに従って精度を増していくであろう。つまり、和紙の地平の均等な枡目を尖端で圧力を加えて歪めた痕跡の分析は、未来に託せばますます精密になるであろうと言う期待が持てる。

潜在的不安は、西欧のスタイラス文字も同様の憾みを持つが、その不安の所在が何処にあるかと言えば、「角筆」の年代の推定の問題にある。現在の研究は、「角筆」書入れの時期は、推定によって措定されて研究が始まる。この基礎的事象の証明が、角筆資料全てが齎す研究者の潜在的不安である。ここでは、自然科学に頼ったリグニンのバニリンへの酸化と言う相対的時代推定の思考実験を行ったが、問題の理論的解決には至ってはいない。今後の課題である。

第三節には、研究課題として、「らしさ」（漢文訓読語らしさ）とは何かを問うているが、その階梯の一部から生まれた研究で、仮名文字（万葉仮名・平仮名・片仮名）が担う言語イメージの類型があるのでは無いかと言う問題を、仁和寺守覚法親王の関係資料を使って論じてみた。かかる文字史の研究は、矢田勉（『国語文字・表記史の研究』（平成二十四年二月、汲古書院））に詳しくまた精力的に展開されているが、守覚法親王の野決の表記法の実情を梃子に、院政鎌倉時代の漢文訓読語側からのアプローチが必要となろう。稿者の専らの学問的興味は、訓点資料にある。訓点資料においては、平仮名系文字の混入が認められる。平安中期の漢籍訓点資料に混入する平仮名、角筆訓点資料に特徴的だと指摘されて来た平仮名文字の持つ意味を考究してみたいと考えるが、この点に、今後の課題を残した。

第四節は、理論物理学、量子力学及び禅の公案集・従容録を発想の基底として、今後の漢文訓読語史研究の視点の一つを示してみた。量子力学の多重性のモデルによる所が大きいが、具体的な記述研究からの叙述を目指すべきものである。

一つには、実在の認識問題を取り上げた。つまり、研究者が認識している現実、あるいは、研究からの類推が真実であると言う保証をどこに求めれば良いのか。研究における基礎的立脚点においては、どの様な視点を持つべきなのか。言い古された事柄であるが、研究として、偶然性に左右された現存訓点資料に向かう時、解析の視線の高さはどうあるべきかを記してみた。

今一つには、量子の多重状態からの発想。漢文訓読語のことばの多重状態を記述して、その多重状態の変移を漢文訓読語史として捉えようとした試みである。院政鎌倉時代の漢籍訓読を生業の一つとした博士家、特に、明経道において儒学関係書訓読語の規範の伝承は証本として伝わり厳密であったと推定したが、果たして院政鎌倉時代の清原教隆の頭の中にあった訓読語は、清原頼業以来の訓読語、訓読法の伝承だけではあるまい。紀伝道の神田本白氏文集の並記訓の例、書陵部蔵時賢本白氏文集の並記訓は、小林芳規博士によって菅原家や大江家などの家訓を類聚したものである事が解明されているが、この紀伝道においての特色とも言える他家の訓読法の並記は、訓読に纏わる明経道とは異なった学的動向があった様に見える。清原教隆の頭の中の訓読語、訓読法のバリエーションが単純で、藤原茂明や、藤原時賢の頭の中の訓読語、訓読法が複雑な多重構造になっていたのかどうかが問題となろう。例えば、東京国立博物館蔵医心方天養二年点には、二系統の訓点の加点があって、初めに藤原行盛の加点があり、それを添削する様に医家丹波重基の第二次の加点がある。初下点の藤原行盛の加点は、新しく点を下したものらしく、第二次の加点の丹波重基は、医家丹波家伝来の訓読語、訓読法で藤原行盛の点を正したようで、訓読語、訓読法は、藤原行盛のものより古いと認められた。博士家たる藤原日野家には本領ではない初対の医書を、藤原行盛は、自己の脳裏にある多重状態の訓読語、訓読法から選択して紙面に現したものであると認められる。丹波重基の脳裏にも、多重状態の訓読語、訓読法が存したろうが、丹波重基の訓読語、訓読法は、丹波家伝来の所謂、「証本」的に価値付けされた訓読語、訓読法、即ち、医家として「正しい」とした規範となる訓読語、訓読法を選択して添削したと解釈される。

仏家の場合は、個々様々で、実範の様に自己の訓読語の伝承を強いた個性もあれば、比較的に小さな僧侶集団にあっても、慶祚の次の世代以降の寺門派の僧侶達は、伝承的側面もある一方で、革新に向かうのが常態であったように見受けられる（第一章）。訓読語の部分体系である声点の体系は、個々人の入室の師、灌頂の師、伝授の師によって、資の個々各々、多重状態が異なっていたと理解できよう。共時的には、この多重状態の差が位相差として記述できようし、この多重状態の通時的な変異が漢文訓読語の歴史であると捉えられよう。

この多重状態を如何に記述するかは、緒についたばかりである。

稿者としては、寧ろ、漢文訓読語研究において、多様なモデルに従っての研究の隆盛を願って止まない。漢文訓読語史の記述モデルは、稿者の専ら頼った理論物理学の世界だけではあるまい。文理基礎学の研究世界を考え見渡せば、漢文訓読語史においては記述モデルとして参観できる理化学の基礎研究は、稿者が知らぬだけで、幾つも有るであろうと考える。

本章では、専ら稿者の興味と連関した理学の世界の一部を援用したに過ぎない。稿者の価値の置き所である生涯一雲水（死ぬまでの探求者）、デリダ（Jacques Derrida）式に言えば、脱構築の真っ只中に、追従者を求めつつ、今後の自己の深化を自らに期待しつつ本章を最終章とする。

第一節　平安初期における密教経典の訓読語

はじめに

訓点資料が伝えられた古い例は、奈良時代から存する。しかし、漢文訓読語の通時的研究としては、片仮名の加点資料が多く遺されている平安初期の訓点資料より始まる研究が、その成果の密度が高い。平安初期より年代を降りつつ資料を配して、時代時代の言語事象の記述を行い、訓読語の変化が語られるが、時代時代の共時態を取り上げれば、その共時態は、文体差とか、位相差という概念で説明されてきた日本語の相または層を内包する。通時的記述の結果に詳細な像を結ぶべき方向で研究を進めようと目論む場合、前の時代の言語事象が、前の時代の共時態のどの部分を占めるもので、後の時代の共時態のどの部分に対応して変化するのかと言った観点は、訓読語の変化の実態を、立体的に描いて行くために基本的に重要且つ必須な視角の一つであろう。

本節は、後項に詳述するが、石山寺校倉第十二函第三号として所蔵されている金剛頂一切如来真実摂大乗現証大教王経（以下、金剛頂瑜伽経）巻第二・三の二巻を対象に、言語事象の記述を中心として、密教の経に属する典籍の訓読語の問題を考えてみようとするものである。記述の狙いは、次の二点にある。第一点は、平安初期天台宗関係と目される密教経典の、従来から注目されてきた再読字や不読字の訓法を初めとする事象の、平安初期密教資料に現れる言語事象の実態記述である。第二点目は、同じ資料に加点されている天台宗山門派の平安後期の加点になる宝幢院点の訓読法の記述を通しての、仁和二年の訓読と、平安後期の訓読との通時的な問題、訓読語の改変（変化）と保守（伝承）の問題に触れようとするものである。

一、石山寺蔵金剛頂瑜伽経巻第二・三の史料的価値（一）

―平安初期の密教教相経典の加点資料―

本節に取り上げる石山寺蔵金剛頂瑜伽経は、巻子本二巻で、巻第二と巻第三とを伝えるが、巻第二には、平安初期仁和二年（八八六）の白書の奥書、

〇仁和二年九月二日聞已於元慶寺圓大師御本／□□□命

が存する。本文には、この奥書きに対する白点（第一群点）が加点されており、経関係の密教経典の平安初期の加点資料である事が知られる。本巻第二には、この白書の奥書とは別に、別筆の墨書で、

〇治承四季（一一八〇）四月二日於石山寺東院房文泉房傳／受了

の朗寵の奥書があって、本文にはこれに対応する墨点の仮名の加点がある。また、当該巻第二には、平安後期加点と推定される朱の宝幢院点の加点も存している。

巻第三には、白点の加点はなく、薄朱による第一群点の加点が存して、平安初期のものであると推定される。この他に、巻第二と同じく平安後期加点と思しき朱の宝幢院点の加点が存する。また、多くはないが巻第二と同様に、治

承四年の朗寵の加点と思しき墨の仮名点が存して、

○治承四季四月三日於石山寺東院房以／經藏之本文泉房傳受了依未灌頂々々／事者空引之了

の奥書と対応したものであると判断される。

具体的な言語事象を取り上げて後項に説くが、当該資料には、仁和二年点と認めた訓点中に、平安初期の語法が認められるので、巻第二の白書の奥書は、転写ではなく、仁和二年のものであると判断した。また、宝幢院点は、天台宗山門派のヲコト点法で、平安後期には、同派での使用例があって、十一・二世紀に、同派で盛んに使用されたヲコト点法である。

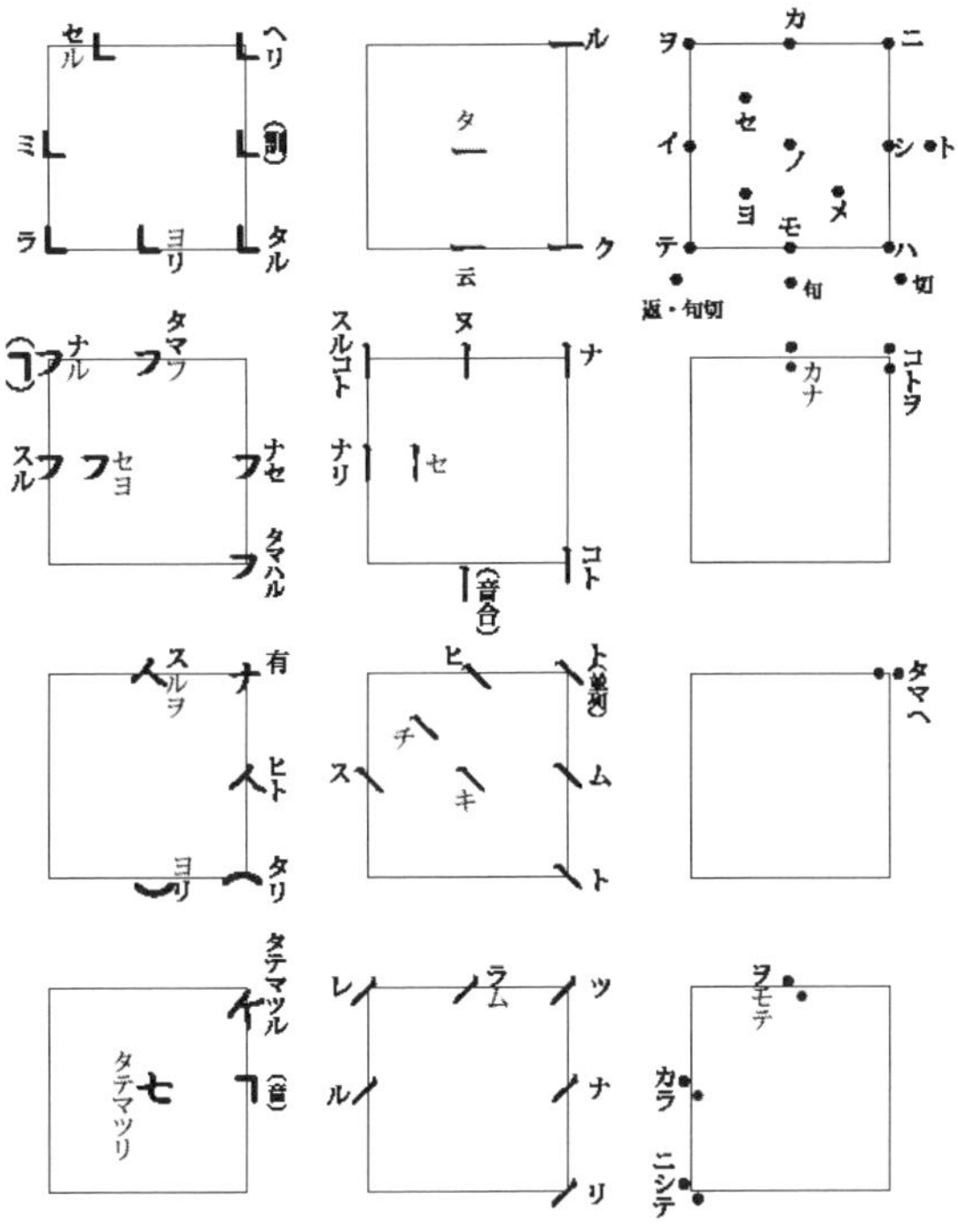

右の訓点の内、巻第二の仁和二年の白点は、ヲコト点主体で加点されているが、その加点された第一群点は、上掲の如く帰納できるものである。

この帰納表の第一壺の星点の体系は、西墓点に通ずる。四辺・中央および、右辺中央外側に「と」の点が帰納され、西墓点に合致する。左内側は、「せ」と「よ」を帰納した。点図集に登載の西墓点は、左内側の上が、「せ」の音節では無いが、点図集の西墓点には壺の内側上方に「せ」がある。右内側は、下方に「め」を帰納した。これが、点図集登載の西墓点とは異なる。天台宗系の第一群点のヲコト点と見て、矛盾は無い。

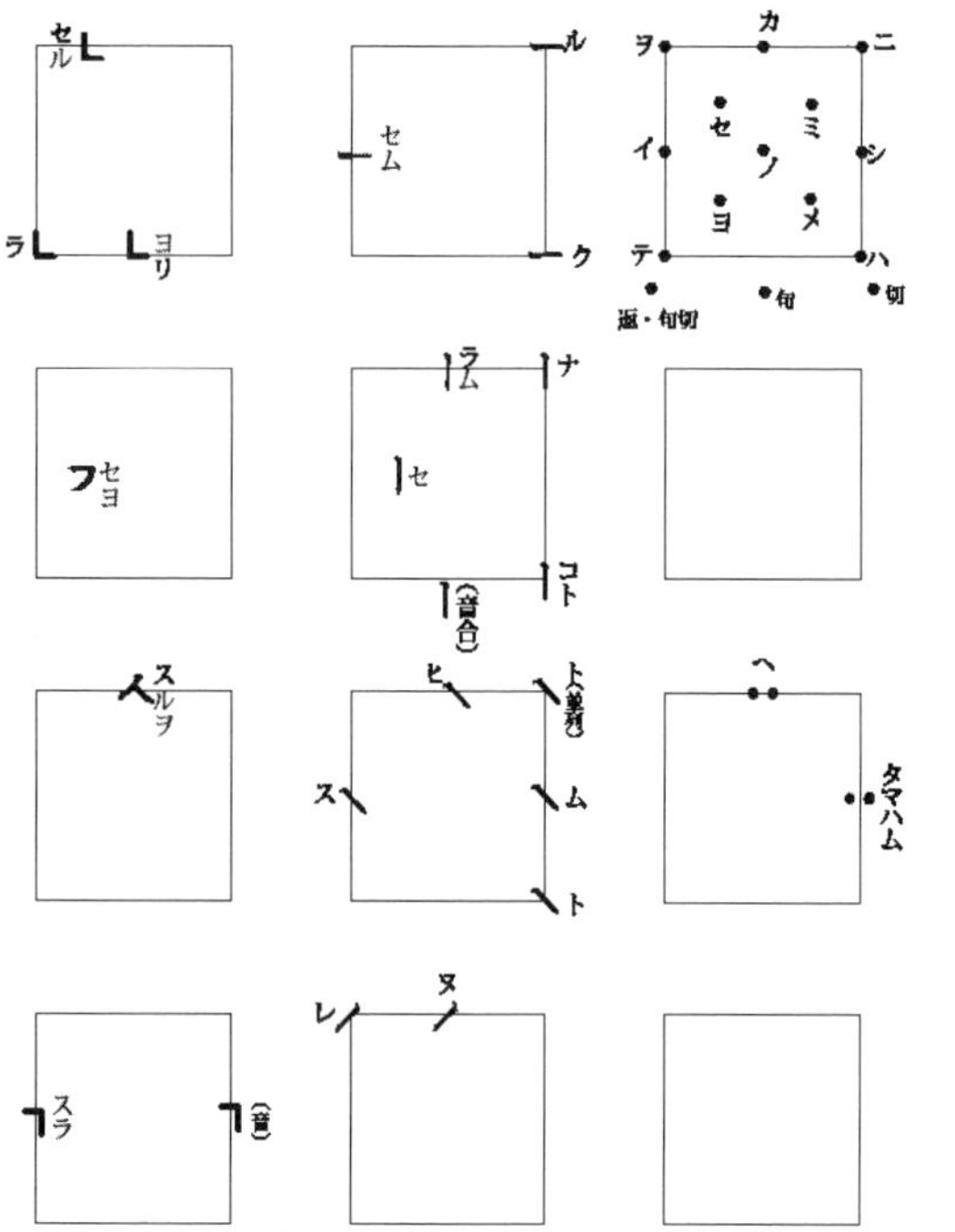

一方、巻第三に加点されている平安初期と思しき薄朱の第一群点は、上の如く帰納されるもので、巻第三の薄朱のヲコト点の体系が、巻第二の白点のものに比べて単純ではあるが、ヲコト点の符号が担う音節に矛盾がなく、同種のものと認めて良いように判断される。巻第二は白書訓点、巻第三は薄朱の訓点で加点の色彩が不同であるが、共に仁和二年とみることが出来る様に判断される。

本資料の出自伝来については、治承四年には、石山寺にあった事は確実で、朗寵の伝授に供されている。巻第二の仁和二年の奥書中の「元慶寺」については、既に先学の指摘があるが、(1)「元慶寺」は、現京都市山科区に存する天台宗の寺院で、僧正遍昭の開基になる花山法皇（九六八〜一〇〇八）ゆかりの寺である。本資料自体が、石山寺に落ち着くまでに、如何なる経路を辿ったのかは明瞭さを欠くが、仁和二年に行われた「元慶寺」での講説の席にあった人物の関係した資料で、天台宗に発するものと考えてよいであろう。これらの事は既に築島裕博士が明らかにされているが、宝幢院点の加点から、天台宗も山門派に伝わったと見てよいであろうと認められる。

本資料は、ヲコト点主体の資料で、仮名点の加点が決して多くはない。後にも述べるが、訓点資料の質としては、一般には、重要性が薄いと判ぜられる類の加点量、加点密度の資料である。ただ、本資料が注目されるのは、密教経典である金剛頂瑜伽経の平安初期の加点資料の実物であると言うことである。

従来より、あるいは、漢文訓読語研究が始まって以来、平安初期の訓点資料は、その希少性と訓点書記の草創期の資料として珍重され、共時的あるいは通時的資料として取り上げられてきている。ただ、通時的研究の資料としての平安初期の訓点資料は、現存の資料的制約に依って、概して、偏った言語世界の資料を使用してきたと認められる。先に、立体的な漢文訓読語史を描くためには、通時的な像を描く前提として、時代時代の共時的な位置づけの必要性を説いたが、漢文訓読語研究史上からは、平安初期の訓点資料研究は、研究に使用されてきた資料が時代の共時態の全体を覆っての均等な分布ではない。即ち、言い換えれば、平安初期の訓点資料は、多くは南都古宗の系統を引く、顕教系の諸資料に偏ったものであったと評価すべきである。

平安時代初期の新興勢力である密教系の宗派、天台宗・真言宗に関して、密教系の典籍の将来は、将来目録類に依って確認されるところであるし、密教経典の訓読は、実証的に確認する事が出来る。例えば、真言宗において、訓点資料そのものでは無いが、空海撰とされる一字頂輪王儀軌音義は、密教の事相書・儀軌である一字頂輪王儀軌から字句を抜き出し、それに万葉仮名和訓などを添えた巻音義で、儀軌の訓読の実態を考えねば、存在理由・存在意義の無い資料であると判断される。

この空海の一字頂輪王儀軌音義は、平安新仏教の産物と捉えれば、南都系の顕教の所産とはかなり異なった言語イメージを持つ。九世紀平安初期の資料自体の残存数が多くはないと判断せざるを得ないので、論の展開は慎重であらねばならないが、南都系の音義類とはかなり異なった作られ方がしてるように思われる。新訳華厳経音義私記、石山寺蔵大般若経音義にしても書陵部蔵四分律音義（汲古書院古辞書音義集成）にしても、本体は、中国撰述の音義が母体で、万葉仮名和訓は、その中国母体の音義に添えられたものである。一方、一字頂輪王儀軌音義[2]は、これらとは様相を全く異にする。例えば、音義部分の例としては、

○磨須留（二ウ1）　○押於須（二ウ4）

の如くに、万葉仮名和訓で和語を掲げる場合、

○令善也　故實也（二オ5）

など、篆隷万象名義や切韻などに見られる「○也」型の注を付したものが認められる。注目すべきは、字音の表示法で、

○揀可尓反（二オ6）　○騎支伊反乃留（二オ6）

などの表示法で、右は、「万葉仮名＋万葉仮名＋反」の形式を採る。その他、

○拭志憶反川波久（二ウ1）

入声韻尾を「憶」で表示したと思しき例が認められる。

○嬋娟上禪反下捐反太乎也加奈留状也（二ウ8）　○寃苑反阿太（三オ2）

これらは、「類音字＋反」の型を採る。

大東急記念文庫蔵金光明最勝王経音義の表示法を想起させるが、右の如く、和訓は、万葉仮名表記で添えられる。字音表示の「○○反」の「○○」部分も万葉仮名で、「類音字＋反」の「反」は所謂、反切を示すのではない。その「反」の機能は、字音を示すと言うマークでしかない。「反」の機能概念は、中国式でもないし、中国式を踏襲した南

都系の音義の如くでもない。この進取性が、平安新仏教の姿勢であるとすれば、平安初期の天台・真言系の書の発掘と訓読語の解析は、今後の重要な課題である。

入唐僧の将来の密教経典とは異なるが、神護寺蔵の沙門勝道歴山瑩玄珠碑は、平安初期の仮名点資料で、空海の撰述書である。大毗盧遮那成仏経疏に関しては、築島裕博士による言及があって、(3)真福寺宝生院蔵大毗盧遮那成仏経疏保元二年（一一五七）点本の本奥書中に、承和十三年（八四六）四月二十五日から二十八日に及ぶ講説の記事のある事を指摘されている。聴衆は空海の弟子達で、訓点資料そのものが残されたのか否かの実証的な確証は無いが、大毗盧遮那成仏経疏の本文の訓読が行われた蓋然性は高いと認めねばなるまい。

平安初期天台宗の顕教関係書については、実際の平安初期の加点資料が残されていて、著名な華厳関係資料群がある。年代の明確な、著名な加点資料として、延暦年間の奥書の存する資料類で、奈良時代最末期・平安極初期の加点年代の明確な資料として衆知されたものがある。また、平安初期貞観十九年（八七七）の天台宗僧儀遠の奥書が存する華厳経元慶三年（八七九）点も知られている。

日本宗教史の事柄として、最澄が中国より伝えたとされる天台宗は、密教において十分ではなかったと説かれるところであるが、顕教系の書の訓読語は、実例について論じる事が出来る。しかし、この訓読語の出自が問題であって、今までに先学に依って古くより触れられてきた如く、(4)訓読語の成立の背景には、南都との関係を念頭に置かねばならないであろう。

天台宗の密教系の経典類については、本奥書に訓読の事実が伝えられた例がある。石山寺蔵金剛界儀軌天永三年（一一一二）点本の本奥書には、「良勇（八五四〜九二三）」「敬一（八六七〜九四九）」の名が見えて、その訓説を伝えているから、密教の事相書である儀軌の訓読がなされていたであろうし、実例としての加点資料は、平安初期も最末期であるが、石山寺蔵金剛界儀軌寛平元年（八八九）点(5)、京都大学蔵蘇悉地羯羅経略疏寛平八年（八九六）点と共に、本稿に取り上げる金剛頂瑜伽経が知られている。

円仁や円珍の将来目録には、両者重複するものも少なくないが、密教系の経典が多数に上る。本邦における密教系の末書が撰述されている事実があるので、密教系経典が読解されたことは明白である。

以上の如く、平安初期の真言宗にせよ、天台宗にせよ、密教系の経典の訓読が行われたであろうと考えられるものの、実例としての密教経典の実際の加点資料は、多く伝えられてはいないのが現実である。

そうした中にあって、本稿で取り上げて言語事象の記述を試みようとする石山寺蔵金剛頂瑜伽経仁和二年点本は、平安初期の白点、薄朱点（第一群点）の加点資料の実物であると共に、平安後期加点と推定される宝幢院点の加点が存して、時代を隔てた天台宗の訓読語の比較が可能で、訓読語の歴史的経緯の解明が可能な貴重な資料として位置づける事が出来る。

二、石山寺蔵金剛頂瑜伽経巻第二・三の史料的価値（二）―ヲコト点中心の資料の資料性―

右に検討した如く、石山寺蔵金剛頂瑜伽経仁和二年点本は、漢文訓読語史の叙述にとっては、貴重な資料である事が理解されると思われるが、訓点資料としての不十分さも明確に自覚しておく必要がある。

当該資料の加点の様態は、巻第二の第一群点の白点も、また宝幢院点の朱点も、ヲコト点主体の加点である。巻第三の薄朱点も、また、宝幢院点も同様に、ヲコト点主体の加点資料である。朗寵による墨の仮名点は、両巻を合わせても数条に過ぎない。平安時代初期の密教の経の加点資料として、非常に重要な資料であると位置づけられるものではあるが、片仮名の加点の用例が多くは拾えない。

ヲコト点の日本語史における価値は、例えば、訓点資料の資料性の評価と関わる部分において存する事が知られている。奥書の存しない場合も、ヲコト点の種類による共時的な言語集団の推定がなされ、また、通時的なヲコト点の発生と伝承が描かれて来ている事によって資料の年代判定にも資する部分がある。(6)

しかし、かかる有益な面がある一方で、訓点資料の具体的な訓読語・訓読語形を取り上げようとする時、資料的価値に心許なさも存する。訓点資料に使われる文字・符号の内、仮名―多くが、片仮名による加点―の場合は、基本的には、一字（字母（万葉仮名）に遡って）は一音節に対応した、一対一の対応関係を時代の共時態に亘って持っている。例えば、語彙論や音韻、語法等の考察には、訓読語の語形の決定に関わって、重要な拠り所となる。一方、ヲコト点の場合は、その符号に対応した音節が、何であったのかが、共時的に不確定であることが否めない。中田祝夫博士は、ヲコト点を八群に分かたれたが、その八群のヲコト点において、星点の体系が異なる。同じ時代でも共時的な言語集団の違いによって、壺の同一の位置に付された星点の担う音節が異なる。即ち、星点の壺における位置的な示差が、言語集団集団によって、別体系を形作る。その体系は、研究の現状においては、先ず、研究者によって帰納され、一資料におけるヲコト点の全体系が明らかになるのであるが、この帰納されたヲコト点のそれぞれの符号が担う音節が、当時の該当資料に加点した言語主体の言語認識をそのまま正確に表した物であるのか否かが、問題となる。即ち、加点者のヲコト点の認識を、現代の研究者の帰納が、明確に指し示した物であるという客観的保証が必要となるのである。

星点の体系は、八群とも比較的単純な構造で、用例も多いため、帰納されて充てられる音節の蓋然性は高いものと考えられるが、それでも、一星点に二音節以上に該当するヲコト点種もある。線点や鉤点、あるいは、画数も二画以上になる符号においては、該当する音節（語形）の認定が容易ではない。この研究者の帰納を、当時の言語実態としてより客観的に支えるのは、古聖教に残された点図や、各種のヲコト点図を集成した点図集であろう。かかる問題は、古くより意識されていて、古点図集の研究、点図集の対校や校訂の作業が積み重ねられてきた(7)。

築島裕博士は、中田祝夫博士の八分類を更に進められて、未発見であったヲコト点種を発見され、また、特殊点という分類範疇をたてられて、甲類と乙類の下位分類をされた(8)。ここに、言語資料としてのヲコト点が問題となるのは、築島博士が、訓点資料の博捜を基に、多くの点図集に記載されていないヲコト点を使った資料を見出されたことで、特殊点はその典型であろうが、八群―実際には内、六群―のヲコト点も、点図集に記載されていない体系のヲコト点は、少なからず存するのであって、これらの資料が問題となる。即ち、これらのヲコト点資料のヲコト点は、現状としては、研究者の帰納によるしか無く、謂わば、現代研究者の主観性や解釈が入るのを完全には排除できない。学史的に、古くは、特に、平安初期の資料の訓読文について、複数の訓読文が公にされて、各者各様に異同が存し、所謂、異なった訓読文が存在していたことを批判の対象にもされたが(9)、この批判は、極めて後ろ向きな研究態度としか言いようがなく、以上の様な実情に鑑みれば、現代においての訓読文間の異同の存在は、当然と言えば当然の成り行きであって、かかる学問的認識を持って、訓読文と言う形で公にされた日本語資料と接すべきである。即ち、訓読文作成の立脚点において既に、点図集所載のヲコト点類とは、その訓読文の基礎を支えるものが希薄なのであって、その事を殊更に取り上げて、論難すべきことでもないことは、至極当然のこととして認識し、その見地から、日本語資料として使用すれば良いだけのことではあるまいか。更に、贅言を添えれば、利用する側は、確例として取り上げられるレベルのものと、些か、躊躇される例とを峻別して、利用すればよいだけのことである(10)。

同一資料内の言語情報として、その価値は、仮名点において高く、これに比較すれば、ヲコト点の、言語情報としての信頼性は低いと論断せねばならない。本節に取り上げる石山寺蔵金剛頂瑜伽経仁和二年点本は、点図集には登載のない第一群点によるヲコト点主体の資料である。ここに、本資料の言語資料としての信頼性についての資料的弱点が存するのであるが、第一項にも述べた如く、本資料にかわる平安初期の、しかも、加点年代の明確な密教経関係の資料は他になく(11)、他に代えがたいところである。右の、ヲコト点という符号の言語資料としての信頼性の低さを、念頭に置けば、本節自体が、必然的に所詮、極めて脆弱な基盤に立った論であると認識・評価せねばならないことを、まずここに告白して置く。

三、石山寺蔵金剛頂瑜伽経仁和二年点の訓読語―平安初期語法を中心に―

次には、従来の研究において、注目され取り上げられてきた訓読語の内、仁和二年点の助詞、読添語を中心に記述を行っておく。

第一項に記述した如く、仁和二年点には、星点・左中央に「い」の音節が現れる。このヲコト点「い」は、

1、爾(の)時(に)毗首羯磨大菩薩の身い[從]世尊の心より下(り)て（巻第二・仁和二年点）

2、願(はく)は大乗を現證(し)たまへたるい遍して大理趣を流《ツタ》へたるに。我等汝《ち》尊を請(し)たてまつる。（巻第二・仁和二年点）

3、金剛形住藏い[於]心(の)中(に)觀(す)當(し)（巻第三・仁和二年薄朱点）

4、不動佛い地(に)觸(せよ)（巻第三・仁和二年薄朱点）

などと現れる。この副助詞「い」は、古代の助詞とも称されるもので、平安中期以降には、特定の訓点資料を除いて、

その使用は衰退すると説かれるものであるが、本仁和二年点にはその助詞「い」が出現する。第一項に帰納したヲコト点の星点の配列は、外周と中央は、西墓点と等しく、左辺中央の星点は、副助詞「い」として使用されている。
平安初期には、一般に、「者」字を、事物の用字と人物の用字とで、「モノ」と「ヒト」との読み分けると説かれる。当該仁和二年点には、

5、奇(き)哉《かな》精進の甲、我固(き)には堅固の者《ひと》なり　（巻第二・仁和二年点）

6、諸の縛脱たる者《ひと》《と》を有情の利の故に縛(音)せ令《し》む。（巻第二・仁和二年点）

ヲコト点に従って掲げた例であるが、例6には、この右辺中央の「人」のヲコト点とは別に、右辺裾に「と」の加点があって、「ヒト」の第二音節に相当するものと認定される。先のヲコト点の帰納において壺右辺中央の「人」を、「ひと」と帰納したが、更にこの例に依って、「者」字に「ヒト」訓を与えた蓋然性が高まろう。

以上の例は、従来、平安初期の訓点資料には現れる例であって、平安時代も後半期になると用例が少なくなったり、あるいは、「者」などは、「モノ」訓が普通となる事象であって、巻第二の白点、巻第三の薄朱点が、平安初期の訓点である事を裏付ける。また、同資料中の平安後期宝幢院点の訓読は、「者」字に、「モノ」訓を与えている。

金剛頂瑜伽経仁和二年点においては、一方で、従来、平安中期訓点資料になって出現する事象であると説かれてきた例(12)が、既に仁和二年点に出現する例がある。

7、金剛眼と淨と等《ラ》は无量壽の輪壇にせよ。（巻第二・仁和二年点）

孤例であるが、当該資料には多くない片仮名点で記された例で、副助詞「ラ」が出現する。従来説かれて来たのは、京都大学図書館蔵蘇悉地羯羅経延喜九年（九〇九）点が最古の例で、これより遡った例となる。京都大学図書館蔵蘇悉地羯羅経には、延喜九年の西墓点の加点があって、当該資料と同系統の資料であると位置づけられる。

次項以降には、仁和二年点の助字と再読字の記述を行い、更に、平安後期宝幢院点の訓読法についても記述することとする。

四、石山寺蔵金剛頂瑜伽経仁和二年点本の訓読語—助字の訓読法—

まず、当該資料中に現れる助字の訓読法について、記述を行ってみる。

最初に、「従」字の訓読法に焦点を当てる。当該資料において「従」字は、仁和二年点、平安後期点において、以下のように訓読される。

8、爾(の)時(に)毗首羯磨大菩薩の身い[従]世尊の心より下(り)て一切如來の前の月輪(返)に依(り)て（巻第二・仁和二年点）

9、爾(の)時(に)毗首羯磨大菩薩の身世尊の心(返)従(り)下(り)て一切如來の前の月輪(返)に依(り)（巻第二・平安後期点〈右と同一箇所〉）

用例8の平安初期仁和二年点では、「従」字は不読とされ、格助詞「ヨリ」は、漢文の構文において、下接した語句に読添えられる。一方、時代が降っての平安後期点では、例9のように「従」字を直読し、「ヨリ」訓を与えて訓読している。特に、巻第二において「従」字は、屡々出現するが、仁和二年点では、下接語句に「ヨリ」訓が添えられる場合、不読として例外がない。一方、平安後期点においては、用例9の如く、「従」字の「ヨリ」直読例が頻出する。

仁和二年点において「従」字が直読されて、「シタガフ」訓が与えられた以下の様な訓読法も確認される。

10、一切如來心（返）に從（ひ）て纔（に）出（て）已（る）に　（巻第二・仁和二年点）

11、彼（の）一切（の）花供養（の）嚴飾（返）に從《し》（ひ）て一切世界（の）微塵等の如來の身（返）を出して　（巻第二・平安後期点）

とした例が認められる。用例10の仁和二年点は、「從」字を直読して、「シタガフ」訓を与えている。平安後期点の用例11でも、「從」字を直読して、「シタガフ」訓が充当されたものと思しい。

「從」字については、以下の例も認められる。

12、［從］彼の金剛甲冑（の）形より一切世界の微塵等（の）如來身を出（た）す　（巻第二・仁和二年点）

13、彼（の）金剛甲冑（の）形（返）從（り）［イ、［從］彼（の）金剛甲冑（の）形を］一切世界の微塵等の如來の身を出（たし）たまふ。（巻第二・平安後期点〈右と同一箇所〉）

用例12の仁和二年点は、先掲例8と同様、不読の訓法を採る。これに対して、用例13の平安後期の朱宝幢院点では、該当箇所に異読が併存する例と認められて、漢文本文「從彼金剛甲冑形出一切世界微塵等如來身」の「形」字には、ヲコト点星点の「を」と返点の二種の加点が存するが、この二点を矛盾無く訓読するには、異訓の併記例であると解釈するのが最も合理的である。即ち、平安後期点においては、「從」字の助詞「ヨリ」の直読例と、「從」字の不読例とが併存していると認められる。後者の場合は、「從」字を不読字とした訓読法で、訓読の状況は全同ではないが、平安初期の仁和二年点の如く、「從」字を不読としている可能性があるものと判断する。

漢文の構文で下接語句に「ヨリ」が読添えられる「從」字の訓読について整理すれば、平安初期の仁和二年白点では、「從」字は、不読として例外がない。これに対して平安後期点では、「從」字を「ヨリ」と直読した例が頻出するので、平安初期不読→平安後期直読とした、従来から説かれた方向での変化が認められる事象として記述することが出来る。

しかし、この纏めで万全の変化の状況を記述したものであるかと言えば、不十分であると認められよう。即ち、平安後期訓読の実態は、右の如く助詞「ヨリ」を直読した例が確かに圧倒的ではあるが、動詞「シタガフ」訓を充当したもの、また、孤例ではあるが平安初期点に通ずる「従」字不読の例が存した可能性がある。〝大きな視点からの傾向としての歴史の鳥瞰的把握―日本語の歴史の方向性の類型―〟と言う大義からすれば、右の平安後期点における不読例は、孤例で用例数寡少なるが故に、例外として切り捨てられかねないが、切り捨ててしまって良いほどに小さな問題なのであろうか。

鳥瞰的とも言うべき言語変化の歴史の大括りな概括では、「平安初期の訓読語（または、訓読法）は、当時の日本語として自然である語法・表現等を採用する。例えば、平安初期の訓読法は、文末においての表現が多様・多彩で、訓読語表現としての表現性が、平安中期以降の訓読語に比べて高い」とか、「平安初期の訓読は、特定の一漢字に対しての対応和訓は、複数のものが存して、それを文脈によって使い分け、日本語として自然な表現を採るべく運用されるが、平安中期以降の訓読語においては、特定の一漢字に対して和訓が限定され固定して、平安初期の表現性に比べれば、表現の幅が狭くなり、画一化していく」などと纏められてきたように思われる。

確かに、このような傾向があることは否定はしないし、それで説明の出来る言語事象も多いのは事実であるが、訓読語の全てをかかる歴史的変化のイメージで包括的に捉え切れるかと言えば、本項に掲げたような例外と言うべき事象が、存在する可能性を認めねばならない。孤例であるので、確例の採取を第一の課題として後に委ねねばならないが、今後の研究の進展の方向としては、一方的な流れのみではなく、右の概括的な把握に相矛盾する、例外として切り捨てられてきた言語事象の存在を掬い上げ、これを訓読語の歴史の中で正統に位置づけ、立体的な訓読の場の言語表現の歴史を再度組立て直す必要に迫られていると考えるべきである。かかる視点からの研究の果たすところは、言語生活史の叙述の組立て直しに他ならない。

次に、「而」字を取り上げてみる。仁和二年点においては、「而」字は、不読とされたと思しい例が夥しい。

14、世尊不空成就如來の左邊の月輪(返)に依(り)て[而]住して此の温陀南を説かく（巻第二・仁和二年点）

の如く、加点がないのが普通であるが、

15、世尊金剛摩尼峯樓閣の金剛門の中の月輪(返)に依(り)て而(し)て住して（巻第二・仁和二年点）

の如く、接続助詞「て」を「依」字に読み添えているから、「而」字は、接続詞「シカウシテ」に読んだと思しき例が例外的に存する。また、

16、四の線を(し)而《て》交絡し　繒綵と鬘と花嚴せよ。（巻第二・仁和二年点）

とした例があって、「而」字は「て」と直読されたと思しいが、用例は多くない。つまり、仁和二年点においては、「而」字は不読が主で、纔に接続詞・接続助詞直読訓が認められる。一方、平安後期点では、

17、世尊金剛摩尼峯樓閣の隅の左の邊の月輪(返)(に)依(り)て[而]住(し)ぬ。（巻第二・平安後期点）

とした、仁和二年点と同様の不読例が認められる。巻第三（仁和二年と推定した薄朱の訓点の密度が低く、仁和二年の用例としての確例が、多くは拾えない。平安後期の宝幢院点は、ヲコト点が中心であるが全巻に亘って加点されていて平安後期の用例として確認することが出来る）にも、不読例が散見される。仁和二年点にも認められる例としては、

18、世尊　不動如來の曼荼羅ノ左の邊の月輪(返)に依(り)而《て》住す。（巻第二・平安後期点）

19、世尊　金剛摩尼峯樓閣の寶眉間の月輪(返)(に)依(りて)而(して)[ィ、而(も)]住して（巻第二・平安後期点）

など、接続助詞「テ」や接続詞「シカウシテ」の用例も確認される。仁和二年点においては確認されない接続詞「シ

カモ」の例も存して、

20、世尊不空成就如來の左邊の月輪〔返〕(に)依(りて)而も住(し)ぬ。此(の)温陀南(を)説(かく)。(巻第二・平安後期点〈用例17と同一箇所〉)

用例19の異読例などにも認められる。

右に掲げた「而」字の用例は、用例16を除いて皆、同様の構文であるが、「而」字の訓読には変化が認められ、平安後期点において表現の幅が増す。仁和二年点と平安後期宝幢院点の訓読語の違いは、語種の問題としては、平安後期点には、仁和二年点に現れない「シカモ」訓が確認される。むしろ、量的な傾向として、仁和二年点には不読例が圧倒的であるのに対して、平安後期点も不読例が存するものの、「而」字に加点された例が大半を占めるのであって、この点に、通時的な差を認め得る。ただ、ここでも注意すべきは、平安初期の訓読法は全て、平安後期の訓読法のバリエーションに含まれていると言うことであろう。即ち、平安後期においての方が、用法は豊富である。かかる変化は、時代の流れとされてきた訓読語の画一化、単純化では、説明しきれない事柄であって、例えば、語や文の接続関係を明示する機能を持った語が顕現している事と捉えれば、文章表現は、論理的な方向性を強めていると認めることが可能であろう。

なお、「而」字の訓読のバリエーションは、金剛頂瑜伽経の漢文脈の性格に拠っていると判断されるが、逆接の接続詞は出現していない。この点も、後項に触れるが、訓読語の使用を予め制限する原漢文のありようを考慮して記述する必要があろう。

以下、助字に関する記述を更に重ねる。続いて、「則」字を取り上げてみる。当該資料において、「則」字は、以下のように訓読される。ヲコト点によってではあるが、以下の確例が拾われる。文中に使用された例で、

21、結《む(す)》(返)(ふ)に由(り)て集(り)たてまつりて則ち喜(ひ)たまふ。(巻第二・仁和二年点)

とあって、ヲコト点「ち」の加点が存する。これ以外は、

22、一切虚空界(返)に量遍(して)則(ち)一切如來の羯磨界(の)故(に)　(巻第二・仁和二年点)

の如くであって、「則」字には、一切の加点がない。平安後期宝幢院点も、一切加点が存しない。文中例、

23、一切虚空界(返)に量り遍(く)して則(ち)一切如來の羯磨界の故に　(巻第二・平安後期点〈右と同一箇所〉)

文頭でも、

24、則(ち)一切如來金剛(の)名(を)以て金剛毗首(返)と號(け)　(巻第二・仁和二年点)

25、則(ち)一切如來金剛の名(返)を以(て)金剛毗首(返)と號(け)たまふ。(巻第二・平安後期点〈右と同一箇所〉)

と訓読される。この「則」字は、仁和二年点では、例21の確例一例が存するが、巻第二・巻第三を通じて、平安後期点には、一切の付訓・加点がなされない字と扱われて例外がない。この「則」字の訓読法を、結論的には「スナハチ」の直読例と措定した。但し、当該資料は、既に説いたようにヲコト点主体の資料である。平安後期の宝幢院点も、これに対応する片仮名訓点は、限られたものである。「則」字については、平安後期の宝幢院点も、ヲコト点の加点すらない状況である。かかる状況を如何に解釈するかには、数通りの解釈が可能で、些かの主観的なものが入らざるを得ないことを予め断っておくが、資料全体を通じて仁和二年点に孤例である、ヲコト点「ち」の加点があることを以て、「則」字直読として扱った。以下は贅言に属しようが、積極的に不読であることを示す記号・符号類は一切存しない。この直読の扱いに、孤例のみが直読であってわざわざその事を示すための唯一の加点であるとか等その他、反論は種々予測される所であるが、ここで強調しておきたいのは、右にも述べた如く、仁和二年点においても、また、平安後期点においても、加点上の扱いは概して同等であると言う事実である。一般に、仏書における「則」字の直読

例は、平安後期の他資料には、普通に見いだすことができる事象である。(13) 消極的にではあるが、平安初期と平安後期の訓読法が同一であった可能性が高いと判断する。因みに、「即」字は、両点とも加点の確例がない。

さて、本項では助字の訓読法を中心として取り上げているが、例えば、漢文における文末の助字は、漢文の文章表現においてモダリティを支配する場合が多い。その表現の有り様を、日本語表現として如何に訓読するかと言う課題に対応して、訓読語の変化、あるいは、幅が規定されよう。原漢文の文末表現の多様さに対応して、訓読語の表現も多様さを見せるものと考えられるが、金剛頂瑜伽経の場合の原漢文には、出現を見ない文末助字が存して、他と比較できない場合が存する。例えば、大正新脩大蔵経テキストデータベース（大蔵經テキストデータベース研究会（SAT）、http://21dzk.l.u-tokyo.ac.jp/SAT/ 平成二十九年五月一日現在）の「金剛頂一切如來眞實攝大乘現證大教王經（0865, 不空譯）」について、「也」字の検索を行うと20例のヒットが有るが、Footnoteに5例、残りの15例は、いずれも陀羅尼中の用字であって、そもそも漢文本文には出現しない。「焉」「矣」は、漢字自体が存しない。「乎」は、Footnoteに1例のみ、「歟」も出現がない。「之」は、11例のヒットがあるが、連体の助字として7例、反切の用字として1例、Footnoteに1例、文末助字「之」としては、2例のヒットがある。石山寺蔵金剛頂瑜伽経巻第三に存するもので、仁和二年薄朱点では訓読が確認できないが、平安後期宝幢院点では、

26、係(返)を加（へ）て用（ゐ）、之を呼（ふ）應し。（巻第三・平安後期点）

27、彼（の）所樂(返)に隨（ひ）て之を説（く）應（し）。（巻第三・平安後期点）

と、共に代名詞訓を与える。「耳」も文末には現れないし、「而已」の連文なども出現しない。

一般に、顕教系の資料を中心として形作られてきた平安初期訓点資料の文末表現のイメージは、後世画一化する文末に対して、読添語も豊富で、多彩であると説かれてきているが、本項で対象とする金剛頂瑜伽経では、そもそも、

右に例示した如く、原漢文の文末表現が単純で、これと対応するかの如く、平安初期訓点資料に特徴的と言われる文末表現の豊かさが追認できない。その意味では、仁和二年点においても、また、時代を隔てた平安後期点においても、訓読の質にさほどの変化が認められないことになろう。

即ち、原漢文の訓読語表現に対する支配という視点での検討が、今後必要とされよう。

五、金剛頂瑜伽経仁和二年点本の再読字

石山寺蔵金剛頂瑜伽経仁和二年点本は、巻第二と第三の二巻が伝えられているが、金剛頂瑜伽経の原漢文自体が、事相に関する記事が中心で、方書的で、曲折の多い文章ではないことの一端は前項に触れた。以下、代表的な、所謂、再読字について検討を行ってみる。前項にも使った大正新脩大蔵経テキストデータベースの「金剛頂一切如來眞實攝大乘現證大教王經（0865, 不空譯）」について、所謂、代表的な再読字を検索してみると、「宜」字は、検索数は0である。「將」は、検索数1例であるが、Footnote に現れる。「須」は、検索数2であるが、「須彌盧頂金剛摩尼寶峯樓閣」と「刹那攞嚩須臾頃」と現れて、訓読語の副詞とか助動詞が当たる用字ではない。「且」は、検索数1で、「次當且先以四禮」と現れる。「未」は2例。「未曾有」と「未知」として現れる。「猶」は、検索数5であるが、Footnote に2例、「猶如胡麻」（2例）と「猶如遍修功用」とあって、本文中3例が連文「猶如」として出現する。

「當」字は、28例がヒットする。この内の1例は、Footnote に現れる。訓読語では、実動詞としてニ格を取ると思われる例、「即前金剛合掌當心以頂著地」や「先當金剛縛摧拍自心誦心眞言曰」の如くの動詞としての用字が4例がある。「應」は、検索数67が現れる。2例が Footnote に出現する。

右の検索結果は、不空訳の「金剛頂一切如來眞實攝大乘現證大教王經」の用字を視点としてみると、漢文の文体の有り様に関する問題が存するように認められる。原漢文を基に訓読される訳であるから、訓読語の基底的な前提としての制約として、まず、漢文がある。この漢文の文体(用字)が問題で、「金剛頂一切如來眞實攝大乘現證大教王經」には、「當」「應」両字は、右に掲げた用例数が使用されているが、一方、「宜」「將」「須」「且」「未」「猶(当該字の再読訓法の成立は時代が降ると説かれている)」字に関しては、殆ど出現しない。これら出現の多寡は、再読字の成立事情として考えられる状況に、少なからず影響を与えるであろう。再読字の成立は、平安中期(十世紀)からであると説かれてきた。(14) そもそも再読字の成立は、平安初期における「當」「應」や、「將」「未」などが、副詞訓かまたは、サ変動詞、助動詞訓を与えられて、文中で単読されていたものが、副詞と文末との呼応関係が定型化したため、一字に対しての二度読みが定着した過程を考えることが出来る。定型化するためには、多出して、しかも、時間と共に文末の表現が狭められ、形式が単純に成っていく過程が必要であろう。再読字の成立は、本質的には一字に対しての加点上の表記の問題―読み下し文を読み上げられる場合は、再読か否かは、講説など耳で聞いていては確定できない―と、文章としての漢文訓読表現の文末の単純化の問題であろうと考えられるが、再読字に相当する用字の用例が乏しい原漢文に対する訓読と言う言語環境下では、再読は生じ難いことになる。即ち、定型化するだけの使用実例の量が必要となる事柄で、「當」や「應」字を措いて、他の字に関しては、不空訳の「金剛頂一切如來眞實攝大乘現證大教王經」の如き漢文体を有する資料を母体としては、再読の訓読法は生じにくいこととなろう。論述が前後するが、まして、次項に記述した如く、当該資料である金剛頂瑜伽経仁和二年点においては、用例の存する「應」字は、助動詞「ベシ」の単読と見て例外がないし、「當」字は、単字の場合は助動詞「ベシ」訓で例外がなく、(平安後期点の状況からは「應當」「當應」の共起の例においては副詞訓「マサニ」を採って例外がなく)整然と読まれて混乱がない。

以下、同様の分析を、二三の密教関係書を取り上げて行ってみる。同じく不空の訳にかかる事相書である儀軌を取り上げてみる。「金剛頂蓮華部心念誦儀軌」（0873，不空譯）では、「當」字は21例存する。「應」は52例がヒットする。一方で、「宜」は0例、「將」も0例、「且」も0例、「猶」も用例がヒットしない。「須」では、1例のヒットがあるが、「次想須彌盧」とある用例で、副詞や助動詞訓に当たるものではない。「未」は3例が出現して、副詞訓、あるいは、助動詞訓の該当用字である。

同じく不空の訳である「金剛手光明灌頂經最勝立印聖無動尊大威怒王念誦儀軌」（1199，不空譯）では、「當」が5例、「應」が8例のヒットがある。「宜」は0例、「且」も0例、「猶」には5例のヒットがあるが、内1例はFootnoteで、他4例は「水火倶散開猶如蓮華葉」の如く、「猶如」として現れる。「將」は1例がヒットするが、「亦皆能將來」とあって、訓読語では複合動詞訓が充当されるとも理解される。「須」は3例がヒットする。1例は「便即須割取執之」とあって動詞に前置されるが、その他の2例は、「若所須宮觀　皆悉能成辦」などとあって、動詞訓が充当されると思しき用字である。「未」は、2例のヒットがあって、動詞に前置される構文で現れる。出現する用例の全体が数量的に多くはないが、それでも「當」「應」字には、用例があるものの、「須」「未」に、動詞に前置した副詞訓または助動詞訓充当例が纔に確認される以外は、漢文本文に現れない。

法全の手になる「大毗盧遮那成佛神變加持經蓮華胎藏悲生曼荼羅廣大成就儀軌供養方便會」（0852，法全撰）では、「當」字は、動詞も含むが54例ヒットする。「應」も32例を数える。また、「未」字は、12例が出現する。「猶」は、26例ヒットするが、内、「猶如」「猶若」とFootnoteを除けば、13例存在する。一方、「宜」は3例のヒットがあるが、1例は、Footnoteで、のこり2例は陀羅尼中の反切上字として現れる。「將」は2例がヒットするが、いずれも「金剛將菩薩」として使用される。「須」は2例有って共に「目連須菩提迦葉舍利弗」とした固有名詞中で使われる。同じく儀軌であっても、不空訳の儀軌類と出現状況に差があるが、「宜」以下の字については、再読構文での使用がない。

「大毗盧遮那成佛神變加持經」（0848、善無畏　一行譯）は、善無為、一行訳の書であるが、この書では、「當」が326例、「應」は239例ヒットする。「未」字は、32例のヒットが確認される。「猶」は55例のヒットがあるが、「猶如」の出現も少なくない。「宜」は全5例がヒットするが、1例はFootnoteに現れ、1例は「如是等好相　宜應諦分別」のように「宜應」の文字列で出現する。1例は、Footnoteに対応する箇所で「非是所宜」とあるが、連用修飾を果たしている用字ではない。更に1例は、陀羅尼中にあって、割書で反切を表記した「宜以反」と現れる。残りの3例中2例は「善觀時宜所當作」とあり、1例は「依於地分所宜處」とあって、同様である。即ち、「宜」の再読に該当する用字はない。「將」は0例、「須」は3例のヒット中2例は「須彌」、1例は「次説漫荼羅所須次第」とあって、動詞の用字であるとみとめられ、再読される用字での使用がない。「且」は0例である。

同じく密教経典である輸波迦羅訳の「蘇悉地羯囉經」（0893、輸波迦羅譯）を例に取れば、以下の如くである。「當」字は579例がヒットする。「應」字は、1258例のヒットがある。「將」字は、33例が存している。「須」は362例、「未」字は51例、「猶」は31例がヒットして、連用修飾に立つ用例が拾える。一方、副詞訓が与えられる条件にない、あるいは、連用修飾に立つ構文が極めて少ないのは、次の二字である。「宜」字は14例ヒットするが、Footnoteに2例、「宜當」の連文が3例、反切注の用字が3例であり、残りの用例は、連用修飾に立つ例ではなく、述語に相当していると思しい。「且」は4例のヒット中、3例が「且如諸天之中亦有貧者」の用例で、1例のみが「初且誦其眞言」とあって、連用修飾に立つ。

一行の筆記になる「大毗盧遮那成佛經疏」（1796、一行記）の場合は、「當」は1439例で、「應」は709例存する。この二字に比べれば、用例数は少ないものの、「宜」は43例のヒットがあり、「將」は96例、「須」は179例、「且」は53例、「未」は379例、「猶」は459例のヒットがある。

右には、金剛頂瑜伽経を中心に、数点の密教経典における、所謂、再読字の出現、用字を確認してきたが、諸書においての状況は様々であると結論できよう。傾向的には、事相書である方書の儀軌類は、「當」「應」字の出現が確認されるものの、取り上げた「宜」「將」「須」「且」「未」「猶」の出現は稀である。やはり方書的側面を持つ金剛頂瑜伽経、大日経も、通ずる傾向が見て取れるが、方書的文章を含む蘇悉地羯羅経は、これとは異なった様相を示している。

大日経疏においては、右に取り上げた各字の用例の多寡はあるものの、連用修飾の用字が纏まって確認される。以上の記述を通じて、密教経典という範疇で、再読字の問題を対象に検討を加えようとする場合、諸種の問題が浮かび上がったものと判断する。再読字の出現の状況は、まず、記載された内容によって左右される点が存することである。方書（供養の作法書）である儀軌には、処方のための義務や命令の必然性を指示・表現する用字と認められる「當」「應」などが多用されるのには、必然性が有るように認められる。

また、右に加えて、原漢文の、漢訳者の文体的な個性の問題も絡んでこよう。従来は、こうした原漢文の用字の問題を措いて論じてきたように思われる。一資料を一つの言語事象の完結体と見れば、資料間における差異を念頭に置いて言語事象の処理を考えねばならない。即ち、儀軌類を取り上げて再読字の問題を論じようとする場合、「當」や「應」についての用例は、求めやすい故に、論述の対象として取り上げることが出来る。一方で、右に取り上げた「宜」以下の諸字については、そもそも用例そのものが求めがたい、あるいは、存在しないのであるから、再読の訓読法が存したか否かは、不明として保留せねばならぬ理屈となる。

再読字については、反論もあるが、平安中期初頭以降の資料に色濃く出現すると認められる。(16)従来の論述が、平安初期を一共時態として扱い、平安中期も一共時態と扱って通時的に論じられてきたが、平安初期（また平安中期）の共時的状況、即ち、位相として複数の言語集団が併存したと見る所から出発すれば、時代の共時態の如何なる部分において、あるいは、極論すれば誰から発生したのかと言う課題が設定できる。再読訓法の成立母体を、いかなる共時的言語集団であると考えるかの糸口は、あるいは、日常的に事例として多くの、所謂、再読字構文に接していたところに求めることが出来るとすれば、原漢文の分析は、推論を立てる一つの方法となりうるかも知れないが、今後の課題として措くこととする。

言語変化の恒であるが、変化の原拠が、言語表現の混乱に有る場合がある。用例の多出と共に、漢文脈上の同一の「當」「應」字が、時には助動詞訓を採り、時には副詞訓を採って混乱が存する故に再読が定着したと言った経緯が考えられよう。平安初期において同一漢文に複数の訓読が併記されるとか、幼少時の訓読語の学習、習得時の混乱であるとかを想定すれば事態の成立が理解され易いであろう。稿者の耳底には、かかる想定は、空想でしかないとの批判が聞こえてくるが、要するに即ち、定型化するだけの用例の量が必要となる事柄で、漢字一字に、二度の読みが定着するには、それだけの言語変化を起こすべき、量的な力が必要であろう。金剛頂瑜伽経仁和二年点の如き、用例自体が少量であるとか、また、整然とした訓読法が実行されているような共時的な言語集団、言語資料においては再読字の成立への力学は存在しないと断じることが出来よう。更に、付け加えて誤解の無いようにと考えるが、以上の論述は、平安初期の天台宗という共時態においての再読字の成立を否定する訳では無いことを断っておく。即ち、平安初期天台宗において、諸種の言語集団が措定できるのであって、当然、華厳経や法華経を中心とする顕経系の集団も、密教系の集団も、浄土系や天台禅系の集団も、あるいは修験道関係も存した訳であろうから、この点に意を注いでおく必要がある。

六、石山寺蔵金剛頂瑜伽経仁和二年点本の再読字の訓読

以下には、前項の検討から、石山寺蔵金剛頂瑜伽経仁和二年点本の、所謂、再読字について、仁和二年点の状況を、「當」「應」字を取り上げて記述・検討する。

石山寺蔵金剛頂瑜伽経仁和二年点の巻第二の白点、巻第三薄朱点は、本文の試読を基に、第一項において帰納した通りであるが、仮名点の加点は、ごく稀である。ヲコト点を中心としての記述となるのは助字の場合と同様である。再読字「當」は、仁和二年点の訓読において、以下の通りに現れる。

28、次に我れ遍く説く當し　（巻第二・仁和二年点）

29、次(に)且(く)先(つ)四礼を以て一切如來を礼(す)當し　（巻第三・仁和二年薄朱点）

右のごとく「當」字が単独である場合、助動詞「べシ」に単読されて例外がない。平安後期宝幢院点においても同様で、

30、印(返)に住して則(ち)起して[於]諸方を顧視す當し。（巻第二・平安後期点）

31、觀(し)已(り)て[於]地(返)に住して則(ち)伏藏を見(る)當し。（巻第三・平安後期点）

とあって、助動詞「べシ」の単読である。平安後期点においての訓読法は、平安初期仁和二年点と等しい。仁和二年点では確認されないが、平安後期点で、「當」字に、副詞訓「マサニ」が出現するのは、「應」字と共起する場合で、巻第三には、

32、當に自身と觀(す)應し。〈應當観自身〉（巻第三・平安後期点）

33、汝常に當に而(し)て受持す應し。〈汝常應當而受持〉（巻第三・平安後期点）

とあって、「當」字は、副詞訓単読で読まれている。

「應」字は、再読訓法の成立が、「當」などよりは、遅れると説かれる再読字であるが、[17] この「應」字も、平安初期仁和二年点においても、また、平安後期宝幢院点においても単読で、助動詞「ベシ」訓が与えられて例外がない。仁和二年点では、

34、教(返)の如く[於]曼荼羅の中に安坐す應し。（巻第二・仁和二年点）

35、此(の)金剛界大曼荼羅(に)入(る)應し（巻第三・仁和二年薄朱点）

の如く出現し、平安後期宝幢院点においても、右の例と同一箇所で、単読で「ベシ」訓が与えられ、また、

36、思惟して加持す應し。（巻第二・平安後期点）

37、善く思惟を作して大印をして成就(せ)令む應し。（巻第三・平安後期点）

とあって、仁和二年点と同一であることに矛盾がない。

ここに、平安初期の訓読法と平安後期の訓読法が同一であることが注目される。かかる状況が、平安後期の天台宗山門派において厳然と存在していたことを明確に意識せねばならない。即ち、平安後期天台宗山門派の訓読語には、事象として、一般に認められる平安後期的な訓読法を採らず、平安初期と同様の訓読法を保守した言語活動が厳然と存在していたことを、明確に認識しておく必要がある。即ち、平安後期の言語主体の訓読語は、多重構造であったことを認識しておきたい。

七、本節の検討に見える漢文訓読語史の問題点

本節においては、石山寺蔵金剛頂瑜伽経仁和二年点本に存する、平安初期仁和二年加点と認められる天台宗関係の第一群点と平安後半期（平安後期）に加点された宝幢院点の訓読法の比較を行って来た。その結果、以下の事が認められた。

一、副助詞「イ」や「者」字の訓に関して、金剛頂瑜伽経仁和二年点には、平安初期語法が確認され、これらの事象については、平安後期点において、平安後半期的な訓読事象に変化した例が認められる。

一、平安中期以降、漢文訓読語に出現するとされる副助詞「ら」が、平安初期の他資料に先行して仁和二年点に出現している。

一、助字の訓法を検討すると、平安初期仁和二年点において不読傾向にあった「従」字の訓読は、平安後期点において直読されることが殆どであるように変化するが、不読用法も残していた可能性がある。

一、「則」字の訓読は、仁和二年点と平安後期点において同一の扱いをされて直読されている。

一、「而」字の訓読は、仁和二年点において不読の用例が目立つが、平安後期点においては直読例が多くなり、与えられた訓も平安後期点において語種が多い。

一、所謂、再読字の訓読法は、「當」「應」字について、平安初期仁和二年点は単独、平安後期点も単独と同一で再読しない。

さて、右の記述の評価を、日本語史の観点から与えるとすると、どのようなことになろうか。

日本語史（国語史）の研究は、第一義的には、特定のある言語事象が、いつ、どういう共時的言語環境下（どういう言語集団、あるいは、個人において）で、どのように変化したのかの記述研究を出発点とする。更に、研究の進むべきは、帰納的方法を用いて行った記述研究が明らかにした—飽くまで、思索の出発点である—事柄を、法則としての言語変化と捉えて、その法則性の実態を解明するところにある。以上の基礎学としての研究からの進展は、変化の力学への抽象化、即ち、如何なる言語的な力、あるいは、言語外的な力に依って日本語が変化せざるを得なかったのかの解明に進むべきであろう。更に、人間学としての日本語史の学問の深化の方向を模索すれば、そこに過去の人間の思考活動の実質を描き出して、「人間存在の本質とは何か」と言う哲学的課題への答えに繋がるべきであろうと愚考する。

日本語史研究の潮流の一つとして、記述的研究に重きを置く、あるいは、右に掲げた言語変化の力学への言及以下の事柄は、「帰納的実証性」に希薄な、謂わば、観念論—実証性のない解釈—であって、これに踏み込む事は、人文科学としては、不適当なもの、科学からは逸脱するものだとの厳評を下す研究者の流れがある。こうした学問的価値観を否定するつもりは毛頭ない。日本語史研究が、この厳密なる態度による記述研究より発すべき事は、右に説いただけで十分の理解が得られるものと考える。

ただ、こうした厳密なる帰納的記述主義の狙うところは、《言語変化》である。即ち、変化したことへのみの関心となりかねない。同じ視点、方法による日本語の歴史の帰納的記述主義において、従来説かれてきた実態的な歴史的イメージを否定し、先行研究を乗り越えた新しい研究の展開を目指そうとすれば、帰納的記述主義の枠内での研究においては、第一には、日本語史料の密度を増す事であろう。ある共時態の日本語史料を博捜して、従来説かれていた変化の時代を引き上げるとかの方向である。こうした研究の方向での新説は、その構築が可能であろうが、—以下は感想に過ぎないが—どれだけ日本語史のパラダイムを書き換えられるかは、心許ないのではなかろうか。帰納的記述絶対の硬直した見方が、「日本語史研究は、従来の研究に加えて、今後やるべき事が、果たしてまだ、残っているのか」とした、不当な発言に繋がる。

右の第一点目の批判から、同じ方法に立ち、論説の立脚点の点検無しに、方法論の開拓に心を注がぬままで、ダイナミックな研究を目指そうとすれば、新しい日本語史料群の発掘と言う方向に必然的に向かう事となる。

右の二つの視角は、帰納的実証法を金科玉条にして、それからの方法論的な進展深化を考慮しない、あるいは、〝無批判な切り捨て思考〟によるものであって、かかる研究者の思考は、水平的に拡張する方向しか持たない。つまり、資料を悉皆調査すると言う、非現実的な理想を求める教条主義であると断ぜられる。研究の現状を鑑みれば、平安時代の一期、例えば、平安後期、ほぼ十一世紀の百年間でもよいが、現存する日本語資料を—訓点資料と言う資料分野だけでも良い—個人の学問的良心と責任において生存中に調査し尽くす事は、まず、不可能である。

もう少し、研究の本質的な問題として考えてみよう。右の如くの帰納的記述研究のみに、日本語史の学問の真の存在を認めて、究極の研究目的が言語事象の変化の年代の解明だけを目的とするが如きは、なぜ人文科学—即、人間学—の枠組みにおいて行わねばならぬのであろうか。稿者の謂わんとするところは、かかる帰納的記述研究は、事象事実の解明として日本語史研究には、出発点として必須の要素ではあるが、これのみに収束するものではなく、人間学としての日本語史学の達成に、研究者は、垂直的深化思考をもって臨み、更に、人間探究に進むべきであると言うことである。かかる深化の方向性の意識を持たぬ研究は、「謂わば、即物的な研究であるとか、人間学としては不十分なる研究である」との批判に応えることはできないであろう。

次には、日本語史の法則性を求める研究についてである。右の意識に比べれば、遙かに抽象度の高い研究であろう。右の記述研究を元として、変化のシステムを解明するが如くの研究である。ここに説くまでもないが、「唇音退化」

の法則は、本質的部分での人間の性向などの理解が描き出されるものと解釈されてきた向きがある。また、例えば、動詞活用の研究は、江戸時代にほぼ完成を見た非常にシステマティックな研究として、学史上評価されるところであるが、近代以降には、この動詞活用の歴史的変化・変遷が問題とされてきた。システムとして如何に変化をしてきたかの問題は、長じた人間の無意識に存する文法システムの解明であって、言語活動の前提となる事象の解明である。また、五十音図なども、一般には、日本語の清音音節における—音韻あるいは—文字の体系表で、これもシステマティックに日本語を理解する無意識での拠り所となっている。こうした研究は、人間の認識の問題を射程としたもので、遙かに人間存在に寄り添った研究として評価されるところである。

語彙論や意味論研究などは、もっと直接的に、人間認識、例えば、外界の分節に関する解明であるとか、直接、人間の実在に関する研究に結びつくものである。

先に批判した帰納的記述研究だけの段階を研究の全てとして、これより出る事を許さない日本語史の旧態然とした学問観において、学問の至上命題である、「複雑なる実態を整理して、より単純なる像(イメージ)で把握しよう」と指向すれば、結局のところ、日本語の変化だけに目が向きがちとなる。つまり、ある事象が、いつ変化したか、いつ生まれたかの、所謂、変化の事実だと解釈し、思い込んでいる事柄の記述である。資料の博捜に依って得られた事象の記述研究は、研究者の認知する限りにおいての最古例であって、即、言語変化の事実とスライドして簡単に認められる事柄ではなく、研究上操作に依って導き出された実証の限りであるという反省を持たねばならない。が、もっと大きな問題は、今も、また過去も、人間の営為としての言語の変化は、従来の研究の成果即、何年何月の某資料に、新しい変化語形が現れるとかの事実的記述に基づいて、さらに発展したところで、文化史的言語生活史の視点による腑分けが必要であり、そうした方向に踏み出すべきであろう。即ち、日本語の変化は、現在も過去も、新たなインパクトのある表現への移行に働く力と、保守的とも言える言語規範を守ろうとする力との綱引きに拠るものであろうから、人間の営為としての日本語史を描こうとすれば、この両方の力関係を、当時の言語生活に即して、具体的に位置づけ、評価してみる必要があることになろう。

右に記述してきた石山寺蔵金剛頂瑜伽経仁和二年点本における二種の訓点の訓読法の比較は、平安後期加点と思しき訓読法において、変化形と認められる事象も、確かに存在して、通時的変化が跡付けられる事象があるのも確かである。副助詞「イ」、「者」字の「ヒト」訓、「従」字の不読、直読の用例量の変化の問題は、正に、変化を如実に示した例である。しかし、「則」字、「當」字、「應」字については、訓読法の変化が確定できない、あるいは、変化していない事象である。即ち、かかる言語事象は、平安初期仁和二年点と、平安後期宝幢院点の訓読法は、変化がないと見るべきである。一般に、所謂再読字の再読訓、再読表記の事象は、平安中期に変化が起こり、以下、一般的になると認められてきた言語事象である。当該資料は、天台宗関係の平安後期の資料にあって、そうした集団の中に、平安初期の訓読と変わりない訓読が、行われていたことも事実として存在したことに注目すべきである。即ち、変化した新しい訓読法を用いない密教関係資料群が、平安後期の天台宗内に厳然と存在している事実に目を向けるべきであるし、更には、かかる多重構造の実態の持つ日本語史的な意義を、言語生活史の中で説かねばならない。

また、抽象化した歴史的記述において斯かる実態を考慮しないとすれば、例えば、当該資料の平安後期点の現象が、例外的なものであるとの解釈がされるかもしれないが、この場合、何故例外として切り捨てるのかと言う事の説明を、実証的方法で行う必要がある。

平安初期の事象を、平安後半期に天台宗で行っているのは事実であって、この事実は、既に指摘され、問題とされてきた(18)平安初期の訓読の移点の問題とも関係しよう。平安後期に理解言語のレベルであったとしても、実際に、平安初期の言語事象が出現しているのは、紛れも無い事であって、やはり、共時的に平安後期に並存したとみるべきである。

当該資料の如き場合は、平安後半期の天台宗山門派と言う共時的言語集団において、所謂、古い訓読法が並存した例であって、天台宗山門派も、更に、小さな共時的言語集団を設定して腑分けするなどの方向で、かかる資料の言語実態を抱え込んでの立体的多重言語生活を描き直す必要がある。即ち、平安後半期の天台宗山門派には、所謂、新旧の言語事象が並存しているのであって、この事実を言語生活史の一部として、文化史、あるいは、宗教史の視点を加味しながら、当時の天台宗山門派における言語意識史の問題として捉え直す必要があると考えるのである。要するに研究者には、これらの視点から、新旧の言語事象の並存―変わろうとする言語の力学と引きとどめようとする規範的意識の相克―を叙述せねばならない義務が生じることとなろう。

その問題は、共時態を細分化して、宗教史学等との融合的発想に依って説明されるものかも知れないし、更に、究極的には、言語主体としての個体の文体の問題に帰するかも知れない。特に、言語の個体史―一言語主体の個体としての言語の歴史―の観点は、いままで、希薄であったと評価せざるを得ない視角であって、今後の大きな課題であろう。即ち、大局的な言語変化については、日本語史として描かれてきているが、その歴史の中に、言語を実際に担い、運用した個人があって、その個人にも習得（漢文訓読の教育の場）から運用（言語の表現活動の場）に至る多重構造の日本語の遍歴があるわけであるから、両視点を取り入れた上での、立体的歴史を描く必要がある訳である。

以上のような理由から、本稿で取り上げた石山寺蔵金剛頂瑜伽経仁和二年点本における平安後期宝幢院点の言語事象が、平安初期のものに通ずると言う事実は、蔑ろにされる様な小さな問題ではないことが明白であろう。

おわりに

聊か理の勝った論行となった反省はあるものの、現在の史料発掘状況からは非常に稀少である平安初期の密教経典の加点を軸に考えてきた。右に取り上げ記述した事象の重要性は、十二分に理解されたものと判断する。今後の研究の進むべき方向についても取り上げたものであるが、十二分に論じ尽くしているとは到底思えないし、抽象的であるという誹りもあろう。実践を行いつつ、本稿に説いた方向性の修正を目指したく、今後の課題とする。

なお、本節は試論の域を出たものでは無いとの自覚があるところで、特に、新進の研究者諸兄の批判を切に願うところであって、多くの反論を、期待を込めて念じている。

注

（1）築島裕『平安時代訓點本論考　研究篇』（平成八年五月、汲古書院）第一部第二章。
同『平安時代訓点本論考ヲコト点図仮名字体表』（昭和六十一年十月、汲古書院）の五三八・五三九頁に、本稿に取り上げた金剛頂瑜伽経仁和二年点所用の片仮名字体表とヲコト点図が掲載されている。また、築島裕博士は、『石山寺の研究　一切経篇』（昭和五十三年三月、法蔵館）における研究篇「石山寺経蔵の古訓点本について」において当該資料の略説とヲコト点図を掲げている。本節において、稿者が帰納したヲコト点図とは、出入りが存する。

（2）拙稿「仁和寺蔵一字頂輪王儀軌音義院政期写本影印並びに翻刻」（『鎌倉時代語研究』第十五緝、平成四年五月）。

（3）築島裕『平安時代訓點本論考　研究篇』（平成八年五月、汲古書院）、第三部第五章。

（4）築島裕『平安時代語新論』（昭和四十四年六月、東京大学出版会）第二編第一章。

（5）石山寺蔵金剛界儀軌寛平元年点にしても、石山寺蔵金剛界儀軌天永三年点本にしても、平安初期の訓読を伝える加点箇所は、陀羅尼部分に偏っている。金剛界儀軌の漢文部分がどのように扱われたかについては、一考を要する所である。

（6）中田祝夫『点研　総論篇』（昭和二十九年五月、大日本雄弁会講談社）。
注（1）文献。

（7）中田祝夫・注（5）文献。
同編『古本点図集二種』（私家版）。
築島裕編『点図集（稿本）』（昭和四十四年六月、私家版）。
注（1）文献。

（8）注（1）文献。

（9）例えば、箕面学園蔵の妙法蓮華経方便品天長五年（八二八）頃点は、
築島裕・小林芳規「故山田嘉造氏蔵妙法蓮華経方便品釈文」（『訓点語と訓点資料』第七輯、昭和三十一年八月）
大坪併治「山田本妙法蓮華経方便品第二試読」（同右）
同一輯の学術雑誌への掲載例としてよく知られている。

（10）訓読文の異同は、訓点の帰納結果の異同のみならず、該当資料の訓点自体の判読、即ち、仮名符号の存在そのものの認知、認識の問題がある。この客観物としての訓点の認知、認識は、現在の学問水準としては、研究者の判断に委ねられているのが実状であるが、その仮名やヲコト点などの符号類の物理的な分析は、今後、理化学的手法に委ねて客観性を増すべき事柄であって、研究者の解釈を基底とするヲコト点の体系の帰納の問題とは、レベルを異にする即物的な分析研究であると考えている。

（11）平安初期の密教教典の加点資料は、大毘盧遮那成仏経平安初期点（高野山大学蔵、特殊点甲類）、大毘盧遮那成仏経平安初期点（高野山大学、第二群点）、が知られるが、奥書が無く、稿者未調査である。

（12）小林芳規「訓点語法史における副助詞『ら』」（『国語と国文学』昭和三十年十一月号）。

（13）小林芳規『漢研』（昭和四十二年三月、東京大学出版会）序章第三節には、「則」字の訓読法が取り上げられて記述されて

いるが、「[則]（不読）」「ト[及]ト」「不《ヌ》」「者《ヒト》」は何れも古い訓法である。此に対して「則《スナハチ》」「及《オヨビ》」「不《ザル》」「者《モノ》（人物）」は後出の新訓法である。」（一二二頁）と記しておられる。「則」字には、本節に取り上げた金剛頂瑜伽経仁和二年点に直読の確例があるのは本文中に示した。「者」字については、第二項に触れている。「及」字は、訓点の厚い巻第二には存在せず、巻第三には出現するが、仁和二年点の訓読法が確定できない。「不」字は、巻第二に15例出現し、助動詞連体形と思しき例はなく、終止形1例である。巻第三には、「不」字は、11例出現するが、仁和二年薄朱点の語形は確定できない。

(14) 小林芳規「漢文訓読史上の一問題―再読字の成立について―」（『国語学』第十六輯、昭和三十八年十二月）。

(15) 大坪併治「平安初期の仏典における再読字の成立について」（『訓点語と訓点資料』第一二〇輯、平成二十年三月）。

(16) 注（13）文献。

(17) 注（13）文献。

(18) 中田祝夫・注（5）文献。

注（1）文献、第三部第二章。

例えば、立本寺本妙法蓮華経における明詮の訓点の識別は、奥書と移点に使用された色彩によって区別できるものであるが、かかる資料の複数の訓点が更に一筆で移点される如き事態を想定すれば、平安後期において平安初期的言語事象が識別されずに埋没した資料となる。また、平安後期において、平安初期の明詮の訓点が言語行為において生きていたことを重視すべきである。

第二節　角筆書入の認知・認識と年代推定

はじめに

角筆の文字記号を書入れた文献（以下、角筆文献と称する）は、今まで、国内では、日本語史（国語史）の言語資料として利用されることが多かった。絵画の下絵や輪郭線、あるいは、白描の図像の角筆書入資料が発見されるに及んで、美術史、文化史の資料としての側面も気付かれてきた。

日本語史における角筆文献は、従来説かれてきた日本語の歴史変化の時期の実証的証拠としての資料年代を、更に、遡ると推定される角筆文献が発見されて、日本語史の素描を書き換えてきた。特に、近世の版本を中心とする角筆文献において—藩校の教科書や、当時の童蒙が関わって学習したらしい往来もの、寺院等への施入経（追悼菩提のための施入の経典を、追善のための読経に供したりしたもの）等々は、全国的に遺存が確認されている—近世の地域言語、即、方言の描述にも利用できる道があることが判ってきた。海外にも存することが知られて、中国周辺諸国—朝鮮半島、ベトナムやチベット、敦煌文献、あるいは、中国本土、また、コーランにも発見され、ヨーロッパでは聖書に角筆（スタイラス）書入が見つかって、古いドイツ語の文献資料として解析されて来ている。

稿者は、この角筆による言語史料は他の諸言語資料、例えば、墨筆の訓点とか、朱書の書入、平安初期以降の白書の片仮名交り文などの文字記号の言語史料と同等、対等なものと位置づけて扱うべきであるという研究上の立ち位置についての議論を高く評価しても良いと判断している。

角筆文献の存在に対する疑義は、一つならず存するのであるが、その批判の立脚点は、さまざまであると捉えている。つまり、角筆文献研究に対する温度差はかなりのもので、従来の研究そのものの拒否、拒絶、無視、否定に始まって、それが角筆文献そのものの実存に対する拒否、拒絶、無視、否定の場合すら存する。好意的には当然、本邦でも角筆文献を使った研究を公にする研究者もあって、韓国では、古い時代の角筆文献の発見以来、角筆文献を使った言語の歴史研究が昂揚している状況を風聞する。

稿者は、角筆文献における凹み文字・符号たる角筆書入は、実在するとの立場を取る。存在そのものに懐疑的な―部分的な問題ではなく、全面的に抱かれた懐疑―立場もあるが、後述の如くで、理化学的に証拠を挙げることが出来る以上、現在の段階で、実在を否定することはできないであろう。

角筆文献が実在する以上は、この存在を認めない立場、あるいは、忌避する研究者は、研究者としての基本的理念と、人文科学の研究者としての良心を疑わざるを得ない。研究者としての角筆文献への認識が浅いとしても、実存する客観物を認めるところから、研究が始まることは理解されようし、その客観物が、人間の営為の残存であるとする認識が少しでもあれば、人文科学―人間学の史料として、〝人間の存在〞を問う資料たり得るのは、殊更、ここに説くべき必要も無いであろう。

他の文字資料と同等の資料的価値を認めて、人間学の資料たるものとしての研究を行おうとする時、角筆資料の資料性の決定的問題―理化学的に解明すべき課題は、本質的に突き詰めれば、以下の二点であろう。

一つは、角筆資料における角筆書入の〈人としての存在たる研究者側の〉認知（他との差を識別すること）・認識（人間学日本語史の資料としての文字等と認めること）の問題である。

今ひとつは、特に歴史資料として使われている以上、奥書の存在が非常に稀な角筆資料の、決定的には時代、可能ならば年月日レベル―奥書に相当する情報―での角筆文献に角筆書入が成された時代の判定である。

以下には、以上の二点に関して、項を改めて説き始める。本節は、角筆文献に関して、現時点までに行ってきた理化学的観察、実験を示しつつ論述するが、本節の大概は、角筆文献の理化学的解析に関する理論的文章、であることを先に断っておく。即ち、理論物理学や科学哲学に採られる「思考実験」である。理論的文章にならざるを得ないのは、現時点での理化学の水準では、以下に論じることを実証的、実験的に証明することが出来ないと判断するからである。まず、この点を明確にしておきたい。

一、角筆書入の存在―研究者の認知・認識の問題として―

角筆書入の存在に対する研究者の認知・認識の問題とは、要するに、ある文献に、角筆書入の候補となる有標の凹みが存在するかどうかの認知の問題、その存在を元にゲシュタルトとしての文字・符号の書き入れられた観念上の意味―文字・符号―の資料と認定して、論述の材料に出来ると判断できる認識が成立するか否かの問題である。有り体に書けば、ある文献に研究者Aには、凹みが認知され、日本語の音節仮名、あるいは、漢字某や意味ある符号と認識される。その同一の箇所に、研究者Bには、凹みの認定は出来るものの、文字として認識されない場合、または、研究者Cには、凹みそのものが認知できないと言う差が、現実の問題として存することを言う。ただ、この問題は、日本語史の研究の範囲では、角筆書入だけに限る問題ではない。多くは、平安時代に存する白点の資料についても同様で、時代の降った白点資料は比較的判読しやすいと言う印象があるが、平安時代の白点資料には、剝脱とか、水洗によって薄くなったという事情ではなく、元々から薄かったと思しきものが多いのである。この白書の判読も、右の角筆書入の場合と同様の問題が存する。平安時代の特に、前半期の朱点でさえも、元々非常に薄く書き込まれたと判断できるものがあって、これらの白点、朱点も研究者による認識の揺れが存する。この白書や朱書に関しての問題に対する研究者の認識が、最近頓に希薄で嘗ては盛んに論議されたが、現在、問題として論われる対象は、角筆書入が話題とされる場合が多いように稿者は感じている。

問題の本質は、角筆だけの問題ではないのである。しかし、極論すれば、実存するものであれば、存在の客観的証明は可能であると考えている。研究者の多くは、即、現代・現時点の科学技術の水準での証明を要求し、現在の時点で実験的に証明されない場合は、未解決事項として議論の放棄をするが、これはある種、実証研究万能主義の悪弊としか見えない。例えば、不可能な背景には、現在、科学技術は解明できる程の水準にありながら、文献文化財の場合には限界がある場合がある。図像や塑像の解析は、諸種の科学的試みが行われている。水銀顔料の辰沙による朱の解析には、現在もエックス線による解析が行われたりするし、塑像などもエックス線やＣＴなどでの解析が行われたりするが、文献文化財の場合は、図像などに比べて、量（対象面積の総和）が大きすぎる。莫大の手間と資金が必要である。胡粉（塩基性炭酸鉛や白土、炭酸カルシウム）などの解析には、各種の光源・線源が有効であろうが、文化財の場合は非破壊が原則で、個々に問題の有る場合がある。

研究資料として、例えば、角筆文献を定位するためには、複数、あるいは、理想的には全ての研究者に客観的存在として認識されなければならない理屈である。即ち、ある研究者個人の認定のレベルでメモとして残されるものは、研究者個々人の思考上の認識として無形のもので、それを客観的に学術上の材料として多くの研究者が認めるためには、画像化するなどの方法を採らねばその意味は皆無に等しい。

現実問題としては、他の如何なる科学機器よりも、最も光学機器として精密である〝人間の目〟をしても、認知・認識は研究者相互に異なる。実は、ここに忌々しき権威主義〈人文科学に携わる研究者としてあるいは、教壇に立たざるを得ない者は、およそ全て、権威主義者であることを免れないが、その自覚の全く無いものがあることに愕然とすらする〉が蔓延る場が存在してしまうのである。観察者の認識〈主観〉が介在するという問題は、独り、角筆文献―日本語史の問題だけではない。実証的研究の陥穽は、既に、古典物理学によっても問題とされたところで、観察者の認識の問題―例えば、自然物に対する認知・認識やデータの解析は観察者の主観に基づく―は、自然科学の分野においてさえ、問題とされてきたところである。学問的経験の浅薄さの問題に帰するのは、到底科学的学問とは認められない。即ち、帰納的実証研究の本質は、主観的、観念的、独我的なものであることは、実証研究の本質的部分に対する批判として、理系の学問においてすら普通に説かれることである。

現時での科学的機器の改良進歩は著しいものがある。稿者には研究者間で認識の揺れる奈良時代書入と推定される角筆書入、新羅語だとされる角筆書入と言った極々浅いレベルの凹み文字の解析を試みた実績はないが、例えば、角筆書入の観察条件を少し変えるだけでも、認知の度合いが異なる。実験室での観察条件に就いてであるが、極一般的な簡易暗室によって遮光を試みて、斜光光源の仰角や収束条件を整えるだけでも、かなりの効果が期待できる。

凹みについて書けば、工業的には、例えば、金属研磨面の傷（凹み）の析出のための機器類の開発は著しく、数μ単位、nm単位の小さな傷も不良製品としてはじき出す技術がある。また、デジタルマイクロスコープによる3D描出機器も進化し続けているのが現状である。ただ、金属の研磨面は基本的には平面に近いが、和紙の場合は繊維の絡み合い方によって、小さな単位に拘れば拘るだけ、純粋には平面に近いことは稀である。

過年、デジタルマイクロスコープ業者による広島大学角筆資料研究室蔵の角筆文献の具体的な実験的走査を行い、画像を得る実験を行った事がある。この機器は、画像の焦点位置の深度によって走査し、3D像をマイクロメートルレベルで描くものであって、この機器での角筆の凹みの存在証明もかなりの客観性をもって画像として示すことができ、カラー画像が取得できるものである。(1)

角筆類の凹みの文字の解析が進んでいるのは、警察の科学捜査研究所である（以下、科捜研）。古くからこの凹み文字への解析の関心は高く、「筆圧痕」または、「筆跡痕」と称して研究の歴史は古い。但し、科捜研での解析は即、現在の住民の人命に関わる問題で、捜査上の機密事項を含むのは当然のことである。大阪府警科捜研は、大阪大学レーザー研との共同研究を行ったりはしているものの、(2)科捜研は非常に微妙な部署であって、多くの情報を共有すること自体に、稿者もかなりの躊躇を感じている。ただ、犯罪捜査の場合、年代が問題になることは殆ど無いであろう。

後に触れるが、現在、角筆文献研究の最先端は、奈良時代の加点であるといわれる資料群(3)と、新羅語の書入、中国本土での加点であろうと目される醍醐寺の一切経の加点資料(4)であろう。稿者は、これらの資料の実見の機会を得てはいないので、発言するのを差し控える必要があろうが、これらの角筆文献の走査のために、広島大学文学研究科資料室内角筆資料研究室（以下、角筆資料研究室）設置の諸機器を該地まで運搬して、また、現地にて走査のための場所を確保することは現実的ではない。また、諸寺院からの貸借、搬出も大学レベルでは、現実的ではない。

実見の機会を得ない者としては、確たる発言をすべきではなかろうが、伝聞しあるいは、公表された論文等を拝見する限り、角筆文献としての資料性そのものの質―角筆文字文献が多くは紹介されない―の問題がありそうであるし、次項以降に説こうとする書入年代と角筆書入の状況―場所とか、携わった人の社会環境とか―の問題がさらに重大であるように判断する。その、奥書に相当するような保証を科学的に得られない限りは、主観的空論の域を出ることは決してないと断じて良かろう。

さて、角筆書入に限らず、極めて薄い白点の存在にしても、朱点の存在にしても、今後の科学技術の発展に託して、物理的に存在するものならば、科学の進歩に伴って実験的に認知される道が、理論的には必ずあるのであって、今の研究者の認識による揺れは、数十年あるいは数世紀後には、人文科学である以上は、完全には解消されないであろうが、必ず狭まっていくものであると信じてよいと考える。

現在生存する研究者の要求は拙速すぎるところがあって、例えば、角筆に限らず、訓点全体に対しての今の稿者の認識が、後世の科学的進歩によって存在や、認識が証明されれば良いし、あるいは、後世改められて正されるのなら、後世に託す意味があろう。現在の個々の研究者—研究者の自己自身—によって、解明し尽くされるとか、無批判に自己の認識が正しいものであると妄信する忌まわしき権威主義や、根拠のない自己主張は、実に虚しいものであって、自己の研究理念を根底から点検すべきであろうと考えられる。

二、角筆文献の懐疑性

さて、第一の問題である研究者（観察者）の認知・認識の問題は、恐らく、現時点での深刻な問題ではあっても、数十年あるいは数世紀先には解決が付くであろうと判断してよい。そもそも、訓点などの書入（角筆にしても、白点にしても、薄い朱点にしても）が書き入れられた時点で、後に認識できないような書入方をすること自体が、意図的表記としては極めて大きな矛盾を含むからである〈冠水や修補等による後世の別種の物理変化は例外である〉。即ち、記号としての存在であるなら、理化学的分析が、現在最も精度の高い人の目を十二分に補う、あるいは、それ以上の精度の機器が開発されるということは、明確に期待できるところである—言うまでもないが、顕微的機器は、人間の器官を遙かに超えている。その時代になれば、理化学的手法による認知は可能となり、人文学の研究者の問題は、ゲシュタルトとして意味有るものと認識されるか否かの判定と言うことになろう。

問題は、「はじめに」に示した第二の点にある。即ち、角筆＝凹み文字の年代判定の問題である。角筆文献が研究対象とされた初期は、日本語史の資料として注目されたもので、そもそも、歴史的位置づけが、本質的問題となった筈である。角筆資料研究が進展して、角筆文献には、角筆書入に対する角筆の奥書が、今は消失した佐賀県岩蔵寺大般若経の例外を除いて殆ど存在しないことへの真剣な反省が欠けていたと見るべきで、謂わば、冷静な判断を措いて、研究が暴走した感がある。即ち、研究の立脚点—研究を支えるべき足下—への反省が無く、水平的な拡張思考が優先されてしまったと言うことであろう。研究基盤—立脚点—の問題を措いて、水平的に拡張しても、およそ信頼するに足る研究とは成り得ないのは科学的研究者としての基礎的認識に属するもので、さもなくば、主観的感想や希薄な可能性の域をでないものであることは、さほど思索を施さずとも理解される筈である。

この角筆文献の角筆書入の年代判定の問題は、独り日本語史だけの問題ではない。他に例を取れば、誹謗や中傷・批難としかならないので、身近な例として、稿者が所属する広島大学大学院文学研究科を例に取る。ただ、この問題は、いずこにあっても必ず同類の問題を生んでいることは明確に認識して戴きたいと希望するものである。文学研究科の研究的な組織としては、理科系科学である自然地理をも含むが、文献による学問が主流であると捉えてよい。主として日本文学語学と関係の深い広島大学角筆資料研究室には、意図的に収集された資料二〇一点の角筆文献を蔵する。購入分に併せて、寄贈の資料も存する。一・二を除く殆どの資料は、江戸時代以降の版本であるが、それぞれに凹み文字が存する。こうした時代を遡った文献を所有する研究室は、角筆資料研究室だけに留まらない。現在までに文学研究科所蔵の版本などに角筆書入が発見されている例は、中国文学語学研究室や、中国哲学思想文化学研究室、日本史学研究室にも存する。中央図書館には、文学部旧蔵のその他の文学語学関係、歴史関係資料を多数蔵して、角筆書入の報告が存する（小林芳規編角筆文献目録）。これらは、特に近世の文化財として貴重な資料類であるが、国内の資料に限らず、西欧においては、聖書の資料にも角筆（スタイラス）文字が発見されて研究が成されている現状を顧みるに、西欧の写本を持つ研究室もあるのであって、これも文献を所蔵している点では、本邦の関係書だけに限らないであろう。広島大学文学研究科を具体例としたが、国内他大学においても書籍の架蔵状況は、大同ではなかろうか。角筆書入が、その世間的認知度を増すに従って、諸大学の蔵書を有する部署の教職員にとって認識が深まるに従って角筆書入の年代判定は、教職員の人間としての自己存在に関わる大きな問題であることが意識されてきているであろう。

理論的にでも良いと判断するが、理化学的実証実験による角筆書入の年代測定の可能性が明らかでない現状では、研究者の良心の問題に対する疑いを科学的な証拠を挙げては払拭できる道がない。即ち、身近な広島大学角筆資料研究室の蔵書を具体例とする。現時点での話題であるが、広島大学角筆資料研究室は、広島大学総合博物館のサテライトと位置づけられている。現在、希望者への資料の展示公開、また、文献調査での来訪者もあるが、この来訪者が時を隔てて同一資料を調査され、以前には認知・認識できなかった角筆書入を発見されて、角筆書入が増えていると判断された場合を想定しよう──本心か、冗談か、類同の現実体験がある。その原因を稿者による近時、平成時代の角筆書入であろうと糾弾された時、これを客観的に否定できる科学的根拠は、現在の理化科学水準では示せないのであって、稿者の書入でないとは確たる科学的根拠をもって否定するのは不可能である。この潜在的不安は、研究者の生命の問題—研究者の精神状態によっては、冗談でもなんでも無く、文字通り、研究者の人間としての生命を賭しての研究に、軽薄な教条主義的精神論者の「研究には命を懸けるべきである」との浅薄な説教の段階ではなく、言っているのは自死の問題である—に成り兼ねないと考えている。

この種の疑念は、広島大学角筆資料研究室の角筆文献への関係の密度が深い現状にある者のみの問題ではなく、文献を所蔵する広島大学の各部署、あるいは、部署に関係する研究者や学生等に等しく関わる問題であって例外がない。かかる問題は、公的機関—大学、図書館、文庫等々—の問題でもあるし、文献文化財や美術遺品などを所蔵する寺社・個人にも及ぶ、人間存在、人間信頼を揺るがす可能性のある極めて重大な問題である。有る寺院の聖教の角筆文献に同様の疑義がもたれた場合、完全に否定できるものは、時代の厚みを含んで、蔵書の聖教に触れたことのない個人だけでしかあり得ない。閲覧をした者の一切が、本人の書入を疑われた場合、自己の権威主義的権力を行使して主張する以外には、科学的根拠を示すことができない。

ここに、研究に対する、あるいは、人間に対する信頼の危機があるし、また、右の如くの正常なる研究を阻害する怪しげな権威主義の温床ともなる学問の危機的事態が存することを否定できないであろう。

ただ、広く捉えれば、権威主義の温床は、角筆文献だけの問題では無いかも知れない。文献文化財全般、あるいは更に広く文化財一般に横たわる問題かも知れないのである。陶磁器や絵画、仏像、さらに埋蔵文化財、建築遺構などもそうではなかろうか。理化学的実証分析が行われる場合もあるが、現況では、埋蔵文化財、建築遺構の場合が特に盛んであるように感じる。特にC14法（補注）による年代測定の盛んなる埋蔵文化財の非破壊の定義は、稿者には確とは知れぬが、その他の文化財の分析の学問的良心に基づく前提として非破壊という壁が存するから、年功を積んだ研究者や鑑定士の経験則に基づく、極めて主観的な年代推定が行われる訳である。この年代推定の信頼度に関しては、経験に裏付けられた鑑定結果として、経験の無いものは無批判の信頼を寄せざるを得ないのが現在の現実で、ここに際限なく膨張した権威主義の温床が存する。経験が浅いと自覚しているものは、まさにこの極めて主観的な他己の認識への疑義を出発点として、研究なり、思索なりが始まる―権威主義に押しつぶされない限りは―筈である。

帰納的実証主義への偏重した盲信は、独り文科系学問だけの問題ではなく、古典物理学時代からのことで、帰納的実証研究の主観性、観念性、独我的性格は、既に、実証研究への懐疑として常識的な域において認識されていると思われる。実証的な証拠の提示は、真実のすべてを客観的に語るものではない。いま、研究者である以上は誰でもが研究者として存在する限り普通に保有する、研究者側の独我的認識の問題を措くとして、実証的証拠なるものは、真実の最低線（最下限）を示すものであろう。歴史的日本語の実証的研究を取りあげれば、鎌倉時代に製紙された（と推定される）和紙に、角筆書入れが存するとして、その角筆は、現在から時間軸を遡って製紙された鎌倉時代までの間に書入れられたことは推論することが許される。角筆書入に関するこの推論は、鎌倉時代以前の書入れではあり得ないし、現在よりも未来のものでもあり得ないという意味で確たる客観性をもつ。別の例を挙げれば、ハ行転呼現象の一般化は、石山寺蔵法華義疏長保四年（一〇〇二）点に始まると説かれる。「一般化」なる用語が曲者ではあるが、この実証的な証拠は、長保四年には、「生じていた」ことを示したもので、現存資料の残り方が偶然の結果であると反省すれば、時代的にそれ以前には一般的には無かった事象であるという客観的保証は無いことに気がつくであろう。即ち、前者の鎌倉時代の製紙物への角筆書入例は、先に忌まわしき権威主義の温床となると表現した、研究者の主観的な年代判定にしか拠ることが出来ない。後者のハ行転呼現象の問題は、石山寺蔵法華義疏長保四年点が現存資料中の最古である実証的証拠という重みはあるものの、言語現象の真実との乖離の可能性が払拭されないことを考えれば、平安後期初頭に一般化したと見るのは、観念論の産物でしかない。

角筆文献研究の先端は、奈良時代加点と推定された角筆書入、新羅語だと信じられている角筆書入と、醍醐寺一切経の中国における角筆記入の推定文献の調査研究であろう。この両者に共通する大きな問題の一つは、節博士たる記号と、ヲコト点様の記号が主であることである（新羅語らしく推測される書入は所謂仮名であると小林博士からの直話で説明された）。稿者は、ヲコト点資料の史料性の脆弱さを、既に説いたが[5]、これらの記号・符号に対しては、研究者側の主観的解釈が基礎となっての論述にならざるを得ない。更に、右に説いてきた、角筆書入の認知・認識―客観的有意な記号としての認定―の問題は、現時点において研究者間で共有できない現状に対して切実な発言を聞くが、文化財としての研究のスパーンを将来的に永く設定し、後の研究者の批判に委ねるとすると、先に説いた如く問題の質はさほどには重大ではないように思われる。

認知・認識の問題よりも、研究史料としての本質に関わるのは次項に説く年代判定の問題である。稿者は、博識な文化人を目指す器量はないと自覚するので、興味の対象にはならないが、訓点の書入が奈良時代に始まったとされる立論や、省画仮名（片仮名）が奈良時代あるいは朝鮮半島に存在したとされる資料が実存するのか否かは、日本語史上の大問題なのであろう。ただ、奈良時代加点と推定される資料の角筆書入が、経験則による推定である以上は、理論的には、製紙された奈良時代から平成の現代までのいつ書き入れられたものかは、主観的判断を決して出ることはない。個々の研究者が、各研究者自己の研究上の責任において確信できる客観的保証が必要となるのは当然の研究上の常識である。醍醐寺宋版一切経も将来経の由であるが、中国における書入れであるとの説は、資料に現れた記号の形式に拠る判断が主となっている由である。かかる説が行われるのは、人文学の土俵の中での一説として認めてもよかろうが、中国における時代の角筆書入なのか、将来されて以降の時代のものと認められるかが、理化学的手法で、客観的に証明されない限り、この一切経によって描かれる文化史の像は、全く別なものとなるし、必然の結果として信頼性に問題が存する。

三、角筆書入の年代判定について（一）—墨などの角筆以外の書入の年代判定の理論的可能性—

さて、角筆文献の最大の問題は、その書入年代の推定である。美術品の鑑定においては、〝贋物〟であるか否かが問題とされる。しかし、角筆文献については、この「贋物」という概念での把握は当たらない。昭和時代、平成時代の角筆書入があって当然で、例えば、近時の研究者の、あるいは、文学作家の蔵書中に、「爪印」があっても何の不思議もないし、かかる〝角筆〟書入に注目すれば、ある研究者、ある作家の研究の体系的背景や、思想的な有り様とか、個々人の歴史が辿られる場合さえ想定される。即ち、凹み記号を基にした、昭和・平成の文化史の側面を明らかにすることさえ可能であろう。そもそも先に触れた如く、科捜研で「筆圧痕」が問題となるのは、ゲシュタルトとしての記号が今現在も存在して、その分析の必要性があるから研究・読解されている訳である。

江戸時代の版本を購入した近現代人が、鉛筆の書入を残した例は決して少なくないし、インクによる書入も存する。同様な学習・研究の意図での近時の書入も学史の対象となろうし、あるいは、江戸時代の書入として意図的に偽装しようとした場合、これらは、〝贋物〟と言う概念で捉えられるべきものではなく、昭和や平成の—あるいは、悪意の—文化史の資料であると位置づけるべきものであろう。

日本語史が、歴史を語ろうとする学問である以上、研究上使用する資料の年代性、記号の書き入れられた時代が問題となり、また、歴史的研究者の最大の関心事であることは間違いがない。直前には、角筆文献の例を取り上げたが、実は、墨書資料であろうと、白書、朱書の資料であろうと抱えている問題には同じものがある。

和紙の科学的年代測定は、国内で最初の例として、一九九六年に名古屋大学の年代測定センターで行われた。(6) 現在の分析では、試料は1㎎程度となっているようであるが、やはり、研究者の良心の問題としての非破壊検査の問題が残らざるを得ない。所蔵者の破壊許可とか、個人蔵の試料による破壊分析とか、かかるレベルの問題ではないように考える。後世に遺すべき意図を含めて「文化財」と言われるのであろうから、現時点の個人の判断の問題とは異なるものと考えている。

さて、墨書にせよ、朱書、白書にせよ、角筆文献と同様の時代判定の問題を有すると書いたが、この問題を、些か不徹底ではあるが、所謂「思考実験」として理論的に取り上げてみる。諄くなるが、ある資料の墨書の書入は、和紙が漉かれて以降、現在までに記入されたことは、角筆文献と同様である。朱書、白書等についても同様である。墨書を初めとするこれらの文字・符号が、角筆文献と根本的に異なるのは、和紙の繊維に付着する形で、物質を残していることにある。この付着物に注目して年代測定の、将来的可能性について記すこととする。

墨書を例にとって、年代測定の理論的可能性について説いてみるが、墨書、即、炭素＝C_{14}法とは単純に行かない。現在での科学水準では、繊維に付着の試料の量が決定的に確保しきれないだろうし、稿者は、拙速に、現在の科学水準によっての解明を要求している訳では決してない。スパーンとしては、数十年または数百年先、あるいはもっと先の時代に、期待を込めての思考実験による理論的推量である。墨の主成分は炭素ではあるが、現在のC_{14}法がいかに精度を高めても、また、試料の量が分子数単位になったとしても、例えば、中国漢代などの古墨が珍重される世界では、墨の成立年が、墨書書入の時期であるとは単純には認めがたい。朱書や白書には、炭素の混入があるかも知れないが、主成分は、鉱物や生物の生産物、また他の顔料では植物性のものも存する。ただ、角筆書入との違いは、いずれも年代推定の手がかりとなる物質の残存があることである。

和紙のC^{14}法による年代測定は、汚染物質を除去することに始まる。和紙の成分たるヘミセルロースやリグニン、セルロースもβ、γセルロースは除去されて、αセルロースについて測定が行われる。和紙の年代測定においては、右の紙繊維への付着物は、汚染物質として扱われるが、この汚染物質の付着年代が鍵になる。和紙本体の製紙年代も、勿論、最古年代を決定する重要な情報であるが、付着物の年代とは同一ではない。

さて、その墨、朱、白などの付着年代の推定を、理論的にではあるが、可能性としてどう考えていくかである。右に説いた如く、単一の情報からは、推定は困難であると判断する。古墨の場合、紙の成立年代よりも古い結果が出ても不自然ではないからである。炭素成分に拘れば、紙面繊維に付着する有機物が手懸かりとなろう。極々微量な話―分子の個数の問題レベルの事かも知れない―であるが、和紙に有機物が付着するであろう機会は、少なくとも二度が想定される。一度目は、紙を漉きあげる段階での漉舟に存する有機物である。当然それまでの製紙過程で、リグニン除去のための水洗の工程や、煮沸の工程での有機物の付着があろうが、時間的な差は大きくはない。製紙段階ではトロロアオイなどの糊を使用するが、これも、製紙時の有機物の付着例である。

また、同一の和紙繊維に比較的多くの有機物が残存する機会は、その文字符号の記入時である。角筆以外の文字は、和紙繊維に物質を付着させることで和紙上での色の違いで文字符号を表現するが、その場合、墨に限らず、朱書も、白書も、それぞれの成分を水に溶いて使用する。この水は、普通は自然水であろう。自然水ならば、フミン酸やフルボ酸などの腐食酸の混入が期待されて、有機物の検出が可能である。ただし、この水の分析も問題があって、長時間掛けて涌出した伏流水の場合もあろうから、これのみに頼ることはできない。有機物の付着も、右以外に、修補や改装時、特殊な場合は、消火などの場合もあろう。

即ち、かかる微量な付着物―この採取も、厳密に考えれば、破壊検査であるが―は、いままで汚染物質とされてきたものであるが、この微量な物質を、分子レベルで一々腑分けできて、年代推定が可能な時代が来れば、墨書や朱書などの時代判定は必ず可能となろう。各汚染物質の時代をそれぞれ判定して、更に、和紙、墨等々の要素を総合した、所謂、合わせ技での年代推定は可能ではなかろうか。ただ、残念ながら現在の科学水準では解明は思考実験以外には期待できない。

さらに、現時点の訓点資料の年代推定に、極めて有効に働いているのが、奥書の存在である。実は、この奥書も一筋縄では行かぬものであって、本奥書の場合も存する。研究者側の経験則が有効に働いて推定されているのであるが、この奥書の存在は、右の理化学的判定のあり方・狙いを極めて良く補助する。即ち、理化学的検査は、この奥書の記載に矛盾するものか、あるいは、奥書の年代を妥当なものとして客観的に支え得るものかという点に絞って作業仮説を設定することが出来る。さすれば、理化学的実験的な目標は、定めやすいことになろう。年代を隔てた数筆の書入がある場合も存するが、この場合も、奥書との対応関係で、理化学的実験的仮説の指標となる事柄である。

これらの墨書を初めとする文字文献は、遠い将来には理化学的分析が可能であろうと理論的には考えられるところであって、例えば、現在の稿者の漢文訓読語に関する論述を根底で支える資料の年代性が、右の理論に従って解明されることが期待できるとすれば、後世に託して稿者自らの研究の批判を受けるべく残す、論述としての存在価値があろう。

四、角筆書入の年代判定について（二）—角筆書入の年代判定の理論的可能性—

さて、本節の中心的問題である角筆文献の理化学的年代推定の理論的可能性についてである。そもそも、角筆の書入は、基本的に物質を残さない。「基本的には」と言うのは、例外的には、筆としての角筆の問題である。材質は種々で、木製、竹製、象牙製、あるいは、金属の場合も想定される。特に、植物由来の筆は、現存物などの先端が摩耗したり、使用されて光沢のあるものがあるので、理論的には、その摩耗物が和紙繊維に付着している可能性がある。つまり、角筆書入の際、筆としての角筆の成分が、凹みの中に残存している筈であるが、残存したとしても極々微量、ナノ単位のもので、この試料の収集は、殆ど不可能であろう。また、例えその筆の成分が収集できて年代測定が可能となっても、〝筆〟の成立年代を推定する材料ではあって凹みそのものの年代推定にはならない。

和紙と筆である角筆とが接触して、某かの物質が凹みに付着することは、余り期待できないのではなかろうか。文字・符号としての存在を識別できる物理的な変化は、残存物に求められるものではなく、和紙として漉かれ乾燥されて、一端は落ち着いた和紙の繊維間の構造に変化を起こして、新たな繊維と繊維との構造関係を作り出すところにある。その繊維間の相対的構造の変化は、筆である角筆の和紙に加えられた圧力で起こるものである。

右のような繊維間の位置関係の変化を生じるような凹みが角筆書入の本質的な物理的変化であるとすると、角筆書入の年代測定は、この物理的変化に頼る以外にないことになる。

新たな物質の残留が期待できない以上、今、科学的分析の最先端であるところのC14法などの同位体の分析は意味がない。可能性の問題としては、一時安定していた和紙繊維の各々の位置関係が変わることに注目してみる道があろう。例えば、トロロアオイなどの糊によって一時固定された二本の繊維の接触面が、角筆の圧力によって離れる変化が想定できよう。さすれば、それまでの露出した繊維表面とは別に、新たな露出面が生じることとなる。本来の露出の繊維被覆面と新たな露出被覆面との間には、外気に触れる経年的差が生じるはずである。ただ、この場合の経年差は、C14法の様な同位体の崩壊といった、所蔵条件による外在条件とは関係のない半減期が設定できる種のものではなく、酸化変化であって、資料の保存環境に左右される相対年代の変化しか手懸かりとはならないであろう。

和紙の主成分は、セルロースとヘミセルロース及びリグニンである。セルロースとヘミセルロースは、比較的安定した物質であって、安定しているが故に紙の原料となっている。奈良時代以前の和紙が残存する如く、即座には、顕著な経年変化が期待できない。リグニンは、経年変化してバニリンに酸化分解される。所謂、紙の劣化に関する変化の一つであるが、この経年変化を考えてみることが出来るかも知れない。ただし、和紙の製紙工程には、このリグニンの除去工程が含まれている。博物館等で、神経質なほどに、文献文化財に紫外線を嫌うのは、和紙の劣化に対する保護処置であって、「褪色」の予防措置であるが、このことは、和紙においてリグニンの経年変化があるが故の最大の証拠である。和紙個々の含有密度の問題もあり、非常に相対的にしか判断が期待されないが、製紙時期との隔世の推定根拠になる可能性があるであろう。

今ひとつの切り口の可能性は、纖維表面の観察による可能性である。右には、角筆書入の圧力による纖維間の構造変化に着目したが、筆である角筆と直接に接触する和紙纖維の変化についてである。角筆書入部分は、筆である角筆と和紙纖維が接触する際、角筆は位置を変えつつ移動するが、その際に接触した和紙纖維の纖維表面に、摩擦痕が残る可能性があることである。つまり、この摩擦痕が生じれば、和紙纖維の纖維表面の被覆面の物質がはぎ取られる、または、線状痕が残っても不思議ではない。この場合も、纖維表面の摩擦痕と他の纖維表面には、露出した部分の隔世が生じる訳であるから、先のリグニン等の経年変化が観察される可能性が存する。この視点においても、和紙の製紙工程にリグニンの除去工程が有る点と、確りとした纖維の長い靭皮纖維を使用して製紙したもので、人力によるものではあるが、纖維の叩解工程があるもので、角筆による加圧によって、纖維表面に摩擦痕が出来たり、纖維の破断、屈曲による被覆面の破砕のようなものが実際に生じるものであるのか、実証的観察が、今後不可欠となる。ただ、和紙の質にも拠るが、角筆痕に光沢を帯びる場合があるから、可能性としては存在しよう。しかし、この視点で繊維表面の拡大分析がされた実績を寡聞にして知らない。ここに、繊維表面の拡大観察、例えば、原子間力プローブ顕微鏡などのレベルでの今後の必要性を強調しておきたい。

このリグニンを視点にした経年変化の差は、酸化反応であるから保存状況に大きく左右される化学変化ではあるが、非常に新しい角筆書入の判定にはその有効性が期待できそうである。ただし、年代を遡るほどに、保存条件による化学変化の進度の差は大きくなるであろう。

右に触れたことと重複するが、可能性の最初の実験的実証的研究は、角筆書入部の和紙繊維の観察である。繊維表面を観察するためには、高倍率での観察が必要である。稿者は、かかる実証的実験を果たしてはいない。ただし、ここにも制約があり、比較的安価となって、メンテナンスも簡単に改良されてきた電子顕微鏡などの利用は、文献文化財に対する研究者の良心の問題として、現状では使用は不可能である。即ち、ここにも非破壊実験の制約があって、ある文献文化財から試料を切り出して、面積の限られた真空ステージ上での観察は出来ない。共焦点レーザー顕微鏡やレーザー走査顕微鏡などのレーザー光源は、和紙に対する熱によるダメージが予測されるので、これも利用はできない。

文献文化財をそのままの形状で、即ち、粘葉装本や袋綴装本であれば、その製本を解かぬままの大きさのステージ、または、観察条件が必須となる。光学顕微鏡系では、前にも触れたデジタルマイクロスコープである。この開発進歩は飛躍的で、３Ｄ画像の取得もであるが、五〇〇〇倍ほどの倍率の観察が可能で、除振台のステージ面積も比較的確保される。また、ステージ自体を使用しない観察も出来る。光学系顕微鏡以外の候補は、プローブ顕微鏡（ＡＦＭ）で、これも文献文化財試料を非破壊での観察が可能である。

五、現存の角筆文献の資料的価値の選別

本節の最初に、角筆文献の文献文化財言語の研究の将来性について触れた。稿者は、角筆文献は実存するもので、一研究者の良心としてこの実在を否定するとか、無視するとかの態度を採ることはできない。存在する文献文化財試料である以上、また、現在まで日本語史の資料としての研究利用が成されてきている事実があるのであるから、これを、例えば稿者の場合は、文献文化財による日本語史—言語生活史、文化史の射程のなかに組み込むべきであると考えている。ただし、右に説いたように、現在の理化学的研究では越えがたい壁があることも認識すべきであるが、これを越えなければ、立論の基盤は、極めて脆弱なものになることは、ここに改めて注意を促しておきたい。

角筆文献の史料としての評価に、共時的に角筆文献群が、他の資料群とは別に、特立存在する希有な資料群であるとの評価があるのは事実である。かかる評価が正当であるのか否かは人文科学における研究射程内の問題で、理化学的解析の問題に次いで大きな問題であり、角筆文献に対する研究者個々人の価値判断に関する問題であろう。

稿者は、第一には、角筆文献を文字文献の一部、言語生活史を形作る一つの言語生活のパーツであると評価すべきであろうと考える。例えば、現在の小林博士は、時代的に降った特に江戸時代以降のものの研究価値の評価には否定的であるように理解しているが、方言事象が現れることを指摘される。しかし、他資料との相対化が成されていない。江戸時代以前にも、殆どの場合、漢文の訓点としてあらわれる書入であるから、漢文訓読語の総体の中で捉え直すべきで、独り、角筆文献だけに特化する必然的論理には、立脚点がないように思われる。稿者は、角筆資料の評価は、第三章に述べた如く、角筆資料の一部が「狼藉本」たる振る舞いによって書かれたものであると位置づけたい。角筆

文献の中には、「証本」たる日本語史資料もあれば、「狼藉本」たる資料もあると見るべきであろうと考えている。

即ち、言語史料としての注目すべきは、角筆文献の全てではないが、他の文字資料と重なる存在の資料群的意味以外に、他の文献には多くを求められない共時態の資料が、角筆文献として残存している可能性を考えている。例えば、童蒙の学習資料への残存の期待である。広島県三次市立図書館には、纏まった数の往来物のコレクションが所蔵されるが、表紙、表紙見返し、料紙末尾の空白、裏表紙見返し、裏表紙などに夥しい墨書の落書があって、人名などの書き入れられた明らかに童蒙の学習用に、然るべき学習の場で成立したであろう墨書資料に交じって、角筆文献も見いだされる。破棄されそうな墨での汚損の激しい資料が伝えられているのも「狼藉本」の歴史として貴重であるかもしれないが、こうした童蒙の言語生活の如何なる部分―例えば、自学自習の場で角筆が役割を果したのかといった課題を設定してみると、総体としての童蒙の言語生活の実態が記述できるかも知れない。童蒙に限らず、また、時代を遡っての言語生活のありし姿が、具体的に記述できるかも知れない。ただし、垂直的思考によって、研究者自己の足下を反省すれば、ここにも角筆書入の時代推定の課題は大きく横たわっているし、また、角筆使用者―記主の特定に重大な実証的困難が存在するであろう。

第二には、研究資料としての角筆文献を選別すべきことである。本書に示したところであるが、(7) 訓点資料も平安時代だけに限っても相当な遺存点数がある。しかし、資料の質の善し悪しは、築島裕博士の『訓点語彙集成』(汲古書院)をもって、新進の研究者の研究の出発点としての資料選定に目安をつけることが可能となった。角筆文献についても『角筆文献目録』が編纂されて諸種の情報が盛り込まれているが、(8) 江戸時代については角筆書入そのものの推定年代と資料の価値評価の項目はない。右には、角筆文献の研究価値の可能性として言語生活史の素描の資料となろうと記したが、一方で、江戸時代の版本類は、現在でも比較的価格も安く日常的に求めることができるものである。その故に伝来が不透明であって、近代以降に勉学に供された例は枚挙に遑のない程であろう。広島大学角筆資料研究室所蔵の角筆文献は、最初の出所の明確なるものもあるが、角筆資料研究室までの経路が未詳で、多くは古本商から、あるいは、古本商で求めた上での個人の寄贈が殆どを占め、角筆書入の素性、質、年代は不明であるし、何より稿者の研究者としての潜在的不安・憂鬱の対象である。その意味では、やはり一度閲覧と言う行為に及べば潜在的不安・憂鬱が生じるが、来歴の明確なものが先ずは候補となろう。古い時代では、諸寺院伝来の古聖教類や書陵部などの管理の行き届いた典籍類、江戸時代では、藩校の資料が多数を占めるようであるが、藩校の書籍を纏めて一括伝承所蔵する図書館などの資料が候補となろうか。小林博士は、三〇〇〇点以上の角筆文献の存在の量を誇られるが、こうした水平的拡張発想の量的な問題ではなく、まず奥書がない以上はむしろ、一点一点の質と、信頼性が問題である。

かかる状況において、更に研究資料の選別を如何に行うかであるが、一般論として、角筆文献に限らず、まず特定の一資料について、言語の記述研究ができるほどの書入情報の量が必要であろう。これは、実際の閲覧に拠る資料としての価値付けによる選別しか今は方法がない。

角筆文献には、角筆書入に対する角筆の奥書が存在しないのが普通であるから、資料の成立に関する情報、即ち、墨書等の奥書があることが望ましい。更に、角筆書入以外の墨書や朱書の訓点があって、角筆書入に重なる確例のある資料が望ましい。理化学的解析の有効性が理論的に語れない現在においては、角筆書入の年代推定の拠り所としては、角筆書入の後に、墨書や朱書の書入のある資料を選抜すべきである。墨書、朱書等が奥書に対応する場合もあるし、本節に説いた如く、墨書や朱書の纖維に物質が付着することで文字を表記する場合は、科学的年代測定の可能性が高いと判断されるからである。この角筆書入と墨書や朱書との重なりについては、以前から気付かれて論考も公にされてきた(9)ところであって、この重なり具合の前後関係は、光学機器によって分析が容易である。

但し、この墨書や朱書との重なりも、厳密に考えれば、重なりのない角筆書入文字等全体にまで一般化して良いかと言えば、論理学に言う「早まった一般化」と言われる、あるいは、「偏りのある標本」と言われる非形式的な重大な論理的誤謬に容易に陥りかねない。かかる視点からのみでは、研究者の潜在的不安・憂鬱の解消にはなり得ない。

稿者は、右の重なり具合の状況による年代推定の有り様は単独では、研究者の潜在的不安は解消されないことを前提として、同一書の他の訓点（附刻訓点や朱墨等の訓点）との相関的関係を体系的に把握すべきことを主張したことがある。特定資料の角筆訓点記入の原理・法則を帰納することによって、角筆書入の均一性を考えてみることが出来るという文章を公にしたことがあるが[10]、人文学的方法によっての傍証の、一つの可能性を示したに過ぎないと感じている。この前提には、墨などと書入が重なる角筆書入と重なりの認められない角筆書入の均質性の保証はどこにもないし、墨書、朱書においては、数種の異筆書入のある資料は極々普通のもので、独り角筆文献においては、大きな問題として取り上げられ論じられた例を知らない。つまり、角筆書入が、一資料に一筆のみであるとする積極的な根拠はどこを探してもないし、もし、万一、角筆資料には常に一筆で、角筆の異筆が存在しないというのが実態ならば、人文科学の分析においてその常に一筆であるという言語生活史・文化史上の意味を問うて、論理的な理由を付与する必要がある。また、憶測を広げれば、現在の角筆資料研究においては、一筆であるか、異筆があるのかさえ、解析されないと言うことであろうか。

実は、角筆書入の同筆、異筆の判定には、理化学的方法での可能性がある。先に示したデジタルマイクロスコープの機能には、数値を示しての計測機能がある[11]。直談では、小林博士は、奈良時代と推定される書入、新羅語の書入、醍醐寺の記号・符号を中心とした書入の分析には、無用であるとの懐疑的、否定的発言しかないが、博士が意味がないとされる広島大学角筆資料室所蔵の集書の一部である江戸時代の角筆書入の実例に従えば、デジタルマイクロスコープでは計測が可能である。この計測の意味は、まさに、客観化にある。マイクロメートル単位での凹凸を、視角と数値によって万人に示すことができる。かかる数値や、視角によって示せない読解は、調査者の内部の認識結果を、調査者のメモ等に拠ってしか第三者は認識できないのであって、存在自体、また、同筆か異筆かと言った、研究者の経験則による職人芸的認定を、研究者自己の権威を誇示することによって他人に、自己の観念でしかない認識を強要すること以外の何ものでもない。もはや、実証性を指向したものではあり得ないし、科学でさえもあり得ない。また、そうした権威主義者の主張を受け入れる体質の学界も、人文科学を指向している、あるいは、最低限の価値判断として指向せねばならない世界とは認められないのが研究者としての判断であろうと思う。

おわりに

角筆文献の日本語史資料—言語史資料としての研究利用があることは、既に小林芳規博士によって示されて、世界的規模で拡張してきた。

本節で考えて見なければならないとしているのは、謂わば、文献文化財としての、例えば、研究資料評価の根幹・根底に関わる、研究者の立脚点、足下の脆弱さの問題である。稿者は、この問題を些細な問題で、取るに足らない問題であるという評価を受けたことがある。しかし、この足下の問題は、研究たるものの信頼性に関して、実に初歩的なしかも、最も重大な問題ではないかと認識している。

以上の権威主義的な強要でしか説明の出来ない非科学的問題に横たわる、例えば、稿者自身の科学的説明不可能状態、あるいは、平成の書入の張本人ではないと理化学的根拠を以て反論できない心理を〝研究者の潜在的不安・憂鬱〟と表現した。遠い将来であろうが朱墨等の実証的実験での解明が大いに期待される一方で、他筆との重なりのない角筆書入のみの年代推定の理化学的解明は、どこから手を付ければ良いのであろうか。それは角筆の書入によって、和紙に一体何が起こっているのか、文字記入の物理的変化の記述から始めねばならない状況である。ただ、一国立法人大学のしかも、文学研究科にあって、和紙に何が起こっているかの理化学的解析の緊急の要請には、設備面においても、また、人材においても、あるいは、稿者のごとき、人文科学に携わるものの発言の対外的な信頼性にしても、危機的状況にあると自覚せざるを得ない。

かかる状況にあって、稿者の立場から今後可能かも知れないのは、「思考実験」と人文学―人間学―的視点からの方法論と思索とによって、角筆書入の理化学的分析の背後を支える年代判定に関わる新たな視角を次々と設定しつつ、多角的な追求が積み重ねられることが要請されよう。が、今はただ、研究者としての漠然とした孤立感のみ存するだけである。

本節の多くは、理化学的解明の理論的記述に終始した。理化学的研究の進展の必要性を、この十年たらず折々に思索した結果を、一区切りとして概説的に述べた文章である。角筆文献に付きまとう研究者の潜在的不安と憂鬱と言う重大な問題には、絶対的に必要不可欠な理化学的解析研究と同等に、人文科学の方法からの複数の視角を模索する必要があるが、ことは、言語史の問題よりもずっと本質的な、資料そのものの信頼性の問題であって、これの見通しを急務とせねば、言語史の問題としてなにを描こうが、潜在的不安と憂鬱の解消にはならないことを主張して、多くを今後の課題として残さざるを得ない。

注

（1）走査には、過年キーエンス社の関勝也氏の手を煩わせた。デジタルマイクロスコープの概要は、以下のサイトに存する。http://www.keyence.co.jp/microscope/（平成二十八年五月）
（2）テラヘルツ波による筆跡痕の解析の試みが著名である。
（3）小林芳規『角筆文献研究導論上巻　東アジア篇』（平成十六年七月、汲古書院）。
（4）小林芳規「東アジアの角筆文献―その交流の軌跡を辿る―」（『和漢比較文学』第三十八号、平成十九年二月）。総本山醍醐寺編『醍醐寺蔵宋版一切経目録』全六冊（平成二十七年三月、汲古書院）。
（5）第六章第一節。
（6）吉沢康和、藤田恵子、小田寛貴、中村俊夫、小林芳規「角筆および和紙の加速器質量分析法によるC14年代測定」（『考古学と自然科学』34、平成八年）。
（7）第三章第三節。
（8）『角筆文献目録』には、文献名・点数・所蔵先・角筆書入の文字記号種・発見年月・発見者他の情報記事がある。発見者の情報は、当初は顕彰のためであると信じるが、皮肉にも本稿に示した如く、発見者自身の潜在的不安を煽る結果となっている。
（9）小林芳規『漢研』（昭和四十二年三月初版、東京大学出版会）の第二刷（昭和五十五年九月）の補説において、神田本白氏文集の角筆書入と墨書と前後関係に触れられ、角筆書入の時代を推定されている。
同「角筆点に基く神田本白氏文集の訓点の考察」（『神田本神田本白氏文集の研究』、昭和五十七年二月、勉誠社）には、墨点との重なり具合を基に詳述されている。同『角筆文献の国語学的研究　研究篇』（昭和六十二年六月、汲古書院）第三章第二節においても、詳述される。かかる条件に恵まれた資料がどれほど存するかは、今後の大きな課題であろう。また、山本真吾氏は「伊勢所在の角筆文献と尾張所在の角筆文献」（平成九年度〜十一年度科学研究費補助金『西日本各地を対象とする角筆文献発掘調査と角筆文字解読用機器の開発研究』基盤研究（B）（1）報告書、平成十二年三月）においても、右の小林博士の発想、方法を援用して、江戸時代の版本の刊記と識語の年代によって、書入年代の幅が設定できると説く。ただし、特に江戸時代の資料の場合、特に、墨書の重ならない角筆書入まで類推が及ぶかどうかが問題で、論理学で言う、論理的誤謬の可能性、即ち、墨筆と重なった例を以て、全ての角筆が同筆であると判ずるような「推論の危険」を実証的に回避する必要があるように判断する。この他に、刊記も刷り上がりの時期を、必ずしも保証するものではないことにも注意せねばならない。

(10) 拙稿「角筆文字の読解―附刻等の訓点と対照して―」(平成九年度～十一年度科学研究費補助金『西日本各地を対象とする角筆文献発掘調査と角筆文字解読用機器の開発研究』基盤研究(B)(1)報告書、平成十二年三月・代表小林芳規)においては、朱書などとの前後関係にも触れたが、本稿の一部に論じている、角筆書入を他の附刻訓点や朱書書入などとの相関において論ずべき事を主張した。稿者には、そもそも一資料中に、複数の角筆書入が存しても、それを自己の視覚的認知・認識によって峻別する自信がない。朱書や墨書の場合は、濃淡・色合いや字体・字形、筆画の細太を視覚的にも、また数値に置き換えても同筆の立証が可能であるように判断するが、角筆書入には、その方法さえも研究が十分ではない。よって、人文学的手法によって、角筆全体の統一性が保証されれば、全体が同筆であることの傍証となると考えての成稿である。残念ながら、月本雅幸氏の論評以外の反応が無く、文才無く理解を十分には得ていないと反省している。

(11) 角筆痕の深度や傾斜角、斜長などをマイクロメートル単位で計測可能であるが、文字、符号である角筆痕は、例えば、一仮名が、直線・曲線による組み合わせであって、実際の計測方法・計測点をどう設定して統合化するのか、統計学的処理についても、一筆の場合が正規分布で、二筆以上の場合、ピークが複数になるのか、分布が偏って現れるのかなど、実際の試行錯誤を経ねばならない。計測法の開発とともにデータをどう読み取るのかの問題は、後に託さざるをえないが、残念ながら、現在、計測機器等、理化学的機器を日常的に駆使できる環境にはない。

第三節　喜多院御室守覚法親王の口頭語資料

はじめに

野決鈔十二巻は、喜多院御室守覚〈久安六年（一一五〇）～建仁二年（一二〇二）〉による類集の書である。守覚が、諸尊法に関する不審の条々を勝賢に提し、その返答として、勝賢が口伝等を委細に記して守覚に献じたものともされる(1)。京都小野随心院には、その経蔵に、第五十七函第1号から第6号として、「野決（集）」（外題）六巻を蔵する。書誌等は、次項の通りであるが、内容的には、作法書たる諸尊法の本体が本文としては見えず、不審の条々とその不審に対する回答たる文章の構成になっているものが五巻と諸尊法たる「北斗」一巻である(2)。

本資料の特徴として注目すべきは、野決五巻の本文の仕立てられ方である。五巻の表記体は、整然と書き分けられているわけではなく、漢文主体の部分に、片仮名右寄せ小書きの例が極めて纔に交じるものもあれば、平仮名と片仮名と万葉仮名とが共に使用されている部分、あるいは、片仮名や平仮名も、小書きのものと、大字のものとが存する文など、内実は交雑して区々で、範疇としての表記体の区分が極めて難しい。漢字、片仮名、平仮名、万葉仮名が渾然として現れている資料体で、後に問題とするが、こうした資料が、鎌倉時代に作られ、伝えられたのも事実であってみれば、かかる資料には、平安時代とは異なった日本語の問題が存するように考えられる。この随心院蔵野決鈔を中心に取り上げて、鎌倉時代の言語資料について論じてみようとするのが本節の目的である。

一、随心院蔵野決鈔について

本節の主たる検討対象資料とする随心院蔵の「野決」は、巻子本で、残存六巻を包紙にて纏められたものである。料紙表面には、墨界（六巻ともに、天二条、地一条の界線が施され、類同的である）が施されて本文が書かれ、紙背には、注記の書入が存する。この六巻とは、野決の巻第一・三・四・五・七の五巻と、第6号の「北斗」に始まる巻とである。この第6号は他の五巻とは様相を異にし、内容は、諸尊法たる北斗法そのものである。表記体も、漢文であって、箇所によってはその漢文に纔に仮名点が存するが、明らかに、他の五巻とは異なった表記の体裁、内容をもっていると認められる。この第6号は、外題には「野決」とあるものである。他五巻の表紙外題にも「野決（集）」とあって、六巻は、一具の資料の一部として扱われてきたのであろうと推測される。

この六巻の資料を一括した包紙には、新しい筆で「野決集守覺／暦應二年（一三三九）寫本／貴重本」と記されている。各巻には、奥書が存して、伝来が知れる。野決鈔巻第一・三・四・五・七の巻は、正安三年（一三〇一）～翌同四年に掛けて、醍醐寺の松橋殿（俊誉の謂いであろうか）自筆本を元に、最珠が書写し、その本を、徳治二年（一三〇七）に興善寺において慶円が写したものを、更に、正和四年（一三一五）に、同じく興善寺において定泉が書写して、暦応元年（一三三八）・二年に、西大寺において実如が写したものが伝わっていることになる。「北斗」に始まる第6号には、本巻の伝承の経緯が、他の五巻より詳しく記されている。この「北斗」の奥書は、古くは、憲深に遡り、正嘉二年（一二五八）に、醍醐寺報恩院にて「俊ー（譽カ）」が書写し、伝授を受け（師は憲深であろう）、正安元年（一二九九）に醍醐寺松橋殿の自筆本を、右の巻々にも現れている最珠が写し、徳治二年（一三〇七）慶円が書写して、延慶三年（一三一〇）には、定泉が書写している。先の野決鈔の奥書には現れないが、文保元年（一三一七）には、英心が書写した本を底本として、暦応三年（一三四〇）に実如が書写したものである。この「北斗」奥書は、野決鈔五巻の奥書と比べると、書写者あるいは、受者が同一であっても、年代的に少々のずれがある。各巻の奥書からは、野決鈔の書写の纏まりの期間から、少し離れた時期に、多くは先行して、或は、実如の場合は、少し遅れて書写されていることになろう。つまり、野決鈔の五巻と、「北斗」の一巻とは、別々の纏まりで仕立てられ、伝受があったと見て良いのではないであろうか。即ち、端的に言えば、別書の可能性が高いと言うことである。ただし、この六巻は、別書であるとしても、一連のものと考えられていた可能性があって、現存の随心院蔵野決五巻と諸尊法の一部たる「北斗」は、体裁上、通う所があって、界線の施し方の類同性は、先に触れたが、その他に、端裏の記載にも通ずる所がある。

（野決巻第一）「一交了白表無外題」・（野決巻第三）「白表之外題ナシ一交了」・（野決巻第四）〈端書不見〉・（野決巻第五）「外題□□白表紙□」・（野決巻第七）「一交了白表紙無外題」

右の野決の端裏書は、同筆である。この端書は、暦應元・二年から、極端に降って書き入れられたものでは無いように見受けられる。「北斗」にも、端裏に、

（「北斗」）「交了」

右と同筆の書入が認められる。これらを考え合わせれば、一連のものと位置づけられ伝えられた可能性は大いに高いと認められる。即ち、鎌倉時代の醍醐寺に発した真言宗小野流の伝授の具体的様態、尊法の伝承のあり方の一面が伺えるものと判ぜられる。時間的に前後はするが、恐らく類聚された諸尊法をもとに、修法の伝授が行われ、各尊法に

関わる口伝・口決の類の伝授が、組織的になされたのであろうことが仄見える。

右の奥書を辿る限り、十四世紀前半（鎌倉後期から南北朝期にかけて）における小野流での伝授の様態が伺える。即ち、諸尊法である「北斗」の伝授と、尊法に関する守覚の「問」と勝賢の「答」との類聚である野決鈔とは、連動するものとして扱われていたらしいことは、両書の性格からすれば、当然で、不思議ではない組み合わせであろうが、右の奥書から、実証的に帰納整理され、有る程度の体系的な伝授が行われていたことが分かる。本資料によって、野決鈔や「北斗」が作られた守覚法親王の時代から、以降、小野流において、脈々と野決鈔や「北斗」を使用した伝授が行われていたことが跡づけられる。

約百年の流伝の間に、言語資料としての質が変わったのかどうなのかなどの課題が存するが、その問題とは別に、随心院蔵「野決」六巻が、言語資料として評価されるのは、小野流の実際の伝授に使用され伝えられたものであるということに重要性がある。野決鈔や、また、「北斗」が、実際の伝授に使用され脈々と伝えられたということは、それだけ言語として表現される機会があったということであって、宗教的にも、日本語史料としても、後世への影響が少なくは無かったということであろう。端折って、粗っぽく言えば、言語表現の場での使用が多かったと言うことは、真言宗小野流の言語変化に参与する機会の多かった資料の一代表であると評価できる資料である。

二、仁和寺蔵野決鈔について—成立当時の野決鈔の姿—

御室仁和寺の御経蔵には、第一一八函第一二号として、心蓮院本の野決鈔十二帖（完本）を納める。この野決鈔には、巻第十二の末尾に、「守覚の記」を引用して、

1、御本記云／

全部十二ケ巻皆予書不審／賜醍醐勝賢僧正々々委被注付／併爲彼自筆自元所知強雖不及其蒙爲／聞僧正説今更發疑所相尋也／文體甚以見苦一切（右傍補入）［不可］披露若有問輩／以詞可答背此命之門弟本尊／大師速加冥罰而已／

沙門守覺

とあって、野決鈔の成立事情を伝えている。この仁和寺蔵野決鈔には、各巻に、

（第二奥書）「文永十二年（一二七五）正月九日／授頼助法印早　沙門法―」（貼紙）

本云／正和元年（一三一二）五月一日於（墨書抹消）［　］／書寫了　卽交合了／金剛佛（擦消）［　］（以上本奥書）

元亨元年三月廿八日（墨書抹消）［　］／（墨書抹消）［□］書寫了　（墨書抹消）［　］

などの如くの奥書が存する。十二帖の全ての巻の末尾に、延慶元年または正和元年・二年の本奥書と、元亨元年の書写奥書が存している。第十二の末尾には、先の守覚の記と正和二年書写本奥書・元亨元年書写奥書との間に、

本ハ巻物十二巻也今私草子ニ用云々

の一行がある。仁和寺本の現装は、粘葉装であるが、元来は巻子本であった事情を物語る。随心院蔵野決鈔と比較すると、本来、巻物の紙背にあったであろう注記を、粘葉装本の本行に移して書かれた部分が指摘できる。例えば、仁和寺蔵野決鈔巻第一の末尾部分を例に採ると、本文には、

2、用金剛サタ讃事佛眼ハ卽金剛／サタ之所反故也讃ハ常讃也

裏書云

瑜祇經金剛吉祥大成就品金《金剛サタ也》剛／手反佛眼トアリ金剛サタノ入《タマフ》佛／眼ノ三摩地ナリ

とあるが、随心院蔵本は、巻子本で、巻第一には、

3、用金剛薩埵讃事佛《ハ》眼卽金剛薩埵／之所反故也讃ハ常讃也

（紙背）「瑜祇經金剛吉祥大成就品金《ニ金剛サタ也》　剛手反佛眼トアリ金／剛薩埵ノ入《タマフ》　佛眼ノ三摩地ナリ」

とあって、随心院蔵本の如く、本来、紙背に書入られていた注記を、仁和寺蔵本系本文が粘葉装に改めた際に、「裏書云」と注して、本文中に引いたものと判断される。この事実から随心院蔵本が、古態を伝えているものと考えられる。また、随心院蔵巻第一を例に採ると、守覚の「問」の表記に、

4、一散念誦ノ大日眞言胎《ハ》藏歟金剛歟／兩界共可滿歟

正念誦にも大法ニ就ニハ先誦大日眞言次／誦本尊咒而其大日モ兩界之間可滿何／眞言乎又御流なとにハ大法付ク時も／正念には本尊眞言許にて無滿大日眞／言歟如何（随心院蔵本）

の如く、片仮名・平仮名交り文の表記法をとるものが多いが、仁和寺蔵本では、同文箇所を、

5、一散念誦大日眞言《ノ》台《ハ》藏歟金剛歟／兩界共可滿歟正念誦ニモ大法ニ就ニハ／先誦大日眞言次誦本尊咒而／其大日モ兩界之間可滿何眞言／哉又御流ナトニハ大法ニ付ク時モ正念／誦ニハ本尊眞言許ニテ無滿大日／眞言歟如何

（仁和寺蔵本）

と表記して、片仮名交り文とする。本行大字にも随心院蔵本において平仮名表記個所を、仁和寺蔵本では片仮名としている例がある。また、

6、大咒裏尓注之功能尤甚深也（随心院蔵巻第一）

7、大咒裏ニ注之功能尤甚深也（仁和寺蔵巻第一）

の如く、随心院蔵本に万葉仮名が使われる所を、仁和寺蔵本では、片仮名とした例も確認できる。

かかる現象は、仁和寺蔵本が、伝えられていた本文の体裁を、片仮名を使って改めたと考えるのが穏当であろう。

随心院蔵本と仁和寺蔵本との違いは、右のみではなく、例えば、巻第一は、随心院蔵本においては、例3に掲げた部分が、本文末尾で巻第一が終わり、その後に奥書を載せる。しかし、仁和寺蔵本では、例2に掲げたものが、巻第一の末尾ではなく、その後に、「佛眼小咒」に関する一条の問答が付加される。即ち、仁和寺蔵本には、随心院蔵本にない一条の独自の異文が存している。これらの仁和寺蔵本での独自異文も、仁和寺蔵本系における本文の増補と解すれば、先に触れた紙背の注記、仮名表記の改変に通じて、仁和寺蔵本における同様の方向性の営為として理解しやすいであろう。何時の段階での変更であるかは、種々の場合が想定できるのであって、守覚自身の改訂かも知れないし、守覚後の伝承の過程で改編が加えられたかも知れない。ただ、増補されたと思しき守覚の「問」と勝賢の「答」の組み合わせ一条であると見て矛盾がないので、守覚自身による増補であると考えるべきかも知れない。この変更時期、改変の営為の具体的実証には、多くの野決鈔の伝本を調査して結論すべきであるが、稿者には、その用意が調っていない。

以上とは逆に、随心院蔵野決鈔本文と仁和寺蔵野決鈔本文との類同性から、原態の本文の様相が推定される面がある。右には、両資料の異同から、仁和寺蔵本が、改変増補系の本文を持つものであろうとの推定に達した。仁和寺蔵本奥書には、書写の場所、関係僧侶名が、墨書にて抹消され、手掛かりに乏しいが、現蔵が仁和寺であること、また、仁和寺「心蓮院」の書き入れが表紙にあって、心蓮院に伝えられてきたことを考慮すると、真言宗も広沢流に伝承された系統の本文であると推定される。一方、随心院蔵本系の流伝は、「山城興善寺」が未勘であるが、醍醐寺に発して、西大寺に伝えられたもので、仁和寺蔵本とは、その伝承経路を大いに異にする。伝承経路を異にする両本であるが、その間には次のような共通事象が指摘される。

8、師傳云二羽竝覆《ウツフセテ》　二頭指寶形尓造《テ》二大指竝立《テ、》〈以下略〉（随心院蔵巻第一）

師傳云二羽竝覆《ウツフセテ》二頭指寶形ニ造テ二大指竝立テ〈以下略〉（仁和寺蔵巻第一）

9、而二手各《ハ》屈シテ兩／掌ノ中ヲア（上）ケ（平）テ（上）可候歟又二手直／平《シテタヒラケ》テ可相着歟（随心院蔵巻第四）

而二手各《ハ》屈シテ／兩掌ノ中ヲアケテ候ヘキ歟又二／手直シテ平《タヒラケ》テ可[×左]相着歟（仁和寺蔵巻第四）

10、繼《ツヽクル》［于］後夜事不可有之歟如何（随心院蔵巻第五）

繼《ツヽクル》［于］後夜事不[×に]可有之歟如何（仁和寺蔵巻第五）

などの例である。これらの例で、注目されるのは、訓点の加点状況である。両本に共通する巻々を比較すると、抑も、和訓の振り仮名箇所が多くはないのであるが、同文個所の状況は、仮名点の加点箇所、加点内容が一致をみせる所から、両系統の野決鈔を遡った、分岐以前の形を両者が伝えているとみて矛盾がない。両系統内での書承の内実は、比較的親本に忠実に移点されたものだったと評価できよう。

厳密に言えば、両者の表記法には、一方が振り仮名で、一方が、本行右寄せ小書きとした異同を見せる個所が指摘される。この異同の先後関係の認定には、困難を感じるが、何れにしても、本来のテニヲハを交えた日本語の表現を伝えたものであると認められようし、変体漢文と片仮名交り文の相互関係の一端を示すものと捉えることができよう。両本の装丁、本文の体裁、増補の状況より、仁和寺蔵本に比較し、原初の形態に近いのが、随心院蔵本であると結論しても矛盾はなかろう。

仁和寺蔵本は、完本であり、書写年代も、随心院蔵本に比較すれば古い写本であると認められるものではあるが、随心院本は、古態を留めながら、継続的に小野流に伝承された資料として、守覚の原態に近く、また、重要な事相資料として享受されたものであって、かかる評価から本節では、随心院蔵野決鈔五巻を取り上げて、以下に論述を加えるものとする。

三、野決鈔における「問」と「答」との文体的断続

野決鈔は、尊法に関しての守覚の「問」と、勝賢の「答」とで一条をなす。守覚の「問」は、多くは、次の如くの仮名交り文で登載される。

11、一以大日尊本尊何就十八道修之哉／専可就大法也而殊就十八道テ可／修トアルハ別ノ習などのあるにや就大法／令修之説ハ無之歟いつれにてありとも／更以不可苦然而自本所ハ習可付大／法云々而殊可付十八道ト以前注給仍／別習アルニヤト依不審所尋申也（随心院蔵巻第三）

とした表記形態を持った「問」が記される。表記位置は、基本的に、勝賢の「答」より一字下げで記される。これに対して、勝賢の「答」は、

12、付大砲被修事更不可違背候是モ一／師傳也付モ大法可修ト習候也（随心院蔵巻第三）

と記されて問答一条となる。随心院蔵野決鈔五巻の本文の体裁は、右に例示した所が典型であるが、多くの場合、問答の対応で構成された各条の「問」と「答」の表記体が異なる。「問」は、平仮名、片仮名、万葉仮名交り文で表記される場合が目立ち、「答」は、漢文に、仮名点の付された形で表記されるのが通例で、異なった表記体が採用されている。問答であるから当然と言えば当然であるが、「問」と「答」とは、別々の個人に拠るものである。その別々の個人が、概ねは、別々の表記体を選択したもので、この両者は表記体に断絶があると見る立場から出発すべきであろう。

従来の平安時代を中心とする概念的枠組み—厳密には、従来の枠組みでは、平仮名・片仮名・万葉仮名交り文の範

疇は設定されてきてはいないが—に従えば、右の二表記体は、別々の文体範疇と対応するもので、そのそれぞれの範疇が、別の個人に従属する関係となっている。この明らかな違いは、以下にも触れるように、一個人の内部でも実現される言語体系差、即ち、文体的な対立と捉えられようし、あるいは、問答が、別々の個々人に帰属するという視点を重視すれば、位相的な言語体系差とも考えられよう。野決鈔は、「問」と「答」とで整然とした対応関係を示す一書としての言語的統一体であると評価される立場がある一方で、内部には、右のように表記体の違いに支えられた文体的な対立関係が存するものであることを認める必要があろう。即ち、一書全体が渾然とした連続体であるわけではなく、文体的な分裂を内包した資料であると考える所から出発せねばならない。この分裂は、別々の個人に属するもので、その両者の外延は、きわめて明確なものである。

典型（中核的印象）から評価した、言語資料としての随心院蔵野決鈔においては、範疇としての「問」と「答」との外延は極めてはっきりしたものではある。しかし、「問」と「答」との各々の内実を観察すると、両者には、言語的性格として、重なり合う部分も存する。語彙や表現などの具体的事象の検討を、次項に譲るとして、表記上の形式についての例を掲げてみる。

13、此三種印明者本尊ノ印ト可習歟（随心院蔵巻第一）

14、一〵就十八道修此法又懸胎藏曼荼羅／於其前修之云々〵或説十八道修此法或就胎藏曼荼羅行之是別々之／説歟（随心院蔵巻第三）

15、私云内縛二中指直立合此印此定歟円満錫杖相トハ何事哉／不被心得此印頗不似錫杖歟云何（随心院蔵本巻第四）

などは、守覚の「問」における表記実態の一部である。先に確認した通り、片仮名・平仮名交り文で表れるのが大方ではあるが、右のように漢字ばかりの漢文の形態を採るものが認められる。即ち、守覚の「問」の文体は、変体漢文の表記体にも拡がっているのが実態である。

一方、専ら漢文的表記が典型であると説いた勝賢の「答」にも、

16、若御修法時ハ大阿闍梨密ニ可誦候歟／又讃ノ文言如常不可有別様候（随心院蔵巻第一）

17、伴ノ讃ニテ候也（随心院蔵巻第四）

の如き、片仮名（万葉仮名）交り文の表記法を見せる部分がある。巻第七には、

18、芙蓉合掌ニテ可候也本文ニモサコソ候ヘ／虚心合掌トハ僻事ヲ申候けるにハ芙／蓉合掌ニテ可候也早可被直候（随心院蔵巻第七）

とある例などは、片仮名、平仮名交り文そのものである。

今は、表記法の面からだけの確認に留まるが、言語的には、守覚の「問」と勝賢の「答」との両集合に、重なり合う部分が存することになり、事象を共有する側面があると認めねばならない。即ち、両者は、一種の連続体とも捉えることができるのであって、かかる視点からは、「問」と「答」とを通底する言語基調(3)のようなものを想定する事ができよう。

四、「問」と「答」の日本語

本項には、随心院蔵野決鈔五巻を対象に、「問答」に表出した言語の内実を記述してみたい。ただ、本項は、方法論的な試論を目指したもので、各語誌の詳細な記述ができない。仁和寺蔵本の事象をも掬い上げた詳述は、別に考えてみざるを得ないことをお許し戴き、今後の課題としたい。

守覚の「問」と勝賢の「答」との日本語の集合が、重なり合う要素を持ったものであることは、前項に確認した。両集合体の距離を測ることも大きな課題ではあろうが、勝賢の「答」に目を配りつつ、専ら守覚の「問」の言語に焦点を当てて記述する。主たる視点を、(1)平安時代における語性（前代において和文特有語[4]であったか否か—口頭語的性格）、(2)新出の語・表現であるか否か（語形や意味が、所謂、中世語であるか否か）の二点に設定して検討を加える。

本資料には、平安時代の漢文訓読語には稀な「こそ」係結びが存する。

19、不動ナラハ不動般若ナラハ般／若菩薩にてこそあらめ（随心院蔵巻第四・守覚問）

などで、平仮名表記「こそ」に対応して已然形で終止した例が認められる。

20、ヘ抑此十二輻輪事只如常置之／トコソ故宮ナトモ候らむ（随心院蔵巻第四・守覚問）

右は、片仮名表記「コソ」に文末の活用形が乱れた例、

21、只虚／心合掌シテ二大二小開立歟凡ハ芙蓉／合掌ニテコソナクトモ蓮花五古印也尤／可爲蓮花合掌歟（随心院蔵巻第七・守覚問）

22、又此印ハ不限観音ニ蓮花ヲハ心ト名／万物ニ令遍事ハ疏ナトニモ見ユル事ナ／レハ何ノ法ニモ可通トコソハ思給之處限／此ノ法有アル此傳如何（随心院蔵巻第七・守覚問）

右は、結びが流れた例で、守覚の「問」に「こそ」係り結びの異例が認められる。

23、芙蓉合掌ニテ可候也本文ニハサコソ候へ（随心院蔵巻第七・勝賢答）

24、尤不審々々法菩薩讃トコソ覺候へ（随心院蔵巻第七・勝賢答）

右二例は、勝賢の「答」に確認される片仮名表記の「コソ」係り結びの例であるが、勝賢の「答」には呼応の乱れの例が確認されない。また、文中の「や＋は」は係り結びが存する。

25、二種　和合シタル／尊ハさることやハある（随心院蔵巻第四・守覚問）

これも平安時代の漢文訓読語には、希少な語法と言われる。

助詞「や」の文末用法で、次の例がある。

26、〽是／四智讃ハ本尊ノ讃ヨリさきにあるへきにや（随心院蔵巻第一・守覚問）

27、是ハ句義のあたりたれハ眞言の始終竝ニ／佛眼とはいふにや　又此二句を佛眼の眞言／習へきにや（随心院蔵巻第一・守覚問）

28、光明眞言ノ法ヲ可行にや（随心院蔵巻第三・守覚問）

29、〽此輪ハ殊ニ大ニ作ナトスヘキニヤ又只羯磨／ナトニ常ニ具タル輪程にてあるへきにや（随心院蔵巻第四・守覚問）

など、平仮名表記での出現と共に、片仮名表記も認められる。

30、而殊可付十八道ト以前注給仍／別ノ習ノアルニヤト依不審所尋申也（随心院蔵巻第三・守覚問）

31、此事面謁之時可／申之處忘却見私注タル物テ／後相違シタルニヤトテ令尋申也（随心院蔵巻第五・守覚問）

本資料が、問答であるから、疑問表現を担う文末表現「に＋や」の多出は当然と言えようが、この語法は、平安時代漢文訓読語には、珍しいとされる。

守覚の「問」に認められる語詞には、平仮名表記の副詞「やがて」が存する。片仮名表記の例も認められるが、

32、又此印明ヲやかて本尊の／印眞言ト可習歟（随心院蔵巻第一・守覚問）

33、〽又此種子ハヤカテ成五佛ト可觀歟然ハ／三形ハ不可有之歟只種子ノヤカテ可／成五佛歟（随心院蔵巻第七・守覚問）

など、平安時代の和文語と言われるもので、漢文訓読語では「スナハチ」であるとされる。副詞「いかさまにも」の平仮名書きの例があって、

34、道場観許ハ胎蔵ヲ可用歟いかさま／にも全文可書給（随心院蔵巻第三・守覚問）

と現れている。「何はともあれ、何としても」の意では鎌倉時代以降の語と認識されてきた。[5] 平仮名表記される副詞「わざと」の例は、

35、雖及不審未尋／事ナレハ爲注置わさと令尋也（随心院蔵巻第四・守覚問）

36、仍わさと問申者也可注給也（随心院蔵巻第四・守覚問割書）

と出現する。平安時代和文系の語であろう。

同じく守覚の「問」中に、平仮名表記で名詞「ゆはれ（謂）」が認められる。

37、依／件儀テ只ノ葉衣ノ法にも孔雀明王ノ咒ヲ滿候也／打任テハ此義ゆはれなけれとも物ハさる事ノアル歟（随心院蔵巻第七・紙背）

右の語形もであるが、「いはれ」の語形でも、本資料の例が、初出であると認められる。

代名詞では、「どれ」、「どれどれ」が出現する。「どれ」は、巻第四に平仮名表記で現れ、

38、或八流或二十四流兩説／之内常可用何説哉御流ハとれを／専被用哉（随心院蔵巻第四・守覚問）

「どれどれ」は、片仮名表記で、

39、〽又本尊ノ眞ハ言トレ〱ヲ散念誦ニハ／可用哉（随心院蔵巻第七・守覚問）

40、一散念誦ニ本尊眞言二種云々ト（上濁）レ（上）〱ヲ／可滿哉（随心院蔵巻第七・守覚問）

と現れる。例40は、声点の加点例で、語頭の「と」には、上声濁点の差声が存する。連体詞「さる」も認められて、

以下の用例が出現する。

41、二種　和合シタル／尊ハさることやハある（随心院蔵巻第四・守覚問）

42、雖爲／失礼被書説々將又猶先跡さ／ることもあるにや（随心院蔵巻第五・守覚問）

この「さる」は、勝覚の「答」にも現れており、

43、又梵篋印／ハ別事也更不可混合候但粗（ママ）先達之／中にさる傳も候歟（随心院蔵巻第四・勝賢答）

の用例を確認できる。この語も、和文系の語と認められる。

44、令行之定ニ印言皆書載テ／委クシタヽメタル次第尤大切委可／注文（随心院蔵巻第五・守覚問）

右は、大字片仮名書きの動詞「したたむ（認）」の用例である。用例中に、「皆書載テ」とあるので、「書き記す」意で用いられた動詞である。この動詞自体の用例は、宇津保物語より知られるが、右の意味での用例は、平安後半期から鎌倉時代に掛けては讃岐典侍日記に指摘されるに過ぎない。(6)

平安時代、和文語資料には普通に見かけられた助動詞、

45、故僧都ナトいかゝ候けむ（随心院蔵巻第四・守覚問）

46、此輪ヲ置クハ若有由緒又観ナトスル／事や候らむ（随心院蔵巻第四・守覚問）

47、若記置たる物なとや候らむ（随心院蔵巻第五・守覚問）

48、必定此ノ定ニ可用歟候ら／むにとりても乍ニ左右ノ手ニ可作蓮／花拳歟如何（随心院蔵巻第七・守覚問）

平安時代の漢文訓読語には用法が少ないとされる、推量の助動詞「けむ」「らむ」が使われている。

助詞については、

49、又御流なとにハ大法ニ付ク時も／正念にハ本尊眞言許にて無滿大日眞／言歟如何（随心院蔵巻第一・守覚問）

50、いつれにてありとも／更以不可吉（随心院蔵巻第三・守覚問）

右の「にて」も和文語系であるとされるもので、更に、

51、此事面謁之時可／申之處忘却見私注タル物テ／後相違シタルニヤトテ令尋申也（随心院蔵巻第五・守覚問）

中世語法とされる格助詞「で」と疑わしき例が存する。

副助詞「そら」は、平安時代末に多出すると説かれる語で、この語の平仮名表記例が拾える。

52、大普賢吉祥ハ佛眼にてもありなん　それそら猶以慥佛眼不見（随心院蔵巻第一・守覚問）

終助詞「かし」は、次の如く現れる。この「かし」も、平安時代の漢文訓読語には見えない助詞であるとされる。

53、〜又以到岸菩薩爲此事之證其条又以不審／到岸菩薩和合兩身尊ナラハ其到岸／菩薩ヲ本尊トセヨカシ（随心院蔵巻第四・守覚問）

次の語は、勝賢の「答」に見える語で、使役の助動詞「さす」が、片仮名表記で認められる。守覚の「問」には、使役は、「令」字で表記されるか、「しむ」が現れるが、勝賢の「答」には、仮名の確例がある。この語も、平安時代の和文特有語と位置づけられるものである。

54、ソノヽチ施主ノ許ヘヤリテ／クヒニカケサス妻ノクヒナリ（随心院蔵巻第七・勝賢答）

副助詞「なんど」の語形が注目される。

55、常途道場／觀ナントニ必シモ不然歟（随心院蔵巻第七・勝賢答）

56、此讃必シモ不要候若自行ナントマテ寧修セ／ム時用不任意候ヘシ（随心院蔵巻第七・守覚問）

守覚の「問」場合は、語形としては、

57、各爲一體／寛信ナト之ヲ能々可習ト申ケリト／被示何様令習哉（随心院蔵巻第七・守覚問）

58、万物ニ令遍事ハ疏ナトニモ見ユル事ナ／レハ何ノ法ニモ可通トコソハ思給之處限／此ノ法有アル此傳如何（随心院蔵巻第七・守覚問）

「など」と表記される。「など」も「なんど」も平安時代和文特有語とされて、漢文訓読語には見えぬ語であるが、右の使役表現と共に、守覚と勝賢の個人言語としての用語差を表記し分けた可能性があろう。

以上、数事象を取り上げて記述を行ってきたが、随心院蔵野決鈔には、本資料が最古例と思しき語詞が指摘され、平安時代日常会話語に近いと位置づけられてきた和文語系の語詞が頻出し、しかも、例外はあるものの守覚は、これらを多くは平仮名で表記をしている。不統一ではあるがむしろ、守覚の野決鈔での表記法上の工夫―各種の仮名の併用、混用によらねば、言語的なニュアンスが伝わらないと守覚が判断した方法―を伺わせるものではあるまいか。

おわりに

以上、本節において、零巻ではあるが、随心院蔵野決鈔の資料的価値の高さを認めて、これを積極的に取り上げ、「問」と「答」とを視点として、野決鈔中に現れた言語事象の整理、記述を行ってきた。問答体である野決鈔の言語的な性格の背景を、どのように捉えるべきであろうか。

第二項に掲げた、用例1、仁和寺蔵野決鈔第十二末尾の記事において、守覚は、次のように述べている。

○文體甚以二見苦一、一切不レ可二披露一。若有二問輩一以レ詞可レ答。背二此命一之門弟、本尊大師、速加二冥罰一而已。（返点、句読点ハ私ニ付シタ）

例1に引用した記事の一部であるが、守覚は、「文（の）體」の甚だ整わぬことを記している。この不備は、漢文（訓点）、片仮名・平仮名交り文、時に、万葉仮名交り文が併存して、表記様態が渾然とし見苦しいことを述べていると思しい。「若有二問輩一以レ詞可レ答。」は、若し、問い質すものがあれば、「詞」、それは「文」の対立概念であろうから、口頭の言語表現によって答えるよう指示をしたものと解釈できるのではあるまいか。(7)

これまで、鎌倉時代の言語資料について、特に、片仮名交り文に焦点が当てられて、鎌倉時代語が取り沙汰されてきた向きがある。例えば、高山寺における明恵以下、高山寺教団の僧侶が関わった鎌倉時代の片仮名交り文において、中世語法が出現することについては、宗教性に裏付けられた口頭語的資料であるがために出現したものであると解された。(8)この口頭語的言語事象が出現すると見ることの理論的な背景―端的には、口頭語（的）であると認定する根拠―を支えてきたのは、資料の持つ「聞書性」や「対話性」であったように思う。それは資料成立時の状況証拠による理屈の上での論理で、当時の人々の言語感覚そのものに裏打ちされたものではなかったように思われる。厳密に問い詰めれば、全ての「聞書」が、全て当時の口頭語資料で、全ての「問答」資料が、或は、一資料中の「問」と「答」との文章が共に、口頭語資料である保証はどこにも無いし、当然、無批判に押し並べて、そのように認めるわけには行くまい。(9)

本節に取り上げた野決鈔は、守覚の記事を信ずる限り、口頭に上せることには違和感の表明はない、と言うよりむしろ、口頭語としての言語表現を指示している以上は、まさに、口頭語（的）表記表現と見てよいのではあるまいか。

本節の主たる対象である随心院蔵野決鈔は、五巻のみが伝えられたものであった。本節で推測した所に従えば、仁和寺蔵野決鈔は、仮名交り文に表れた平仮名を、片仮名に改めて表記の改変を行ったものであろうと思しいが、十二巻の完本で、資料の扱いようによっては、随心院蔵本に比較して、より多くの口頭語的事象を採取できる可能性がある資料であろうと評価される。

一般に、中世と言う時代になると日本語は言文二途に別れる、「口語」と「文語」が乖離すると説かれて久しい。また、そうしたパラダイムに拠って中世語を捉えられてきた節がある。(10)この中世の時間的内実―論の立脚の時間的な地点―が問題であると思われるが、院政期末から鎌倉時代に掛けて活躍した守覚の残した書記資料である野決鈔に付された「守覚の記」の、右の解釈が妥当だとすれば、少なくとも、野決鈔は、口頭語に極めて近く書記された言語資料であると位置づけることができよう。ただし、心に留め置く必要があるのは、この口頭語とは、当時、口に上らせて不自然でない言語と幅広く考えておくべきで、守覚の「問」、即日常会話語であったのか否かの問題には慎重であらねばならないと思われる。

「守覚の記」の発言が当時の実態に則って、厳密であったのかどうかは疑の残る所である。単純に過ぎるとは思われるが、守覚の残した記事と「問」の言語実態が対応したものであると信ずれば、今まで漠然と考えられてきたであろう中世前期、即ち鎌倉時代の口頭語は、従来の認識とは違ってかなり広い言語体系を有するもので、現存の文字資料における表記体で言えば、平仮名文から、片仮名交り文、万葉仮名交り文を含めて、変体漢文体（或は、変体漢文の訓読語）にまで至っていたと考えられそうである。ここに描いてみた鎌倉時代語のパラダイムは、稿者自らも、ある意味極論であるようにも評価する所で、今後、具体的な言語事象の検討、検証を経る必要があるのは当然のことであるが、大上段に振りかぶれば、野決鈔の表記体は、守覚による、謂わば「言文一致の文章」の試みであったと見る余地があるのではなかろうか。(11)

本節に掲げた狙いの内、小野流における伝承によっての野決鈔の鎌倉時代語への参与については、具体的な言語表現レベルでの検討が十分ではないと自覚する所である。ただ、小野流内では、鎌倉時代を通じてかなり忠実に書承されて行ったと認められる所であって、鎌倉時代の言語活動の資料として確たる位置があったことには間違いはあるまい。

本節に述べてきたことは、飽くまで試論の域を出るものではない。仁和寺蔵野決鈔の検討や、新たな伝本、諸資料の発掘、言語資料としての評価・考察、個人言語の問題等々、課題の多くを後に託す次第である。

注

(1)『仏書解説大辞典』、『密教大辞典』の記述による。両書によれば、他に、本書の成立過程には、諸説が存する。勝賢の諸尊法も、野鈔(野月本鈔)であるとも、野月鈔(野月新鈔)であるとも説かれる。本野決鈔は、秘鈔の資料としたとされる。

(2)第6号「北斗」が、本来、いかなる諸尊法の一部であるのかは、現時、未勘である。仁和寺には、守覚自筆の「野決抄」が伝わっている由、矢田勉氏より御教示を得た。

(3)本書第二章第二節。類纂的言語資料の場合、従来、言語資料内部の腑分けに関心が注がれてきたが、類纂的資料も、一言語資料として成立し、言語の統一体であると言う見方が必要である。通底する言語的な基調により資料としての同一性が保たれていると見る。現状では、実証にはほど遠いが、稿者は、この内部的な、所謂、文体差的言語体系の集合・交雑、また、一々の類纂的な複数の資料間での言語の関係が、言語変化の力となったという仮説を持っている。

(4)築島裕『平安時代の平安時代の漢文訓読語につきての研究』(昭和三十八年三月、東京大学出版会)では、平安時代の言語体系を論じられて、和文語と漢文訓読語の体系的距離を論じられ、(共に、表記言語であることを前提として)和文語の言語体系は、平安時代の日常会話語寄りのもの、漢文訓読語の体系は、文章語的な性格を持つものとされた。稿者は、寡聞にして、この把握を実証的方法で、根本的に覆した論を知らない。本節の対象とする時代は、院政期から鎌倉時代にかけての事であるが、平安時代後半期の基本的な性格が、根底的に変質したとは捉えられないと判断して、いま、かかる視点を本節に取り上げる。論文掲載の際の審査評の所見には、第四項に取り上げた事象は、和漢混淆文における和・漢の混在現象以上のものではないとの批判を得たが、稿者は、以下のように考える。「和漢混淆文」という概念的範疇は、鵺的なところがあると判断している。典型的には、数種の資料名が上がってくるのであろうが、その外側の広がりをどこまで拡げるのか、あるいは、何であるならば切り捨てるのかは、研究者の主観に寄るところが大きいように判断する。とにかく、極端に言えば、当該期の漢文訓読語資料の言語以外は、擬古的な中世王朝物語などをふくめて、大なり小なりの和漢混交現象が指摘されるのであって、「和漢混淆文」のプロトタイプ（これがそもそも鵺的だと思われるが）の言語現象の研究の問題ではなく、中世という時代の、その和漢混交現象の内実の実証的な腑分けの必要性を切実に感じる。本節は、ある意味例外的な表記体を採る一資料を使って、資料の内実を記述しようとしたもので、その立体的に描けるであろう和漢混交現象の実態の一つが「野決鈔」であると見た試論である。「和漢混淆文」の言語体系の解明は、論述のための述語自体の概念の点検や、検討対象の資料の集合体の選別などなど、恐らく、稿者個人には到底解き明かせぬ課題で、後生に託さねばならない一大課題だと考えている。後の課題とさせて戴きたい。

（5）『広島大学国語史研究会会報第二十八号』（平成十八年三月）、『同第二十九号』（平成二十年一月）に拠れば、中世王朝物語『あさぢが露』に二例、『むぐら』に五例が認められる。

（6）『日本国語大辞典　第二版』に従えば、かかる意味での初出は『讃岐典侍日記』とされる。第一版では、『日葡辞書』とされていた。

（7）随心院蔵野決鈔の内部の徴証として、以下の例が指摘される。

○繫縛ヲ離ル、義／トカヤ被示ト覺悟僻事歟カヤウノ／事ノ文ニハ不書シテ詞にて被示之様／覺悟するか慥にも不覺也（随心院蔵巻第四・守覚問）

今後の実証に委ねねばならないが、守覚は、「野決鈔」に自ら、手を加えた節がある。自ら、添削、増刊を行っていたとすれば、その改稿の際に、「文體甚以見苦」は解消される機会があったと見ることが出来る。改稿後も、かかる表記体が残ったと証明されれば、守覚が意図した表記体であるとしか考えられないこととなる。

（8）土井光祐「明恵関係聞書類における「口語」と「文語」の混在と機能」（『文学』第八巻第六号、平成十九年十一・十二月）。

（9）注（8）論文も、同様の見方をされる。

（10）金水敏「言と文の日本語史」（『文学』第八巻第六号、平成十九年十一・十二月）においては、「音声言語」と「書記言語」という概念と範疇で、日本語の歴史を捉え直そうとされている。

(11) 注(4)に同じ。注(4)文献では、平安時代も具体的な立脚点は、平安後半期のことであると理解すべきであると考えるが、それを承けた時代の守覚の「野決鈔」の口頭語的性格について、本節の理解が成り立つとすれば、鎌倉時代における漢文訓読語の有り様が、重大な問題として残ることになる。活字論文として投稿した際の査読委員の方より、貴重な所見を戴いた。本稿に取り上げた表記体は、守覚の資料、「尊法私注」「秘雑要集(守覚筆)」等にも認められる事象で、守覚の特質としてあり、「野決鈔」は、一として位置づけるべきではないか、とのご指摘である。本節が、某かの賛意を得るとすれば、今後の実証的に向かうべき方向である。守覚は、資料の現存状況にも恵まれたところがあり、守覚個人の言語体系の腑分けも無理ではないと見通している。本節の如き資料が、守覚の中にどう位置づけられるのかは、今後の大きな課題であると考えている。また、所見では、「中外抄」の指摘も得たことを書き加えておく。

第四節　日本語史解析資料としての漢文訓読語史料

はじめに

物理学者であるマーミン（N. David Mermin）の書いた著書は、

私はニューヨークメッツの大ファンだ。メッツの試合がある日は、何が何でもテレビを見なければならないと思う。なぜって？　私がテレビに向かって応援すれば、メッツが勝てる気がするからだ。(1)

と始まり、続いて、

私がテレビに向かって念じたところで投球や打球に影響を及ぼせるはずがないことは、頭ではわかっている。しかし心の奥底では、テレビを見ていた方がメッツが勝つと感じているんだ。

そんなことはあり得ない。あなたが家で何をしようと野球の試合には何ら影響しない。(2)

として、そう思うのが常識であろうから、これを「野球原理」と呼んでいる。

ここで問題となるのは、この「野球原理」が正しいのか正しくないのかである。

今日あなたはテレビを見た。そして四回表の第一球は空振りのストライクだった。テレビを見ていなかったとしてもこの日の四回表の第一球はやはり空振りのストライクだったのだろうか。そんなことを確かめるすべはあるだろうか。普通に考えたら無茶な相談だ。今日という日は二度とない。一度きりの出来事は、変更できない(3)。つまり、自分が見なかった事態を、実証する方法がない。先の例に従えば、自分が見ているテレビでなら、四回表の第一球は空振りのストライクだったことは、実在したこととして認識することが出来る。しかし、自分がテレビを見なかった場合も、四回表の第一球は空振りのストライクだったことを自己はどうやって自己に対して証明するのであろうか、実際には、論証不可能だと言っているものである。

物理学では、これを受けて、量子力学の問題として、実際にどのように実験するかが思索された。「野球原理」をどう実験で検証するかが問題となり、アイルランドの物理学者ベル（John Bell、実際には「野球原理」よりも早い）などによる実験結果での論議となっていく(4)。

この問題は、なにも、自然科学・物理学、あるいはもっと特定すれば、量子力学の問題に限定されたものでは無い。哲学においても古くから問題とされてきたもので、所謂、認識の「確実性」の問題である。

漢文訓読語研究を支える訓点資料は、訓点資料はと言うよりも日本語史の研究の拠り所となる史料は、偶然に残り伝えられたものである。偶然性の産物は、各時代に生産されて失われたものも含めて、全体量の何分の一が残されたものかと言った物理的な量、どういった性質の史料が残されてきているのかと言った史料の偏倚、実際に遺存している訓点資料にしても、実際に研究者により紙面に墨や朱が認知され、それが言語として認識されたとしても、その言語に対する評価が問題で、実際に加点された訓点は、音節に還元されるとしても、加点の無い漢字や、読添語の表示のない部分の「確実性」は、如何に保証されるかなど、訓点資料の史料としての価値付けの問題が存する。

この訓点資料言語の「確実性」の問題の一端を考えてみようとするのが次項の目的である。

最初にお断りをするが、恐らく読者諸賢の次項以後に対しての評価は、芳しいものではないだろうと自覚する。研究論文どころか、荒唐無稽にして、エッセイの名も戴けない駄文であると思う。ウィトゲンシュタインは断片的なメモを残し、そのメモに対しての評価を得ているが、数ページの量を費やしての駄文に怒りを買うのを覚悟で、起筆し始めた。

一、従来の訓点資料の評価

訓点資料の資料性評価については、平安時代の一等資料が残存して、その信頼性の高さと、言語資料としての量が豊富で、平安時代の日本語の歴史を記述構築しようと意図する時、欠くべからざる資料であるとした評価が定着しているかに見える。しかし、そうした一方で、その資料性の欠点の指摘もなされている。

訓点資料の資料性の欠点を声高に論じた文章を目にすることは多くはないが、そうした批判のあることに対して、その資料性の欠点の克服を意図とした発言は少なからず存している。

例えば、ある訓点資料の本文書写の年月日が知れたとして、その漢文に複数の時代を隔てた訓点の加点がある場合、その資料は、書写時から現代に至るまでの時代を隔てた日本語が溜まった資料と言うことである。問題として大きいのは、時代の異なった筆が数度に亘っていて、その訓点の時代性が峻別され得る場合ではなくて、この資料を基に移点した移点資料の場合に問題である。つまり、複数の筆の入った訓点資料を、過去のある時代に、一時に移点した場合のことを指している。親本の段階では、時間を隔てた数筆が加点され、墨の濃淡や、仮名の太さ字形、あるいは、色彩の別によって峻別され得たものが、年代が降って移点される際に、一人の筆跡に集約されたりする場合があって、そうした複数の性格の訓点を一筆に移点される事態が想定される。つまり、その訓点資料は、その資料とは別の外的な証拠に拠らねば、訓読の系統の別を明らかに出来ない。年代や位相別の訓点が、平板に差無く存して、外部徴証によらねば訓読語の澱を分別できないことになる。そうした資料を過去の言語主体や現代の研究者も分別できないままで訓読語を享受している実態も現にある。

著名な例は、神田本白氏文集の訓読語の類別の問題である。(5) 神田本白氏文集の訓点は、藤原茂明の加点になるが、同一箇所に複数の訓読語の加点がある。仮名点の場合について言えば、諸家の訓読法の重合体である墨点と、藤原式家の訓読法を示したと言われる角筆点とである。大江家、菅原家、藤原各家の訓読法の重合体である墨仮名点の系統は、各家々の訓点を色彩によって区別されて居る書陵部蔵時賢本白氏文集の存在によって初めて識別されて認識される。

平安初期の明詮の法華経訓読語の解明に拠り所となる立本寺本妙法蓮華経も、書写加点は平安後期になるもので、この資料も白点、墨点の他に、朱点を以って明詮の訓点を移点しているから、明詮の訓読語が、思考操作を加えて間接的に析出される。

こうした訓読語の出自、系統が識別出来て訓読法の違いが認識出来るのか、単色の訓点の中に複数の訓読語が重合して存在し、その訓読語の系統を析出できないままであるのかは、何も、現代の我々研究者だけの問題ではない。資料が一旦成立した時から後の時間経過上の過去時の享受者達も同様であろう。

現在の漢文訓読語史の研究は偶然遺存された資料を用いて行われる訳であるが、そうした一々の資料の資料性を反省し、自覚的に、また、類型論的に分析して評価して来たのかと言えば、必ずしも厳密では無かったように思われる。

即ち、ある時には移点の親本の言語を析出する資料として、移点時よりも遡った時代の言語資料として使用し、また、ある時には移点時の言語資料として利用して来た。更に考えておくべきは、これらの訓点資料が一旦成立した後は、後接する時代時代に享受される事が有って、享受者達は、現在に伝わる当該の資料内にその痕跡が残されていないかも知れぬが、ある訓点資料の言語を再構成して、訓読語を実現していた筈なのである。

漢文訓読語史研究の研究分野によって多少、事情を異にするのも確かである。文字研究の場合は、基本的に書かれた時代の資料となる。しかし、前代の字体の影響を説かれる事もある。音韻や文法の記述研究上の資料価値も、基本的には書写加点時に重点が置かれよう。

評価の揺れの大きいのは、語彙・意味研究、文章・文体研究においてではなかろうか。

二、人文科学における漢文訓読語史研究

人文科学において基礎学たる漢文訓読語史研究、もう少し範疇を拡げれば、日本語史の研究は、純粋学問であるべきだと思うが、自然科学の場合の如く人間の外界物を研究対象にするのと違い、人間の内界の諸現象を研究対象とする学の一部である。人文科学諸学によって明らかにされようとしているのは、人間の内界の問題であってみれば、集約される根幹は「人間」の学なのである。

即ち、漢文訓読語史研究も、それを包摂する日本語史も、深化の道程の先に目指すべきは、人間の学、人間の探求の学に他ならないであろう。実際に、稿者が歩んで来た道は、帰納法的実証学である漢文訓読語史研究であった。厳密に論ずれば、研究はいずれも帰納法と演繹法との相互繰り返しなのではあるが、その帰納法的実証主義を採って来た研究は、実に形而下的な事象を整理した記述研究が主体である。が、この研究の向かうべき所も、形而上的な人間

学でなくてはならない。

実に卑近卑小な例であるが、稿者の場合を例に取れば、稿者の行って来た漢文訓読語史研究は、私自身の内的な世界において用例の採取の可否が判断され、整理統合され、分類考察されて研究として公にされて来た。この考察、研究の過程は、総て自らに帰するものである。

論文として公にされる事と、この自己の内界の所産である研究とは、自ずから別に評価されるべきものであって、論文は、一旦自らの手を離れて公にされれば、最早、稿者には属さない謂わば、客観的存在で、自己からも批判対象となる。一方、自己の内界に継続的存在としてある研究は、自己に属するもので、その研究は自己たる〝人間〟によって統制統合される。その統制統合の母体を、自己の個性と言っても良かろうし、自己の思想性と言っても良かろうし、あるいは、研究者の人格と言っても良かろう。我々の漢文訓読語史研究は、究極的には、個性・思想性・人格の深化・成長が目的となるべきであろう。

稿者自身は、自己の日常的思想性、あるいは生活信条と言っても良いかも知れない、または、現段階では仮説的であるにも関わらず、疑うことをしないから宗教と言っても良いかも知れないが、それを、「日本的実存主義」と称している。ことばにすれば、それだけの事であるが、大前提は自己の内奥に、人間共通の「真理」が潜むものとの認識に立つものである。これを、抹香臭い言い方では、内なる「仏性」と言ったりする。果たして、あるやら、ないやら実証できてはいないが、そうした自己の内奥の「真理」なるものに向かっているのが稿者の現在である。自己の内奥に存在する〝本質〟を仮設している訳であるが、その〝本質〟の存在前提は、自己の実存である。

稿者自身の中では、日本的実存主義は、日本における禅思想に符合するところのものであり、稿者自身の人格的な個性は、黙照禅たる曹洞禅に通じるものであると自覚する。人間的な真理を自己の内奥に求める姿勢そのものが、日本的実存主義、即ち、その根本思想を曹洞禅より得て醸成された所が大きいと自覚する。この事は、稿者自身の生育環境と強く連なるものである。道元は、「威儀即仏法、作法是宗旨」と言ったと言われているが、(6)出典は未詳らしい。ただ、現代、洞門に唱えられ続けるそれは、翻案すれば、「形式即本質」と読み替えられよう。即ち、実存が本質に先だっていることが前提としてあることであって、実存主義と言って良かろう。

飛躍甚だしいとの批判を厭わず記せば、稿者が今までとり続けてきている漢文訓読語研究の方法としての帰納法的実証法は、形而下的操作ではあるが、そのこと自体が実は、実存主義に根ざした研究だとみて良さそうである。「日本的実存主義」とした形而上の思想側から、今まで細々と続けて来た形而下的な帰納法的実証研究の底辺を支える訓点資料の資料性の問題に及んでみようとする。この実験的な愚行に足を踏み入れてみようとするのが、以下の文章である。

三、曹洞禅における公案集「従容録」―「禅」思想と〝ことば〟―

禅と「ことば」の問題は、大きな問題であろう。禅は、「ことば」を否定するかの如くである。以心伝心と言い、不立文字と言い、教外別伝と言い、六祖慧能の資・南岳懐譲は「説似一物即不中」の語を残している。以心伝心などは、Telepathyなどと英訳されたりするが、稿者は〝ことば〟を介在したアブダクション（アパゴーゲー）であると解している。ことば以外で禅を語れないし、ラングたることばが無ければ、禅の正伝などはあり得ない。いずれにせよ、漢文訓読語史研究に形而下的な帰納法的実証法を採用してきた稿者には、自己の思想性の支柱たる禅との関係は、今後も大きな問題であることは確かである。

稿者は、仏教史や禅宗史の専門家ではないし、また、思想家でもない。ここに記そうとするのは、現在の稿者の内奥に存するところを実例に挙げて記してみようとするものである。その意味では、論文の体を成さない告白的エッセイ、あるいは、エッセイ的な告白以上のものではないのではないかとも思う。自己の内奥を形作る曹洞宗的な日本的実存主義の、我があり方の切片を示して、訓点資料の資料性をいかに考えるのかを記してみようと思うのである。

日本の曹洞禅は、本来、公案禅・看話禅ではないが、公案自体は教団の初期から教団内で取り上げられていた。そうした教団初期の様態は、「つらつら日暮らしWiki〈曹洞宗関連用語集〉(http://wiki.livedoor.jp/turatura/)」などに見ることができる。洞門において初期から公案自体を問題とせず、只管打坐のみの黙照禅だけを実践していたかと言えば、そうでは無い。正法眼蔵の中に公案が引かれているし、道元の帰朝にあたり、碧巌録の書写を招宝七郎大権修理菩薩が手助けしたとの説話もあるので、公案禅たる看話禅に対して、公案を全く無視した訳でもないようである。[8]

臨済宗が碧巌録を珍重するのに対して、現代の曹洞宗所依の第一の公案集は、従容録で、百則をもって編纂されている。日本にもたらされたのが明・万暦年間(一五七三〜一六二〇)であると言われるので、十六世紀以降のことである。即ち、曹洞宗において第一の公案集として従容録に重きが置かれたのは十六世紀以降のことで、初期の洞門において珍重されたものではないが、稿者の生年には、既に、首座法座(首座法戦式)の本則の依拠は、この従容録に定められていたのであって、稿者の思想的なバックボーンの一つと言って良い。

公案なるものが、思想形成の要の一つであるのは、古くから、禅の公案の悉くが真理を説き示したものであると位置づけられて、師資間において師がその弟子に教えを説く時に使われてきた歴史があるからである。稿者の日常思想・生活信条の形成にも大いに影響を与えたものであって、[9]その形而上的な日本的実存主義を支える具体的な支柱の一つが従容録である。

以下は、従容録の一則を取り上げて、その記事に見られる認識の問題を記述して、訓点資料の資料的価値の問題をどのように把握していけば良いかの論述を行なう。

四、曹山法身

従容録の第五十二則に「曹山法身」の公案が掲げられている。この公案を例に取り上げたいと思う。曹山法身は、従容録に、

[示衆] 示《シテ》レ衆《ニ》云、諸《ノ》有智者《ノハ》以《テ》二比喩《ヲ》一得レ解《スルコトヲ》、若《シ》到《ラバ》二比《スルコトヲ》 不レ得、類《シテ》難《キ》レ齊處《シニ》一、如何《ンガ》説《セン》二向他《ニ》一。

[本則] 擧《ス》。曹山問二徳尚座《ニ》一、佛《ノ》眞法身《ハ》猶《ホ》若《シ》二虚空《ノ》一、應《シテ》レ物《ニ》現《ズルコトハ》レ形《シ》如二水中《ノ》月《ノ》一、作麼生説《カン》二箇《ノ》應《ズル》底《ノ》道理《ヲ》一。徳云、如《シ》二驢《ノ》覷《ルガ》一レ井《ヲ》。山云、道《コトハ》即《チ》大《ダ》曬《フ》道《ダ》只道二得《タリ》八成《ヲ》一。徳云、和尚又《タ》如何《ン》。山云、如《シ》二井《ノ》覷《ルガ》一レ驢《ヲ》。

[頌] 頌云、驢覷レ井《ヲ》、井覷《ル》レ驢《ヲ》。智容《レテ》無《ク》レ外、浄涵《テ》有《リ》レ余。肘後誰《レカ》分《タン》レ印《ヲ》。家中不レ蓄《ハヘ》レ書《ヲ》、機糸不レ掛《ケ》梭頭事。文彩縱横意自《ラ》殊《ナリ》。

(『余語翠巖　従容録』巻中　平成十一年六月、地湧社によったが、漢字字体、仮名字体を改めたところがある)

○曹山＝曹山本寂（八四〇〜九〇一）。洞山良价の法嗣。　○徳尚座＝曹山伝にある彊徳上座かとされる。

従容録は、二種有って、二巻本と六巻本が存する。二巻本は、天童覚和尚頌古報恩老人著語と言われるもので、宋・紹興年間（一一三一〜一一六二）に天童宏智正覚が、百則を集めて頌古を加えたものである。六巻本は、万松老人評天童覚和尚従容庵録と言われ、南宋・嘉定十六年（一二二三）に万松行秀が、天童覚和尚頌古報恩老人著語に、示衆と著語、評唱を付したものである。(9)

問答や、逸話、説話は、本則に記される。その本則の解釈を規定するのが示衆や頌で、本則と頌には、万松行秀の注（著語・評唱）が付されて従容録が成立している。

曹洞宗の第一の依拠公案集が従容録であるが、こうした本則の解釈を規定する示衆、頌と、本則と頌に付される万松行秀の注によって、本則の解釈が思想的に方向性を持ってくる。導かれるところに従って醸成される実存思想が現代の曹洞宗の基盤となっていると認めて良かろう。

曹洞宗の実存主義的世界観や、日常思想の具体相を、正法眼蔵は勿論であるが、公案集たる従容録に見いだすことが出来るはずである。即ち、稿者の自己の日本的実存主義の生成の具体的な姿を、従容録の公案を対象とした稿者自身の解釈に見いだすことが出来るものであろう。

さて、従容録第五十二則の曹山法身の本則は、稿者は以下のように読む。ただし、本則の「読み」なるものの態度として、実は、種々の方向性がある。所謂、この曹山法身なる公案の本則を、唐代の禅思想を現す切片の文章であるとみて、唐代の禅思想の体系を考え、思想史の問題として捉えようとすれば、実は、唐代における、共時的な意味を見いださねばならない。俗に言えば、唐という時代の中において読む必要がある。つまり、解釈のための一々の語釈を、唐代の語彙・意味において果たし切る必要がある。従容録の成立時を問題とすれば、宋・南宋時代において見ねばならない。

が、本項に、稿者が曹山法身を問題とするのは、現在の稿者の思想性、学問観を、稿者自身が記述してみようとする試みである。読みの浅さは大方から批判を仰ぐとして、現在の稿者の読みを示してみたい。

第五十二則　曹山法身本則

曹山本寂が、徳上座に問うた。「法身とは本来虚空のようなものである。その法身は、時に応じて姿を変える。

月が（田毎の）水面に映って、皆同じ様に現ずるようなものだ。その法身の、物に応ずるとは、どうなる事か？」と。

徳上座が言った。「驢馬が、井戸の中を見ている様なものです」と。

曹山が言った。「上手く喩えたものだな。が、まだ十分に私は腑に落ち切らないがなぁ」と。

徳上座が言った。「じゃあ、曹山和尚はどうなんでしょうか」と。

曹山は言った。「井戸が驢馬を見ている様なものだな」と。

以上が本則の問答である。

驢馬と井とを対比的に言っているから、情識の存在の有無を問題にして居るのは明らかである。有情非情の別の事で、実に抽象的で危うげな用語になるが、「心」の有無の問題である。

驢馬の方は、意識があって、井戸の中には、何やら驢馬が映って居る。イソップ物語の犬は、肉を咥えて川を渡る折、川面に映った自己の影に大きな肉を咥えた犬があると自らの咥えた肉を離して川面に頭を浸けた(10)。即ち、イソップの犬にも主客の二見がある。

井戸が驢馬を見るとは、井戸を覗き込んで居るその驢馬を見る事なのか、井戸の水面に映って居る驢馬を見る事なのか。

遍くある驢馬の本質を了知しているのが法身の作用である、との謂であろう。また、その覗き込む驢馬と井の面に映った姿の区別の無いのが「法身」である。つまり、本体の驢馬も、水面に映った驢馬も共に、井戸は見ることができる。井戸は、驢馬を映して、正に、驢馬と成っている。井戸は、その驢馬に纏わる現象の全てを了知できる視点を持った超越的な存在である。

頌には、「驢馬が井を見るには未だ見る主体と見られる物の区別がある。しかし、井が驢馬を見るのには見る見られるを超越している」とあるから、右の読みを支える。

示衆は、「智恵有るものは、比喩・方便によって悟る（アブダクション）ことが出来る。しかし、比喩や方便が使えないところに到った時は、他己に如何に説くべきか?」との本則の大衆への問題提起で、必ずしも、本則の読みを限定しているとは思えないが、示衆の言う所は、先の「野球原理」の命題に等しい。示衆は、今は、曹山の絶妙なる切り返しの「比喩」を評価しているものだと解釈しておきたい。

嘗て、知己との談話に出た話題で、発端だけを経験的に話し聞かされたことだったように記憶する(11)。

朝食の蜆汁を食べようとして、お椀の中に蜆が二つ見える。その蜆の実を戴こうと箸で汁を攫ったが手応え、箸応えが無い。よくよく確かめれば、自分の眼玉が映って居た……とは、落語の話しである。

が、お椀の汁に映った自己を見詰め見ている自分が実存して居る自分なのか?

いや、お椀から見詰めて居る奴が居て、ハッキリとした輪郭の顔を持った奴が実存して居る。そちらが自分なのか?

自分は自分の目玉で、直接には自分の顔貌を見ることが出来ぬ。自己が実存して居る実証は、如何にするのか?

両手は見える。それを以って他己の如く、自己が実存すると推量しても良いのか?

それに比べて、蜆汁に映った者には、顔の輪郭があり、目は横に○と○と並び、鼻は縦に、口は横に一文字に有るではないか。ならば、他己と同じ！　見ている自分が自分なのか、蜆汁の面に映った自分が、自分なのか?

なんて話しを思い出した。自己実存の「確実性」の問題であろうか?

蜆汁にして見れば、映ったお前さんも、覗き込んでいるお前さんも、共に、お前さんじゃ。二つは似ては居るが、一つは実体、もう一つは映像のおまえさんじゃ、紙一重の差じゃが了知できる、ってことだろう。自己はいずこにどう実在する？　と迷う驢馬と自分であるが、井戸にしても、蜆汁にしても、「法身」、即ち、超越的な視点を獲得している。

稿者個人の問題としては、驢馬であり自分であり、自己存在の不確実性の不安から逃れるには、超越的視点を持つ自我を、自らの内に見いだせば救われるのであろうが、それは、自己の内界への旅を続けねばならないと言うことを指し示したことであろうと読む。

主客の二見に限らず、正否、善悪、正邪などの二見―二項対立―の「不確実性」の不安定さの解消に、所謂、「迷い」の根源を見いだして、一段と高次の視点から、二見の対立を超越して「不確実性」を払拭しようとするのは、禅思想の根本的な姿勢の一つであると考えられる。つまり、驢馬の本体の本質と、井戸に映った驢馬の映像の本質とをともに差異として認識することで、差別無く把える視点の設定を指摘して、「確実性」の問題に答えを出そうとすることであろう。謂わば驢馬も、驢馬の映像も客観的に捉えて対等に評価を下せる視点の獲得を言っているのであると思われる。

さて、日本語史の問題である。

今に伝わる資料は、偶然以外の何物でも無い。その事実が資料の不確実性を物語るのだが、過去の言語資料が伝承されて、今私達の目に触れて、それを元に日本語史の学が営まれる。

その資料は、田毎の月よろしく、ある資料に触れた、過去の人々、近古の人々、今に生きる現代の人々、就中研究者に、同じ影を落としたものだろうか。今の刹那に限定しても良い。万人に同じ形の言語資料と解釈されて、その資料の言語が復元されているのだろうか？　特に訓点資料の場合には、その保証はどこにもない。

私の専門とする訓点資料の日本語史に話を限定すれば、ある訓点資料に残された歴史的な漢文訓読語を再構成するための言語復元に関する情報量が、この問題の方向性を左右する。つまり、古典語たる訓点資料の言語の復元度の確実性の度合いは、施された訓点の密度の問題に関わるのが、「確実性」の一つの拠り所となろう。稠密な加点、即ち、全ての漢字に全訓の片仮名が振られ、読添え語も、片仮名・ヲコト点が詳細で、そのヲコト点も全ての符号の対応音節が明らかで、返点が完備し、声点、句読点などの符号も万全で、一資料の総ての音節が再現出来るパーフェクトな訓点資料であるなら、あるいは、いつの時代の、どんな言語主体でも、田毎の月よろしく、同じ言語を再現、再構成出来る可能性を持つかもしれない。が、私の僅かな経験からは、そんな資料に巡り会った事がない。加点の粗密も甚だしく、加点されない漢字を山程抱えている資料ばかりに巡り会って来た。訓点の施された資料も、例えば、現代の研究者が、日本仏教史の資料として使うのならば、訓点など寧ろ、邪魔かも知れない。誤写の無い漢文であることの方が重要であろうか。

しかし、実情は、比喩を用いれば、天空の清涼なる月を田毎に等しくパーフェクトに映すのは、田植え前に代掻きをされて、水を張られた一年の極短い期間で、田植えが終われば稲の成長に応じて、映す月が田毎に異なる。収穫に近くなれば、水面を稲が隠すし、いよいよ収穫となれば田の水は落とされる。収穫後の棚田には、月を映すべき水面はない。

研究者の簡単に陥って反省のない陥穽は、自己の視点が曹山法身の「井戸」の視点を前提としていることであろう。前述の内容から譬えが屈折するが、驢馬の本体―訓点に現れた本来的な訓読された言語―も、井戸の面に映じた驢馬の映像―現存資料―も、研究者は透徹できる視点にいるのだと錯覚することにあるのではなかろうか。無条件にそうした立場であることを信じての反省がないように思う。田毎の条件によって、月の映像は異なる場合がある、という前提が欠けているように思う。

あるいは、月は唯だ一つであると言うことにあまりに疑いがないように判ぜられる。現実の問題として比喩を上げれば、幻日などは、実存して珍しい現象ではない。

日本語史の外延かも知れないが、実は、訓読された日本語としての訓読語を通じて、天竺・震旦の仏教、思想を学んだ歴史が有るのも事実である。さすれば、驢馬の本体と井戸の映像の問題は、形而上学においても重要な意味を持ちそうに思われる。

本項は、最初、聊か、抽象的な論議に終始したが、実際の訓点資料の実例を問題として、次項に触れてみたいと思う。

五、漢文訓読語史研究史における総ルビの訓読文

漢文訓読語史研究史の一齣に、嘗て一時期盛んに、総ルビでの訓読文が作成され、語彙総索引、漢字索引が付され、学界に公にされたことがあった。例えば、高山寺本論語・史記(12)などがその例に属するであろうか。稿者は、学史におけるこの試みの発想の起点は、先に説いた訓点資料の加点の実態に起因するものであったろうと推測している。訓点資料の加点の実態は、全ての漢字に振仮名を振られた資料が、存在したとしても殆ど例外で、多くの資料は、一資料内に加点の疎密を有する。即ち、振仮名として仮名点の振られる漢字もあれば、全く仮名点を振られない漢字も存する資料が圧倒的に多数を占める。総ルビの訓読文の作成は、一資料中の本文漢字の加点の有無が、何を示すものであ

るか、加点の実態から出発して、仮名点の有無疎密が、加点者の如何なる言語認識の差を示したものであるかの実証のために試みられた方法であったと推量する。実は、この学問的な興味は、興福寺本三蔵法師伝古点(13)において、実際の加点方法と加点者の言語認識との問題について論じられている辺り(14)に発想の起点があるように思われる。高山寺本論語・史記の場合も、この延長線上に位置づけられる試みであろうと理解している。

かかる総ルビによる訓読文作成の目的は右にあるとしても、付訓の無い字をも全て音節レベルでの復元を試みようとするものであるから、この総ルビの訓読文作成が齎し生んだ副産物的な漢文訓読語史研究上の課題も多かったであろうと思われる。ただ、厳密には、付訓の存する漢字と全くの推読の字との間には、自ずと「確実性」における確率上の妥当性の軽重が異なるものであることは、容易に理解できるところであろう。総ルビの訓読文作成の前提が、加点における言語認識の在処を探ろうとする一点である限りは、研究者の側に明確な自覚があるであろうが、この総ルビの訓読文作成過程で生み出された諸問題の解明に拡がろうとする時に、前提としての出発点がこの総ルビの訓読文におかれた場合、ともすれば、研究者は、加点の無い漢字の訓読を見通したとする超越的態度を採る危険性が存する。基礎学たる漢文訓読語史研究は、研究の基礎を、現実存在である形式、即ち、高山寺本論語にしても、また、高山寺本史記にしても、加点の原態に戻って発想すべき必要があろう。つまり、先の例から言えば、あくまで「驢馬の視点」から論じ始めるべきであって、安易に「井戸の超越的視点」を得たりとすり替えることがあるとすれば、そこに大きな研究の陥穽があるとすべきであろう。

恐らく、訓点資料の語学的研究の道程の先の、目指すべきところの一つには、今ある現在の研究者の学問的澱を取り去った純粋に客観的な古典語たる漢文訓読語の復元があろう。その端的な形は、特定の資料の総ルビの訓読文作成という構造体の構築であろうと思われる。ただし、それは短絡的に現段階での学問的知見によって作り出されてしまうものではなくて、最終的な学問のたどり着く、目指すべき構築物であると考えるべきあろう。極論すれば、その構築物に至ろうとする日々の営為が純粋基礎学のあるべき姿であって、構造物が構築されてしまえば、純粋基礎学たる漢文訓読語史研究の終焉となるのではなかろうか。

重ねて言い換えれば、漢文訓読語史を、具体的に過去の資料に根拠を求めて語ろうとする時、ともすれば我々は過去の言語事象の何がしかの根拠を得て推論することによって、「井戸の視点」を得たかのごとく論じがちである。そこには、現存資料が偶然の産物であるという学問的反省は無いし、いかに論じようとあくまで試論―過程―でしかないことへの研究者としての謙虚さを放棄していると評価されよう。あるいは、自己の積み上げてきた研究によって構築した形式を、自他からともに否定されぬために、純粋基礎学のあるべき姿から全く逸脱した権威主義的な本質主義的立場を採り、あるいは、客観的な方法と純粋学の有り様に気付きながらも、意図的に超越的視点を振りかざす場合がある。これは、実証性と、具体的な言語事象の「確実性」の軽重を無視して、観念的抽象的論議によって、非我る個人の純粋的学問批判を、権威によって表層的に論破して溜飲を下げる場合さえある。かかる事態が、純粋学たるべき人文科学においてすら存在する。

「法身」と言う非現実的で観念的な存在、または、「井戸の視点」は自己の向かうべき目標とすべき構築物ではあろうが、あくまで目指すべき一つの極点の譬えであって、純粋基礎学は、現実存在から発する実証的研究であるべきで、「驢馬の視点」こそが継続される研究の過程の道筋を支えるものであるはずである。純粋基礎学たる人文科学の研究者は、終生、「曹山法身」における「驢馬の視点」以上のものは獲得することはできないとした明確な自覚を持って意図的に「驢馬の視点」を採るべきであろう。「井戸の視点」を採ることができると錯覚して陥穽に陥るのは、研究者として慢心した権威主義的本質主義以外の何ものでもないであろう。

驢馬における純粋基礎学の確実性は、謂わば、井の水面の虚像の一々の部分を実証性を持って確認することであろうし、純粋基礎学の正統なる研究者は、井の水面の虚像しか見えぬ自己の面様を矛盾少なく類推することしか所詮できぬことを明確に自覚している者であろう。

六、証本の訓読語と狼藉本の訓読語、再び

―高山寺本論語鎌倉期点と三千院蔵古文孝経建治三年点と量子力学モデル―

さて、以下には本書第三章第二節に触れた高山寺本論語を再度取り上げてみる。既に説き来った論に重複する所があるのであるが、煩を顧みず再説するのは、本節の論述目的が、漢文訓読語史解析の方法として量子力学のモデルを借用しようと試みるからである。既述部分にも多重性と言う術語も使用して説いたのであるが、本節の解析法解説の中心を量子力学モデルに側置いて、その視点での具体性を付与したかったからである。

高山寺本論語鎌倉期点とは、二系統の論語の総称で、清原本論語巻第七・八と中原本論語巻第四・八が存する。清原本、中原本の名称は、この二組の論語の奥書に関連しての名称であるが、中原本には、巻第四に寛元元年中原師有本奥書と安貞二年書写本奥書、嘉元元年大法師了尊書写奥書が存して、中原本と称される。清原本には、巻第七の巻末に、「爲《ノ》見外傳抄故論語一卩／如形《クカタノ》清家《ノ》一説《ヲ》所讀《ム》也」とした天台山沙門僧禅信の奥書がある。また、紙継には清原康祐の署名があって、清原本の名称とされたが、この禅信の奥書に先立って、

能々讀寫了

前讃岐守藤原顯綱兼經卿男
伊予守藤原敦家兼經卿男
陸奥守藤原基家兼經卿男
「郁芳門院」（別筆一）「待賢門院」（別筆二）

の記載がある。小林芳規博士は、この奥書を、本文と同時期であると推定されている。この奥書の記載内容についての解釈には、慎重になるべきであろうと思われるが、親子関係について藤原兼経の三子息の名の列挙には、後に触れる論語という書の童蒙の漢文訓読入門期においての使われ方の実態との関係が存するように思えてならないが断言は避けておく。

高山寺本論語鎌倉初期点に現れた言語事象については、先学による史料性の評価が存する。(15) それに従えば、

一、清原本、中原本ともに漢籍訓読語に特有の訓読法が見られる。

二、清原本、中原本ともに僧侶が関係する訓点資料であって、仏書訓読語の混入が認められる。

三、清原本、中原本ともに鎌倉時代の新しい言語事象が現れる。

右のような指摘による史料性の評価である。この三分類による高山寺本論語の資料性の把握について、分類枠次元の相互関係の妥当性についての検討は今は措くが、要は、

○漢籍である論語でありながら「規範的漢籍訓読語」を逸脱した仏書的言語事象が認められること。

○鎌倉時代語的新言語事象が認められること。

と評価してよかろうか。

ただし、高山寺本論語の時代の「規範的漢籍訓読語」―これを本項の後には、「証本」の訓読語とも表現する―は、

清原家の場合は、清原頼業まで遡れるが、平安時代の論語の訓点資料が知られないこと、また、真俗における論語の扱い方が、平安鎌倉時代を通じて具体的には分からない現状で、当時の真俗の全体に及ぼしての「漢籍訓読語の様態」に及んで類推するには、研究上の危惧があると言わざるを得ない(16)。

さて、論語(また、孝経)は、仁治本古文孝経の奥書(17)の記述から、少なくとも鎌倉時代には、童蒙の漢文訓読入門書としてテキスト群をなしていたと考えられる(第三章第二節)。

律令制による論語、孝経は、学令の中に定められているが、これらは長じての学制における位置であって、所謂、幼学の漢文学習の入門期のものを規定したものはない(18)。多くの入門期の加点資料の情報が、稿者の知るところとなっている訳ではない。

三千院蔵古文孝経建治三年点は、本文の書写は幼学者本人によるものとは思えず、右筆山王院門葉寂空の手になるものであろうが、「金王麿」の署名は、幼学者の学習者自身を示すものであろう(第三章第二節)。

三千院蔵古文孝経建治三年点の言語事象については、次項において改めて具体的に触れるが、注意すべきは、建治三年時点において古文孝経の訓読法に対する評価が、当時の人々に「正誤」の二見で区別されていたことで、訓読法に対する価値の軽重が存したことである。右の資料に限らず平安鎌倉時代の漢籍類の奥書を参照する(19)と論語、古文孝経に童蒙教育の記事が散見されるとともに、その他、明経、紀伝にかかわらず「証本」の語とともに、該当の加点資料が「累代秘説」を伝えたものであるとか、「家説」、「當家累代秘點」の表現が見える。平安時代末から鎌倉時代に限定をして記すが、当時の人々の価値観として、博士家の訓読が拠るべき「規範」とされていたことが伺える。博士家の訓読に規範の意識を与えていたのは、博士家を始めとする俗家の人々だけではなくて、寺院における訓読語に対する価値評価も、「証本」として博士家の訓読に置かれていたのは、三千院蔵古文孝経建治三年点の奥書に顕著なところであろう。この「証本」の評価の対極に、当時の訓点資料に対して「狼藉本」なるマイナス価値の評価をされる資料が存していたものと解釈されるのは説いて来た所である。

既に触れたが、現在の日本語史資料の残存状況は、歴史の偶然に左右されるものである。過去の人々の意図や評価とは全く次元の違う事態によって失われた資料も夥しいであろうが、右のごとく、当時の人々の中に、「証本」と「狼藉本」の二見の価値評価の対立がある場合、歴史的過去において資料相伝に価値観が働いても不思議ではなかろう。即ち、守るべきは「証本」であって、「狼藉本」の散失には関心が薄かった如き事態が想定される。「狼藉本」と価値付けられる訓点資料に現れた訓読語は、「証本」の規範を逸脱しているからであって、保守的な伝承重視の立場からは、「誤り」の訓読語として切り捨てられた可能性があろう。

しかし、次項に記述する如く、資料内に存する訓点の現実存在の形式に従って、現代の研究者が、過去の訓読者の価値評価は過去の評価として措き、二見を捨てて整理した時、「狼藉本」と評価された資料には、保守的訓読には入りきらない、言語事象が出現すると整理される。それまでの訓読語には現れない形式の訓読語で、日本語の時間的な推移に従って評価をすれば、新しい言語事象と言えるのであろう。[20]ある時代に存在する保守的な言語規範を逸脱してことばが変化すると言った視点に立てば、角筆文献の一部―角筆文献の質の問題であるが、角筆によって記された保守的な言語事象の文献も存する―に現れる言語事象は、「狼藉本」の言語事象に通ずるものであろう。と言うか、正に「狼藉本」そのものである。ある時代の言語規範を逸脱した、歴史的時間において早い言語事象の指摘は、まさに、「狼藉本」の日本語史である。次項の意図するところに符合するもので、独り角筆文献だけの問題ではない。平安時代に関して、角筆文献の依存量が、墨書等の「狼藉本」を凌駕しているとの反論が予想されるが、仏書資料に偏りがちで、その仏書の漢文訓読語史も残された課題が多いと言わざるをえない。

ここに言う漢籍資料に現れる「狼藉本」との評価や概念が、仏書資料の訓読においてどのように存在するのかしないのか、訓読語ということばに対する評価、認識がどのようなものであるのか。仏書においては、漢籍ほどの形式的束縛がないのではないかと思われる節もあって(21)、具体的な資料に現れたことばの形式を捉えての歴史解明は、今後の大きな課題であろう。

七、三千院蔵古文孝経における助字訓読法の再点検―不読符について―

漢文訓読語において、中国語文たる漢文とそれを訓読した日本語との言語の特徴的な差を求めようとする時、実に単純な方法であるが、例えば算数的差し引きによってその特徴の一端が指摘される。日本語特有と判断される要素の一部は、端的には、訓点の読添語として現れる。助詞類を始めとして、漢文に対応の漢字がない訓読語要素である。逆に、中国語たる漢文に特有の要素の一つとは、不読されて日本語が与えられない漢文の要素である。訓読語と漢文との差に立ち入って行けば、これら以外の言語事象―例えば、語序の問題や語彙論意味論的な差―も言語差として記述できようが、後者の不読字については、確度の問題として訓点資料において有標であるか否かが問われる。不読符は、端的に該当字が不読である有標記号の最たるものであろう。

三千院蔵古文孝経建治三年点には、不読符があってよく知られた資料である。不読符は、高山寺本論語清原本鎌倉初期点にも存して、論語、孝経と言う童蒙の漢文訓読学習テキストに現れている。不読符と言う符号が、童蒙教育の場に現れるものであったろうことを推定したが(22)、三千院蔵古文孝経には、具体的には、以下のような不読符が現れる。

1、孝経は[者]何ソ《そ》[也]　(三千院蔵古文孝経2・孔安国序)

の如く、不読漢字の左傍に「二」を付して不読を表示するものである。

また、

2、是《コ、》以《ヲモ》テ夫子（上）・［於］間（上）居（平輕）シテ而（し）て歎《ナゲ》（訓）（き）て古ノ［之］孝道を述フ［也］。（三千院蔵古文孝経9・孔安国序）

の不読符表示があって、文末の「也」字には、例1と同様の「二」の不読符と同時に、「也」字の中央に「、」の不読符が存する。また、大振りの「•」を不読字中央または右寄りに付したものもある。

三千院蔵古文孝経建治三年点における不読符の出現は、以下のような字種に加点されて出現するが、各助字についての記述を行い三千院蔵古文孝経建治三年点における不読符による有標での明示の背景を論じてみたい。以下は、本書に述べて来た事の謂わば、補説で、重複を厭わず、いささか諄い事を記すが、漢文訓読語史研究に量子力学のモデルを持ち込んだ根拠を示そうとするものである。

〈文末の也〉

文末の助字「也」に対する不読符の明示は、三千院蔵古文孝経建治三年点のほぼ全巻にわたって夥しい数に登る。孔安国序文のみならず、本文の正文、注文に認められるが、「應感章十七」（336）以降には「也」字に限らず不読符自体が認められない。実は、この加点頻度が量子力学におけるシュレディンガーの猫の思考実験のブラックボックス内（補注）に存在する多重状態の具体的様子を指し示す。

不読符の使用が後半336行以降減少している「也」字は、

3、慶（去）は善（去）［也］。（三千院蔵古文孝経109・孔安国注）

4、君子は従《シタカ》ハ弗《ス》［也］。（三千院蔵古文孝経264・正文）

などとして不読符が付されている場合も不読符の加点がなされなくなる。

孔安国序文、孔安国注文、古文孝経正文には、この「也」字に対しての仮名点の加点が認められないが、この「也」字は、三千院蔵古文孝経の本文を離れて、本文に添えられた注記の中にも出現する例がある。孔安国の古文孝経序文は、本邦の鈔本において異文が存したようで、その異同の注記が三千院蔵古文孝経の序文には頻りに出現する。そうした校異の注記の中に以下の例が認められる。

5、達-者七-十-有-二(上濁)なり○也ナリ點本(也字に不読符)。　（三千院蔵古文孝経10・孔安国序）

この書入は、孔安国序文を他本と比較して点本には、「也」字が存する異同が有ったとする校合書入であるが、書入の「也」字には、「ナリ」との付訓があることが注目される。つまりは、この三千院本古文孝経の校合がなされた時期には、「也」字と「ナリ」訓とは極めて緊密な関係に有ったものであって、注記の際にそうした「也」と和語「ナリ」とが一条の注の中に対応関係を明示して示されている。更に言えば、この書入注の「也」字には、小さく不読符が添えられているが、「也《ナリ》」の表示は、かなりの確度で「名詞＋也」の構文の「也」字を直読された一般的可能性を示すものと考えられる。即ち、三千院蔵古文孝経の加点過程―童蒙金王丸の三千院蔵古文孝経訓読の学習の時間軸の推移展開と言ってもよかろう―において、金王丸（あるいは、金王丸の教授者）の字訓認識の内に、「也」字と和語「なり」の結びつきが強固なもので存在し、実際の文章を「也」として直読していたことを示すのではないかと思われる。即ち、金王丸の認識と言うブラックボックス内の「也」字訓読の多重状態を具体的に示したものに他ならない。

この認識を清原家の証本などを根拠に博士家の「権威的」「規範的」な古文孝経訓読法に改めるべく学習した過程―多重状態変化の個体史―が紙面に残ったものであると認めることができるのではなかろうか。「也」字に不読符が頻出するのもこれを裏付ける現象であるように解釈される。文末の「也」字の訓読が不読、直読両様に揺れて多重性を示しているものであると推定されるが、「確実性」を問題として厳密に記せば書入注には「也《ナリ》」が存するが、本文の「也」字にある訓点記号類は、有標として確実に不読符が加点されるものの直接に仮名を振った例は存在していないのが実状である。

〈文末の之〉

三千院蔵古文孝経中に、不読符の加点の多い助字に、漢文文末に現れてモダリティ表現に関わる「之」字が存する。

6、遂に集《ア》メて[而]録《シル》ス[之]。（三千院蔵古文孝経15・孔安国序）

の如き例で、先学は、こうした不読訓法をもって、漢籍訓読語の特徴であると論じられてきた事例である。(23) しかし、右の「也」の場合に比較して、当時の訓読者の規範観念を今措いて、共時的に確度高く明確な有標での複数の対立する訓読法が並存する。即ち、多重状態であると見る根拠となる例は、三千院蔵古文孝経には、

7、々(光)甚好《ム》《む》レ之。（三千院蔵古文孝経27・孔安国序）

とした例があって、文末の「之」字には、不読符の加点と、異読として「好」字に返読するレ点との両方の加点があることに拠って知られる。このレ点の加点は、「之」字を代名詞として訓読することを示しているのは明確である。

8、故《に》・諸《の》國・往《トコロ〳〵に》々有《リ》レ之。（三千院蔵古文孝経40・孔安国序）

この例も、レ点は「之」の代名詞での訓読を表示したものであろうし、不読符は、文末の助字「之」字の不読を示したものである。

この文末の「之」の不読、直読両様も、実際に同一本文に相矛盾する訓点が付されて明確に異読の存在が確認できる。この異なった訓読は、漢籍である三千院蔵古文孝経の加点時、即ち建治三年（一二七七）前後頃に、共時的に並存したものであることは、異訓読が共に漢文の本文に対して有標で示されていることから分かる。先に断ったことを

繰り返すが、この並存の異訓読は当時の人々の漢籍読みとして相応しいとか間違いであるとかの二見に及ぶ価値観念とは、今、切り離して記述していることを再度断っておく。「確実性」の問題として、三千院蔵古文孝経頃に、古文孝経という漢籍の訓読において文末の「之」の字を代名詞として直読するのか、文末助字として不読にするのかと言う対立は、事実として存在していたのであるから、日本語史としての漢文訓読語史をそうした多様性、量子力学的多重性の中で考え直さなければならない。

即ち、右のように、文末の「也」も文末の「之」も、漢籍である三千院蔵古文孝経内部に、直読、不読の両様の訓読が併存していて、三千院蔵古文孝経時代に、直読と不読という相矛盾する訓読法が共存したとするのが加点資料の実際の様態からの記述である。つまり、三千院蔵古文孝経に関わった訓読主体は、漢文白文に対して、右の二字を直読にも、不読にも読めた訳である。即ち、直読・不読の多重状態にある。白文に対して不読・直読のどちらが現れるのかは訓読者が古文孝経の漢文に接して、初めて直読または不読が現れると言うことになると言う、量子力学に説かれる観察者の介入と等しく、漢文に対する訓読者の介入の時点で選択されるものであると認めねばならない。即ち、当時の訓読語は、不読半ば、直読半ばの確率での存在で、白文の訓読時―あるいは、加点時―に不読・直読のどちらかが選択されて出現する日本語史上の状況にあったということであろう。当時、「狼藉本」とか「証本」とかの史料に対する価値評価が生じる背景には、「狼藉本」に現れている言語事象も、現実問題として実現される時代状況であったと言うことに他ならない。ここにモデルとしての量子力学に言う多重性が存在する。

〈文中の之〉

文中の「之」字には、

9、是《コ、》以《ヲモ》テ夫子(上)・[於]間(上)居(平輕)シテ而(し)て歎《ナケ》(訓)(き)て古ノ[之]孝道を述フ[也]。(三千院蔵古文孝

経9・孔安国序）

右の例9の文中例「古ノ[之]孝―道」は、文中の連体機能を表示した「之」字の直前の「古」字に仮名「ノ」の加点があって、不読であることが有標で明示されている例である。実際に、文中の「之」字に不読符を加点した例が存するが、文末助字「也」や文末助字「之」のようには多出しない。

10、子―遊《イフ》（人名）（平）・武（上濁）―城（平）の[之]宰一（上）と爲《シ》二て絃（平）―歌一（上）を作《ツク》二て（三千院蔵古文孝経53・孔安国序）

右の例10には、「之」の不読符が確認されて不読の確例となる。

ただし、問題なのは、以下のように、文中の「之」字の直読例も各所に見出せることである。

11、叔―孫―氏之《ノ》門一より出二たり。（三千院蔵古文孝経43・孔安国序）

これらの不読字に対する三千院蔵古文孝経における不読符の出現、非出現には、三千院蔵古文孝経の訓読者の、こうした構文における助字に対する訓読の認識、即ち、この文中の「之」字の不読、直読の背後には、連体を示す「之」字が、訓読者において特定の和語、和訓と緊密に結びついていたのか、あるいは、和訓と疎遠であって不読とすべきかという認識が横たわるものと思われる。この認識の両様のあり様を量子力学的多重性と言っているのである。この連体を表示する文中の「之」には、例10のように不読符が明示されて、不読の有標の訓点が存するが、非常に例外的で、文末の「之」字に対して付される夥しい不読符とは様相を異にしている。文中の「之」は、例11のごとき直読例とともに、

12、吾か・先―君・孔―子（上濁）之世一に當二（り）て（三千院蔵古文孝経5・孔安国序）

13、漢ノ建（去）―元（平濁）之初一に興《お》二レルニ至《て》三テ（三千院蔵古文孝経19・孔安国序）

との加点例が屢々見られて、「之」自体には加点がないが、一方で「之」字の上接の名詞に、仮名点の「ノ」もない

し、ヲコト点「の」も加点されない例が頻出する。この例12・13が如何に訓読されたかの議論には、他所に不読例の確例が存するとともに、「之」の直読例の確例も存するのが実状で、可能性は両様即ち多重状態である。つまり、三千院蔵古文孝経における文中の「之」は、不読、直読、共に同等の可能性のある訓読がなされていたと見るべきであろう。前の文末の「之」字の如く、三千院蔵古文孝経における文中の「之」字の訓読は、訓読者―量子力学では観察者―が白文の三千院蔵古文孝経に関与して訓読する時点で、直読と実現されるか、不読として実現されるかの選択が可能であったのが三千院蔵古文孝経の共時的な訓読語の実態であったと認めておきたいし、そうした揺れ、あるいは幅が三千院蔵古文孝経の訓読語を取り巻く漢文訓読語史上の位置であったと考えるべきであろう。

さて、右に取り上げた文末の「之」字も、文中の「之」字も、三千院蔵古文孝経の訓読語においては、直読とされる字であると同時に、不読字でもあった。漢文訓読語史において三千院蔵古文孝経と言う資料は、「之」字の訓読において、そのような直読・不読を同時に持つ性格の史料と評価することができよう。(24)

〈文中の而〉

文中の「而」字には、

14、於《コ、》-是《コ、》に・曽-子喟《クヰ》(去)-然(平濁)ト《と》シテ《て》[イ、喟然トナケキテ][而]孝[之]大(音)タル(マヽ)爲コ《こ》ト《と》ヲ《を》知ヌ《ぬ》[也]。(三千院蔵古文孝経15・孔安国序)

の如く、不読符が付されて、不読の確例がある一方で、文中の「而」も、漢文の同一箇所での不読・直読の揺れが認められて、多重状態である。直読例は

15、武(上濁)-城(平經)・下《カ》(上)-色(入經)ナレトモ[而][イ、而モ]猶ヲ化するに[之]樂(入濁)を以(て)す (三千院蔵古文孝経53・孔安国序)

て実現される。

の如くに出現している。訓読者の脳裏―ブラックボックス―の多重状態が漢分に接する事に拠って、一方が選択され

〈文中の於〉

助字「於」の文中例も、

16、故に・忠（音）・君（レ点）於《に》（レ点）[イ、[於]君ニ]移（レ点）す《ル》可し（三千院蔵古文孝経352・正文）

の例が存する。助字「於」が、「君」字からの返り点で直読されて訓読された例と、「君」字に読添語「ニ」の加点があって「於」字が不読された例が同一正文箇所に併記されて訓読が揺れている多重状態を示している。

これらの例も、文末の「也」、文中・文末の「之」と同様に、三千院蔵古文孝経の訓読語が訓点として残されている時代には、直読・不読の両方が出現する可能性の確率を持っていた時代であると記述し、その史料性を位置づけておくべきであろう。

八、三千院蔵古文孝経におけるその他の助字

三千院蔵古文孝経に認められる右以外の助字の訓読について触れておく。三千院蔵古文孝経における文末の助字には、下記の如きものが存して、不読符が付されている例が認められる。

〈文末の焉〉

17、侍（去）‐坐（去）スルニ因《に》二テ[而]諮《シ》（平）‐問（去）ス[焉]。（三千院蔵古文孝経15・孔安国序）

〈文末の烏（焉）〉

18、吾傳《レ》(去)を爲《ツク》ルコト[イ、爲(る)／トキニ]皆[之]［イ、之ニ]從《シタカ》ハ弗《ス》[烏][也]（三千院蔵古文孝経67・孔安国序）

これらの文末助字は、不読符の加点がない例もあるが、殆どの用例を不読と判断して矛盾はない。ただし、

19、績(入經)・焉《コレ》㆒より《ヨリ》大㆓なる《ル》は莫シ。（三千院蔵古文孝経253・正文）

の如くに「焉」字の直読例が正文に二例、注文に二例認められる。前項の場合と異なり、この同一箇所での直読・不読の揺れはない。「焉」字を考察の中心に据えれば、これも多重状態から選択された一方と見る事ができようが、前項の場合とは異なって、漢文脈に支えられての選択とか、漢文における「焉」字の意味論的問題の色彩が強いと見る必要があろう。

〈文末の矣〉

次の文末助字「矣」も、

20、其(の)説㆒爲《た》㆓るコトヲ度《ハカ》㆔ルに・誣《シ》㆑ヒタルコト《いたること》亦(た)甚シ[矣]（三千院蔵古文孝経35・孔安国序）

この例のごとく「矣」字には、不読符の加点があって、不読の確例と認められる例がある一方、

21、孝道・著《アラハ》レたり[矣]。（三千院蔵古文孝経3・孔安国序）

とした不読例に不読符の付されない例も存する。ただし、この場合は、「著」字に仮名点とヲコト点の加点があって、平叙の終止形文末をとっていると判断されるので、文末の「矣」は不読と認めてよかろう。「矣」字自体には加点がないが、動詞「著」の加点状況が、「矣」字不読の有標の根拠であると認められる。この「矣」字も直読例があって、

22、子曰(く)閨(平經)㆑門之内(訓)に礼(上)を具ヘタル矣《カナ》[乎]（三千院蔵古文孝経361・正文）

とした「矣」字の直読例が存して、三千院蔵古文孝経の内部に、不読・直読の例が併存するものの、この正文は他とは異なり複合文末助字で、この同一箇所において不読・直読が並立している訳ではない。先の「焉」字の場合と共に、

同一箇所で揺れがない事態は、多重状態であるとは言え、量子力学モデルのブラックボックス内の多重状態が、文末の「也」「之」とは異なった具体的状況が記述されるものと考えておかねばならない。

なお、右の例22末尾に現れる文末助詞「乎」は、右の複合文末助字の例では不読であったろうと推読しておいたが、他の箇所においては、単字の文末用法では、仮名点「ヤ」か、またはヲコト点「や」が加点されて直読される。

〈文中の也〉

23、若シ・其《そ》無（き）ときは[也]則（ち）斯《の》道・滅《ホロヒ》息（み）ヌ。（三千院蔵古文孝経4・孔安国序）

〈文中の矣〉

24、刑-傷（平經）一スルこと無二（けれ）は則（ち）其レ孝一ノ[乎]始《め》と為《ス》二ル所三以《ン》の者なり[也]。（三千院蔵古文孝経86・孔安国注文）

漢文中に出現する用例数は少ないものの、右の文中の「也」や「矣」などは、不読にされて、三千院蔵古文孝経の内部での揺れがない。「也」も「矣」も文中に出現するという状況に依っては、多重の存在とはならないと記述することもできる。

九、三千院蔵古文孝経における「則」字の訓読

さて問題は、右に用例を示した如く、不読符が不読字の全てに付されたものではなくて第七項の「文末の也」の項目にも述べたように、童蒙の訓読教育の達成に従って、巻尾に向かって次第にその出現が減少していく性質のものであったことに注目を要する。訓読語教育は、童蒙の訓読語の多重状態を変化させて、その具体的張合関係を変化させ

て行くもので、時間経過とともに多重状態の要素の確率が変化して行く歴史を形づくるものである。要は、不読符は童蒙期の加点の教育のために日本語史上存した符号であることが考えられるのであるが、不読字の学習を終え、不読字への理解が進むにつれて、不要になる、あるいは、訓点記入上の価値観の問題として長じては用いるべきではない符号であったろうと推測されるのである。ならば、再読符のようなものが存しても良い訳ではあるが、再読の場合は、仮名点やヲコト点の加点によって、再読であるとの表示は有標で可能である。しかし、不読の場合は、その不読字自体に認識の確実なレベルに於いて加点する仮名・ヲコト点が存しない。即ち、訓読をしないと表示するなにものも加点できない訳であるから、童蒙の教育の時期においてのみ「不読である」ことを確実に示すための符号として日本語史上に存在したと解釈できる符号である。しかし、一方で、不読字であるのに、不読符を付されないものも存することとは前項までに確認したところである。この有標か、無標かの落差には、それなりの言語事象に関する訓読者の認識が存在したものであると考えられる。即ち、脳裏のブラックボックス内の多重を形づくる要素間の使用確率の差に帰着しよう。

まず、「也」字の問題から取り上げてみよう。文末の「也」字には、多くの不読符が確認された。文末の「之」の字にも、不読符の加点が頻りに行われている。そうした不読符加点例の中に、文末の「矣」字などは、不読符の加点例があるものの、むしろ無標で不読される例の方が多い。この差は、学習者である童蒙が所謂「誤読」をしやすい字には有標で現れやすいとみることができまいか。つまりは、量子力学に言う多重状態の内実に対する価値判断の差である。

以下には、文中の「則」字の例を取り上げる。平安鎌倉時代の漢籍訓読においては、「則」字は、文中にあっては、「動詞＋ときには（ときんば）＋〔則〕」と条件句に続けて不読とされた字であるとされる。(25) しかし、三千院蔵古文孝経には、孔安国序文・古文孝経正文・孝経孔安国注文のいずれを問わず一切の加点が無い。仮名点も加点されないし、また、不読符も一切付されない全例無標の字である。この「則」字の訓読が問題となる。「則」字は、

25、使‐者の魯一に至二（る）毎三に・輙《タヤスク・スナハチ》（左傍「則也」書入）人‐事を以て請《コヒ》レ索《モト》ム。（三千院蔵古文孝経29・孔安国序）

右の書入の状況からは、「輙」字を「則也」注が存することを根拠に、「スナハチ」訓で読むことを示すものであろうから、「則」字に対しては、当時、「スナハチ」訓の結び付きが基底にあったと認めるべきであろう。しかし、本文には、全例が無加点で無標のままとされる。

小林芳規博士は、平安鎌倉時代の漢籍の訓読語を、平安後半期から鎌倉時代に掛けては、訓読語、訓読法の伝承が固定していたと認められているようであるが、ここでは、三千院蔵古文孝経の「則」字が総て無標であることを理由に、不読・直読の可能性が割合として相半ばであると見ることから出発せねばならぬであろう。つまり、多重状態の具体が記述できないのである。

全文の訓読文を作成する場合、現代の研究者の他資料の様態、時代などの視点から経験的観察・帰納の認識によって不読か、直読かが選ばれて訓読文が作成されることになる。現時点で三千院蔵古文孝経の総ルビの——実際には総ルビでなくとも——訓読文を作成しようとすれば、この「則」字は多重状態の中から、観察者（現代の訓読文の作成主体）(26)の観察によって「直読」「不読」のどちらかが実現されることとなる。

例えば、従来の研究上の方法としては、三千院蔵古文孝経以外の訓点資料の訓読法に根拠を求めて定めようとすることが行われてきた。例えば、三千院蔵古文孝経の訓読文を作成するにあたっては、文中の「則」字の訓読について補注などの詳細な注釈を行おうとするような営為である。先に引用した鎌倉時代の訓点資料である高山寺本論語は、

総ルビでの訓読文が公にされていて、清原本と中原本についての文中の「則」字の訓読が総ルビで再構成されている。(27)この高山寺本論語の訓読文を注釈のための用例に取れば、高山寺本論語清原本では、文中の「則」字には、仮名点の加点が有標で付されて「スナハチ」と直読される。高山寺本論語中原本においては、総ルビで作成された訓読文では不読とされる。ただし、実際には高山寺本論語中原本には、「則」字に加点がなく、無標である。こうした鎌倉時代における加点資料の実例を根拠として、三千院蔵古文孝経の文中の「則」字の訓読法を定めようとしても、直読するも、不読とするも、三千院蔵古文孝経に無標の「則」字の訓読は、確率上の問題でしかないことが理解されよう。

掛かる問題は、訓点資料の資料的評価の問題に深く関わって、漢文訓読語史の史観を形成するものであってみれば、等閑にはできないが、確実性の問題から、一形態の訓読法に収束することは無意味であるとせねばなるまい。一形態の訓読法に収束することを追い求めてみる必要性はあろうが、時代時代の漢文訓読語の様態を記述し、その歴史を求めようとする時、従来のような、総ての要素において融通の利かぬ一種類のみの解答を求めるのではなくて、可能性の群れ、集合体を求め記述する道があっても良いように思われる。量子力学における素粒子の存在は、本質的には、粒子であり尚かつ波動であって、一方であると結論されない。ただし、粒子として観察されるのか、波動として観察されるのかは、観察者の介在の仕方による。この本質論的見方を訓読語史に持ち込もうと言うのである。

稿者が考えている漢文訓読語史は、この項に問題にした三千院蔵古文孝経における文中の「則」字の訓読を例に取れば、訓読法の可能性としては、不読と直読「スナハチ」の二形態の集合―訓読要素の実現可能な許容範囲と言っても良い―が可能性として認められる。そうした捉え方によって時代時代の集合の要素の増減、出入りがあるかどうか漢文訓読語としての要素要素間の張合関係の歴史を描いてみることである。あるいは、更には、集合の要素が多い場合には、その集合の要素要素の実現可能性の確率を求めて、理化学における量子力学での多重性の記述の如くその変数の歴史を描いてみる方向で訓読語史を把握することを提案したい。

おわりに

本節は、三千院蔵古文孝経建治三年点を中心に、具体的な訓点資料の評価を行った試論である。先には、稿者の研究の基本的立場が、「日本的実存主義」にあることを確認した。具体的に訓点資料の訓読語に即して言えば、当時の加点者の持つ価値観の存在前提の更に前の、言語事象の素の現実存在そのものから研究を行おうとするものである。即ち、三千院蔵古文孝経の奥書に明示された如く、当時の漢籍の訓点資料に対して、「狼藉本」「証本」の評価語彙が存在した。この用語の意味には、「狼藉本」＝否定的な評価、「証本」＝肯定的な評価が含意されている。漢文訓読語史研究の基礎学としての研究の出発点を、この「正否」「善悪」「好悪」などの二見のパラダイムの成立する前の段階に置いて、総ての訓読語要素を等価に捉えて用例を収集し、訓読語の歴史を考えてみようとする方法の提示である。

三千院蔵古文孝経の訓読語に付随した価値判断は、このような、謂わば、混沌とした現実存在の訓読語の要素に、価値を付して選択しようとするところに存して、不読符の存在が意味を持つ。清原家の頼業・良業の相伝系統の訓読語を「証本」の訓読語と位置づけて価値を置いたのは、まさに、訓読語に対する価値評価の歴史のなすところであるが、訓読語の変化は、この価値のパラダイムを破壊転換されるところに生じた訳であろうから、その変化・変遷を論じるには、「日本的実存主義」の立場を取るべきであろうことは、理解いただけるところであろう。

訓読語の記述にあたっては、価値の二見に及ばざる先の用例を収集して、訓読語要素の集合体の状況を、「確率」

的な発想をもって両者の並存、多重性を前提に行ってみる試みを示してみた。かかる訓読語の記述方法は、稿者の独創ではない。量子力学において、素粒子の性質に関する多くの実験があって、例えば、光子の二重スリットの実験は、その中でも著名なものの一つである。光を二重スリットを通して壁面に像を結ばせると、干渉縞が現れることは周知のことであるが、二重スリットの通過を、光子一つ一つ順次通過させて壁面に像を結ばせても、一々の光子の集積が、干渉縞を作り出すことが知られている。即ち、光子や電子などの素粒子は、粒子として粒の性質を持ちながらも、同時に、波動としても存在するものであることが解明されている。この粒でありながら波である素粒子が、粒の性質を示すのか、波の性質を示すのかは、観察者の介在によって初めて決定されるとされる。

量子力学における著名な思考実験の一つに、「シュレディンガーの猫」と言われる思考実験が存する。思考実験の装置としては、閉ざされた箱の中に、猫を一匹入れて、放射性ラジウムと放射線カウンターとそれに連動した青酸ガスの発生装置を入れておく。放射性ラジウムがα崩壊を起こして、α線を出し、それを放射線カウンターが感知すれば青酸ガスが発生する。青酸ガスが発生すると閉鎖された箱の中の猫が死に至るという系の装置である。この場合、放射性ラジウムのα崩壊がいつ起こるのかは分からない。時間をおいて観察者が、蓋を開けて初めて猫の生死が判明する。観察者が観察した時点で猫の生死が決定されるのであって、蓋を開けるまでは、猫の生死は、確率として生50%、死50%である。表現を変えれば、観察者の介入があるまでは、猫は生きているが、死んでもいる状態であると言うことである。先述の表現に従えば、観察者の介入があるまでは、理論的には、「生死」の二見が成立する以前の状況であると言うことである。付言しておけば、現在の量子力学では、この外からブラックボックス中の具体を記述してみようとする努力が積み重ねられている。

この思考実験系に対応して、漢文訓読語史の場合は、漢文の同一箇所に対して、ある時代にどれだけの表現が成立する可能性があるのかの集合を求めて、その中の一要素が成立する可能性を、確率の変数として記述して、その歴史を求めれば、極めて寛やかでしかも硬直していない漢文訓読語史が描けるのではなかろうかと考えられた。こうした基礎学としての研究態度と方法を支えるために、従来からすでに知られている訓点資料を含めて、訓点資料の日本語史料としての評価を改めて見直すべきであろうと言うのが、本節の主たる主張である。

注

（1）谷村省吾「揺らぐ境界　非実在が動かす実在」（『日経サイエンス』第四十三巻第七号、平成二十五年七月、日本経済新聞社）。
（2）注（1）文献。
（3）注（1）文献。
（4）注（1）文献。以下、ベルの不等式、アスペ（Alain Aspect）らのベルの不等式に使った「常識的仮定」の中の実在概念に問題があったことに及んでいる。
（5）小林芳規『漢研』（昭和四十二年三月、東京大学出版会）第四章第四節「同一漢籍における諸訓法の系統」。
（6）「つらつら日暮らしWiki〈曹洞宗関連用語集〉」（http://wiki.livedoor.jp/turatura/d/%B0%D2%B5%B7%C2%A8%CA%A9%CB%A1）
（7）菅原研州氏の編纂中の注（6）引用の用語集で、同氏のブログ（http://blog.goo.ne.jp/tenjin95）も大いに参考になる。
（8）稿者の立職時の本則は、従容録第四則の「世尊指地」であった。
（9）原田弘道『現代語訳　従容録』（平成五年七月、大蔵出版）は、万松老人評天童覚和尚従容庵録を元に著されている。安谷白雲『禅の心髄　従容録』（昭和四十八年一〇月初版、平成二十年六月新装版、春秋社）にも、本文中に万松行秀の評唱を引く。
（10）大塚光信・来田隆編『エソポのハブラス　本文と索引』（平成十一年三月、清文堂）本文篇78頁「Inuga nicuuo fucunda

coto（犬が肉を含んだ事）」。

(11) かつて稿者三十代の頃だったか、畏友月本雅幸氏との談話の中に、月本氏の東京大学の駒場での受講経験談に、「味噌汁に写った我が顔。見ているのが私なのか、味噌汁に映っているのが私なのか」から始まる講義があったとの記憶による。

(12) 高山寺典籍文書総合調査団編『高山寺古訓点資料　第二』（高山寺資料叢書　第九冊、昭和五十五年二月、東京大学出版会）。

(13) 築島裕『興福寺本大慈恩寺三蔵法師伝古点の国語学的研究　研究編』（昭和四十二年三月、東京大学出版会）「第二章　訓法」、「第一節　傍訓注記についての一傾向」。

(14) 注(13)文献。

(15) 注(12)文献、「高山寺本論語清原本巻第七・巻第八中原本巻第四・巻第八解題　国語史研究資料としての価値」一一～一二頁。
小林芳規『漢研』（昭和四十二年三月）。

(16) 漢籍の訓点資料は、知られる如く平安時代の遺物が少なく、院政期以降にはその数を増す。特に、平安時代において、また、院政鎌倉時代以降の寺院における漢籍の扱われ方を知る手掛かりが極めて少ないと評価されよう。古辞書、音義や注釈書類は、僧侶の手になって今に伝わるものも少なくはないが、僧侶が、自ら漢籍の訓読を行わなかったとは考えにくかろう。現存資料の偶然性に左右されて、極めて難しい課題であろうが、平安鎌倉時代の寺院における漢籍の訓読の様態、僧侶の具体的なことばの解明が必要とされよう。

(17) 小林芳規『漢研』（昭和四十二年三月、東京大学出版会）、「漢籍古点本奥書識語集」に従えば、仁治本古文孝経のこの奥書は、左記の資料にも見られる。
○古文孝経　二軸　松岡忠良氏（一四六二頁、關靖『金沢文庫の研究』（昭和五一年、芸林舍））。
○古文孝経　京都大学附属図書館（一四六五頁）。

(18) 桃裕行『上代学制の研究　修訂版』（平成六年七月、思文閣出版）。

(19) 小林芳規『漢研』（昭和四十二年三月、東京大学出版会）、「漢籍古点本奥書識語集」による。

(20) 一般的に、漢文訓読語史の変化・変遷を考えた場合、ある時点から劇的に急に言語事象が交替する状況は、頻繁ではなかろう。突然に新しい言語事象が現れる場合もないではない（本書第一章第二節）が、自然なる言語変化の様態を考えれば、むしろ、新旧の言語要素が共存する時代があって、新たな表現を求めて新しい形に交替するようなモデルの方が一般的であろう。

(21) 拙著『平安鎌倉時代漢文訓読語史料論』（平成十七年二月、汲古書院）七〇三頁〜において記した如く、切紙や一紙物の作法書、類聚された作法書を除いては、明確に正確な移点関係にある資料で、ある程度の言語量を持つ成書としては東寺観智院蔵金剛頂蓮華部心念誦儀軌実範点と随心院蔵金剛頂蓮華部心念誦儀軌養和二年（一一八二）点以外に知見を得ない。

(22) 本書第五章第六節。

(23) 小林芳規『漢研』（昭和四十二年三月、東京大学出版会）。

(24) 鎌倉時代の古文孝経の訓点資料の史料性は、総てが三千院蔵古文孝経と同じであると言う訳ではない。猿投神社蔵古文孝経建久六年（一一九五）点には、複数の訓読法が混在しているが、仁治本古文孝経は、その元となった古文孝経の加点本を、「狼藉本」であると評価をして、廃棄し、改めて「証本」を作り直したものであることは、内部徴証としては訓読法が殆ど単一であること、また、奥書にその事情が記されている。また、仁治本古文孝経の奥書は、本奥書として引かれた訓点資料があるので、訓読史の上からは「証本」の扱いを受けていたものであることが知られる。

(25) 注（23）文献。

(26) 現代の研究者に限る問題ではない。三千院蔵古文孝経には、多くはないが鎌倉時代に限らず、後世の仮名が加点されていると判断されるので、三千院蔵古文孝経が書写されて成立して以来、後世の訓読者がこの伝本を享受し、訓読を実現した可能性は非常に高いと判断されるが、その後世の享受者も、文中の「則」字を訓読する際、権威となっていた博士家清原家の訓読法に価値を認めるのか、または、そうした規範観念を持たずに訓読したかによって、直読・不読は、半々の確率を以って実現されたと考えるべきであろう。

(27) 注（12）文献。

補注

下点（八六頁）

半井本医心方天養二年点（東京国立博物館・ネット上で公開されているe国宝）の奥書には、第一次の藤原行盛の訓点を「初下點」として「下」字を使い、第二次の丹波重基の訓点を「重加點」と「加」字で表記している。漢文訓読語史の研究史においては、加点状況を「祖点」と「移点」との対立概念で捉えて来た。「移点」とは、親本の訓点を別の本文に移し取る場合を言う。「祖点」とは、漢文に対して新たに訓点を下した場合の謂いであって、本書においては「祖点」としての加点を特に「下点」の語を用いて表現した。即ち、訓読語、訓点の創始のことを指す。

訓読語基調（一一四頁）

漢文訓読語らしさと言う当時の人々の印象的認識のプロトタイプ的な部分を想定しての述語で、内実が実証されるものかどうかの大きな課題を抱える。本書第六章第三節は、この観点から「訓読語らしさ」の一端を問うた解析視点である。分析視点のレベルとしては、和文語に対する漢文訓読語の本質を差した語。類聚的漢文訓読語資料においては、部分部分の特徴を超えた一資料態に通底する訓読語の様態のこと。

漢文を訓読しようとする際、既に原漢文に表現された漢字は、不読に扱われる少数種の漢字があるものの、基本的には訓読の対象となって訓読語の構造を支える。これらは、日本語表現たる訓読語においても重要な要素で、概念的には漢文と日本語たる訓読語に共通するものである。日本語たる訓読語には、漢文では漢字表記されない「読添語」が付け加えられて読み下されるのが通常である。この「読添語」には、日本語の補助動詞、助詞、助動詞（ヴォイス、テンス・アスペクト、モダリティなど）、稀に自立語が読み添えられる。理論的には、この読み添えられる要素は、必要最低限と覚しき段階から、長大な語を連ねての段階までの想定が可能である。最低限読み添えられる場合は、原漢文の表現に近いところで訓読語表現が成立していることとなる。長大な読添語を採る場合は、より大和言葉の特性に寄った表現だと評価できよう。この数直線上のどこに現れるかを念頭に和文語などとの距離を想定した術語として用いた。

多重性（一二七頁）

量子力学に使われる術語で、二重スリットに素粒子である光子を一粒ずつ当ててスリットを通過させると素粒子一粒一粒が累積して二重スリットの向こう側にあるスクリーンには、波の特徴である干渉の格子縞が現れる。光は、粒である光子の性質と同時に波の性質を同時に持った存在であると考えられ、この複数の性質を同時に持った状態を多重状態と言う。

漢文訓読においてこのモデルを借用すると、漢文訓読法が学習によって訓読者に蓄積して行けば、例えば、「之」字を不読にするのか、指示代名詞訓を与えるのかは訓読者の中には等価で複数存在することになる。この状態を多重性・多重状態と表現した。訓読者の内部にある訓読法の多重性は、訓読者が実際の漢文に対した時に、いずれかが選択されて訓読されると考える。

本書には、複層性とか多層性という術語も使っているが、これは一漢文のある紙面に年代を隔てた別々の筆の訓読語が、層をなすように複数加点されている状態を指す。あるいは、別々の個々人の訓読語が同一紙面に記されている状態を指す。

この複層状態の訓点資料を、ある時代に一人の移点者が多層の訓点を区別せずに一筆で移点した資料からは、層が認識できず、目に見える多重状態になっていると考えられる。

ーー切（一三七頁）

反切の表記は中国の五代時代までは「ーー反」と表記したが、宋時代に入って「反」は反乱に通ずるとされて嫌われ、反切の切字に改められ「ーー切」の表記を採るようになる。広韻や広益会玉篇の反切は「ーー切」と表記されている。本邦の訓点資料の書入注は、十二世紀以降の資料には「ーー切」が使われるようになって、書入注が書き込まれた時代が推定できる。十三世紀の訓点資料で、金沢文庫本群書治要には、「宋韻」の書名と共に「ーー切」を用いた例が見出せる。

なお、本邦では、本来の中国での「反切上字声母＋反切下字韻母＋反」の反切法を示した表記法が和化して、「万葉仮名＋万葉仮名＋反」と表示して「反」が反切法を指すのではなく、広く字音表示の意に拡大して使われた例がある。空海の一字頂輪王儀軌音義や、大東急記念文庫蔵金光明最勝王経音義に認められ、平安時代の訓点資料にも書入注に認められる。

庭訓（二一一頁）

漢籍の訓読に関して言えば、博士家などにおいて、親が子に教えるべき当該の博士家での訓読の知識や訓読の形式、訓読語。家訓。家説。

ゲシュタルト（三三八頁）

ドイツ語で形態、様態の意の心理学などに多用される語。例えば、本書では、角筆の書き入れについて形態上折れ目や傷も含めて、線や鈎などの凹みのあることを認める精神活動を〝認知〟と言うことばで記述した。この物理的認知の結果である線や鈎の組み合わせが文字として知覚されることを特に、文字としての〝認識〟と言うことばで表現したが、この線や鈎の組み合わせが統体としてより抽象的観念に知覚される機構をゲシュタルトと称する。

角筆書入の場合、凹みが集合、組み合わさって、物理的な痕跡のレベルではなく、文字や記号など人間精神活動のより高次の観念を生むこと。

方書（四〇〇頁）

マニュアルのこと。密教の事相書には、諸尊の供養の方法が記されているが、諸尊の像描法、印契の結び方、諸尊供養の所作進行の次第などが記されている。こう言った書を方書と言う。また、本著の資料として取り上げた医心方は、ある病を治療するのに、その次第を書いた箇所が多く、薬の調合法や服薬の方法、鍼灸の次第を書いたもので、これも方書と言う。

プロトタイプ的（意味）（四一二頁）

認知意味論などで良く使われる術語、あることばの意味の外延を切り捨てて、語の意味の原型、中核的意味を指す。

現行の認知意味論などの研究の射程は非常に短かく、純粋には共時論による現代語しか対象にできない。日本語史などの歴史的存在としての言語を研究の対象にする場合、認知言語学は役に立たぬが、歴史言語における概念としてプロトタイプ的意味を立てようとする場合、意味の量的構造を記述して、当時の言語主体の認知に近付こうとする営為は可能であろうと考える。

アブダクション（四五一頁）

古く、ギリシャ哲学ではアパゴーゲーとも言い、個々人の経験則に基づく仮説推論のことを言う。結果と法則性（経験則）とをもとにしての推論（思いつき）のことで、仮説と法則性とをもとに結果を導く推論である演繹法とも、仮説と結果とから法則性を推論する帰納法とも異なる論理的推論法のこと。

個人の経験則に基づく推論法であるため、コミュニケーションにおいては、発信者の意図した仮説の像とは異なる観念を受信者が構築する場合がある。導き出された仮説の成立理由については、経験則の拠り所となる経験の関連性をことばで説明する必要があって、そのためには、膨大なことばが必要だと考えられる。禅に「以心伝心」「教外別伝」「不立文字」等と言われる〝直知〟に等しい。

赤井清晃「アリストテレス『分析論前書』B25におけるアパゴーゲーについて」、『シンポジオン』第四十四巻、平成十一年三月。

C14法（六四六頁）

炭素の放射性同位体C14を使った年代測定法。文科系も埋蔵文化財学や考古学ではよく知られた年代測定法である。

宇宙線が地球に降り注いで大気と衝突し、中性子の第二次宇宙線が作られ、その中性子が大気中のN^{14}と衝突してN^{14}から陽子一つを取り去って、C^{14}が作られる。C^{14}は、酸素と結びついて二酸化炭素を形作る。C^{14}は、地球上においては、存在比率が一定であると言われ、その半減期は５７３０年でβ崩壊を起こしてN^{14}になる。例えば、植物は、二酸化炭素を取り込んで光合成を行うが、植物が生きている間は、植物が持つC^{14}は、一定の比率である。しかし、生命活動を止めれば、植物内のC^{14}は、減少に転じる。このC^{14}の残存比率から、植物が生命活動を停止した年代測定ができる。この物理変化を使って行う年代測定法を、C^{14}法と言う。

近年、酸素同位体年輪年代測定法が開発された。この方法は、一年単位の年代推定が可能で、分析の試料とするセルロースも少量で良く、安価正確に年代測定ができるが、この年代測定法には、五十年ほどの実見できる年輪の存在が必須で、年輪の残る建築構造材の年代測定等には適しているが、和紙のセルロースの年代測定には不向きである。

ブラックボックス（七〇八頁）

ブラックボックスと言う語は、恐らく、現代日本語では位相においてのプロトタイプ的意味が異なるものであろうと思われるので、補注を掲げて本書での定義を付け加えておく。何が「普通の意味か」と言った認識が異なる語だと思われる。本書での用語として意味論的に問題なるのは、本書の主課題である日本語史の解析を、理化学的なモデルを引き合いに分かりやすく説明しようとした文理のギャップと、特に、量子力学的知見を基に、その思考モデルを援用して解析をしようとしたことに原因がありそうであるので、ページを割くこととした。量子力学自体の思想性は、哲学に取り上げられての学史も長いものであるから、本書でのメタファーもご理解戴けるかとも思うが、諄くなることを承知で以下に記述しておく。

実際の現代日本語における「ブラックボックス」使用例の収集と記述が不可欠であることは言うまでもないが、まず、文、文章における他語との共起関係で説明を加えておく。例えば、

〇飛行機のブラックボックスを回収する。

とあれば、前後の語意を限定する文脈が存在しなくとも、「フライトレコーダー」の意味で使われる蓋然性が高いであろう事は容易に類推される。実際の使用例を帰納して例外を指し示すことも出来ようが、本書に術語として使っている「ブラックボックス」は、「フライトレコーダー」と特定される意味ではない。

量子力学に限らず一般に、理化学において、特定の一つの系で、ある装置なり、回路なり、あるいは動物進化の一過程への入力が明確に記述できて、装置、回路、進化を通過した出力も記述できるにもかかわらず、その装置、回路、一部の進化の内部の過程や動作が不明である場合、その装置、回路、進化過程などをブラックボックスと比喩的に称する。本書に引いた「シュレディンガーの猫」の思考実験について説明すれば、ある箱を設けて中にα崩壊を起こす放射性物質と、α崩壊を起こした場合のα線の感知装置と、α線を感知した場合に起動して青酸ガスの入った容器を破壊する装置を連動させて置いた中に、生きた猫を入れ蓋を閉めて放置する。如何程かの後に、観察者が蓋を開ければ、猫の生死が判明するが、入力に当たる猫の箱への封入時には猫は生として記述され、観察者が蓋を開ける出力時には、猫は生または死として記述されるものの、入力から出力までの経過時間内の猫の状態が如何なる過程を刻々と経ているのかは不明である。閉鎖された箱内を確率の点から記せば、猫は生50％死50％で生死重合状態であることになるが、この記述不能の閉じられた箱状態を、ブラックボックスと称して本書に使用した。

この思考実験モデルを、漢文訓読語の言語学習（入力）→漢文訓読語の言語表現（出力）の系の説明に比喩的に、メタファーとして、また、時にメトノミーとして使用したのが漢文訓読語史解析研究を主題とした本書での「ブラッ

クボックス」の術語である。端的に言えば、人間の頭脳と言う箱と、その箱の中に存する思考過程をモデル化して言ったものである。

漢文訓読語の学習（入力）において学習者が獲得する材料である具体的な語形や訓読法は、学習の基となった訓点資料に従って具体的に記述する事が可能である。即ち、箱に入れられる前の猫は生きていると記述される。日本語表現として具体化され表出（出力）される日本語表現の様相もまた紙の上に文字、符号として残されて、具体的に実現された語形や訓読法は訓点資料によって記述される。即ち、箱に入れられて時間の経過を経た後の猫の生死は観察者の認識によって記述される。

しかし、問題は、入力と出力との間に存する訓読者の思考過程である。漢文訓読における用語選択の評価基準であり、また、漢文解釈とそれに基づく訓読語形の確定原理である。

量子力学における「シュレディンガーの猫」の思考実験では、箱に封じられて過程の見えない多重状態は単純で、猫の生死の二重性であるが、例えば、箱にサイコロを入れて封じ、蓋をしたまま箱を振って後に蓋を開けて得られる可能性は六種で、箱が振られている間の多重状態は、猫の生死の三倍の、あるいは、1/6の六重の多重状態で存する事となる。嘗ての量子力学の学史においては、この多重状態を起こしている系の一部はその内実の記述は不可能で、多重状態を思索しても意味が無いとして放置されてきた。認識を基に記述することが不可能だと考えられていた部分は「ブラックボックス」として内実の解明を放棄してきた所である（例えば、マーミンの野球原理・本書第六章第四節など）。

量子力学研究史において、アハラノフの出現以来、この多重状態の記述の可能性が拓かれて、多重状態記述の努力が重ねられて来ている。理化学系における多重状態解明の努力を念頭に、漢文訓読語史における漢文訓読語の成立原理、延いては漢文訓読語の歴史的変化の力学的原点を人間の頭脳内の（思考思索の）多重状態解明記述によって跡付けてみようと提案したのが本書である。

理化学系における多重状態の記述解明も緒に就いたばかりの感が強いが、漢文訓読語史における多重状態の記述解明の解析法も、理化学系にアイデアを求めようとするのが稿者の立場である。どれ程の要素がどの様な多重状態を形作って後に一語形が選択されるかと言う要素の異なり数さえも漢文訓読語史においては明らかにはされてはいない。

このような解析モデルを立てる事に対しては、殊更に奇をてらって理化学系にモデルを求めなくとも、既に認知言語学において説かれ、その業績も積み上げられて来ているではないかとの反論が予想される。稿者が考えようとする漢文訓読語史解析モデルの一部となる可能性を認めて、その点では認知言語学に多重状態解析の一視点を託すことに異論は無いが、ただし、多重状態解析の全てを覆って記述解明するには認知言語学の視野は狭すぎると評価せざるを得ない。特に問題とすべきは、本書でも触れたが、言語研究の射程の短さの問題で、認知言語学の場合の研究の射程は、純粋理論的には現代語の共時態にしか及ばない。漢文訓読語史解析と言う歴史性の解明には極めて不足の多い方法であるとしか稿者には評価できない。

漢文訓読語の歴史は、この多重状態の変化であると考える。即ち、各時代時代における漢文訓読語表現過程のブラックボックス内の多重状態は、まず、入力時の多様性を受け容れることに始まる。この入力、即ち、漢文訓読語の言語学習も、学習者個々人に言語学習個体史がある問題で、この入力の記述も、本書の視点の立場からは、従来行われて来てはいないと認められる。出力側、即ち、漢文訓読語表現として生成された現存の古訓点資料については、記述を心掛けられてきた研究史があるが、課題は山積していると見るべきであろう。就中、漢文訓読語の言語主体の頭脳の箱の中、ブラックボックス内の漢文訓読語表現過程の多重性は、入力→多重状態→出力の過程において、かかる研究解析視点では、殆ど無視されてきたと評価せざるを得ない。

ブラックボックスへの漢文訓読語に纏わっての入力は、絶え間ない学習、教育による入力であって、漢文訓読語個体史においての変化が激しい。語形や語法と言った形式だけの問題ではなく、幼児の日本語習得の場合と同じく語形等に伴う言語表現評価や価値の習得であり、外国語学習法、即ち漢文読解法の深化を求めての思考活動なども含まれて、単純なものではない。

時々刻々の漢文訓読語表現の出力に至る前のブラックボックスの多重状態記述の可能性は、例えば、平安鎌倉時代を例にとれば、和文語に関する同様の表現過程の記述解析に比べて、遺された資料の種類、量が圧倒的に多い。漢文訓読語研究の対象とされて来た訓点資料は元より、古辞書音義、日本漢文資料などは多重状態記述の基礎資料となるが、和文語解析については、ブラックボックス内記述のための資料が皆無とは言わないが、遺されているのは専ら出力資料である。漢文訓読語表現におけるブラックボックス内の多重状態記述のための資料は、右のみではなくて、漢文訓読語表現の相対的評価のためには、中国における古辞書音義、類書の援用も、また、研究解析の外延に属する資料としては、片仮名交り文や注釈書、仏教の教義書など学術書等が実態記述を支えて解析できると見込まれるので、ブラックボックス内の多重状態解明の可能性は、他資料群に比較して高いものであると考えられる。

各章各節初出一覧

第一章　ことばの変化と人間

序　節　ことばの変化と人間

　書き下ろし。

第一節　天台宗寺門派西墓点資料における平安時代中期・後期の声点

「天台宗寺門派西墓点資料における訓読語の活動―平安中期・平安後期資料の声点を中心に―」（『広島大学大学院文学研究科論集』第六十九巻、平成二十一年十二月）。

第二節　院政期の天台宗寺門派西墓点資料における「△」声点の発祥と伝流

「院政期の天台宗寺門派西墓点資料における声点―「△」声点の発祥と伝流―」（『表現技術研究』第五号、平成二十一年三月）。

第三節　声点に見る平安時代天台宗寺門派の教学的アイデンティティー

「平安時代の天台宗山門派と天台宗寺門派―寺門派の学問的アイデンティティとは―」（『広島大学日本語史研究論集』第二号、平成二十八年三月）。

第二章　ことばの多重構造

序　節　類聚集成資料の解析方法

書き下ろし。

第一節　仁和寺蔵医心方における訓読語の組成

「仁和寺蔵医心方における訓読語の形成」（『訓点語と訓点資料』第一二一輯、平成二十年九月）。

第二節　高山寺蔵伝受類集鈔の訓読語基調と史料的評価

「高山寺蔵伝受類集鈔の訓読語基調と史料的評価―訓読語に現れた待遇表現を中心に―」（『訓点語と訓点資料』第一二二輯、平成二十一年三月）。

第三節　高山寺蔵儀軌資料における書入注の諸相

「高山寺蔵儀軌資料における書入注の諸相」（『平成十九年度高山寺典籍文書綜合調査団研究報告論集』、平成二十年三月）。

第四節　儀軌の訓読語と加点

平成十六年度～平成十九年度科学研究費補助金基盤研究（C）『平安鎌倉時代における儀軌・次第訓点資料の漢文訓読語史的研究』研究成果報告書、課題番号一六五二〇二八〇、平成二十年三月。

第三章　ことばの資料の実存の意味

序　節　伝存資料と非伝存資料の訓読語

書き下ろし。

第一節　半井本医心方天養二年点における初下点の訓読語と重加点の訓読語

書き下ろし。

第二節　「証本」の訓読語史と「狼藉本」の訓読語史

書き下ろし。

第三節　漢籍訓点資料における訓読語の位相と文体

「漢籍訓点資料における訓読語の位相と文体—複製資料に依拠した研究を巡って—」（『古典語研究の焦点』、武蔵野書院、平成二十二年十二月）。

第四章　ことばの実存の諸相

序節　漢文訓読語史の文体解析

書き下ろし。

第一節　上表と勅答の訓読語

「高山寺蔵不空三蔵表制集院政期点について—上表と勅答の訓読語における待遇表現法を中心に—」（『平成二十三年度高山寺典籍文書綜合調査団研究報告論集』、平成二十四年三月）。

第二節　源氏物語絵巻・元永本古今和歌集における敬語表現法について

「平安時代和文資料における敬語表現法について—源氏物語絵巻・元永本古今和歌集を中心に—」（『平成24年度前期・文学部・日本語史—短信・授業ノートNo.1』、平成二十四年八月）。

第三節　知恩院蔵大唐三蔵玄奘法師表啓平安初期点における待遇表現体系

「知恩院蔵大唐三蔵玄奘法師表啓平安初期点における待遇表現体系について」（『広島大学大学院文学研究科論集』第七十二巻、平成二十六年十二月）。

第四節　石山寺蔵仏説太子須陀拏経平安中期点における訓読語の文体

「石山寺蔵仏説太子須陀拏経平安中期点における訓読語の文体」（『訓点語と訓点資料』第一二七輯、平成二十三年九月）。

第五章　ことばの解析試論

序　説　漢文訓読語史の方法

書き下ろし。

第一節　平安後半期・鎌倉時代における漢文訓読語解析試論

「平安後半期・鎌倉時代における漢文訓読語研究試論—高山寺蔵大毗盧遮那経広大成就儀軌永久六年点本を中心に—」（『平成二十一年度高山寺典籍文書綜合調査団研究報告論集』、平成二十二年三月）。

第二節　高山寺蔵金剛頂瑜伽経寛治二年点の訓読法

「高山寺蔵金剛頂瑜伽経寛治二年点の訓読法—訓点資料における文末表現体系記述の試み—」（『平成二十一年度高山寺典籍文書綜合調査団研究報告論集』、平成二十二年三月）。

第三節　中院僧正明算の訓読語

「中院僧正明算の訓読語（上）—宗派流派内の訓読語体系の記述を巡って—」（『広島大学大学院文学研究科論集』第七十巻、平成二十二年十二月）。

「中院僧正明算の訓読語（下）—妙法蓮華経明算点の文末表現—」（『広島大学大学院文学研究科論集』第七十一巻、平成二十三年十二月）。

第四節　訓点資料における訓読語複層性の一様相

「訓点資料における訓読語複層性の一様相—東寺観智院蔵大毗盧遮那広大成就儀軌の場合—」（『広島大学大学院文学研究科論集』第六十八巻、平成二十年十二月）。

第五節　漢文訓読語史研究における同文比較法の陥穽

「漢文訓読語史研究における同文比較法の陥穽」（『表現技術研究』第七号、平成二十四年三月）。

第六節　鎌倉時代漢籍訓読における訓読法の多重性

「鎌倉時代漢籍訓読における訓読法の一実態——高山寺蔵論語巻第七・巻第八清原本を例として——」（『平成二十二年度高山寺典籍文書綜合調査団研究報告論集』、平成二十三年三月）。

第六章　ことばの歴史的研究の課題

序節　漢文訓読語史研究の課題

書き下ろし。

第一節　平安初期における密教経典の訓読語

「平安初期における密教経典の訓読語——石山寺蔵金剛頂瑜伽経仁和二年点本について——」（『表現技術研究』第六号、平成二十二年三月）。

第二節　角筆書入の認知・認識と年代推定

「角筆書入の認知・認識と年代推定——文献資料研究者の潜在的不安と憂鬱——」（『平成二十二年度 広島大学公開講座『広島のことばと文芸』「凹み文字〈角筆文献〉の言葉——広島県伝存資料の場合——」発表用原稿の一部』平成二十二年十月二日 於広島ＹＭＣＡ）。

第三節　喜多院御室守覚法親王の口頭語資料

「喜多院御室守覚法親王の口頭語資料——随心院蔵野決鈔の仮名交じり表記の文章を中心——」（『日本語の研究』第五巻第三号、平成二十一年七月）。

第四節　日本語史解析資料としての漢文訓読語史料

「訓点資料の日本語史料としての評価について（上）」（『広島大学大学院文学研究科論集』第七十三巻、平成二十七年十二月）。

「訓点資料の日本語史料としての評価について（下）」（『広島大学大学院文学研究科論集』第七十四巻、平成二十六年十二月）。

あとがき

旧著の『平安鎌倉時代漢文訓読語史料論』（平成十九年二月、汲古書院）は、広島大学に提出した学位論文であった。学位論文の公開は、学位決定直後に行うのが義務付けられていたが、本師であり広島大学文学部国語学の前任であった小林芳規先生の出版の許可が出ず、十年。小林芳規先生の方から出版の許可が出たのは、忘れもしない栂尾高山寺法鼓台の玄関前でのことであった。学位論文殆どそのままを基に書き下ろしを加えて、小林芳規先生の序文を頂戴して、汲古書院のお世話になり、世に問うた。その十年程の間に、私的には様々なことがあった。広島大学に帰任して平成十年七月二十五日夕刻、センターラインを越えて来た乗用車との正面衝突。家族皆が救急入院、特に、息子の怪我が酷かった。痛恨の巡り合わせであった。翌年、心臓の不正脈が出た。心室頻拍、心室細動。埋込型除細動器の手術を受けるも、少なくとも二度は死んだ。除細動器の電気ショックが効かず、七・八回の電気ショックの後に蘇生した。除細動器の電池が少なかったら今ここに「あとがき」を記してはいまい。今も日々、自らの死と対峙して居る。そんな中、旧著『平安鎌倉時代漢文訓読語史料論』を上梓して戴いた。校正も入院中のベッドの上でやった。索引が付かなかったのも、そうした状況下の断念であった。旧著は、汲古書院に多大なお世話を掛けたが、汲古書院の出版目録に、品切の文字を見た時には、目頭が熱くなった。あの感覚は今でもなお忘れられない。

単著二冊目の本書も、汲古書院のお世話になる。旧著から本著の間の十年間にも、様々なことがあった。本著でも使わせて戴いた各寺院の資料。各寺院には、心からの感謝を捧げたい。大津石山寺、仁和寺、教王護国寺（東寺）、随心院、栂尾高山寺。高山寺では、感謝の心を尽くしても尽くし切れないお方である前山主、小川千恵参学老師が遷化された。私は、その葬儀にも拝登できなかった。その数年前から、県外への旅行ができなくなっていた。お世話になっていた京都、滋賀の寺々に、調査に拝登できぬ体調になっていた。

参学師と言えば、築島裕先生も天国に召された。私が最後のお言葉に接したのは、栂尾高山寺の明恵上人御廟に上がる石段下で、石段が登れぬ二人で石に腰掛けて話すのを、学兄沼本克明さんが少し離れて見守って下さった。その学兄沼本克明さんも、泉下の人となられた。東寺で御一緒させて戴いた参学師馬渕和夫先生も今はいらっしゃらない。学部時代、入学時のガイダンスが終わってお声をかけて下さり、教育の何たるかをお示し戴いた野地潤家先生も、九十五歳の生を全うされた。

参学師室山敏昭先生、大槻和夫先生は御健在で今もフェイスブックを通じての御指導を忝くしている。いつまでも暗夜の灯であって戴きたい。

旧知にも深謝申し上げたい。東京大学の築島裕門下でも特に、東京大学の月本雅幸さんと、青山学院大学の近藤泰弘さん。お二人と初めてお会いしたのは、広島大学教育学部四年生の卒業の三月。場所は、栂尾高山寺であった。以来、約四十年。東寺観智院金剛蔵の調査でも御一緒した。三十代末からか、近藤泰弘さんとは、年賀状のやり取り位になったろうか。暫く往来が無くなったが、旧著を献じた折、心臓に良いからと、極上の蜂蜜を送って戴き、電話を掛けて貰ったのだが、思いあまって多くの会話を交わせなかった。今は、フェイスブックを通じての往来がある。

月本雅幸さんとは、私の持病が進んで、五十代半ば、調査旅行に出掛けられなくなるまで、多い時には、毎月会っていた。メールの往復も多かったし、電話での話も度々であった。私の持病が判った時、月本雅幸さんにその持病の事を打ち明けた。発作が、調査先で出るかも知れないと言った電話の向こうからは、そのつもりで居るからとの返事があって、甘えて調査行の寿命を延ばして戴いた。旅行に出掛けられなくなって今や往来が途絶え気味である。去る者は日日に疎し。だが、たまに電話での会話があれば、昔とちっとも変わらない彼の声が聞こえる。

調査に出掛けられていた頃を思い出すと、石山寺では奥田勲先生、高山寺では石塚晴通先生にお世話になった。記して礼情を述べたい。

各章の序節には、理化学的な記事を書き込んだが、科学哲学、理論物理学、実験物理学方面の興味を支えて戴いたのは、元広島大学大学院理学研究科、現大阪大学理学研究科の寺田健太郎さん、広島大学大学院先端物質科学研究科の高橋徹さんらとのお付き合いを、幸いにも、理学研究科主催のサイエンス・カフェを通じて得た事の影響が大きい。記して御礼を申し上げたい。元々は、角筆の理化学分析を考えていた時期であり、皆さんに接して天文少年であった在りし日の自分が蘇った。理学研究科、先端物質科学研究科の皆さんとのお付き合いが無ければ、各章に序節を設けて書いた理化学的な文章は書けなかったろうと思う。自己の記述研究のモデル化は、理科系の学問に負うところが大きい。ただし、文学研究科と言う教育研究の場にあっては、常にマイノリティーであったように思う。あるお方には「非常識の気狂い」と大声で罵倒されたが、それにも礼を述べておく。「常識的で自己の研究は正常だと疑わない」学問研究には、今や何の魅力も感じはしない。

後進と言っては我が意に沿わないし、かかる「あとがき」に年下の方を取り上げるのは、彼には失礼なのかも知れないので、氏名は明かさないが一言礼を述べておきたい。彼のリベラルさは、築島裕先生の上を行っているように感じる。今や往復はほとんど無いが彼の南欧に外遊中には、メールの往復は仕切りであった。表裏の無さは皆の知る所であろうが、価値観の完徹については、真実、彼に学ぶ所頻りであった。後生恐るべしであるが、さらなる大成をして欲しいと願う一人である。また、同門の方々には、名を記さず失礼をするが、学的刺激を絶えず戴いた。

本書は、本師小林芳規先生を如何に越えるかに力を注いだ部分がある。洞門の山寺で生を受けた宿命であると思っている。只管打坐と言い。生涯一雲水と言い。日々、本師の面影と対峙しての問答。所謂、日々、脱構築の生きざまである。本師、小林芳規先生に謹んで深甚の謝意を捧げたい。

私の生まれた曹洞宗と言う環境には、授業師、本師、法幢師、参学師と言った師々がある。授業師は、授戒得度の師で父である。法幢師は、立職法戦をして和尚となる際の師で兄である。参学師は、他山の尊宿。

本師とは、生涯の師であり、姿を追い続ける師でもあり、また、超えて行かんとする最大の目標でもある。所謂俗人でいらっしゃるが、大学院入学の際、法幢師の兄、授業師大徹寶雄から弟子に出された先が、小林芳規先生その人である。今もペンを握り続けられる姿、全世界に張られた調査・資料収集の網、その学問的体力には、私は足下にも寄れない。今は、正月に寿餅をお届けして息災をお祈りする程度の行き来、問答の最中とも言うべきで、本書にも、本師の学問批判の文章を載せた。本師よりも、深くに至ったか否かは心許ないところであるし、その批判に基づいた実践は果たしては居ない。出来るなら、本師のご指導を仰ぎたい。

実は、本書の「緒言」の執筆を「八朔」に拘った。格好を付けたかったのは、本書がまだ若い実りである事を印したかった。秋の実りには、未だ未だこれからだと銘じたかった。

本書の出版には、汲古書院のお世話になった。本来なら原稿を抱えて上京し、面談をして、目をお通し願うところであるのはよく分かっている。失礼ながら、書面を認めた。この失礼な所為に、三井久人社長からは、丁寧なご返報を頂戴した。この出版事情の厳しき折、深甚の御礼を申し上げたい。ただ、専門書については、出版社の役割は無くなることはないと感じている。また、本書の編集の諸事務にあたって戴いたのは大江英夫氏である。細やかなご配慮を戴き、世に本書の批判が問えるのは専ら、汲古書院編集部のお蔭である。謹んで記して深謝申し上げる。

本書の印刷は、モリモト印刷の手を煩わせた。前著の出版時には、印刷所の仕事面でのプライドを傷付ける仕儀に及んだが、本書の組み、印刷をご担当戴いた。恩義に心からの謝意を捧げたい。

昭和五十七年四月、広島大学助手（文学部）に任用されて以来一筋に国立大学の教壇に立ち続けて三十五年、来春三月には健康上の理由に依って現職を退く許可を、広島大学長より戴いている。本書の上梓を思い立ったのは、現職を去るに当って在職中の御交誼御教導を忝くした諸位尊宿に対しささやかな謝誼に代えんとしたからである。謹んで本書を奉じて、深心の謝意を捧げる次第である。

平成二十九年六月十六日　芒種黄梅幽馨

松　本　光　隆　識

著者略歴

松本　光隆（まつもと　みつたか）

昭和30年　広島県庄原市生
昭和57年　広島大学大学院文学研究科博士課程後期中退
現在　広島大学大学院文学研究科教授、博士（文学）
著書『平安鎌倉時代漢文訓読語史料論』（平成十九年二月、汲古書院）

平安鎌倉時代漢文訓読語解析論

平成二十九年八月十日　発行

著者　松本光隆
発行者　三井久人
整版　左口昌克
印刷　モリモト印刷

発行所　汲古書院
〒102-0072　東京都千代田区飯田橋二―五―四
電話　〇三（三二六五）九七六四
FAX　〇三（三二二二）一八四五

ISBN978－4－7629－3635－7　C3081

KYUKO-SHOIN, CO.,LTD TOKYO.

索　引

お

か

き

く

け

こ

さ

し

す

せ

そ

た

ち

つ

て

と

な

に

ぬ

ね

は

へ

ほ

ま

み

む

め

も

や

ゆ

よ

ら

り

る

れ

ろ

わ